RODRIGO FAOUR
HISTÓRIA DA MÚSICA POPULAR BRASILEIRA
sem preconceitos

RODRIGO FAOUR
HISTÓRIA DA MÚSICA POPULAR BRASILEIRA
sem preconceitos

DOS PRIMÓRDIOS, EM 1500,
AOS EXPLOSIVOS ANOS 1970

VOL. 1

5ª edição

EDITORA RECORD
RIO DE JANEIRO • SÃO PAULO
2025

CIP-BRASIL. CATALOGAÇÃO NA PUBLICAÇÃO
SINDICATO NACIONAL DOS EDITORES DE LIVROS, RJ

F223h
5. ed.

Faour, Rodrigo
    História da música popular brasileira, sem preconceitos: dos primórdios, em 1500, aos explosivos anos 1970, vol. 1 / Rodrigo Faour. - 5. ed. - Rio de Janeiro: Record, 2025.

    Inclui bibliografia e índice
    ISBN 978-65-5587-188-3

    1. Música popular - Brasil - História. I. Título.

21-70411

CDD: 782.421640981
CDU: 78.11.26(81)

Meri Gleice Rodrigues de Souza - Bibliotecária - CRB-7/6439

Copyright © Rodrigo Faour, 2021

Todos os direitos reservados. Proibida a reprodução, armazenamento ou transmissão de partes deste livro, através de quaisquer meios, sem prévia autorização por escrito.

Texto revisado segundo o Acordo Ortográfico da Língua Portuguesa de 1990.

Direitos exclusivos desta edição reservados pela
EDITORA RECORD LTDA.
Rua Argentina, 171 – Rio de Janeiro, RJ – 20921-380 – Tel.: (21) 2585-2000.

Impresso no Brasil

ISBN 978-65-5587-188-3

Seja um leitor preferencial Record.
Cadastre-se em www.record.com.br
e receba informações sobre nossos
lançamentos e nossas promoções.

Atendimento e venda direta ao leitor:
sac@record.com.br

Dedico este livro aos intérpretes, músicos, arranjadores, produtores, técnicos, divulgadores, projetistas gráficos e figuras do audiovisual que ajudaram a fazer da música popular brasileira aquele que acredito ser o nosso maior patrimônio cultural.

E também...

ao historiador Jairo Severiano, do alto de seus 94 anos, meu eterno mestre na pesquisa musical;

ao jornalista e crítico musical Tárik de Souza, meu grande ídolo, que muito influenciou os meus escritos de música,

e

ao "Homem das mil faces" Victor Berbara (*in memoriam*), pioneiro da TV brasileira, grande diretor teatral e publicitário, uma mente brilhante e grande incentivador do meu trabalho nos últimos anos, que nos deixou em 2021, aos 92.

Sumário

Introdução (ao primeiro volume)   13

1. Os primórdios da música brasileira: da Colônia à República (séculos XVI a XIX)

A contribuição musical dos africanos, europeus e indígenas   17
Poetas-cantores, músicas religiosas e danças profanas   21
Os pioneiros ritmos e autores populares   24
Primeiros pianos, as danças de salão e os poetas-compositores   27
As bandas militares e civis   31
As novas danças europeias e os ritmos que caíram
no gosto do povo   32
Os seresteiros, o carnaval, os cafés-cantantes
e o teatro de revista   37
Os compositores populares da virada do século
XIX para o XX   40

2. O início da indústria fonográfica e o nascimento do samba, da marchinha e da música "sertaneja" (1902-1930)

A Casa Edison e os primeiros discos brasileiros   46
Os pioneiros astros do disco   48

Os chorões e as bandas de estilo militar chegam ao disco 52
O surgimento do samba e da canção carnavalesca 55
O samba e a marcha se unem na sátira política 59
Os ídolos que sobreviveram à fase mecânica de gravação 60
A fixação do samba tal e qual conhecemos hoje 63
A cultura dos "nortistas" e "caipiras" chega ao Rio 69

3. A Era de Ouro: o triunfo do samba, da marchinha, da valsa e do fox--canção (1929-1945)

A música de carnaval vira um mercado 77
O frevo pernambucano 86
A afirmação do samba e uma geração brilhante de
compositores 88
As primeiras cantoras do rádio 94
A música instrumental, as gravadoras e a interferência
do Estado Novo 102
Os grandes sambistas 107
A valsa, a canção ternária e o reinado dos
"Quatro Grandes" 110
Outros cantores importantes e/ou esquecidos
da Era de Ouro 119
O advento do fox-canção e dois compositores sofisticados 126
As cantoras esquecidas 129
As pioneiras duplas de sucesso 133
Os primeiros conjuntos vocais importantes 138
O tempo dos cassinos 139

4. O auge da Era do Rádio: baião, samba-canção e a invasão da música internacional (1946-1958)

O apogeu do baião 145
Outros gêneros regionais se popularizam 152

A invasão da música estrangeira e do samba-canção 161

A rivalidade Emilinha × Marlene 167

A Rainha da Voz e a Sapoti 171

Dois cantores fora do padrão e uma "divina" 174

Outros ícones se consagram no auge da Era do Rádio 178

A política volta à música popular 184

O carnaval dos veteranos e novatos 187

O samba no meio de ano 192

Os conjuntos vocais se multiplicam 196

As compositoras, os intérpretes suaves e um
casal *sui generis* 197

A fixação dos long-plays e dos conjuntos de baile 205

Músicos que fizeram escola 212

5. A bossa nova, o rock e o romantismo popular se revezam (1958-1965)

A pré-bossa nova (1946-57) 217

"Chega de saudade" 222

A primeira geração de bossa-novistas 225

A bossa nova se diversifica nos temas e levadas 227

A criação da Elenco e a bossa em São Paulo 229

A bossa rumo ao jazz e ao "samba de morro" 233

A bossa nova "exportação" e a consagração de novos astros 237

O sambalanço invade boates, clubes e festinhas caseiras 245

A música de carnaval resiste, com seus sambas e marchas 250

A canção nordestina fecha seu primeiro ciclo de sucesso 253

Os primórdios do rock nacional 255

O romantismo popular ganha terreno 261

Os caipiras paulistas começam a se "modernizar" 268

As novidades do mercado musical 271

6. Os festivais de música, a Jovem Guarda, o Tropicalismo e o resgate do samba tradicional (1965-1972)

A Jovem Guarda: muito além de um programa de TV	276
Samba, teatro, protesto e outras bossas	286
Os festivais das TVs Excelsior, Record, Rio e Globo	291
Os festivais de 1968	297
O Tropicalismo sacode as velhas convenções	302
Os últimos grandes festivais, de 1969 a 72, a Pilantragem e a soul music nacional	308
O sucesso da nascente "MPB" e a mudança na música carnavalesca	317

7. A "MPB", o Clube da Esquina, o rock malcriado e os alternativos nos anos de chumbo da ditadura (1970-1978)

Censura, política e desbunde	328
O Clube da Esquina e os artistas que cruzaram seu caminho	336
Rebeldia, provocações e irreverência	342
O rock malcriado	346
Sofisticados, alternativos e experimentais	353
Os veteranos e os cantores da noite	357
Duas duplas de autores eternos e outros mestres da "MPB" e bossa nova	361
As trilhas de novela e a criação da Som Livre	366
Um festival atípico, revelações expressivas e novos clássicos	369
A explosão dos baianos	373
A invasão (e renovação) da nação musical nordestina	377
O novo som dos blacks e das *discothèques*	382
A gradual queda da censura e os recordistas de sucessos	388

8. A volta por cima do samba e a ascensão do forró de duplo sentido e da música "cafona" nos anos 1970

Os "cafonas" grandiloquentes	392
Os "cafonas" cabareteiros	395
A turma da balada, do rock, do *chacundum* e uma diva feminista popular	398
Os "cafonas" de estilos diversos revelados nos anos 70	403
Os "cafonas" divertidos	411
O forró de duplo sentido, o carimbó e a guitarrada do Pará	412
A estética "cafona" chega ao mundo sertanejo	417
A geração dos Falsos Importados, a disco music nacional e o som dos humoristas	424
O "sambão-joia"	433
A bossa nova e o samba se cruzam com sabor baiano	436
A temática afrorreligiosa e as grandes vozes femininas do samba	439
Os grandes intérpretes masculinos do samba e a revitalização do choro	445
O *boom* midiático das escolas de samba cariocas	453
O resgate de bambas históricos	459
O samba-rock vira um gênero musical	465
A "MPB" cai no samba	468
Bibliografia	471
Notas	479
Créditos das imagens do encarte	519
Agradecimentos	523
Índice onomástico	525

Introdução

Não existe uma música popular brasileira. Existem várias.

Cada um faz de um jeito. Uns por prazer, outros por desabafo; alguns para sobreviver, outros somente como bandeira política por um país melhor; fora aqueles cujo objetivo é simplesmente comercial, um negócio e nada mais. Há ainda os que mesclam alguns desses itens ou todos eles juntos. E cada um com um gosto estético, seja ele mais ou menos refinado. Chique ou brega. Ou ambos. Mais apegados às nossas raízes ou à cultura dominante estrangeira de cada tempo. Uns cheios de critério conceitual e outros pelo mais prosaico entretenimento.

Por tudo isso, pareceu-me não fazer mais sentido escrever uma história de nossa música popular, privilegiando este ou aquele estilo, segregando os que não fazem uma música tão elaborada aos ouvidos dos mais educados, por exemplo. E há pelo menos uma boa justificativa para isso. Muito do que já foi considerado "menor" um dia, com o tempo, virou "clássico". E vice-versa. Algumas canções do passado mais rebuscadas e com letras pomposas tidas como de extremo bom gosto foram devidamente apagadas. É verdade que muita coisa também se apagou injustamente, de artistas com vidas e obras que muito têm a nos ensinar (e estimular) no presente. Mais uma razão para evitar preconceitos estéticos, pois nunca se sabe o que a sociedade vai eleger que permaneça com o passar do tempo.

Escrever sobre um país tão extenso e rico musicalmente, onde cada região tem uma cultura própria, e ainda versar sobre as transformações da produção e do consumo de música popular em cada tempo, contextualizadas de acordo com seu respectivo momento político-sociocomportamental, e de forma concisa, foi uma tarefa das mais complicadas. Tanto assim que o que seria apenas um livro logo se desdobrou em dois volumes — o volume 1, dos primórdios, em 1500, aos explosivos anos 1970; e o volume 2, do fim dos explosivos anos 1970 ao início dos anos 2020, entre a massificação e o mercado independente. Contemplar todos os músicos de todas as épocas seria inviável, entretanto minha contribuição aqui é mostrar o máximo da diversidade do que já foi produzido no país em cada região, do mais ingênuo e sentimental ao mais subversivo, experimental e irreverente, sempre citando os sucessos mais representativos de cada artista em seu tempo, a fim de que cada um possa entender sua dimensão no espelho de nosso caráter. Afinal, a nossa música não para de registrar tudo o que se passa em nossas vidas e na própria história do país. Para o bem e para o mal.

Muitas posturas, tendências e tiradas de humor de nossos compositores através dos tempos podem ser consideradas hoje ofensivas, porém toda música popular é fruto da sociedade que a produziu. É importante evitar julgamentos precipitados, pois um mesmo autor pode ser mais progressista num tema e mais negligente em outro. Ou simplesmente produto de sua época, expressando o pensamento médio da população. Sempre houve também muita música de bravata, de provocação, e nem sempre o que se escrevia era para ser entendido ao pé da letra, e uma análise mais radical com os olhos voltados exclusivamente para o contemporâneo pode confundir a real intenção de seus autores e aniquilar obras interessantes. Algumas, por outro lado, se tornaram de fato indefensáveis. Por isso, em vez de apagar essas obras polêmicas da história ou analisar uma por uma, me ative apenas a algumas, deixando a maior parte para o leitor tirar suas próprias conclusões, de acordo com sua cultura e sensibilidade.

Os grandes protagonistas de cada fase de nossa música popular encabeçam minicapítulos que trazem a reboque a história de uma série de outros nomes menos comentados ou mesmo completamente esquecidos

INTRODUÇÃO

nas retrospectivas históricas realizadas comumente nos livros do gênero. É aí que está o grande diferencial deste livro. Contar a história da música popular do Brasil de maneira mais inclusiva, exaltando seus maiores criadores, porém sem menosprezar seus melhores coadjuvantes, desprezando noções exacerbadas de "nacionalismo", "alta e baixa culturas" e preconceitos estilísticos. Afinal, se são músicas boas ou más, mais ou menos "originais", "brasileiras", "comerciais", "artísticas", "elaboradas", "divertidas" ou "emocionantes", isso depende exclusivamente do gosto de cada um, independentemente da visão, muitas vezes até pertinente, da crítica. Todos os personagens citados nesta obra tiveram alguma relevância a seu tempo e por isso merecem seu lugar de direito na história.

Para dar mais frescor e agilidade ao texto, os autores de algumas canções aparecem nas notas de fim de capítulo. Fiz questão de incluir todos eles, pois hoje em dia, se há algo efetivamente difícil de descobrir na internet, são os compositores de nossas músicas.

Dito isso, preparem-se para uma intensa viagem pela história da música popular do Brasil.

1.

Os primórdios da música brasileira: da Colônia à República (séculos XVI a XIX)

A contribuição musical dos africanos, europeus e indígenas

Era uma vez uma potência europeia, Portugal, que aportou no Brasil em 1500. Uma terra repleta de indígenas de diversas tribos — algumas rivais — que sobreviviam muito bem organizadas e davam conta de seu sustento. Eram potiguaras, caetés, tamoios, tupinambás, guaranis... Todos tinham seus rituais, sempre com muita dança e... música. No geral, exaltando elementos da natureza, como o "canindé" (pássaro amarelo) e o "camuroponi-uassu" (peixe muito grande). Tais canções eram tão frequentes, diferentes (do padrão europeu) e belas que acabaram imortalizadas em relatos de viajantes da época, num misto de fascínio e estranhamento. Sua riqueza instrumental se dava em duas categorias. Na forma de percussão — o próprio corpo humano (bater dos pés, palmas, movimentos de dança do corpo todo, impulsionando diversos chocalhos presos nos braços, coxas, tornozelos, cintura ou pescoço); pequenos instrumentos, como os referidos chocalhos, mais bastões e reco-recos; e por fim os tambores — estes de utilização musical e religiosa (como também alguns chocalhos). E ainda na forma de instrumentos de sopro — variações de apitos, assobios, pios, buzinas, trombetas e flautas de tamanhos variados.[1]

Justamente pelo fato de os nossos povos indígenas serem muito musicais, os religiosos que acompanharam as expedições desde o início[2] viram que este seria um bom mote para convertê-los à sua doutrina, sobretudo suas crianças, ensinando-os a cantar no modo europeu, tocar flauta, viola, cravo e outros instrumentos que trouxeram na bagagem.[3] Isso porque a meta do Estado português era, num primeiro momento, conhecer melhor o território para saber como explorá-lo. Foi a fase do escambo, em que esses velhos habitantes da terra trabalharam derrubando árvores, na exploração do pau-brasil, em troca de utensílios que lhes pareciam úteis. A estratégia dos religiosos se deu com seus "autos hieráticos", de origem ibérico-medieval, misturando as duas línguas, a nativa e a portuguesa, nos quais se criava uma mitologia em que prevaleciam as divindades católicas em oposição às crenças "bárbaras" dos povos indígenas. Alguns acabaram até se tornando grandes músicos nas igrejas. Por essa época, desse cruzamento do branco com o índio apareceram as danças do cateretê e do cururu (esta, uma dança popular de roda),[4] que no futuro se tornariam ritmos básicos da música caipira. O padre jesuíta **José de Anchieta** teria sido autor de alguns pioneiros cateretês.

Em meados do século XVI, a figura do mestre de capela, responsável pelo repertório dos cultos, já imperava em diversos locais e catedrais do país. Eram músicos, compositores e regentes de coro que organizavam programações e arregimentavam intérpretes para suas jurisdições. **Frei Francisco de Vacas** foi um desses missionários que vieram de Portugal, chegando à Bahia em 1552 para ser mestre de capela, sendo, porém, um dos pioneiros estrangeiros a embrenhar-se no espírito boêmio do país, desobedecendo protocolos, tido como hábil menestrel e tocador de bandurra, velho instrumento de cordas. Por volta de 1570, tais sacerdotes portugueses já formavam seus primeiros seguidores nativos, mestres do canto gregoriano ou polifônico, e até mesmo em algumas peças profanas.[5]

O legado do branco português foi, de fato, bastante expressivo em nossas origens musicais. Todo o sistema harmônico tonal, que é o próprio fundamento da música ocidental, além dos instrumentos musicais que foram chegando ao país aos poucos, entre os séculos XVI e XIX: viola,

OS PRIMÓRDIOS DA MÚSICA BRASILEIRA

pandeiro, cravo, clarineta, violino, violoncelo, contrabaixo, piano, sanfona e até mesmo violão, cavaquinho e flauta, decisivos à nossa maturidade musical. Tudo veio da Europa, sobretudo, via Portugal. Isso sem contar a maior parte dos textos e temas literários, e uma infinidade de cantos tradicionais portugueses, e possivelmente a síncope, que foi aprimorada aqui mais tarde com os negros. Finalmente, as danças, como a roda infantil e as dramáticas, incluindo o reisado e a que se tornaria a mais típica dentre elas por aqui, o bumba meu boi (que depois foi se modificando com elementos das culturas negra e indígena). Nossos patrícios também trouxeram as formas poéticas e líricas do acalanto, da moda (que derivou a modinha) e do fado — este, originalmente dançado.[6]

Houve ainda uma influência espanhola, igualmente via Portugal, na popularização da dança tirana e do ritmo do fandango, trazido pelos portugueses açorianos por volta de 1750, que teria papel importante na música e nas danças gaúchas. Também relevante foi a influência francesa, inicialmente nos cantos das crianças brasileiras, adaptando textos pelo som das palavras das cantigas de lá,[7] já que Portugal não tinha domínio total sobre o extenso território brasileiro e havia eventualmente algumas invasões. Entretanto, os dois gêneros que vão prevalecer no primeiro século da descoberta são o rural português, na área dos sons profano-populares (com o uso de trombetas e, sobretudo, de gaitas de fole, o instrumento mais popular nos campos portugueses), e o erudito da Igreja católica, na das minorias responsáveis pelo poder civil e religioso.[8]

Chegando ao século XVII, o europeu quis produzir na terra para lucrar, começando pela atividade da cana-de-açúcar, especialmente nos estados do Nordeste e do Sudeste, e a relação com os colonos se modifica. Nem todos os ameríndios são escravizados — alguns por serem convertidos ao catolicismo e protegidos pela Igreja com outras finalidades, outros porque não aceitavam e fugiam pelas matas (que conheciam bem) e ainda outros por terem sido dizimados pelas doenças trazidas pelos colonizadores. Em seu lugar, foram trazidos negros escravizados muito também por uma razão comercial, pois o tráfico negreiro era um bom negócio para Portugal, que o contratava principalmente por meio de companhias inglesas, as quais lhe pagavam bons tributos em troca do monopólio de negociar a mão de obra escrava com os senhores de engenho açucareiros no Brasil.

Os indígenas que não fugiram, foram mortos por pestes ou submetidos à escravização acabaram empurrados para o interior da colônia e talvez por isso não tenham tido a partir de então uma participação ainda maior em nosso intercâmbio racial na música. Por falta de fontes e estudos mais aprofundados, ainda não se sabe até que ponto elementos da cultura ameríndia também poderiam estar no DNA de alguns de nossos ritmos mais famosos, cujas referências são normalmente atribuídas apenas aos brancos e negros. De toda forma, com os negros se deu o oposto. É flagrante sua imensa contribuição ao nosso cancioneiro.

Cada vez mais numerosos — apesar de muitos também terem resistido à escravidão, até se automutilando —, os negros viviam próximos do litoral e dos principais centros comerciais do país. Os povos africanos identificados por seu tronco linguístico — sudaneses e bantos — trouxeram consigo suas religiões, suas mais variadas danças, que se desenvolveram com características específicas de acordo com a região em que se fixaram no Brasil, inclusive as danças dramáticas, como congadas, congos, cucumbis, taieiras, quicumbres, quilombos, além de cânticos e instrumentos de percussão (cuíca, ganzá, atabaques, marimba, e tipos diferentes de tambores, pandeiros e chocalhos dos que já existiam aqui trazidos da Europa ou cunhados pelos ameríndios), e mais uma série de escalas e fraseados poético-musicais, além da estilização do uso do ritmo sincopado.[9]

Alguns negros escravizados e seus descendentes com acentuada veia musical também seriam empregados como músicos em algumas igrejas ou por ricos senhores para executar peças europeias, seja na Bahia, em Olinda e, mais tarde, em Minas (ainda que nas capitanias de São Paulo, Rio, Maranhão, Pará e outras isso possivelmente também tenha ocorrido). Por isso, no século XVII, não é de estranhar que nesses três locais já tenham surgido as chamadas "irmandades de música" — muitas somente com integrantes negros — exclusivas de cada jurisdição. Ali eram criadas pequenas orquestras e corais que se apresentavam em festas e eventos públicos. Só na capitania de Minas Gerais, no século seguinte, atuavam mais de mil músicos de maioria negra.[10]

Poetas-cantores, músicas religiosas e danças profanas

Relatos das obras de dois baianos, ainda do século XVII, chegaram aos nossos dias: a do padre negro **Lourenço Ribeiro**, que compunha, cantava modinhas acompanhando-se de viola e cítara, mais para os salões de elite, cujas canções e letras infelizmente foram perdidas, e, sobretudo, a de seu rival, o poeta **Gregório de Matos**, chamado Boca do Inferno por sua veia geniosa e satírica que não poupava ninguém, dos mais pobres aos mais poderosos. Ao rival, por exemplo, se referia como "cão revestido em padre por culpa da Santa Sé".[11] Sua produção literária, porém, é mais que poética, e sim, na maioria dos casos, versos da mais pura música popular urbana.

Sempre acompanhado de sua viola, **Gregório** preferia uma forma de canto falado, narrando situações cotidianas da cidade de Salvador e de outros centros urbano-rurais do recôncavo baiano em versos ágeis, normalmente no estilo popular-tradicional das redondilhas maiores (heptassílabos).[12] Em seus poemas, flagramos citações de alguns dos pioneiros gêneros de música popular urbana do país que se perderam com o tempo ou se transformaram, como "arromba", "gandu" e "paturi" — esse último também uma dança com o hábito de estalar os dedos, própria do fandango ibérico.[13] Vemos também quanto havia do rebolado africano nas danças da época ("Pasmei eu da habilidade / Tão nova, tão elegante / Porque o cu sempre é dançante / Nos bailes desta cidade"), incluindo as "umbigadas" (*sembas*) vistas em festas de Salvador em homenagem à Nossa Senhora do Amparo ("E como sobre o moinho / Levou tantas *embigadas*"). Esse hábito de estalar os dedos, bem como das umbigadas, seriam características de outra dança muito popular no século seguinte, o lundu.

Gregório incorporava muitas vezes motes das glosas, quadras e cantigas das camadas populares de seu tempo, tipo "Banguê, que será de ti?". Os poetas/músicos que as compunham eram chamados de "chulos", ou seja, figuras da mais baixa condição social. Mais adiante, tais composições de poucos versos passaram a ser apelidadas de "chularias", depois de "chulas",[14] um termo pejorativo que mais tarde batizaria um estilo musical.

Enquanto isso, entre os séculos XVI e XVIII surgia na Zona da Mata, em Pernambuco, o maracatu, a partir da miscigenação das culturas portuguesa, indígena e africana. Sabe-se que apareceu primeiro como dança folclórica de cortejo associada aos reis congos, eleitos pelos negros escravizados para a coroação nas igrejas e posterior batuque em seus adros, homenageando Nossa Senhora do Rosário. Com o passar do tempo, arrefeceu o caráter religioso, sendo desfilado durante o carnaval.[15] Munidos de tambores, chocalhos e agogôs, os maracatus dançavam representando a coroação da rainha e do rei, acompanhados de sua corte, princesa, baronesas, duques, embaixadores, indígenas, levando também a boneca calunga, simbolizando as rainhas mortas. Tal ritual de coroação de reis e rainhas também apareceu em outras regiões, com diferentes características, denominado de congada, reisado e cambinda.[16]

Um pouco mais abaixo no mapa, a Bahia se tornaria uma potência cultural no Brasil do século XVIII, com o advento de várias danças originárias da mescla étnica cultural-religiosa entre brancos e negros, em festas de terreiro das fazendas e praças das vilas, igrejas e procissões, a começar pela "fofa" — popular aqui e em Portugal. De ritmo repinicado, era executada aos pares ao som de viola ou de qualquer outro instrumento. Tão lasciva que causava espanto das elites conservadoras.[17]

Na mesma época, também na Bahia, surge a dança do "lundu", depois no Rio de Janeiro e em Pernambuco, com ênfase nos batuques negros conjugados à umbigada entre os pares dos rituais de terreiro africanos de Angola e do Congo[18] e aos dedos castanholados dos bailarinos que se desafiavam em rodopios no meio da roda e com refrãos marcados por palmas dos presentes.[19] Apesar de ser considerada extremamente sensual e lasciva, chegando até mesmo a ser proibida no país por um período, a dança do lundu, com o tempo, acabou conquistando os colonos a ponto de ser praticada em seus festejos. Foi, afinal, a primeira manifestação cultural negra no país a ser aceita pela sociedade branca colonial.[20]

OS PRIMÓRDIOS DA MÚSICA BRASILEIRA

Finalmente, havia a dança do "fado", num cruzamento de lundu e fandango, que tinha uma variante que lembrava muito as rodas de pernada comuns em outras danças nativas de origem africana.

Por causa do crescimento das atividades musicais em diversos centros das colônias, as igrejas e casas de senhores ricos foram ficando pequenas para abrigar a curiosidade geral em relação à música nelas praticada, sobretudo as óperas que começavam a virar mania. Daí vão surgir as primeiras "casas de ópera" ou teatros, em verdade, as "salas de concerto" na Bahia (onde cinco foram erguidas, somente na fase colonial), mas também em Belém, Porto Alegre, Recife, São Paulo e no Rio de Janeiro, com um teatro situado na região central, na Praça do Carmo.[21]

Em meados do século XVIII, a atividade mineradora teve o seu auge econômico. Minas Gerais viveu sua fase da extração de ouro e diamante, explorando as jazidas de sua antiga capital, Vila Rica (hoje Ouro Preto), e cidades vizinhas, atraindo um sem-número de artistas, escritores, arquitetos e escultores oriundos de diversas partes do país. Houve então o florescimento de uma arte colonial, como as esculturas de Aleijadinho e as pinturas sacras de Mestre Ataíde nos tetos de suas belas igrejas cobertas de ouro. Era o chamado "barroco mineiro" (mesclado ao estilo rococó), que musicalmente já tinha algo de neoclássico, produzindo uma série de temas para as cerimônias religiosas e festejos da corte portuguesa. Como a Coroa portuguesa proibia a impressão de qualquer obra literária, didática ou artística no país, a maior parte dessa produção sacra nativa musical, de **José Joaquim Emerico Lobo de Mesquita**, **Manuel Dias D'Oliveira** e outros, ficou perdida em acervos das irmandades religiosas do interior mineiro por mais de um século.

Com essa proibição, que vigorou em grande parte do período colonial, e a falta de uma preocupação maior com a memória cultural após a independência do país, muita coisa efetivamente se perdeu. Dentro do que se salvou, acredita-se que o primeiro manuscrito relevante de um compositor brasileiro seja o de uma peça erudita, o *Recitativo e ária* (1759), do mestre de capela (de Salvador) e padre **Caetano de Mello Jesus**. Houve ainda um importante tratado da *Arte de solfejar como um Te Deum e um Salve*

Regina, escrito por **Luís Álvares Pinto**, também militar, tendo ingressado no batalhão dos homens pardos, chegando a capitão, além de poeta, comediógrafo e mestre da capela de São Pedro dos Clérigos, de Recife, fundador de uma das muitas irmandades desse tempo, a da Santa Cecília dos Músicos, que congregou 37 membros. **Pinto**, padre **Inácio Ribeiro Nóia** e **Antônio Spangler Aranha** foram os maiores compositores pernambucanos religiosos desse tempo.[22]

Em São Paulo, na Catedral da Sé, se sobressaiu um português radicado por lá, **André da Silva Gomes**, também organista, autor de um longo *Tratado de contraponto e composição* (1830) e várias missas e peças eruditas cujos manuscritos foram parcialmente preservados.[23] Na seara do que hoje chamaríamos de popular, a primazia seria, segundo o pesquisador Mozart de Araújo, de **Antonio José da Silva**. Nascido no Rio, em 1705, mudou-se para Portugal já adulto, onde se tornou o maior dramaturgo de seu tempo, com suas obras satíricas, burlescas, criticando o ridículo da sociedade portuguesa de seu tempo. Seriam dele "os mais antigos documentos musicais conhecidos assinados por um autor nascido no Brasil": a moda original "De mim já se não lembra" e o *duetto novo* "Com vida, embora com vida".[24] Passou à posteridade com o epíteto de **O Judeu** por ter sido morto, literalmente queimado na fogueira da inquisição portuguesa em 1739, pela única razão de não ser católico, então a religião oficial do país. Entretanto, ora vejam, muitas de suas letras foram musicadas por um padre, **Antônio Teixeira**.

Os pioneiros ritmos e autores populares

Nascidos no século XVII, num Brasil ainda essencialmente rural, onde prevalecia a "casa-grande" dos senhores de terra e a "senzala" dos escravos, foram dois os nossos primeiros ritmos a se tornarem eminentemente populares em várias partes do país. O referido lundu, sacudido e sensual, nascido como dança, evoluiu para um gênero musical, aliás, nosso primeiro ritmo afro-brasileiro importante (mais que o maracatu, ele foi fundamental na formação de outros ritmos que o sucederam), com letras de caráter

OS PRIMÓRDIOS DA MÚSICA BRASILEIRA

cômico, irônico e indiscreto; e a modinha, de origem puramente europeia, romântica e dolente.

Domingos Caldas Barbosa (1740-1800), filho de português com escrava angolana alforriada, foi o pioneiro compositor popular a ter uma obra com características efetivamente brasileiras e a fazer sucesso também em Portugal com suas modinhas e lundus, tocando sua viola de arame, e cantando versos de duplo sentido, bastante ousados para seu tempo, que encantaram as damas da corte portuguesa a partir de 1775, causando a indignação dos poetas castiços da Nova Arcádia, a Academia de Belas-Artes de Lisboa, entidade que chegou a liderar. Naquele país, conseguiu algo que seria impossível por aqui, publicou livros com toda a sua obra em versos — ainda que, infelizmente, as músicas, praticamente todas, tenham se perdido.

Segundo o historiador José Ramos Tinhorão, até o advento da modinha não havia um gênero musical capaz de atender às expectativas de homens e mulheres dentro da nova tendência à maior aproximação entre os sexos, característica da sociedade moderna, mais urbanizada e menos rural. O que a tornou realmente popular foi a ousada novidade de versejar para as mulheres em letras que traduziam "as imprudências e liberdades do amor" e levavam a encantar "com venenosos filtros a fantasia das moças e o coração das damas", como apontaria em Portugal um patrício da época em suas memórias.[25]

De fato, era uma forma bem direta de tratar os temas amorosos ("Por mais que me diga / Que pouco me crê / Eu digo o que sinto / Morro por você"), às vezes sugerindo até mesmo o contato físico ("Ponha a mão sobre o meu peito / Porque as dúvidas dissipe / Sentirá meu coração / Como bate, tipe, tipe") e que só se tornara possível pela aproximação em público — antes impensável — entre homens e mulheres ("Estou com ela / Entre agradinhos / Como os pombinhos / A dois e dois), às vezes em franco desafio à moral vigente ("Menina, vamos amando / Que não é culpa o amar / O mundo ralha de tudo / É mundo, deixa falar").[26] **Caldas Barbosa** foi muito feliz em captar o espírito algo insolente das classes populares, com sutil irreverência, que seria uma das grandes marcas de nosso cancioneiro. Isso, porém, só foi possível graças a uma nova moral estabelecida na colônia, menos rígida que a portuguesa, pois nossa sociedade já se mostrava mais dinâmica em razão de seu maior intercâmbio entre classes e raças, apesar da barbárie da escravidão.

Antes de **Domingos Caldas**, em termos de música popular, havia apenas obras folclóricas (sem autoria comprovada, por ainda não haver como registrar obras), tocadas em cravos (o precursor do piano) em casas das classes mais abastadas ou, no âmbito coletivo, executadas pelos chamados grupos de barbeiros — de escravos ou descendentes deles, que, além de cortar cabelos, aparar barbas, arrancar dentes, realizar sangrias e aplicação de sanguessugas, formavam nas horas de ócio pequenos conjuntos que tocavam instrumentos artesanais nas portas de igrejas ou animando as festividades profanas em diversos recantos do país, em especial no Rio e na Bahia. Apesar do êxito das modinhas e lundus, durante o século XVIII, ainda predominavam peças sacras eruditas ou as populares criadas à imagem e semelhança das europeias, compostas por nomes como **José Maurício Nunes Garcia**, também filho de português com uma escrava, uma figura de prestígio no Brasil colônia, ordenado padre para conseguir sobreviver como músico naquela sociedade racista e separatista.

Aliás, **Caldas Barbosa**, igualmente de origem modesta, da mesma cor, brasileiro e ainda cantando e escrevendo versos tão ousados, também foi obrigado a ter um título religioso para ser aceito nos salões da sociedade portuguesa. Graças a seus protetores e um providencial "jeitinho brasileiro", conseguiu ser capelão da Casa de Suplicação, sendo uma espécie de padre "mundano" com o pseudônimo de **Lereno Selinuntino**. **José Maurício**, por sua vez, foi um dos mais prolíficos compositores de seu tempo, criando um número imenso de obras, quase todas sacras, das quais mais de duzentas chegaram até os dias atuais. Era multi-instrumentista e, embora mais consagrado no meio erudito com obras como a "Missa de Réquiem", foi também autor bissexto de modinhas, como "Beija a mão que me condena", que ganhou letra de seu filho após a sua morte. Sim, era padre, mas teve um filho. Coisas nossas.

Primeiros pianos, as danças de salão e os poetas-compositores

Com a chegada da Família Real portuguesa ao Rio de Janeiro, em 1808, a cidade, em maior escala por ser a capital, e, de uma maneira geral, toda a colônia foram obrigadas a se modernizar, e a música popular foi sofrendo as transformações decorrentes dessas mudanças modernizadoras e "civilizacionais", pois a vida social se tornava mais intensa. A capital vira um grande polo musical graças a D. João VI, amante de música, que seguiu a tradição musical da Casa dos Braganças. O rei D. João IV, seu antecessor, era compositor e possuía uma importante biblioteca musical, que foi trazida na bagagem. Ao chegar, importou músicos de Lisboa e *castrati* da Itália. Investiu na Capela Real, formada por cinquenta cantores, cem instrumentistas e dois mestres de capela, uma das maiores do mundo na ocasião. Em 1813, construiu um luxuoso teatro no mesmo local onde hoje funciona o João Caetano, na Praça Tiradentes — o Teatro São João, no qual se encenavam óperas dos compositores em voga no período, como **Marcos Portugal**, que aportou no Rio, na fase do Vice-Reinado, em 1811.[27]

A corte importou também diversos ritmos e danças de salão europeias, das quais se popularizaram por aqui a valsa e a quadrilha[28] (e derivações desta última, que alegrariam as futuras festas juninas e o carnaval). A partir da década de 1820 são iniciadas no Brasil a venda de pianos e a impressão musical, em forma de partituras (fundamentais para registrar para a posteridade a música que se produzia, numa época em que não havia disco gravado). Era um tempo em que se media a popularidade de uma canção pelo número de pessoas que assobiavam determinada melodia pelas ruas.

Nesse ínterim, o padre **José Maurício Nunes Garcia** ganhou a simpatia do príncipe regente, mais tarde D. João VI, que passou a protegê-lo e lhe encomendar músicas, tornando-o o principal rival do referido **Marcos Portugal** (esse também mestre musical dos infantes da corte), juntamente com o austríaco **Sigismund von Neukomm**. Ambos, além de compor obras próprias, se tornaram grandes divulgadores de peças europeias no país. Esse último, porém, foi grande incentivador de **José Maurício**, que dizia ser "o maior improvisador do mundo".

Antes de a corte chegar, no início do século, o padre também lecionava música (teoria, canto...), usando uma viola metálica no lugar de cravos, tendo como discípulos diversos nomes importantes que se destacariam posteriormente, tais como **Francisco Manuel da Silva**, compositor, regente e fundador do Conservatório de Música do Rio de Janeiro, e os modinheiros **Francisco da Luz Pinto** (sendo ainda cantor *falsetista* e professor de música), **Gabriel Fernandes da Trindade** (também cantor e exímio violinista, autor de pioneiras peças camerísticas desse tempo que chegaram até a atualidade) e **Cândido Inácio da Silva** — este, o maior nome dessa geração do início do século XIX, acumulando os talentos de letrista, cantor e tocador de viola francesa (o violão da época), autor de modinhas ("O Schubert das modinhas de salão", segundo Mário de Andrade), como "Busco a campinha serena" e "Quando as glórias gozei", além de valsas e lundus. Neste terreno entre o que hoje conhecemos como erudito e o popular, há cerca de 250 compositores, poetas e letristas que deixaram suas marcas no cancioneiro brasileiro do século XIX,[29] em particular após a proclamação da Independência, em 1822.

Eram personagens como **Manoel Pimenta Chaves**, tocador de oboé e responsável pela afinação dos pianos dos palácios imperiais; o compositor e letrista baiano **Domingos da Rocha Mussorunga** (autor de um Compêndio de Música e de inúmeras canções, como o lundu "Onde vai, senhor Pereira de Moraes?"), e seu conterrâneo **Damião Barbosa**, que teve uma obra portentosa na Bahia à altura da que o padre **José Maurício** cunhou no Rio de Janeiro, de missas melodiosas a peças de concerto, músicas militares e de salão.[30] No ramo mais popular, se destacaram como compositores, principalmente de modinhas, **Joaquim Manoel da Câmara**, também violonista e cavaquinista, incapaz de ler uma pauta musical, mas que colecionou admiradores; o político mineiro **Cândido José de Araújo Viana**, o **Marquês de Sapucaí**, formado em Direito, também letrista, autor da quadrilha "Primeiro amor"; e até mesmo o imperador **D. Pedro I**, ótimo cantor e compositor de modinhas, versátil em diversos instrumentos e que teve a primazia na autoria de valsas em nosso país. Influenciado pelo estilo pomposo de Mozart, ainda escreveu uma missa e uma ópera em português, além do "Hino da Independência", este com letra de **Evaristo da Veiga**: "Já podeis da Pátria filhos / Ver contente a mãe gentil / Já raiou a liberdade / No horizonte do Brasil."

Com todo esse verniz erudito trazido e estimulado pela corte portuguesa e a seguir pela Monarquia, é natural que até meados do século XIX a modinha e o lundu ganhassem um acabamento do gênero, com partituras escritas por músicos de escola. Eram peças elaboradas de *bel canto* para a burguesia nascente, em que o piano substituía o cravo.[31] Muitas vezes poetas de prestígio tinham seus versos musicados por esses autores mais abastados. Um bom exemplo é o poeta português **Tomás Antônio Gonzaga**. Filho de pai e avô brasileiros, aportou aqui como desembargador em Vila Rica (MG), onde se apaixonou por Maria Joaquina Doroteia de Seixas, a famosa "Marília" do imenso poema "Marília de Dirceu", que foi escrito (e editado) aos poucos, em três partes, a primeira em 1792. Narrando um amor proibido, este ícone do arcadismo brasileiro foi musicado infinitas vezes já no século XIX, bem como uma série de outros poemas de sua lavra, por nossos maiores modinheiros, inclusive por **Marcos Portugal**.

Por outro lado, as velhas modas portuguesas de melodia mais simples ganhariam novo sabor com nossos violeiros populares, convertendo-se em modinhas seresteiras, cada vez mais romântico-sentimentais. Já os violonistas de rua ficaram progressivamente mais afeitos aos lundus brejeiros, irreverentes e obscenos, caindo como luva ao nascente teatro musicado e ao repertório dos palhaços de circo que cruzavam o país de Norte a Sul.[32] Uma mudança considerável no setor popular é que também diversos poetas do período passam também a escrever letras especialmente para canções populares — agora já com partitura![33] Dois deles, segundo o historiador José Ramos Tinhorão, foram responsáveis pela criação do próprio romantismo no Brasil: **Domingos Gonçalves de Magalhães** e **Manuel de Araújo Porto Alegre**.

Ambos frequentavam aquele que passou a ser o ponto de encontro dos novos poetas, escritores e artistas no Rio, em fins dos anos 1830, a chamada Loja do Canto, a livraria do antigo tipógrafo negro **Francisco de Paula Brito** (também poeta), na Praça da Constituição, hoje Tiradentes. Pode-se dizer que a parceria de **Domingos Gonçalves** com o músico português naturalizado brasileiro **Rafael Coelho Machado** tenha sido a mais antiga na produção de nossa música popular, assinando mais de uma dezena de modinhas e lundus, como "O dia nupcial (O cântico do esposo)" e "Ninguém". Outro frequentador, o futuro romancista **Joaquim Manuel de Macedo**, cunhou a letra do lundu "Eu quero me casar" (com música de **Francisco Antonio de Carvalho**), com uma das imagens mais comuns da época para definir o amor: "No coração das moças / Há 'um certo bichinho / Que rói' devagarinho / Até fazer amar / Mamã, isto é sabido / Eu quero me casar."[34]

Um dos mais famosos lundus desse tempo, com versos maliciosos de **Paula Brito**, foi "A marrequinha de Iaiá" (1853), que fazia um duplo sentido sexual entre uma peculiaridade do vestido das moças e seu órgão sexual: "Iaiá não teime / Solte a marreca / Se não eu morro / Leva-me a breca / Quem a vê terna e mimosa / Pequenina e redondinha / Não diz que conserva presa / Sua bela marrequinha."[35] Seu parceiro nesta música, autor da melodia, foi ninguém mais, ninguém menos que o já referido **Francisco Manuel da Silva**, mesmo do hino destinado à abdicação de D. Pedro I em 1831,[36] cuja música se tornaria mais tarde a do Hino Nacional Brasileiro. Outro impagável lundu desse tempo foi "As rosas do cume" — que de tanto sucesso chegou a ser gravado até mesmo em Portugal no século seguinte. Era uma das 15 parcerias do violonista **João Cunha** com o poeta **Laurindo Rabelo**, também médico, de origem humilde, o **Lagartixa**, cujo apelido advinha de seu jeito de andar, espalhando os pés para os lados: "No cume da minha serra / Eu plantei uma roseira / Quanto mais as rosas brotam / Tanto mais o cume cheira."[37]

Lagartixa deixaria um discípulo, o baiano-carioca **Alexandre José de Melo Moraes Filho**, herdeiro do nome do velho historiador. Um poeta direto, objetivo, célebre pelas modinhas "Bentevi" e, sobretudo, por "A mulata" ("Eu sou mulata vaidosa / Linda, faceira, mimosa / Quais muitas brancas não são! / Tenho requebros mais belos / Se a noite são meus cabelos / O dia é meu coração"), cujos versos só foram musicados anos depois, em 1880, por **Xisto Bahia**.[38] Por outro lado, esses grandes poetas inspirariam outros — boêmios urbanos de camadas mais baixas —, que não raro iriam abusar de uma poética algo pernóstica, com palavras difíceis, imitando os grandes nomes do romantismo literário, em especial em suas modinhas sentimentais. Isso foi tão forte que se tornaria uma marca registrada em nossas letras românticas por cerca de um século.[39]

Vale dizer que até por volta de 1850 em cidades como o Rio de Janeiro havia toque de recolher às dez da noite no verão, e nove no inverno. Não havia luz elétrica (a revolucionária iluminação a gás no Rio começa em 1854) e nas famílias o homem só passou a andar de braço dado com as mulheres na segunda metade dos anos 1800, pois até então ele ia na frente, a mulher atrás e as crianças a seguir, em fila indiana.[40] Por isso, durante boa parte do século XIX, ir à igreja e aos festejos religiosos era a grande oportunidade de convívio social das categorias mais oprimidas da sociedade: as mulheres (sempre trancafiadas em casa, num primeiro momento sem nem poder olhar à janela, pois não havia campo de visão entre as casas e a rua, até que um decreto foi revogado) e os escravos (pois nessas datas eram liberados).

As bandas militares e civis

Executando a música oficial, ou seja, hinos cívicos e marchas marciais, inclusive dobrados, frutos da crescente exaltação ao nacionalismo nesse início do século XIX, as bandas de instrumentos de sopro, acompanhados de percussão, foram uma febre na Europa e também no Brasil a partir da vinda da família real, quando surgiram as bandas militares em alguns regimentos da Primeira Linha do Exército.[41] Em 1831, surgiu a Guarda Nacional, espécie de "milícias regionais" que, comandadas, a princípio, pelos grandes proprietários de terra, os coronéis, mantinham a ordem a favor da Regência localizada na capital. Além da música oficial, essa Guarda passou a promover concertos públicos, quando também executava peças de música clássica e popular, como valsas, polcas, schottisches, mazurcas, quadrilhas,[42] inclusive contribuindo para o abrasileiramento de gêneros estrangeiros que aqui chegaram naquele momento.[43] Por sua vez, essas bandas militares motivaram o aparecimento de similares civis nos grandes centros urbanos, o que muito contribuiu à valorização da profissão de músico no país, pois os barbeiros tocavam de graça e essas novas sobreviviam muitas vezes num esquema de doações.[44]

Esse intercâmbio entre as bandas militares e civis ficou mais forte após a Guerra do Paraguai (1864-1870), pois ao mesmo tempo que as primeiras absorviam cada vez mais o repertório popular, as civis progressivamente as imitavam não só na instrumentação, como na indumentária (uniformes, quepes...), na performance marchada e no estilo eclético de repertório. Com isso, esse gênero de banda se tornou marcante na vida cultural da população, por estar em eventos políticos (inaugurações, comemorações cívicas), religiosos (procissões, festas de padroeiro) e nos momentos de lazer, quando, marchando pelas ruas, convidava as pessoas a segui-la, tocando seu repertório eclético que agradava muito.

As novas danças europeias e os ritmos que caíram no gosto do povo

O café brasileiro chegava à segunda metade do século reintegrando o país no mercado internacional, "solucionando" seus problemas econômicos e facilitando a modernização capitalista, embora dependente, de um país ainda escravista. Musicalmente falando, além do costume de se bailar a valsa, que foi um estouro no mundo inteiro por ser a primeira dança com pares entrelaçados, a partir de meados do século XIX aportaram por aqui outros ritmos/danças europeus que rapidamente conquistaram nossos salões: a polca (em 1844), a mazurca (também nos anos 1840), o schottische (xótis) (em 1851), além do tango andaluz e da habanera (anos 1860).[45] Como não poderia deixar de ser num povo musical como o brasileiro, essas danças e esses ritmos importados da Europa — em especial a polca (que vira febre mundial, tanto no ritmo quanto na dança, tão influente quanto seria o rock'n'roll na música do século XX) — acabaram se misturando aos nossos batuques (formas rítmicas de origem africana, difundidas por nossos músicos populares, em especial o lundu), ganhando uma cara nova.

Essa absorção se deu inicialmente pelos grupos de barbeiros, que aos poucos iam sendo substituídos pelas bandas civis e militares, pelos "pianei-

OS PRIMÓRDIOS DA MÚSICA BRASILEIRA

ros" (pianistas contratados para animar festas e reuniões) ou pelos futuros pequenos conjuntos de "choro", sobre os quais se falará em instantes. Daí que, na década de 1870, essa mescla de gêneros originou três dos quatro ritmos preponderantes no Brasil daquele tempo.

Para começar, o tango (brasileiro, que nada tinha a ver com o argentino, pois este sequer havia sido inventado), estilo musical eminentemente instrumental criado pelo compositor, trompetista, organista e regente carioca **Henrique Alves de Mesquita**. Nasceu de uma estilização para o piano dos gêneros populares que se ouvia nos grupos de rua dos instrumentistas populares — da habanera e do tango espanhol com elementos da polca e do lundu.[46] Músico de grande talento, era protegido do imperador e chegou a ir para a Europa aperfeiçoar seus estudos, cursando harmonia no Conservatório de Paris. Contudo, se envolveu num escândalo amoroso jamais esclarecido, sendo até mesmo preso por lá. Regressando ao Rio em 1866, retomou seu legado e criou o novo ritmo, compondo sucessos como "Olhos matadores" e "Ali Babá". Mais tarde, **Ernesto Nazareth** daria o acabamento final à invenção de **Mesquita**, já com referências de outros nomes de então com tempero ainda mais brasileiro, baseado na polca-lundu mais percussiva. E quem eram esses nomes? Os chamados "chorões".

Inicialmente, "choro" era o nome que se dava a pequenos conjuntos populares de formação bem peculiar, com instrumentos de origem europeia e africana, que tocavam músicas sentimentais, no geral polcas e tangos brasileiros, e outros ritmos de salão, com um molho brasileiro, incluindo a influência binária da rítmica africana (do lundu), tendo no improviso uma de suas principais características. Mesmo sem ter sido batizado ainda como gênero musical, o "choro" foi sistematizado pelo flautista e compositor **Joaquim Callado**, que desde cedo se interessou pelos conjuntos cuja base era o violão — instrumento aparecido no país por volta de 1840 — e o cavaquinho, e que já dava aulas de flauta no Imperial Conservatório de Música. Não tardou para formar seus primeiros grupos, chamados de **Choro do Callado** — com dois violões e um cavaquinho que improvisavam os acompanhamentos harmônicos liderados por uma flauta ou outro instrumento solista executado por alguém que efetivamente sabia ler música, algo ainda incomum. Era um personagem querido no Rio de Janeiro que morreu aos 31 anos, em 1880, vítima de uma epidemia de meningoencefalite que tomou a cidade.[47] Deixou de herança muitas composições, dentre as quais, "Flor amorosa", naquela altura grafada como polca, que se tornaria um clássico do choro.

Nos primórdios, os solistas dos grupos de choro eram clarinetistas, depois os flautistas (como o próprio **Callado**) passaram a substituí-los, até que finalmente os bandolinistas tornaram-se preponderantes nos solos. Se antes esse tipo de grupo era chamado de "Choro de Fulano", sendo Fulano o líder, anos mais tarde seria conhecido por "conjunto regional". Os pioneiros chorões eram quase sempre amadores, representantes da baixa classe média do Segundo Império (1840-1889) e da Primeira República (1889-1930), ou seja, pequenos funcionários de repartições como os Correios, a Alfândega, o Tesouro Nacional, a Central do Brasil e a Casa da Moeda — todos no Rio de Janeiro, então a capital federal. Já os músicos profissionais eram normalmente componentes de bandas no gênero militar que, como já vimos, também se proliferaram nesse tempo.

Outros chorões famosos desse período foram **Viriato Figueira da Silva** (autor da polca "Só para moer") e **Virgílio Pinto da Silveira**, ambos flautistas e compositores, sendo o segundo também cantor, e a compositora e pianista **Francisca Gonzaga**, que passou à história como **Chiquinha Gonzaga** com extraordinário e progressivo destaque, como veremos adiante. Mais para o fim do século, somaram-se a esse time o multi-instrumentista **Irineu de Almeida**, o **Irineu Batina**, apelidado assim por usar uma comprida sobrecasaca, sendo professor e autor da primeira composição gravada do futuro astro **Pixinguinha** ("São João debaixo d'água", já em 1911, com o grupo de **Irineu**, **Choro Carioca**); além dos cavaquinistas **Mário Álvares da Conceição**, o **Mário Cavaquinho**, considerado o maior de seu tempo, outro mestre de **Pixinguinha** (a quem **Ernesto Nazareth** dedicou o famoso "Apanhei-te cavaquinho") e **Galdino Barreto** (autor de "Espera-me na saída" e "Na sombra da laranjeira"). Destaca-se ainda o flautista **Pedro Galdino** (autor da polca "Flausina"), o trompetista **Luiz de Souza** (da valsa "Clélia") e o grande maestro, organizador de bandas, **Anacleto de Medeiros**.[48]

OS PRIMÓRDIOS DA MÚSICA BRASILEIRA

Esses nossos primitivos chorões que se estabeleceram a partir da década de 1870 nem sabiam que já estavam criando um estilo novo, eminentemente brasileiro, pois o que era simplesmente uma maneira de tocar os ritmos estrangeiros em voga no período virou um gênero musical que passou a ser chamado de "choro" a partir da década de 1910 — inclusive quase toda a obra de tango brasileiro do período precedente ganhou essa nova nomenclatura. Mais que as bandas militares e "pianeiros", os chorões deram o tiro de misericórdia nas bandas de barbeiros, por também serem pequenos grupos de músicos que alegravam a vida social então, porém mais bem preparados. Durante o carnaval, eles também batiam ponto nos nascentes ranchos carnavalescos.

Outro gênero que surgiu na esteira do nosso tango foi o maxixe. E na mesma década que os chorões deram as caras: os anos 1870. Inicialmente, porém, era apenas uma dança ainda mais lasciva que a do lundu criada por afrodescendentes. O nome maxixe era pejorativo. Significava "fruto comestível de uma planta rasteira", algo considerado de "última categoria", "coisa reles e imoral", pelas classes mais abastadas, segundo Tinhorão. Foi, entretanto, a primeira dança legitimamente brasileira, cujo clímax se dava quando o dançarino encaixava a perna entre as coxas da mulher, numa simulação do ato sexual ao som de miscigenados polcas-lundus, tangos-lundus etc. Por volta de 1883, se tornou também um gênero musical efervescente e dinâmico, e assim como o tango (brasileiro), baseado na fusão abrasileirada dos vários gêneros estrangeiros que havia até então, descendendo igualmente da habanera e do tango espanhol e da rítmica da polca e do lundu. Para muitos, o maxixe nada mais era que polcas, habaneras e, sobretudo, o "tango", com o balanço mais caprichado nas síncopes, ideal para ser dançado.

Sua primeira aparição "oficial" também como gênero musical tocado e cantado se deu numa peça do teatro de revista do ator/cantor **Vasques**, em 1883; aliás, foram nesses espetáculos que as classes mais favorecidas tomaram conhecimento dessa novidade, antes restritas ao povo da Cidade Nova, bairro pobre da região central carioca, onde ele nasceu dançado. O ritmo e a dança geravam um misto de fascínio e repulsa nas classes média e alta de então. No início, os homens, sobretudo, não deixavam de prestigiar as peças que apresentavam maxixes (que passaram a ser obrigatórios em todas as revistas até a década de 1920) e de apreciá-lo em bailes das sociedades carnavalescas, mas não era de bom-tom que as moças tocassem tal gênero em seus pianos domésticos. Os compositores de maxixe, a fim de vender suas partituras para sobreviver, precisavam disfarçá-las como nomes de "tangos", "polca-tangos", "polca-lundu", "lundu" e, mais tarde, "sambas".

De modo curioso, devidamente estilizada, a dança do maxixe foi exportada com imenso sucesso para a França na virada do século, levada pelo bailarino **Duque**, e depois a Portugal, Alemanha, Grécia, Rússia, Argentina, entre outros países, até chegar aos Estados Unidos, introduzido pelo casal de bailarinos Vernon e Irene Castle.[49] Já em 1933, Fred Astaire e Ginger Rogers dançaram o gênero nos filmes *Voando para o Rio* (*Flying down to Rio*) e no rememorativo *Story of Vernon and Irene Castle*, em 39, com temas como "Carioca", de **Ernesto Nazareth,** no primeiro, e "Dengoso", de autoria atribuída ao pianista e compositor **Costinha**,[50] no segundo.

Finalmente, antes do tango, do maxixe e dos grupos de choro, na década de 1860 apareceu no país a cançoneta. Esta, porém, sem o elemento rítmico africano, pois era inspirada na *chansonette* francesa, primeiro gênero musical europeu que instituiu nas canções um coloquialismo que imitava a forma de falar da sociedade da época, criando um clima de intimidade entre o cantor/ator e seus ouvintes, consagrado nos primeiros cafés-cantantes (ou cafés-concertos) de Paris.[51] Por aqui ela surgiu justamente no pioneiro Alcazar Lyrique, inaugurado por um francês no Centro do Rio, em 1859.

Não era exatamente um gênero musical, mas qualquer cantiga leve e espirituosa, em geral de viés satírico, que incluía vários breques com comentários falados do artista-cantor ou diálogos um tanto ousados, rivalizando com o lundu e o maxixe no duplo sentido sexual, explorando temas da atualidade. A cançoneta era, entretanto, impossível de ser dançada. Por seu teor jocoso, caiu no gosto popular e, assim como o maxixe, não podia faltar em nenhuma peça de teatro de revista, e só caiu em desuso a partir dos anos 1920, quando a marchinha carnavalesca se difundiu definitivamente, até por ser mais vibrante, com a vantagem de poder ser cantada a plenos pulmões na rua pelos foliões.

OS PRIMÓRDIOS DA MÚSICA BRASILEIRA

Apesar do moralismo daqueles tempos, no início do século XX, com o surgimento de nossa indústria fonográfica, algumas cançonetas com duplo sentido bem forte chegaram a ser gravadas. É que nessa época os discos ainda não passavam pelo crivo da censura, pois eram de alcance doméstico e limitado. **Bahiano** registrou "A pombinha de Lulu", "Regente de orquestra" (cuja batuta do maestro era comparada ao órgão sexual masculino), "Os colarinhos", "Vai entrando" e "Rua Pau Ferro". Já "Pela porta de detrás", "A concha do amor" e a inenarrável "Boceta de rapé" ("É coisa boa devera / Um tabaco de fino pó / Quando tiro assim com o dedo / Da boceta de vovó") ganharam a voz de **Mário Pinheiro**, que era do time dos palhaços-cantores assim como **Eduardo das Neves** ("Pelo buraco", "Pomada"), **Campos** ("Na ponta da bengala") e o mineiro **Benjamin de Oliveira**. Este último, embora tenha gravado apenas meia dúzia de canções, foi juntamente com **Eduardo das Neves** um de nossos pioneiros palhaços negros importantes. Também ator e dramaturgo, teve carreira longeva, encantando até mesmo o presidente Floriano Peixoto (governante do país entre 1891 e 94), que o protegeu no início de sua carreira. Ainda sobre as cançonetas ousadas, em "Meu assovio", o teatrólogo, pintor, jornalista e poeta pernambucano **Eustórgio Wanderley** lançava mão do recurso de assobiar trechos que substituíam situações maliciosas da letra.[52]

Os seresteiros, o carnaval, os cafés-cantantes e o teatro de revista

O Rio de Janeiro do século XIX era um caldeirão cultural em franca ebulição e a música popular estava presente por toda parte: nos cafés-cantantes ou café-concertos (mais refinados), nas casas de chope, os "chopes berrantes" (bares mais populares), onde havia pequenos tablados com música ao vivo, além de saraus familiares, bailes, teatros e picadeiros de circos. A capital federal era chamada de "Pianópolis" — a cidade dos pianos, afinal o instrumento era signo de status de uma classe média nascente, sendo um dos únicos passatempos reservados às mulheres daquele tempo. E também de "Barulhópolis", pela zoeira vinda das ruas, via bandas de música, cantores, sinos de igrejas, balbúrdia dos comerciantes, assovios e... do som dos pianos, nem sempre afinados, vindo dos casarios.[53] Mais para o fim do século XIX, parte dessa algazarra adveio da figura dos seresteiros, muitos deles chorões, com seus violões em punho, que passaram a fazer serenatas em vários pontos da cidade.

Em paralelo, o carnaval carioca, que seguia desde o século XVI a tradição portuguesa do entrudo, se dividiu nos anos 1600 entre o entrudo familiar e o popular, sendo este último de uma anarquia generalizada, em que os foliões espirravam uns nos outros gamelas, bisnagas ou seringas com uma mistura de água, farinha, tremoços, urina, cal, pó de sapato, pimenta, além de ovos, "limões de cheiro"[54] e outras iguarias malcheirosas preparados ansiosamente pelos foliões com pelo menos quinze dias de antecedência.[55] Em meados do século XIX ele continuou, mesmo com as tentativas de proibição. Porém, algumas novidades ajudaram a suavizar a baixaria da festa de rua. Em 1840, surgiam os bailes de salão (de máscaras) no Hotel Itália, onde hoje é a Praça Tiradentes[56] e, uma década depois, duas novas maneiras menos escatológicas de brincar o carnaval de rua.

José Nogueira, um sapateiro português que trabalhava numa oficina na rua São José, saiu com alguns conterrâneos pelas ruas do Centro do Rio numa segunda-feira de carnaval, por volta de 1850, relembrando certos costumes de sua terra natal, tocando bombos e tambores e dando vivas a um certo Zé Pereira, que poderia inclusive ser um pseudônimo dele próprio. Foi um sucesso. Dali se iniciou essa espécie de bloco nos carnavais subsequentes.[57] Ao mesmo tempo que o entrudo movimentava gente de várias classes e que os mais pobres se divertiam nessa espécie de blocos de "Zé Pereiras", em 1855, houve o desfile mais elitizado de carros da sociedade carnavalesca Congresso das Sumidades Carnavalescas, que tinha entre seus membros o romancista José de Alencar. Por sua sugestão, a agremiação criou uma nova maneira de brincar o carnaval de forma organizada, animada por uma banda de estilo militar, conforme divulgou em primeira mão num artigo de jornal: "Em vez do passeio pelas ruas da cidade, os máscaras se reunirão no Passeio Público e ali passarão a tarde como se passa uma tarde de carnaval na Itália, distribuindo flores, confete e intrigando os conhecidos e amigos."[58]

OS PRIMÓRDIOS DA MÚSICA BRASILEIRA

Outra marca cultural do período, que muito influiu na divulgação e profissionalização de nossos músicos, autores e cantores, foi o aparecimento do nosso teatro de revista. Nascido no Théatre des Varietés de Paris no início do século XIX, ele aportou no Brasil em 1859 no referido Alcazar Lyrique, mas só obteve sucesso a partir de 1875, impulsionado pelas peças ("burletas") de Artur Azevedo, caindo no gosto da burguesia carioca nascente, tendo seu período áureo até o fim da década de 1920. Era uma espécie de comédia musical que realizava a crônica de costumes e política da cidade e do país, de forma leve e espirituosa, regada a muito humor, dança e música —, no caso, lundus, depois maxixes e cançonetas, e mais tarde ainda, marchas —, além de muitas vedetes com pernas de fora e, depois, seios nus. Num tempo em que ainda não havia rádio e os discos (gravados só a partir de 1902) também eram para poucos, essas peças do teatro de revista foram fundamentais para difundir a obra de nossos compositores populares do período.

A primeira música com motivos carnavalescos de que se tem notícia, no Rio, nasceu justamente numa peça do teatro de revista, em 1896, e também encenada pelo famoso ator/cantor **Vasques**, o mesmo que lançou o maxixe nos palcos cariocas. Ele fez a paródia da canção de uma revista concorrente, francesa, em ritmo de marcha tradicional: "E viva o Zé Pereira / Pois que a ninguém faz mal / Viva a bebedeira / Nos dias de carnaval."[59]

Apesar de toda a crescente efervescência de nossa canção popular, nessa época a música erudita era muito mais prestigiada pelas classes mais abastadas, inclusive com a moda cada vez mais forte do *bel canto* italiano, das óperas, motivando a construção de teatros agora mais majestosos e luxuosos que os do Brasil pré-Independência. Até o início do século XX, foram erguidos o São Pedro, em Porto Alegre (1858), o da Paz, em Belém (1878), o Amazonas, de Manaus (1896), e o Municipal, do Rio (1909). Foi nessa segunda metade da década que surgem nomes como o maestro **Antonio Carlos Gomes**, paulista radicado no Rio, autor de gêneros populares (ainda que compostos com requintes de música de câmara) como a modinha "Quem sabe" (1859), que ganhou letra do jornalista **Bittencourt Sampaio** ("Tão longe de mim distante / Onde irá, onde irá teu pensamento?"), mas que foi consagrado mesmo no segmento erudito, compondo óperas famosas internacionalmente, como "O guarani" (1870) e "Condor", que estreou no mítico Scala de Milão, na Itália, em 1888.

Embora este livro seja dedicado à música popular, é importante registrar outro compositor erudito da época, contemporâneo de **Carlos Gomes**, o também violonista e maestro **Leopoldo Miguez,** por duas razões: como educador, continuou os esforços de **Francisco Manuel da Silva** por um bom ensino de música no país, sendo nomeado diretor do Instituto Nacional de Música em 1890, que sucedeu o antigo Conservatório da capital; e por ser um fervoroso militante republicano (ao contrário de **Gomes**, monarquista), que por isso acabou assinando o "Hino da Proclamação da República", cuja letra de **Medeiros e Albuquerque** serviria como mote carnavalesco um século depois: "Liberdade! Liberdade! / Abre as asas sobre nós! / Das lutas na tempestade / Dá que ouçamos tua voz!"

Os compositores populares da virada do século XIX para o XX

Se **Henrique Alves de Mesquita** criou o tango brasileiro, depois tendo o nome estilizado de "choro", o grande sistematizador do gênero ao piano foi **Ernesto Nazareth**, conferindo-lhe um sabor bem brasileiro, na fronteira do erudito e do popular. Foi nosso primeiro grande músico modernista a utilizar modulações em suas composições, abandonando a tonalidade numa parte para estabelecer outra na seguinte. Compôs cerca de 215 obras, principalmente tangos brasileiros, uma requintada estilização pianística da polca-lundu ("Brejeiro", "Odeon", "Bambino", "Carioca", "Escovado", "Favorito") e das polcas propriamente ditas ("Apanhei-te cavaquinho", "Ameno Resedá") — depois rebatizadas de choros —, mas também sendo um grande autor de valsas de estirpe bem seresteira, dolente, normalmente em tom menor, de ar melancólico, como se curtia na ocasião por aqui ("Confidências", "Faceira", "Elegantíssima"...).

Apesar de nascido em família pobre, a mãe tinha um piano em casa e desde adolescente ele já compunha. Como não podia viver apenas das composições, sobreviveu dando aulas de piano, tocando em clubes e saraus familiares, depois atuando em lojas de instrumentos e editoras musicais (divulgando ao piano as partituras vendidas nelas) e salas de espera de cinemas.[60] Só realizou seu primeiro concerto apenas com músicas de sua autoria, aos 69 anos, em 1932. Viúvo, deprimido por conta de uma surdez e com transtornos mentais, por ter contraído sífilis, acabou internado num hospício, de onde fugiu, sendo achado morto num domingo de carnaval, em 34, num córrego, submerso e, reza a lenda, em pé, como se estivesse tocando seu piano.

Outra figura de obra portentosa e igual importância no período foi **Chiquinha Gonzaga**, uma mulher cem anos à frente de sua época. Nasceu bastarda, mas assumida por um pai militar importante. Foi feminista antes de o termo ser inventado, jamais se curvando ao que a sociedade de seu tempo esperava de um indivíduo do sexo feminino, ou seja, ser apenas mãe, dona de casa e esposa devota. Separou-se de dois maridos, um que não lhe queria artista e outro que a traiu, enfrentando a ira de sua família, que chegou a fazer uma fogueira de suas partituras em praça pública; seu pai nunca mais quis vê-la, nem no leito de morte. Sobreviveu dando aulas de música e vendendo partituras de suas canções, sendo protegida por músicos e admiradores, como **Joaquim Callado** e **Carlos Gomes**.

Certa do que queria, tornou-se nossa primeira compositora e maestrina, autora de músicas para inúmeras peças teatrais (operetas, burletas, revistas), como "Forrobodó", com texto de Luiz Peixoto e Carlos Bittencourt, que estreou em 1912, na qual o maxixe-título (grafado como tango na partitura) foi seu maior sucesso.[61] "Forrobodó de massada / Gostoso como ele só / É tão bom como a cocada / É melhor que pão de ló / Forrobodó de massada / Gostoso como ele só / Xi! a zona está estragada / Meu deus, que forrobodó." A peça bateu todos os recordes de público no gênero, tendo 1.500 apresentações, com um elenco composto por dez negros e apenas um branco. Onde houvesse transgressão ela estava perto.

Chiquinha foi abolicionista (afinal, sua mãe havia sido alforriada, filha de uma negra escravizada), republicana e pioneira na luta pelos direitos autorais dos compositores, isso porque, ao contrário do que se possa pensar, já circulavam discos e partituras de artistas brasileiros pela Europa naquele tempo, nem sempre com o devido crédito. Ela sentiu isso na pele quando excursionou a Portugal na virada do século XIX para o XX para compor para revistas de lá e se surpreendeu ao encontrar partituras de canções de sua lavra assinadas por outros autores. Por isso, na volta acabou sendo uma das fundadoras da Sociedade Brasileira de Autores Teatrais (SBAT), em 1917, a primeira associação arrecadadora de direitos do país.

Compôs em ritmo de polca ("Atraente", seu primeiro sucesso, de 1877, pelo qual ganhou o apelido de Chica Polca; "Sultana"), tango (mais tarde considerado maxixe) ("Gaúcho", rebatizado de "Corta-jaca"), modinha ("Lua branca"), valsa ("Plangente", "Falena"), polca-tango ("Pudesse esta paixão"), "Balada romântica" (da opereta "Corte na roça", de 1885) e até mesmo "Marcha fúnebre". Foi ainda a primeira a compor uma canção especialmente para o carnaval (de 1899), "Ô abre-alas", uma marcha para o Cordão Rosa de Ouro, que ela via passar no bairro carioca do Andaraí, diante de sua janela. Conheceu seu último companheiro quando o rapaz tinha 16 anos e que apresentou à sociedade como filho. Morreu idosa, ainda mais para o padrão daquela época, aos 87, em 1935, deixando um admirável legado à posteridade.

Anacleto de Medeiros foi professor de clarinete e fluente em vários instrumentos de sopro, em especial no sax soprano. Esse filho de escrava liberta criado por um benfeitor entrou para a história a partir de 1896 quando se tornou regente da estreante **Banda do Corpo de Bombeiros** (RJ), a primeira banda militar de renome da capital federal, que incluía vários chorões notórios da época. No lugar da batuta típica dos maestros, usava uma longa vara com a qual cutucava quem não estivesse tocando de acordo com seus critérios. Foi o grande estilizador do gênero schottisch (xótis, bem diferente da forma que seria estilizado no futuro como xote nordestino), em temas como "Santinha", "Implorando" e "Yara" (que virou, anos mais tarde, "Rasga coração", com letra de **Catulo da Paixão Cearense**). Ao todo compôs cerca de oitenta canções, incluindo polcas ("Medrosa", "Três estrelinhas"), tangos brasileiros ("Os bohemios"), dobrados ("Jubileu", "Avenida"), valsas ("Terna saudade"), quadrilhas ("No baile"), modinhas e peças sacras. Também dirigiu outras bandas operárias que eram comuns no Rio na virada do século XIX para o XX, nos deixando cedo, aos 41 anos, em 1907.[62]

Um dos compositores mais cantados pelos brasileiros no fim do século XIX, além de grande ator e cantor, foi o baiano **Xisto Bahia**, considerado um ícone do teatro em seu tempo. Musicalmente, sabia como poucos explorar a malícia dos lundus, o que pode ser conferido em sua memorável composição "Isto é bom". Depois de excursionar pelo país, brilhou no Rio nos salões aristocráticos e nos palcos do teatro de revista. Sua bela voz de barítono o legitimou como ótimo seresteiro, acompanhando-se do violão em vez do piano. Por essa razão, foi um dos renovadores da modinha nesse período no Rio e na Bahia, que passou a ser exclusivamente tocada em ritmo ternário (antes era também binária e quaternária), na base de três estrofes ou estrofes e refrão, virando uma espécie de valsa lenta.

Por fim, é preciso falar de **Catulo da Paixão Cearense**, que na verdade nasceu em São Luís (MA), mudou-se aos 10 anos para o Ceará e radicou-se no Rio de Janeiro a partir dos 17, quando chegou a ser estivador do cais do porto. Poeta e letrista contumaz, tornou-se notório na década de 1890 e chegou ao ápice da carreira nos anos 1900. Cabotino e megalomaníaco, se considerava "um dos maiores poetas da humanidade",[63] com seu estilo romântico cheio de firulas que agradava muito, em especial a plateia feminina. Fez sucesso com seus livros de poesia (inclusive sertaneja, a partir de 1918) e também com música popular, colando suas letras em melodias "emprestadas" de autores os mais diversos, como **João Pernambuco** ("Luar do sertão",[64] "Cabôca de Caxangá"), **Ernesto Nazareth** ("Sertanejo enamorado" [Brejeiro]), o flautista **Pedro Alcântara** ("Ontem ao luar"), **Anacleto de Medeiros** ("Rasga coração", "Terna saudade"), **Irineu de Almeida** ("Os olhos dela"), **Joaquim Callado** ("Flor amorosa"), o tocador de requinta **Otávio Ferreira** ("Talento e formosura") e muitos outros, raramente dando o devido crédito. Por outro lado, muitas dessas canções passaram à posteridade justamente por terem sido divulgadas e letradas por ele.

Catulo se apresentava como cantor e violonista, inclusive em salões chiques e no Instituto Nacional de Música do Rio, quebrando o tabu que atormentava o instrumento, o de que não seria nobre o bastante a ponto de ser executado em conservatórios musicais.[65] Mais que isso, porém, teve uma grande sorte: viveu o auge da carreira no mesmo período em que uma invenção revolucionária, a gravação em disco, o faria ter logo sua obra registrada em cerca de 150 gravações (só nas primeiras três décadas do século XX) pelos principais intérpretes de seu tempo, se tornando uma figura bem mais popular que seus antecessores. Mas os versos que tiveram a força de se perpetuar por mais de um século na memória dos brasileiros foram mesmo os de "Luar do sertão": "Não há, ó gente, ó não / Luar como este do sertão..."

2.

O início da indústria fonográfica e o nascimento do samba, da marchinha e da música "sertaneja" (1902-1930)

O surgimento de nossa indústria fonográfica foi fundamental para potencializar ainda mais a vocação do brasileiro para a música. Pela primeira vez tornou-se possível levar as canções favoritas e o artista do coração para a casa e ter com eles uma relação ainda mais afetiva. Antes as pessoas tinham um piano na sala, muitos à época tocavam o instrumento ou convocava-se um "pianeiro" popular para animar os saraus familiares. Caso fosse um evento especial, como casamentos ou aniversários, eram chamadas bandas de música ou grupos de choro. E para o povo em geral restavam os coretos de praça aos domingos e alguma comemoração pública onde esses músicos também se faziam presentes. Afora isso, havia peças sacras na Igreja católica ou batuques (proibidos e perseguidos) nos terreiros de religiões de matriz africana.

Mas até que as músicas fossem comercializadas, um longo caminho foi percorrido. Tudo começou com o fonógrafo (de cilindro), invenção mágica patenteada pelo empresário americano Thomas Edison em 1877, capaz de registrar e reproduzir o som. Em novembro de 1889, o comendador Carlos Monteiro e Souza, agente de Edison no Brasil, responsável também por divulgar as novidades da iluminação elétrica e telefonia nascentes, demonstrou o aparelho no país no Paço Imperial e a primeira gravação de fonógrafo brasileira coube justamente à família imperial, com as vozes de D. Pedro II (afeito a novidades tecnológicas) e membros da corte, incluindo as da princesa Isabel, do Conde d'Eu e do príncipe D. Augusto, sendo assim os primeiros brasileiros a terem suas vozes registradas, ainda de forma não comercial, por aqui. Dias depois, com a Proclamação da República, o comendador expôs o fonógrafo na rua do Ouvidor, 133, reproduzindo discursos de diversos líderes republicanos, como José do Patrocínio, Lauro Sodré e Brício Filho.[1]

Anos depois, graças ao espírito empreendedor de um judeu de origem centro-europeia (onde hoje é a República Tcheca), Fred Figner, que vivia nos Estados Unidos e vislumbrou naquilo um grande negócio, é que a engenhoca começava a dar frutos no Brasil. Fred gravou diversos fonogramas a fim de exibir em países latino-americanos. Sai em turnê pela América Central, incluindo Cuba, realizando apresentações para divulgar o aparelho, quando é aconselhado por um colega a vir para o Brasil fazer fortuna com a novidade. Entra em 1891 por Belém do Pará e depois avança por Manaus, Fortaleza, Natal, João Pessoa, Recife e Salvador até chegar ao Rio de Janeiro, no ano seguinte. Fugindo da epidemia de febre amarela na cidade, circula por São Paulo, retorna aos Estados Unidos e só se estabelece definitivamente no Rio em 1896, já comercializando diversos produtos com tecnologia moderna, incluindo alguns ligados à gravação do som, como os cilindros (primeira mídia avulsa para ouvir música — os com gravações brasileiras começaram a ser vendidos em 1897) e fonógrafos (para tocá-los).

A Casa Edison e os primeiros discos brasileiros

Em 1900, Fred Figner fundou a Casa Edison na rua do Ouvidor, 107, no Centro do Rio de Janeiro, cujo nome era uma homenagem ao inventor do fonógrafo, e continuou a desenvolver gravações e a vender de cilindros de cera. Em 1902, entretanto, ele deu um passo mais ousado. As gravações mecânicas passaram a ser registradas também em discos de cera, que ficaram conhecidos pelo nome de "chapas". Ainda que precárias, já apresentavam um som mais alto, de melhor qualidade que os cilindros, e

O INÍCIO DA INDÚSTRIA FONOGRÁFICA E O NASCIMENTO DO SAMBA...

o gramofone passa a ser o novo aparelho para reproduzi-las. Iniciava-se, portanto, a indústria fonográfica brasileira, cujo primeiro selo fonográfico foi o Zon-O-Phone. Dois anos depois de inaugurada, em 1904, a Casa Edison já trocava esta marca pela Odeon, que a mesma multinacional alemã International Talking Machine Company, sócia de Figner, passa a adotar mundialmente, proveniente de outra companhia (também alemã) absorvida por ela. Apesar de ligada à multinacional, conservava seu selo "Casa Edison".

No começo, os discos eram prensados na cera e fabricados num material que quebrava com facilidade. A velocidade variava dependendo da gravadora. Giravam num prato de 76 rotações por minuto (como era a maioria dos discos da Casa Edison, dos selos Zon-O-Phone e Odeon) a 80 (como seriam os da Columbia). Os demais não tinham uma velocidade precisa. Em termos de tamanho, os da líder de mercado, a Casa Edison, podiam ter 18 cm (7 polegadas), 25 ou 27 cm (dez polegadas) e 30 cm (12 polegadas), chegando numa série a 35 cm. Entretanto, os mais comuns na fase mecânica da Casa Edison eram mesmo os de 27 cm. Eles traziam apenas uma faixa em cada face. Até 1904, os da Casa Edison traziam, de um lado, uma canção brasileira e, no outro, uma importada da Europa. Após esse período já apresentavam normalmente duas canções nacionais. Cada gravação tinha no máximo três minutos e meio de duração.

Os discos eram gravados aqui com a presença de técnicos europeus e então as matrizes eram levadas à Europa para a fabricação das chapas. Voltavam depois em caixotes, de navio, com selo da sede da Zon-O-Phone e, a partir de 1904, Odeon. Os da Casa Edison apresentavam uma locução no início (feita por **Nôzinho**, também cantor) dizendo se tratar de "Disco da Casa Edison — Rio de Janeiro", dando o endereço e tudo (numa bela estratégia pioneira de marketing), e logo depois o nome da música e do intérprete. A seguir eram embalados em envelopes, nos quais se via apenas um buraco redondo recortado no meio, de modo que o selo de cada um ficasse visível, mostrando impressos o nome da gravadora, do intérprete e da canção, seu respectivo gênero musical (no geral, lundus, maxixes, modinhas, valsas, cançonetas, mazurcas, schottisches (xótis), dobrados e ainda polcas e tangos brasileiros) e muitas vezes sem o crédito dos compositores, numa época em que ainda não havia legislação apropriada nem sociedades arrecadadoras específicas para a música — o que só começa a partir dos anos 30. O ano das gravações também não era mencionado (aliás, era considerado algo inútil até meados dos anos 60).

A Odeon foi, disparada, a gravadora de maior sucesso nos primeiros trinta anos do século XX. Nessa primeira década, se estabeleceram aqui as americanas Columbia (Disco Brazileiro) (em 1908) e a Victor Record (1908/09), além das nanicas Favorite Record (Casa Faulhaber) (1910) e (Grand Record) Brazil (1911). A diferença é que nesse tempo as marcas que não fossem Zon-O-Phone e Odeon tinham somente uma face gravada, pois a Casa Edison era detentora da patente 3465, que dava direito a gravar nas duas faces.[2]

Os pioneiros astros do disco

Os primeiros cantores a se destacar em nossa indústria fonográfica foram verdadeiros heróis, pois gravaram no tempo da gravação mecânica, quando não havia microfones, e sim precários funis receptores da voz humana (e das orquestrações), os chamados autofones. Era preciso uma portentosa impostação vocal, às vezes mesmo gritar, para que a voz ficasse registrada com boa definição. Um tempo em que ainda não havia idolatria à figura dos cantores, por ser difícil perceber as nuances de suas vozes nas gravações, pelo fato de o disco ainda ser um luxo para poucos e por suas imagens não serem difundidas junto com as chapas. Esses pioneiros da Casa Edison eram na maioria cantores, atores e músicos que frequentavam o teatro de variedades e os cafés-cantantes no Rio de Janeiro. Os menos conhecidos trabalhavam em picadeiros de circo, casas de chope ou faziam parte de bandas militares ou grupos de choro.

No primeiro (e generoso) suplemento de 228 discos da Casa Edison havia, na maioria, músicas que já vinham se destacando desde o século passado ("As laranjas da Sabina", "O gondoleiro do amor", "Lundu do baiano", "A mulata", "Perdão, Emília",[3] entre outras), e foi lançado em agosto de 1902. Eram faixas cantadas, instrumentais e ainda 14 discursos de personalidades lidos por locutores e distribuídos em duas séries. A primeira gravação listada na série Zon-O-Phone 10.001, de 7 polegadas de diâmetro, foi "Isto é bom!". Trata-se de um lundu de duplo sentido que já era sucesso no teatro de revista e cujos versos pareciam mais uma adaptação livre de quadrinhas populares do que compostos por uma pessoa só, mas ele foi atribuído ao compositor baiano **Xisto Bahia** e quem o cantava era Manuel Pedro dos Santos, seu conterrâneo, que atendia pelo nome artístico de **Bahiano**.

O cantor e compositor **Bahiano** (1870-1944), natural de Santo Amaro da Purificação, era consagrado como ator-cantor no teatro musicado (como **Geraldo Magalhães**, **César Nunes** e, mais tarde, **Alfredo Albuquerque**) e chopes berrantes. Acabou sendo o artista mais popular de seu tempo e o que mais gravou na Casa Edison, cerca de quatrocentos fonogramas, incluindo lundus ("Lundu do baiano", dos versos "Bolim bolacho / Bole em cima / Bole embaixo..."), maxixes ("Essa nega qué me dá"), cançonetas ("O arame"), tangos-fados ("Luar de Paquetá") e sucessos carnavalescos, em ritmo de samba amaxixado ("Pelo telefone", "Quem são eles", "Já te digo"), sambas à moda paulista ("Tatu subiu no pau") e marchas de cunho político ("Ai, Filomena", "Ai, seu Mé", "Goiabada").[4]

O segundo mais requisitado em gravações foi **Mário Pinheiro** — de canto coloquial e despojado como **Bahiano**. Nascido em Campos, estado do Rio, tentou a carreira de palhaço, quando começou a gravar em 1904. Depois, participou do espetáculo inaugural do Teatro Municipal do Rio de Janeiro, em 1909. Entre 1910 e 17 viveu nos Estados Unidos, quando gravou para a Victor, em Nova Jersey. Na Casa Edison, se destacou no repertório romântico em função de seu timbre de barítono, mas musicalmente era tão versátil quanto o colega, registrando desde canções bem populares, como o cateretê "O matuto" (Marcelo Tupinambá/Claudino Costa) e o maxixe "Corta-jaca" (Chiquinha Gonzaga), em dueto com a atriz **Pepa Delgado**, a modinhas mais rebuscadas, como a "Estela" (Abdon Lira/Adelmar Tavares), "Talento e formosura" (Otávio Ferreira/Catulo da Paixão Cearense) e o clássico "Casinha pequenina", baseada num motivo popular.

O paulista **Eduardo das Neves** foi o nosso artista negro de maior sucesso na música do início do século XX. Palhaço, poeta, compositor e cantor de circo, estreou na Casa Edison por acaso. Indignado ao saber que algumas de suas músicas estavam sendo gravadas sem indicação de autoria e com letras deturpadas, partiu feroz para a gravadora disposto a tirar satisfações. Chegando lá, foi surpreendido com um convite de Fred Figner, que, muito espertamente, aceitou suas queixas e tratou logo de convidá-lo para ser artista da casa. No auge da carreira, apresentava-se de smoking azul, monóculo e chapéu de seda. Era chamado de "Rouxinol Brasileiro".[5] Já em 1902 fez sucesso com a marcha "A conquista do ar" ("Santos Dumont"), de sua autoria, em homenagem ao Pai da Aviação, e na década seguinte se destacaria com o samba amaxixado "Confessa, meu bem" (Sinhô) e lançaria em disco pela primeira vez a clássica toada "Luar do sertão" (João Pernambuco/Catulo).

Editou também alguns livros de modinhas com as letras de suas músicas, algo que, juntamente com um bom volume de partituras, eram termômetro de popularidade dos principais artistas da música desde o século anterior. Foi também um dos maiores cronistas musicais da vida política brasileira de seu tempo em números como a cançoneta "Os reclamantes" (autor desconhecido, 1910), sobre o levante dos marinheiros chefiado por João Cândido contra os maus-tratos na Marinha que gerou a Revolta da Chibata; "A Revolução no Paraná", acerca da "Revolta messiânica" (1913) ocorrida na região do Contestado; a canção "Volta à pátria o imperador", a respeito do retorno ao país dos restos mortais de D. Pedro II — ambas autorais; além do cateretê "O pai de toda gente" (autor desconhecido), que denunciava a "política de governadores", famosa por dar poder absoluto às oligarquias estaduais.

Outro cantor negro a obter êxito nesse tempo foi o gaúcho **Geraldo Magalhães**, também ator, compositor e dançarino, que gravava desde a fase dos cilindros, depois formando a dupla **Os Geraldos** com **Senhorita Margarida**, até 1907, e a seguir com **Nina Teixeira,** uma rara cantora da época que gravou oito discos solo. Com ambas as parceiras gravou dezenas de canções, como a marcha "Vem cá, mulata" (Arquimedes de Oliveira), o

O INÍCIO DA INDÚSTRIA FONOGRÁFICA E O NASCIMENTO DO SAMBA...

maxixe "Vatapá" (Paulino do Sacramento) — de duplo sentido: "Mas meu bem, a cabeça não entra?" —, e a cançoneta "No bico da chaleira" (Eustórgio Wanderley), grande sucesso no carnaval de 1909, fazendo troça dos aduladores do poderoso senador Pinheiro Machado, onipresente em vários governos da República Velha, pois o verbo "chaleirar" significava bajular. Porém, não satisfeito, incluiu ainda um duplo sentido sexual: "Menina, eu quero só por brincadeira, pegar no bico da sua chaleira". A partir de 1913, passou a atuar em Portugal, mas em dueto com a patrícia **Alda Soares**, com quem se casou, atuando até 27, cantando maxixes, como "Eu vi uma lagartixa" (Hekel Tavares).[6]

Finalmente, o também compositor e repentista pernambucano **Cadete** foi outro cantor dos mais representativos da fase mecânica. Ele veio para o Rio em 1887 a fim de cursar a escola militar, daí a origem do apelido. Acabou trocando-a pela boemia. Assim como **Bahiano**, foi ator e cantor em teatros e chopes berrantes, e também pioneiro na Casa Edison, sendo o primeiro cantor a gravar em cilindros no Brasil. Simultaneamente à série 10.000, que era de 7 polegadas (do lundu "Isto é bom"), saiu a série X-1001, de 10 polegadas de diâmetro, com "Ave-Maria" (autor desconhecido), em sua voz. Ou seja, disputa com o mesmo **Bahiano** a primazia de encabeçar as duas primeiras séries de lançamentos brasileiros,[7] com modinhas ("A mulata", de Gonçalves Crespo), valsas ("Princesa do Império Chinês", de sua autoria), lundus ("A mulher é o diabo de saias", de autor desconhecido) e cançonetas ("O bonde", outra de autor desconhecido).

Em função do machismo da sociedade patriarcal da época, não havia cantoras com uma carreira fonográfica expressiva na primeira fase de nossa discografia. Não era considerado de bom-tom mulheres "de vida normal" se dedicarem a esse tipo de profissão. Ainda assim, houve cerca de quarenta nomes femininos na fase da gravação mecânica em muito poucos discos, e em alguns deles aparecendo apenas em dueto com algum cantor. Havia, no máximo, algumas atrizes do teatro musicado, como **Pepa Delgado** e **Risoleta**, as que mais gravaram, **Abigail Maia**, **Júlia Martins**, **Rosa Negra** e umas certas **Senhorita Consuelo**, **Senhorita Odete** e **Senhora Augusta**. Sobrenomes? Melhor evitar.

Os chorões e as bandas de estilo militar chegam ao disco

Apesar da popularidade desses primeiros cantores, 60% das gravações no início da indústria fonográfica brasileira eram instrumentais. A **Banda do Corpo de Bombeiros**, regida por **Anacleto de Medeiros**, foi a mais requisitada pela Casa Edison e registrou dezenas de canções do próprio maestro e de autores como **Chiquinha Gonzaga** ("Corta-jaca", "Itararé") e **Ernesto Nazareth** ("Brejeiro", "Está chumbado", "Favorito"). É quando as obras de nomes consagrados do século XIX finalmente chegam ao disco. Mas havia também outras, como a **Banda da Casa Edison**, e diversas marciais, como a **Banda do 1º Regimento da Força Policial** e, a partir de 1912, com os registros de mais um punhado de outras, como a do **1º Regimento da Cavalaria** e a **do 10º Regimento da Infantaria**, ambas do Exército. Dois anos depois, há ainda um crescimento de grupos de choro e, na década seguinte, das novas "jazz-bands", sobre as quais falaremos na sequência.

Entre os músicos solistas, dois nomes chamaram a atenção nessa fase mecânica: o flautista **Patápio Silva**, natural de Itaocara (RJ), autor e intérprete de valsas ("Primeiro amor", "Amor perdido"), mazurcas ("Margarida") e polcas ("Zinha"), entre 1904 e 1907; e, nas duas décadas seguintes, o paulista **Canhoto** (Américo Jacomino), nosso primeiro violonista de sucesso nacional, que tocava com a mão esquerda sem inverter as cordas do violão, à frente do **Grupo do Canhoto**, sendo também autor de valsas de sucesso, como "Triste carnaval" (22) e "Abismo de rosas" (25). Há, porém, um terceiro nome que é um fenômeno à parte: o flautista e saxofonista virtuose, **Pixinguinha**.

Nascido numa família de músicos, ele foi menino prodígio. Começou ainda pré-adolescente a tocar em cine-teatros, depois em bailes, casas noturnas e cabarés, e participou da primeira gravação aos 14 anos no grupo **Choro Carioca**. Fez parte de diversos conjuntos e orquestras, sempre à frente do tempo com informações musicais ora dos terreiros de matriz africana ora das big bands internacionais, razão pela qual chegou a sofrer patrulhas da *intelligentsia* nacionalista. Após passar pelo **Grupo de Caxangá**, do qual falaremos adiante, em 1919 foi ser flautista numa orquestra

O INÍCIO DA INDÚSTRIA FONOGRÁFICA E O NASCIMENTO DO SAMBA...

que tocava na antessala do luxuosíssimo Cine Palais, na Av. Rio Branco, Centro do Rio, nos intervalos dos filmes, para fazer concorrência ao Cinema Avenida, em cuja sala de espera tocava a **Orquestra de Cícero Menezes**, com músicos como o pianista **Augusto Vasseur** e o trompetista **Bonfiglio de Oliveira**. Ali, **Pixinguinha** foi convidado pelo gerente a formar e dirigir um conjunto para atuar no local, um point da alta sociedade carioca. Assim nasceram **Os Oito Batutas**. A formação original (teve várias) contava com ele próprio na flauta, seu irmão **China** (violão e voz), **Donga** (violão), **Nelson Alves** (cavaquinho) — todos negros — e ainda **José Alves de Lima** (canto e ganzá), **Luiz Silva** (reco-reco) e os irmãos **Raul Palmieri** (violão) e **Jacob Palmieri** (pandeiro). O fato de terem negros no conjunto tocando música popular (não erudita) e ainda cantando com vestes sertanejas de seu conjunto anterior gerou protestos de setores do público elitizado.

Porém o grupo obteve grande sucesso e caiu nas graças de jornalistas e figuras poderosas como Arnaldo Guinle, que virou mecenas dos rapazes. Inicialmente, o milionário patrocinou uma turnê deles pelo Brasil, de modo que além de tocar pudessem recolher canções do folclore local. Assim, com **João Pernambuco** no lugar de **José Alves**, que se tornou secretário do grupo, viajaram por cidades de São Paulo e Minas. Em 1920, foram escalados para uma opereta sertaneja e uma revista nos teatros cariocas da Praça Tiradentes. A seguir e durante o ano seguinte, além de audições no Rio, prosseguiram em turnê, dessa vez para Niterói, Curitiba, Salvador e Recife, e chegaram a cantar para o presidente Epitácio Pessoa, em sua residência, numa cerimônia oficial. A grande oportunidade dos **Oito Batutas** viria em 22, quando, por sugestão do empresário e bailarino **Duque**, foram convidados para tocar no dancing Sheherazade, em Paris. Com as passagens novamente pagas por Arnaldo, passaram sete meses na capital francesa com estrondoso sucesso, apesar de protestos de grupos racistas daqui, e já em 23 esticaram à Buenos Aires, onde realizaram uma série de gravações.

É preciso que se diga que na volta da exitosa viagem à França, incorporaram ao conjunto instrumentos introduzidos pelos americanos no pós-guerra, como o banjo (que **Donga** passou a revezar com seu violão), o saxofone (adotado por **Pixinguinha**), fora a bateria que já fazia parte do grupo antes mesmo da viagem. Foram precursores da moda das chamadas "jazz-bands" no Brasil, que, ao contrário do que sugere o nome, eram grupos instrumentais especializados no repertório dançante em geral de então, com mais peso sonoro que os grupos de choro, mas diferente das bandas marciais. Em seu encalço apareceram, inclusive gravando discos: **Jazz-Band Brasil América, Jazz-Band Imperador, Jazz-Band do Batalhão Naval, Orquestra Ideal Jazz-Band, Jazz-Band Andreozzi, Jazz-Band Columbia, American Jazz-Band Silvio de Souza**, entre outras, além das mais bem-sucedidas **Jazz Band Sinfônica Pan American** (semente da popularíssima **Orquestra Pan American**) e a **Jazz Band Sul-Americano Romeu Silva** (assim mesmo, no masculino), que numa excursão à Europa chegou a gravar com a vedete Josephine Baker.

Mas o legado de **Pixinguinha** estava apenas no começo. Após um racha nos **Oito Batutas**, em 1923, ele levou adiante grupos com outros nomes semelhantes (**Orquestra Típica Oito Batutas, Orquestra dos Batutas**) até 31, quando em seu lugar surgiu o **Grupo da Guarda Velha**, liderado por ele, **Donga** e **João da Bahiana**. Ao mesmo tempo, foi novamente líder de uma infinidade de outros conjuntos e orquestras, além de fixador do gênero choro como autor ("1 × 0", "Lamentos", "Gavião calçudo", "Sofres porque queres", "Ingênuo"), ou músico em centenas de gravações desde a Casa Edison, com o **Choro Pixinguinha, Grupo Pixinguinha, Orquestra Donga-Pixinguinha, Orquestra Pixinguinha** e depois como solista. Também compôs valsas ("Rosa"), lundus ("Yaô"), chulas raiadas ("Patrão, prenda seu gado"), maxixes ("Levanta, meu nego") e sambas-choro ("Carinhoso") que, na maioria, fizeram história.[8] Como se não bastasse, em 26, regeu 20 integrantes de uma orquestra na primeira revista só com atores negros encenada no país, *Tudo preto*, entre Rio e São Paulo. E isto era apenas o começo!

O volume expressivo de vendas no início dos anos 1910 e a ameaça da Primeira Guerra Mundial deram impulso ao mercado de discos no Brasil. Em 1913, Fred Figner abriu a primeira fábrica para prensar discos no Brasil (também pioneira da América do Sul),[9] a Odeon, marca a qual mantinha exclusividade para explorar, na rua 28 de setembro, nº 50, em Vila Isabel,

O INÍCIO DA INDÚSTRIA FONOGRÁFICA E O NASCIMENTO DO SAMBA...

zona norte do Rio. Durante seu funcionamento, produziu uma média de 150 lançamentos anuais. Até então, os discos eram gravados aqui, mas a prensa era feita na Inglaterra ou na Alemanha, o que seria inviável nos anos de bombardeio. Isso foi definitivo para o desenvolvimento de nossa indústria fonográfica, pois com a guerra estourando no ano seguinte, evitou-se um hiato de quatro anos na produção de discos. Foi só a partir de então que os velhos cilindros deixaram de ser fabricados no país.

No mesmo ano de 1913, surgiu a fábrica A Elétrica, em Porto Alegre, que gravava os discos **Gaúcho**, de Savério Leonetti, marca nacional que conseguiu maior visibilidade nesse tempo, em especial na região Sul do país. Um irmão de Savério abriu uma loja em São Paulo associado a um irmão de Fred Figner e lançaram nessa mesma época os discos **Phoenix**, gravados também pela A Elétrica especialmente para o mercado paulista. Durante o período da guerra, porém, a Odeon voltou a dominar praticamente sozinha o mercado, até que surgiram os selos **Jurity** (19), (Disco) **Popular** (19), **Imperador** (por volta de 26) e **Odeonette** (27), todos, porém, sem grande expressão.

O surgimento do samba e da canção carnavalesca

E é nesse momento, durante a explosão da guerra, que acontece um fato marcante de nossa indústria fonográfica: a gravação do samba "Pelo telefone" por **Bahiano** em dezembro de 1916. Desde 1902, a grafia "samba" aparece em pelo menos vinte selos de discos da Casa Edison, mas possivelmente nenhuma delas era efetivamente o que hoje conhecemos como tal e sem maior repercussão. Dessa vez, registrado na Biblioteca Nacional como "samba" por seu autor, **Donga** (também violonista, parceiro de **Pixinguinha** no grupo **Os Oito Batutas**), ele chegou ao disco com enorme e inesperado sucesso tanto no palco do teatro de revista quanto no carnaval de 1917, cuja ginga era uma mistura do libertino maxixe com a estrutura do improviso versado comum nos terreiros da Cidade Nova.

Depois da precursora "Ô abre-alas", de **Chiquinha Gonzaga**, composta 18 anos antes, era esse samba amaxixado que inaugurava o costume de se compor para o carnaval, que até então era animado por tudo quanto era tipo de música — de valsas brasileiras ("Pierrô e colombina", de Oscar de Almeida) e polcas ("No bico da chaleira", de Costa Junior)[10] a *one-steps* americanos, paródias de trechos de óperas, mazurcas, refrões do folclore nordestino e tudo mais que se possa imaginar. Outro fato importante é que essa gravação populariza o termo "samba", inspirando outros autores a comporem nesse gênero que dali a mais uns dez ou doze anos alcançaria sua forma definitiva, graças aos chamados "Bambas do Estácio".

O sucesso de "Pelo telefone" foi ajudado por ter sofrido uma paródia num trecho da letra na revista "Três pancadas", no Teatro São José, a pouco mais de duas semanas do carnaval: "O chefe da polícia / Pelo telefone / Manda-me avisar / Que na Carioca tem uma roleta para se jogar" diferente do original: "O chefe da folia / Pelo telefone / Manda-me avisar / Que com alegria não se questione para se brincar". Era uma piada com uma declaração ambígua de um delegado de polícia — a favor da proibição do jogo num clube bem frequentado da cidade, onde havia ocorrido um crime poucos dias antes —, ao jornal *A Noite*: "Oficie-se ao delegado do distrito, ordenando-lhe que lavre auto de apreensão de todos os objetos. Antes de se lhe oficiar, comunique--se-lhe esta minha recomendação pelo telefone oficial."[11] O público carioca, que já caçoava do fato havia algum tempo, se escangalhou de rir. O delegado ficou furioso e tentou proibi-la. A ideia foi infeliz, pois foi o empurrão que faltava para essa letra pegar na boca do povo.

Pouco depois, a polêmica continuou, inclusive na imprensa, mas por outro motivo. É que **Donga** registrou a melodia da canção apenas no nome dele e a letra no do jornalista **Mauro de Almeida**, quando na verdade era uma criação coletiva, uma colagem de motivos folclóricos e improvisos dos bambas que frequentavam o terreiro da doceira **Tia Ciata**, onde se tocava choro na sala de visitas e samba e outros batuques de candomblé no quintal dos fundos, para evitar a perseguição policial.

Tia Ciata era uma das muitas "tias" que migraram, na virada do século, da Bahia (onde os negros libertos eram oriundos da África sudanesa, onde estão hoje Nigéria e Benin, com suas etnias iorubás e geges, cujas sociedades eram bastante evoluídas) para o Rio (onde havia numerosos descendentes do povo banto, vindos, sobretudo, de Angola e do Congo). Elas se estabeleceram no bairro da Cidade Nova, no centro do Rio, nas cercanias da Praça Onze, numa região que seria apelidada de Pequena África, que ia até a Praça Mauá, incluindo parte da Gamboa, Saúde e Santo Cristo, na zona portuária.[12] Eram figuras poderosas do candomblé (uma religião que dava destaque à mulher numa sociedade ainda 100% patriarcal) que trabalhavam como quituteiras ou doceiras, cuidavam das finanças, mediavam conflitos, promoviam festejos e davam guarida a toda uma geração de trabalhadores livres, recém-libertos ou filhos de negros escravizados, que começavam a se estabelecer num Rio de Janeiro sem muita estrutura após a recente abolição da escravatura (1888), tendo que suportar inclusive uma terrível política racialista do Estado brasileiro, que não os via com bons olhos, preferindo estimular a imigração a absorvê-los dignamente ao mercado de trabalho.

Pois foi exatamente nesse submundo que contrastava pobreza, malandragem, bandidagem, jogatinas e cafetinagem com inesperada alegria, festa e religiosidade afro é que apareceu o samba, o ritmo mais importante de nossa música popular, aliás, mesma região que já havia propiciado décadas antes o surgimento do maxixe, dos blocos de sujo e desfiles de ranchos carnavalescos. Esses últimos, frutos do surto de migrações de trabalhadores livres nordestinos, egressos não apenas da Bahia, mas em número menor de estados como Pernambuco, Sergipe e Alagoas, trazendo seus pastoris, ranchos de reis, grupos de caboclinhos e o que mais se imaginar para o Rio.[13] Essa "invasão rural" na capital foi motivada pelo declínio das lavouras de café no Vale do Paraíba, o término das guerras do Paraguai e de Canudos, a seca nordestina e, claro, pela Abolição da Escravatura.

A atitude de **Donga** ao registrar o samba "Pelo telefone" foi um ato decisivo rumo à profissionalização de um gênero musical criado por figuras ainda um tanto marginalizadas da sociedade. Logo a seguir, os primeiros autores que ajudaram a fixar o gênero foram seu parceiro **Pixinguinha**, que assina sambas sozinho ("Já te digo") ou com ele ("O malhador",[14] "A pombinha"), **Caninha** ("Ninguém escapa do feitiço", "Essa nega qué me dá"), **Careca**, também grande animador de blocos carnavalescos de seu tempo, como Ba Be Bi e As Meninas de Hoje, **João da Baiana,** um dos introdutores do pandeiro e do prato e faca no samba, autor das ancestrais "Cabide de molambo" e "Batuque na cozinha" (esta última somente lançada em disco em 1968), e o mais importante de sua geração nessa estilização, José Barbosa da Silva, o **Sinhô,** o "Rei do Samba". Mesmo semianalfabeto e sem grandes conhecimentos teóricos, foi seu popularizador intuitivo, compondo no piano ou violão. Apesar de toda fama conquistada, sempre foi muito pobre. Tocava em lojas de instrumentos musicais e em casas de bailes (depois chamadas de gafieiras), como Kananga do Japão. Sequer tinha piano em casa: compunha muitas vezes utilizando uma cartolina em que tinha as teclas do instrumento desenhadas.

Os sambas de **Sinhô** eram quase sempre no modo maior, melodiosos, inventivos, bons de memorizar e marcados por um forte sincopado herdado do maxixe. Seus temas favoritos: agruras do cotidiano, enfatizando o dinheiro e a mulher (não podia ver um rabo de saia, apesar de ser muito feio e desdentado, mas com irresistível poder de sedução) e eventualmente um certo misticismo, em que invocava proteção superior contra as pragas dos desafetos. Também, pudera, se metia em muitas polêmicas e confusões.[15] Até em relação à autoria de algumas de suas músicas. Estávamos numa época em que era muito comum a apropriação indevida de sambas alheios — algo que seguiu pelos anos 30 e 40 com muita força. Não por acaso, disse certa vez: "Samba é como passarinho. É de quem pegar primeiro." E ele pegou alguns...

Por outro lado, conseguiu a proeza de ser querido por pobres e ricos, músicos do povo, mas também jornalistas e intelectuais; e nos anos 1920 enfileirou um sucesso atrás do outro, todos autorais, como os sambas "Quem são eles?", "Confessa, meu bem", "Sete coroas", "Macumba *gege* (jeje)", "Ora vejam só", "Amar a uma só mulher", "A favela vai abaixo", "Papagaio no poleiro", "Medida do Senhor do Bonfim", "Cansei", e os clássicos "Jura" ("Jura, jura / Pelo Senhor") e "Gosto que me enrosco", uma rara música desse tempo em que os homens reconheciam o real poder do sexo feminino em suas vidas: "Gosto que me enrosco de ouvir dizer / Que a parte mais fraca é a mulher / Mas o homem, com toda a fortaleza / Desce da nobreza e faz o que ela quer."

O INÍCIO DA INDÚSTRIA FONOGRÁFICA E O NASCIMENTO DO SAMBA...

Após a abertura feita por **Donga**, é **Sinhô** que de certa forma comanda o grupo de compositores que adere à nova moda de fazer música especialmente para o carnaval já a partir de 1918, e não apenas sambas, como também outro gênero comum no teatro de revista, a marcha, lançando no fim do ano seguinte para a folia de 1920 "O pé de anjo" — que entra para a história não apenas por marcar o hábito de a população passar a cantar esse estilo musical durante a folia de Momo, como também por compor o disco de estreia do futuro maior cantor da primeira metade do século XX, **Francisco Alves**, que na mesma época gravou os sambas amaxixados "Fala, meu louro" e "Alivia estes olhos" — ambos sucessos de autoria de **Sinhô**, que também participou das gravações, além de orientar vocalmente o futuro grande cantor.

O samba e a marcha se unem na sátira política

Estávamos no fim dos anos 1920. Uma década marcada pela liberdade de comportamento e pelo progresso. Depois da produção de cerca de 7 mil discos na fase mecânica, eis que uma descoberta tecnológica melhora a qualidade dos registros. Começa a fase da gravação eletromagnética (em que a velocidade dos discos nos aparelhos se estabiliza em 78 rotações por minuto e se democratiza a questão de se poder usar os dois lados do disco), que vai durar até 64, com cerca de 38 mil títulos. Isso interfere providencialmente no modo de interpretar as canções, que agora podiam ser mais coloquiais. O surgimento do microfone permite um canto mais suave, menos gritado. E claro que o primeiro a registrar discos nesse novo formato não poderia ser outro senão o astro em ascensão **Francisco Alves**, em julho de 27. Eram a marcha "Albertina" e o samba "Passarinho do má", ambas do já referido baiano **Duque** — um dentista radicado no Rio que era exímio dançarino de maxixe e, de passeio por Paris, estilizou a dança e fez grande sucesso por lá, entre 1909 e início dos anos 20, ao lado de **Maria Lino** e outras parceiras. Na volta, atuou na cena teatral carioca como cantor e compositor, além de cronista em jornais e já no fim da vida como professor.

Ainda sobre "Passarinho do má", vale dizer que esse samba era uma crítica ao presidente Artur Bernardes, que governou o Brasil de 1922 a 26 sob estado de sítio para melhor controlar as perseguições de civis e militares que fizeram de tudo para derrubar seu governo — a famosa "Política do café com leite", legitimada por eleições fraudulentas, baseada nas oligarquias de São Paulo e Minas, que se alternavam no poder. Odiado pela maioria, Rolinha (um de seus apelidos), assim que foi deposto, virou o "passarinho do mal", responsável pelas desgraças de todos os brasileiros. Abraçando a moda do sotaque acaipirado que infestou o ambiente cultural da cidade, virou "Passarinho do má": "Passarinho do 'má' tava cá / Não havia direito de 'enxotá' (bis) / Meu roçado de 'mío' 'secô' / Meu cavalo de sela 'mancô' / Meu cachorro de caça 'danô' / Minha sogra de longe 'vortô'."

Esse samba foi lançado originalmente numa peça do teatro de revista, e de fato já desde 1915 muitas canções de cunho político nascidas nos palcos passaram a ser gravadas, ganhando notoriedade especialmente no carnaval, período excelente para a catarse do povo. Além de Artur Bernardes, também criticado nas marchinhas "Ai, seu Mé", de **Freire Jr.** e **Careca**, "Ai Lelé", de **Careca**, e "Fala baixo", de **Sinhô**, todos os nossos presidentes da República Velha desse tempo foram alvos fáceis das gozações de compositores como Hermes da Fonseca (na versão de uma canção italiana, "Ai, Filomena"), Epitácio Pessoa (no samba "Se a bomba arrebenta", de **Donga**), Venceslau Brás (no samba "Desabafo carnavalesco", de **Freire Jr.**) e Washington Luiz (nos sambas "Já sei porque é", de **Eduardo Souto**, e "O cavanhaque do bode", de **Nabor Pires de Camargo**). Seus opositores também não tiveram paz, como Nilo Peçanha, derrotado por Artur Bernardes em 22, na marcha "Goiabada", de **Eduardo Souto**, e Ruy Barbosa, várias vezes candidato à presidência, escrachado no samba "Fala, meu louro", de **Sinhô**, em 20: "Papagaio louro do bico dourado / Tu falavas tanto / Qual a razão que vives calado? / Não tenhas medo / Coco de respeito / Quem quer se fazer não pode / Quem é bom já nasce feito."

Os ídolos que sobreviveram à fase mecânica de gravação

Intérprete que popularizou "O pé de anjo" e "Passarinho do má", o futuro "Rei da Voz" (grave e possante, batizado assim pelo locutor César

O INÍCIO DA INDÚSTRIA FONOGRÁFICA E O NASCIMENTO DO SAMBA...

Ladeira em 1933), **Francisco Alves** já era perfeito para um tipo de gravação ainda sem microfone, mas a partir do novo sistema eletromagnético, sua carreira sobe de patamar, sendo importante não apenas para a fixação do samba, mas gravando todos os ritmos nacionais e estrangeiros importantes de seu tempo. Pode-se até dizer que ele é o primeiro ídolo criado pelo disco. E era tão cobiçado para essa tarefa que chegou ao cúmulo de gravar com dois nomes em duas gravadoras da mesma matriz — como **Chico Viola** na Parlophon e como **Francisco Alves** na Odeon no final da década de 20. E o melhor, como os discos não ostentavam ainda fotos nas capas, ambos tinham fã-clubes "rivais" (!). Sua interpretação mais famosa dessa fase, entre dezenas de sucessos, é a seresteira "A voz do violão", dele com **Horácio Campos**, gravada originalmente em 28, que o acompanhou até o fim da vida: "Eu tenho um companheiro inseparável / Na voz do meu plangente violão."

Referência inicial de **Francisco Alves**, que chegou a cantar seu repertório em revistas da Praça Tiradentes, outro cantor muito importante, esse de cunho bem operístico e carregado, foi o carioca **Vicente Celestino**. Estreou em 1914, já como profissional de teatro, cantando numa revista a tristíssima valsa "Flor do mal", de **Santos Coelho**, sobre uma paixão não correspondida que levou seu letrista, o poeta-boêmio-cantor **Domingos Correia**, a cometer suicídio no cruzamento da rua do Lavradio com Mem de Sá, na Lapa carioca. Devido ao grande sucesso, a mesma valsa o fez debutar também nos estúdios no ano seguinte, ainda na fase da gravação mecânica. Filho de italianos, numa família humilde de onze irmãos, **Vicente**, desde os 8 anos trabalhou como sapateiro, vendedor de peixe, jornaleiro e chefe de seção numa indústria de calçados. Paralelamente, já fã do italiano Enrico Caruso, que assim como ele era tenor, soltava sua voz em serenatas, festas e nos tablados de chopes berrantes (num dos quais foi descoberto), sendo um dos seis irmãos que se dedicaram à música ou ao teatro. Foi o grande ídolo da canção da década de 20, formando (e atuando em) companhias de revistas e operetas.

Além de cantor, **Vicente** era compositor, ator e músico (tocava piano e violão). Gravou desde canções de carnaval até os primeiros registros cantados do "Hino Nacional Brasileiro" (já com a nova letra de **Osório Duque-Estrada**), com a **Banda do Batalhão Naval**, em 1918, e um ano antes do igualmente belo "Hino à Bandeira", composto em 1906 pelo carioca **Francisco Braga** com o poeta Olavo Bilac, de modo a divulgar nossa nova bandeira pós--República, toda estrelada, ainda pouco conhecida da população: "Salve, lindo pendão da esperança! / Salve, símbolo augusto da paz / Tua nobre presença à lembrança / A grandeza da Pátria nos traz (...) Recebe o afeto que se encerra / Em nosso peito juvenil / Querido símbolo da terra / Da amada terra do Brasil." Gravaria também o "Hino da Independência" (D. Pedro I/Evaristo da Veiga), no seu centenário. Mas ele brilhou mesmo quando escancarava no dó de peito para cantar sagas sofridas amorosas e existenciais, típicas desse tempo. Nessas primeiras décadas, imortalizou a modinha "Ontem ao luar" (1918), a valsa "Triste carnaval" (22), a canção "Caiuby (Canção da cabocla bonita)" (23) e o fox-canção "O cigano" (24).[16]

Seu irmão **Pedro Celestino**, também de timbre operístico, chegou a aparecer na década de 20, com pelo menos dois grandes sucessos de autores importantes do período, a clássica canção seresteira "Malandrinha", de **Freire Jr.** ("Ó linda imagem de mulher que me seduz / Se eu pudesse estarias no altar") e a marchinha maliciosa "Eu vi Lili", de **José Francisco de Freitas,** que dizia "Eu vi / Eu vi / Você bolinar Lili".

De estilo avesso ao dos irmãos **Vicente** e **Pedro Celestino** e de **Francisco Alves**, e também apadrinhado por **Sinhô**, surgiu para o estrelato o improvável **Mario Reis**. Improvável por três motivos: 1) era de classe média/ alta, estudante de Direito (na mesma turma do iniciante **Ary Barroso**, de quem gravaria "Vamos deixar de intimidade", primeiro samba de sucesso do compositor, em 1929), num tempo em que ser artista era palavrão para a burguesia; 2) se atraía pelos gêneros populares cunhados igualmente por artistas bem populares, algo incomum em seu meio sociocultural; e 3) era um cantor que só pôde existir graças ao novo sistema de gravação, já que tinha a voz pequena, de registro coloquial, avessa à tradição erudita e operística, considerado por muitos o sistematizador da maneira brasileira de cantar, dividindo os compassos do samba, como se batesse um papo com o ouvinte. Como se não bastasse, era delicado e com um registro agudo demais para o padrão de masculinidade ultraviril vocal e interpretativo da época. Mas não é que deu certo?

O INÍCIO DA INDÚSTRIA FONOGRÁFICA E O NASCIMENTO DO SAMBA...

Pois sem a menor cerimônia, **Mario Reis** foi procurar **Sinhô** querendo ter aulas de violão (sim, além de piano, também tocava violão). Endividado como sempre, o sambista aceitou, mas logo ficou encantado com seu modo de interpretar suas músicas, pois nunca tinha visto nada igual. Tratou logo de levá-lo à Odeon em 1928 para que a seguir imortalizasse dois de seus sambas inéditos, com destaque para "Que vale a nota sem o carinho da mulher". A seguir, teve a primazia de lançar, no mesmo ano e disco, os dois maiores (e derradeiros) sucessos do compositor, já que morreu de tuberculose em 30: "Jura" e "Gosto que me enrosco", que estourou no carnaval. O disco que tinha essas músicas vendeu inacreditáveis 30 mil cópias. Para se ter uma ideia, até 29 a tiragem inicial dos discos era de apenas 250 exemplares.[17] O novo estilo de **Mario** é aprovado, e mesmo com o estranhamento de alguns, cai instantaneamente no gosto do público.

A fixação do samba tal e qual conhecemos hoje

Pouco antes da morte de **Sinhô**, uma nova geração de bambas sem querer acabaria revolucionando o samba para todo o sempre. Era uma turma que se reunia num bairro vizinho à Cidade Nova, habitado por gente humilde — operários, comerciários, pequenos funcionários públicos. Era o Estácio, cuja boemia se dava à rua Frei Caneca, que nesse tempo já ostentava um comércio bem razoável, muitos bares e cafés, onde se sentavam a suas mesas de mármore grandes bambas, como **Ismael Silva**, que nunca parou em emprego certo, o ex-torneiro mecânico e jogador de futebol, depois cafetão **Nilton Bastos**,[18] os irmãos sapateiros **Bide** (Alcebíades Barcelos), e **Rubem Barcelos**, o **Mano Rubem**, e alguns outros malandros do local, como **Baiaco** (Osvaldo Vasques), o ajudante de caminhão **Mano Edgar** e o valentão Silvio Fernandes, o **Brancura**. Todos eles entraram para a história como os Bambas do Estácio. Era ainda um tempo que o mundo do samba estava estritamente ligado ao submundo da cidade, aos jogos de azar, pernadas, capoeiras, prostituição, enfim, à malandragem propriamente dita. O que faltava em dinheiro e vontade de trabalhar duro sobrava em criatividade e talento para a boemia nessa turma. Mesmo alguns deles se metendo numa série de confusões, incluindo brigas, assassinatos e até mandados de prisão, conseguiram a proeza de reformular o samba. Na falta de recursos para comprar violões ou cavaquinhos, criaram ou estilizaram novos instrumentos, como o surdo (**Bide**), a cuíca (**João Mina**) e o tamborim, além de popularizarem o pandeiro. Abordavam temas de seu cotidiano sem a pompa dos poetas de outros tempos e, como se não bastasse, também fundaram a primeira escola de samba.

Tudo começou por volta de 1925, quando os irmãos **Bide** e **Rubem Barcelos** criam com amigos um bloco de sujo para sair no carnaval. A princípio sem nome, depois **A União Faz a Força**, o bloco saía do Estácio com umas cinquenta pessoas e chegava à Praça Onze com mais de trezentas. Esse bloco reorganizado em outubro de 1927 foi o embrião da **Deixa Falar**, a primeira escola de samba, cuja data de fundação seria 12 de agosto de 28. Seu diferencial em relação aos blocos era, para começar, um samba mais sacudido, menos sincopado, facilitando a fluidez dos cortejos, e a utilização de novos instrumentos de percussão criados, na maioria, por eles próprios, formando uma bateria potente, com direito a quatro cantores posicionados de forma intercalada, entoando refrãos fixos, entremeados por versos de improviso criados no calor da hora, como as velhas "chulas raiadas" baianas, que depois seriam chamadas de partido-alto.

Outra novidade era uma ala em homenagem às velhas tias baianas que ajudavam na marcação com o arrastar dos tamancos.[19] Havia também as figuras do baliza e da porta-estandarte, devidamente importados dos ranchos. Finalmente, algo fundamental: uma maior organização do desfile, de modo que a polícia lhes desse trégua; afinal, os carnavais das classes baixas (blocos e cordões) muitas vezes acabavam em confusão. Homens como eles, na maioria negros, chegados a jogatinas, pernadas e trabalhos nem sempre ortodoxos, eram sempre os mais visados nesses eventos.[20] Tentaram então manter a irreverência dos blocos de sujos com o formato de cortejo, ordeiro e disciplinado, dos ranchos, ganhando assim o aval da polícia para sair às ruas.[21]

A turma do Estácio também influenciou decisivamente bambas de "outras Áfricas" existentes no Rio de Janeiro, que, por conta das políticas de higienização e remodelação do centro da cidade à forma europeia — abrindo espaço para grandes praças e avenidas —, acabaram por segregar a população pobre que vivia em parcas condições após a Abolição da Escravatura. Expulsa das vielas e cabeças de porco das regiões centrais do Rio, essa massa de maioria negra acabou migrando ora para bairros de subúrbio, como Oswaldo Cruz (onde nasceu a Vai Como Pode, depois **Portela**), ora para os morros próximos, como os de **Mangueira e Salgueiro**. Dali a pouco novas escolas de samba foram formadas à imagem e semelhança dos desfiles da Deixa Falar, na forma de se apresentar e no jeito de tocar e dançar o samba.

Antes da fundação das escolas, o carnaval tinha seu clímax nos blocos de rua, inclusive, como foi dito, na desordem dos mais populares, os "blocos de sujos", diferentes dos cordões, um pouco mais organizados, com foliões mascarados, conduzidos por um mestre de apito no comando, onde se cantavam chulas improvisadas, surgidos por volta de 1885 em substituição ao Zé Pereira, mas não menos violentos. Outro ponto alto eram os ranchos, espécie de blocos inspirados nas procissões religiosas de tradição negra e de manifestações típicas do Dia de Natal e de Reis, comuns na Bahia e em alguns estados do Nordeste, que consagraram elementos como mestre-sala e porta-bandeira, saindo com orquestra de sopro e cordas, tocando marchas e maxixes, desde o fim do século XIX. A partir de 1907, o **Ameno Resedá**, rancho mais sofisticado, instituiu também o enredo, cujo desfile era uma espécie de "teatro lírico ambulante".[22]

Havia também os corsos (de origem europeia, eram desfiles de carros abertos com foliões brincando sobre eles, entre o fim do século XIX, quando apareceram por aqui o confete e a serpentina, acessórios importantes nesse tipo de evento, e o início do XX) e Grandes Sociedades (ainda mais elitistas, que existiam desde meados do século XIX — clubes fechados bem frequentados, essencialmente carnavalescos, que promoviam bailes e se mostravam ao público com seus componentes desfilando em carros alegóricos. Foi a uma delas que José de Alencar se referiu no artigo aqui citado no capítulo anterior). Com o tempo, muitos elementos de todas essas organizações foram incorporados pelas escolas de samba. Foi ainda no início do século que aparecem os lança-perfumes no carnaval carioca, substituindo as velhas bisnagas malcheirosas do entrudo, em sintonia com a modernização que a cidade passava graças à megalomania afrancesada do prefeito Pereira Passos.

Em 1929, houve a primeira disputa entre as "embaixadas de samba", promovida pelo sambista e pai de santo **Zé Espinguela** para eleger o melhor samba, no Dia de São Sebastião, 20 de janeiro, portanto, antes do carnaval, ganho pelo **Conjunto Oswaldo Cruz** (que depois virou **Quem nos Faz É o Capricho, Vai Como Pode** e, finalmente, **Portela**) seguida da **Estação Primeira de Mangueira** e da **Estácio de Sá**. Somente em 7 de fevereiro de 32 houve disputa de desfiles de "escolas de samba", em verdade, ainda modestos cortejos de 23 agremiações, no domingo de carnaval em plena Praça Onze. Foi um evento patrocinado pelo jornal *Mundo Esportivo*, de Mário Filho, seu idealizador, e vencido pela **Estação Primeira de Mangueira**, seguida de **Vai Como Pode** e **Para o Ano Sai Melhor** (empatadas em segundo lugar) e **Unidos da Tijuca**. Em 33, já eram 24 escolas, e as três primeiras colocadas foram: **Mangueira, Azul e Branco do Salgueiro** e **Unidos da Tijuca**. Musicalmente falando, os primeiros sambas-enredo eram criações livres, discorrendo sobre a natureza, o próprio samba e o cotidiano dos sambistas.

Com a fama de maior cantor do Brasil já naquele tempo, **Francisco Alves** foi outra peça-chave na consagração do samba tal e qual conhecemos hoje. Frequentador da boemia carioca dos bairros da Lapa e Vila Isabel, sempre atento a novidades, não tinha medo de se misturar à malandragem dessas zonas à cata de repertório. Não tardou para que ampliasse seu raio de ação também perambulando pelo Estácio. Ele, que já era compositor e tinha bom faro para canções de qualidade e sucesso, não se furtou a fazer parcerias e mesmo a comprar sambas daqueles novos talentos, uma prática muito comum e nada malvista pelos bambas da época, que andavam sempre duros e viam naquilo um meio rápido de fazer renda.

Já em 1928 gravava um samba de **Bide**, "A malandragem",[23] e mais três de **Ismael Silva**, incluindo o clássico "Amor de malandro" (com **Freire Jr.**) e "Me faz carinhos", que literalmente comprou do líder dos Bambas do Estácio. Dois anos depois, parou seu Chevrolet em frente ao famoso botequim Apolo na rua Frei Caneca querendo que **Ismael** lhe mostrasse suas novidades musicais. Encantado com o que ouvira, convidou o sambista para um passeio. Queria gravar todo aquele montante e lhe propôs, contudo, que seu nome entrasse na parceria. Ele consentiu, contanto que

O INÍCIO DA INDÚSTRIA FONOGRÁFICA E O NASCIMENTO DO SAMBA...

o parceiro **Nilton Bastos** também estivesse no bolo. Negócio fechado, essa parceria foi boa para o cantor, para os autores e para o próprio samba, imortalizando mais de sessenta espécimes do gênero, como "Nem é bom falar". **Ismael** seguiu em frente, mas **Nilton**, como **Sinhô**, também morreria tuberculoso, em 31.

Embora de personalidade controvertida (acusado de pão-duro, além de comprador e usurpador de sambas alheios, pois nem sempre os registrava com o nome do parceiro ou do autor original), **Francisco Alves** tinha seu lado generoso, dando a mão a um sem-número de artistas de seu tempo, que lançou ou empurrou, inclusive o suave **Mario Reis**. É bem verdade que, nesse caso, a ideia da dupla partiu de **Chico**, na intenção de unir forças junto ao jovem colega de sucesso, frente a novos artistas e modismos musicais que estavam infestando a música brasileira no fim da década. Talvez tenha pesado na ideia de cantar em dupla a forma de solista e coro dos sambas do Estácio, cunhada no estilo improvisado do partido-alto, e de certo modismo acaipirado/nortista que estava a todo vapor na capital. Fato é que a afinidade inesperada entre os dois cantores de timbres vocais opostos se deu por ambos serem atraídos pela mesma novidade, esse novo tipo de samba que estava caindo no gosto popular.

Pois **Chico** e **Mario** se uniram numa série de 24 gravações em dueto que se tornaram históricas durante dois anos, a partir de 1930, incluindo justamente diversos desses sambas comprados de **Ismael** e **Nilton**, como "Se você jurar", "Arrependido", "O que será de mim", "Ri pra não chorar" e "A razão dá-se a quem se tem". A dupla também gravou "Perdão, meu bem", de **Cartola**, que foram procurar no morro de Mangueira — aliás, acabara de ajudar a fundar a Estação Primeira —, e "Deixa essa mulher chorar", de **Brancura**. **Chico** também aprendeu a dosar mais a sua voz e a interpretação com o colega. Tão malandro quanto os autores com quem negociava, ele realmente era do tipo que não jogava para perder.

E para não perder nenhum nicho daquele mercado promissor de música popular, **Chico Alves** ainda arranjava tempo de registrar inúmeras canções e valsas românticas, além de versões de foxes americanos e tangos argentinos. Para se ter uma ideia de seu poder de fogo, só entre 1927 e 31 ele gravou 494 fonogramas, uma média de cem músicas por ano. Um recorde jamais batido por nenhum outro cantor brasileiro.

Em meio a esse Clube do Bolinha, aparece finalmente a nossa primeira cantora importante, gravando com regularidade. É a carioca **Aracy Côrtes**, uma soprano de voz muito aguda, mas também sensual, sendo precursora das cantoras modernas brasileiras. Começou sua carreira aos 17 anos, quando fugiu de casa para atuar num circo, onde cantava e dançava maxixes. Descoberta pelo teatrólogo e poeta **Luiz Peixoto**, tornou-se grande atriz, cantora e vedete do teatro de revista. Depois de um tímido começo fonográfico, com três discos em 1925, ela passou a gravar com mais regularidade entre 1928 e 33, incluindo "Jura" (também gravada por **Mario Reis**) e a belíssima e nostálgica "Linda flor (Ai Ioiô)", de **Henrique Vogeler** com letra do mesmo **Luiz Peixoto**.[24] Foi a primeira música batizada como samba-canção em nosso cancioneiro, em 29, embora ainda de andamento bem mais próximo ao do choro que ao ralentado que consagraria o gênero a partir de meados da década de 40. Entretanto, após 35, pelas duas décadas seguintes, fica mais restrita às atividades teatrais.

Com menos visibilidade, apareceram também, no fim dos anos 1920, **Zaíra de Oliveira**, uma raríssima soprano lírico negra, esposa de **Donga**, que não conseguiu ir mais longe nesse segmento por causa do racismo da época, gravando apenas canções populares, como a valsa "Solange" (Duque) e a batucada "Já andei" (Pixinguinha/Donga/João da Baiana); **Otília Amorim**, atriz de cinema e sobretudo teatro, chegando a ter sua própria companhia, além de exímia dançarina de maxixe e precursora do samba nos palcos;[25] e a pernambucana **Stefana de Macedo**, especializada em canções folclóricas e/ou de raiz, como "História triste de uma praieira",[26] de 29. Também merece destaque nesse período o cantor, compositor e violonista paulista **Paraguassú** (Roque Ricciardi), de viés mais seresteiro e sertanejo, que teve mais penetração em São Paulo — com canções como o samba (autoral) "Triste caboclo" —, pois não se mudou para o Rio de Janeiro, indo até lá somente para gravar, a partir de 1912.

A cultura dos "nortistas" e "caipiras" chega ao Rio

Por ser a capital federal e sede das principais gravadoras (e mais tarde das principais rádios), a cidade do Rio de Janeiro foi durante muitas décadas o grande irradiador nacional da cultura, inclusive musical, do país. As tendências se cristalizavam ali e viravam mania no restante do território. Entretanto, nesse início de século, ela ainda conhecia muito pouco dos gêneros folclóricos comuns nos quatro cantos do país e até mesmo nas áreas rurais do estado. As modas de viola (do interior paulista, do Centro-Oeste e de algumas cidades nordestinas), o boi-bumbá (do Pará), o congado e o calango mineiros, o bumba meu boi e o tambor de crioula (do Maranhão), o carimbó (ou curimbó — difundido no Pará, Maranhão e Amazonas), as danças (e modas) gaúchas, o maracatu e a ciranda (de Pernambuco), o catira ou cateretê (de vários estados brasileiros), a embolada nordestina, os sambas de roda da Bahia (depois de Pernambuco e do Rio), o jongo (do interior do Rio e São Paulo e sul de Minas), fora os cantos de escravos e de trabalho rural (de várias localidades do país)... tudo ainda estava por ser descoberto.

Como já foi dito no início deste livro, acredita-se que os principais gêneros do sertanejo primitivo, como o cururu e o cateretê, derivam do acasalamento da música indígena com os cânticos da catequese religiosa portuguesa.[27] A musicalidade brejeira dos caipiras teria vindo dos indígenas e os instrumentos musicais dos europeus, como a viola. Soma-se a isso o canto dolente dos negros, que quando eram escravizados entoavam a dor e a saudade de sua terra. A música caipira foi criada de maneira empírica, passada de pai para filho, utilizada para cantos de trabalho ou de festejos, e difundida pelos campos afora por meio dos tropeiros, que migravam em seus cavalos, com suas comitivas, entre as regiões de produção e os centros consumidores do país. O jeito tímido e religioso do caipira afastava inicialmente a temática amorosa mais explícita, dando espaço a outras, como animais, caçadas, trabalho, festas religiosas, natureza, a própria saudade etc.

Nesses primórdios da estilização da música popular urbana do Brasil, os conceitos de "música sertaneja" e "música nordestina" ainda não existiam. Havia os nomes genéricos de "caipira" e "nortista" para usos e costumes do

HISTÓRIA DA MÚSICA POPULAR BRASILEIRA – SEM PRECONCEITOS

interior e do Nordeste brasileiros. As toadas, modas de viola e cateretês que marcariam nossa música "sertaneja" e as emboladas, a "nordestina", foram alguns dos primeiros gêneros musicais trazidos de fora da capital, de um Brasil mais rural, a cair no gosto dos cariocas. O linguajar acaipirado de seus versos era visto como exótico e pitoresco na virada do século XIX para o XX no Rio, que já se tornava um grande centro urbano, sendo o pioneiro polo industrial brasileiro. Essas canções motivavam uma nostalgia de um país ainda supostamente puro e rural, numa visão romântica e bucólica, depois também jocosa, que influenciou decisivamente a produção de velhos e novos artistas da capital (e em seguida também da capital paulista, igualmente em crescente processo urbano-industrial). Primeiramente, desde o século XIX, no teatro (de Martins Pena e Artur Azevedo) e na literatura (de José de Alencar), e a seguir na nossa música.

Um dos marcos iniciais dessa vertente na música foram as canções do violonista e compositor **João Pernambuco**, que trouxe uma informação musical bem precisa da zona rural nordestina e das camadas populares da zona canavieira do litoral, ligada ao Recife, e encantou o poeta **Catulo da Paixão Cearense**, que mesmo sem nunca ter pisado naquelas bandas criou versos para a embolada "Cabôca de Caxangá" (1913) e a toada "Luar do sertão" (1914), e nunca mais abandonaria esse gênero também em seus livros de poesia. Ambas ainda evocavam um estilo parnasiano, mítico, com imagens rurais e, gravadas por **Eduardo das Neves**, se tornaram grandes sucessos.

Por essa época, **João Pernambuco** já havia formado o **Grupo de Caxangá** com os chorões **Donga**, **Pixinguinha**, **Caninha** e outros justamente para difundir também esse tipo de repertório, apresentando-se a caráter (chapéu de palha, lenços coloridos no pescoço, sandálias de couro...) e adotando, cada um, codinomes típicos (Chico Dunga, Guajurema etc.). Estava lançada a moda da canção sertaneja e dos costumes caipiras. Tanto que em 1916 **Eduardo das Neves** e **Bahiano** gravaram a toada "O meu boi morreu", com motivos folclóricos do auto do bumba meu boi, chegando a ser sucesso no carnaval carioca do ano seguinte (o mesmo de "Pelo telefone"), que entre os versos incorporava um tema folclórico nordestino, "Olha a rolinha",

70

popular numa burleta teatral da época que até **Catulo** tomou parte como ator/cantor graças ao sucesso de suas canções de inspiração sertaneja.

Nesse tempo, o teatro já estava cada vez mais impregnado dos elementos da vida rural e seus personagens, simbolizados de forma caricata desde 1919 quando o escritor Monteiro Lobato criou a figura do Jeca Tatu. Afora isso havia uma corrente nacionalista na Semana de Arte Moderna de 22, em São Paulo, que induzia a um mergulho dos artistas e intelectuais na experiência interiorana. Por todos esses fatores, nos anos 20, nascia uma geração de compositores especialistas em canções, modas e toadas sertanejas, cateretês, batuques sertanejos, chulas baianas, emboladas e tudo o que se possa imaginar nesse gênero, como o compositor e teatrólogo carioca **Ari Kerner**, o dramaturgo e poeta fluminense **Luiz Peixoto** e quatro maestros: os paulistas **Marcelo Tupinambá e Eduardo Souto**, o alagoano radicado no Rio **Hekel Tavares** e o paraense **Waldemar Henrique**, que compôs sua primeira música em 23, a canção "Minha terra", além de diversos cantores inspirados no grupo sertanejo de **João Pernambuco**.

E tome sucessos de mote caipira/sertanejo! Em 1918, dois cateretês, "O matuto" (Marcelo Tupinambá/Claudino Costa), gravado por **Mário Pinheiro**, e "Vamo Maruca, vamo", com **Juca Castro** (autoral), outra pérola que apareceu no carnaval (!), mais a catira "Nhá Maruca foi s'imbora", de **Canhoto**, gravada pelo grupo **O Passos no Choro**. Em 1921 é a vez da chula à moda baiana "Pemberê" (Eduardo Souto), cantada pelo **Bahiano**. No ano seguinte é popularizada a toada até hoje clássica "Tristeza(s) do Jeca", de **Angelino de Oliveira**, composta em Botucatu, interior paulista, imortalizada quatro anos depois pelo cantor e violonista **Patrício Teixeira**, ajudando a fixar no imaginário coletivo a referida figura emblemática do Jeca Tatu. No mesmo ano de 22, invadem o Rio os **Turunas Pernambucanos**, dos quais faziam parte os futuros integrantes da dupla **Jararaca e Ratinho**, que na década seguinte faria muito sucesso no rádio cantando e fazendo esquetes humorísticos caipiras/sertanejos, motivando o surgimento de várias outras do gênero.

Ainda em 1922, a embolada "A Espingarda (Pá-pá-pá)", de **Jararaca**, ganhou o país na voz do onipresente **Bahiano**, que no carnaval de 23 fez sucesso com "Tatu subiu no pau", de **Eduardo Souto**, baseado em motivos folclóricos do interior paulista. Em 25, vieram a toada sertaneja "Cabocla apaixonada" (Marcelo Tupinambá), o samba amaxixado "Nosso ranchinho" (Donga/De Chocolat) e o futuro clássico "Chuá, chuá" (Pedro de Sá Pereira/Ari Pavão): "Deixa a cidade, formosa morena / Linda pequena, e volta ao sertão". Todas lançadas pelo cantor **Fernando** (Albuquerque), que não usava o sobrenome por vir de uma família tradicional carioca. Até o fim da fase mecânica de gravação, sucedeu **Bahiano** como um dos nossos intérpretes mais coloquiais e chegou a ser crooner da **Jazz Band Sul-Americano** de **Romeu Silva**.

Finalmente, em 1927, a embolada "Pinião"[28] estoura durante o ano inteiro e é a música mais cantada no carnaval carioca de 1928: "Pinião, Pinião, Pinião, oi... / Pinto correu com medo do gavião". A gravação que originou o sucesso foi do grupo recifense **Turunas da Mauriceia**, do bandolinista **Luperce Miranda** e cuja voz principal era do alagoano **Augusto Calheiros**, que trazia a alcunha de "A Patativa do Norte". Influenciados pelos **Turunas Pernambucanos**, acabam sendo os primeiros a realmente estourar a música nordestina no Rio, que nesse tempo se confundia com a sertaneja, até por vários desses artistas trajarem vestes exóticas, terem um canto um tanto rústico e o linguajar diferente, típico dos matutos. No ano seguinte, 28, era a vez do cantor paulista residente no Rio **Gastão Formenti** se consagrar com a toada "Suçuarana" e a canção "Casa de caboclo",[29] ambas de **Hekel Tavares** e **Luiz Peixoto**, e já em 29, com a canção "Tutu Marambá", de **Joubert de Carvalho** e **Olegário Mariano**, clássicos instantâneos, porém de uma estirpe algo folclórica que agradava às classes mais abastadas.

Enquanto isso, em São Paulo, ainda em 1929, **Cornélio Pires**, um entusiasta e estudioso da vida rural, resolve gravar pela primeira vez os caipiras autênticos. Marca um encontro com os executivos da gravadora Columbia, que não acreditam na absorção de tal material pelas zonas urbanas, mesmo com tantas canções do gênero em voga no Rio desde meados da década anterior. Mas por causa da insistência, aceitam conquanto ele deixasse uma dinheirama incrível equivalente à venda de todas as cópias que seriam prensadas. Desafio aceito, o resultado foi espetacular. Vendendo os discos pessoalmente pelo interior, conseguiu esgotar todo o estoque de 5 mil unidades de cada um dos cinco 78 rpm produzidos. Eram anedotas contadas pelo próprio **Cornélio** e canções caipiras entoadas por diversos artistas.

Como os discos eram de produção independente, **Cornélio** exigia que saísse no selo somente **Turma Caipira e Cornélio Pires**, mas as gravações, em verdade, eram alternadas entre **Mariano e Caçula** (pai e tio, respectivamente, do futuro acordeonista/multi-instrumentista **Caçulinha**), **Mandy e Sorocabinha, Zico Dias e Ferrinho, Zé Messias e Parceiros, Sebastião Arruda** (pai do ator, cantor e humorista **Genésio Arruda**), **Bico Doce e sua Gente do Norte** (que na verdade era o futuro astro do gênero, **Raul Torres**), **Arlindo Santana** (um imitador de pássaros e bichos), **Ditinho Pintor** e outros caipiras que **Cornélio** encontrava no interior de São Paulo e trazia para gravar em seus discos. Por isso preferia usar somente o nome de "Turma Caipira", pois não eram profissionais e a maioria nem tinha pretensão em seguir carreira. Os únicos que prosseguiram, além de **Raul Torres**, foram **Mariano e Caçula** — depois **Mariano e Caçulinha** (pai e filho) — e **Mandy e Sorocabinha**.

Esses últimos foram importantes porque deram o impulso a um novo mercado para os caipiras. Ocorre que **Mandy**, um professor de grupo escolar em Piracicaba, ou seja, um homem letrado para a época, percebeu que **Cornélio** estava ganhando dinheiro e prestígio gravando os discos dele pela Columbia. Foi então à Victor e sugeriu que a gravadora concorrente também criasse uma "Turma Caipira", da qual ele e o parceiro seriam os mentores — e isso aconteceu. A **Turma Caipira Victor** gravou quatro discos, entre 1929 e 30, nos quais, além da dupla com **Sorocabinha**, havia algumas gravações desse último com os filhos. Logo depois, registraram os primeiros discos com seus nomes próprios: **M. R. Lourenço** e **Olegário de Godoy**.

Somente a partir de 1930 eles adotaram os nomes artísticos de **Mandy e Sorocabinha**. Curiosamente, passaram a gravar assim não na Victor, mas na Parlophon, Odeon e Columbia. Foram 49 discos até o fim da década, e num deles, em 31, a expressão "moda de viola" apareceu pela primeira vez no selo de um disco comercial — "Casamento é besteira" (Sorocabinha). A propósito, na maior parte dos discos do gênero até os anos 40 não havia distinção de ritmos, tudo aparecia com o nome genérico de "moda de viola".

Após essas empreitadas pioneiras, a música dos caipiras deixava o passado folclórico do primeiro suplemento de **Cornélio Pires** e da **Turma Caipira Victor** de lado e se convertia em música popular urbana. E não estaria à venda somente na região centro-sul, mas em todo o país.

Apesar desses exemplos pontuais de canções acaipiradas e nordestinas que pipocaram no gosto do eixo urbano de Rio e São Paulo, o que realmente estava em franca ascensão eram os sambas (cerca de sessenta ficaram famosos em apenas 12 anos, de 1917 a 29), as marchas carnavalescas (de 1920 a 29, mais de duas dezenas tiveram êxito) e um vasto repertório romântico de valsas e canções seresteiras. Era essa a tendência reinante no gosto do carioca, sendo devidamente replicada para todo o país. Tanto assim que uma turma de rapazes de classe média da zona norte carioca, inicialmente encantada pelos **Turunas da Mauriceia**, resolveu formar um grupo nos mesmos moldes, o **Bando de Tangarás**, em 28. Se no começo criaram repertório e vestuário mais ligados a temas "nortistas" (caipiras e nordestinos), dentro em breve mudariam de rumo, compondo e gravando sambas de qualidade, com muito mais sucesso.

Três de seus cinco integrantes ajudariam a fixar o rosto da música brasileira a partir de então: **João de Barro (Braguinha)**, **Almirante** e **Noel Rosa**. Já em 1929, por exemplo, o **Bando de Tangarás** grava o samba "Na Pavuna" (Almirante/Homero Dornelas), momento histórico por ser a primeira vez que os instrumentos de percussão nascidos na turma do Estácio e disseminados pelos morros e subúrbios cariocas chegavam aos estúdios de gravação. Mesmo à revelia do técnico da Parlophon, o disco saiu e foi o maior sucesso do carnaval de 30. Daí em diante, juntamente com uma geração espetacular de cantores, cantoras, compositores e músicos, a canção brasileira atingiria um patamar nunca antes visto de criatividade, riqueza e penetração na alma do povo. Era chegada a Era de Ouro!

3.

A Era de Ouro: o triunfo do samba, da marchinha, da valsa e do fox-canção (1929-1945)

Na virada dos anos 1920 para os 30, três inovações tecnológicas e uma ótima casualidade deram um rosto definitivo à nossa música popular. O avanço nas técnicas de gravação de discos, o advento do cinema falado e a chegada da rádio comercial coincidem com o aparecimento de uma geração incrível de artistas que, por sua vez, ajudou a consolidar dois gêneros musicais fundamentais no gosto popular de boa parte dos brasileiros do século XX: o samba e a marchinha carnavalesca. Isso sem esquecer o frevo, as valsas brasileiras e a criação do fox-canção, variante do fox-trot americano. Tudo isso fez com que o período que vai de 29 a 45 fosse batizado como a Era de Ouro — aquele em que a nossa música criou, de fato, uma personalidade própria.

Com a valorização da voz nas gravações eletromagnéticas graças ao melhoramento técnico, incluindo o uso de microfones, o mercado de discos no Brasil se expande entre 1928 e 31. Além da Odeon, surgiram gravadoras pequenas de curta duração: em 28, a Parlophon (subsidiária do mesmo grupo internacional da Odeon), no ano seguinte, a Brunswick, no Rio, e algumas de âmbito regional, que, possivelmente influenciadas pelo crescente prestígio do rádio ou mesmo pelo novo sistema elétrico de gravação, foram criadas principalmente em São Paulo, como Arte-Fone, Imperador, Ouvidor e Brasilphone, desaparecendo rapidamente. Entretanto, após uma primeira tentativa fracassada, as multinacionais Columbia e Victor voltam a atuar no país com maior sucesso em 29. Esta última foi pelas três décadas seguintes a principal rival da Odeon, aproveitando para implementar um novo tipo de toca-discos para substituir os velhos gramofones: a *victrola*, inicialmente à base de manivela, depois elétrica. A partir de 33, e por mais de uma década, somente três fábricas existiram no Brasil — Odeon, Victor e Columbia.

Se até 1927 os discos tinham tiragens pequenas de quinhentas, seiscentas unidades, nos anos 30 isso mudaria consideravelmente, sobretudo por conta do surgimento do rádio comercial, que estimulou a música cantada e catapultou o mercado, criando verdadeiros ídolos.

Tudo isso só foi possível porque essa Era de Ouro musical coincidiu também com a chegada ao poder do presidente Getúlio Vargas em 30, que estabeleceu uma série de mudanças no país, tais como o direito de voto das mulheres e a instituição do salário mínimo. Além disso, houve um fato decisivo para o impulso da música brasileira: Getúlio tornou o rádio comercial a partir de 1º de março de 1932, ou seja, ele já podia ser financiado por anunciantes. Desde 23 já existiam emissoras, mas suas transmissões eram de caráter educativo e cultural. As primeiras rádios traziam "Clube", "Educadora" ou "Sociedade" no nome, pois nasciam como agremiações ou associações formadas por idealistas que acreditavam no potencial do novo meio de comunicação. O decreto, porém, desencadeou uma série de novas emissoras, que contrataram artistas, produtores e orquestras para formar seus elencos, além de tocar discos em programas específicos, a ponto de em 37 já haver mais de setenta emissoras no país. Uma das grandes desse tempo foi a Rádio Philips, do revolucionário *Programa Casé*, apresentado por Ademar Casé e pioneiro em pagar cachê aos artistas. Depois, a primeira a liderar a audiência foi a Rádio Mayrink Veiga, cujo modelo de programação criado pelo visionário locutor César Ladeira (precursor também na arte de distribuir slogans aos cantores de rádio) a tornou a mais rica e dona do melhor *cast* de então, sendo posteriormente imitada por todas as outras. A vice foi a Rádio Tupi, de Assis Chateaubriand, que começou com os programas de auditório, desde sua fundação, em 35.

O rádio passou a ser um objeto de consumo cultuado e fundamental nas residências, tal como a televisão seria décadas depois. Inicialmente um objeto caro, ainda pouco acessível, pois não havia o rádio portátil, e sim um aparelho sobre a mesa, em torno do qual a família se reunia para ouvir o noticiário, rir dos programas de humor (a partir de 1931), se entreter com as novelas (após 41), torcer por ídolos do esporte e, claro, escutar muita música.

Paralelamente a tudo isso, a partir de 1929, os filmes mudos foram substituídos pelo cinema falado no Brasil.[1] Transformação que representava uma nova oportunidade de ouvir música, dessa vez na tela grande. Com os filmes, as canções estrangeiras ganharam mais visibilidade e, com elas, novas modas, danças e estilos de comportamento influenciados pelo pós-guerra. E, para o artista brasileiro, uma chance inédita de ser visto pelo grande público, já que nesse tempo eles eram apenas ouvidos, não havia televisão e nem mesmo na capa dos discos eles apareciam, pois eram embalados em envelopes. Os filmes musicais, em especial as comédias carnavalescas produzidas pela Cinédia e Sonofilmes (de Wallace Downey), depois pela Atlântida, foram uma tradição por aqui que reinou até os anos 60.

Por falar em carnaval, o mercado musical para a folia se impôs nesse período de uma tal maneira que, a partir de 1931, as gravadoras começaram a ter seus suplementos divididos entre "meio de ano" — de março a setembro — e de carnaval — "de outubro a fevereiro", quando tratavam de colocar seus elencos em peso para registrar marchas e sambas exclusivos para o evento, ano a ano.

A música de carnaval vira um mercado

A marchinha de carnaval é uma invenção dos compositores de classe média carioca, de nível universitário, ligados ao teatro de revista, inspirada em marchas portuguesas trazidas pelas companhias teatrais ao Rio de Janeiro e em ritmos americanos como *one-step*, *cakewalk*, *ragtime* e o *charleston* — aliás, é impressionante a invasão da música americana no país, notadamente a partir da Primeira Guerra. Entre 1915 e 27 foram lançadas 182 gravações desses gêneros em nossos discos contra apenas sete no período de 1902 a 1914.[2] Muitas dessas primeiras marchas vieram a público justamente nessas produções teatrais. Quando as revistas eram montadas nos primeiros meses do ano, pretendiam lançar as músicas para a folia. As de meio de ano já não tinham essa obrigação. Isso se deu até meados dos anos 1930, quando o teatro de revista foi deixando de ser o grande porta-voz da produção de nosso cancioneiro, em função da censura crescente aos espetáculos e à popularização do cinema.

A marchinha se consolida a partir do sucesso de "O pé de anjo" (Sinhô), no carnaval de 1920. Até o fim dessa década mais de vinte marchinhas chegaram ao gosto do público, de autoria principalmente de **Sinhô** ("Fala baixo", "Sai da raia", "Cabeça inchada"), **Eduardo Souto** ("Pois não", "Eu só quero é beliscá", "Não sei dizê", "Pai Adão", "Seu Doutor", "Quando me lembro"), **Freire Jr.** ("Ai, seu Mé", "Ai, amor", "Não olhe assim", "Pinta, pinta melindrosa") e **José Francisco de Freitas** ("Zizinha", "Eu vi Lili"), este também pianista, líder de uma jazz-band e autor de bons sambas, como "Dorinha, meu amor" na voz de **Mario Reis.** Por seu nível intelectual e sua excelência musical, alguns desses autores consagrados no teatro de revista foram convidados para assumir cargos de diretores artísticos das gravadoras da época, como **Henrique Vogeler** (Brunswick), **Eduardo Souto** (Odeon e Parlophon) e **Gaó** (na Columbia de São Paulo), todos em 29.

A marcha, de pulsação rítmica mais simples que a do samba, passou a ter uma identificação maior de compositores mais ligados à classe média carioca, a mesma que frequentava os desfiles de rancho (cortejo acompanhado por instrumentos de sopro e cordas, com passistas fantasiados e as figuras do mestre-sala e porta-estandarte) e corsos (desfiles de automóveis, com pessoas fantasiadas) da avenida Central, depois Rio Branco, no Centro do Rio. Em contrapartida, o samba veio dos autores populares, por sua pulsação mais complexa, do carnaval negro e pé no chão da Praça Onze. Porém, como no Brasil sempre houve grande intercâmbio cultural, autores de sambas se arriscaram em marchas e vice-versa, o que foi ótimo.

Paralelamente à marchinha, ocorreu o desenvolvimento de uma variante do gênero, a marcha-rancho, com melodias singelas, nostálgicas, sentimentais. Foi estilizada pelos compositores da Era de Ouro, que procuravam

A ERA DE OURO

captar o espírito algo solene e grandioso dos ranchos produzido desde o fim do século XIX, diferindo em forma e andamento. Em 1927, "Moreninha", de **Eduardo Souto**, interpretada pelo barítono **Frederico Rocha**, de atuação mais forte no teatro e na ópera que no disco, foi o primeiro exemplar de marcha-rancho gravado em nossa discografia. Curiosamente, muitas marchas que foram criadas, registradas nas partituras ou gravadas originalmente em andamento mais animado acabaram, com o tempo, consagradas como marchas-rancho, caso de "Ô abre-alas", "Pastorinhas" e "Malmequer", razão pela qual se torna difícil fazer um levantamento fidedigno desse subgênero. Aliás, fenômeno semelhante, em menor escala, se sucederia a alguns sambas sacudidos, que com o tempo viraram sambas-canção, como "Mensagem" e "Cabelos brancos".

Catalogação à parte, a verdade é que ambos os estilos de marcha passaram a enfeitiçar os foliões em escala ascendente na Era de Ouro. No carnaval de 1930 brilharam "Pra você gostar de mim" (Joubert de Carvalho), sucesso inicial de **Carmen Miranda**, mais conhecida como "Taí", e "Dá nela", primeiro grande êxito carnavalesco de **Ary Barroso**, na voz de **Francisco Alves**. E se na folia de 1931 poucos exemplares do gênero caíram no gosto do povo, que à ocasião preferiu os sambas, o ano seguinte deu o impulso fatal ao gênero após o estouro de "O teu cabelo não nega" (Irmãos Valença/ Lamartine Babo) com **Castro Barbosa**, libertando-se em definitivo das influências estrangeiras. A marchinha brasileira era mais sincopada, e sempre divertida, atrevida nos versos graças às suas temáticas sensuais, sarcásticas, fossem de sátira política ou comportamental, e não raro de duplo sentido, bem longe do que hoje chamaríamos de politicamente correto. "Dá nela" e "O teu cabelo não nega" foram também dois dos primeiros exemplares vencedores de uma tradição que ajudaria ainda mais a fixar esse gênero musical: os festivais de música carnavalesca.

Em 1930, houve o primeiro concurso de músicas carnavalescas promovido pela Casa Edison, que ainda gravava os discos Odeon, e pelo jornal *Correio da Manhã*, em que "Dá nela" foi a vencedora, e outro pela revista *O Cruzeiro*, puxando a brasa para a gravadora Columbia, premiando o samba "Bota o feijão no fogo", de **Lamartine**, que depois seria gravado por **Januário de Oliveira**. A partir de então, o certame se integrou às festividades oficiais do carnaval carioca e passou a ser promovido pelo Departamento de Turismo da Prefeitura do Distrito Federal, pois já em 32, ano que o festival consagrou "O teu cabelo não nega", o carnaval foi oficializado, nascendo subvenções e premiações de mais vulto ao concurso. Normalmente se dava em duas categorias — sambas e marchas —, com direito a rivalidades, participação ativa do público e mil estratagemas para vencer,[3] incluindo o chamado caititu, uma figura responsável por promover e divulgar as composições entre artistas, emissoras de rádio, gravadoras e público. Segundo Zuza Homem de Mello, **Milton de Oliveira** (fiel parceiro de **Haroldo Lobo**) é considerado o criador da caitituagem em nossa música.[4] Anos mais tarde, o caititu seria acrescido do "jabaculê" (ou jabá), ou seja, a propina para os discotecários interferirem na programação, favorecendo compositores, cantores ou gravadoras. A propósito, muitas músicas carnavalescas trariam parcerias de autores consagrados com caititus.

Lamartine Babo e (por sua influência) **João de Barro**, o **Braguinha**, foram os grandes fixadores das marchinhas para todo o sempre no país. Ambos foram transgressores em seu tempo por comporem um cancioneiro arejado, longe dos temas mais trágicos comuns à época, mais ou menos como era o espírito das cançonetas. No caso de **Braguinha** a transgressão foi dupla. Sendo ele de classe média abastada, precisou vencer o preconceito de sua família para ingressar profissionalmente no meio musical. Fechando o trio de autores carnavalescos mais expressivos da Era de Ouro, junta-se aos dois **Haroldo Lobo**, de uma família de classe média baixa, como **Lamartine**, e igualmente criativo e irreverente.

Lamartine estudou em bons colégios, mas no início dos anos 1920, com a família passando por problemas financeiros, passou a office boy na Light. Não tardou para que a veia musical o levasse ao teatro de revista e depois ao repertório dos maiores artistas da Era de Ouro. O que tinha de feio e franzino lhe sobrava em bom humor. Era um gozador inveterado, mestre em trocadilhos. Virou um ás do cancioneiro carnavalesco a partir de 32 ("O teu cabelo não nega", "Linda morena", "Grau dez", "Rasguei a minha fantasia", "Ride palhaço"...), mas também de temas teatrais ("Joujoux

A ERA DE OURO

e Balangandãs") e juninos ("Chegou a hora da fogueira", "Isto é lá com Santo Antônio"), além de um cronista de costumes também no meio de ano ("Canção pra inglês ver"), tendo ainda boas canções românticas ("No rancho fundo", com **Ary Barroso**, "Eu sonhei que tu estavas tão linda", com **Francisco Mattoso**, "Serra da Boa Esperança"). Nesse meio-tempo, além de ser colaborador em vários jornais cariocas, tornou-se um radialista que divertia a todos com seus programas mesclando humor, música e variedades, como *Horas lamartinescas*, *Clube da meia-noite*, *Chute musical*, *Confete sonoro* e, sobretudo, *O trem da alegria* — este, a partir de 42, na Rádio Mayrink Veiga, ao lado do casal Héber de Bôscoli e Yara Salles, formando o chamado **Trio de Osso** (paródia do famoso conjunto vocal **Trio de Ouro**), por serem os três extremamente magros. Foi neste programa, três anos depois, que **Lamartine** lançou os hinos dos 11 principais times de futebol carioca, compostos por ele a pedido de Héber, a saber: Vasco, Fluminense, Botafogo, América, Flamengo ("Uma vez Flamengo, sempre Flamengo..."), e também do Bangu, São Cristóvão, Bonsucesso, Madureira, Olaria e Canto do Rio.

Da mesma maneira, **Braguinha** foi também um compositor eclético e bom em tudo o que se propôs a fazer. Enquanto estudava Arquitetura formou o **Bando de Tangarás** e escondia seu ofício da família com um pseudônimo de passarinho, **João de Barro** (com o qual, aliás, não se importou em assinar a vida inteira todas as suas composições). Mas já em 1931 largou tudo pela música. Sozinho ou com parceiros, como **Alberto Ribeiro**, **Alcyr Pires Vermelho** e **Pixinguinha**, assinou clássicos da música brasileira em diversos ritmos, fossem marchinhas ("Tem gato na tuba", "Linda lourinha", "Touradas em Madri", "Yes, nós temos bananas", "Chiquita Bacana", "Balancê"), samba-canção ("Copacabana"), samba ("Seu Libório"), valsa ("Laura") ou samba-choro ("Carinhoso"), além de versões de canções estrangeiras famosas, como "Sorri (Smile)", "Luzes da ribalta (Limelight)" e "Aqueles olhos verdes (Aquellos ojos verdes)",[5] chegando a importante produtor de discos e defensor dos direitos autorais dos compositores.

Nascido numa família de músicos, **Haroldo Lobo** foi guarda na polícia de vigilância da capital e empregado numa fábrica de tecidos. Ao contrário de **Braguinha** e **Lamartine**, sua produção de sucesso foi majoritariamente carnavalesca. De 1934 até se despedir da vida, nos anos 60, seus sambas e, principalmente, marchas, cunhados com seus parceiros estelares, caíram na boca do povo. Falavam de política ("Metralhadora", "As ruas do Japão", "Retrato do velho"), bichos ("O passarinho do relógio", "Passo do canguru", "Miau, miau", "Tem galinha no bonde"), personagens do cotidiano ("Emília", "Cabo Laurindo", "A mulher do leiteiro", "Clube dos barrigudos", "Coitado do Edgar", "Espanhola"), farras carnavalescas ("Eu quero é rosetar") e romances superados ("Pra seu governo").[6] Alguns, inclusive, nunca foram esquecidos, caso de "Alá-la-ô" (assinando com o caricaturista carioca **Nássara**, outro rei dos carnavais) e "Emília" (com **Wilson Batista**), lançados nas folias de 1941 e 42, respectivamente, e outros já compostos após a Era de Ouro, como "Índio quer apito" (com **Milton de Oliveira**, de 1961) e "Tristeza" (com **Niltinho**, de 66).

De 1932 a 45, foram 14 carnavais apoteóticos com marchinhas desse trio — **Braguinha, Lamartine** e **Haroldo** —, mas também de pelo menos mais trinta grandes autores do gênero, versando sobre os seguintes temas... Uma criança atrapalhada nos estudos ("A. E. I. O. U"), um sujeito esperto de seu tempo ("Moleque indigesto") e outro sob suspeita ("Há uma forte corrente contra você"), uma crônica de pequenos tabus dos anos 30 ("Aí! Hein!"), outra sobre a moda dos bondes no transporte público ("Seu condutor"), uma crítica à americanização da sociedade ("Good bye, boy"), odes ao Rio de Janeiro ("Cidade maravilhosa", "Primavera no Rio") e idolatria radiofônica ("Cantores de rádio").[7]

Na categoria malícias de duplo sentido tivemos "Mamãe eu quero", "Querido Adão", "Yes, nós temos bananas", "Deixa a lua sossegada", "Pirulito" e "Nós, os carecas". Houve ainda folião folgado de ressaca ("Roberta"), candidata à mãe sem paciência com a filharada ("Periquitinho verde"), despertador insuportável ("Passarinho do relógio (Cuco)") e boas doses de nonsense ou diversão a qualquer custo: "Marchinha do grande galo", "Passo do canguru", "Lig-lig-lig-lé", "Clube dos barrigudos", "China pau"[8] e a impagável "História do Brasil", mais uma pérola de **Lamartine**: "Quem foi que inventou o Brasil? / Foi Seu Cabral, foi Seu Cabral / No dia 21 de abril / Dois meses depois do carnaval."

A ERA DE OURO

Como só havia autores homens, é natural que a mulher fosse bastante exaltada, e de todas as raças: negra ("O teu cabelo não nega"), morena ("Linda morena", "Uma andorinha não faz verão", "Grau dez"), loura ("Linda lourinha") e oriental ("Linda Mimi", "Cadê Mimi?"), ou todas juntas ("Hino do carnaval brasileiro"). Temos ainda encantamentos por uma *boazuda* irresistível ("Carolina"), uma espanhola natural da Catalunha ("Touradas em Madri"), uma que tirou as meias no calçadão à beira do mar ("Moreninha da praia"), uma que parecia ser baseada numa figura mitológica, "Eva querida",[9] mas era uma homenagem à atriz Eva Todor e, finalmente, uma sem jeito, "A casta Suzana" do Posto 6, entre Ipanema e Copacabana, aquela de **Ary Barroso** e **Alcyr Pires Vermelho**, que "fez apendicite e ficou sem 'it'".[10]

Mas nem tudo eram flores. Havia as musas que não estavam nem aí para os seus admiradores, como "Formosa", "Aurora", "Dama das camélias" e uma das famosas "Pastorinhas" da marcha homônima de **Noel Rosa** e **João de Barro (Braguinha)** ("Linda pastora, morena, da cor de Madalena / Tu não tens pena de mim que vivo tonto pelo teu olhar"); ou ainda um folião que pede até uma esmolinha em forma de beijo ("Iaiá boneca") e outro que desfolha o "Malmequer" e tem uma negativa. Às vezes o sujeito apelava para o vale-tudo carnavalesco ("Ride palhaço", "Tirolesa"), desabafava ("Rasguei a minha fantasia"), consolava ("A jardineira")[11] e eventualmente acabava em tragédia, como o destino do "Pierrô apaixonado", criado pelo mesmo **Noel**, com **Heitor dos Prazeres**, que "por causa de uma colombina (...) foi tomar vermute com amendoim".

No campo político, entre a conturbada Revolução de 30, que depôs a República Velha, e o golpe do Estado Novo implementado em 37 houve espaço para alguma polêmica no carnaval, obtendo êxito as marchas "Gegê", "Passo do soldado", "Trem blindado", "Paulistinha querida", "Cortada na censura", "A menina presidência", "Pensão do Catete", "Quem é o homem?",[12] fora o samba "Anistia", de **Ary Barroso**, que conclamava metaforicamente a anulação das condenações para os chefes políticos da fracassada Revolução Constitucionalista de 32, ocorrida em São Paulo, que pretendia destronar Getúlio Vargas e convocar uma Assembleia Nacional

Constituinte: "Anistia, anistia / Nos três dias de folia / Seu doutor, não faça isso, por favor / Na prisão, basta só meu coração..."

O início da Segunda Guerra Mundial em 1939 fez o cancioneiro político "bombar" na música popular, mas foi a proximidade da entrada do Brasil nos combates a partir de 42, em que ele explodiu, com belas marchas marciais dando força às nossas tropas ("Canção do Expedicionário", "Canção do Marinheiro"), e especialmente no cancioneiro carnavalesco. Seja ridicularizando Hitler, nas marchas "Que passo é esse, Adolfo?", "A cara do Führer" e "Adolfito Mata-moros"; exaltando Getúlio e sua força para lutar junto às tropas aliadas, no samba "Diplomata" e na marcha "Quem é o tal?";[13] ou ainda comemorando vitórias, na marcha "Cecília", um retumbante sucesso, ou antecipadamente o fim do combate, no samba "A guerra acaba amanhã", de **Herivelto Martins** e **Grande Otelo**, gravado por **Francisco Alves** para a folia de 45: "Samba, samba, samba / Muita alegria nós precisamos, irmãos / Tá terminando a tirania alemã / A guerra acaba amanhã / U-hu!"

O carnaval era uma época do ano em que o moralismo na sociedade brasileira dava uma trégua. Isso é nítido em grande parte das marchinhas, no geral, satíricas e maliciosas. Em contrapartida, a maioria das músicas românticas de meio de ano e até mesmo muitos sambas de carnaval eram invariavelmente de dor de cotovelo e não raro rogavam praga na mulher "ingrata" — mesmo que fossem compostos em tom maior. Nesse quesito, da dor da separação, irritação ou sofrimento por amor tivemos na Era de Ouro os sambas "Sofrer é da vida", "A tua vida é um segredo", "Juro", "Agora é cinza", "Implorar", "É bom parar", "O correio já chegou", "Sei que é covardia, mas", "Meu consolo é você", "A primeira vez", "Helena, Helena", "Emília", "Odete", "Atire a primeira pedra", "Coitado do Edgar"[14] e "Fica doido varrido" ("quem quer / Se meter e entender a mulher"), este de **Benedito Lacerda** e **Eratóstenes Frazão**.

Dilemas entre a fidelidade ao lar ou à "orgia" (farra), um tema onipresente nesse tempo em vários ritmos, imperaram também nos sambas carnavalescos "Se você jurar", "Abre a janela", "Cinco horas da manhã"[15] e "Oh! seu Oscar", sendo que neste último, de **Ataulfo Alves** e **Wilson Batista**,

A ERA DE OURO

sucesso de **Cyro Monteiro**, a mulher, coisa rara, leva a melhor. É ela quem troca a vida regrada do lar pela boemia: "Cheguei cansado do trabalho / Logo a vizinha me falou / Oh! seu Oscar / Tá fazendo meia hora / Que sua mulher foi-se embora / E um bilhete deixou / O bilhete assim dizia / 'Não posso mais / Eu quero é viver na orgia.'"

Às vezes o folião lamentava em ritmo de samba a falta de um amor ("O homem sem mulher não vale nada") ou, ao contrário, fazia a elegia da liberdade sexual ("Solteiro é melhor", de **Rubens Soares** e **Felisberto Silva**, que dizia: "A vida de casado é boa, mas a vida de solteiro é melhor / Solteiro vai pra onde quer / Casado tem que levar a mulher"). Às vezes era romântico ("Até amanhã [Se Deus quiser / Se não chover / Eu volto pra te ver / Oh! Mulher]"), cortejava suas musas ("Maria Boa", "Nega do cabelo duro", "Arrasta a sandália", "Dolores", "Isaura", "Rosalina", "Odete"), sambava com saudade da mulher submissa ("Ai, que saudades da Amélia", "Emília"), por pura diversão ("Cai, cai")[16] ou lamentando ter de deixar os companheiros, pois já amanhecia o dia ("Está chegando a hora" — esta uma inusitada versão sambística de "Cielito lindo", um motivo folclórico mexicano, adaptada por **Henricão** e **Rubens Campos**).

Temas mais caros à marchinha eventualmente também sambavam no carnaval, como um **Lamartine Babo** achincalhando pessoas sem noção ("Só dando com uma pedra nela"), **Noel Rosa** assinando um obituário sarcástico ("Fita amarela") ou lamentando a dureza da vida sem dinheiro ("O orvalho vem caindo"), **Paquito** (com Estanislau Silva e Artur Vilarinho) tomando as dores de um empregado que leva um pito do patrão ("O trem atrasou"), **Herivelto Martins** e **Waldemar Ressurreição** rebatendo uma falsa acusação de soberba ("Que rei sou eu?") e ainda **Benedito Lacerda** e **Aldo Cabral** inconsoláveis por deixarem o morro onde estava sua escola do coração ("Despedida de Mangueira").

A propósito da referida nostalgia carnavalesca, de 1932 até 42 os desfiles das primeiras escolas de samba (e dos ranchos) eram realizados na Praça Onze, nos arredores do bairro do Estácio, em pleno domingo de carnaval, onde também se confraternizavam os bambas descidos dos morros e subúrbios em rodas de batucada e pernada. Em seguida, com as obras para a abertura da avenida Presidente Vargas, ligando o Estácio ao Centro do Rio, na altura da Igreja da Candelária, o local dos desfiles variou. A partir de 47, passou a ser realizado nessa nova avenida por quase três décadas. Quando foram anunciadas essas obras, o ator **Grande Otelo** deu o mote a **Herivelto Martins** para que juntos criassem um clássico carnavalesco: "Será que, acabando a Praça Onze, as escolas de samba vão ter lugar para desfilar?"[17] Nascia assim mais um grande samba de sucesso: "Vão acabar com a Praça Onze / Não vai haver mais escola de samba, não vai / Chora tamborim / Chora o morro inteiro..." E quando a avenida ficou pronta, ainda preocupados com o futuro dos desfiles, eles compuseram outro samba, "Bom dia, avenida", que emplacou no carnaval de 44 nas vozes do mesmo **Trio de Ouro** que lançou o anterior: "A União das Escolas de Samba / Respeitosamente faz o seu apelo / (...) quer saber se quem viu a Praça Onze acabar / Tem direito à avenida em primeiro lugar / Nem que seja depois de inaugurar!"

Em relação aos sambas cantados nos desfiles desse tempo, eles dificilmente chegavam ao disco ou viravam sucessos no carnaval como um todo. Outra curiosidade é que em 1938, ou seja, três anos depois da oficialização dos concursos das escolas de samba pelo Estado, vieram os enredos nostálgicos e ufanistas, normalmente sobre fatos, efemérides e personagens da história do Brasil, que os sambistas criaram de modo a se aproximar do poder público, em busca de aceitação e legitimação social, num momento em que o ambiente do samba ainda era um tanto marginalizado.

O frevo pernambucano

Além dos sambas e marchas, outro gênero carnavalesco surge em paralelo ao Rio na folia pernambucana: o **frevo**, cuja palavra vem do jeito que o recifense pronuncia o verbo "ferver". Assim como o maxixe, o frevo era uma dança do século XIX que virou gênero musical. Tudo começou com um grupo de ágeis e valentes capoeiras, armados de facas e cacetes, que saltavam e gingavam à frente dos músicos de populares bandas militares rivais, abrindo espaço para seus desfiles nas ruas da capital pernambuca-

A ERA DE OURO

na em várias épocas do ano. Essa foi a raiz do chamado "passo" do frevo. Além dos movimentos violentos, eles improvisavam versos de desafio ao grupo rival, ao som de dobrados e hinos marciais dessas bandas. Com o tempo, esse som foi transformado num ritmo original. Isso só foi possível porque além das bandas militares, apareceram também as fanfarras de humildes trabalhadores urbanos incrementando outras sonoridades sem o compromisso "oficial" com as canções militares.

Com a inauguração dos primeiros clubes de rua — o Clube das Pás (1888), o Misto Vassourinhas (1889) e o dos Lenhadores (1897) —, alinhando-se à influência das procissões religiosas, com seus símbolos, distintivos e estandartes, como pás, vassourinhas e machadinhas dos clubes citados, surge então o frevo de rua instrumental, adquirindo sua forma definitiva entre 1905 e 1915, num misto de dobrado, polca-marcha e algo de quadrilha e maxixe, estilizado pelo compositor e mestre da banda do 40º Batalhão da Infantaria **Capitão Zuzinha**. Ao contrário de outros gêneros nativos, era sempre orquestrado.

Embora seu maior clássico, a "Marcha nº 1 do Clube Vassourinhas" (conhecida até hoje como "Vassourinhas", de Matias da Rocha e Joana Batista Ramos) seja de 1909, foi apenas na década de 20 que o frevo-canção ou marcha-frevo (o frevo com letra) se popularizou. Em geral, com uma introdução animada pontuada por metais, seguida de uma parte cantada (com refrão e segunda parte) um tanto semelhante à marchinha que começava a se popularizar no Rio. E isso não se deu por acaso. Foi na capital federal que se iniciou, desde meados dos anos 1910, o costume de se cantar em bailes e ranchos carnavalescos — devidamente migrado para a folia de lá.

É nos anos 1930 e 40 que o frevo-canção chega ao auge, em muito graças ao talento dos compositores **Nelson Ferreira** e **Capiba**, com uma série de sucessos circunscritos à folia pernambucana, com reflexos na Paraíba e em Alagoas — que seriam imortalizados em quatro álbuns gravados anos depois, em 59, pelo cantor local **Claudionor Germano**. Nessa Era de Ouro, entretanto, os cantores pernambucanos ainda não gravavam, cabendo aos intérpretes ecléticos radicados no Rio suprir essa demanda local, caso de **Carlos Galhardo,** que gravou, entre outras, o sucesso "Máscara de veludo" (Irmãos Valença) para a folia de 38. Curiosamente, numa via de mão dupla, o que deu o impulso definitivo à fase áurea da marchinha carioca (catapultada para todo o país) foi justamente uma adaptação cunhada por **Lamartine Babo** do refrão de um frevo-canção ("A mulata"), criado em Recife pelos **Irmãos Valença, Raul** e **João**, a já comentada "O teu cabelo não nega", que explode na folia de 32. A obra dos dois irmãos, entretanto, jamais chegaria a ter êxito nacional, mas seria imortalizada num álbum de outro cantor local especialista no gênero, **Expedito Baracho**, nos anos 70.

A afirmação do samba e uma geração brilhante de compositores

Não foi só no período carnavalesco que o samba explodiu. No meio de ano, nada superou o desempenho daquele que a partir de então, pelo menos até o final do século, passou a ser o nosso ritmo maior. Ele sai do gueto e se torna a voz de toda a sociedade, sendo um gênero de referência nacional, tanto que o próprio Estado passa a apoiar o carnaval, as escolas de samba e, de certa maneira, até mesmo o compositor. Após **Mario Reis** e **Francisco Alves**, **Noel Rosa** foi outro nome pioneiro de classe média (e de carreira universitária, como o primeiro) a fazer a ponte entre a música dos morros e a do asfalto, da periferia e dos recintos nobres, chamando artistas que viviam à margem da sociedade para serem seus parceiros, como o renovador do gênero **Ismael Silva**, o salgueirense **Canuto** e outros que foram fundadores de escolas de samba pioneiras, como **Cartola** e **Heitor dos Prazeres** (da **Mangueira**, esse último também da **Vai como Pode**, que virou **Portela**) e **Antenor Gargalhada** (do **Salgueiro**), vivenciando bem de perto a real essência do samba.

Curiosamente, **Noel Rosa** não tinha o perfil dos seus colegas que vinham do teatro de revista. Não era pianista tampouco maestro ou arranjador. Nem por isso foi menos brilhante e guerreiro, muito pelo contrário. Superou seu físico franzino e sua saúde debilitada, e em apenas 26 anos de vida compôs mais de 250 músicas, sendo ótimo melodista, um dos grandes cronistas de seu tempo e pioneiro em diversas frentes. Além de se enturmar com a nata da malandragem (frequentando os mais baixos cabarés) e todo o meio artístico de seu tempo de várias classes sociais, foi modernista nos versos sem querer sê-lo. Sempre irônico, paródico, com rimas ricas e inesperadas, cantou o seu bairro, a Vila Isabel ("Palpite infeliz", "Feitiço da Vila" — esta última, assinada com o pianista e maestro paulista **Vadico**),[18] fatos pitorescos do Rio de Janeiro e de seus personagens mais marcantes ("Com que roupa", "João Ninguém", "Dama do cabaré", "Conversa de botequim", esta também com melodia de **Vadico**) e o próprio samba, conferindo-lhe um status de alto pedigree, como em "Coisas nossas", "O 'X' do problema" e na obra-prima "Feitio de oração" (outra com o mesmo parceiro): "Batuque é um privilégio / Ninguém aprende samba no colégio / Sambar é chorar de alegria / É sorrir de nostalgia / Dentro da melodia".

Em termos de dilemas amorosos também foi imbatível nas músicas sofridas, mas sem melodrama ("Silêncio de um minuto", "Último desejo", "Cansei de pedir", "Pra que mentir", "Provei" e "Só pode ser você", as três últimas com **Vadico**), e sarcástico ("Gago apaixonado", também em parceria com ele; "Mulher indigesta", "Seja breve" e "O maior castigo que eu te dou..." ["É não te bater, pois sei que gostas de apanhar"]). Seus versos traduzem ainda a modernidade da sociedade — o cinema falado e o telefone ("Não tem tradução"), o automóvel ("Você, por exemplo"), o carro de praça (táxi) ("Cor de cinza"), o revólver ("Século do progresso"), a fábrica ("Três apitos") —, sua hipocrisia ("Filosofia", com **André Filho**) e a corrupção das elites do país, já naquele tempo ("Quem dá mais?", "Onde está a honestidade?").

Embora não fosse o melhor intérprete de sua obra, chegou a ter algum sucesso como cantor com as gravações de "Com que roupa", "Gago apaixonado", "Coração", "Coisas nossas" e "Conversa de botequim" — esta com melodia de seu mais fiel parceiro, **Vadico**, é uma das mais perfeitas descrições já feitas de uma cena cotidiana carioca: "Seu garçom faça o favor de me trazer depressa / Uma boa média que não seja requentada / Um pão bem quente com manteiga à beça, um guardanapo / Um copo d'água bem gelada...". Impressionante mesmo foi ter composto tantas obras-primas com tão pouca idade, sendo mais um sambista a ter a vida abreviada pela tuberculose, que à época não tinha cura. À parte o melodista inspirado, como letrista, sua narração era rica em assuntos e descrições, e ao mesmo tempo coloquial, sem o tom pomposo dos intelectuais de sua época. **Ary Barroso** costumava dizer que **Noel** havia criado uma escola de poesia para o samba. Estava coberto de razão.

Por sua vez, **Ary** é também um dos primeiros representantes da classe média a brilhar entre os grandes criadores do samba. Mineiro radicado no Rio, acumulou os estudos de Direito com os ofícios de pianista de salas de espera de cinemas, teatros e orquestras de dança, bem como o de compositor para o teatro de revista. Durante a Era de Ouro, compôs uma obra contundente que renovaria o samba, conferindo-lhe um requinte maior à parte melódico-harmônica, em diversos andamentos, dramatizando melodias, por vezes grandiloquentes, apoteóticas.

Assim como **Noel, Ary Barroso** é até hoje um dos dez maiores autores de todos os tempos da música brasileira, com uma obra portentosa, sempre revisitada. Na Era de Ouro, foi gravado por todos os grandes intérpretes de seu tempo, com destaque para **Carmen Miranda** e **Silvio Caldas**, sendo sua fase mais prolífica de criatividade entre 1937 e 44. Além disso, nos anos 40 e 50, tornou-se uma das figuras mais populares do meio radiofônico, atuando também como locutor de futebol (era flamenguista doente e não fazia questão de esconder) e apresentador de programas de calouros, sendo um tanto impiedoso com os artistas iniciantes, motivando gongos humilhantes.

Ary Barroso foi nosso primeiro grande compositor a imortalizar a Bahia, desde que a conheceu em 1929, quando integrava como pianista a orquestra de **Napoleão Tavares**, compondo pérolas como "No tabuleiro da baiana", "Na Baixa do Sapateiro", "Faixa de cetim" e "Quando eu penso na Bahia" — esta última, com letra do dramaturgo **Luiz Peixoto**. Também teve musas ("Morena boca de ouro", "Tu", "Faceira", "Os quindins de Yayá", "Por causa desta cabocla", "Maria", "É luxo só", as três últimas também com **Peixoto**), foi um belo cronista de personagens cariocas ("Camisa amarela", "Caco velho", "Na batucada da vida", outra com o mesmo parceiro) e tentou a seu modo criticar a exploração da mão de obra negra ("Terra seca"), numa época em que isso não era comum, ainda que hoje pareça um

A ERA DE OURO

tanto caricatural. Sua obra-prima, porém, após ser cantada no rádio e em duas peças de teatro de revista, veio a público em outubro de 39 na voz de **Francisco Alves**. Era "Aquarela do Brasil", uma espécie de Hino Nacional informal do país, que se tornou famosa no mundo inteiro: "Brasil, meu Brasil brasileiro / Meu mulato inzoneiro / Vou cantar-te nos meus versos...".

Essa "Aquarela" exaltava a imagem de um país próspero e feliz, da mesma forma que "Isto aqui o que é" ("Isto aqui ô ô / É um pouquinho de Brasil / Iaiá..."), "Brasil moreno" (com **Luiz Peixoto**) e, mais adiante, "Rio de Janeiro (Isto é o meu Brasil)". Todas, pérolas de um gênero batizado à época como "samba-exaltação", que teve ainda "Brasil" (Benedito Lacerda/Aldo Cabral), "Onde o céu azul é mais azul" (Alcyr Pires Vermelho/João de Barro [Braguinha]/Alberto Ribeiro) e "Canta, Brasil" (Alcyr Pires Vermelho/David Nasser) como três de seus mais célebres exemplares. Este último inclusive motivou uma briga do genioso **Ary** com seus autores, que julgava terem plagiado seu samba mais famoso. O gênero "samba-exaltação", fundado por ele, agradou muito à ditadura do Estado Novo de Getúlio Vargas, em voga a partir de 1937. Mas o compositor não teve a intenção de colaborar com o regime, até porque tinha convicções políticas divergentes — tanto que em 1946 se elegeu vereador no Rio pela UDN, partido de oposição ao do ex-presidente. Por outro lado, criou um filão que de certa forma reforçava o caráter nacionalista-patriótico estimulado pelo governo.

Ary também foi um dos nossos pioneiros compositores populares a levar nossa música para o exterior. Em 1942, em plena Política da Boa Vizinhança dos Estados Unidos com o nosso país, "Brazil", versão de "Aquarela do Brasil", foi incluída no filme *Alô, amigos*, de Walt Disney. O sucesso foi tão grande que anos depois viajou para lá, quando mais dois de seus sambas — "Na Baixa do Sapateiro" (cuja versão chamava-se "Bahia") e "Os Quindins de Yayá" — foram incluídos em outra película do produtor, *Você já foi à Bahia? (The three caballeros)* (44), na qual a canção-tema era o famoso samba de seu amigo **Dorival Caymmi**. Esse foi o primeiro filme em que personagens animados — Pato Donald e o recém-criado **Zé Carioca**, inspirado no violonista homônimo, que acabou dublando o personagem e foi músico dos estúdios Disney — contracenavam com atores reais, no caso, a cantora **Aurora Miranda**, numa das mais antológicas cenas do cinema de animação de todos os tempos.

"Brazil" e "Bahia" ganharam centenas de gravações no mundo inteiro, sendo as nossas primeiras músicas a terem mais de um milhão de execuções nos Estados Unidos. Ainda em 1944, além de compor para o filme *Brazil*, de Joseph Santley, foi convidado para assumir a direção musical da Walt Disney Productions, mas recusou porque... "lá não tem Flamengo". Seu time à época disputava o tricampeonato carioca e não passava por sua cabeça ficar à parte dessa disputa. Numa nova viagem ao país naquele ano, compôs canções para um filme que não saiu do papel. Em compensação, foi homenageado pela Academia de Ciências e Artes Cinematográficas de Hollywood com um prêmio pelo samba "Rio de Janeiro (Isto é o meu Brasil)" — este, responsável pela primeira indicação ao Oscar do nosso país, incluído na trilha do filme *Brazil*.

De origem social oposta à de **Ary Barroso**, **Ataulfo Alves** ajudou na consolidação do samba, primeiro como autor, a partir de 1934, e depois como cantor, após a gravação de "Leva meu samba", em 41. Apesar de termos outros sambistas negros importantes, **Ataulfo** se destacou num tempo em que eram raros os compositores que também se lançavam como intérpretes — ainda por cima com sucesso. Nascido no sertão mineiro, filho de um violeiro cantador, acabou por inserir em muitos de seus sambas a melancolia dolente herdada da toada mineira. É dos poucos também que conseguiram uma constância de qualidade em todas as fases de sua carreira, em letra e música. Nessa fase, destacaram-se os sambas carnavalescos "Sei que é covardia" (com **Claudionor Cruz**), o clássico pré-feminismo "Ai, que saudades da Amélia" ("Às vezes passava fome a meu lado / E achava bonito não ter o que comer") e "Atire a primeira pedra" ("aquele que não sofreu por amor"), as duas últimas em parceria com o poeta, ator e dramaturgo **Mário Lago**, e ainda "Errei, erramos", "Meu pranto ninguém vê" (com **Zé da Zilda**) e "Você não tem palavra" (com **Newton Teixeira**).

Até o início dos festivais de música popular televisionados nos anos 1960, havia uma convenção bastante rígida em nosso meio musical: o cantor cantava e o compositor compunha. As exceções eram poucas. Na

A ERA DE OURO

Era de Ouro, **Noel Rosa**, **Lamartine Babo**, **Geraldo Pereira** e **Herivelto Martins** são exemplos de autores que gravaram cantando, mas o lado compositor prevaleceu. Outros, como **Francisco Alves** e **Silvio Caldas**, eram mais intérpretes que autores. Além de **Ataulfo Alves**, outra exceção desse tempo foi **Dorival Caymmi**, que também teve carreira longeva de sucesso como cantor e compositor. Ele chegou ao Rio de Janeiro em 38 e nunca mais quis sair da Cidade Maravilhosa. Encontrou-se no efervescente ambiente musical da então capital federal e trouxe na bagagem tudo o que aprendeu em sua terra natal, a Bahia — suas cenas de rua, o sincretismo religioso, as histórias dos pescadores —, e tratou de eternizá-la aos olhos dos cariocas e do resto do país.

Surgiram nessa Era de Ouro sambas imortais de **Caymmi**, como "Vatapá", "Acontece que eu sou baiano", "Requebre que eu dou um doce", "Vestido de bolero", "A preta do acarajé" e dois de fama internacional "O que é que a baiana tem?" e o referido "Você já foi à Bahia?", todos tratando de motivos e personagens baianos. Além de uma bela ode ao próprio gênero, "O samba da minha terra", dos versos "Quem não gosta de samba, bom sujeito não é / Ou é ruim da cabeça ou doente do pé", e outro sobre uma rara musa fora do eixo Rio-Bahia, a cabrocha "cafuza", "rainha do frevo e do maracatu" nas ruas de Recife, "Dora".

Caymmi fazia sambas à moda baiana, na base da pergunta e resposta, de uma forma geral mais gritados, sacudidos e sincopados que os cariocas de então. Mas não ficou só nisso. Compôs uma série de belíssimas canções praieiras, tendo como inspiração o próprio mar, seus pescadores, entidades como sereias e a própria Iemanjá, presentes em "O mar" ("quando quebra na praia / É bonito, é bonito"), "Noite de temporal", "Rainha do mar", "A jangada voltou só", "Pescaria (Canoeiro)", "É doce morrer no mar" ("Nas ondas verdes do mar"), esta com o escritor **Jorge Amado**, seu conterrâneo, entre outras. Além de cantor, com uma voz diferente, forte e grave, de interpretação ora impostada ora coloquial, já era muito moderno para seu tempo, criando melodias e harmonias por vezes dissonantes, raras, com inversão de acordes. Seu primeiro sucesso veio logo em 1939, "O que é que a baiana tem?", incluída no filme Banana da terra, de Wallace Downey, e a seguir gravada em dueto com a maior cantora brasileira de então, **Carmen Miranda**. Aliás, foi ele quem lhe ensinou os trejeitos da baiana, que ganhariam o mundo dali a pouco, e popularizou o termo "balangandãs".

As primeiras cantoras do rádio

Bonita, com um carisma incrível e uma personalidade irreverente, **Carmen Miranda** teve uma trajetória meteórica. Portuguesa de nascimento, aos dez meses já residia no Centro do Rio e, como era de origem pobre e de família numerosa, aos 16 anos foi trabalhar numa chapelaria, onde criava modelos de chapéus e cantava para atrair os clientes, transferindo-se depois para uma loja de moda masculina, vendendo gravatas. Em 1928, aos 19 anos, o compositor **Josué de Barros** a descobriu. No ano seguinte ela gravaria seu primeiro disco e no carnaval de 30 estourava com a marchinha "Taí" ("Eu fiz tudo pra você gostar de mim"), vendendo inacreditáveis 35 mil cópias, um recorde para a época.

A partir de então, **Carmen** foi a maior cantora da década de 1930, demonstrando faro inato para lançar ou consagrar autores e músicas ao sucesso, como **Ary Barroso** ("Na Baixa do Sapateiro", "No tabuleiro da baiana", "Como *vaes* você", a impagável "Eu dei", e ainda "Quando eu penso na Bahia" e "Na batucada da vida", ambas com **Luiz Peixoto**, e "Boneca de piche", assinada com diretor e roteirista teatral **Luís Iglesias**), **Custódio Mesquita** ("Quem é", em parceria com o dramaturgo e jornalista **Joracy Camargo**), **Joubert de Carvalho** (a referida "Taí",[19] "Absolutamente"), **Alcyr Pires Vermelho** e o baterista **Walfrido Silva** ("Tic-tac do meu coração"), **André Filho** ("Alô, alô", "Bamboleô", "Mulato de qualidade"), **Sá Róris** ("Cozinheira granfina")...

E ainda **Vicente Paiva** e seus parceiros **Haníbal Cruz** ("Diz que tem") e **Luiz Peixoto** ("Disso é que eu gosto", "Disseram que voltei americanizada" e "Voltei pro morro"), **Hervé Cordovil** ("Inconstitucionalissimamente"), **Gadé**, com **Walfrido Silva** ("Roseira branca") e **Almanir Grego** ("Polichinelo"), **Alberto Ribeiro** ("Cachorro vira-lata"), **João de Barro [Braguinha]** ("Primavera no Rio"), **Lamartine Babo** ("Moleque indigesto") ou os três últimos juntos, gravando a antológica marchinha "Cantores de rádio" em 1936, símbolo da Era de Ouro, também imortalizada no filme *Alô, alô carnaval*, de Wallace Downey, em dueto com sua irmã, **Aurora Miranda**: "Nós somos as cantoras do rádio / Levamos a vida a cantar / De noite embalamos teu sono / De manhã nós vamos te acordar."

Também deu a mão a autores negros de origem modesta, como **Synval Silva** ("Ao voltar do samba", "Coração" e "Adeus, batucada") e especialmente ao baiano mais carioca daquele tempo, **Assis Valente**, que nas horas vagas do trabalho de exímio protético num consultório dentário virava um cronista arguto de costumes em melodias que grudavam no ouvido, mesmo sem tocar nenhum instrumento de harmonia. Ele tinha na figura de **Carmen** sua musa maior, e ela soube aproveitar tal reverência, consagrando 24 canções suas, como os sambas "Camisa listrada", "E o mundo não se acabou", "Minha embaixada chegou", "Uva de caminhão", "Recenseamento" e a marchinha "Good bye, boy", que criticava já naquele tempo "a mania do inglês". Atormentado com questões pessoais, com uma sexualidade mal resolvida e já longe do sucesso, acabou se suicidando, após diversas tentativas, em 1958.

Carmen, que foi estrela absoluta da Rádio Mayrink Veiga, também imortalizou algumas das marchas juninas mais famosas até hoje, um modismo que começou nesse tempo e depois caiu em desuso, com pérolas como "Chegou a hora da fogueira" e "Isto é lá com Santo Antônio", ambas de **Lamartine Babo** e gravadas em dueto com **Mario Reis**, e "Sonho de papel", de **Alberto Ribeiro**: "O balão vai subindo / Vem caindo a garoa / O céu é tão lindo e a noite é tão boa / São João, São João / Acende a fogueira no meu coração."

Como intérprete, não tinha uma grande voz, mas compensava isso cantando de forma graciosa e coloquial, misturando ingenuidade e malícia, com uma dicção precisa. Foi, ao lado de **Mario Reis**, uma das grandes sistematizadoras de um jeito brasileiro de interpretação, na contramão do canto de matriz europeia. Em seu caso, aperfeiçoando o estilo da pioneira **Aracy Côrtes**, sua maior influência. Ela também não gostava muito de músicas tristes românticas, tão comuns naquele tempo. Preferia as que dessem conta de sua personalidade altiva e irreverente, da mulher à frente do tempo que era. Sua presença de palco era um espetáculo à parte. Numa época em que se exigia do cantor de rádio apenas a voz, ela já se preocupava com performance e teatralidade. Por isso foi tão bem aproveitada nos grandes shows em cassinos.

No fim das contas, seu talento já era grande demais para o Brasil. Descoberta por um empresário americano no Cassino da Urca, foi para Nova York atuar numa revista. O sucesso foi tanto que ela se tornou rapidamente o primeiro nome do elenco e uma das artistas mais populares e bem pagas do século XX. E isso na fase em que, como já foi dito, os Estados Unidos estavam com a chamada "Política da Boa Vizinhança" com os países da América Latina, o que não significa que seu êxito tenha se dado por conta disso. Foi mesmo seu talento genuíno que enfeitiçou os americanos. Lá, **Carmen** ditou moda, a ponto de os sapatos plataforma e turbantes inventados por ela ganharem as vitrines dos grandes magazines americanos, e virou uma grande atriz-comediante nos filmes de Hollywood, produzidos em Technicolor, cantando números como "Mamãe eu quero" (seu maior hit americano), "Tico-tico no fubá", "Chica chica boom chic" e "South American way",[20] sempre acompanhada do conjunto vocal (e instrumental) **Bando da Lua**, que ela levou na bagagem.

Contratada pela gravadora Decca, em cujo catálogo encontravam-se artistas de grande popularidade como Bing Crosby e as Andrews Sisters, registrou sua voz com melhores qualidades técnicas do que as disponíveis no Brasil, regravando, inclusive, alguns de seus sucessos brasileiros como "Alô alô", "O que é que a baiana tem?", "Tic-tac do meu coração", "Diz que tem" e "Boneca de piche". Porém, lá era muito mais vista como atriz--comediante do que cantora, atuando em 14 películas, chegando em certa altura a ser o maior salário de toda Hollywood. Os trejeitos exóticos de **Carmen** eram harmônicos, encantadores. Os milhares de imitadores que a caricaturizaram pelas décadas seguintes é que trataram de exagerar o que nela era genuíno, simples e gracioso. Enfrentou igualmente o patrulhamento dos formadores de opinião nacionalistas no país; afinal, foi muito usada pela indústria americana como um estereótipo de mulher latina,

A ERA DE OURO

seguindo o modelo da rumbeira cubana. Entretanto, a posteridade lhe consagrou um posto inédito, pois nunca outro artista brasileiro chegou a tão alto patamar e com tamanha popularidade internacional.

Também à frente do tempo e uma grande personalidade carioca, mas com um jeito totalmente diferente de **Carmen**, era **Aracy de Almeida**, considerada a maior sambista da Era de Ouro, o "Samba em Pessoa", como foi apelidada. Irreverente, geniosa, de "maus modos" para uma mulher de sua época, convivendo de igual para igual com outros bambas num meio essencialmente masculino, e longe do padrão de beleza feminino de então, ela lançou, com sua voz nasalada, sua divisão ímpar e extremo bom gosto na escolha de repertório, dezenas de sambas e marchas que se tornariam clássicos, entre os anos 1930 e 50.

Foi ainda grande porta-voz dos sambas de outro bamba talentoso, **Wilson Batista**, de quem gravou, entre outras, "Louco (Ela é seu mundo)" (com **Jorge de Castro**), "Mulato calado", "Diagnóstico" (com **Germano Augusto**), "Memórias de um torcedor" (com **Geraldo Gomes**), "Não tenho juízo", "Sambei 24 horas" e "Sabotagem no morro", as três em parceria com **Haroldo Lobo**, de quem também foi grande intérprete, inclusive das marchinhas "Miau, miau", "O passarinho do relógio (Cuco)", "Passo do canguru", "A mulher do leiteiro", entre outras, todas com **Milton de Oliveira**.

Araca — outro de seus apelidos — foi também lançadora de grandes sambas clássicos como "Tenha pena de mim", dos mangueirenses **Cyro de Souza e Babahú**, "Camisa amarela" (Ary Barroso), "Fez bobagem" (Assis Valente), "Saia do (meu) caminho" (Custódio Mesquita/Evaldo Rui) e "Não me diga adeus" (Paquito/Luís Soberano). Mas o primeiro grande compositor a acreditar em **Aracy** foi **Noel Rosa**, que se tornou um de seus melhores amigos a partir de sua gravação de "Riso de criança", em 1934, e de quem teve a primazia de lançar sambas como "Palpite infeliz", "Último desejo", "Pela décima vez", "Século do progresso" e "Três apitos". Este último ficou mais de uma década guardado em sua memória, sendo lançado somente em 51. Em verdade, foi sobretudo graças a ela (e ao cantor e produtor radiofônico **Almirante**) que a obra do Poeta da Vila chegou à posteridade com tamanha força e vigor, pois passou a ser sua principal divulgadora a partir da década de 50.

O machismo da sociedade brasileira continuava, mas a situação das cantoras já estava ligeiramente melhor que no período anterior. Além das duas citadas, apareceu **Aurora Miranda**. Com mais voz que a irmã **Carmen**, era também ótima intérprete. Entre os sucessos que deixou para a posteridade estão as marchinhas "Se a lua contasse", de **Custódio Mesquita**, e a antológica "Cidade Maravilhosa", lançada em outubro de 1934, em duo com seu autor, **André Filho**, que em 60 se tornou o Hino Oficial do Estado da Guanabara, depois Rio de Janeiro ("Cidade Maravilhosa / Cheia de encantos mil / Cidade Maravilhosa / Coração do meu Brasil..."), além de se tornar obrigatória no encerramento de bailes e alguns blocos carnavalescos da cidade. **Aurora** teve carreira breve, pois a partir de 39 foi acompanhar a irmã famosa na América, atuando a partir de então esporadicamente. Nos Estados Unidos, como já vimos, atuou no memorável filme *Você já foi à Bahia?*, contracenando com Pato Donald e Zé Carioca.

Outras duas cantoras que marcaram a Era de Ouro foram as irmãs **Dircinha Batista** e **Linda Batista,** que, por serem filhas do famoso ventríloquo Batista Junior (capaz de imitar 22 vozes sem abrir os lábios), iniciaram suas carreiras desde cedo, incentivadas pelo pai — uma raridade à época. **Dircinha** começou como criança prodígio. Aos 6, já participava de uma revista em São Paulo. Aos 8, em 1930, estreou em rádio e em disco com o nome de Dircinha de Oliveira, na Columbia. Participou de filmes musicais desde os 13 — com as pernas de fora! — e já no carnaval de 38, aos 16, conquistou seu primeiro grande sucesso, a marchinha "Periquitinho verde" (Nássara/Sá Róris). Duas folias depois emplacou outra, "Upa! Upa! (Meu trolinho)" (Ary Barroso), e no meio de ano o samba "Inimigo do batente" (Wilson Batista/Germano Augusto), sobre as agruras de ser esposa de um "malandro sambista".

Três anos mais velha que **Dircinha**, **Linda Batista**, embora desde os 10 anos já estudasse violão com **Patrício Teixeira** e revelasse uma veia de compositora, só estreou depois da irmã, mas ainda adolescente, substituindo-a no programa de **Francisco Alves** na Rádio Cajuti, após a primeira forjar um mal-estar. Com apenas dois anos de carreira, em 36, foi eleita Rainha do Rádio, um concurso que começou nos anos 30 promovido por uma revista

A ERA DE OURO

sem grande relevância, *Syntonia*, recebendo a coroa das mãos de **Dalila de Almeida**, cantora cuja carreira não chegou a decolar e nem sequer chegou ao disco. **Linda**, porém, manteve o título por doze anos consecutivos, e que depois, em 48, foi ganho pela irmã famosa.[21]

Nessa primeira fase da carreira, entre 1939 até o fechamento dos cassinos em 46, **Linda** substituiu **Carmen Miranda** como estrela absoluta do Cassino da Urca e celebrizou-se com o samba de carnaval "Coitado do Edgar" (Benedito Lacerda/Haroldo Lobo), o samba-canção "Bom dia" (Herivelto Martins/Aldo Cabral) e o samba-choro "Eu fui à Europa" (Chiquinho Salles), de 41, que ao mesmo tempo narrava o pesadelo do ingresso do Brasil na Segunda Guerra, o que se deu efetivamente dois anos depois e, de quebra (talvez nem ela mesma soubesse), fazia uma crítica à censura do Estado Novo: "Fui agarrada por dois soldados e um oficial / Que disse: 'É a tal / Que diz ser artista / Mas que não passa de uma espiã / Vai ser fuzilada amanhã!'" Os maiores sucessos de ambas, porém, viriam após 46.

Ainda entre as cantoras, tiveram algum sucesso no início dos anos 1930 duas que vinham do fim da década anterior. Uma foi **Aracy Côrtes**, que antes de **Carmen Miranda** lançou ao estrelato o compositor **Assis Valente**, com o divertido samba "Tem francesa no morro" em 32. Ela seguiu gravando regularmente até 35, quando se afastou por duas décadas dos discos, restringindo-se ao teatro. A outra foi a gaúcha **Elisa Coelho**, de carreira curta, gravando 28 faixas, de 1930 a 34, sendo grande intérprete de **Ary Barroso**, lançando os sambas-canção "No rancho fundo" e "Caco velho". Por sua vez, **Marília Batista**, também compositora (parceira do irmão **Henrique Batista**), ficou famosa por ter lançado diversas canções de **Noel Rosa**, sozinha ("Silêncio de um minuto") ou em dueto com o próprio ("De babado", "Provei", "Quem ri melhor"...), sendo uma de suas intérpretes favoritas ao lado de **Aracy de Almeida**.

Outro destaque foi a paulista **Alzirinha Camargo**, que, após atuar em rádios locais e no filme *Coisas nossas*, de Wallace Downey (1931), considerado o primeiro filme musical brasileiro, foi para o Rio e gravou seis discos de 78 rpm, entre 1936 e 38. Assim como **Carmen Miranda**, foi cantora de cassinos e em 39 também iniciou uma carreira nos Estados Unidos, onde ficou dez anos, partindo a seguir para a Península Ibérica, mas sem a mesma repercussão da colega. Curiosamente, foi a única pessoa de que se tem notícia que conseguiu brigar com **Carmen**, uma figura muito querida e generosa. Isso porque faziam o mesmo estilo. Quando esta gravou "Querido Adão", estava com viagem marcada para a Argentina e não pôde trabalhar a música. Os autores a ofereceram então à **Alzirinha**, que não se fez de rogada e cantou-a onde pôde. Ao regressar, a Pequena Notável tomou a marchinha de volta para si e sacramentou-se a rivalidade. Entretanto, já nos Estados Unidos, na época da guerra, ao ver a colega passar dificuldades, quem lhe estendeu a mão foi... **Carmen**.

Na segunda metade da década de 30, surgiu **Odete Amaral**, natural de Niterói (RJ), ótima cantora, sambista marcante, mas que não teve uma carreira de tanto sucesso em gravações, destacando-se o choro "Murmurando" (Fon Fon/Mário Rossi), em 44. Formou ainda um casal querido no meio musical com o sambista **Cyro Monteiro** (entre 1938 e 1949). Em 40, começava a gravar a carioca **Heleninha Costa**, que iniciou suas atividades em São Paulo e tinha uma performance teatral exuberante, mexendo muito os braços. Três anos depois se muda para o Rio ano em que lança "Exaltação à Bahia", um belo samba-exaltação do maestro **Vicente Paiva** e do dramaturgo, cineasta e jornalista português radicado no Rio **Chianca de Garcia**. A seguir, forma um casal igualmente de muita fama com o compositor **Ismael Neto**, autor, com o jornalista **Nestor de Holanda**, de um de seus maiores êxitos, o bolero "Afinal" (1947). Seria ainda a lançadora do clássico samba "Barracão" (Luiz Antonio/Oldemar Magalhães) para o carnaval de 53: "Vai, barracão / Pendurado no morro / E pedindo socorro / A cidade a seus pés."

Já **Isaura Garcia** foi um raro exemplo de artista que conseguiu se consagrar nacionalmente nesse tempo sem se mudar para o Rio de Janeiro. Paulista do Brás, **Isaurinha** para os fãs, sempre quis ser cantora. No quintal de sua casa modesta, enquanto ajudava a mãe nas tarefas domésticas, ou entre as mesas do bar de seu pai, já soltava a voz. Participou de programas de calouros, quando chegou a ser gongada, mas não desistiu. Em 38, a Rádio Record contratou aquela que seria uma de nossas sambistas mais originais. Craque no samba sincopado, era uma espécie de **Aracy de Almeida** mais burilada e igualmente brincalhona (adorava um palavrão), e com forte sotaque paulistano italianado que jamais perdeu. Sabia fazer rir e chorar conforme a música. Estreou em disco três anos depois e logo a seguir já emplacava os sambas românticos "Teleco-teco" (Murilo Caldas/Marino Pinto) e "Aperto de mão" (Jayme Florence/Augusto Mesquita/Dino 7 Cordas) e os impagáveis "Duas mulheres e um homem" (Ciro de Souza/Jorge de Castro) e "O sorriso de Paulinho" (Gastão Viana/Mário Rossi), que dizia: "O meu consolo é o sorriso do Paulinho / Quando pergunta: 'Mamãe, onde andará meu paizinho?' / Então eu choro / E você sabe por quê / Nosso filho desconhece o que dizem de você."

Um ano depois de **Isaurinha**, em 1942, apareceu uma cantora potiguar no Rio de Janeiro. Um belo dia, presente a uma festa em que o flautista, produtor e compositor **Benedito Lacerda** executava o famoso "Tico-tico no fubá", ela foi até ele e lhe disse que conhecia uma letra para esse choro e seria capaz de cantá-lo. Ele pensava ser um blefe, pois até onde se sabia o choro era um gênero exclusivamente instrumental, em razão das melodias sinuosas, de compassos ligeiros, difíceis para a voz humana. Mas eis que **Ademilde Fonseca** interpretou a letra de **Eurico Barreiros** para o velho tema de **Zequinha de Abreu**, composto em 31: "Um tico-tico só / Um tico--tico lá / Está comendo / Todo, todo meu fubá / Olha, seu Nicolau / Que o fubá se vai / Pego no meu pica-pau / E um tiro sai." A cantoria encantou o maestro de tal maneira que ele a levou correndo para os estúdios da Columbia a fim de registrar tamanho achado. Com isso, **Ademilde** acabava por fundar oficialmente o choro cantado. Contribuiu para o sucesso sua voz potente, de dicção impressionante, temperada por sua brejeirice, afinação e musicalidade à flor da pele, sendo capaz de cantar dezenas de palavras num ínfimo intervalo de tempo, sem prejuízo de compreensão, algo que talvez ninguém na música brasileira tenha conseguido até hoje no gênero com tamanha precisão.

Vale dizer que, no ano seguinte, em 43, o mesmo "Tico-tico no fubá" ganhava letra de **Aloysio de Oliveira** e rodaria o mundo na voz de **Carmen Miranda**, sendo incluído pelos próximos quatro anos em cinco filmes, tornando-se uma das músicas brasileiras mais conhecidas internacionalmente na primeira metade do século.

Ademilde, somente entre 1942 a 45, emplacou uma série de outros choros ligeiros compostos no início do século e que nesse período ganharam saborosas letras, caso de "Apanhei-te cavaquinho" (**Ernesto Nazareth**, com versos de **Benedito Lacerda** e **Darcy de Oliveira**), "Urubu malandro" (motivo popular e letra de **Braguinha**) e a polca-choro "Rato, rato" (**Casemiro Rocha**, letrada por **Claudino Costa**), além de novos graciosos exemplares do gênero, como "Dinorá" (Benedito Lacerda/Darcy de Oliveira), "História difícil" (Vitor Santos/Pereira Costa) e "O que vier eu traço" (Alvaiade/ Zé Maria), que parece ser a exata tradução da versatilidade da intérprete: "Quando eu canto o meu sambinha batucada / A turma fica abismada com a bossa que faço / Faço e não me embaraço porque não há tempo / Marco meu contratempo dentro do compasso / Quem não tiver o ritmo na alma / Nem cantando com mais calma faz o que eu faço / Samba-canção, samba de breque e batucada / Para mim não é nada, o que vier eu traço."

A música instrumental, as gravadoras e a interferência do Estado Novo

Com a inauguração do rádio comercial, a música vocal se sobrepõe à instrumental na Era de Ouro, razão pela qual o gênero choro, tão forte na época anterior, só obteve maior repercussão quando ganhou ótimas letras nas gravações de **Ademilde Fonseca**, ou quando se misturou com o samba, no formato samba-choro, já testado desde os anos 1930 em gravações de **Carmen Miranda, Almirante, Dircinha Batista, Moreira da Silva**, entre outros.

O que não quer dizer que nossos músicos desse tempo não tenham feito história. Pelo contrário. Em inúmeras gravações se destacaram os conjuntos regionais de **Benedito Lacerda** e de **Canhoto** (às vezes chamado de **Grupo do Canhoto**), na verdade, Rogério Guimarães, de apelido homônimo ao de outro (já citado) paulista, Américo Jacomino, também solista de violão que morreu em 1928. Ambos fizeram escola para incontáveis conjuntos regionais pelo país, destacando-se, ainda no Rio, os dirigidos pelos violo-

A ERA DE OURO

nistas **Claudionor Cruz** e **Pereira Filho**, pelo flautista **Dante Santoro**, pelo bandolinista **Luperce Miranda**, pelo cavaquinista e compositor **Waldir Azevedo**, pelo clarinetista (e sax-alto) **Luís Americano**, que emplacou como solista a valsa autoral "Lágrimas de virgem" (31), além do regional da Rádio Mayrink Veiga quando contou com a presença de **Pixinguinha**. Em São Paulo, merecem destaque os liderados pelos violonistas **Antonio Rago** e **Zezinho**, à época da Tupi, e o famoso Regional da Record, capitaneado pelo violonista **Armandinho**. Além do trabalho puramente instrumental, eles fizeram fama acompanhando os melhores cantores de seu tempo.

Outros músicos importantes na Era de Ouro foram, na parte dos sopros, **Abel Ferreira** (clarinete e sax-alto), **Bonfiglio de Oliveira** (trompete), **Edu da Gaita**, **K-Ximbinho**, **Nicolino Cópia**, o **Copinha** (flauta, clarinete e sax-alto), **Esmerino Cardoso** e **Raul de Barros** (trombone) e **Severino Araújo** (clarinete). Como pianistas, surgiram inicialmente **Nonô** (Romualdo Peixoto)[22] e **Carolina Cardoso de Menezes**, que atuava em rádio desde os primórdios (foi criança prodígio), tendo tocado na histórica gravação de "Na Pavuna" aos 16 anos e já em 1931 se lançava como solista.

Na turma das cordas, tivemos inicialmente **Josué de Barros**, e a partir de 1937 outros violonistas de tirar o fôlego, a começar pelo paulista **Dilermando Reis**, que fez escola no estilo seresteiro, sendo o mais popular do país na Era do Rádio, atuando no veículo por trinta anos, inclusive com seu próprio programa, *Sua Majestade o violão*, na Nacional, já nos anos 50. Gravando de 41 a 75, personificou o violão brasileiro a ponto de carimbar temas já clássicos como se fossem seus, caso de "Abismo de rosas" (de Américo Jacomino, o primeiro **Canhoto**), seu maior sucesso, em 52, e "Gotas de lágrimas" (Mozart Bicalho).[23] Também fizeram escola **Jayme Florence**, o **Meira,** e os longevos **Dino 7 Cordas** e **José Menezes** (este, craque em vários instrumentos de cordas dedilhadas), além de **Laurindo de Almeida**, que atuava em orquestras de cassinos e a seguir iniciaria uma impressionante carreira internacional. Finalmente, desde o início dos anos 30, tivemos na bateria o legendário **Luciano Perrone** e, no acordeom, **Antenógenes Silva**, e, na década seguinte, **Luiz Gonzaga**, que aparece primeiramente como músico em 41.

Entre os principais arranjadores em gravações estavam os maestros **Pixinguinha** e **Radamés Gnattali**. Responsável por um número recorde de arranjos de canções de sucesso, de meio de ano ou carnaval, além de gravar como solista em 1929, **Pixinguinha** foi o primeiro músico brasileiro a ser contratado como arranjador e diretor musical por uma gravadora, no caso a Victor. Ele trazia o som dos batuques de terreiros, das bandas marciais, do choro, do maxixe, do samba para uma formação um pouco mais burilada. Iniciou a linguagem do arranjo brasileiro num tempo que essa arte ainda não tinha muito espaço em nossa música, o que era importante para competir com os discos de música estrangeira do período. Suas gravações têm pandeiro, prato e faca, ganzá, caixeta, metais, além de apresentar uma nova função à bateria.

Era ele o cabeça de área por trás de nomes como os da **Orquestra Victor Brasileira** (nas canções mais lentas), **Grupo da Guarda Velha** (choros e músicas de sabor africano) e **Diabos do Céu** (carnavalescas). A propósito das marchinhas, entraram para a história seus arranjos para "O teu cabelo não nega" (incluindo a famosa introdução), "Taí" e "Alá-la-ô", além da junina "Chegou a hora da fogueira" — só para citar quatro clássicos. Além de gravações, atuou como arranjador nas rádios Transmissora, Mayrink Veiga e Tupi do Rio de Janeiro. A partir de 1946, quando, segundo seu biógrafo Sérgio Cabral, por problemas com o alcoolismo e a falta de dinheiro para pagar a própria casa, começou a ficar esquecido, **Benedito Lacerda** o convidou para uma série de gravações em dueto com ele, tocando sax em lugar da flauta, que se fariam antológicas e trariam seu nome novamente à baila.

Enquanto **Pixinguinha** trazia a batucada e o sabor da música tradicional brasileira às gravações, **Radamés Gnattali** complementou seu trabalho a partir de 1934, lapidando a linguagem dos instrumentos, com um acabamento orquestral um tanto refinado. Introduziu, por exemplo, a bateria tocada com vassourinha, para segurar a projeção do som do instrumento, simulando a rítmica da batucada; e devido à sua formação erudita, trouxe novas tensões harmônicas, notas menos convencionais em nossa música, com sextas, sétimas maiores e nonas, incluindo referências sutis

A ERA DE OURO

dos eruditos impressionistas (Debussy, Ravel) em gêneros que antes eram acompanhados apenas por conjuntos regionais. Sua consagração se deu, em destaque, na gravação de "Lábios que beijei", com **Orlando Silva**, em 37, na qual arranjou com maestria para violinos, cello e clarinete, e dois anos depois em "Aquarela do Brasil", com **Francisco Alves**, que ocupou os dois lados de um mesmo 78 rpm, incluindo um intermezzo bem comprido em que repete a música inteira de forma instrumental, simulando a rítmica da percussão nos metais. Seu arranjo na abertura (pan-pan-pan-pan-pan-param-pan) passou a fazer parte da melodia e uma marca do próprio gênero samba-exaltação. Entretanto, tal recurso fora criado anteriormente, no fim de 38, por ele próprio e pelo baterista **Luciano Perrone**, para cobrir um "hiato melódico" na gravação de **Orlando Silva** de "Meu consolo é você".

Radamés foi ainda o mais produtivo orquestrador e regente do rádio brasileiro, atuando de 1936 a 69 na Rádio Nacional, criando mais de quatro mil orquestrações, inclusive para o famoso programa *Um milhão de melodias*. Chegou a ser criticado por "jazzificar" a música brasileira, mas estava sem saber abrindo um novo conceito de arranjo e formação instrumental que seria pouco a pouco adotado pelas orquestras das demais emissoras de rádio e gravadoras do país.

Outro regente (e violinista) importante foi o palestino de origem, fugido da Revolução Russa, **Simon Bountman**, que chegou ao Brasil em 1923 acompanhando uma companhia de revista espanhola e quatro anos depois montou a **Orquestra Pan American**, cujo pianista **J. Rondon** era um de seus principais arranjadores. Foi por duas décadas um expoente em gravações do primeiro time da Era de Ouro na Columbia e na Odeon, como "Jura", na voz de **Mario Reis**, e "Na Baixa do Sapateiro", com **Carmen Miranda**, atuando muito também em cassinos.

As principais multinacionais que registraram as inesquecíveis canções da Era de Ouro da música brasileira foram a Odeon, a Victor e a Columbia, sendo que esta última, por conta da Segunda Guerra Mundial, interrompeu suas atividades no Brasil em 1943, retomando-a dez anos depois. Nesse momento, a Byington & Cia., que a representava, fundou a Continental. Ela ficou com o catálogo da Columbia e continuava a ser dirigida por

Braguinha, que como compositor importante e culto tinha competência de sobra para escolher o que havia de melhor em matéria de repertório e elenco para a sua gravadora. Uma prova de seu talento é a criação do disco infantil, que fez imenso sucesso, gravando em vários 78 rpm as histórias de Branca de Neve, Pinóquio, Alice no País das Maravilhas, Dona Baratinha, entre outras, com narração e coro. Em três anos ele conseguiu que a brasileira Continental ficasse em pé de igualdade com as estrangeiras Odeon e a Victor, líderes de mercado.

Entre 1937 e 45, durante a ditadura do Estado Novo, não houve muitos embates entre compositores e governo porque o presidente sabiamente soube se aproximar dos artistas, chegando a dar livre acesso a alguns deles ao Palácio do Catete. É o caso das irmãs **Linda** e **Dircinha Batista**, de **Herivelto Martins** e elementos do **Bando da Lua**. Vargas também ajudou os compositores aprovando a criação de sociedades arrecadadoras de direitos específicas para a música. Por essa razão, parte da classe musical não hesitava em bajulá-lo em canções que evocavam sua figura, suas ações e o "novo" Brasil, como o samba "O sorriso do presidente", gravado por **Déo**, em 42.[24]

Entretanto, inicialmente simpatizante de ideias fascistas, o governo criou o (DIP) Departamento de Imprensa e Propaganda com o objetivo de fortalecer a imagem do regime. E isso significava coordenar a propaganda oficial, censurar espetáculos, imprensa, atividades recreativas, esportivas e o que mais se imaginar. Uma de suas primeiras campanhas foi a da valorização do trabalho honesto e produtivo em contraposição ao ócio, à "orgia" e à malandragem, temas recorrentes no meio do samba. Aliás, alguns teóricos do regime consideravam indecentes "o samba, o maxixe, a marchinha e os demais ritmos selvagens da música popular".[25] Era preciso civilizá-los. Por isso, o governo incentivou alguns músicos a colaborarem com ele. Mas isso só vingou em apenas meia dúzia de sambas, como o famoso (e bem-feito) "O bonde São Januário", de **Ataulfo Alves** e **Wilson Batista**, que fez grande sucesso no carnaval de 1941 na voz de **Cyro Monteiro**: "Quem trabalha é quem tem razão / Eu digo e não tenho medo de errar / O bonde São Januário / Leva mais um operário / Sou eu que vou trabalhar."

Os grandes sambistas

Cyro Monteiro gravou seu primeiro disco em 1938, com "Se acaso você chegasse" (do também iniciante **Lupicínio Rodrigues**, com **Felisberto Martins**). Depois consagrou sambas eternos como "Os quindins de Yayá", "Botões de laranjeira", "Beija-me", "Falsa baiana", "Boogie-woogie na favela", "Rugas", "Pisei num despacho" e os carnavalescos "Oh! Seu Oscar", "Deus me perdoe"[26] e o referido "O bonde São Januário". Cativou a todos com sua simpatia contagiante e um talento incrível na divisão rítmica do samba, sendo o mais completo sambista da Era de Ouro da música brasileira, superando em popularidade o craque **Roberto Silva**, que surgiu na mesma época, porém tendo mais visibilidade na década de 50.

Cyro aprimorou o estilo espontâneo e coloquial de **Mario Reis** e **Luiz Barbosa**, este um cantor que morreu prematuramente de tuberculose aos 28 anos e entrou para a história por acrescentar uma bossa diferente e pequenos breques ao samba, batucando num chapéu de palha. Sua gravação mais famosa foi "No tabuleiro da baiana", em dueto com **Carmen Miranda**. **Cyro**, entretanto, preferia batucar numa caixinha de fósforos. Seu repertório trazia os sambas dos maiores bambas daquela época, dentre os quais merecem destaque dois grandes renovadores do gênero, ambos negros, de origem muito pobre. O primeiro foi **Wilson Batista**. Versátil, jamais se limitou a um restrito repertório de linhas melódicas, e na parte poética foi, como **Noel**, um grande cronista de costumes, destacando-se por letras extremamente bem construídas, como se víssemos um filme à nossa frente.

Saltam à imaginação as figuras femininas da mulher liberada ("Oh! Seu Oscar", dele com **Ataulfo Alves**) em contraste com a esposa submissa ideal ("Emília", com **Haroldo Lobo**) e com a "Mãe solteira" que "ateou fogo às vestes", vítima de uma sociedade rígida (parceria com **Jorge de Castro**). Há ainda descrições do morro de Mangueira ("Mundo de zinco", com **Nássara**), de um pobre que sonhava ser milionário ("Acertei no milhar", com **Geraldo Pereira**) e de um homem obcecado pela amada ("Louco [Ela é seu mundo]"), com **Henrique Batista**). São ainda curiosos os versos de "Lealdade", com **Haroldo Lobo**, descrevendo uma visão moderna de relacionamento ("Serei leal contigo / Quando eu cansar dos teus beijos te digo / E tu também liberdade terás...") e de um romance inter-racial e de classes sociais diferentes em "Preconceito", dele com **Marino Pinto**: "Eu nasci num clima quente / Você diz a toda gente / Que eu sou moreno demais / Não maltrate o seu pretinho / Que lhe faz tanto carinho / Que no fundo é um bom rapaz."

O segundo renovador foi **Geraldo Pereira**, que fixou uma sincopação ainda não tão usual no samba, difundida por nomes como **Cyro de Souza**. Apesar de ótimo intérprete, gravou pouco, mas deixou uma obra das mais expressivas como compositor, incluindo "Falsa baiana", "Sem compromisso" (com **Nelson Trigueiro**), "Bolinha de papel", "Pisei num despacho" (com **Elpídio Viana**) e a de certa forma autobiográfica "Escurinho", que narra as estripulias de um sujeito brigão: "Já foi no Morro da Formiga procurar intriga / Já foi no Morro do Macaco e lá bateu num bamba / Já foi no Morro dos Cabritos provocar conflitos / Já no foi no Morro do Pinto pra acabar com o samba." Gravou apenas 14 discos de 78 rotações, destacando-se diversas crônicas sociais do ambiente das classes menos favorecidas, como "Polícia no morro", "Escurinha" (com **Arnaldo Passos**), "Cabritada mal sucedida" (com **Wilton Wanderley**), a irônica "Ministério da Economia" e a história do malandro regenerado "Pedro do pedregulho".

Antes mesmo de **Cyro Monteiro**, o nosso primeiro grande sambista a vingar foi **Moreira da Silva**, que cristalizou o chamado samba de breque. Já havia pequenos breques em alguns sambas do passado, como "Cansei" (Sinhô, 1929), "Minha palhoça" (J. Cascata) ou "O orvalho vem caindo" (Noel Rosa/Kid Pepe), ambos de 33. Se **Luiz Barbosa** era dado a incluir pausas estratégicas em seus sambas, foi com **Moreira** que o samba de breque se instituiu como gênero, graças às paradas repentinas imensas que fazia no meio das músicas, quando tecia comentários falados engraçadíssimos. Depois de alguns sucessos de carnaval no início dos anos 30 ("Implorar", "Arrasta a sandália"),[26] ele descobriu o mapa da mina em 36 cantando o samba "Jogo proibido" (Tancredo Silva/David Silva) num cinema. Prolongou os breques e incluiu frases da linguagem popular dos malandros que conhecia.

A ERA DE OURO

Daí em diante, repetiu a fórmula, gravando, entre outras, "Acertei no milhar", "Amigo urso" (Henrique Gonçalez), "Fui a Paris" (Moreira/Ribeiro Cunha) e principalmente "Na subida do morro", que jamais escondeu ter comprado de **Geraldo Pereira**, um hilariante samba de breque, polêmico para o olhar crítico de hoje: "Na subida do morro me contaram / Que você bateu na minha nega / E isso não é direito / Bater numa mulher que não é sua / (breque:) Deixou a nega quase nua!" Ao contrário de **Luiz Barbosa**, foi nosso sambista mais longevo, morreu aos 98 anos, ainda em atividade, ou seja, viveu setenta anos a mais que o colega.

Também merece destaque especial o cantor **Almirante**, que surgiu no **Bando de Tangarás** ao lado de **Braguinha** e **Noel Rosa**, e, a partir de 1930, lançou imbatíveis sucessos carnavalescos, como os sambas "O orvalho vem caindo" e "Na Pavuna", este dele com Homero Dornelas, em que teve a ideia pioneira de gravá-lo com instrumentos de percussão usados em blocos de rua, desafiando o diretor gringo da Parlophon, que achava aquilo inconcebível, além das marchas "Moreninha da praia", "Deixa a lua sossegada", "Touradas em Madrid", "Yes, nós temos bananas" e o "Hino do carnaval brasileiro". Também lançou "Boneca de piche", número clássico do nosso teatro de revista, em dueto com **Carmen Miranda**, e o hilariante samba--choro "Faustina" ("Encrencas de família"), de **Gadé**: "Faustina, corre aqui depressa / Olhe quem está no portão! / É minha sogra com as malas / E ela vem resolvida a morar no porão." Como se não bastasse, **Almirante** foi um craque na difícil divisão das emboladas, como "Minha viola" (Noel Rosa). Nos anos 40, abandonou a carreira de cantor para tornar-se "A maior patente do rádio", um poderoso produtor que, além de criar programas memoráveis no veículo, foi pioneiro em guardar documentos, valorizar e divulgar a nossa memória musical.

Vindo com êxitos (já mencionados) do fim da década anterior, **Mario Reis** se firmou como grande nome da Era de Ouro, apesar da carreira errática e inconstante, entre idas e (rápidas) vindas. Gravou de 1928 a 36. Depois, fez três discos (seis músicas) entre 39 e 40, e depois disso voltaria aos estúdios só esporadicamente. Mas foi o suficiente para imortalizar, com seu estilo falado, algo recitativo de interpretar, sambas pioneiros (pós-

-Bambas do Estácio), como "A tua vida é um segredo", "Mulato bamba", "Fui louco", "Quando o samba acabou" e "Agora é cinza",[28] e as marchas "Ride palhaço", "Uma andorinha não faz verão", "Rasguei a minha fantasia", "Eva querida", "Iaiá boneca", "Linda Mimi" e "Cadê Mimi".

Somam-se a esses sucessos memoráveis duetos com **Francisco Alves** (incluindo os sambas "Se você jurar" e "Fita amarela", e as marchas "Formosa" e "Marchinha do amor"), **Lamartine Babo** (as marchinhas "Aí, hein", "Linda morena"), **Carmen Miranda** (os sambas "Alô, alô" e "Me respeite, ouviu?"[29] e as marchas juninas "Chegou a hora da fogueira" e "Isto é lá com Santo Antônio") e **Mariah**, uma colega sua da alta sociedade, que não era profissional, na marcha "Joujoux e Balangandãs", outro número legendário das nossas revistas: "Nós dois, depois / No sol do amor de manhã / De braços dados, dois namorados / Já sei / Joujoux e Balangandãs." Excêntrico, *bon-vivant* e avesso aos holofotes da imprensa, **Mario Reis** adorava música, mas queria mesmo era sossego. Frequentava o Country Club e, a partir de 57 até sua morte, residiu no Hotel Copacabana Palace, ambos redutos da alta sociedade carioca. Seria ainda campeão de bridge, um jogo de cartas complexo e aristocrático e foi eternamente solteiro, tendo sua vida afetiva reservada, cercada de mistérios jamais desvendados.

A valsa, a canção ternária e o reinado dos "Quatro Grandes"

Mas nem só de samba e carnaval viveu a Era de Ouro. No chamado "meio de ano", em termos de música romântica nada superou as valsas brasileiras, fossem tradicionais ou modernas. As mais piegas, trazendo a herança da modinha, eram as do estilo das compostas por **Cândido das Neves**, como "Lágrimas", "Abismo de amor" e "A última estrofe", dos versos "Lua, vinha perto a madrugada / Quando, em ânsias, minha amada / Em meus braços desmaiou / E o beijo do pecado em seu véu estrelejado / A luzir glorificou". Já as mais modernas, de letras mais alinhadas à realidade, vamos encontrar em **Jorge Faraj**, autor dos versos da clássica "Deusa da minha rua", e principalmente no maior letrista do gênero, **Orestes Barbosa**, que, ao lado de **Silvio Caldas**, compôs, entre outras, "Arranha-céu" e o

A ERA DE OURO

hino "Chão de estrelas" ("Minha vida era um palco iluminado / Eu vivia vestido de dourado / Palhaço das perdidas ilusões..."). Essas mais modernas e "reais" podiam eventualmente ter um andamento mais marcado, de influência europeia, tipo "Eu sonhei que tu estavas tão linda..." ("Numa festa de raro esplendor / Teu vestido de baile, lembro ainda / Era branco, todo branco, meu amor"), de **Francisco Mattoso** e **Lamartine Babo**, sucesso de **Francisco Alves**.

A valsa foi o terceiro ritmo mais gravado na Era de Ouro, 1.080 fonogramas só nos anos 1930, mas não foi o único gênero romântico de destaque. Atrás dela vinham as canções, que muitas vezes eram de andamento ternário, ou seja, valsas bem lentas disfarçadas, e o fox-canção. Pelo menos setenta valsas, vinte canções e outros vinte foxes-canção fizeram imenso sucesso nesse pequeno período de 16 anos, de 1929 a 45.

Foram grandes autores de valsas (e canções ternárias) **Joubert de Carvalho**, **Francisco Mattoso**, a dupla **J. Cascata** e **Leonel Azevedo** e os também cantores **Silvio Caldas** e **Francisco Alves**. Toda a ala masculina do canto popular brasileiro desse tempo — à exceção dos sambistas propriamente ditos — tinham que ostentar uma boa dose delas no repertório para agradar a seus admiradores e suas fãs, com destaque para dois intérpretes especialistas no gênero, **Carlos Galhardo** (a partir de 1935/36) e **Gilberto Alves** (de 39, quando gravou seu segundo disco de 78 rpm).

Mas antes de desfolhar o repertório impressionante de valsas da Era de Ouro, é preciso apresentar melhor os maiores cantores desse tempo, pois foram também os maiores nesse gênero. E eles eram quatro, os chamados "Quatro Grandes". Pela ordem de entrada no mundo do disco: **Francisco Alves** (em 1919/20, como já vimos), **Silvio Caldas** (30), **Carlos Galhardo** (33) e **Orlando Silva** (35). Os quatro refletiam uma característica do gosto da sociedade brasileira, entre os anos 30 e 50, que era a do culto à voz. Mas um cantor que se preze não vive só de voz. Há, evidentemente, a sedução da interpretação. E nesse quesito é difícil dizer qual dos quatro era mais sedutor.

O de carreira mais longeva foi o carioca **Silvio Caldas**, o "Caboclinho Querido". Sabia como poucos usar a voz. Seu trunfo maior era a sinceridade.

111

Por mais rebuscados que fossem eventualmente os versos dos poetas que interpretava, ele nos fazia crer que tudo era verdade. Embora tenha sido revelado inicialmente como sambista, foi a encarnação perfeita do seresteiro urbano, de violão em punho, que cantava melodias sentimentais louvando a mulher amada, mas nascido e criado na metrópole. Tanto que musicou inúmeros poemas do jornalista e poeta **Orestes Barbosa**, onipresente no Café Nice, na avenida Rio Branco, bem no Centro do Rio, maior ponto de encontro de artistas e intelectuais daquele tempo.

Curiosamente, apesar de já apresentar aptidão para a música desde pequeno, cantando e compondo, com a facilidade de seu pai ser dono de uma loja de instrumentos musicais, afinador de pianos e compositor, antes da fama, **Silvio** foi mecânico profissional, atuando entre Rio e São Paulo, além de motorista e lavador de carros. Só no fim da década de 20 é que a sua sorte mudou, fazendo amizade com músicos que atuavam na Rádio Mayrink Veiga, conhecendo o cantor de tangos **Antonio Gomez**, o **Milonguita** (que chegou a gravar 12 discos de 78 rotações na virada dos anos 20 para os 30), o qual lhe ensinou os macetes da respiração e divisão rítmica, até assinar em 30 com a pequena gravadora Brunswick e logo a seguir com a multinacional Victor.

Além da qualidade musical, **Silvio** tinha uma personalidade fascinante. De temperamento boêmio, às vezes negligenciava compromissos, até mesmo gravações. Era capaz de trocar uma boate da moda por uma seresta em botequim de subúrbio, ou um contrato vantajoso para pescar no Ceará, garimpar no sertão, caçar na Amazônia, consertar carros ou cozinhar para os amigos.[30]

Seu repertório era de primeira linha, talvez o melhor dos Quatro Grandes. No quesito valsas, consagrou cerca de 25: "Deusa da minha rua" (Newton Teixeira/Jorge Faraj), "Boneca" (Benedito Lacerda/Aldo Cabral), "Sorris de minha dor" (Paulo Medeiros), "Velho realejo" e "O pião" (ambas de Custódio Mesquita e Sady Cabral) e várias de sua parceria com **Orestes Barbosa**, como "Arranha-céu", "Torturante ironia", "O nome dela não digo", "Suburbana" e a pitoresca "Quase que eu disse", em que finge não dizer o nome da amada, mas acaba dizendo disfarçadamente: "Oh!

A ERA DE OURO

quanta desgraça junta / Toda cidade pergunta / E vai dizendo o que quer / Da mágoa que me devora / E quase que eu disse agora / O nome desta mulher". "Devora" era quase Débora, o nome da dita-cuja. E no campo das canções ternárias, "Três lágrimas" (Ary Barroso), "Minha casa" (Joubert de Carvalho) e a maior de todas e já citada "Chão de estrelas", outra do cantor com **Orestes**, que a certo momento trazia um verso que o poeta Manuel Bandeira destacava como um dos mais admiráveis de nosso cancioneiro: "Tu pisavas nos astros distraída..."

Além de ter sido nosso maior seresteiro, **Silvio** foi um sambista de primeira, com muita bossa, incluindo no repertório vários temas de **Ary Barroso** (com ou sem parceiros), como o seu primeiro sucesso, "Faceira" (tão avassalador que, certa noite, cantando-a na revista *Brasil do amor*, em 1931, teve de bisá-la oito vezes, tamanho o impacto que causou ao público); e também "É mentira oi", "Um samba em Piedade", e os famosos até hoje "Tu", "Inquietação", "Morena boca de ouro", "Por causa desta cabocla", "Maria ("O teu nome principia na palma da minha mão..."), "Quando eu penso na Bahia" (em duo com **Carmen Miranda**), e vários de **Custódio Mesquita** (que lhe deu também muitas valsas e foxes-canção), como "Noturno em tempo de samba", "Promessa", "Como os rios que correm pro mar" e "Algodão" — esta alusiva aos abusos da escravidão, na linha de "Terra seca", de **Ary**.

Silvio também nos fez sambar com "Professora", "Na aldeia", "Meus vinte anos", "Arrependimento", "Meu limão, meu limoeiro", "Um caboclo abandonado", "Até breve", "Menos eu", o pré-samba de breque "Minha palhoça"[31] e dois sambas-choro do compositor **Bororó** que esbanjavam sensualidade em tom incrivelmente coloquial no fim da década de 30, "Curare" e a obra-prima "Da cor do pecado": "Esse corpo moreno / Cheiroso e gostoso que você tem / É um corpo delgado, da cor do pecado / Que faz tão bem." E, finalmente, ainda fez sucesso no carnaval com sambas ("Fica doido varrido", "Gilda") e marchas ("Linda lourinha", "Florisbela", "Andorinha", "Anda, Luzia!", "(As) Pastorinhas").[32] Embora realizando belas gravações dos anos 50 aos 70, com direito a belos graves que ganhou com o tempo, seu auge como lançador de sucessos foi justamente nesse período da Era de Ouro.

Três anos depois de **Silvio**, apareceu **Carlos Galhardo**. Filho de italianos, ele nasceu em Buenos Aires quando a família passava por ali breve temporada em busca de uma vida melhor, mas dois meses depois já estava de volta ao Brasil. Gostava de entoar canções italianas e óperas desde adolescente, mas ganhava a vida como alfaiate e barbeiro no Rio de Janeiro, até que, em 32, numa reunião na casa de um irmão, onde estavam diversos artistas do meio musical, **Francisco Alves** o ouviu cantar e aconselhou-o a tentar o meio radiofônico. Foi então para a Rádio Educadora. Logo foi ouvido por um executivo da Victor que o chamou para um teste. Aprovado, fez coro em diversas gravações, até que em 33 registrou o primeiro disco, com dois frevos pernambucanos.

Com timbre parecido com o de **Francisco Alves** (inclusive começou imitando-o), **Galhardo** aos poucos criou seu estilo, passando por diversas rádios e gravadoras, participando de filmes e sendo um dos cantores que mais gravou em 78 rotações, cerca de 570 faixas, e depois, pelo menos, mais 17 LPs, se especializando em músicas românticas, particularmente valsas, mais de salão que de seresta, das quais umas vinte obtiveram extraordinário êxito, mas nenhuma tanto quanto "Fascinação", do compositor italiano Fermo Danti Marchetti. Mais conhecida em sua versão instrumental, acabou popularizada em todo o país quando ele a gravou com letra em português de **Armando Louzada**, em 1943, sendo o maior sucesso de sua carreira: "Os sonhos mais lindos, sonhei / De quimeras mil, um castelo ergui / E no teu olhar, tonto de emoção / Com sofreguidão mil venturas previ..."

Antes dessa, a primeira que ele emplacou foi "Cortina de veludo" (Paulo Barbosa/Osvaldo Santiago), em 35. Depois vieram a clássica "Salão grená" (outra de Paulo, com Francisco Célio) ("No salão grená / Paira pelo ar / Noite esmaecida / Um perfume teu"), e ainda "Italiana", "Sonhos azuis", "A você", "E o destino desfolhou", "Madame Pompadour", "Linda borboleta", "Bodas de prata" e "Nós queremos uma valsa",[33] que fez tanto, mas tanto sucesso que emplacou, quem diria, até no carnaval de 41. E, de fato, o Rei da Valsa também fez sucesso nos períodos de folia cantando, entre outros, dois sambas de **Claudionor Cruz**, um em parceria com **Pedro Caetano** ("Disse me disse") e outro com **Ataulfo Alves** ("Sei que é covardia, mas..."), e com as marchinhas "Carolina" (Bonfiglio de Oliveira/Hervé Cordovil), "Cadê Zazá?" (Roberto Martins/Ary Monteiro) e outra imortal que nasceu numa reunião dominical na casa de um dos autores, **Nássara**, em que **Galhardo** estava presente. Num dado momento, o anfitrião, que era de ascendência libanesa, olhou para o cantor e disse: "Você tem cara de patrício, vou fazer uma música em sua homenagem!" Assim, nasceu "Alá-lá-ô" (com melodia de **Haroldo Lobo**): "Atravessamos o deserto do Saara / O sol estava quente e queimou a nossa cara..."

Outra marcha que sobreviveu ao tempo foi justamente seu primeiro sucesso, em 1933, porém não era vibrante nem carnavalesca, e sim melancólica e natalina: "Boas festas", de **Assis Valente**: "Eu pensei que todo mundo fosse filho de Papai Noel / (...) Já faz tempo que pedi / Mas o meu Papai Noel não vem / Com certeza já morreu / ou então felicidade / é brinquedo que não tem."

Em 1935 foi a vez de aparecer **Orlando Silva**, cantor de trajetória acidentada, mas marcante. Depois de trabalhar como entregador de marmitas, contínuo, operário numa fábrica de cerâmica, aprendiz de sapateiro, entregador de encomendas numa casa de artigos finos e, finalmente, trocador de ônibus, ele foi descoberto em 34 pelo compositor **Bororó**, que o levou a **Francisco Alves**. Encantado por seu timbre, o Rei da Voz não só o lançou em seu programa na Rádio Cajuti, como lhe ensinou técnicas vocais e como usar o microfone. O sucesso foi imediato. Logo conseguiu um contrato com a Victor e gravou 152 fonogramas de 1935 a 42, sua fase áurea. Foi tão renovador para o canto brasileiro quanto Bing Crosby nos Estados Unidos, equalizando seu belo timbre com respiração impecável e divisão rítmica ímpar, resultando em interpretações envolventes, dedicadas a repertório muito bem escolhido. Em pouco tempo já tinha a alcunha de O Cantor das Multidões, pois aonde quer que fosse era cercado e massacrado pelos fãs, tinha as roupas rasgadas, mal conseguindo se mover.[34]

Só por suas gravações desse curto período áureo é até hoje tido por vários especialistas como a melhor voz masculina da Era do Rádio, tendo lançado alguns clássicos atemporais da música brasileira. Para começar, dois que já existiam somente em versões instrumentais e, ganhando letra, ficaram nacionalmente conhecidos: a valsa "Rosa" ("Tu és divina e graciosa / Estátua majestosa / Do amor, por Deus esculturada...") e o samba-choro "Carinhoso" ("Meu coração não sei por que / Bate feliz / Quando te vê..."), ambas com melodia de **Pixinguinha**, num mesmo disco em 37, sendo a primeira com letra de um obscuro mecânico do subúrbio carioca do Méier, **Otávio de Souza,** e a segunda do legendário **Braguinha**, sempre eleita como uma das três músicas brasileiras mais populares de todos os tempos.

Entre as pérolas que **Orlando** imortalizou, havia sambas ("Chora cavaquinho", "Faixa de cetim", "Juramento falso", "Aos pés da cruz", "Preconceito", "Errei, erramos"), sambas-canção ("Amigo leal", "Coqueiro velho" e "Meu romance") e carnavalescos ("Abre a janela", "Meu consolo é você", "Atire a primeira pedra", "Lealdade" e "O homem sem mulher não vale nada") e marchas, como "Malmequer", "Jardim da infância", "Carioca", "Lero-lero"[35] e, principalmente, "A jardineira", de **Benedito Lacerda** e **Humberto Porto**, até hoje cantada: "Ó jardineira por que estás tão triste? Mas o que foi que te aconteceu? / Foi a camélia que caiu do galho / Deu dois suspiros e depois morreu / Vem jardineira, vem meu amor..."

Mas, como todo bom cantor da época, **Orlando** se esbaldou mesmo foi nas valsas. Nesses sete anos de sucessos, emplacou pelo menos uma dúzia, incluindo clássicos do estilo, como "Lábios que beijei" ("mãos que eu afaguei / Numa noite de luar, assim"), de **J. Cascata** e **Leonel Azevedo**, "Caprichos do destino", "Número um", "Súplica", as já citadas "Rosa" e "Lágrimas", e mais: "Enquanto houver saudades", "Uma saudade a mais... uma esperança a menos", "Que importa para nós dois a despedida", e outras classificadas como canções, como "Sinhá Maria",[36] além das famosíssimas "A última estrofe", de **Cândido das Neves** ("A noite estava assim enluarada / Quando a voz já bem cansada / Eu ouvi de um trovador..."), "Mágoas de caboclo", outra de **J. Cascata** e **Azevedo** ("Cabocla, teu olhar está me dizendo / Que você está me querendo / Que você gosta de mim"), e ainda algumas de inspiração rural, como "Sertaneja", de **René Bittencourt** ("Sertaneja, se eu pudesse / Se papai do céu me desse / O espaço pra voar / eu corria a natureza / Acabava com a tristeza / Só pra não te ver chorar").

A ERA DE OURO

Ocorre que para aliviar as dores de um grave problema de saúde, **Orlando** se viciou em morfina, perdendo a potência vocal de antes. De 1942, com apenas 27 anos, quando se começa a notar algo diferente em sua voz, até 1945, com 30, ele começa a descer a ladeira. Na sequência, continua gravando, mas com outro tipo de voz, e só teve raros sucessos temporãos ("Brasa", "Sempre no meu coração [Always in my heart]", "Canção da mula", "Jornal de ontem"),[37] entretanto, esse breve período foi tão forte e com tanto sucesso que, mesmo decadente, seguiu amado pelo público até o fim da vida.

Quem nunca viu fracasso ou decadência foi seu padrinho, **Francisco Alves,** que manteve inalterados fama, repertório, sedução e voz durante toda a sua carreira. Assim como seus três colegas, também teve origem humilde. Foi engraxate, trabalhou em fábricas de chapéus, chegando a motorista de táxi em 1918, ofício que exerceu em paralelo à atuação na música (começando em picadeiros de circo nesse mesmo ano), até meados da década de 1920. Daí em diante, foi o primeiro cantor popular a conferir um status de fato profissional ao seu ofício, até porque era muito mais disciplinado que a maioria dos seus contemporâneos, entendendo a música também como um mercado. Com isso, realizou a façanha, inédita até então, de ficar rico com a profissão de cantor.[38]

Era uma figura polêmica no meio artístico. Por um lado acumulava a fama de centralizador, com certa obsessão pelo sucesso e dinheiro, trabalhando compulsivamente no agendamento de turnês, no faro por novas canções que pudessem emplacar no gosto popular e num negócio paralelo que mantinha com venda de automóveis. Também se valia de seu poder financeiro e de tal fama para comprar sambas de compositores mais humildes ou indisciplinados com dinheiro, e tomar sempre à frente dos negócios junto aos músicos com quem trabalhava. Em contrapartida, tentava alertá-los que a baixa boemia era contraproducente na carreira musical, e sem temer a concorrência, como já vimos, ajudou diversos colegas cantores em início de carreira que se tornariam grandes astros no futuro, como **Mario Reis**, **Orlando Silva** e **Carlos Galhardo**, e na popularização de obras de uma série de bambas.

Como se não bastasse, foi o intérprete com maior número de gravações na fase 78 rpm (acachapantes 983 fonogramas) e atuou ininterruptamente em diversas emissoras radiofônicas, cantando ao vivo — da estreia em 1929 na Rádio Sociedade do Rio de Janeiro, passando à Mayrink Veiga, Cajuti, Rádio Clube, Tupi e, finalmente, a partir de 41, na Rádio Nacional do Rio de Janeiro, onde fez história até a sua morte em 52.

Durante a Era de Ouro, **Chico Alves** foi mais um a colecionar valsas nas paradas, pelo menos 18, como "Nanci", "A mulher que ficou na taça", "Por teu amor", "Misterioso amor", "Só nós dois no salão (e esta valsa)"[39] e ainda duas de **José Maria de Abreu** e **Francisco Mattoso**: a clássica "Eu sonhei que tu estavas tão linda" e outra que o acompanhou até o fim de seus dias, "Boa noite, amor", sendo seu novo prefixo em seus programas de rádio: "Na carícia de um beijo / Que ficou no desejo / Boa noite, meu grande amor". Mas **Chico Viola** (seu primeiro apelido) logicamente não ficou só nas valsas. Sendo um dos responsáveis por popularizar o samba tal qual conhecemos hoje, enfileirou belos exemplares do gênero, obtendo êxito com mais de vinte deles, como "Tristezas não pagam dívidas", "Mulher de malandro", "Não tem tradução", "Feitio de oração", este em dueto com **Castro Barbosa**, "Ela teve razão", "Vaidosa", "O correio já chegou", "Serra da Boa Esperança", "Favela", "Longe dos olhos", "Se é pecado",[40] além de alguns dos primeiros sambas de **Cartola**, como "Divina dama" (33), que ficou para a posteridade, e de **Ataulfo Alves**, como "Pelo amor que eu tenho a ela" (36).

No quesito samba-exaltação, estourou com os melhores, incluindo o maior de todos, "Aquarela do Brasil", e ainda "Canta Brasil", "Onde o céu azul é mais azul" e "Brasil", este, com **Dalva de Oliveira**, que, mesmo sendo integrante do **Trio de Ouro**, eventualmente gravava (solo) com ele. Aliás, tais duetos deram certo também em andamento de marcha ("Verão do Havaí", "Andorinha"), samba romântico ("Dois corações")[41] e até na versão de **João de Barro** (**Braguinha**) e **Alberto Ribeiro** da famosa e tristíssima "Valsa da despedida", a tcheca "Farewell waltz": "Adeus, amor, eu vou partir / Ouço ao longe um clarim / Mas onde eu for / Irei seguir os teus passos junto a mim" — esta, uma das muitas versões de hits estrangeiros que gravou no período.

A ERA DE OURO

Finalmente, no carnaval, fez os foliões gastarem quilômetros de serpentina, toneladas de confete e litros de lança-perfume para brincar com os sambas "Se você jurar" e "Fita amarela" (ambos em dueto com **Mario Reis**), "Nem é bom falar", "Para me livrar do mal", "Foi ela", "É bom parar", "Solteiro é melhor", "Despedida de Mangueira", "Isaura", "Odete" (com o **Trio de Ouro**) e "Que rei sou eu", e as marchas "Seu Julinho vem", "Dá nela", "Há uma forte corrente contra você", "A M E I", "Grau dez" (com **Lamartine Babo**), "Dama das camélias" e "Formosa" (ambas também com **Mario Reis**), "Eu não posso ver mulher", "Haja carnaval ou não"[42] e a cantada até hoje "Eu brinco", de **Pedro Caetano** e **Claudionor Cruz** ("Com pandeiro ou sem pandeiro / Ê, ê, ê, ê / Eu brinco / Com dinheiro ou sem dinheiro / Ê ê, ê ê / Eu brinco") — esta, uma resposta à ideia que circulou na época da folia de 1944, sobre cancelar o carnaval enquanto o mundo estivesse em guerra. Soma-se a essa lista pelo menos mais uns vinte sucessos de ocasião do Rei da Voz só nesse período carnavalesco da Era de Ouro.

Chico Alves também experimentou outros ritmos e... acertou na mosca! Fossem marcha-canção ("Canção do Expedicionário"), canção-tango ("Vitória, vitória"), bolero ("Sob a máscara de veludo" e "Esmagando rosas"), frevo-canção ("Didi") ou marcha patriótica ("Hino a João Pessoa",[43] por conta da comoção causada pelo assassinato do político paraibano, candidato a vice-presidente na chapa de Getúlio Vargas em 1930, de oposição à República Velha). E ainda houve exemplares do gênero fox-canção, que falaremos mais adiante. Aliás, ninguém nessa primeira metade do século fez mais sucesso que o Rei da Voz. Foi um massacre.

Outros cantores importantes e/ou esquecidos da Era de Ouro

Além dos Quatro Grandes, outros intérpretes masculinos também se destacaram nessa fase, principalmente se fartando no melaço do cancioneiro melancólico e choroso, em tempo de valsa ou canções de alma sertaneja ou folclórica. Alguns que já vinham dos anos 20, como é o caso de **Augusto Calheiros**, com as valsas "Dolorosa saudade", "Quero-te cada vez mais", a toada "Mané Fogueteiro" e a canção "Alma de tupi"; e de **Gastão Formenti**, com o cateretê "De papo pro á", uma rara canção mais vibrante de sucesso à época, as valsas "Folhas ao vento" e "Se ela perguntar" e as canções de sabor regional "Na serra da Mantiqueira", "Zíngara"[44] e "Maringá" — esta, de **Joubert de Carvalho**, que o tempo consagrou a tal ponto que deu nome à cidade paranaense, em 1947.

Patrício Teixeira é outro veterano que começou ainda no fim dos anos 1910 como cantor e violonista em serenatas e em grupos de choro, amigo de **Donga** e **Pixinguinha**. Na década de 20, gravou a toada "Tristeza do Jeca" (Angelino de Oliveira) e o choro "Gavião calçudo" (Pixinguinha). Depois, na Era de Ouro, celebrizou a embolada "Trepa no coqueiro" (Ari Kerner) e o samba "Não tenho lágrimas" (Max Bulhões/Milton de Oliveira), cuja gravação original era em andamento bem acelerado, apesar dos versos ultramelancólicos: "Quero chorar, não tenho lágrimas / Que me rolem nas faces / Pra me socorrer..." Contratado pela Mayrink Veiga, viveu grande popularidade a ponto de ser citado em 1933 no cateretê "As cinco estações do ano" (Lamartine Babo), em que **Carmen Miranda** cantava: "Sou a Mayrink popular e conhecida / Toda a gente fica louca, sou querida até no hospício / E quando chega sexta-feira, hein! Dona Clara / Sai até tapa na cara, só por causa do Patrício." Para completar a renda, foi professor de violão de cantoras de várias searas e gerações, como **Olga Praguer Coelho**, **Aurora Miranda**, **Linda Batista** e **Nara Leão**.

Na ativa desde os anos 20, **Raul Roulien** apareceu em 1933 com a canção urbana "Favela" e a sertaneja "Guacira", ambas de **Hekel Tavares** e **Joracy Camargo**, sendo o maior galã brasileiro do período em nossos teatros e cinemas. Antes, porém, atuou e cantou em filmes de Hollywood, como *Flying down to Rio*, ao lado de Ginger Rogers e Fred Astaire, cantando "Orchids in the moonlight". De carreira longeva, foi diretor de cinema, repórter de jornais nacionais e estrangeiros e, muitos anos depois, apresentador de TV.

Outro veterano, **Vicente Celestino**, já tinha entre 15 e 20 anos de carreira na Era de Ouro, quando chega ao auge, estreando dessa vez como compositor de sucesso. Ele estourou com as autorais "O ébrio" (36) e o tango-canção "Coração materno" (37). Ambas viraram filmes em que ele o protagonista, dirigidos por sua mulher, a cineasta, cantora lírica e de operetas **Gilda de Abreu**. Mas a música que o levaria à posteridade seria mesmo "O ébrio", sobre um cantor de ópera decadente, cujo abandono da mulher o levara ao alcoolismo, pondo fim à sua carreira. Sua interpretação dessa verdadeira tragédia musical, que inclui até mesmo um recitativo no início, era tão convincente que virou um clássico atemporal: "Tornei-me um ébrio e na bebida busco esquecer / Aquela ingrata que eu amava e que me abandonou / Apedrejado pelas ruas vivo a sofrer / Não tenho lar e nem parentes, tudo terminou / Só nas tabernas é que encontro meu abrigo / Cada colega de infortúnio é um grande amigo / Que embora tenham como eu seus sofrimentos / Me aconselham e aliviam meus tormentos".

Vicente e **Gilda** gravaram juntos em disco o célebre tango-canção (brasileiro, não argentino) "Ouvindo-te" (35), também de sua lavra. Outros três tangos-canção ganharam suas interpretações inesquecíveis: "Noite cheia de estrelas" (onipresente em qualquer repertório de serestas, que diz "Noite alta, céu risonho / A quietude é quase um sonho..."), "Rasguei o teu retrato" e "Dileta", todas de **Cândido das Neves**, o **Índio**, além da canção "Meu Brasil" (Pedro de Sá Pereira/Olegário Mariano) e várias de sua autoria, como as canções "Patativa", "Serenata", "Mia Gioconda" e "Porta aberta" — as duas últimas já em 46. **Vicente** nunca se modernizou e, mesmo com um estilo já defasado para a própria década de 30, seguiu amado por um imenso séquito de admiradores, tanto que gravou regularmente até sua morte, em 68.

Todos esses cantores se juntam a outros que surgem nessa Era de Ouro, muitos dos quais hoje totalmente esquecidos, como **João Petra de Barros**, que começou a gravar em 1933 e teve a carreira limitada por um acidente, no qual perdeu uma perna, e pouco depois suicidou-se aos 32 anos, deixando para a posteridade suas interpretações para pelo menos três sambas imortais de **Noel Rosa**, "Até amanhã", "Seja breve" e "Feitiço da Vila", este composto com **Vadico**, e a valsa "Última inspiração", do compositor e pianista alagoano radicado no Rio **Peterpan**. Outro de vida ainda mais breve foi o sambista paulista **Vassourinha,** que, com sua ginga fabulosa, ainda teve tempo de gravar 12 sambas, entre eles "Seu Libório" (João de Barro [Braguinha]/Alberto Ribeiro) e "Emília" (Wilson Batista/Haroldo

Lobo), mas morreu prematuramente aos 19 anos em agosto de 1942. Um mês depois dele e um dia antes de completar 30 anos, vítima de diabetes, também se foi a sambista **Carmen Barbosa**, uma figura discreta, avessa à publicidade, que gravou bom repertório entre 1935 e 40, destacando-se duas de **Herivelto Martins**, "Palmeira triste" e "No picadeiro da vida", esta com **Benedito Lacerda**, seu grande incentivador.

Mais longevo, porém de carreira curta, foi "O Ditador de Sucessos" **Déo**. Filho de libaneses, teve forte atuação na primeira metade da década de 1940, emplacando o samba "Não é economia (Alô, padeiro)" (Wilson Batista/ Haroldo Lobo) e três joias de **Ary Barroso**, os sambas "Eu nasci no morro" e o até hoje clássico "Pra machucar meu coração" ("Está fazendo um ano e meio amor / Que o nosso lar desmoronou...") e a hilária marchinha "A casta Suzana", na folia de 39 (parceria com **Alcyr Pires Vermelho**). Já nos anos 50, seu último sucesso foi a divertida versão do fox-trot "Wir haben ein klavier", "Piano alemão".[45] Por sua vez, o eclético cantor carioca **Roberto Paiva**, apesar da vida e carreira extensas, nunca alcançou o sucesso merecido, mas ainda assim apareceu com o samba carnavalesco "O trem atrasou" (Paquito/Artur Vilarinho/Estanislau Silva) e a valsa "Jardim de flores raras" (Nonô/Francisco Mattoso).

Tivemos também **J. B. de Carvalho**, que gravou solo ou à frente do **Conjunto Tupi** diversos sambas, marchas e jongos impregnados de rítmica e religiosidade afros, como a autoral "Cadê viramundo?", tendo a primazia, juntamente com os compositores **Getúlio Marinho** (o **Amor**) e **João da Baiana**, este também cantor bissexto, de levar corimás e pontos de macumba para o disco, apresentando-os em rádio, sem nunca deixar de gravá-los até o fim da vida. Era comum suas apresentações serem interrompidas pela polícia, pois as pessoas entravam em transe ao ouvir essas músicas. Por isso foi preso diversas vezes, mas dizia que sempre escapava graças à sua amizade com o presidente Getúlio Vargas.

Havia ainda outros nomes que entraram nas paradas com valsas ou canções românticas de sucesso. O cantor lírico e industrial italiano (milionário) radicado no Brasil **Celestino Paraventi** teve somente 24 canções gravadas, incluindo a famosa "Tardes em Lindoia" (Zequinha de Abreu/

Pinto Martins).[46] O cantor e compositor carioca **Silvio Salema** gravou apenas de 1928 a 33, destacando a "Valsa verde" (Capiba/Ferreira dos Santos). Oriundo de uma família tradicional paulista, o chamado "A Voz Apaixonada do Brasil" **Cândido Botelho** registrou pouco mais de 35 gravações entre 1928 e 52, como "Canta Maria" (Ary Barroso) e a velha modinha "Quem sabe" (Carlos Gomes/Bittencourt Sampaio). Por fim, o mineiro **Morais Neto** teve apenas 17 canções eternizadas em discos, entre 1942 e 44, obtendo sucesso com a valsa "Alma dos violinos" (Alcyr Pires Vermelho/Lamartine Babo) e o samba "Isto aqui o que é" ("Isto aqui ô, ô / É um pouquinho de Brasil, Iaiá..."), de **Ary Barroso**, que o chamava de Boi, "por não saber a força que tinha como cantor".

Morais Neto lançou também algumas das primeiras composições da futura dupla de sucesso **José Maria de Abreu** e **Jair Amorim**, em 1944, a valsa "Adeus, amor" e o fox-canção "Bisarei esta canção". Outro pioneiro a gravá-las (o bolero "Nem sei" e "A nossa valsa") foi **Manoel Reis**, santista, de atuação discreta, mas que teve a primazia de gravar "Cisne branco", a "Canção do marinheiro",[47] dois anos antes, em janeiro de 42, quando o Brasil estava na iminência de aderir às tropas aliadas na Segunda Guerra: "Qual cisne branco que em noite de lua / Vai deslizando num lago azul / O meu navio também flutua / Nos verdes mares de Norte a Sul."

E o que dizer de artistas ainda mais versáteis cuja memória do país limpou totalmente seus vestígios? Embora tenha começado a gravar apenas em 1928, seguindo até meados da década de 30, o cantor e compositor carioca **Alfredo Albuquerque** já era desde os anos 1910 um grande especialista em divertidas cançonetas, compondo algumas delas, além de valsas e monólogos. Sua versão para o *one-step* americano "Caraboo" ("Minha Caraboo [Amor de uma princesa]"), que teve duas gravações — dos hoje igualmente obscuros **Júlia Martins** e **Roberto Roldan** —, rivalizou com "Cabôca de caxangá"[48] na preferência dos foliões do carnaval de 1914, contando uma história pitoresca de um guerreiro apaixonado, que a caminho de encontrar sua princesa adorada é degolado por indígenas, tendo sua cabeça rolando pelo chão — e ainda murmurando pela amada Caraboo.[49] **Alfredo** era, ele próprio, multifacetado intérprete dos palcos do teatro de revista, cantando em italiano, francês e espanhol. Atuou depois algum tempo no circuito teatral de Belém do Pará.

Também carioca, o cantor **Breno Ferreira** deixou seu nome na história mais como compositor — da embolada "Andorinha preta", sucesso em 1932 (décadas depois regravada por Nat King Cole).

Já de São Paulo, vieram dois, **Genésio Arruda** e **Leo Albano**. **Genésio** era cantor, compositor, radialista, cineasta e produtor de cinema brasileiro. Como se não bastasse, teve sua própria companhia de teatro de revista, além de ser um dos pioneiros do cancioneiro "regional", chegando a gravar uma embolada e uma cena cômica em 1930 com **Raul Torres** e a participar do primeiro filme sonoro brasileiro, *Acabaram-se os otários*, de Luiz de Barros (29), fazendo o papel justamente de um sertanejo. Por sua vez, o cantor e ator **Leo Albano** atuou em várias emissoras no eixo Rio–São Paulo e diversos filmes do cinema nacional, além de figurar como galã-cantor na opereta "O cantor da cidade", da Companhia (Luís) Iglesias-Freire Junior, cujo título acabou virando seu slogan. Tomou parte em diversas produções de Walter Pinto, com Alda Garrido, Eva Todor e Oscarito, e foi também diretor artístico dos cassinos da Urca e Atlântico, e mais tarde da Rádio Excelsior (SP).

Falando em versatilidade, o ex-alfaiate carioca **Januário de Oliveira** foi um cantor de grande projeção, gravando mais de cem canções e integrando o elenco de emissoras do Rio, Porto Alegre e São Paulo, para onde foi ainda em 1929 por intermédio de **Sinhô** a fim de tomar parte num espetáculo no Teatro Municipal em apoio à candidatura de Júlio Prestes à presidência, promovido pelo Clube da Antropofagia, ligado aos ideais modernistas de Oswald de Andrade. **Januário** foi grande intérprete de **Hekel Tavares**, registrando temas que seriam consagrados, como o coco "Engenho novo", em 30, quando também estourou no carnaval a marchinha "Quebra, quebra gabiroba", de **Plínio Brito**. Seu slogan, dado por César Ladeira na Rádio Record (SP), era "A Voz de Veludo". Efetivamente versátil, foi um dos primeiros intérpretes do ainda desconhecido **Adoniran Barbosa** e de valsas de sucesso como a belíssima "Meu destino", de **José Maria de Abreu** e **Barros de Souza**. Assim como **Genésio Arruda, Leo**

A ERA DE OURO

Albano e **Raul Roulien**, também atuou em cinema. E em 38, iniciou uma carreira humorística, apresentando-se na Rádio Nacional e em cassinos e boates do país, ficando conhecido como o "Humorista das Quatro Vozes", pois imitava à perfeição artistas em quaisquer das quatro oitavas da voz humana, entre os quais **Carmen Miranda**.

Por um breve período, **Januário de Oliveira** fez dupla e gravou três discos com o paulista **Arnaldo Pescuma** — chegando a ganhar um prêmio num concurso carnavalesco promovido pela prefeitura de São Paulo pelas marchas "Mulatinha da caserna" (Martinez Grau/Ariovaldo Pires) e "Paulistinha querida" (Ary Barroso), em 36. **Pescuma** começou como tenor em óperas nos anos 20, depois gravou muitos tangos e valsas. Participou do nosso pioneiro filme musical, *Coisas nossas* (31), e de *Alô, alô Brasil* (36) — ambos de Wallace Downey — e, ainda na capital paulista, voltando à ópera, dirigiu o Teatro Municipal de lá.

Também entre os cantores de prestígio, cuja fama transcendeu a Era de Ouro, tivemos **Jorge Fernandes**, excelente na linha de canções de inspiração folclórica ("Leilão", de **Hekel Tavares** e **Joracy Camargo**; "Minha terra" e "Trem de Alagoas", de **Waldemar Henrique**, a última em parceria com **Ascenso Ferreira**), e diversas pérolas românticas do compositor **Joubert de Carvalho**, como "Pierrot" (32), de um tempo em que o amor interditado era tido como virtude. Os versos teatrais de "Pierrot" são do dramaturgo **Pascoal Carlos Magno**, escritos para o prólogo de sua peça homônima: "Há sempre um vulto de mulher / Sorrindo, em desprezo à nossa mágoa / Que nos enche os olhos d'água (...) Deixar de amar não deixarei / Porque o amor feito saudade / É a maior felicidade."

Completam a lista mais dois nomes. O ex-entregador de marmitas e sapateiro, depois grande cantor carioca **Gilberto Alves** foi um deles. Apesar de especialista em valsas, não emplacou tantas nas paradas quanto o outro ás do estilo, **Carlos Galhardo**, mas imortalizou pelo menos duas, "Algum dia te direi" (Cristóvão de Alencar/Felisberto Martins) e "Prece à lua" (Bide/ Marçal). Também bom sambista, consagrou pérolas como "Pombo correio" (Benedito Lacerda/Darcy de Oliveira): "Soltei meu primeiro pombo correio / Com uma carta para a mulher / Que me abandonou / Soltei o segundo, o terceiro / O meu pombal terminou / Ela não veio e nem o pombo voltou."

Finalmente, surge um nome que faria história pelas cinco décadas seguintes, **Nelson Gonçalves**. Gaúcho radicado em São Paulo e, depois da fama, no Rio, o cantor começou a brilhar justo quando a estrela de seu ídolo **Orlando Silva**, de quem sofreu grande influência, começou a se apagar. Estreou em disco no ano de 1941, e entre 42 a 1945 emplacou os sambas "Ela me beijou" e "Aquela mulher"; as valsas "Deusa do Maracanã", "Dorme que eu velo por ti", "A saudade é um compasso demais" e "Maria Betânia" ("Tu és para mim / A senhora do engenho") — esta de **Capiba**, que inspiraria o nome da futura grande cantora;[50] e juntamente com seu ídolo, **Orlando**, foi o melhor intérprete de um gênero romântico de curta duração, que dividiu a preferência do público com as valsas e canções ternárias nessa Era de Ouro: o fox-canção.

O advento do fox-canção e dois compositores sofisticados

O fox-trot surgiu por volta dos anos 1910, um ritmo logo adaptado à dança de salão que virou mania nos Estados Unidos. Em meados da década de 20 já havia um mais rápido, o *quick fox-trot*, e um lento, o *slow*, que no Brasil inspirou o nosso fox-canção. No correr dessa década, a classe média foi se encantando pelos modismos musicais americanos, culminando com a chegada do cinema falado, em 29. Já bastante explorado no teatro de revista, coube a **Francisco Alves** (mais uma vez ele!) a primazia de gravar o nosso primeiro fox-canção de sucesso, "Dor de recordar", de **Joubert de Carvalho** e **Olegário Mariano**, uma dor de cotovelo daquelas, que dizia: "Deixa que a boca em tua boca / Embriagado de loucura e de esplendor / Possa te dizer chorando / Quanto é pouca a vida para tanto amor." **Custódio Mesquita** e **Roberto Martins** foram os autores mais importantes desse gênero, sendo letrados por gente do porte de **Mário Lago, Sady Cabral, Evaldo Rui** e **Mário Rossi**.

A seguir, outros foxes-canção de grande êxito invadiram os lares de todo o país pelo rádio e pelo disco nas vozes do mesmo **Francisco Alves** ("Príncipe", "Marilena", "Ainda uma vez" e "Você só mente", esta em duo com **Aurora Miranda**), **Irmãos Tapajós** (dupla formada por **Paulo** e **Ha-**

roldo Tapajós, responsáveis por lançar o poeta **Vinicius de Moraes** como compositor, duas décadas antes de sua consagração, com pérolas como "Loura ou morena"), o já mencionado **Manoel Reis** ("Tudo cabe num beijo"), **Carlos Galhardo** ("Rosa de maio"), **Gilberto Alves** ("Adeus")[51] e **Silvio Caldas**, do clássico estonteante e glamouroso "Mulher", de **Custódio Mesquita** e **Sady Cabral**: "Não sei que intensa magia / Teu corpo irradia / Que me deixa louco assim, mulher...", das poucas desse ritmo que transcenderam seu tempo.

Entretanto, como foi dito, os dois intérpretes mais constantes do gênero foram **Orlando Silva** e **Nelson Gonçalves**. O primeiro com "A última canção", "Naná", "Perdão amor", "Dá-me tuas mãos", "Brigamos outra vez", "Ao ouvir esta canção hás de pensar em mim" e o antológico "Nada além", do mesmo **Custódio** com **Mário Lago**, dos versos "Se o amor só nos causa sofrimento e dor / É melhor, bem melhor a ilusão do amor / Eu não quero e nem peço / Para o meu coração / Nada além de uma linda ilusão"; e o segundo, mostrando logo a que vinha em seu início de carreira, emplacando cinco canções neste andamento: "Noite de lua", "Solidão", "Voltarás",[52] e principalmente os futuros clássicos "Renúncia", de **Roberto Martins** e **Mário Rossi** ("Difícil no amor / É saber renunciar") e "Dos meus braços tu não sairás", de **Roberto Roberti** ("Se tentares me abandonar / Nem sei do que serei capaz") — este último, inclusive, virou seu prefixo nas rádios por que passou.

Os dois foxes-canção mais regravados até os dias de hoje — "Mulher" e "Nada além" —, como se viu, têm melodia composta por **Custódio Mesquita**, uma figura transgressora, por ser de classe média alta e ter optado pela carreira em música popular nesse tempo. Tornou-se um melodista muito original numa fase em que boa parte de nosso cancioneiro privilegiava a tradição rítmica. Compôs canções sinuosas nos mais variados gêneros, boas para testar a potência vocal dos cantores, sendo que, em algumas delas, chegou a antecipar arranjos que somente seriam vistos durante a bossa nova, cerca de duas décadas depois.

Com pinta de galã, e sempre muito bem-vestido e penteado, o vaidoso **Custódio** começou tocando bateria, mas logo a trocou pelo piano, atuando em rádio a partir de 1931. Já no ano seguinte teve suas primeiras músicas gravadas por **Silvio Caldas** e uma parceria com **Noel Rosa**, o samba "Prazer em conhecê-lo", por **Mario Reis**. Em 33, **Aurora Miranda** lhe deu seu primeiro grande êxito, a marcha "Se a lua contasse". Em meados da década passa a atuar em filmes e a compor para o teatro de revista. Em 37, **Carmen Miranda** e **Barbosa Junior** (irmão do sambista **Luiz Barbosa** e do compositor **Paulo Barbosa**, afeito a temas humorísticos) imortalizavam o choro "Quem é", dele com **Joracy Camargo**, uma lavação de roupa suja de um casal em tom gracioso. A partir de 43, passou a se dedicar, em paralelo, à função de diretor artístico da Victor, cargo que ocupou até sua morte prematura em 45, de crise hepática, com apenas 34 anos. No seu enterro, muitos estranharam a presença de figuras da classe baixa — prostitutas, mendigos, retirantes. É que ele não podia ver necessitados em apuros que logo os ajudava impulsivamente.

Suas músicas letradas por **Evaldo Rui, Sady Cabral, Mário Lago** ou **David Nasser** invadiram as paradas, fossem foxes-canção ("Rosa de maio", "Voltarás"), sambas ("Algodão", "Não faças caso, coração", "Noturno em tempo de samba", "Como os rios que correm pro mar" — os dois últimos ostentando três partes na construção melódica), valsas ("Velho realejo", "Enquanto houver saudades", "O pião", "Valsa do meu subúrbio", "Gira, gira, gira") ou sambas-canção ("Mãe Maria", "Promessa"[53] — ambos compostos para o filme *Moleque Tião*, de José Carlos Burle, em que atuou ao lado de Grande Otelo) e "Saia do caminho" — este seu derradeiro grande sucesso, com **Evaldo Rui,** lançado um ano após sua morte por **Aracy de Almeida**: "Junte tudo que é seu / Seu amor, seus trapinhos / Junte tudo que é seu / E saia do meu caminho."

Outro compositor sofisticado já muito citado aqui veio também de uma classe mais abastada, no seio de uma família de músicos, o paulista de Jacareí **José Maria de Abreu**. Precoce, desde os 17 anos já tinha músicas gravadas por **Francisco Alves** e **Paraguassú**. Depois compôs o Hino da Revolução Consitucionalista de 1932, "Vencer ou morrer", com versos de **Ari Kerner**. Aos 22 anos, chegou à capital federal mostrando a que vinha, já vencendo um concurso de músicas juninas. Logo arrumou um emprego

A ERA DE OURO

de pianista na Rádio Mayrink Veiga, fazendo amizade e parcerias com **Noel Rosa** e o petropolitano **Francisco Mattoso**, seu parceiro mais constante nessa fase, com quem fez 35 canções, como a antológica valsa "Boa noite, amor", prefixo de **Francisco Alves**, que depois gravou "Ao ouvir esta canção hás de pensar em mim". Por essas e por outras ganhou o epíteto de Rei da Valsa, ainda que quem tenha vingado com esse título tenha sido mesmo o cantor **Carlos Galhardo**.

Em 1938, **José Maria de Abreu** passou à Rádio Clube (depois Mundial, onde chegou a diretor artístico). Teve vários outros parceiros e foi gravado pelo primeiro time de seu tempo, seja em meio de ano, por **Orlando Silva** (o samba-canção "Fui feliz", a valsa "Horas iguais"), ou para o carnaval, pelo **Bando da Lua** ("Pegando fogo") e **Aurora Miranda** ("Onde está o dinheiro?"). Mais tarde, foi arranjador e diretor da orquestra da gravadora Continental, regeu uma revista da comediante Dercy Gonçalves e compôs para outras de Walter Pinto e **Luiz Peixoto** (de quem seria parceiro em "Tome polca", já em 50).[54] Antes disso, após a morte de **Francisco Mattoso**, em 41, começou a trabalhar com **Alberto Ribeiro** e mais ainda com o capixaba **Jair Amorim**, cujas parcerias o levariam à posteridade, graças a um intérprete que estava a um passo de conhecer, **Dick Farney**. Mas a Era de Ouro ainda estava terminando.

As cantoras esquecidas

Não foi apenas na ala masculina que a memória do país foi ingrata nesse período de 1929 a 45. Algumas cantoras também foram varridas para algum escaninho perdido, principalmente porque não chegaram a estourar nenhum sucesso que tenha se eternizado. Algumas se notabilizaram mais como atrizes, outras tiveram oportunidades pioneiras e efêmeras no exterior. Houve ainda aquelas que se enturmaram bem com os artistas de sua época, depois largaram a carreira em prol da família — em que pese nesse costume o machismo daquele tempo, pois muitas vezes essa era a condição para um bom casamento.

A pernambucana **Alda Verona** e a carioca **Laura Suarez** começaram cantando na virada para a década de 30 e se tornaram grandes atrizes na capital. A primeira em novelas de rádio e a segunda em rádio, teatro e TV. Famosa por sua voz de soprano e bela dicção, **Alda Verona** teve seu maior êxito em 32, numa versão de **Ari Kerner** da valsa "Canção de amor cubano", do filme *Melodia cubana*, um dos primeiros daquele país a chegar ao Brasil. Na década seguinte, após gravar 21 discos, começou uma bela carreira de radioatriz no legendário *Programa Casé*, atuando posteriormente em diversos filmes.[55] Já a bem-nascida **Laura Suarez** era filha do dono do Hotel Balneário Ipanema, bairro ainda desértico àquele tempo. Foi eleita Miss Ipanema e, logo a seguir, entre 1930 e 31, grava toda a sua discografia. À frente do tempo, das 26 músicas registradas, 18 eram de sua autoria, entre canções, toadas, sambas e modinhas, chegando a assinar quatro com o pianista e orquestrador **Henrique Vogeler**, ás do teatro musical. Casando-se com o diretor geral da Metro-Goldwyn-Mayer na América do Sul, participou do primeiro programa mundial de TV, na NBC, em Nova York, cantando peças de Tchaikovsky. Depois foi estrela da companhia teatral de **Raul Roulien** e seguiu atuando até a década de 80.

Bela jovem da alta sociedade carioca e voz suave, **Madelou Assis** teve uma breve carreira artística de seis anos, de 1930 a 36, com relativo êxito. Começou menor de idade, desafiando as leis muito rígidas da época. Ainda em 32, foi para a Rádio Mayrink Veiga, incentivada por **Carmen Miranda**, e gravou seu primeiro disco, pela Columbia. No carnaval de 34, gravou com **Francisco Alves** os sambas "Brinca coração" (Benedito Lacerda), este com sucesso, e "Estrela da manhã", rara parceria de **Ary Barroso** e **Noel Rosa**. A seguir tomou parte, com diversos artistas importantes, da primeira irradiação internacional da Mayrink Veiga com a Rádio Belgrano, de Buenos Aires, uma emissora que acolheria pelas próximas três décadas o filé-mignon de nossos intérpretes em turnê pela capital portenha. Ainda naquele ano casou-se com o radialista e compositor **Valdo Abreu**, passou uma boa temporada atuando em São Paulo, abandonando dois anos depois a carreira.

Entre 1934 e 36, a cantora paulista **Sonia Carvalho** era considerada um dos maiores nomes da rádio local juntamente com o gaúcho **Nuno Roland**.

A ERA DE OURO

Ambos foram para o Rio para a inauguração da Rádio Nacional em 36, contratados pela emissora. Se ele despontou como intérprete carnavalesco no fim da década seguinte, ela teve trajetória mais modesta, gravando apenas dez discos, com vinte músicas, em três gravadoras, incluindo duas de **André Filho** ("Beijos" e "Vejo o céu todo estrelado") e duas de **Assis Valente** ("Novela" e "A infelicidade me persegue"). Quem também gravou somente dez discos foi a capixaba **Sylvinha Mello**, que começou ao lado de **Hekel Tavares** cantando em peças de teor folclórico em teatros e cassinos cariocas, paulistas e de outras capitais, depois fez breve, mas marcante carreira no rádio e atuou em filmes, sendo grande intérprete de canções românticas de **Joubert de Carvalho**. Foi das primeiras a fazer barulho nos Estados Unidos, onde interpretou canções de **Ary Barroso** em emissoras locais e boates como Blue Angel, de Nova York.

Quem vingou no exterior, além de **Carmen Miranda**, porém na fronteira do erudito com o popular, incluindo canções folclóricas harmonizadas no estilo clássico, para um público mais elitizado, foram duas cantoras líricas, a começar pela carioca **Elsie Houston**. Amiga de expoentes do movimento modernista de 1922, no fim da década já se apresentava na Europa ao lado do pianista polonês Arthur Rubinstein e do próprio **Villa-Lobos**. Chegou a gravar 15 discos no Brasil, entre 1930 e 32, a maioria de autores nacionais, e ainda nessa década causou rebuliço em performances com canções ritualísticas das religiões afro-brasileiras nas boates parisienses e nova-iorquinas. Entre 1939 e 40 apresentou um programa de rádio na NBC, divulgando a música brasileira. Entretanto, problemas num relacionamento com um conde belga e a concorrência de outra cantora, entre outros fatores, levaram-na a um suposto suicídio em 43.

Sua rival era a soprano e violonista amazonense radicada inicialmente no Rio de Janeiro **Olga Praguer Coelho**. Apadrinhada pelo cantor e violonista **Patrício Teixeira**, que a levou para a Rádio Clube do Brasil ainda em 1928, já no ano seguinte gravou o primeiro dos seus 13 discos no país, com canções tradicionais brasileiras, e em 35 inaugurava a Rádio Tupi do Rio, onde teve um programa dedicado ao folclore planetário. É então nomeada por Getúlio Vargas representante da música brasileira na Europa, onde teve aulas de canto. Ainda no fim dos anos 30, **Heitor Villa-Lobos** lhe abriu portas nos Estados Unidos e lhe deu conselhos, como o de interpretar um ponto de Xangô, que era seu carro-chefe, de maneira acelerada, mimetizando o movimento do transe das mães de santo,[56] além de lhe escrever uma transcrição para voz e violão da famosa "Bachiana nº 5", que foi executada com grande êxito num concerto no Town Hall em Nova York. Em 44, deixa um marido poeta pelo violonista espanhol Andres Segovia, que lhe dedicou diversos arranjos para canto e violão. Frequentando a elite musical americana e europeia, e excursionando pelos quatro cantos do mundo, até mesmo Austrália, Nova Zelândia e África do Sul, **Olga** foi consagrada por críticos do mundo inteiro e gravou novos álbuns em Nova York, onde passou a residir.

Mas a voz que **Villa-Lobos** mais gostava não era de **Olga** nem de **Elsie**, mas da soprano **Bidu Sayão**, apelidada pela crítica de "O Rouxinol do Brasil", cuja interpretação para a referida "Cantilena", das "Bachianas brasileiras nº 5" em 1938 (acompanhada pelo maestro, regendo uma orquestra de violoncelos) é considerada antológica. Embora este trabalho não se estenda muito na música clássica, é impossível ignorar o legado dessa mulher de classe alta, hábitos caros e personalidade forte, uma autêntica diva. Ela saiu do Rio de Janeiro para ser uma das maiores estrelas mundiais do canto lírico de todos os tempos, uma trajetória iniciada aos 17 anos, em 1919 — a ponto de ser retratada num quadro a óleo em exposição permanente no Metropolitan Opera House, de Nova York, na galeria dos que fizeram história naquele palco, a partir de 37. Em 59, dois anos após sua aposentadoria, **Villa-Lobos** conseguiu que fizesse uma derradeira gravação a seu lado, entoando as partes cantadas da sua "Floresta do Amazonas", incluindo a famosa "Melodia sentimental". No Brasil, gravou apenas quatro discos, destacando "Casinha pequenina" (motivo popular) e duas árias da ópera *O Guarani* (Carlos Gomes) nos idos de 33. **Bidu**, **Villa**, **Carmen**, **Olga**, a pianista erudita paulista **Guiomar Novaes** e, em menor escala, **Elsie** foram alguns dos grandes embaixadores da música brasileira no exterior até os anos 50. Tudo isso num caminho aberto por duas mulheres petropolitanas do meio erudito educadas e criadas na Europa: a pianista **Magdalena**

A ERA DE OURO

Tagliaferro e a soprano **Vera Janacópulos**, famosas internacionalmente desde os anos 1910.

As pioneiras duplas de sucesso

O sucesso estrondoso das gravações em dueto de **Francisco Alves** e **Mario Reis** na Odeon entre dezembro de 1930 e janeiro de 33 motivou a formação da dupla **Jonjoca e Castro Barbosa.** Contratados pela gravadora Victor em 31 e depois repescados pela própria Odeon/Parlophon, eles registraram 26 músicas em dupla até 34, incluindo o samba "Adeus" (Ismael Silva/Noel Rosa/Francisco Alves): "Adeus, adeus, adeus / Palavra que faz chorar..." Tanto um quanto o outro já cantavam separadamente, e **Castro**, sozinho, foi o lançador do megassucesso carnavalesco "O teu cabelo não nega". Um ano depois do término dessa dupla, em 35, surgiram **Joel** (de Almeida) **e Gaúcho**, com êxito bem maior, junto ao primeiro time da época, principalmente nos primeiros 15 anos de carreira, passando à posteridade com as carnavalescas "Pierrô apaixonado", "Cai, cai", "Aurora", além do fox cômico "Canção para inglês ver", todos já citados aqui, e do samba "Estão batendo" (Gadé/Walfrido Silva).

Também são relevantes duas duplas que fizeram sucesso como humoristas e cantores, com destaque para as canções que caricaturavam o caipira na capital: os cantores/humoristas nordestinos **Jararaca**, alagoano, e **Ratinho**, pernambucano, seguidos de **Alvarenga**, mineiro, que já era cantor, e **Ranchinho**, um humorista paulista que cantava.[57] Ambas as duplas são exceções num mercado que ainda engatinhava para a música caipira em nível nacional, ainda restrito a sucessos pontuais dos grandes cantores da Era de Ouro. Um mercado, entretanto, ia se abrindo em São Paulo, Mato Grosso e algumas cidades das regiões Centro-Sul do país, cujo maior expoente pioneiro foi o ex-carroceiro, filho de imigrantes espanhóis da cidade paulista de Botucatu, o cantor e compositor **Raul Torres.**

Na estrada desde 1927, atuando em emissoras de rádio paulistas, **Raul Torres** ficou impactado ao ver os **Turunas da Mauricéia**, de **Augusto Calheiros**, numa apresentação em São Paulo. Daí decidiu interpretar por lá o repertório dos colegas pernambucanos. Passou às salas de espera de cinemas da capital paulista e já em 29 estreava em disco. Mas é a partir de 33 que passa a compor e gravar mais regularmente um repertório eclético, incluindo a valsa "Saudades de Matão" (38), dele com Jorge Galati; as toadas "Cabocla Tereza" (37), "Mourão da porteira" (42) e "Pingo d'água" (44), as três compostas com **João Pacífico**; a embolada "Papagaio louro" (40) e o cateretê "Moda da mula preta" (45). Todas lançadas por ele, sendo três toadas terçando vozes com seu sobrinho **Serrinha** e a última com **Florêncio**. Em 40, também é o primeiro a gravar com **Serrinha** o clássico "Moda da pinga", cuja autoria seria uma criação coletiva, mas no selo original consta apenas o nome de Cunha Jr.

Entre modas de viola, cateretês e toadas de sabor paulista, batucadas e emboladas nordestinas e eventualmente até maracatus, incluindo temas folclóricos os quais ele estiliza e registra em seu nome, **Raul Torres** se impõe como um grande astro da música "regional". Com o tempo, acaba deixando os outros gêneros de lado e se sacramenta como cantor e compositor caipira, profissionalizando o estilo e lhe agregando novos elementos musicais. Tudo começou em 1936, quando viajou a Assunção, no Paraguai, e ficou encantado com a música local. Percebeu que o acompanhamento da guarânia, tocada com harpa e violões, poderia ser adaptado à música caipira, no formato de viola e violão. Assim, ele, que era violonista, ao formar a dupla com **Serrinha**, passou a adotá-lo em gravações. A partir de então, todas as duplas deixavam o acompanhamento de uma só viola para trás e passaram a adotar a dobradinha viola e violão.

Em 1939, mais duas inovações. Para começar, **Raul** decidiu introduzir a própria guarânia no país, ou "rasqueado estilo paraguaio", como gostava de dizer, com "Suspira, meu bem, suspira", dele com **Serrinha**, aprimorada e estilizada com maior êxito em novos registros a partir de 42. Finalmente, outra inovação foi a sanfona na música caipira, a partir da gravação (também da dupla) do valseado "Meu cavalo zaino", de sua autoria, que obteve bastante êxito.[58] **José Rielli** possivelmente terá sido o primeiro acordeonista a fazer sucesso num trio com uma dupla caipira — **Raul Torres, Serrinha** e (José) **Rielli** (depois com **Florêncio** no lugar de **Serrinha**). Chegaram a

A ERA DE OURO

se destacar com um programa na Rádio Record de São Paulo chamado *Os Três Batutas do Sertão* a partir de 38,[59] apesar de não terem nenhum disco com essa assinatura, apenas apareciam assim em partituras e revistas do gênero. Muitas foram as duplas que eram anunciadas como trios no rádio, mas, na maioria dos casos, no disco saía apenas o nome dos vocalistas.

Outro bom exemplo é o de **Serrinha**, que após desfazer a parceria com o tio **Raul Torres**, numa briga feia e definitiva, formou em 1942 uma nova dupla vocal, muito feliz, de timbres macios e agradáveis, com **Caboclinho**, mas que na verdade também era um trio, pois fazia parte o acordeonista **Rielinho** — este último, a propósito, gravou razoavelmente como instrumentista solo, cuja fama teceu na esteira do pai, justamente **José Rielli**, outro que também já gravava solo muitas canções do gênero (como também **Antenógenes Silva**, mais eclético, que acompanhou muitos caipiras pioneiros e artistas de diversos segmentos).

O Trio Mais Querido do Brasil, de **Serrinha**, **Caboclinho** e **Rielinho**, ganhou um programa homônimo na Rádio Tupi de São Paulo e fez muito sucesso local, sobretudo com as canções de **Serrinha**, nessa altura já um compositor de ponta, autor de canções festejadas do trio, como os rasqueados "Depois que a Rosa mudou" e "Caboclo decidido", o baião "O que tem a Rosa" e as toadas "Bom Jesus de Pirapora" (com **Ado Benatti**) e "Chitãozinho e Chororó" (com **Athos Campos**), que batizaria três décadas depois a famosa dupla sertaneja. Todavia nos discos eram apenas **Serrinha e Caboclinho**, sem o crédito de **Rielinho**.

Outro artista pioneiro a trazer para seu trabalho essa vertente da guarânia e do rasqueado foi **Nhô Pai**. Na mesma época em que **Raul Torres** se embrenhou da música fronteiriça, ele prestou o serviço militar num quartel em Ponta Porã, na divisa de Mato Grosso do Sul com Pedro Juan Caballero, no Paraguai. Quando começa a gravar, formando a dupla **Nhá Zefa e Nhô Pai**, vai propagando sua obra repleta de gêneros locais. Suas letras (sim, era mais letrista que melodista) remetem a essa cultura, como os rasqueados "Coisas do Paraguai" ("Lá no Paraguai / Não é igual aqui / Falam castelhano e o guarani") e "Fronteira" (41), e a guarânia "Morena murtinhense" (42). Contudo, o primeiro a abrir essa nova porteira rítmica foi mesmo **Raul Torres**, então já um ídolo consagrado dos caipiras.

Não por acaso um dos primeiros êxitos de **Alvarenga e Ranchinho**, esta sim uma dupla de projeção nacional, foi a moda de viola "Boi amarelinho", justamente de **Raul Torres**, em 1937. Essa dupla começou a carreira em circos no fim dos anos 20 em São Paulo, mas foi quando se mudou para o Rio, gravando a partir de 36, que sua carreira decolou, se apresentando em rádios, filmes e atuando por dez anos no requintado Cassino da Urca, a maior casa de espetáculos da época, até o jogo ser proibido no país. Ali a dupla foi muitas vezes censurada, chegando mesmo à cadeia, pois se superava na arte das paródias e da sátira política, uma de suas especialidades, tendo até gravado dezenas de canções do gênero.

Foram muitos sucessos nesse tempo. Das canções "Liga dos bichos", comparando figuras políticas com animais, e "A baixa do café" (gravada a três vozes com **Capitão Furtado**), sobre os problemas com a safra e a decorrente pobreza — ambas de 1936 —, à moda de viola "O divórcio vem aí" (39), comentando as modernices da capital, sempre em tom brincalhão. Pouco antes, no carnaval de 38, emplacaram a marcha "Seu condutor",[60] uma crônica sobre a época dos bondes no transporte público, e, no meio de ano, as jocosas "Romance de uma caveira" (da dupla, com Chiquinho Salles, 40) e "O drama da Angélica" (Alvarenga/M. G. Barreto, 42), esta, brincando com palavras proparoxítonas: "Amei Angélica mulher anêmica / De cores pálidas e gestos tímidos / Era maligna e tinha ímpetos / De fazer cócegas no meu esôfago". Finalmente, a embolada "Quem será o homem?" (Alvarenga/Chiquinho Salles, 45) relatava as incertezas políticas de quando Vargas sinalizou que haveria eleições diretas para presidente.[61]

Ainda mais importantes e que inclusive os antecederam foram **Jararaca e Ratinho**. Egressos do grupo **Turunas Pernambucanos**, gravaram o primeiro 78 rpm em novembro de 1929, mesma época que atuavam no teatro de revista na capital e adotaram o estilo "dupla caipira paulista". Além de toda sorte de canções (sambas, marchas, toadas, modas de viola, calangos etc.), registraram em disco muitos esquetes humorísticos, inclusive de temas caipiras. Chegaram a ser sócios com **Pixinguinha**, o dançarino **Duque** e a comediante Dercy Gonçalves da Casa de Caboclo, um palco que visava a promover a música nacional no Rio. Também atuaram no cinema,

A ERA DE OURO

no Cassino da Urca, no Copacabana Palace e na Rádio Mayrink Veiga. Vale destaque no repertório deles o desafio "Desafiando" e a embolada "Oi Chico!" (ambas de 41), a batucada "Meu pirão primeiro" e a marcha "Bonito" (as duas de 45).[62]

Eles também tiveram momentos solo importantes. **Ratinho** conseguiu emplacar como autor e solista de saxofone os dois lados de um 78 rpm de 1930, a cantiga "Guriatã de coqueiro" e o choro "Saxofone por que choras?". Por sua vez, **Jararaca** foi autor (com **Vicente Paiva**) de uma das marchinhas mais marcantes de nossa história, "Mamãe eu quero", e também, sozinho, seu lançador, em 37. Por conta do duplo sentido explícito da letra ninguém queria gravá-la. Resultado: além do grande êxito no Brasil, virou hit internacional na voz de **Carmen Miranda** a partir dos anos 40, sendo regravada até mesmo pelo maior cantor americano da época, Bing Crosby: "Mamãe eu quero / Mamãe eu quero mamar / (...) Dá a chupeta pro bebê não chorar." A propósito, até o aparecimento da bossa nova, as quatro músicas brasileiras mais conhecidas no exterior, além de "Mamãe eu quero", foram "Tico-tico no fubá", "Aquarela do Brasil (Brazil)", "Na Baixa do Sapateiro (Bahia)" e, já nos anos 50, o baião "Delicado", de **Waldir Azevedo**.

No meio de tantos homens, houve uma dupla vocal feminina, as **Irmãs Pagãs**, de **Rosina** e **Elvira Pagã**, belas paulistas radicadas no Rio, de êxito mais discreto. Gravaram vários sambas, como "Meu amor não me deixou" (Ary Barroso) e marchas, como "Gato escondido" (Custódio Mesquita/ Orestes Barbosa). As duas chegaram a ser contratadas pela Rádio Nacional, a excursionar por Argentina, Peru e Chile, e a participar de dois filmes importantes em 1936, o já citado *Alô, alô carnaval* e *Cidade mulher*, de Humberto Mauro, neste, cantando com **Orlando Silva** a canção-tema, de **Noel Rosa**. Atuaram entre 1935 e 41, quando **Elvira** se casou com um ricaço. **Rosina** então seguiu carreira solo, gravando e participando de filmes como atriz no país até 46, depois seguiu em turnê por Cuba, Estados Unidos e México, onde se casou e passou a residir e trabalhar em grandes filmes. **Elvira** acabou desistindo da vida pacata de casada e voltou à ativa, gravando a partir de 44 e como grande vedete do teatro de revista. Mais adiante, tornou-se símbolo sexual e de liberação feminina, rivalizando em escândalos com a dançarina e naturista **Luz del Fuego**.

Os primeiros conjuntos vocais importantes

Além das duplas citadas, surge nesse tempo uma série de grupos vocais, que, a exemplo dos americanos, começavam a inundar as paradas mundiais. O primeiro a aparecer, em 1933, foi o **Bando da Lua**, cujo líder era o futuro produtor **Aloysio de Oliveira**. Eles lançaram clássicos da música brasileira cantados até hoje ("Samba da minha terra", de **Dorival Caymmi**, e a marchinha "[Meu coração amanheceu] Pegando fogo", de **José Maria de Abreu e Francisco Mattoso**) e também delícias carnavalescas de ocasião, como "Marchinha do grande galo", "Não resta a menor dúvida",[63] e vinte pérolas de **Assis Valente**, entre as quais as marchas "Gosto mais do outro lado" e "Negócios de família" e os sambas "Maria Boa", "Não quero não", "Cansado de sambar" e "Mangueira" ("Não há, nem pode haver / Como Mangueira não há / O samba vem de lá / Alegria também / Morena faceira só Mangueira tem").

Na segunda metade dos anos 30 surgiram sem maior destaque os **Anjos do Inferno**, cujo nome era uma resposta bem-humorada à orquestra **Diabos do Céu**, de Pixinguinha. Porém, com nova formação, a partir da gravação do samba "Bahia, oi! Bahia"[64] para o carnaval de 40, eles desbancaram de longe o **Bando da Lua**, que a essa altura já estava nos Estados Unidos acompanhando **Carmen Miranda**. Além do ritmo e da afinação, o grupo liderado por **Leo Vilar** tinha uma característica pitoresca: um de seus integrantes imitava um pistom com a boca. Isso os diferenciava dos demais. Somente entre 1940 e 45 lançaram 15 petardos que transcenderam seu tempo. No carnaval, com os sambas "Helena, Helena", "Dolores", "Nega do cabelo duro" e "Na Glória" e as marchas "Nós, os carecas" e "Cordão dos Puxa-Saco".[65] No meio de ano, os belos e antológicos sambas "Brasil pandeiro", "Sem compromisso" e "Bolinha de papel", além de uma saraivada de outros, igualmente clássicos, de **Dorival Caymmi**, como "Você já foi à Bahia?", "Requebre que eu dou um doce", "Rosa Morena", "Vatapá", "Acontece que eu sou baiano" e "Vestido de bolero".

De estilo bem distinto, formado por duas vozes masculinas e uma feminina, algo inédito na música popular até então e, portanto, sem con-

A ERA DE OURO

correr no gosto do público com os demais citados, o **Trio de Ouro** iniciou sua carreira fonográfica no mesmo ano dos **Anjos do Inferno**, em 1937, mas logo já disse a que veio. Foi logo enfileirando canções de sucesso, em grande parte de autoria de um compositor que se tornaria célebre, **Herivelto Martins**, e revelando para o Brasil a voz da sua então esposa, **Dalva de Oliveira**, que ajudou a burilar. Completava o trio o cantor negro **Nilo Chagas**. Conseguiram com essa primeira formação, até 1949, totalizar 93 gravações, conquistando enorme prestígio. Seus maiores êxitos foram os sambas "Lá em Mangueira", "Senhor do Bonfim", "E não sou baiano", "Laurindo", "Salve a princesa", e mais cinco pérolas carnavalescas, quatro em ritmo de samba — "Odete" e "Mangueira, não" (cantadas com **Francisco Alves**), "Praça Onze" (com solo de **Castro Barbosa**), "Bom dia, avenida", e a marcha "Minueto",[66] esta inspirada num tema de Beethoven: "Minueto, tu és do Municipal / O maior, sem igual / Mas o samba não tem medo só porque / Tu não és, tu não és de carnaval." E **Dalva** então arrematava os versos com um "lariri", atingindo uma nota agudíssima, uma oitava acima do normal.

Mas nenhum sucesso do **Trio de Ouro** foi tão marcante quanto o samba-canção "Ave-Maria no Morro", lançado em 1942 e até hoje o mais gravado da obra de **Herivelto**, inclusive no exterior, tocado até em missas: "E o morro inteiro / No fim do dia / Reza uma prece / Ave-Maria / Ave... / E quando o morro escurece / Eleva a Deus uma prece / Ave-Maria." Uma melodia que vai crescendo, ideal para os agudos lancinantes de **Dalva**. Atuando na Rádio Clube do Brasil e na Nacional, recém-inaugurada, em pouco tempo, a partir de 1941, o conjunto já estava efetivado até mesmo no suntuoso Cassino da Urca.

O tempo dos cassinos

É impossível falar da Era de Ouro sem mencionar os shows nos grandes cassinos em vários estados brasileiros, o que significou um ótimo campo de trabalho para os músicos, com a contratação de artistas nacionais (e estrangeiros) e grandes orquestras — sobretudo os do Rio, a então capital federal, que tiveram fama mundial.

Na praia de Copacabana, entre 1934 e 35, foram abertos, respectivamente, o Cassino do Copacabana Palace Hotel e o Cassino Atlântico, no Posto 6. Pelo primeiro passaram a **Orquestra Pan American**, de **Simon Bountman**, com os crooners **Nuno Roland, Ruy Rey** e **Carmélia Alves**, tendo o clarinetista (e futuro maestro) **Zaccarias** entre os músicos e, como um dos arranjadores, **Radamés Gnattali**. Sua orquestra ainda teve tempo para gravar com vários artistas da Odeon e da Columbia. Mais tarde, **Simon** cedeu a batuta ao maestro **Copinha,** que comandou os ritmos dançantes no Golden Room. Ela se revezava com o conjunto do pianista americano **Claude Austin**, que veio para o Brasil junto com o clarinetista e saxofonista americano **Booker Pittman**, da turma de Louis Armstrong, que mais tarde seria um ídolo no país.

Booker, a propósito, tocou na orquestra do saxofonista **Romeu Nunes** no vizinho Cassino Atlântico, até que se perdeu em aventuras pelo sul do país, culminando na dependência de álcool e drogas pesadas, quando foi dado como morto, ressurgindo somente na segunda metade dos anos 50. Enquanto isso, o Atlântico viu passar por seu palco nomes como **Francisco Alves, Silvio Caldas,** e até mesmo **Cartola** e integrantes da Escola de Samba **Mangueira** combinados com números de variedades. No Copacabana Palace, figurou também a orquestra do saxofonista alagoano **Fon Fon**, a chamada "Máquina de Música Dançante", nos moldes das big bands americanas — que acompanhou também diversos artistas em incontáveis gravações na Odeon, entre 1942 e 47. Em seguida, partiu para uma turnê europeia, quando gravou aquele que foi possivelmente o primeiro long-play solo de um artista brasileiro, "Brazilian rhythms", em 51, na London, com participação da ótima cantora negra gaúcha **Horacina Corrêa**. Desgraçadamente, **Fon Fon** faleceu logo a seguir, em Atenas.

Da orquestra de **Fon Fon** chegou a fazer parte o pistonista e depois maestro, pianista e compositor **Pernambuco**, irmão do também pianista **Fats Elpídio,** futuro parceiro do conterrâneo **Antonio Maria** em sucessos como "O amor e a rosa" e "Suas mãos", já no fim dos anos 50. Ainda no Copa, outro parceiro de **Pernambuco** e ex-integrante de algumas das maiores orquestras da época, inclusive a de **Fon Fon** e a referida **Pan American**, o

A ERA DE OURO

clarinetista paulista (Aristides) **Zaccarias** assumiu o conjunto do Golden Room. Ali, montou o quarteto **The Midnighters**, à moda de Benny Goodman, por volta de 1943, com o saxofonista **Moacyr Silva**, o trompetista **Maurílio** e o referido **Fats Elpídio**, no piano, que ainda fariam história na noite carioca e em inúmeros discos, depois ampliado para uma big band.

A dupla de cassinos da praia de Copacabana teve três rivais à altura, administrados pelo empresário mineiro Joaquim Rolla, a começar pelo Cassino da Urca, aberto em 1933, que deu um status singular a certos artistas que o rádio naquele tempo dificilmente conseguiria, caso de **Grande Otelo** e **Carmen Miranda**, pois ainda não havia os grandes programas de auditório. Era um palco majestoso onde se revezavam a **Orquestra Columbia**, regida pelo paulista **Gaó**, que depois foi para os Estados Unidos e triunfou como pianista e maestro; a do conterrâneo **Vicente Paiva;** e outra de música internacional dirigida pelo francês **Ray Ventura**. De Josephine Baker a Bing Crosby, de Yma Sumac à Cotton Club Orchestra, além de um comboio de cantores mexicanos que invadiu o país a partir de 38, liderado por Pedro Vargas, dando o primeiro impulso à moda do bolero no país,[67] o Cassino da Urca era uma usina de glamour e ousadia num Rio de Janeiro cada vez mais avesso a provincianismos.

A partir de 40, o ex-bailarino, futuro diretor e grande empresário do showbusiness **Carlos Machado** foi apresentador de grandes shows (e *band leader* de fachada, por ter uma bela presença em cena) da nova orquestra na Urca, **The Brazilian Serenaders**, que tinha entre os integrantes os guitarristas **Laurindo de Almeida** e **Betinho (Alberto de Barros)**, o violinista **Fafá Lemos**, **Russo do Pandeiro** (que depois faria parte do **Bando da Lua** nos Estados Unidos) e como pianista um jovem chamado **Dick Farney**. As futuras divas **Emilinha Borba**, **Marlene** e **Virgínia Lane** também deram alguns dos primeiros passos ali. Rolla disponibilizava um serviço especial de lanchas para 15 passageiros que transportava artistas entre o Cassino da Urca e o Cassino Icaraí. Naquele palco, com direção artística de **Jayme Redondo**, podiam ser vistos **Linda Batista**, **Grande Otelo** com a comediante **Dercy Gonçalves**, **Alvarenga e Ranchinho**, **Trio de Ouro**...[68] Todos eles retornavam a tempo do segundo show na Urca. Bons tempos!

Em 1944, Joaquim Rolla ainda abriu o deslumbrante Hotel Cassino Quitandinha, em Petrópolis, região serrana do Rio, que também marcou época. Também outras cidades brasileiras viveram seus dias de glória com cassinos, como Santos e Guarujá, em São Paulo, e as estâncias hidrominerais mineiras Lambari, Caxambu, São Lourenço, Cambuquira, Poços de Caldas e Araxá. Todos, porém, foram pegos de surpresa pelo decreto do presidente Dutra, de 30 de abril de 46, dizem, por causa de um capricho da nova primeira-dama, muito católica. Da noite para o dia, cerca de 40 mil pessoas ficaram desempregadas e a vida cultural, especialmente do Rio, poderia ter levado um golpe mortal. Mas o pós-guerra e os ares democráticos trouxeram entusiasmo ao empresariado, que não deixou a peteca cair. Musicalmente, a partir de então, o samba sincopado, a valsa e o fox-canção vão caindo de moda e dando espaço a novos gêneros, cristalizados por uma boemia carioca sofisticada e uma nova geração de classe média na cidade que mudaria os rumos de parte expressiva da música brasileira.

4.

O auge da Era do Rádio: baião, samba-canção e a invasão da música internacional (1946-1958)

O período de 1946 a 58 foi uma fase em que intérpretes, músicos e compositores fizeram a ponte entre a tradição e a modernidade em nosso cancioneiro. O tempo do auge do samba-canção de dor de cotovelo e da invasão dos gêneros nordestinos em todo o país. Tudo isso convivendo com uma enxurrada de ritmos internacionais que entraram em moda simultaneamente no Brasil, muitos deles ideais para se dançar nos famosos bailes que começavam a ser produzidos em série, nos chamados "anos dourados". E, amparando essa onda, vivíamos o auge do rádio como veículo de comunicação de massa, com uma emissora à frente que marcou época não apenas por sua liderança e originalidade, mas por ajudar a unificar o país de Norte a Sul: a Rádio Nacional do Rio de Janeiro.

Tudo começou um pouco antes desse período, quando Getúlio Vargas, criando o DIP, Departamento de Imprensa e Propaganda, entendeu que era preciso usar o rádio para que, unindo culturalmente o Brasil, também fosse possível uni-lo politicamente — com ele próprio e sua mão forte à frente de tudo. Criada em 1936 como uma empresa privada, a partir de 8 de março de 40 a Rádio Nacional foi incorporada ao patrimônio da União, tornando-se a emissora oficial do governo brasileiro, em plena vigência do Estado Novo. Acabou se tornando uma estatal lucrativa e se não foi usada como propaganda política diretamente, ao menos se evitava a divulgação da oposição.

Naquele momento, Vargas havia isolado os integralistas, ainda que absorvendo alguns de seus ideais. Via o país dividido entre a Política da Boa Vizinhança com os Estados Unidos, que nos despejavam todo tipo de modismos (como a estética hollywoodiana de seu cinema e, muito por meio dele, ritmos como o fox, o swing e o estilo "jazz"; e mais os ícones Bing Crosby e Frank Sinatra, e todo um *"way of life"* americano)[1] e um projeto de implementação da referida PRE-8, a Rádio Nacional. Operando sua transmissão em ondas curtas a partir do dia 31 de dezembro de 1942 (e não apenas em ondas médias, o que era praxe até então), passava a ser ouvida em todo o território brasileiro e até no exterior, com emissões em espanhol e em inglês. O que isso queria dizer na prática? Em se tratando de um país de dimensões continentais, com uma explosiva e diversa potência cultural, muitas regiões passariam a conhecer umas às outras e, conhecendo-se melhor, teriam a opção inesperada de valorizarem-se mutuamente e não copiar apenas a cultura alheia — fosse a americana, de maior influência, mas também a latino-americana e até de alguns países europeus.

Fato é que a Nacional, com uma programação diversificada e muito bem dirigida por Gilberto de Andrade, foi crescendo e a partir de 1946 assumiu uma liderança arrasadora (inicialmente já sem Vargas no poder, num período democrático), que vai durar até o fim da década de 50. Com o diretor Victor Costa à frente, se converteu na maior empresa de comunicação de massa do país. A população em peso se fascinava cada vez mais com as radionovelas, as transmissões esportivas, de variedades, humorísticas e especialmente com seus programas de auditório, que passam a ser um dos pontos altos de sua programação.

Por conta dessa força, a Nacional consegue contratar a maior parte dos melhores artistas, músicos, locutores, redatores e radioatores do Brasil. Era uma audiência maciça que matou as concorrentes, chegando a ter 670 funcionários nos anos 50, incluindo 124 músicos e 96 cantores, além de dez maestros/arranjadores.[2] A Rádio Tupi, a partir de meados dos anos 40, também passou a operar em ondas curtas, tornando-se vice-líder de audiência, mas com larga distância da primeira. E a Mayrink Veiga, que fora soberana nos anos 1930, voltava a merecer destaque já na década de 50, agora também com transmissão continental, graças não somente à melhoria da parte musical, mas especialmente por seus ótimos programas humorísticos. Claro que também havia muitas outras emissoras importantes pelo país, com programas prestigiados, porém essas eram as mais emblemáticas.

As rádios passam a ser um termômetro do gosto do brasileiro — já que a televisão, inaugurada em 1950, ainda não tinha projeção nacional e era bastante elitista —, e a Nacional foi fundamental na integração do Brasil como nação, forjando nossa identidade para além dos regionalismos, ditando modas, criando ídolos e hábitos, sendo a nossa primeira aldeia global. A música brasileira passa a ter um repertório comum a todo o país, e nessa época o primeiro ritmo a ganhar a preferência maciça do público é o baião. Justamente vindo de uma região considerada atrasada e cuja cultura sofria grande preconceito por parte dos sulistas. Assim, sem querer, a nova Nacional concebida por Vargas com outras finalidades opera esse pequeno milagre. Fazer o "Sul" enxergar o "Norte" com outros olhos por meio de sua música.

O apogeu do baião

O pernambucano de Exu, **Luiz Gonzaga**, aprendeu a tocar sanfona com o pai. Depois, fugiu de casa e foi servir ao Exército, seguindo carreira militar por quase dez anos e chegando a cabo corneteiro, até que aporta no Rio de Janeiro em 1939. Decidido a voltar à sua terra, resolveu antes ganhar uns trocados tocando os ritmos da moda na zona do Mangue, de baixo meretrício. Deu certo, principalmente quando incorporou ao repertório temas nordestinos. Dali se apresentou no programa de calouros de **Ary Barroso**, ganhou o primeiro prêmio, sendo uma vitrine para que chegasse ao disco e à Rádio Nacional.

A partir de 1941, gravou discos instrumentais como (ótimo) solista de acordeão com os diversos gêneros urbanos que faziam sucesso naquele tempo e também canções próprias de sotaque nordestino. Em 44, sua primeira composição gravada, "Vira e mexe", ganhava letra de **Miguel Lima**, sendo rebatizada como "Xamego", mesmo nome de um gênero que era uma espécie de choro nordestino. Registrada por **Carmen Costa** com ele no acordeão, vira seu primeiro grande sucesso. A partir do ano seguinte, já começa a alternar gravações instrumentais, como o choro "Galo garnizé", e cantadas, como a mazurca "Cortando pano", o "Calango da lacraia" e o chamego "Penerô Xerém", com letras de diversos autores.[3] Em 1945, quis arranjar um parceiro, nordestino como ele, que o ajudasse a mostrar os costumes de sua terra ao povo do Sul. O escolhido foi o advogado, grande poeta e compositor cearense **Humberto Teixeira**. Chegaram à conclusão de que deveriam utilizar nesse projeto o ritmo do baião, pois dentre os gêneros de lá seria o de mais fácil assimilação aos não iniciados. O baião tem suas origens no interior da Bahia no século XIX, quando uma dança variante do lundu se espalhou por várias capitais do Nordeste, popularizando-se com esse nome, uma corruptela de "baiano".

A primeira parceria a aparecer foi intitulada justamente como "Baião". Era uma "aula introdutória" do gênero, e curiosamente não foi Gonzaga o seu lançador, mas sim o popular grupo vocal **Quatro Ases e um Coringa**, em outubro de 1946, entoando os versos que se tornariam clássicos: "Eu vou mostrar pra vocês como se dança o baião / E quem quiser aprender / Favor prestar atenção...". Foi um estouro que abriu as portas do mercado musical para estear as 27 composições da dupla até sua dissolução, em 52, quase todas de grande sucesso. Apesar da predominância de baiões, veio a reboque uma série de toadas, xotes e congêneres.

Até o advento de **Luiz Gonzaga**, a cultura sertaneja nordestina propriamente dita só havia tido eco nacional no fim dos anos 20 com os **Turunas da Mauricéia** (**Augusto Calheiros** à frente), com alguns poemas estilizados de **Catulo da Paixão Cearense**, e, na Era de Ouro, pelas emboladas do pernambucano radicado no Rio, **Manezinho Araújo** ("Carreté do coroné", "Cuma é o nome dele", "Pra onde vai valente?"), e algumas composições pontuais. Agora, porém, era diferente. Fascinado com a cultura, o linguajar e aquele ritmo, o Sul do país passou a aceitar e conhecer melhor as belezas

O AUGE DA ERA DO RÁDIO

e mazelas de lá de cima — incluindo o estilo de festas, danças, beleza feminina, culinária, fauna, flora e mais o trabalho no campo, os conflitos, o pavor da seca e o êxodo rural. Porém enfocando mais a parte interiorana que a do seu (imenso) litoral.

Na voz do próprio **Gonzaga**, seu maior sucesso inicial como cantor foi o baião "No meu pé de serra", em março de 1947. Em seguida viriam as toadas "Légua tirana", "Assum preto", "Estrada de Canindé", a polca nordestina hilariante "Lorota boa" e os baiões "Juazeiro", "Respeita Januário", "Xanduzinha" e o clássico dos clássicos, "Asa branca": "Quando 'oiei' a terra ardendo / Qual fogueira de São João / Eu perguntei a Deus do céu, uai! / Por que tamanha judiação" — todas parcerias com **Humberto Teixeira**.

Nesse tempo, **Luiz Gonzaga** decide se apresentar vestindo-se a caráter, inspirado no catarinense **Pedro Raymundo**, um cantor e acordeonista do elenco da Rádio Nacional que se vestia como gaúcho e contava "causos" típicos entre suas músicas. Põe então uma roupa de vaqueiro nordestino, com chapéu, gibão e alpercatas de couro. Era o próprio cangaceiro, algo que a princípio fez um dos diretores da Rádio Nacional rechaçarem a ideia, por acharem-na de mau gosto, pois remetia a Lampião, um personagem temido e marginal que povoou o imaginário nacional dos anos 20 até sua morte, em 1938. Ele viajava por todo o Nordeste a cavalo (com Maria Bonita e seu bando de cerca de cinquenta homens) e atacava fazendas e cidades, roubava gado, sequestrava e assassinava pessoas, mas muitas vezes tirava dos ricos para dar aos pobres. Além de influenciar a indumentária de **Gonzaga**, teve sua saga contada em dezenas de canções, como "Acorda, Maria Bonita" — esta de **Volta Seca**, o caçula de seu bando, que por milagre não foi morto nem no cangaço, nem pela polícia nem na prisão, e gravou um LP em 57.

Com o tempo, porém, tiveram de engolir a vestimenta de **Gonzaga**, que cria também a formação básica instrumental de seu estilo — com sanfona, zabumba e triângulo —, se autoproclama o Rei do Baião e vira um ídolo nacional, motivando os maiores cantores do país a investirem nesse ritmo. Após a fase de parceria com **Humberto Teixeira**, inicia outra igualmente profícua com o compositor, letrista e médico obstetra pernambucano **Zé Dantas**, somando 46 composições. São desta leva o xote "Riacho do navio" e baiões sensuais ("Vem, morena" e "Cintura fina"), divertidos ("Forró de Mané Vito", "Imbalança", "ABC do sertão"), românticos ("Sabiá") ou versando sobre o trabalho na roça ("Algodão"), além de músicas juninas, como a marcha "São João na roça" e o baião "Noites brasileiras". Nesse tema, também estourou a marcha "Olha pro céu" ("Vê como ele está lindo / Olha praquele balão multicor / Como no céu vai sumindo"), dele com **José Fernandes** — aliás, com a explosão de **Gonzaga**, uma gama de baiões, xotes, marchas e quadrilhas renovou o repertório das festas juninas de todo o nosso território. Mas nem tudo era alegria. Assustado com a pior seca do século XX, que tomou o sertão entre 1951 e 53, deu um incisivo recado ao governo na toada "Vozes da seca": "Seu *doutô* os nordestino têm muita gratidão / Pelo auxílio dos *sulista* nessa seca do sertão / Mas *doutô* uma esmola a um homem *qui* é são / Ou lhe mata de vergonha ou vicia o cidadão".

Luiz Gonzaga não parou por aí. Emplacou outro sem-número de canções com novos parceiros ou como intérprete de outros autores, como **Guio de Morais** ("Baião da Penha", "No Ceará não tem disso não"), **Zé Dantas** (a toada "Acauã"), **Zé Gonzaga** (seu irmão, também cantor, que gravou discos até o fim dos anos 70, e autor do divertido xote "O *chêro* da Carolina", com Amorim Roxo), **Raul Torres** ("A moda da mula preta") e a dupla **Klecius Caldas** e **Armando Cavalcanti** ("Boiadeiro" e "Cigarro de paia"). Estes últimos, bons exemplos de como a mania da música nordestina impregnou o cancioneiro nacional. Cariocas da zona sul que jamais conheceram o sertão nordestino viram seu baião "Boiadeiro", quem diria, virar o prefixo de **Gonzaga** no rádio: "Vai boiadeiro que a noite já vem / Guarda o teu gado e vai pra junto do teu bem!". Da mesma forma, o maestro mineiro radicado em São Paulo **Hervé Cordovil** escreveu belas peças do estilo para o próprio **Gonzaga** ("A vida do viajante", em parceria com ele), **Isaura Garcia** ("Pé de manacá") e **Carmélia Alves**.

Sabendo que a união fazia a força, **Luiz Gonzaga** tratou logo de cunhar uma "dinastia" da música nordestina. Se ele era o Rei, quem seria a Rainha do Baião? Optou pela carioca **Carmélia Alves** e a coroou sem cerimônia num programa da Rádio Nacional, da qual ambos eram contratados, antes

O AUGE DA ERA DO RÁDIO

de ele partir para a Mayrink Veiga. Nessa altura, ela já cantava baiões até nos ambientes grã-finos (sempre com orquestra) como o Copacabana Palace, de onde era crooner. Atingiu o auge de sua carreira na primeira metade dos anos 1950, com xotes e baiões justamente do citado **Hervé Cordovil** ("Sabiá na gaiola", "Cabeça inchada", "Esquinado", "Esta noite serenô"), incluindo uma parceria dele com **Gonzaga** ("Baião da garoa") e outra com o pioneiro **Manezinho Araújo** ("Adeus, adeus morena"). Também repescou a velha embolada "Trepa no coqueiro" (Ari Kerner), que ela já cantava na noite desde o início dos anos 40 e chamava de "balanceio", uma embolada estilizada, parecida com o ritmo do baião pelo qual chegaria ao estrelato.

Carmélia também deu um empurrão no sanfoneiro paraibano **Sivuca**. Descoberto por ela numa excursão a Recife em 1951, na Rádio Jornal do Comercio, a seguir resolveu lançá-lo no Rio, inclusive como autor, gravando o baião "Adeus, Maria Fulô" (dele com **Humberto Teixeira**). A partir da segunda metade dos anos 50, ela tornou o baião internacional, se apresentando (com seu marido, o cantor **Jimmy Lester**) e gravando discos nos quatro cantos do mundo, incluindo Argentina, México, África do Sul e até na extinta União Soviética.

Muito popular à época, o programa *Salve o Baião*, da Rádio Tamoio do Rio, revelou o pernambucano **Luiz Vieira** e a carioca **Claudette Soares**, logo batizados, respectivamente, como Príncipe e Princesinha do Baião. Se a segunda acabou com o tempo enveredando-se pelo samba moderno, o primeiro manteve-se por toda a vida fiel à cultura nordestina, se especializando em toadas, como "O menino de Braçanã", dele com **Arnaldo Passos** (sucesso na voz de **Ivon Curi**), além da bucólica "Prelúdio para ninar gente grande", mais conhecida como "Menino passarinho" (62), além de parcerias com o maranhense **João do Vale** ("Na asa do vento" e "Estrela miúda", esta, sucesso de **Marlene**).

Nesse meio-tempo, apareceu uma figura ímpar, única capaz de rivalizar em prestígio com o Rei do Baião: o paraibano **Jackson do Pandeiro**. Filho de um oleiro, que fazia trabalhos em barro, e de uma cantadora de coco, teve o primeiro contato com a música por meio da mãe e já mais crescido passou a acompanhá-la tocando zabumba até especializar-se no pandeiro, sempre emprestado, pois nem dinheiro ele tinha para comprar um. Depois de passar dificuldades e trabalhar como ajudante de padeiro, conseguiu chamar a atenção da orquestra da Rádio Tabajara de João Pessoa (futura **Orquestra Tabajara**) para ir a Recife inaugurar a Rádio Jornal do Comercio, em 1948. Ali começou a atuar como cantor de sambas, até que em 1952 cantou o coco "Sebastiana" numa revista musical da emissora: "Convidei a comadre Sebastiana para dançar um xaxado na Paraíba / Ela veio com uma dança diferente e pulava que só uma 'guariba' / E gritava: A-E-I-O-U-Ypsilone..." A *mise-en-scène* incluía uma dança divertida com uma radioatriz que lhe dava uma umbigada na hora do refrão. O sucesso foi tão retumbante que chamou a atenção dos executivos da Copacabana Discos, que o contrataram.

A radioatriz que contracenava com ele foi substituída pela bela **Almira Castilho**, que logo foi conquistando o coração do bom matuto. Com 19 anos, ela já era professora e pôde dar as primeiras lições do bê-a-bá a seu companheiro, que até então, aos 34 anos, era analfabeto. Virou seu anjo da guarda, apoiando-o nos contratos e excursões. Pois em 1953 ele já arrebatava o Brasil com seu primeiro disco de 78 rotações, trazendo de um lado o rojão "Forró em Limoeiro" (do ex-ativista sindical pernambucano **Edgard Ferreira**) e do outro lado o referido coco "Sebastiana" (do também pernambucano, radicado na Paraíba, **Rosil Cavalcanti**, com quem chegou a formar uma dupla). A seguir, vieram mais rojões ("1 × 1", "Ele disse", "17 na corrente", todas de **Edgar**, e "Cabo Tenório", de **Rosil**), cocos ("A mulher do Aníbal", do paraibano **Genival Macedo** e **Nestor de Paula**, "Coco social", de **Rosil**, e o clássico "O canto da ema", de **João do Vale**, com Alventino Cavalcanti e Aires Viana), mais o divertido "Xote de Copacabana", de sua autoria, sobre um nortista chegando ao Rio, se deparando com as mulheres de biquíni na praia: "Se o cabra não se previne / Dá uma confusão danada". Marcou presença também no carnaval de 55 com o samba "Vou gargalhar" (Edgard Ferreira) e "Micróbio do frevo" (Genival Macedo) — este, um divisor de águas do gênero, mais acelerado que o habitual, dando a cara do frevo pernambucano que conhecemos hoje. Pelas duas décadas seguintes, além do repertório habitual, gravaria muitas músicas especialmente para o carnaval e as festas juninas.

O AUGE DA ERA DO RÁDIO

A presença de **Jackson** deu novo gás aos modismos nordestinos no país, quando o baião começava a deixar de ser novidade, popularizando gêneros mais quebrados e ritmados como coco e rojão, hoje conhecidos juntamente com o baião, o xote e o xaxado pelo nome genérico de "forró". Como intérprete, nunca cantava uma música duas vezes da mesma maneira, pois tinha uma divisão rítmica muito particular no canto, tal e qual o original batuque de seu pandeiro, isso sem contar o estilo teatral de suas apresentações com **Almira**, que caíram como luva para o novo veículo que começava a se popularizar, a televisão.

Pouco depois de **Jackson & Almira**, com excelente dicção e muito ritmo, cantando num registro vocal agudo, firme, honrando a personalidade forte e autoafirmativa da mulher de fibra nordestina, apareceu **Marinês**, logo ganhando do comunicador Chacrinha o sufixo "**e Sua Gente**", que, segundo ele, "era todo mundo que gostava de seu som". Nascida na fronteira de Pernambuco com a Paraíba, foi apadrinhada por **Luiz Gonzaga** em 1956 após fazer parte de sua banda tocando triângulo. Gravou com ela o baião "Mané e Zabé" (dele, com **Zé Dantas**), e logo a seguir a coroou Rainha do Xaxado. Seus primeiros sucessos vieram no ano seguinte, duas pérolas de duplo sentido de **João do Vale** (e seus parceiros),[4] os xotes "Pisa na fulô" e "Peba na pimenta" — este sobre uma mulher, Maria Benta, convidada a comer um peba (tatu) carregado na iguaria: "Ai, ai, ai Seu Malaquia / Ai, ai, você disse que não ardia / Ai, ai, tá ardendo pra *daná* / Ai, ai, tá me dando uma agonia."

Em meados dos anos 50 surgiram ainda o "Barão do Baião" **Jair Alves**, cantor carioca de verve teatral — gargalhava, fazia onomatopeias —, atuante nas rádios Tupi e Tamoio, lançador do baião "Dono dos teus olhos" (Humberto Teixeira), o paraibano **Zito Borborema** (cantor e pandeirista, que foi da primeira formação do **Trio Nordestino** com o futuro astro **Dominguinhos** na sanfona e **Miudinho** no zabumba, de curta duração) e o paraense **Ary Lobo**, mais popular, principalmente no Nordeste, que se celebrizou com as interpretações do baião "Último pau de arara" (Venâncio/ Corumba) e do coco "Vendedor de caranguejo" (Gordurinha).

Outros gêneros regionais se popularizam

Além do nordestino, outros gêneros regionais brasileiros, inclusive folclóricos, apareceram com mais força na década de 50. A cantora e acordeonista paulista **Adelaide Chiozzo** enfrentou um pai austero, descendente de italianos, e foi a primeira mulher a aparecer com sucesso nacional empunhando um acordeom — que a partir de então virou mania entre as moças de família, que passaram a ter uma opção além do piano. Contratada da Rádio Nacional, recebeu o título de "A Namoradinha do Brasil". Gravava baiões, mas também toadas e canções sertanejas, num tempo em que poucos artistas desse gênero tinham alcance nacional. Sua grande visibilidade, entretanto, veio por causa do cinema, pois foi atriz/cantora de 23 chanchadas da Atlântida, aparecendo sempre ao lado de **Eliana de Macedo**, com quem inclusive gravou em dueto o "corrido", às vezes chamado de valsa, "Beijinho doce" (Nhô Pai), originalmente lançado pelas **Irmãs Castro**, como veremos adiante.

É preciso frisar que essa década foi marcada também pelo auge de nosso cinema musical, intercalando tramas com ênfase no humor, com Oscarito, Grande Otelo, Ankito, Cyl Farney, José Lewgoy, Renata Fronzi, Violeta Ferraz, Dercy Gonçalves, Zé Trindade e tantos outros, com números musicais dos principais artistas da época. Num tempo em que a TV ainda era incipiente, essa era a maneira que a maioria da população tinha de conhecer seus cantores preferidos, uma das principais razões de seu sucesso avassalador de público — na contramão da crítica, acostumada às grandes produções americanas e europeias, que execrava as chanchadas, chamando-as de "abacaxis".

Regravada em 1958 tanto por **Adelaide Chiozzo** (com sua irmã **Sylvinha Chiozzo**) quanto pelo afinado **Duo Guarujá**, o rasqueado/guarânia "Cabecinha no ombro", do carioca **Paulo Borges**, se notabilizou um ano antes na voz do cantor **Alcides Gerardi** (o mesmo que consagrou "Antonico", um grande samba temporão de **Ismael Silva**, em 50). É outro clássico da canção sertaneja que já recebeu cerca de cem regravações: "Encosta tua cabecinha no meu ombro e chora / E conta logo tua mágoa toda para

O AUGE DA ERA DO RÁDIO

mim...". Outro sucesso que varou aquele ano inteiro de 57 foi o impagável bolero caipira "Boneca cobiçada" (Bolinha/Biá), com a dupla paulista **Palmeira e Biá**: "Boneca cobiçada / Das noites de sereno / Teu corpo não tem dono / Teus lábios têm veneno...". Mais uma para a galeria das prostitutas célebres da canção brasileira, que por serem voluptuosas e mais liberadas causavam um misto de raiva e fascínio nos compositores daquele tempo.

Além das "músicas de boemia", a dupla também cantava canções caipiras "da terra", como a rancheira "Disco voador" (Palmeira) e a toada "Couro de boi" (Palmeira / Teddy Vieira). Graças ao sucesso, **Palmeira** (na verdade, **Diogo Mulero**) chegou a diretor artístico da gravadora paulista Chantecler, que começou suas atividades em 1958. Por sinal esta, juntamente com as também nacionais Continental e Copacabana, foram as companhias que mais gravaram os caipiras, pelo menos até o fim da década de 1980. A propósito, foi na década de 50 que o nome "sertanejo" foi substituindo o do "caipira" para batizar esse gênero musical, devido ao preconceito cumulativo que a palavra trazia consigo, quase como um pária da sociedade. A designação de "música sertaneja" é muito ampla, abarcando lugarejos onde não há mar, os sertões do país, mas a partir de então a canção nordestina, por exemplo, é definitivamente dissociada deste rótulo, assim como a música dos outros "sertões", que vão sendo denominadas conforme suas regiões de origem.

Antes de se ligar a **Biá**, entre 1946 e 52, **Palmeira** cantou com **Luizinho** (pioneiro dos caipiras, da Turma de **Cornélio Pires**), acompanhados da sanfoneira **Zezinha** (Carmela Bonano), num trio que saía no selo dos 78 rpm somente como **Palmeira e Luizinho**. Foram eles os introdutores do gênero das "modas campeiras", como "Cavalo preto" (Anacleto Rosas Jr.), seu disco de estreia, em 46, e "Paraná do norte" (Palmeira), em 50. Depois, o mesmo **Luizinho** (que chegou a diretor artístico do segmento sertanejo na Odeon, em 58) formou a dupla **Luizinho e Limeira** (1952-83), incorporando depois também **Zezinha** (muitas vezes novamente omitida nos selos dos discos). Eles emplacaram o programa *Imagens do Sertão* na Rádio Tupi de São Paulo e lançaram nas paradas, entre 1955 e 57, os cururus (desafios improvisados) "Menino da porteira" e "Pretinho aleijado", ambos de **Luizinho** e **Teddy Vieira**, e "O menino caçador", só de **Teddy**, além de uma toada baseada numa história real. Durante um show num circo do interior, um fã apaixonado pela sanfoneira **Zezinha**, por não ser correspondido por ela nas cartas que ele mandava, achou que se a moça não poderia ser dele, não seria de mais ninguém e pulou no picadeiro com uma faca para matá-la. Só não conseguiu porque ela foi se defendendo com a sanfona, mas mesmo assim foi ferida, e o apaixonado, contido por populares. O entrevero deu origem a um dos maiores sucessos do trio, "O crime do circo" (Palmeira/Luizinho), já em 60.

Outros exemplos de trios disfarçados de duplas são **Nenete, Dorinho (e Nardeli)** (formado em 1955) e **Zé Fortuna, Pitangueira** (e Zé do Fole) (em 56). A questão dos acordeonistas só começou a ficar mais aparente nos discos a partir dos anos 1950, quando começaram a pipocar os autointitulados "trios" propriamente ditos, como **Trio Mineiro** (este, desde 47), **Trio Gaúcho, Trio Repentista, Trio Turuna** e **Trio Sul a Norte**, sempre com uma dupla vocal e um sanfoneiro. Isso se deu por uma questão prática. Geralmente havia um integrante que era o "dono" do trio; então, mesmo que os outros dois integrantes debandassem, o negócio ficava garantido, pois se mantinha o mesmo nome.[5] E eram muito comuns as brigas entre os caipiras, o que dava uma certa dor de cabeça, pois o público sertanejo nem sempre aceitava, como aliás até hoje, que o componente de uma dupla toque com o de outra, principalmente após o advento da televisão. **Palmeira, Luizinho** e **Raul Torres** — ainda da fase do rádio — são algumas das raras exceções dos que se deram bem trocando de parceiros.

O onipresente **Palmeira** foi também parceiro (em composições) de um dos maiores acordeonistas do país, o italiano radicado em São Paulo **Mário Zan**, cuja trajetória é uma das mais ricas e longevas da música brasileira. Após tocar em cassinos no Rio, quando veio a proibição do jogo, em 1946, ele seguiu numa turnê pelos circos do interior brasileiro. Encantado pela paisagem de Mato Grosso, compôs pelo menos dois clássicos da música caipira, os rasqueados "Chalana" (com **Arlindo Pinto**), sobre as embarcações típicas que cruzavam o rio Paraguai, e "Ciriema" (com **Nhô Pai**), inspirado num pássaro típico da região. Por essa época, seu velho amigo

O AUGE DA ERA DO RÁDIO

Luiz Gonzaga, que passava de solista a cantor, o indicou para seu lugar na Victor. A seguir, **Zan** deu um empurrãozinho no cantor paulista **Sólon Sales**, presenteando-o com seu tango-canção "Segue teu caminho" (composto também com **Arlindo Pinto**), que fez sucesso em 48.

Já como um grande astro do acordeom, **Mário Zan** compõe (com **J. M. Alves**, que fazia parte da banda da Polícia Militar paulistana) o "Hino do IV Centenário de São Paulo", que gravou em 1954, vendendo milhares de 78 rpm, executando-o na inauguração do Estádio do Pacaembu, em São Paulo, ao lado da americana Miami Jackson Band, em meio a uma chuva de prata, marcando os festejos da data no local. Foi nesse meio-tempo que iniciou a parceria com **Palmeira** em canções como "Festa na roça" (51), um clássico da quadrilha junina, e a guarânia "Nova flor", que logo virou o bolero "Os homens não devem chorar" (58), que até hoje já teve mais de duzentas gravações no mundo inteiro. Embora eclético, era considerado "O Sanfoneiro da Música Caipira", por ter acompanhado todos os nomes importantes do segmento. Foi o nosso acordeonista que mais gravou discos, atuando também em bailes, shows e TV por seis décadas.

A música sertaneja, à época chamada de caipira, ainda muito restrita a alguns estados brasileiros, como São Paulo, Paraná, Minas Gerais, Mato Grosso e Goiás, começa a aparecer um pouco mais, com a Dupla Coração do Brasil **Tonico e Tinoco**, sucessores em popularidade de **Raul Torres e Florêncio**, e que se tornaria a mais importante da história desse gênero musical, gravando 84 discos de 78 rpm e cerca de 70 LPs. Formada por dois irmãos paulistas do interior, João Salvador Pérez (**Tonico**) e José Pérez (o **Tinoco**), a dupla cantava com impostação mais aguda que as anteriores e serviu de modelo a dezenas de outras que a sucederam, a partir de 1945, quando lançaram seu disco de estreia com o cateretê "Em vez de me agradecer" (Capitão Furtado/Aymoré/Jaime Martins).

Depois, **Tonico e Tinoco** imortalizaram modas de viola, como "Rei do gado", (de **Teddy Vieira**, um dos maiores compositores dessa geração) e "Sertão de laranjinha" (tema recolhido por eles e **Ariovaldo Pires**); a toada "Chico Mineiro" (Tonico/Francisco Ribeiro), cururus como "Aparecida do Norte" (Anacleto Rosas Jr.), a canção "Pé de ipê" (Tonico/Rielinho) e o arrasta-pé (autoral) "Cana verde", cujo trecho "Abre a porta ou a janela / Venha ver quem é que eu sou" seria remodelado pelos **Novos Baianos** em "Preta pretinha" duas décadas depois. "Cana verde" também é o nome de um gênero musical (originalmente uma dança europeia) com o qual também fizeram sucesso, com números como "Moreninha linda" (Tonico/ Priminho/Maninho). Isso sem contar a regravação de "Tristeza do jeca" (Angelino de Oliveira) em 47, que consagrou definitivamente a toada. Ainda era um tempo em que a música "sertaneja" versava mais constantemente sobre o amor, a natureza, os animais, o trabalho no campo, as histórias de pescador, a própria viola caipira, o tempo de criança, as lendas locais e uma inexorável nostalgia.

Tonico e Tinoco lotavam qualquer circo em que se apresentassem e tinham um público gigantesco nas cidades onde a moda caipira era forte. Em nível nacional, porém, quem conseguiu furar esse bloqueio, no rádio e no disco, foi a dupla do interior de São Paulo **Cascatinha e Inhana,** por ter uma emissão vocal delicada e um repertório diversificado, gravando até com orquestra. Vendeu mais de 700 mil discos a partir de julho de 1952, com um 78 rotações antológico que por pouco não existiu. Animado com sua estreia fonográfica em 51, o casal apresentou ao diretor da Todamérica uma letra em português para uma guarânia paraguaia que gostavam de cantar, mas ele veio com uma ducha de água fria. Alegou que já havia sido gravada em 45, na mesma gravadora, outra versão da música com **Arnaldo Pescuma**, escrita pelo legendário cantor, compositor, produtor e divulgador da música caipira **Capitão Furtado** (**Ariovaldo Pires**, sobrinho do pioneiro **Cornélio Pires**). A guarânia em questão era nada mais, nada menos que "Índia" ("Índia teus cabelos nos ombros caídos / Negros como as noites que não têm luar...").

Acontece que eles a cantavam ao vivo todo dia, com esta nova letra, na Rádio Record (SP), e o público passou a procurar o disco para comprar e não encontrava. Pressionado pelo mercado, o diretor se deu por vencido e marcou a gravação, não sem antes perguntar se o tal versionista amigo deles poderia criar, a toque de caixa, mais uma letra para outra guarânia a fim de que constasse no lado B do disco. Imediatamente **José Fortuna**

O AUGE DA ERA DO RÁDIO

foi contatado e poucas horas depois estava pronta a versão (assinada com **Pinheirinho Jr.**) do futuro segundo clássico paraguaio-brasileiro, "Lejania", que em português virou "Meu primeiro amor" ("Foi como uma flor / Que desabrochou / E logo morreu..."). Mais tarde, em 59, a dupla lançaria ainda uma nova guarânia, "Colcha de retalhos", esta 100% brasileira, de **Raul Torres**.

Ainda sobre **José Fortuna**, ele também conseguiu destaque por escrever peças de teatro musical, levando-as aos circos do interior, nas quais encaixava suas composições, cantando-as em dupla com seu irmão **Pitangueira**, diferenciando-se dos demais caipiras que se apresentavam sozinhos na base da viola e do violão, no máximo com mais uma sanfona.

Incentivados por **Tonico e Tinoco** e com uma carta de recomendação do presidente Getúlio Vargas, pois haviam tocado nos comícios para sua reeleição em 1950, a dupla nascida no interior paulista **Vieira e Vieirinha** originalmente ansiava triunfar na Rádio Nacional do Rio de Janeiro, porém a mãe de **Vieira** os advertiu: "Ouvi dizer que lá tem um rio muito grande e que as pessoas acabam morrendo." Dissuadidos da ideia, partiram para uma carreira de sucesso na Nacional de São Paulo mesmo, incluindo uma passagem pelo popularíssimo programa *Alvorada Cabocla*, de **Nhô Zé**, chegando ao disco apenas três anos depois, com "Nova Londrina" (Teddy Vieira/Serrinha), já consagrados na emissora — o que aliás, era uma constante entre os caipiras daquele tempo. Venciam primeiro no rádio para depois gravar.

O sucesso veio com os cateretês "Garça branca" (Sebastião Teixeira/ Alcindo Freire) e "Duas verdades" (Anacleto Rosas Jr./Luiz Rosas Sobrinho), e as modas de viola "Galo índio" (Nhô Pai/Nhô Fio) — esta já em 1964 — e "A moça que dançou com o diabo" (Jaime Ramos/Theddy Vieira), contando a história pitoresca de que quem ousasse dançar no período da quaresma teria a parceria do "coisa-ruim": "Numa sexta feira santa / Há muitos anos atrás / Na cidade de São Carlos / Publicaram nos jornais / Uma moça muito rica / Contrariou o gosto dos pais / Num baile que fez em casa / Ela dançou com o satanás."

Quem aparece na mesma época é a dupla **Sulino e Marrueiro**, o primeiro também grande compositor. Ex-integrantes do **Trio Campeiro**, começaram a parceria em 1949, estreando em disco cinco anos depois, e em 57 foram pioneiros em gravar as famosas "canções rancheiras", visivelmente influenciadas pela cultura mexicana, mais lentas que as rancheiras festivas já difundidas por outros caipiras, porém ainda chamadas de "valseado", como "Abismo cruel" (Sulino/José Fortuna). Obtém êxito com dois discos de 78 rpm que estouraram os dois lados. Um em 54, com o cururu "Morena de olhos pretos" e a moda de viola que conta a história do cachorro "Corumbá" (ambas de Ado Benatti e Teddy Vieira), e outro em 58, com a toada "A volta do boiadeiro" (Teddy Vieira) e a moda de viola "Juramento quebrado" (Sulino/Carreirinho).

De grande popularidade também foram outras duas duplas. Uma foi **Zico & Zeca**, das toadas "A enxada e a caneta" (Capitão Balduíno/Teddy Vieira) e "Folha seca" (José Fortuna), da valsa "Dona Jandira" (autoral) e da moda de viola "Dona Felicidade" (Teddy Vieira), sendo a primeira dupla sertaneja a ter um avião particular, por causa da intensa demanda de shows, comprado em 1966 de um grande fazendeiro, fã deles, que lhes facilitou o negócio, pois não eram ricos. A outra foi **Zilo & Zalo**, que naquela época emplacaram a toada "O milagre do ladrão" (Leo Canhoto/Zilo), o cateretê "A volta do seresteiro" (Zalo/Benedito Sevieiro) e a moda de viola "Alma do Ferreirinha" (Zilo/Jeca Mineiro), e na década seguinte foram os pioneiros do segmento exclusivamente caipira a gravar discos para o mercado exterior e a tocar num tema espinhoso no meio rural.

A canção que os levaram a ser editados no exterior foi "A grande esperança", em 1965. Conhecida como "Reforma agrária" (Goiá/Francisco Lázaro), serviu de base aos conflitos das colônias portuguesas de Angola e Moçambique e por aqui incomodou alguns latifundiários. Uma rara canção de protesto nesse nível no gênero caipira: "A classe roceira e a classe operária / Ansiosas esperam a reforma agrária / Sabendo que ela dará solução / Para situação que está precária / Saindo projeto do chão brasileiro / De cada roceiro ganhar sua área / Sei que miséria ninguém viveria / E a produção já aumentaria / Quinhentos por cento até na pecuária!". Antes deles, porém, **Luizinho e Limeira** gravaram em 58 o cururu "Ladrão de terra" (Theddy Vieira/Moacir dos Santos), que se tornou também um clássico, digamos, do

O AUGE DA ERA DO RÁDIO

protesto rural, sobre a ganância de um fazendeiro rico que ludibriara a mãe de um pobre lavrador após a morte de seu pai, apossando-se do terreno da família: "Negar terra pros caboclo, ai, ai / É negar pão pros nossos filhos, ai, ai / Tirar a terra dos caboclo, ai, ai / É tirar o Brasil dos trilho, ai, ai".

No âmbito feminino, as primeiras a fazer história na música sertaneja foram as **Irmãs Castro**. Começaram a cantar música americana, em inglês mesmo, ainda menores de idade, escondidas dos pais, em 1938. Tiveram o aval definitivo do compositor **Nhô Pai**, que as incentivou a enveredar pelo estilo caipira, presenteando-as com o maior sucesso delas, a toada "Beijinho doce", em 45 — sete anos antes da gravação de **Adelaide Chiozzo** e **Eliana**, que projetariam nacionalmente a música. De 1944 a 60, as **Irmãs Castro** fizeram um sucesso estrondoso, até mesmo em cassinos do Paraguai, quando um de seus presidentes era tão fã das moças que mandava buscá-las de avião. Elas foram as grandes inspiradoras das **Irmãs Galvão**, que as sucederam.

Ao contrário das antecessoras, as **Irmãs Galvão**, desde crianças, foram estimuladas pelo pai a cantar. Formada pelas paulistas **Mary** (a mais velha, nascida em 1940, também sanfoneira) e **Marilene** (em 42) — que inclusive incorporaram "Beijinho doce" ao repertório décadas a fio —, já em 47 estrearam num programa da Rádio Club Marconi, de Paraguaçu Paulista. Em 52, na capital, foram contratadas pela Nacional de lá e a seguir por outras emissoras, começando a gravar três anos depois, se tornando a dupla sertaneja de maior longevidade da história, acumulando sucessos como "Não me abandones" e "Pecado loiro", ambas de **Zacarias Mourão**, a primeira em parceria com **Zé do Rancho** e a segunda com **Goiá**.

Além das **Galvão**, o grande êxito das **Irmãs Castro** fez surgir também outras duplas femininas, como **Primas Miranda, Pininha e Verinha, Duo Ciriema, Irmãs Souza, Duo Brasil Moreno** e **Duo Irmãs Celeste** — do qual a cantora **Geysa Celeste** partiu para carreira solo, virando intérprete de baladas, boleros e canções latinas e brasileiras em geral, nos anos 1960 e 70. Sua voz alcançava agudos lancinantes no gênero da peruana Yma Sumac.

Houve, porém, outra artista legendária que navegou nesse repertório interiorano, tendo uma história avessa aos principais ícones da música nordestina e sertaneja. Se quase todos eram paupérrimos e não raro passaram fome até galgar o estrelato, **Inezita Barroso** nasceu em berço de ouro, numa família quatrocentona paulista, mas nem por isso as coisas foram mais fáceis para ela. Em seu caso, pesava o machismo de seu tempo, que ela teve de romper para viver de música, incluindo o fato de querer se dedicar à viola, até então um instrumento "menor", tocado apenas por peões em fazendas do interior e restrito ao mundo masculino.

Apareceu primeiro como atriz do cinema paulistano, em 1950. Só decolou como cantora, ostentando uma voz poderosa de contralto, a partir de 53, com a gravação de "Moda da pinga (Marvada pinga)" (uma criação coletiva registrada por **Laureano**): "Com a *marvada* pinga / É que eu me *atrapaio* / Eu entro na venda e já dou meu *taio* / Pego no copo e dali num saio / Ali *memo* eu bebo / Ali *memo* eu caio / Só pra *carregá* é que eu *dô trabaio* / Oi lá..." Do outro lado do 78 rpm, registrou o samba-canção "Ronda", lançando seu amigo, o compositor paulistano (e biólogo) **Paulo Vanzolini**, que se tornaria um hino da cidade de São Paulo. Assim, inaugurava uma longa e vitoriosa carreira de cantora, que teve o auge nessa década, conferindo novo status à música (e cultura) caipira conjugada ao resgate de melodias folclóricas tradicionais das mais diversas regiões (e das três raças) brasileiras.[6]

Inezita também recolheu, ela própria, músicas do folclore, lançou compositoras que eram muitas vezes castradas pelos maridos a seguir carreira, como **Zica Bérgamo** (do sucesso "Lampião de gás"), e fez uma grande campanha de divulgação das danças gaúchas nas escolas para fazer frente a uma cultura de bailados estrangeiros em voga naquele momento, gravando dois discos temáticos. Foi uma ferrenha defensora da música "sertaneja" de raiz (que ela preferia chamar de caipira, porque não foi criada no sertão nordestino, e sim no interior do país como um todo, no campo) e a vida toda denunciou os falsos compositores que se apropriaram de motivos populares sem dar-lhes o referido crédito. Sua vasta discografia é um documento da maior relevância sobre a diversidade musical/cultural do Brasil.

Naquela época também se especializaram em canções folclóricas, porém com menor repercussão, a cantora, acordeonista e compositora maranhense

Dilú Mello (autora da toada "Fiz a cama na varanda" e do xote "Qual o valor da sanfona"); a paranaense **Stellinha Egg**, esposa do maestro **Gaya** (um dos maiores de sua geração); a carioca **Vanja Orico**, também atriz de renome internacional nesse tempo, cantando "Mulher rendeira" (tema de domínio público) no filme *O cangaceiro*, de Lima Barreto, que protagonizou em 1953, além de lançadora da canção "Sodade, meu bem, sodade", de **Zé do Norte**; e a partir dos anos 60, a goiana **Ely Camargo**.

A invasão da música estrangeira e do samba-canção

O período do pós-guerra, que vai de 1946 a 58, é marcado pelo auge da música estrangeira no Brasil, com sucessos provenientes de diversas partes do mundo. Tivemos um *boom* de canções francesas, tarantelas italianas, tangos argentinos, fados portugueses, guarânias paraguaias, rumbas e mambos cubanos, rocks, calypsos, baladas e novos foxes jazzísticos americanos e finalmente uma verdadeira invasão do bolero (cubano e principalmente mexicano), que substituiu definitivamente as valsas nos salões.

Não é por acaso que as nossas principais rádios e gravadoras tiveram especialistas em certos segmentos não só de música nacional, como importadas, caso de **Ruy Rey** (rumbas, como "Naná", e músicas latinas em geral, como "La bamba"), **El Cubanito** (também música latina), **Rosita Gonzales** e **Juanita Castilho** (boleros), **Albertinho Fortuna** e **Eladyr Porto** (tangos), **Lenita Bruno** e **Julie Joy** (música americana), **Norma Avian** (música italiana), além de **Olivinha Carvalho** (fados, como "Alfama") e de portuguesas que adotaram o Brasil como pátria e celebrizaram por aqui algumas canções da Terrinha. É o caso das **Irmãs Meireles — Cidália, Milita** e **Rosária Meireles —**, no fim dos anos 40, sendo a primeira, **Cidália Meireles**, com carreira solo mais constante até sua morte precoce em 72, e na década seguinte, das irmãs **Ester de Abreu** ("Coimbra", "Baião de Ana (El negro bastião)") e **Gilda Valença**, também atriz ("Uma casa portuguesa").[7]

Houve ainda o pitoresco **Bob Nelson**, "o caubói brasileiro", natural de Campinas (SP), que fazia muito sucesso com o público infantojuvenil, de 1944 até o fim da década, com o ritmo "tirolês" (*yodel*, que aqui ficou conhecido como "tir'o leite"), cantando em seu falsete versões de canções como "Oh! Suzana" e "Vaqueiro alegre", e as marchas "Boi Barnabé" e "Eu tiro o leite", dele mesmo com parceiros,[8] sendo pioneiro a misturar o sertanejo nativo com o country americano. Tanto **Ruy Rey** quanto ele se apresentavam com roupas a caráter, da mesma forma que o já referido cantor e sanfoneiro **Pedro Raymundo**, que, vestido à moda gaúcha, fazia sucesso com o xótis (autoral) "Adeus, Mariana" (43).

Não foram poucos os que se celebrizaram gravando versões em português dos mais variados sucessos estrangeiros, caso de três cantoras precursoras do canto suave: **Neusa Maria** ("Arrivederci Roma"), **Zezé Gonzaga** (a rumba "Cerejeira rosa [Cerisier rose et pommier blanc]") e, em São Paulo, **Neyde Fraga** (a valsa "Lili [Hi-Lili, hi-lo]").[9] Especialistas em ritmos internacionais, ainda que gravassem bem em nossa língua, tivemos duas cantoras de vozeirão, que aturam bastante em televisão, sobretudo entre 1955 e 68, a começar pela carioca **Lana Bittencourt**, com o samba-canção "Se alguém telefonar" (Alcyr Pires Vermelho/Jair Amorim), o baião "Zezé" (Humberto Teixeira/Caribé da Rocha) (com versos em várias línguas) e a versão do calypso-rock "Little darlin'" (Maurice Williams), que vendeu 700 mil discos de 78 rpm em 1957, se beneficiando da demora dos discos estrangeiros em chegar ao país, no caso, o do grupo americano The Diamonds, que estourou a música por lá.

Já a paulista Hilda Campos, rebatizada de **Leny Eversong,** era uma figura exótica, gorda, de cabelos oxigenados e dona de uma inacreditável extensão vocal. Ainda adolescente foi contratada pela Rádio Clube de Santos como a Princesinha do Fox. Depois, na capital paulista, atuou como lady crooner da orquestra de **Anthony Sergi (Totó)** em boates, clubes e cassinos. Gravava desde 1942, basicamente sucessos de filmes americanos, também suprindo a demora da chegada dos discos estrangeiros por aqui. Na virada para os anos 50 já cantava também em português e chegou à Rádio Nacional de São Paulo, mas sua carreira só decolou aos 34 anos, em maio de 55, quando foi ao Rio para a inauguração da Rádio Mundial. Cantando o velho samba-exaltação "Canta, Brasil", virou estrela da noite para o dia.

O AUGE DA ERA DO RÁDIO

Impressionado com seu talento, Assis Chateaubriand, dono das Emissoras Associadas, uma cadeia de 36 rádios espalhadas pelas principais capitais brasileiras, logo a contratou e fez questão de sua presença num show coletivo que promoveu numa noite brasileira no Waldorf Astoria, em Nova York, no final de 56. Logo foi convidada para cantar dois números no programa musical mais popular da TV americana, o *Ed Sullivan Show*. Na semana seguinte já estava contratada para a primeira das três temporadas que realizou nos cassinos de Las Vegas, ganhando rios de dinheiro, e para gravar um LP na Coral Records, *Introducing Leny Eversong* (57), com a orquestra de Neal Hefti, sucedido por *Swinging Leny Eversong* (Secco) (58), com a do francês Pierre Dorsey, entre outros lançamentos no Brasil. Depois de **Carmen Miranda**, **Leny Eversong** foi a artista brasileira que mais triunfou no exterior até então, realizando um total de mais de setecentos shows, entre Estados Unidos (Nova York, Miami e principalmente nos cassinos de Las Vegas), Europa (incluindo o Olympia, de Paris) e América Latina (da Argentina à Venezuela). Cantava tão bem em inglês que ganhou por lá prêmios de "Melhor cantora americana", num mundo ainda não globalizado. Tornou-se famosa pelas interpretações explosivas do fox "Jezebel" (Shanklin) em inglês, do medley afro-cubano "El cumbanchero" (Rafael Hernandez)/"Tierra va tembla" (Mariano Mercerón) e do clássico "Granada" (Agustín Lara) em espanhol, além do "Samba internacional" (Sidney Morais) em português, alternando versos em vários idiomas, este já em 62.

Porém nenhum gênero internacional foi mais forte na música brasileira naquele tempo que o bolero, chegando ao clímax na segunda metade dos anos 1940, com o sucesso de cantores como o mexicano Pedro Vargas e o espanhol Gregorio Barrios, e os filmes da produtora Pelmex, do México, sempre trazendo às telas belas rumbeiras coxudas e lançando boleros aos borbotões a cada nova película. Os irmãos **Haroldo Barbosa** e **Evaldo Rui** muitas vezes os ouviam nos filmes e já cunhavam versões para que **Francisco Alves** as cantasse na semana seguinte em seu programa dominical, que mantinha na Rádio Nacional ao meio-dia, com audiência maciça. Muitas dessas versões chegaram ao disco, como "Perfídia", "Santa", "Frenesi", "Te quiero dijiste", "Dos almas", "Diez minutos más", "Maria La Ô" e "Quizás, quizás, quizás".

Isso deu o impulso fatal àquele que, junto com o baião, foi o gênero mais popular do Brasil naquele período: o samba-canção. Um samba mais elaborado que os festivos, admitindo alterações rítmicas e progressões harmônicas que conduziam a tonalidades inesperadas. Os compositores mais estudados, advindos do teatro de revista, desde a década passada já surpreendiam. Pegavam uma melodia, abriam sua segunda parte a uma nova tonalidade e, ao fim desta, retornavam à primeira causando grande impacto, como **Ary Barroso** em "Maria", "Na batucada da vida", "Caco velho" e outras joias.[10] Se desde 1929 o samba-canção já existia, adquire a partir de então uma forma mais ralentada, acompanhado de uma interpretação geralmente mais dramática. É só comparar a gravação original de "Último desejo" de **Aracy de Almeida** em 38 com a regravação que ela realizou em 50, bem mais lenta e soturna, alinhada ao modismo do período.

Mesmo que seus autores estivessem com a vida afetiva em dia, na hora de escrever só dava samba-canção na base da dor de cotovelo, sem final feliz. Foram gravados mais de mil só na década de 50. Os temas mais comuns eram: abandono com saudade ("Edredom vermelho", "Se queres saber", "A saudade mata a gente", "Caminhemos", "Canção de amor", "Abandono", "Pensando em ti", "Volta", "Por causa de você", "Suas mãos"), decepção e fastio do ser amado ("Mensagem", "Saia do caminho", "Cabelos brancos", "Tudo acabado", "Você não sabe amar", "Nunca", "Escuta", "Se alguém telefonar", "Cansei de ilusões") e autocomiseração por falta de amor ("Solidão", "Ninguém me ama", "Se eu morresse amanhã", "Folha morta", "Só louco", "Felicidade infeliz", "Bom dia, tristeza").

Entretanto, havia ainda os que evocavam traições ("Nervos de aço"), lavação de roupa suja ("Segredo", "Calúnia", "Errei, sim", "Atiraste uma pedra", "Franqueza"), arrependimento pelo término do romance ("Castigo", "Canção da volta"), paixão não correspondida por sedutoras prostitutas ("Quem há de dizer", "Maria Rosa"), pirraça do homem machão que não perdoa a mulher porque ela se maquiou ("Marina"), refúgio etílico para esquecer o ser amado ("Bar da noite"), culpa por gostar da mulher de terceiros ("Nono mandamento"), amor irracional ("Molambo", "Contrassenso", "Exemplo"), cansaço da relação ("Se é por falta de adeus", "Fim de caso"),

O AUGE DA ERA DO RÁDIO

desespero por ver o ser amado com outra pessoa ("Neste mesmo lugar") e, finalmente, sede vingativa passional ("Vingança", "Há um Deus", "Risque", "Fósforo queimado", "Orgulho", "Ouça", "Ronda").[11]

Na década de 40, o samba-canção se desdobrou em duas linhas de atuação — uma mais tradicional e outra mais sofisticada. No primeiro grupo estão **Lupicínio Rodrigues** e **Herivelto Martins**. Ambos de origem humilde, o primeiro foi bedel na Faculdade de Direito de Porto Alegre e o segundo barbeiro e palhaço de circo no Rio. Superaram as adversidades e se tornaram ícones da canção popular. Oriundos da Era de Ouro, sacramentaram esse gênero, logo também reforçado por colegas de geração como **Ary Barroso**, **Ataulfo Alves**, **Braguinha**, **Mário Lago**, **Marino Pinto**, entre outros. Dramáticos, teatrais, descritivos, que em alguns momentos podiam beirar o *kitsch*, mas eram verdadeiramente geniais. "E eu concluí num repente / Que o amor é simplesmente o ridículo da vida / Num recurso derradeiro / Corri até o banheiro / Pra te encontrar / Que ironia!", escreveu **Herivelto** com **Aldo Cabral** em "Bom dia", desesperado pela ausência da mulher. Já **Lupicínio** não se furtou a tratar com crueza tragicômica seu desafeto em "Sozinha": "Levei pro meu sítio / Troquei por cetim os seus trapos de chita / Até pra *marvada* se ver mais bonita / Pus luz no seu quarto, invés de candeeiro / E só por dinheiro, sabe o que fez essa ingrata mulher? / Fugiu com o doutor que eu mesmo chamei / E paguei pra curar os seus bichos-de-pé."

Logo no início da carreira, **Lupicínio** ganhou do apresentador Blota Jr. a alcunha de "criador da dor de cotovelo". Na verdade, foi um grande boêmio, chegando a abrir diversos bares e churrascarias em Porto Alegre, onde sempre se apresentava. Essa boemia se refletia em suas canções, muitas vezes com atmosfera de cabaré, reforçada pela cultura farroupilha ainda mais conservadora e machista que a de outros centros de grande produção musical do país, como Rio de Janeiro e Bahia. Apesar de ser autor do célebre samba "Se acaso você chegasse" e da toada gaúcha "Felicidade (foi--se embora)", ele realmente se encontrou no samba-canção, quase sempre em tom de desabafo vingativo e passional, lamentando a perda, a traição, o temperamento "desobediente" e a volubilidade da mulher amada, ou ainda, a má sorte em suas escolhas amorosas. Teve o pioneirismo de abrir a guarda e falar abertamente do "terceiro elemento" nas relações, sem medo do ridículo, ou seja, revelando sua impotência frente aos "chifres" recebidos, o que gerava uma cumplicidade do público em relação às suas confissões musicais.

São algumas de suas obras-primas no gênero "Nervos de aço", "Nunca" ("nem que o mundo caia sobre mim (...) / As pazes contigo eu farei"), "Quem há de dizer", "Castigo", "Migalhas", "Dona divergência", "Brasa", "Cadeira vazia", "Caixa de ódio", "Volta" ("Vem viver outra vez a meu lado"), "Foi assim", "Esses moços (Pobres moços)", "Dois tristonhos", "Aves daninhas", "Ela disse-me assim" ("Tenha pena de mim / Vá embora") e, claro, "Vingança": "Mas enquanto houver força em meu peito / Eu não quero mais nada / Só vingança, vingança, vingança / Aos santos clamar / Você há de rolar como as pedras / Que rolam na estrada / Sem ter nunca um cantinho de seu / Pra poder descansar."

Por sua vez, **Herivelto Martins**, mais eclético, revezava-se principalmente entre sambas (inclusive de carnaval) e samba-canção, todos igualmente brilhantes, sobretudo entre os anos 1930 e 50. Em ritmo de samba-canção muniu os repertórios de **Linda Batista** ("Bom dia"), **Silvio Caldas** ("Um caboclo abandonado"), **Francisco Alves** ("Caminhemos", "Se é pecado"), **Isaura Garcia** ("Edredom vermelho"), **Quatro Ases e um Coringa** ("Cabelos brancos"), de sua primeira mulher, **Dalva de Oliveira** ("Segredo") além do seu próprio **Trio de Ouro**, que lançou pérolas como "Ave-Maria no morro" e "Negro telefone", esta já na segunda formação, em 53, e **Nelson Gonçalves** ("A camisola do dia", "Atiraste uma pedra" e novamente "Caminhemos", dos versos: "Parto à procura de alguém / Ou à procura de nada / Vou indo / Caminhando / Sem saber onde chegar / Quem sabe na volta / Te encontre no mesmo lugar").

Mas houve também na mesma época os que se aventuravam por sambas-canção de harmonias mais sofisticadas, com letras por vezes igualmente tristes, porém já com poéticas mais suaves e delicadas. Encabeçam esse time **Custódio Mesquita**, infelizmente falecido em 1945, quando o gênero começava a despontar ("Noturno em tempo de samba", "Saia do caminho"),

O AUGE DA ERA DO RÁDIO

José Maria de Abreu ("Um cantinho e você", "Ponto final", "Alguém como tu", as três com **Jair Amorim**; "Ser ou não ser", com **Alberto Ribeiro**), João de Barro [**Braguinha**] ("Copacabana", "Fim de semana em Paquetá", ambas com **Alberto Ribeiro**, e "A saudade mata a gente", com **Antonio Almeida**), **Klecius Caldas** ("Somos dois", com **Armando Cavalcanti e Luiz Antônio**, "Velhas cartas de amor", com **Francisco Alves**) e **Dorival Caymmi**, que passando a morar em Copacabana se embrenha na boemia nascente do bairro e cria uma nova, elegante e imortal vertente de sua obra ("Marina", "Adeus", "Nunca mais", "Não tem solução", "Sábado em Copacabana", "Nem eu", "Só louco", "Você não sabe amar"). Esta segunda turma que cunhava tal tipo de samba-canção já desde a segunda metade da década de 40, interpretada por nomes como **Dick Farney** e **Lúcio Alves**, daria a partida para uma renovação da música brasileira que veremos mais adiante.

Para interpretar sambas-canção, baiões, versões de músicas estrangeiras, canções carnavalescas e demais pérolas dessa época tivemos um time excepcional de cantores e, pela primeira vez, superando o machismo da sociedade, uma avalanche de vozes femininas. Claro que muitas tiveram que fugir de casa, contrariar pais e maridos, e aguentar caladas muito assédio e preconceito para se firmar, mas conseguiram.

A rivalidade Emilinha × Marlene

Emília Savana da Silva Borba, ainda adolescente, escondida da mãe, já se apresentava em diversos programas de auditório e de calouros. Em 1936, iniciou uma dupla com a cantora e compositora **Bidú Reis, As Moreninhas**, atuando juntas por cerca de um ano e meio, quando começou a cantar sozinha, logo contratada pela Rádio Mayrink Veiga. Em seguida, passou a ser corista na gravadora Columbia, quando se notabilizou (mesmo sem o crédito no selo do disco) na gravação de **Nilton Paz** da marcha "Pirulito" ("que bate bate / Pirulito que já bateu / Quem gosta de mim é ela / Quem gosta dela sou eu") (João de Barro [Braguinha] / Antonio Almeida), no carnaval de 39, e em seguida lançou seu primeiro disco solo.

Emilinha fez então um teste no Cassino da Urca, onde sua mãe era camareira, incentivada por **Carmen Miranda**, que lhe emprestou um vestido e sapatos plataforma. Aprovada, passou a crooner da casa. Em 43 é contratada definitivamente pela Rádio Nacional, onde permaneceu pelos 27 anos seguintes, ficando marcada especialmente por sua atuação aos sábados à tarde no *Programa César de Alencar*, campeão de audiência em todo o país, quando começava a febre dos programas de auditório e a idolatria à figura dos cantores chegava ao máximo, com torcidas, gritarias, o advento dos fã-clubes, as modas de se homenagear, coroar ou cobri-los de faixas com motivos inspirados na realeza (reis, rainhas, príncipes, etc). No ano de 47, emplacou a rumba "Escandalosa" (Moacyr Silva/Djalma Esteves) e o samba-canção "Se queres saber", composta por seu cunhado **Peterpan**, e ganhou um de seus epítetos mais pitorescos, "A Favorita da Marinha". Nascia um mito que a partir de então foi rainha dos auditórios, cerca de noventa vezes capa da popularíssima *Revista do Rádio*, campeã de correspondências da Nacional, além de cantar em 45 filmes.

Em 1949, **Emilinha Borba** iniciou um filão de sucessos carnavalescos que a acompanharia por toda a vida, com as marchas "Tem marujo no samba" (Braguinha), em dueto com **Nuno Roland**, e "Chiquita Bacana" — uma personagem feminina à frente do tempo nos versos inesquecíveis do mesmo **Braguinha** e **Alberto Ribeiro**: "Existencialista, com toda razão / Só faz o que manda o seu coração". Repetiu o êxito nas folias de 51 ("Tomara que chova", de **Paquito** e **Romeu Gentil**), 55 ("A água lava tudo", dos mesmos autores, com **Jorge Gonçalves**) e 57 ("Vai com jeito", outra de **Braguinha**), seguindo pela década seguinte. Já no chamado "meio de ano", emplacou a toada de São João "Capelinha de melão", baseada num motivo popular; os baiões de **Luiz Gonzaga** e **Humberto Teixeira** "Paraíba" e "Baião de dois"; a marcha "Aí vem a Marinha" (Moacyr Silva/Lourival Faissal); e diversas versões, em ritmo de bolero ("Aqueles olhos verdes", "Bandolins ao luar", "Em nome de Deus" e o antológico "Dez anos") e chá-chá-chás ("Cachito" e "Patrícia", estes já em 58, imortalizados lá fora respectivamente por Nat King Cole e Perez Prado).[12]

O AUGE DA ERA DO RÁDIO

No mesmo ano de 1949 em que virava a rainha dos Carnavais, **Emilinha** ganhava uma rival à sua altura. Era a paulista Victoria Bonaiutti de Martino, mais conhecida como **Marlene**. O nome artístico apareceu para escapar do cerco familiar. Imaginem se sua mãe, evangélica, filha de imigrantes italianos, descobrisse a sua vocação artística? Começou em 41 na *Hora do Estudante*, da Rádio Bandeirantes (SP), depois fugiu para o Rio de Janeiro, e lá tudo se arranjou. Atuou nos cassinos da Urca e de Icaraí, foi crooner no Copacabana Palace, em 46 estreou em disco e no ano seguinte viria o primeiro sucesso carnavalesco, a deliciosa marchinha "Coitadinho do papai": "Mamãe quer saber / Onde é que o velho vai / Pode até chover que toda noite o velho sai".

Finalmente, **Marlene** chegava à cobiçada Rádio Nacional, obtendo meia hora dentro do importante *Programa Manoel Barcelos*. Ocorre que naquele ano de 1949, **Emilinha**, estrela do *César de Alencar*, começou a faltar a alguns de seus programas, e a direção da emissora resolveu arranjar uma rival para ela, que nessa altura era a franca favorita à eleição de Rainha do Rádio. Este concurso, que existia desde meados dos anos 30, teve suas regras mudadas justamente em 49. Em vez da indicação de cronistas, a Associação Brasileira de Rádio (ABR), de modo a angariar fundos para a construção do Hospital dos Radialistas, confiou na popularidade de nossas grandes cantoras para concretizar a empreitada. O voto podia ser comprado na sede da ABR ou das mãos das próprias artistas. Funcionou. Até a primeira metade dos anos 50 foi um pleito que parava o Brasil e ocorria normalmente próximo ao carnaval. Já o de Rei do Rádio, ganho por nomes como **Orlando Silva, Ivon Curi, Nelson Gonçalves, Francisco Carlos, Jorge Goulart** e **João Dias**, não chegava aos pés em termos de repercussão.

Marlene então se lançou candidata com o apoio da Antarctica, que pretendia promover um novo refrigerante, o Guaraná Caçula, usando sua imagem, e para tanto comprou alguns milhares de votos para ela. Resultado: foi eleita e causou ira nos fãs de **Emilinha**, que só alcançaria o trono quatro anos depois.[13] Para mostrar que na verdade eram amigas (pelo menos até então), a Continental, gravadora de ambas, resolveu colocá-las para gravar três faixas juntas, cuja mais executada foi o samba "Eu já vi tudo"

(Peterpan/Amadeu Veloso) no carnaval de 50. Na prática, o Brasil a partir de então se dividiu entre "emilinistas" e "marlenistas", numa rivalidade irracional, forte e agressiva, comparável apenas às torcidas de futebol, mas apaixonante também.

De personalidades completamente diferentes, **Emilinha** era graciosa, de gestos contidos e imagem comportada, com uma voz suave e agradável, enquanto **Marlene** fazia jus ao seu slogan inicial "Ela que canta e samba diferente". A voz era pequena e algo infantil, mas compensava isso com sua extravagância, sofisticação e teatralidade, ora brejeira ora explosiva, com gestos largos e presença forte. Por isso mesmo, seguiu em paralelo uma bela carreira de atriz. Sempre na vanguarda, dava guarida até aos fãs gays que os funcionários da Rádio Nacional tentavam barrar nos auditórios, e ousou se desquitar do ator Luiz Delfino no auge do sucesso, na época em que separação era tabu. No íntimo, entretanto, **Emilinha** era deliciosamente desbocada e irreverente, e **Marlene** eventualmente mais séria e às vezes até pudica.

Marlene sempre teve bom repertório, lançando o baião "Qui nem jiló" (Luiz Gonzaga/Humberto Teixeira); a divertida "Tome polca" (José Maria de Abreu/Luiz Peixoto); a embolada "Tamanqueiro" (Manezinho Araújo/ Fernando Lobo), que virou seu prefixo no rádio; os sambas "Se é pecado sambar" (Manuel Santana) e "Lamento da lavadeira" (Monsueto/Nilo Chagas); e mais para o fim da década, a bossa "Brigas, nunca mais" (Tom Jobim/ Vinicius de Moraes) e o gingado "O apito no samba" (Luiz Bandeira). No carnaval, entretanto, se superou, com a marcha "Eva" (Haroldo Lobo/Milton de Oliveira) e sambas como "Mora na filosofia" (Monsueto/Arnaldo Passos), e uma série vanguardista de temáticas sociais de 1951 a 54, assinada por **Luiz Antônio**: "Sapato de pobre", "Lata d'água" (ambas com **Jota Júnior**), "Zé Marmita" (com **Brasinha**) e "Patinete no morro", sendo a segunda seu maior êxito, na folia de 52: "Lata d'água na cabeça / Lá vai Maria, lá vai Maria / Sobe o morro e não se cansa / Pela mão leva a criança / Lá vai Maria." Seu talento ultrapassou fronteiras. Em 58, convidada por Edith Piaf a abrir seus shows no Olympia de Paris, ficou quatro meses e meio em cartaz. Antes do embarque, na Nacional, ouviu ecoar um longo e emocionante grito do auditório: "É a maior!" — estava criado assim seu slogan definitivo.

O AUGE DA ERA DO RÁDIO

A Rainha da Voz e a Sapoti

Nascida numa família numerosa e muito pobre, Vicentina de Paula Oliveira largou cedo os estudos para ajudar a sustentar os irmãos menores. Lá pelas tantas, quando o caminho da música lhe pareceu promissor, sua própria mãe a rebatizou de **Dalva de Oliveira** ("Vicentina não é nome de artista"). Em 1936, conheceu seu futuro marido, **Herivelto Martins**, que a incorporou à **Dupla Branco e Preto**, da qual fazia parte, formando o **Trio de Ouro**. Depois de morar em cabeças de porco no Centro do Rio, mas aparecendo sempre elegantes aos olhos do público, aos poucos tornaram-se um dos casais mais famosos do rádio, pois o **Trio** deu certo, lhes dando fama e uma espaçosa casa na Urca, bairro do Cassino em que foram astros.

A união de **Dalva** e **Herivelto** durou até 1947, quando as constantes brigas, chegando por vezes à violência física, e traições por parte dele deram fim ao casamento. Dois anos depois se deu a separação musical. Em 50, **Dalva** quis gravar sozinha na Odeon, mas a gravadora não acreditava que ela funcionasse sem o **Trio**, embora ela já tivesse feito algumas gravações solo na fase do conjunto. Com muito custo, lhe foi dada a chance de fazer apenas um disco de 78 rpm como teste. Só que esse bolachão trazia de um lado o sambão "Olhos verdes" (Vicente Paiva) e do outro o samba-canção "Tudo acabado" (J. Piedade/Osvaldo Martins). Foram os dois primeiros de uma montanha de sucessos que se sucederam um após o outro. Para culminar, ela foi a vencedora do concurso de Rainha do Rádio em 51, depois que **Marlene** ficou dois anos no pódio, pois em 50 não houve disputa.

Além do escândalo de uma separação vir a público numa época em que isso era pecado mortal, a música "Tudo acabado" ("Entre nós / Já não há mais nada") parecia ser um recado pelas ondas do rádio ao ex-marido. Daí surgiu a tão falada "polêmica musical", em que **Dalva** gravava uma música e **Herivelto** compunha outra como resposta. As gravadas por ela tiveram muito mais êxito, como o bolero "Que será?" ("Da minha vida sem o teu amor") (Marino Pinto/Mario Rossi), os sambas-canção "Palhaço" (Nelson Cavaquinho/Osvaldo Martins/Washington), "Calúnia" (Marino Pinto/Paulo Soledade), "Mentira de amor" (Lourival Faissal/Gustavo de

Carvalho), "Poeira do chão" (Klecius Caldas/Armando Cavalcanti), e a bombástica "Errei, sim", de **Ataulfo Alves**, que não foi feita para ela, mas parecia: "Errei, sim / Manchei o teu nome / Mas foste tu mesmo o culpado / Deixavas-me em casa me trocando pela orgia / Faltando sempre com a tua companhia / Lembro-te agora que não é só casa e comida / Que prende por toda vida / O coração de uma mulher..."

Em resumo, ocorreu tudo aquilo que **Herivelto** jamais poderia esperar: sua "invenção" no **Trio de Ouro** se tornaria dentro de alguns meses a maior cantora do Brasil daquele tempo, a "Rainha da Voz" — título dado a ela pelo Rei, **Francisco Alves**. Sem conseguir encarar tal ascensão, rompeu o clima de desquite amigável e partiu para a guerra. Com a ajuda do jornalista sensacionalista (e letrista) **David Nasser**, cunhou matérias mentirosas publicadas no *Diário da Noite* de modo a se "defender" de **Dalva**, dando sua versão muito particular ao caos conjugal dos dois.

Enquanto isso, em 1952, **Dalva** já era a maior vendedora de discos da Odeon no Brasil. Por isso, recebeu um presente da matriz inglesa: ir a Londres registrar uma série de músicas com o maestro escocês Roberto Inglez nos estúdios de Abbey Road, dentre as quais o famoso baião "Kalu" (Humberto Teixeira) e o samba-canção "Fim de comédia" (Ataulfo Alves). A seguir, partiu para Buenos Aires, onde conheceu o ator e comediante Tito Climent. Em pouco tempo estavam casados, e ela resolveu se mudar para a capital portenha, vindo periodicamente ao Brasil para cumprir seus compromissos profissionais, o que durou cerca de dez anos. Além de expandir seus domínios por lá, acabou se especializando em cantar versões de tangos (como "Lencinho querido") e boleros (como "Eu tenho um pecado novo"),[14] sem esquecer os sambas "Rio de Janeiro (Isto é o meu Brasil)" (Ary Barroso), "A grande verdade" (Marlene/Luiz Bittencourt) e os sambas-canção "Ave-Maria" (Vicente Paiva/Jayme Redondo), "Folha morta" (Ary Barroso), "Neste mesmo lugar" (Klecius Caldas/Armando Cavalcanti), "Há um Deus" (Lupicínio Rodrigues), além das marchas carnavalescas de **Paulo Soledade** "Zum-zum" (com Fernando Lobo) e "Estrela do mar" (com Marino Pinto).

Assim como **Emilinha** não poderia prever que **Marlene** apareceria para embolar seu meio de campo, **Dalva** também não poderia supor que apare-

O AUGE DA ERA DO RÁDIO

ceria uma cantora mais jovem, bonita e com uma voz igualmente possante para lhe fazer frente. Foi o que aconteceu em 1951, quando Abelim Maria da Cunha, ou melhor, **Angela Maria**, aterrissou com força nas paradas. Assim como **Dalva**, também veio da miséria. Nasceu no interior do Rio de Janeiro, a décima de uma família de onze irmãos, onde morava numa casa com chão de terra batida. **Angela** começou cantando na Igreja batista do bairro do Estácio, região central do Rio, mas quando os pais descobriram que ela fugia para cantar em programas de calouros, trataram de se mudar para um subúrbio longínquo. A obsessão pela carreira, entretanto, permaneceu, e ela tratou de fugir de casa e ir morar com uma irmã que lhe deu cobertura. Arranjou emprego de crooner no Dancing Avenida (um tipo de casa com bailarinas de aluguel que dançavam ao som de uma orquestra) e em três meses conseguiu um contrato com a Rádio Mayrink Veiga e outro com a RCA Victor (que deixa de ser Victor e adota esta sigla em 47).

A partir de então, **Angela** passou a enfeitiçar o Brasil com sua voz quente, envolvente e cujo alcance chegava, assim como **Dalva**, a uma oitava acima do normal. No segundo disco de 78 rpm, em 1951, com o samba-canção "Não tenho você" (Paulo Marques/Ary Monteiro) e o bolero "Sabes mentir" (Othon Russo), ela já triunfou. A seguir, atuou ao lado de **Dorival Caymmi** numa revista teatral na boate Casablanca e mais sucessos apareceram, como "Nem eu". Aos poucos começou a ser uma das cantoras mais comentadas e estampadas em capas de revista, assim como **Emilinha** e **Marlene**. Entre as dezenas de prêmios que ganhou, no famoso pleito de Melhores do Ano promovido pela *Revista do Rádio*, um júri de cronistas a elegeu Melhor Cantora de 53, 54, 55 e 56. Além disso, foi Rainha do Rádio em 54 e entre as décadas de 50 e 60 estampou a capa de cerca de 250 revistas, atuou em pelo menos vinte filmes e foi o maior salário e a maior vendedora de discos de sua geração.

Transferindo-se para a gravadora Copacabana em 1953, **Angela** foi a cantora de maior número de músicas em parada de sucesso em toda a década de 50, nem sempre com autores do primeiro time de seu tempo, mas que ela tornou célebres graças à sua voz irresistível. Fosse em ritmo de samba-canção ("Fósforo queimado", "Orgulho", "Vida de bailarina", "Escuta", "Noite chuvosa", "Abandono", esta seu prefixo no rádio), bolero ("Recusa", "Ontem e hoje"), samba ("Rio é amor", "Inspiração"), toada

("Lábios de mel") e tango ("Mentindo" e "Adeus, querido", esta a música mais tocada no Brasil em 55), além de dois sambas nos carnavais de 56 ("Fala, Mangueira") e 59 ("Eu rolei")[15] e de uma valsa para o Dia das Mães, gravada em dueto com **João Dias,** que bateu recordes de vendas em 56, a impagável "Mamãe", de **Herivelto Martins** e **David Nasser** ("Eu te lembro, o chinelo na mão / O avental todo sujo de ovo / Se eu pudesse eu queria outra vez, mamãe / Começar tudo, tudo de novo"), sucedendo outro hit do gênero gravado quatro anos antes por **Carlos Galhardo**, a valsa "Mãezinha querida" (Getúlio Macedo/Lourival Faissal).

Por incrível que pareça, o maior êxito de sua carreira não foi nacional, e sim o mambo cubano "Babalu" (Margarita Lecuona), que gravou por sugestão do pianista **Waldir Calmon**, num LP que a Copacabana Discos resolveu unir os dois maiores vendedores de seu elenco, *Quando os astros se encontram* (58). Um número onde ela podia mostrar todo o seu alcance vocal, chegando a notas que somente a peruana exótica Yma Sumac parecia ser capaz de emitir, tendo um verdadeiro pássaro na garganta. A cantora recebeu o apelido de Sapoti do presidente Getúlio Vargas no réveillon de 52 para 53, que lhe disse ser uma fruta "da cor da sua pele e doce como o mel".

Com uma das carreiras mais longevas de que se tem notícia em nossa música, **Angela Maria** chegou nos anos 1950 a acumular cinco programas simultâneos de rádio e TV (sem repetir roupa e joias), na época em que se cantava ao vivo em ambos os veículos, e de ser contratada por duas emissoras concorrentes: as rádios Nacional e Mayrink Veiga. Ainda na capital federal, alternava-se entre as TVs Tupi e Rio, e em São Paulo, atuava na Rádio e TV Record. Uma rotina que a levou diversas vezes à estafa, mas ela gostava. Na vida pessoal, contudo, amargou uniões com uma série de maridos trambiqueiros que se apossaram de boa parte de sua fortuna, e, tal como **Dalva,** foi parar nas capas de revistas e jornais sensacionalistas que se alimentavam de seus dramas pessoais.

Dois cantores fora do padrão e uma "divina"

Contemporâneo de **Angela**, seu maior parceiro musical a partir da década de 80 e de carreira igualmente longeva, **Cauby Peixoto** foi dono

O AUGE DA ERA DO RÁDIO

de um dos timbres mais bonitos e possantes que a nossa música conheceu. Nasceu em Niterói (RJ), numa família musical de classe média baixa. Sobrinho do pianista Romualdo Peixoto (**Nonô**), que atuou nos anos 30, e primo do sambista **Cyro Monteiro**, teve a sorte de já ter na ativa uma irmã cantora, **Andyara**, e um irmão mais velho pianista, **Moacyr Peixoto**, que tocava em sofisticadas boates da noite paulista, como a Oásis, desde o fim da década de 40. Foi por suas mãos que **Cauby,** ainda menor de idade, deu os primeiros passos na carreira depois de uma breve passagem pelo comércio onde trabalhou numa loja de sapatos e outra de perfumes no Centro do Rio.

Cauby poderia ter sido a vida inteira mais um ótimo crooner dos anos dourados se não fosse a astúcia de um industrial, **Di Veras**, dublê de compositor, que estava à procura de um cantor para gravar suas musiquinhas. Foi então que, ao descobri-lo em São Paulo, ficou extasiado com tamanho talento e lhe deu o xeque-mate: "Quer ir para o Rio de Janeiro? Vou lhe fazer o maior cantor do Brasil." Meio desconfiado, aceitou a proposta, e **Veras**, que já via o que faziam com Frank Sinatra nos Estados Unidos, tratou de bolar um engenhoso esquema de marketing para o seu pupilo, num tempo em que ninguém nem em sonho fazia nada parecido por aqui. Deu-lhe um banho de loja, trocou seus dentes de coelho por uma prótese de sorriso perfeito, criou slogans ("Quando Cauby canta as meninas desmaiam"), assegurou sua voz em "três milhões de cruzeiros" e, em 1953, o encaminhou a uma grande gravadora, a Columbia, que desde o ano anterior, pela terceira vez tentava a sorte no mercado brasileiro.

Em 1954, **Cauby** emplacou seu primeiro sucesso, uma versão em português do fox "Blue gardenia", sucesso de seu ídolo Nat King Cole, que, ao lado de **Orlando Silva**, foram suas maiores referências. A promessa de **Di Veras** se cumpriu. Em um ano, ele já era o cantor mais comentado do Brasil, desbancando o rival-galã **Francisco Carlos** (que se destacava nas chanchadas da Atlântida e emplacava em sua voz sucessos como "Porque brilham os teus olhos" e "Meu brotinho", marchinha que motivou seu apelido "El Broto"). Logo **Cauby** estaria na Nacional (e por um período na Tupi), com um repertório baseado em versões de canções americanas ("Daqui para a eternidade", "É tão sublime o amor", "A pérola e o rubi"), boleros ("Tarde fria", "Ninguém é de ninguém"), tarantela ("Ci-ciu-ci, canção do rouxinol")[16] e sambas-canção, como "Molambo" (Jayme Florence/Augusto Mesquita), "Prece de amor" (René Bittencourt), "Nono mandamento" (Raul Sampaio/René Bittencourt) e aquele que o acompanharia por toda a vida, "Conceição" (Dunga/Jair Amorim), lançado em 56: "Conceição / Eu me lembro muito bem / Vivia no morro a sonhar / Com coisas que o morro não tem."

A vida toda, **Cauby** foi um artista fascinante e polêmico, não só por se deixar levar pelas artimanhas loucas de **Di Veras**, inclusive a de tentar a carreira nos Estados Unidos entre 1955 e 59, alternando-se entre Rio e Nova York, onde chegou a gravar alguns compactos e participar de um filme, *Jamboree* (57), mas também por contrastar uma belíssima voz aveludada com interpretações ora modernas ora exageradas e um jeito afeminado para os padrões de seu tempo, sofrendo preconceito de alguns cronistas ou dos namorados e maridos de "suas queridas fãs", as quais eram capazes de nunca se casarem por fidelidade a ele.

Outro artista que alternava delicadeza e exagero em suas interpretações foi o mineiro **Ivon Curi**. Influenciado pelo *chansonieur* francês Jean Sablon, com um timbre muito macio, teve o auge da carreira durante toda a década de 1950. Quando começou a aparecer nas chanchadas da Atlântida, como *Aviso aos navegantes*, de Watson Macedo, revelou seu lado comediante e o de intérprete histriônico que também sabia ser. Ele arqueava as sobrancelhas, arregalava os olhos, fazia caretas. Era uma figura ímpar igualmente por seus traços árabes e sua inseparável peruca para disfarçar a calvície precoce. O sucesso musical veio a galope com xotes e baiões divertidos, como "Farinhada", "As quatro imbigada" (ambas de Zé Dantas), "Comida de pensão" (Francisco Balbi/Miguel Miranda), "Baião das velhas cantigas" (adaptação de Jair Amorim), "A cara do pai" (Pedro Rogério/Lombardi Filho) e o famoso até hoje "O xote das meninas", de **Luiz Gonzaga** e **Zé Dantas**, lançado em 54: "Ela só quer / Só pensa em namorar."

O lado *chansonieur*, bem teatral, começou ser talhado ainda em 1947 quando, por ser um raro cantor fluente em idiomas, conseguiu um contrato

O AUGE DA ERA DO RÁDIO

para atuar no Golden Room do Copacabana Palace, como crooner das orquestras de **Zaccarias** e **Copinha**, e a seguir outro com a Rádio Nacional. Tal repertório o levou a gravar a partir de 48 as francesas "Sous les ciel de Paris" ("Sob o céu de Paris") e "C'est si bon". Depois viriam a canção "Doce mãezinha", os foxes "Oh" e "Delicadeza", a tarantela "Tutti buona gente"[17] e algumas de sua autoria, como o samba-canção "Obrigado", a valsa "João bobo" e a indefectível canção "Retrato de Maria", um quadro tragicômico em que ele interpretava um bêbado olhando para o retrato da amada e chorando suas mágoas. Após sua fase de cantor, sendo ídolo também em Portugal, atuou muito em televisão e em suas próprias casas de shows de samba para turistas, onde tomava parte em espetáculos de humor.

Dona de uma voz belíssima de contralto, muito chegada ao samba-canção e às canções românticas, mas que também foi boa sambista, **Elizeth Cardoso** só chegou ao disco aos 30 anos. De origem humilde, largou os estudos no terceiro ano primário, aos 10 anos, e trabalhou em tudo o que se possa imaginar para ganhar uns trocados: em charutaria, *bonbonnière*, loja de consertos de casacos de pele, depois foi telefonista, empacotadora na fábrica de sapóleos Rex, além de cabeleireira e pedicure. Enfim, tomou coragem e foi tentar a sorte em programas de calouros escondida do pai severo. Depois, em 1939, casou-se com um sujeito problemático que a deixou à deriva. Acabou grávida, indo ganhar a vida como "girl" do Dancing Avenida (o mesmo que revelaria **Angela Maria**), passando mais tarde também a crooner no local e em diversos outros dancings entre Rio e São Paulo, até que chega ao rádio e depois ao disco, no iniciante selo Star, logo recolhido por apresentar um defeito.

Finalmente, em 1950, **Elizeth** conseguiu espantar a má sorte, gravando na Todamérica um belo samba-canção que ganhou de dois colegas seus da Rádio Guanabara, o comediante **Chocolate** e o operador técnico **Elano de Paula**, irmão do futuro grande humorista (e também compositor) **Chico Anysio**. Era "Canção de amor", um samba-canção machucado, que estourou imediatamente: "Saudade / Torrente de paixão / Emoção diferente / Que aniquila a vida da gente...". Depois de uma fase de repertório um tanto irregular, a "Divina", chegava à Copacabana Discos em 56, onde se tornaria uma de suas grandes estrelas pelas próximas duas décadas. Naquele tempo, porém, não foi grande lançadora de êxitos, com raras exceções, como o sambão "É luxo só" (Ary Barroso/Luiz Peixoto). Por outro lado, tinha prestígio, dos intelectuais e da imprensa; era especialista em recriar clássicos da música brasileira; e estava sempre entre as "dez artistas mais elegantes do rádio" — revezando-se entre Tupi e Mayrink Veiga (RJ), e Rádio e TV Record (SP), e nas melhores e mais chiques boates desse eixo, como Vogue e Esplanada.

Outros ícones se consagram no auge da Era do Rádio

Na ativa e com sucesso desde o início da década de 40, a carreira de **Isaurinha Garcia** ia de vento em popa. Foi Rainha do Rádio Paulista em 53 e emplacou nessa fase sambas divertidos ("Velho enferrujado"), de harmonia moderna ("De conversa em conversa", gravado com **Os Namorados da Lua**) e melancólicos, como "Prêmio de consolação"[18] e o seu maior sucesso, "Mensagem" (Cícero Nunes/Aldo Cabral), em 46, depois regravado em ritmo de samba-canção em 55. A música versava sobre uma carta intrigante de um amante sumido ("Quando o carteiro chegou / E o meu nome gritou com a carta na mão..."), que, por fim, após algumas reflexões, era incinerada antes mesmo de ser aberta para evitar decepções ainda maiores da destinatária ("Assim pensando rasguei sua carta e queimei para não sofrer mais"). Novamente nesse andamento, celebrizou "Teu retrato" (com **Nelson Gonçalves**, composição dele e Benjamim Baptista), "Edredom vermelho" (Herivelto Martins) e "Contrassenso" (Antonio Bruno), esta versando sobre um casamento masoquista, que de certa forma se alinhava ao seu cotidiano real, quando vivia entre tapas (literalmente) e beijos com **Walter Wanderley**, o famoso organista que modernizou seu som a partir da virada para os anos 60: "Eu te amo / Tu me amas / Te aborreço / Me aborreces / Não sei por que não te esqueço / E tu não me esqueces", terminando a gravação com um desabafo: "Ai que raiva!"

Lançado na mesma época de **Isaurinha**, **Nelson Gonçalves** foi outro grande ícone de nossa música criado em São Paulo, mas este veio de uma

O AUGE DA ERA DO RÁDIO

origem bem mais pobre. Seu pai se fingia de cego, tocava violão (com outro cego cantador de verdade) e o colocava para cantar nas feiras para descolar uns tostões. Depois, foi jornaleiro, mecânico, engraxate, polidor, tamanqueiro e garçom na avenida São João. Em meados dos anos 30, decidiu ser lutador de boxe, mas seu negócio era a música e, até realizar seu sonho, foi diversas vezes reprovado nas principais emissoras cariocas e em programas de calouros, até por **Ary Barroso.**

Ninguém acreditava que aquele rapaz tido como gago — em verdade, taquilárico, com respiração curta e fala acelerada, cujo apelido era Metralha, por disparar as palavras como uma metralhadora — seria capaz de cantar bem. Até que gravou um acetato e foi com uma carta de recomendação à gravadora Victor. O diretor **Vitorio Lattari** ouviu, gostou, mas, ao se deparar com sua gagueira pensou tratar-se de um impostor que havia roubado o tal disco teste e mandou-o e embora. No dia seguinte, o brigão **Nelson** voltou lá, disposto a tirar satisfações. Foi quando o flautista e produtor **Benedito Lacerda** intercedeu: "Tem muito gago que canta", e lhe arrastou para o estúdio. Bastaram alguns segundos para que ele mandasse a orquestra parar, dizendo à **Lattari:** "Contrate, pois ele será o maior cantor do Brasil."

Ao contrário dos foxes-canção e valsas dos primeiros tempos, **Nelson** agora emplacava sambas ("Normalista", de **Benedito Lacerda** e **David Nasser;** "Nega manhosa", de **Herivelto Martins**, e "Dolores Sierra", de **Wilson Batista** e **Jorge de Castro),** várias marchas de carnaval da lavra de **Haroldo Lobo** e seus parceiros ("Espanhola", "Odalisca", Princesa de Bagdá" e "Serpentina")[19], belos tangos cunhados especialmente para ele pela dupla **Herivelto Martins** e **David Nasser** ("Carlos Gardel", "Vermelho 27", "Hoje quem paga sou eu") e principalmente sambas-canção.

Para começar, três de seu grande fornecedor nessa fase, o referido **Herivelto Martins:** "Caminhemos" — que voltava ao sucesso dez anos depois de lançada por **Francisco Alves** —, e os outros dois com letra de **David Nasser,** o dolente "Pensando em ti" e o cabareteiro "Camisola do dia", que, imaginem, chegou a ser brevemente censurado só por falar de uma peça íntima "tão transparente, macia" que seria usada na noite de núpcias. Somava-se a esses mais três compostos pelo iniciante **Adelino**

Moreira, "Meu vício é você", "Última seresta" e, sua continuação, "A volta do boêmio", um hino seresteiro já fora de época: "Ele voltou / O boêmio voltou novamente / Partiu daqui tão contente / Por que razão quer voltar?". Esse samba-canção vendeu 1 milhão de cópias. Foi seu maior sucesso — e olha que isso ele já tinha para dar e vender —, seu emblema até o fim da vida, e responsável por uma virada estética cada vez maior em direção ao romântico-popular.

Pessoalmente, **Nelson** era algo grosseirão, adorava contar vantagens, teve diversas mulheres e amantes simultaneamente (uma inclusive que se matou por ele), era jogador contumaz, teria arrumado confusões com malandros históricos da Lapa (talvez não, mas assim ele contava), contudo, profissionalmente, qualquer pecado era superado graças à sua voz máscula e límpida de barítono, com graves perfeitos e agudos pontuais em interpretações contundentes e cativantes, que se tornou sucessor de **Francisco Alves** em popularidade, recordista em gravações e vendagem de discos.

De origem igualmente modesta foi a primeira cantora negra efetivamente popular do Brasil. **Carmen Costa** nasceu Carmelita Madriaga no interior do estado do Rio e, adolescente, foi para a capital ser empregada doméstica na casa de **Francisco Alves**, onde certa vez cantou numa festa e foi elogiada por ele e pela estrela **Carmen Miranda**. Anos mais tarde, conseguiu ingressar na carreira, formando uma dupla com seu namorado à época, o sambista e compositor **Henricão**, que lhe deu o nome artístico e com quem começou a gravar em 1939. Tiveram sucesso em 42 com três sambas: "Só vendo que beleza" ("Eu tenho uma casinha lá na Marambaia"), dele com **Rubens Campos**, e duas versões adaptadas pela dupla para o gênero, uma do tango argentino "Camiñito", de Filiberto e Peñaloza (que virou "Carmelito") e outra do tema mexicano "Cielito lindo", rebatizado de "Está chegando a hora", que o tempo tornou clássico nos encerramentos dos bailes carnavalescos. Quando romperam, ele quis inventar outra "Carmen Costa" e deu um bafafá danado, mas ela deu a volta por cima.

Como já vimos, **Carmen Costa** gravou "Xamego", com um **Luiz Gonzaga** iniciante, em 1944, e anos depois conheceu um americano com quem se casou e foi morar nos Estados Unidos. Mas a união também fracassou e após passar maus bocados, trabalhando até de faxineira, em 52, consegue retomar a carreira no Brasil e aí se torna estrela. Enfileira sucessos de carnaval ("Cachaça", "Jarro da saudade", "Tem nego bebo aí") e, em meio de ano, em ritmo de samba ("Obsessão") e samba-canção, como "Quase" e o apoteótico "Eu sou a outra", de **Ricardo Galeno**, em que sendo amante em surdina do compositor de vários de seus sucessos (inclusive dos cinco supracitados), **Mirabeau**,[20] teve a coragem de, em 54, contar em música esse que era também o drama de tantas mulheres de seu tempo: "Ele é casado / Eu sou a outra na vida dele / Que vive igual uma brasa / Por lhe faltar tudo em casa (...) Mas tenho muito mais classe / Do que quem não soube prender o marido".

Pobreza era algo que as irmãs **Linda** e **Dircinha Batista** não conheceram. Viviam uma época de opulência, com altos contratos em cassinos (até 46), rádios, cinema (cantaram em cerca de trinta películas), jogatinas no apartamento deslumbrante em que moravam na avenida Ruy Barbosa, no Flamengo, 14 carros importados, vasto guarda-roupa, incluindo joias e casacos de pele, e trânsito livre no Palácio do Catete durante o governo Vargas, que as brindou com a alcunha de "Patrimônio Nacional". Os sucessos e o dinheiro brotavam aos borbotões.

Dircinha Batista, com sua voz melodiosa, boa técnica vocal e o domínio de vários idiomas — num tempo em que isso ainda não era tão comum, o que a tornava uma versátil intérprete radiofônica —, gravou 161 discos de 78 rotações, emplacando os sambas-canção "Se eu morresse amanhã" (Antonio Maria), "Nunca" (Lupicínio Rodrigues) e "Aperto de mão" (Jayme Florence/Dino 7 Cordas/Augusto Mesquita) — as duas últimas também gravadas em São Paulo por **Isaura Garcia** —, a marcha junina "O sanfoneiro só tocava isso" e diversos êxitos carnavalescos: as marchinhas "Oh! Tirolesa" (na folia de 49) e "Mamãe eu levei bomba" (58) e os sambas "A coroa do rei" (50), "Máscara da face" (53) e o pré-feminista "A mulher que é mulher" ("Não deixa o lar à toa / A mulher que é mulher / Se o homem errar, perdoa") (54).[21]

Se **Dircinha** tinha temperamento mais introspectivo e era intérprete mais refinada, a chamada "Estrela do Brasil" **Linda Batista** brilhou numa linhagem mais explosiva e popular. Musicalmente, era pura ginga e alegria, uma sambista por excelência (se orgulhava de nunca ter gravado uma versão), sabendo também imprimir uma dramaticidade única na hora de cantar suas dores de cotovelo. Irreverente, carismática, temperamental, era uma mulher à frente do tempo e anárquica, além de transbordar glamour e frequentar a alta sociedade da época na virada para os anos 50, com direito a assinar uma coluna semanal no jornal *Última Hora*, "De noite e dia", e a excursionar a Lisboa, Paris e Roma. Falava palavrão como vírgula, bebia até ficar de pileque, dirigia automóvel (e às vezes batia com ele quando bebia) e, assim como a irmã, não se submeteu a nenhum homem. Casou-se em 37, mas logo se separou. Pudera, ambas eram muito subservientes à mãe, Dona Neném, uma matriarca ainda mais geniosa que as filhas, que desde a morte do marido famoso, Batista Júnior, em 43, controlava as duas, com pulso forte, e promovia festas bem frequentadas em sua residência.

Nesse mesmo período de 1946 a 58, **Linda** reinou no carnaval com os sambas "Enlouqueci" (na folia de 48), "Nega maluca" (50), "Madalena" (51) e "Me deixe em paz" (52).[22] No meio de ano também emplacou diversos sambas-canção, como "Vingança" (seu maior sucesso, em 51), "Volta", ambas de **Lupicínio Rodrigues**, e "Risque", de **Ary Barroso**, tão amigo da família que tinha um piano cativo em sua sala de estar. Também triunfou com os sambas "O melhor samba do mundo" (Herivelto Martins), em duo com **Nelson Gonçalves**, e "Chico Viola" (Wilson Batista/Nássara), uma das homenagens póstumas a **Francisco Alves**, morto num terrível desastre de automóvel na Via Dutra em setembro de 52 — a outra foi a marcha-rancho "Meu rouxinol" (Pereira Matos/Mario Rossi) na voz de **Dalva de Oliveira**.

Sim, a voz do Rei se calou, e seu enterro foi o primeiro a parar o Rio de Janeiro. E isso não foi à toa, pois, gravando todos os gêneros relevantes nacionais (de todos os compositores importantes de seu tempo) e estrangeiros, **Francisco Alves** lançou mais de 120 sucessos, de 1920 a 52, um número quatro a cinco vezes maior que qualquer ídolo de sua (ou de qualquer) época, além de ter tido papel fundamental na popularização de ritmos como o samba, a marchinha e o bolero. Até então, **Chico Viola** seguia tranquilamente trabalhando em sua usina de sucessos. São desse

O AUGE DA ERA DO RÁDIO

tempo os sambas "Bahia com H" (Denis Brean) e "Velhas cartas de amor" (Chico/Klecius Caldas), a canção "Minha terra" (Waldemar Henrique), os sambas-canção "Adeus, cinco letras que choram" (Silvino Neto), "Chuvas de verão" (Fernando Lobo), "Fracasso" (Mário Lago), e ainda alguns de **Herivelto Martins** ("Se é pecado" e "Caminhemos"), e outros de **Lupicínio Rodrigues** que se tornariam clássicos: "Nervos de aço", "Esses moços (Pobres moços)", "Cadeira vazia", "Maria Rosa" e "Quem há de dizer" (esta com **Alcides Gonçalves**).

Entre seus últimos êxitos estava a valsa "Canção da criança", dele com **René Bittencourt**, deliciosamente piegas: "Criança feliz / Que vive a cantar / Alegre a embalar seu sonho infantil / Ó meu bom Jesus / Que a todos conduz / Olhai as crianças do nosso Brasil". No carnaval, marcava presença anualmente com algumas músicas de inspiração política e outras festivas, como os sambas "Maior é Deus" (Fernando & Felisberto Martins) e "A Lapa" (Benedito Lacerda/Herivelto Martins), e seu derradeiro sucesso na folia, a marcha nostálgica "Confete" ("Pedacinho colorido de saudade"), de **Jota Jr. e David Nasser**. Uma belíssima despedida.

Pouco antes de morrer, **Chico Alves** descobriu na boate paulista Cairo um jovem cantor com um timbre vocal muito semelhante ao seu e o levou para o Rio de Janeiro, premonitoriamente, elegendo-o seu sucessor. Era **João Dias,** para o qual deu a bela valsa "Fim de ano", composta por ele em parceria com **David Nasser:** "Adeus, ano velho / Feliz ano novo / Que tudo se realize / No ano que vai nascer / Muito dinheiro no bolso / Saúde pra dar e vender," Lançando-a no fim de ano de 51, num de seus primeiros 78 rpm, trazia na outra face mais um clássico, a versão de **Evaldo Rui** para "Jingle Bells", "Sino de Belém" ("Bate o sino pequenino / Sino de Belém / Já nasceu Deus menino / Para o nosso bem"). Dois anos depois, mais um hit natalino, a valsa "O velhinho" (Octávio Filho), gravado em dueto com a jovem **Edith Falcão:** "Botei meu sapatinho na janela do quintal / Papai Noel deixou meu presente de Natal...". **João Dias** foi batizado de "O Príncipe da Voz". Não chegou a ser um grande astro como **Chico**, mas foi da Rádio Nacional e seguiu gravando até o fim dos anos 70.

Essas canções de datas festivas ficaram tão infiltradas em nosso imaginário que esquecemos o fato de que um dia alguém as registrou em primeira mão. É também o caso de "Parabéns a você" ("Nesta data querida"). Melodia composta em 1875 por duas irmãs americanas, a fim de que os alunos cantassem na entrada das escolas, essa valsa foi adaptada em 1924 com a letra de "Happy birthday to you". No Brasil, **Almirante** promoveu um concurso na Rádio Tupi (RJ) em 42 para que um júri de grandes poetas escolhesse uma versão em português para a música. A vencedora foi a paulista **Léa Magalhães**, então com 40 anos, graças à sua criação de quatro versos diferentes em vez da repetitiva letra original. Três anos depois, foi gravada pelo grupo **Os Trovadores**, e já em 1951 saía um 78 rpm de **Nilo Sérgio** (com o **Trio Madrigal**) pela Todamérica, que foi um sucesso.

Em novembro de 52, **Nilo Sérgio** abriria sua própria gravadora, a Musidisc, editando um LP de 10 polegadas, *Datas felizes* (53), incluindo também a "Canção de aniversário" (José Maria de Abreu/Alberto Ribeiro), que ele já havia lançado em 49: "Hoje é o dia do seu aniversário / Parabéns, parabéns! / Fazem votos que vás ao centenário / Os amigos sinceros que tem." Sua carreira fonográfica, entretanto, começou muito antes, quando era crooner da orquestra **The Midnighters** do Copacabana Palace, em 43, cantando *standards* americanos, além de versões, algumas dele próprio, como "Trevo de quatro folhas (*I'm looking over a four leaf clover*)". Como **João Dias**, nunca foi um grande astro, mas seguiu gravando em seu próprio selo até 69.

A política volta à música popular

Após a ditadura do Estado Novo, quando a Segunda Guerra terminou, em 1945, Getúlio Vargas marcou eleições diretas à presidência para o final do ano, mas ainda endossou veladamente o movimento Queremista, cujo lema era "Nós queremos Getúlio", com grandes comícios e manifestações pedindo sua permanência no cargo. Acontece que ele realmente teve que sair. Aquela glorificação de sua figura não terminaria nesse tempo, mas claro que, depois de oito anos de ditadura, muita gente não aguentava mais tamanha idolatria e bajulação a ele e às figuras de seu governo, e já no carnaval de 46, o primeiro após a sua saída, uma marcha cantada pelos

O AUGE DA ERA DO RÁDIO

Anjos do Inferno fez muito sucesso retratando esse clima. Era "Cordão dos puxa-saco" (Roberto Martins/Eratóstenes Frazão), cuja letra genial dizia: "Vossa Excelência, Vossa Eminência / Quanta reverência nos cordões eleitorais / Mas se o doutor cai do galho e vai ao chão / A turma toda evolui de opinião / E o cordão dos puxa-saco cada vez aumenta mais".

Nossos artistas aproveitaram o período democrático para fazer diversas críticas à situação em que o país se encontrava, embora isso não fosse bem-visto pelos poderosos. Ainda em 46, o samba "Trabalhar eu não", raro sucesso de **Onéssimo Gomes**, não era uma volta à apologia à malandragem dos anos 20 e 30, mas sim um libelo contra o abuso e a exploração do trabalhador: "Eu trabalhei como um louco, até fiz calo na mão / O meu patrão ficou rico / E eu pobre sem tostão / Foi por isso que agora eu mudei de opinião / Trabalhar, eu não!". O tom agressivo e combativo desse samba caiu nas graças do movimento sindical, sendo cantado durante a paralisação no porto de Santos que houve naquele ano. Isso quase valeu a prisão de seu autor, **Almeidinha**, quando o ministro do Trabalho de então o denunciou, sendo salvo por radialistas e colegas do meio artístico.

No carnaval seguinte, parte dos foliões ainda comemorava a saída de Vargas, dando outra conotação ao samba "Palhaço", mais um sucesso de **Francisco Alves** no carnaval de 1947, para desespero do seu autor, **Herivelto Martins**, que era simpatizante do ex-presidente: "Eu assisti de camarote o seu fracasso / Palhaço, palhaço / Quem gargalha demais, sem pensar no que faz / Quase nunca termina em paz". Na folia seguinte, o mesmo Rei da Voz emplacava um samba de **Ary Barroso** e **Benedito Lacerda** que criticava o custo de vida, "Falta um zero no meu ordenado": "Trabalho como um louco / Mas ganho muito pouco / Por isso eu vivo sempre atrapalhado / Fazendo faxina, comendo no china / Tá faltando um zero no meu ordenado".

Por outro lado, nesse mesmo ano, vendo que parte dos integrantes das escolas de samba cariocas se aproximava do Partido Comunista do Brasil nessa fase do início da Guerra Fria (chegando a desfilar no Campo de Santana em homenagem a Luiz Carlos Prestes), a prefeitura do então Distrito Federal regulamentou que os enredos dos desfiles deveriam ter "motivo nacional", termo que no ano seguinte foi editado para "interesse nacional".[23]

Se a partir de 1938 as próprias escolas sugeriam temas nacionais para fazer o samba ser mais bem aceito pelo governo, agora o mesmo impunha isso como obrigação. A exaltação a partir de então passava a ser dirigida a personagens históricos e efemérides comuns nos currículos escolares, de forma nostálgica e ufanista, isentos de uma visão mais crítica durante um bom tempo. E observem que ainda vivíamos um período democrático.

Mais um carnaval, o de 49, e mais uma crítica, que dessa vez passou batida pela censura. O mote agora eram os contrastes sociais cada vez maiores da nossa sociedade. A marchinha "Pedreiro Waldemar", dos craques **Roberto Martins** e **Wilson Batista**, ganhou a voz deliciosamente debochada do cantor **Blecaute**: "Você conhece o pedreiro Waldemar / Não conhece? / Pois eu vou lhe apresentar / De madrugada pega o trem da Circular / Faz tanta casa e não tem casa pra morar".

Em 51, Getúlio volta à presidência, dessa vez pelo voto popular, e novamente **Chico Alves** emplaca na folia daquele ano um dos maiores sucessos de todos os tempos em termos de música política: a marcha "Retrato do velho", de **Haroldo Lobo** e **Marino Pinto**: "Bota o retrato do velho outra vez / Bota no mesmo lugar / O sorriso do velhinho faz a gente trabalhar".

Os setores conservadores, assustados com as greves e as manifestações operárias que estavam acontecendo pelo país, ansiavam por medidas enérgicas de Getúlio, mas ele preferiu ficar do lado dos que o haviam eleito. Em janeiro de 54, sancionou novo aumento de 100% para o salário mínimo. Foi o início de seu fim. Meses depois, um atentado ao líder da oposição, o jornalista Carlos Lacerda, atribuído ao chefe da guarda pessoal de Getúlio, deixava a situação insustentável. A seguir, a cúpula da Marinha e a Aeronáutica exigiram seu afastamento. Eis que dia 24 de agosto, ele mais uma vez deu uma reviravolta na história se suicidando no Palácio do Catete e deixando uma carta-testamento em favor do "povo brasileiro". Resultado: toda a oposição foi abafada. A prova disso foi a comoção que causou seu enterro. Assim como ocorrera com **Chico Alves** dois anos antes e ocorreria com **Carmen Miranda** no ano seguinte, foi a vez de sua despedida parar o Rio de Janeiro.

O AUGE DA ERA DO RÁDIO

A opinião pública ficou a favor de Vargas e logo nossos compositores trataram de saudá-lo em suas músicas. **Silas de Oliveira**, do **Império Serrano**, que conferiu ao gênero samba-enredo a forma que o conhecemos hoje, decidiu, com seu parceiro **Marcelino Ramos**, musicar sua carta-testamento, tornando-se um sucesso na voz de **Moreira da Silva**. Dois anos depois, em 1956, o trauma ainda persistia na memória de todos. A prova disso é que duas músicas sobre o tema ganharam notoriedade: **Jackson do Pandeiro** estourou com o rojão "Ele disse" (Edgard Ferreira), que reproduzia vários trechos da carta: "Ele disse muito bem / 'O povo de quem fui escravo / Não será mais escravo de ninguém'"; já no Carnaval, a **Mangueira** desfilou entoando "O grande presidente", de **Padeirinho**, enumerando as glórias de Getúlio. É um dos raros sambas-enredo desse tempo que transcenderam a folia, sendo gravado pelo novato **Jamelão** em 60. Vale dizer que ainda não havia os LPs com as músicas dos desfiles.

Política à parte, **Jamelão** foi se tornando um dos maiores cantores da história do samba. Com seu timbre metálico, algo amargo e bastante potente de tenor, começou como crooner de gafieira e dancings, em conjuntos como o de **Luís Americano** e orquestras como a **Tabajara**. Em paralelo, começou a gravar em 1949, mesmo ano em que ingressou na **Mangueira**, cantando seus sambas na quadra da escola. A partir de 52, sucedeu **Xangô da Mangueira** como "puxador" nos desfiles — termo que ele odiava, preferia que o chamassem de intérprete.

O carnaval dos veteranos e novatos

Nas primeiras décadas de desfiles de escolas de samba, o samba-enredo era cantado pelos diretores de harmonia de cada agremiação, também chamados mestres de canto. O referido **Xangô da Mangueira**, com sua voz possante, ilustra bem esse momento, em que o cantor deveria ser capaz de improvisar a segunda parte do samba, pois só o refrão era conhecido pelos componentes. Por isso, recebiam o nome de versadores. À medida que os desfiles se sofisticaram, foram surgindo cantores especializados nessa função, que passaram a ser designados como puxadores. Não deveriam limitar-se apenas a cantar, mantendo ritmo e tom adequados, mas também motivar os componentes. Como o desfile não tinha cronometragem, o cantor deveria ter fôlego para entoar o samba por duas horas ou mais. A escola de samba já não era mais um pequeno grupo de pessoas, por isso a amplificação do som se tornou uma exigência, dando origem aos chamados carros de som.

Na década de 60, destacaram-se grandes puxadores: **Catoni**, da **Portela**; **Noel Rosa de Oliveira**, do **Salgueiro**; e **Abílio Martins**, do **Império Serrano**. Com a profissionalização progressiva dos sambistas, verifica-se rotatividade dos puxadores. Propostas financeiras compensadoras ou simplesmente brigas e questões de política interna das escolas foram responsáveis por constantes troca-trocas. **Aroldo Melodia**, da **União da Ilha do Governador**, com sua voz inconfundível, permaneceu em sua escola de 1958 a 96, com eventuais intervalos em que saiu, emprestando seu gogó a outras agremiações. **Jamelão** foi uma exceção: foi o puxador da **Mangueira** por 54 anos consecutivos, até 2006.

O carnaval fora da avenida também ia muito bem, obrigado. Além do repertório já citado aqui, de intérpretes do primeiro time da época, como **Emilinha, Marlene, Linda Batista, Anjos do Inferno** etc., muita gente boa também teve seus dias de glória na folia. A começar pelos veteranos. **Nuno Roland** veio com as marchinhas de **Braguinha** falando de um "Pirata da perna de pau" e de um gatinho miador aprontando na "tuba do Serafim" ("Tem gato na tuba"). **Ruy Rey** também deu voz ao compositor e a seu parceiro **Antonio Almeida**, exaltando o poder da mulher "negra-mestiça", pois à época ainda se fazia essa diferenciação ("[Branca é branca / Preta é preta / Mas] A mulata é a tal"). **Joel de Almeida** se extasiava com o fato de estar apaixonado ("Quem sabe sabe" ["Conhece bem / Como é gostoso / Gostar de alguém"]) e chorava a morte da famosa vedete Zaquia Jorge no auge da carreira, em "Madureira chorou".[24]

Gilberto Alves sambou contando a história triste do romance com "Rosa Maria" ("Um dia encontrei Rosa Maria / Na beira da praia a soluçar / Eu perguntei o que aconteceu / Rosa Maria me respondeu / O nosso amor morreu") e a nostalgia de um velho amor ("Recordar" ["É viver / Eu ontem

O AUGE DA ERA DO RÁDIO

sonhei com você"]).[25] Da mesma forma **Aracy de Almeida** suplicava a volta do ser amado ("Não me diga adeus") e lamentava a má sorte de um amigo, lindamente descrito nos versos de **Wilson Batista** e **Henrique de Almeida** em "Louco" ("Pelas ruas ele andava / O coitado chorava / Transformou-se até num vagabundo / Louco, para ele a vida não valia nada / Para ele a mulher amada / Era seu mundo").

Houve ainda duas raridades nesse período: **Roberto Silva** gravou aquele que foi o primeiro samba-enredo relevante a chegar ao disco, em 1955, seis anos depois de o **Império Serrano** levá-lo à avenida sagrando-se campeã, o famoso "Tiradentes"[26] ("Joaquim José / Da Silva Xavier / Morreu a 21 de abril / Pela independência do Brasil"); e o **Bloco Carnavalesco Batutas de São José** conseguiu a proeza de emplacar pela primeira e única vez um frevo-canção pernambucano na folia carioca (e nacional), em 57. Era "Evocação", de **Nelson Ferreira**: "Felinto, Pedro Salgado, Guilherme, Fenelon, cadê teus blocos famosos? / Bloco das Flores, Andaluzas, Pirilampos, Apôs-Fum / Dos carnavais saudosos..."

Intérpretes da nova geração também se destacaram na época do carnaval. **Gilberto Milfont** desabafava a plenos pulmões que o ex-amor era página virada ("Pra seu governo" ["Já tenho outra em seu lugar"]). **Risadinha** pedia "penico" à mulher ("Se eu errei" ["Foi sem querer / Jamais pensei / Em te fazer sofrer"]) ou criticava uma nova lei que pretendia impedir as cantadas nas mulheres durante o carnaval ("O doutor não gosta"). **João Dias** fazia humor de um assunto delicado ("Engole ele, paletó" ["Que o dono dele era maior"]) e **Jamelão** consagrava o samba "Exaltação à Mangueira", cantado até hoje: "Mangueira, teu cenário é uma beleza..."[27]

Artistas de outras searas também passaram a gravar para o carnaval. A "Vedete do Brasil" **Virgínia Lane** esbanjou malícia na clássica "Sassaricando" e na "Marcha da pipoca", aquela do "Empurra a carrocinha / Avança minha gente que a pipoca tá quentinha". O cômico **Oscarito** veio com "Marcha do gago" ("Tá-tá-tá tá na hora / Va-va-vale tudo agora / Sou mo-mo-mole pra-pra falar / Mas sou um *pintacuda* pra beijar").[28] E até o palhaço **Carequinha** debutou na folia de 1958 com a marchinha "Fanzoca de rádio", de **Miguel Gustavo**, uma crônica do ambiente dos auditórios da

Rádio Nacional, que curiosamente vivia seus derradeiros tempos de glória: "Ela é fã da Emilinha / Não sai do César de Alencar / Grita o nome do Cauby / E depois de desmaiar / Pega a Revista do Rádio / E começa a se abanar."[29]

O pintor, humorista e compositor **Monsueto** estreou assinando, com alguns parceiros, três obras-primas do samba carnavalesco na base da dor de cotovelo que são regravadas até hoje em outros andamentos: "Me deixe em paz" ("Se você não me queria / Não devia me procurar..."), lançada por **Linda Batista**; "A fonte secou" ("Eu não sou água / Pra me tratares assim / Só na hora da sede é que procuras por mim"), por **Raul Moreno**; e a obra-prima mor, "Mora na filosofia" que **Marlene** consagrou: "Eu vou lhe dar a decisão / Botei na balança / Você não pesou / Botei na peneira, você não passou / Mora na filosofia / Pra que rimar amor e dor".[30]

Também renovaram a marchinha e o samba de carnaval (ainda que fossem ótimos também no meio de ano) quatro compositores que durante o dia eram militares de alta patente do Exército Brasileiro: **Luiz Antônio, Jota Júnior, Klecius Caldas e Armando Cavalcanti**.[31] Se os dois primeiros deram sucessos a **Marlene** ("Lata d'água") e **Virgínia Lane** ("Sassaricando"), os dois seguintes supriram a verve debochada do maior intérprete carnavalesco da época, **Black-Out** (ou **Blecaute**), com as marchas "Papai Adão", "Piada de salão", "Maria Escandalosa" e "Maria Candelária", esta, criticando privilégios do funcionalismo público: "À uma, vai ao dentista / Às duas, vai ao café / Às três, vai à modista / Às quatro, assina o ponto e dá no pé / Que grande vigarista que ela é."

Nascido órfão de pai e logo depois perdendo a mãe, Otávio Henrique, ou melhor, **Blecaute**, foi engraxate, jornaleiro e mecânico de automóveis. Depois de muitos altos e baixos, e já com o apelido ganho num programa de rádio por causa de sua pele negra bem retinta, a partir de 1948 emplacou diversas marchinhas e também sambas, como "(Chegou) General da banda (ê, ê)", de **Sátiro de Melo, José Alcides** e **Tancredo Silva**, o **Tata Tancredo** — este último foi um dos maiores nomes da umbanda no Rio.[32] Aliás, originalmente essa música era uma louvação a Ogum, evocando as rodas de pernada e batucadas inerentes ao ritual. Com o sucesso, acabou tendo outra conotação e o "general" não era mais uma entidade, virando apelido

O AUGE DA ERA DO RÁDIO

do cantor e um personagem que lhe acompanhou por toda a vida, pois ele se fantasiava como tal, de quepe e tudo. Fora da folia, se notabilizou pela valsa bissexta "Natal das crianças", de sua autoria, que a partir de dezembro de 55 se tornou um clássico natalino: "Natal, Natal das crianças / Natal da noite de luz / Natal da estrela-guia / Natal do Menino Jesus."

Ex-engraxate (como **Blecaute**), vendedor de frutas e doces e pintor de paredes, **Jorge Veiga** foi outro ótimo intérprete revelado nessa altura, também muito requisitado no carnaval. Mas ele entrou mesmo para a história por ter levado adiante a tradição do samba de breque aberta por **Moreira da Silva**, a bordo de sambas anedóticos e malandros, como "Última barbada" (Alberto Maia) e, principalmente, "Café soçaite" (Miguel Gustavo), um samba-crônica do ambiente da alta sociedade carioca, que à época era estampado em colunas sociais como as de Jacinto de Thormes e Ibrahim Sued: "Enquanto a plebe rude na cidade dorme / Eu danço com Jacinto / Que é também de Thormes / Terezas e Dolores falam bem de mim / Já fui até citado na coluna do Ibrahim".

No carnaval fez sucessos de ocasião e foi censuradíssimo em 1947 com a marcha "(Não me importa que a mula manque) Eu quero é rosetar" (Haroldo Lobo/Milton de Oliveira), verbo considerado ofensivo à época, sendo proibida e com o disco tirado de circulação — mesmo caso de "Comprei um Buda" (do mesmo **Haroldo**, com **Benedito Lacerda**), cantada por **Aracy de Almeida**, um ano depois: "Se eu vou pro pif-paf / Eu passo a mão no Buda / Se eu vou para as corridas / No Buda eu passo a mão." Como se vê, mesmo em período democrático, a censura não deixava barato.

Também célebre na folia foi a dupla **Zé e Zilda**, como intérpretes dos sambas "Falam de mim" ("Mas eu não ligo / Todo mundo sabe / Que eu sempre fui amigo"), de **Noel Rosa de Oliveira**, **Éden** e **Aníbal Silva**, do **Salgueiro**, e "Só pra chatear" ("Eu mandei fazer um terno / Só pra chatear / Com a gola amarela..."), do veterano **Príncipe Pretinho**, e acumulando a função de autores, nas marchas etílicas "Saca-rolha" ("As águas vão rolar / Garrafa cheia eu não quero ver sobrar") e "Ressaca". **Zé da Zilda**, ex-parceiro de **Cartola** e **Ataulfo Alves** desde os anos 30, casou-se com **Zilda** e começou a gravar com ela em 44. Morreu inesperadamente dez anos depois, e foi homenageado no carnaval de 55 com "Império do samba" ("Venho do lado de lá / Minha gente chegou / Chegou querendo abafar / Ai, ai, ai, ai, ai / O doutor mandou / Todo o mundo gingar"), gravado por um **Coro de Artistas da Odeon**. No ano seguinte, **Zilda do Zé** emplaca outro samba na mesma linha: "(Vai, vai, amor) Vai que depois eu vou".[33]

O samba no meio de ano

Fora do carnaval, o samba realmente andava em baixa. De 1946 a 49, ainda houve alguns bons exemplares sacudidos do gênero, mas após esse período, até o fim da década de 50, eles foram rareando no meio de ano num grau impressionante. Contudo, alguns "cantautores" que vinham da Era de Ouro, conseguiram furar o bloqueio e emplacar uns mais agitados de grande qualidade, caso de **Ataulfo Alves** ("Pois é", "Meus tempos de criança", "Infidelidade" e o clássico "Mulata assanhada") e **Dorival Caymmi** ("Dois de fevereiro", "Saudade da Bahia" e "Maracangalha", este, um êxito estrondoso, que tocou de agosto de 56 até o carnaval de 57). O baiano, aliás, estava no auge da inspiração, pois, além dos sambas suingados e sambas-canção, ainda imortalizou uma nova leva excepcional de canções praieiras, como a suíte "História de pescadores" e mais "O vento", "Quem vem pra beira do mar", "A lenda do Abaeté" e muitas outras, várias delas regravadas no antológico LP *Caymmi e seu violão* (59).

Por sua vez, **Noel Rosa**, esquecido desde a sua morte em 1937, volta à baila inicialmente em seis discos de 78 rpm gravados por **Aracy de Almeida**, agrupados três a três em belos álbuns com capa desenhada por Di Cavalcanti, na Continental. Com arranjos do competente **Radamés Gnattali**, o primeiro foi lançado em 50, incluindo o samba "Três apitos", inédito até então, e o segundo no ano posterior. Logo a seguir, participa de uma série de programas produzidos por **Almirante** na Rádio Tupi (*No tempo de Noel Rosa*), iniciada em junho de 51. Em fevereiro do ano seguinte, **Aracy** passa a cantar esse repertório na chique boate Vogue, inaugurando uma nova fase em sua carreira. Deixava de lado a baixa boemia da Lapa, passando a ser idolatrada pela nova intelectualidade burguesa de Copacabana, que

O AUGE DA ERA DO RÁDIO

amava sua postura anárquica e zombeteira. A partir daí, até o fim da vida, seria a grande porta-voz do Poeta da Vila às novas gerações.

Adepto do samba-crônica como **Noel**, aparece um paraense igualmente branco e de classe média universitária, que foi para São Paulo estudar Arquitetura, formando-se já no Rio. **Billy Blanco** era ótimo nesse gênero de cadência moderna e sincopada, versando sobre o cotidiano carioca e seus personagens, como o *bon-vivant* da praia ("Mocinho bonito"), o pernóstico racista ("A banca do distinto"), o "Camelô", além de radiografar o ambiente boêmio da cidade ("Estatuto de gafieira", "Estatuto de boite"), o próprio gênero musical que abraçou ("Viva meu samba"), sem esquecer a sátira política, quando, em 57, arrumou encrenca com o simpático presidente Juscelino Kubitschek, que impediu seu samba "Não vou pra Brasília" de ser executado na Rádio Nacional, pois criticava o maior projeto de seu governo — a mudança da capital, do Rio para Brasília: "Não vou pra Brasília / Nem eu nem a minha família / Mesmo que seja pra ficar cheio de grana / A vida não se compara / Mesmo difícil, tão cara / Quero ser pobre sem deixar Copacabana".

Em meio aos temas cariocas, incluindo o seu humor, impregnados na maioria dos sambas até então — exceção feita às cenas baianas de **Ary Barroso** e **Dorival Caymmi** —, eis que a cidade de São Paulo revela aquele que, possivelmente, foi o maior sambista tradicional desse período, **Adoniran Barbosa**. De origem pobre, mas sempre com o sonho de tornar-se artista, após diversos fracassos, inicialmente teve notoriedade como ator e humorista de rádio, fazendo tipos populares. Conquistou grande sucesso na Rádio Record, em programas como *História das Malocas*, de Osvaldo Molles, roteirista que criou para ele personagens típicos das ruas e "malocas" da periferia paulistana, com os quais passou a se identificar, como o Charutinho, um sujeito que não gostava de trabalhar. O ritmo da fala paulistana na contramão da norma culta acabou grudando no próprio **Adoniran**, fazendo o personagem sobrepujar seu criador.

Adoniran tinha músicas gravadas desde 1935, mas atingiu o sucesso já quarentão, época em que conheceu um grupo também já tarimbado, os **Demônios da Garoa**, cuja trajetória se iniciara em 43. Após emplacar dois sambas do compositor no carnaval paulista, "Malvina" e "Joga a chave", eis que em 55 viria a consagração definitiva com "Saudosa maloca", samba que o próprio autor já havia registrado sem repercussão, até que os rapazes do grupo resolveram regravá-lo com novo arranjo. Acontece que as gravadoras não acreditavam nele. A Continental o dispensou, pois o 78 rpm com a gravação de **Adoniran** havia encalhado e a Columbia detestou os erros de português da letra. Enfim, a Odeon acreditou e lançou o samba, aparentemente ingênuo, mas que já denunciava um problema social que persiste até hoje. O sucesso foi retumbante, ajudado também pela gravação de **Marlene** na mesma época. "*Si* o senhor não tá *alembrado* / Dá licença de *contá* / Que aqui *aonde* agora está / Esse *adifício arto* / Era uma casa velha, um palacete assobradado / Foi aqui seu moço / Que eu, Mato Grosso e o Joca / Construímos nossa maloca / Mas um dia *nóis* nem pode se *alembrar* / Veio os homens com as *ferramenta* / O dono mandô *derrubá*".

O grupo acabou se tornando seu principal intérprete, consagrando "O samba do Arnesto", "Conselho de mulher", "As mariposas", "Apaga o fogo, Mané", "Iracema", "Um samba no Bixiga" e dezenas de outros. Tratando com humor as tristezas da vida, os sambas de **Adoniran** eram tragicomédias que o grupo soube traduzir à perfeição, com seus arranjos vocais carregados nos "carigunduns" e "quais quais quais".

Também de São Paulo, o irreverente **Germano Mathias,** que já gravava desde 1956, viveria seus dias de maior sucesso (local), com "Minha nega na janela" (dele, com **Doca**), em 57, mais "Guarde a sandália dela" (com **Sereno**) e "Tem que ter mulata" (do gaúcho **Túlio Piva**), ambas em 58. Foi *expert* na divisão de sambas sincopados e gaiatos. Costumava acompanhar-se batendo numa tampa de lata de graxa, um costume herdado dos engraxates da Praça da Sé. Também lançou em disco 25 sambas do alagoano radicado no Rio, depois na capital paulista, **Jorge Costa**, como "Falso rebolado", em 57, e alguns emblemáticos do carioquísismo **Zé Kéti**, como "Malvadeza Durão" (59) e "Nega Dina" (65).

Outro que fez sua carreira por São Paulo desde o início da década de 40 foi o gaúcho **Caco Velho** — que ganhou esse nome artístico por adorar cantar o belo samba homônimo de **Ary Barroso**. Atuou no Cassino OK e na Rádio Tupi de São Paulo, ganhando o epíteto de "O Homem da Cuíca na Garganta" por imitar o som desse instrumento com a voz. Foi crooner do conjunto do pianista **Robledo** e da orquestra de **George Henri**, com quem foi para Paris em 1955, fazendo fama no cabaré La Macumba como Le Petit Caco. Entre uma turnê internacional e outra, ao longo da vida teve várias casas noturnas na capital paulista — onde, às vezes, deixava o samba para ser contrabaixista e cantor de jazz, se destacando no bebop. Não chegou a ser um ídolo nacional, mas como compositor emplacou o samba *"Pourquoi* (Essa nega sem sandália)" e, principalmente, a toada "Mãe preta", uma parceria com **Piratini**, radialista e flautista, líder de um regional em Porto Alegre, onde **Caco** começou como pandeirista em 32, época em que ambos chegaram a ser parceiros de **Lupicínio Rodrigues**.[34]

Em 1954, onze anos depois de "Mãe preta" ser lançada no Sul pelo **Conjunto Tocantins**, a fadista Maria da Conceição, de passagem pelo Brasil, a registrou novamente. Chegando a Lisboa com a novidade, a diva do fado Amália Rodrigues se apaixonou pela música justo quando foi convidada a participar do filme *Os amantes do Tejo*, de Henri Verneuil (55). Para que a canção fosse incluída na película foi necessário criar uma nova letra, mais de acordo com a sua dramaturgia. A missão foi dada ao então jovem poeta português David Mourão-Ferreira. A original era um libelo contra a escravatura ("Enquanto a chibata / Batia em seu amor / Mãe preta embalava / O filho branco do senhor") e a nova, rebatizada de "Barco negro", embora narrando o desespero de uma mulher esperando o marido pescador, morto em alto-mar, trazia da original sentimentos de amor em vão, tragédia e injustiça:[35] "Vi depois numa rocha, uma cruz / E o teu barco negro dançava na luz / Vi teu braço acenando entre as velas já soltas / Dizem as velhas da praia... que não voltas." A música virou não só um dos maiores sucessos da cantora, como o passaporte para sua carreira internacional. Vejam como são as coisas, apesar de ter sido um grande sambista, a música que consagrou **Caco Velho** mundialmente foi uma toada que virou um clássico do repertório fadista.

O samba, entretanto, naquela fase, quando menos se podia esperar, se fazia presente. Foi, por exemplo, em meados dos anos 1940 que os antigos cordões Lavapés, na Baixada do Glicércio, e Vai-Vai, do Bixiga, foram crescendo, somando-se a novas agremiações, como a Nenê da Vila Matilde, fundada em 1949.[36] Depois, nasceram outras em várias cidades do interior paulista e até de outros estados, como Recife, Porto Alegre, Florianópolis, Curitiba, São Luís do Maranhão e, na década seguinte, Belém, Macapá, e mais tarde Salvador, Corumbá etc. Ao menos no carnaval, em meio a tantos modismos internacionais, o Brasil virava uma suntuosa passarela, e o samba, seu grande aglutinador.

Os conjuntos vocais se multiplicam

Os **Demônios da Garoa** triunfaram, mas o grupo vocal de maior sucesso nesse tempo veio do Ceará, quando ainda se chamava **Quatro Ases e um Malé**, esta uma gíria cearense para a palavra coringa. Tiveram de mudar o nome para **Quatro Ases e um Coringa** de modo a serem bem entendidos no Rio, quando aportaram em 1941. Além de lançarem o "Baião" inicial, deslanchando a moda do gênero pelo país, gravaram rancheiras, marchas e principalmente sambas de **Ary Barroso** ("Terra seca"), **Assis Valente** ("Boneca de pano"), **Pedro Caetano** ("O samba agora vai", "Onde estão os tamborins", "É com esse que eu vou" — os dois últimos de carnaval), bem como "Cabelos brancos", de **Herivelto Martins** e **Marino Pinto**, que acabou regravada em samba-canção pelo mesmo conjunto, com ainda mais sucesso: "Não falem dessa mulher perto de mim", que pode ser incluída entre as munições do torneio amoroso do casal **Herivelto** e **Dalva de Oliveira**.

Igualmente cearenses, apareceram os **Vocalistas Tropicais** (que consagraram especialmente marchinhas carnavalescas, como "Daqui não saio" ("Daqui ninguém me tira"), "Jacarepaguá" e "Turma do funil")[37] e o **Trio Nagô** (composto por três cantores locais solistas que se juntaram, incluindo o futuro grande compositor **Evaldo Gouveia**, lançadores da toada "Prece ao vento" (Gilvan Chaves/Alcyr Pires Vermelho/Fernando Luiz): "Vento diga, por favor / Aonde se escondeu o meu amor". Também daquele tempo são os paulistas performáticos e teatrais **Trigêmeos Vocalistas,** que atuaram na Rádio Nacional e em chanchadas da Atlântida. Mais relevância teve o

O AUGE DA ERA DO RÁDIO

potiguar **Trio Irakitan**, bastante inspirado no mexicano Trio Los Panchos, famoso no mundo inteiro. De atuação longeva, com várias formações, a partir de 1950 foi muito solicitado em rádio, TV e cinema, e gravando discos dançantes maciçamente consumidos, com ênfase em boleros e sambas, mas também samba-canção, como "Siga" (Fernando Lobo/Hélio Guimarães). Também digno de nota foram os **Titulares do Ritmo,** formado por seis cantores deficientes visuais, que gravaram muito — a começar pelo samba "Não põe a mão" (Buci Moreira/Mutt/Arnô Canegal), em 50, e tiveram suas vozes harmonizadas em inúmeros jingles e coros de gravações de artistas em São Paulo.

Do Rio, naturalmente, apareceram **Os Cariocas**, o mais diferenciado de todos, liderado inicialmente pelo compositor **Ismael Neto**. Lançaram clássicos do samba moderno já em 1948, como o samba-canção "Nova ilusão", do violonista **José Menezes** com **Luiz Bittencourt**, e os suingados "Adeus, América" (do mesmo ano) e "Tim-tim por tim-tim", de 51, ambas de **Geraldo Jacques** e **Haroldo Barbosa**. Tais músicas já incluíam as síncopes e harmonizações inspiradas nos grupos vocais americanos da época das big bands, de quem eram fãs: The Modernaires, da orquestra de Glenn Miller, e The Pied Pipers, de Tommy Dorsey. Esses e outros fariam a cabeça de diversos astros da futura bossa nova, fase em que se projetariam definitivamente, desbancando a concorrência. Já de Porto Alegre chegava o afinadíssimo **Conjunto Farroupilha**. Formado em 48, marcou presença na TV brasileira, eventualmente trajando roupas típicas gaúchas quando defendia canções do gênero, como "Negrinho do pastoreio" (lançando seu autor, **Barbosa Lessa**), que o levaram inclusive a excursionar pelo mundo inteiro divulgando suas tradições. Nessas viagens, sempre incorporava temas dos países visitados ao repertório, lançando-os por aqui na volta, como "Noites de Moscou" e "Liechtensteiner Polka".[38]

As compositoras, os intérpretes suaves e um casal *sui generis*

Se para as cantoras as coisas já não eram muito fáceis, imaginem para as compositoras e musicistas. O machismo era fortíssimo. Não é que não houvesse musicistas e letristas mulheres, mas foram poucas as que conseguiram apoio da família e do mercado para seguirem carreiras mais sólidas, ainda mais em música popular, considerada inicialmente menos nobre que a erudita pela classe burguesa. Sobretudo a partir do início da nossa discografia vão aparecer diversos nomes femininos com apenas uma, duas ou meia dúzia de composições gravadas.

Fato é que depois da pioneiríssima **Chiquinha Gonzaga**, segundo levantamento do pesquisador Marcelo Bonavides, surge a pianista **Viúva Guerreiro**, contemporânea de nossa primeira maestrina, que deixou em partituras algumas obras instrumentais. A seguir, na virada para os anos 1930, **Hilda Marçal Mattos, Zelita Vilar e Réa Cibele** tiveram canções gravadas pelo Rei da Voz, **Francisco Alves**, e **Helena Menezes Silva** mais duas por **Silvio Caldas** — todas entre os anos 1920 e 30. Na mesma época a também cantora **Zizinha Bessa** teve duas peças gravadas pela intérprete, depois radioatriz, escritora de radionovelas e poeta **Jesy Barbosa**. Algumas cantoras célebres desse mesmo período também deixaram obras autorais, como **Olga Praguer Coelho, Stefana de Macedo, Laura Suarez,** a também cineasta **Gilda de Abreu** e **Sonia Carvalho** (que compôs algumas em parceria com a futura novelista **Ivani Ribeiro**).

Ainda no fim dos anos 20, tivemos a emérita pianista **Carolina Cardoso de Menezes**, com seis músicas gravadas por **Francisco Alves**, emplacando a valsa "Tudo cabe num beijo" com o hoje obscuro **Manoel Reis**, em 38, e algumas composições instrumentais, como "Preludiando". Na década de 30, apareceram a cantora e violonista **Marília Batista**, mais famosa como intérprete de **Noel Rosa** (tendo ainda duas parcerias com ele) do que de seus próprios sambas, e a pianista **Lina Pesce**, de obra quase toda instrumental, emplacando "Bem-te-vi atrevido", em 42, e uma das raras com letra, o samba-canção "Onde estará meu amor", gravado por vários cantores.

A pianista pernambucana de Jaboatão dos Guararapes radicada no Rio, **Amélia Brandão Nery**, só conseguiu seguir a carreira artística porque enviuvou aos 25 anos. Por isso, teve 28 composições gravadas nos anos 30, algumas pela filha Silene Brandão Nery (depois **Silene de Andrade**), a quem costumava acompanhar em apresentações e turnês. Com o casamento da filha em 39, resolveu encerrar a carreira, retomando-a 15 anos depois, incentivada por Carmélia Alves, que a redescobriu em Goiânia. De volta ao eixo Rio-São Paulo em 53, voltou a gravar, adotando o nome artístico de **Tia Amélia**. Entre o final dos anos 50 e início dos 60, com sua aparência de avó bonachona, gordinha e de cabelos brancos, na casa dos 60 anos (numa época em que esta era uma idade provecta), teve programas nas TVs Rio e Tupi, onde contava causos dos velhos tempos com muita espontaneidade, recebia convidados e tocava seus choros e valsas brejeiros, de sabor bem brasileiro, gravando três LPs na ocasião, com ênfase em seu repertório autoral.

Na década de 40, a cantora **Dilú Mello** obteve alguns êxitos com gêneros nordestinos, como a já referida toada "Fiz a cama na varanda" (com Ovídio Chaves) e o baião "Meu cariri" (com Rosil Cavalcanti), e a geniosa **Linda Rodrigues**, que compôs diversas canções românticas, mas aconteceu como intérprete do samba-canção "Lama", em 52, de autoria (e maior sucesso) de outra compositora, **Aylce Chaves**, com **Paulo Marques**: "Se eu quiser fumar eu fumo / Se eu quiser beber eu bebo / Não me interessa mais ninguém / Se meu passado foi lama / Hoje quem me difama / Viveu na lama também".

Nos anos 50, apareceu **Dora Lopes**, amiga e parceira de **Linda Rodrigues**, mas só teve alguns sambas e marchas de sucesso na voz de outros artistas já nos anos 60, como o "Samba da madrugada" (dela, com a também cantora **Carminha Mascarenhas e Herotides**). A veterana **Bidú Reis** também tem uma ou outra canção de sucesso, como o samba-canção "Bar da noite" (com **Haroldo Barbosa**), na voz de **Nora Ney** em 53, e ainda o gracioso choro "Que falem de mim", gravado por **Ademilde Fonseca** em 61. A estrela **Linda Batista** também gravou algumas canções próprias, mas sem êxito maior. Resultado: muito pouco. Era preciso chegar alguém para fazer a diferença e dar voz às mulheres. Na música erudita, desde o fim da década, a também cantora e pianista **Jocy de Oliveira** foi pioneira na música eletrônica, uma artista vanguardista multimídia de carreira internacional, e na música popular, pouco antes dela, chegaram duas fazendo ainda mais barulho: **Dolores Duran** e **Maysa**.

Autodidata em línguas, **Dolores Duran** começou como cantora em 1949 na boate Vogue, então a mais refinada do Rio, por saber cantar bem em francês, algo muito valorizado pela grã-finagem. Dali, logo foi para a Rádio Nacional, mas nos dez anos que passou por lá jamais obteve o sucesso de **Emilinha**, **Marlene** ou **Angela Maria**. Foi a vida inteira uma grande cantora da noite, atuando nas diversas boates da zona sul carioca, como a Béguin do Hotel Glória e o Little Club, do Beco das Garrafas, em Copacabana. Em 54, emplacou "Canção da volta" (Ismael Neto/Antonio Maria). No ano seguinte, estreou como compositora em "Se é por falta de adeus", gravada por **Doris Monteiro**, numa parceria com o então pianista da noite carioca e arranjador de grandes gravadoras **Antonio Carlos Jobim**.

Dolores tinha um problema congênito de coração e sabia que talvez não fosse muito longe. Por conta disso e de uma inteligência privilegiada — era uma mulher bem à frente do tempo, culta, sem papas na língua, que se recusava a ser submissa aos homens e foi amiga de todos os grandes intelectuais de seu meio —, após um infarto aos 25 anos, sua veia compositora começa a falar mais alto e ela trata de criar uma obra impecável em seus últimos três anos de vida. Falecida em outubro de 1959, aos 29 anos, só teve tempo de gravar sete das 35 músicas que deixou para a posteridade, das quais cerca de 15 viraram clássicos e nunca pararam de ser regravadas. Eram na maioria sambas-canção, como "A noite do meu bem", "Castigo", "Fim de caso", "Solidão", além de algumas parcerias com o pianista da noite **Ribamar** ("Pela rua", "Ternura antiga") e o próprio **Tom Jobim** ("Por causa de você" e "Estrada do sol"), alguns deles imortalizados por sua amiga e grande cantora de emissão suave **Marisa** (**Gata Mansa**). Suas letras trazem delicadeza e ironia em tom coloquial, sendo, na maioria, de uma atualidade impressionante, sem um pingo de pieguice. Tornou-se, assim, a compositora mais gravada de nossa história.

Se **Dolores** começou timidamente com um samba-canção em 1955, **Maysa** se lançou logo com um álbum inteiro autoral de dez polegadas, com oito faixas, no ano seguinte. Era "Convite para ouvir Maysa", incluindo muitos sambas-canção tristes, como "Adeus", sua primeira composição, que escreveu aos 12 anos, e a feminista (antes do tempo) "Resposta": "Só digo o que penso / Só faço o que gosto / E aquilo que creio". Naquela época, uma mulher de classe média ou alta querer ser artista era um pecado mortal,

O AUGE DA ERA DO RÁDIO

agora imaginem ela casada com André Matarazzo, um milionário paulista... Era o início da jornada de uma personagem polêmica que largou um casamento — outro pecado para a época — em prol da carreira musical, dedicando ao ex-marido um samba-canção que pode ser visto hoje também como um libelo feminista: "Ouça" ("Vá viver a sua vida com outro bem / Hoje eu já cansei de pra você não ser ninguém"). Com sua beleza, sedução, inteligência, temperamento explosivo, brigas com a balança e muitas doses a mais no currículo, marcou definitivamente a história da música e da sociedade brasileiras, desafiando a ala mais conservadora da imprensa por sua postura considerada nociva às famílias bem constituídas.[39]

Sempre criteriosa com o repertório, **Maysa** cravou a ferro e fogo sua marca em lindas canções autorais ("Meu mundo caiu", "Tarde triste") e de outros autores, da ala tradicional, como **Denis Brean** e **Osvaldo Guilherme** ("Franqueza", "Conselho"), **Alcyr Pires Vermelho** e **Nazareno de Brito** ("Bronzes e cristais"), **Pernambuco** e **Antonio Maria** ("Suas mãos") ou pré-bossa nova, como **Tom Jobim** ("As praias desertas" e "Se todos fossem iguais a você", esta com **Vinicius de Moraes**). Da mesma forma traçava como poucos o repertório internacional da época em espanhol ("Besame mucho", de Consuelo Velasquez), francês ("Ne me quitte pas", de Jacques Brel), inglês ("Get out of town", de Cole Porter) e até um número do folclore turco ("Uska Dara"). Com seus olhos penetrantes, chamados de "dois oceanos não pacíficos" pelo poeta Manuel Bandeira, foi também uma das pioneiras da TV brasileira a imprimir um estilo diferente nos programas musicais. Cantava séria, encarando as câmeras, hipnotizando os telespectadores. Estava sempre pronta a se renovar, como fez na década de 60, lançando novos compositores, vivendo um tempo na Europa, se apresentando em festivais e atuando como atriz em teatro e TV.

Compondo no estilo preferido das cariocas **Dolores** e **Maysa**, apareceu na mesma época o paulista de ascendência árabe **Tito Madi**, igualmente especialista em músicas melancólicas de amor, porém sofisticadíssimas, sobretudo sambas-canção, como "Não diga não" (que o lançou, com grande êxito), "Cansei de ilusões", "Sonho e saudade", e sambas românticos como "Carinho e amor" e "Saudade querida" — todos compostos entre 1954 e

60. O maior sucesso viria nesse meio-tempo, em 57, com a valsa "Chove lá fora", curiosamente criada debaixo de um sol de rachar, chegando a ser gravada em inglês pelos The Platters. **Tito** gostava de ser acompanhado pelo pianista **Ribamar** (o recém-comentado parceiro de **Dolores Duran**) e **Chiquinho do Acordeon**, direcionando sua carreira para a noite carioca, onde triunfou em suas melhores boates. De estilo semelhante surge, com menos projeção, o cantor e compositor mineiro **Luiz Cláudio**, cujo samba moderno "Sorriu para mim", composto com o violonista **Garoto**, deu ao cantor carioca **Venilton Santos** seu maior sucesso em 55.

Suave como **Tito** foi a cantora carioca **Doris Monteiro**. Filha adotiva do porteiro de um prédio em Copacabana (que temia vê-la envolvida com o meio artístico, considerado "podre") e uma dona de casa, ela sempre quis ser artista. Fã de **Dick Farney** e **Lucio Alves**, despontou para o sucesso nessa mesma linha em 51, aos 17 anos, com o samba-canção "Se você se importasse", de **Peterpan**, ainda que execrada pelo maior crítico da época, Sylvio Tullio Cardoso, que estranhou sua voz miúda. O público, entretanto, a consagrou, ajudada depois pela beleza física, ideal para as telas de cinema, nas quais, aliás, passou a atuar, ganhando até o prêmio de Melhor Atriz no 1º Festival de Cinema do DF, por *Agulha no palheiro*, de Alex Viany. Em 55, incentivada por Chacrinha, descobriu no dono da fábrica do Sabão Português (e do famoso Cinta Azul), **Fernando César**, o seu maior fornecedor inicial de sucessos, como "Graças a Deus" e o maior deles, "Dó ré mi", samba-canção com uma visão mais positiva do amor: "Eu sou feliz / Tendo você / Sempre a meu lado / E sonho sempre / Com você / Mesmo acordada..." Sagrou-se Rainha do Rádio em 1956 e logo incorporou ao repertório os sambas sincopados, modernos, mostrando que sabia dividir seus compassos como ninguém, com muito charme.

Um ano depois de **Doris**, em 1952, apareceu **Nora Ney**, cantora diferente de tudo o que se conhecia, com seu timbre grave e marcante de contralto, um canto falado, como algumas cantoras francesas da época. Ainda que tenha sido a primeira a gravar um rock, o inaugural "Rock around the clock" (55),[40] em inglês mesmo, por ser a única cantora de sua gravadora que sabia falar a língua, e de ter consagrado sambas mais sacudidos ("Vai, mas vai mesmo", de **Ataulfo Alves**) ou bucólicos ("Felicidade", de **João de Barro [Braguinha]** e **Antonio Almeida**), foi no samba-canção triste de amor que ela se encontrou, cantando joias tradicionais como "Aves daninhas" (Lupicínio Rodrigues) e algo sofisticadas, como "Bar da noite" (Bidu Reis/Haroldo Barbosa) e "De cigarro em cigarro" (Luiz Bonfá). Mas o que inscreveu mesmo seu nome na história foi o trágico "Ninguém me ama": "Ninguém me ama / Ninguém me quer / Ninguém me chama de meu amor." Apesar do dramalhão da maioria deles, invariavelmente de dor de cotovelo, **Nora** os cantava num estilo coloquial, sem vibrato, uma novidade, afinada de certa forma com um novo estilo de se interpretar que começava a aparecer no país em contraponto à estética do vozeirão de matriz operística.

Pouco antes de "Ninguém me ama", o samba-canção "Menino grande" marcou a estreia em disco de **Nora Ney**, bem como do pernambucano **Antonio Maria** como compositor, autor de ambos. Foi uma espécie de **Lupicínio Rodrigues** moderno do samba-canção de dor de cotovelo. Mas isso era apenas nas horas vagas. Na maior parte do tempo era redator de programas de humor, locutor esportivo e um cronista excepcional e compulsivo da noite carioca. Era passional, sedutor e um desvairado boêmio, que sabia ser doce ou feroz com as palavras — no jornalismo, na vida pessoal ou na música. Ele aportou no Rio no mesmo momento em que outros conterrâneos famosos, como o comunicador **Chacrinha** (que logo foi para o rádio) e **Fernando Lobo**. Ex-violinista da Jazz Band Acadêmica de Pernambuco, **Lobo** logo se tornaria também compositor e cronista, assinando com **Antonio Maria** justamente "Ninguém me ama" e "Preconceito" para **Nora Ney**. Já com o paranaense **Paulo Soledade** — ator, produtor, comandante de voo e membro do famoso Clube dos Cafajestes (de arruaceiros bem-nascidos de Copacabana) —, criou o dolente "Quanto tempo faz", também para **Nora**, e a marcha "Zum zum" para **Dalva de Oliveira**. Antes, no entanto, **Lobo** já havia assinado sozinho pérolas como "Chuvas de verão", para **Francisco Alves**.

Ainda sobre **Nora Ney**, vale dizer que formou com **Jorge Goulart**, um cantor de estilo oposto ao seu, um casal *sui generis* no rádio brasileiro.

Filho de um jornalista ligado às artes, **Jorge** começou cantando em circos e dancings. Retirou seu sobrenome artístico de um fortificante da época, o Elixir de Inhame Goulart e estourou em 1950 com a marchinha "Balzaquiana", de **Wilson Batista** e **Nássara**, que, inspirada em Honoré de Balzac, autor do livro *A mulher de 30 anos*, defendia o amor pelas mulheres "maduras". Ainda no carnaval, imortalizou sambas como "Mundo de zinco", dos mesmos autores, e diversas marchas, como "Não faz marola" ("Olê, olá / Não faz marola pra canoa não virar"), de **Antonio Almeida** e **José Batista**, bastante plagiada ao longo dos anos. Muito ligado às escolas de samba, ajudando na divulgação de seus sambistas, que na época muito raramente frequentavam ambiente de rádio ou de gravadoras, lançou **Zé Kéti** ao sucesso com o samba "A voz do morro" ("Eu sou o samba / A voz do morro sou eu mesmo, sim senhor"), em 55, e músicas românticas, como a valsa "Laura" (Alcyr Pires Vermelho/João de Barro [Braguinha]) e duas versões de canções de Charles Chaplin que se tornariam emblemáticas, "Sorri (Smile)" e "Luzes da ribalta (Limelight)", esta até então apenas instrumental, recebendo sua primeira letra no Brasil pelos citados **Braguinha** e **Antonio Almeida**.

Jorge conheceu **Nora Ney** quando ambos eram crooners do Copacabana Palace, em 1952, na mesma época em que a jovem **Doris Monteiro**, ainda menor de idade, também cantava ali sob marcação cerrada do Juizado de Menores. Ele já separado e ela querendo se desquitar de um marido obsessivamente ciumento. Foram das raras figuras da música politizadas na ocasião, ao lado de **Mário Lago**, **Billy Blanco**, **Dolores Duran** e **Alberto Ribeiro**, alinhadas à esquerda. Integraram o Partido Comunista, quando isso parecia ser uma alternativa por um Brasil mais justo, e chegaram mesmo a fazer parte do primeiro grupo de artistas a excursionar à antiga União Soviética e à China em 58, com os quais o Brasil não mantinha relações diplomáticas. O objetivo (velado) era ajudar o presidente Juscelino Kubistchek, eleito em 56, a angariar fundos para a construção de Brasília, sem ficar restrito à ajuda americana. Em 83, **Jorge** teve um câncer na laringe que o fez retirar as cordas vocais. Ainda assim, chegou a dar aulas de motivação para portadores da doença. Em 92, Nora teve um AVC que lhe

O AUGE DA ERA DO RÁDIO

tirou a voz. Os dois viveram juntos mais de cinquenta anos num exemplo raro de cooperação mútua, resistência e integridade.

A fixação dos long-plays e dos conjuntos de baile

Apesar da força das multinacionais do disco, nessa fase de 1946 a 58, acontece ainda o surgimento ou a fixação de diversas gravadoras brasileiras, como Star (que virou Copacabana, e também tinha o selo Carnaval), Todamérica, Discos Rádio, Musidisc, Mocambo, Sinter, Festa e RGE, além de uma série de selos, quase todos de vida efêmera, como Athena, Bahia, Campeão, Eco, Espacial, Harpa, Iparaná, Marajoara, Momo, Ritmos, Serenata etc.[41] Entre as multinacionais, a Columbia, como já foi dito, volta pela terceira vez ao país, em 53, e a Polydor se estabelece em 55. De todas elas, a Continental e a Copacabana serão as mais fortes entre as nacionais, competindo em pé de igualdade com a Odeon, a RCA Victor e a nova fase da Columbia.

No mundo do mercado fonográfico, é lançado no Brasil, pela Capitol/ Sinter em 1951, o moderníssimo long-play, ou LP, em 33 rotações e 1/3 por minuto. O álbum *Carnaval em Long-Playing* trazia vários artistas cantando músicas irrelevantes para a folia daquele ano, pois seu elenco não era lá muito expressivo. Inicialmente com quatro faixas de cada lado, o chamado LP de 10 polegadas foi o formato que imperou na indústria até 57. Trazia melhor tecnologia sonora graças ao emprego da fita magnética em substituição ao antigo registro em cera e, a partir do fim da década, da máquina de múltiplos canais (inicialmente com apenas dois). Ao mesmo tempo, foram fabricadas modernas eletrolas para reproduzi-los. Todos eles, entretanto, ainda conviveram com os velhos discos de 78 rotações, que só sairiam de linha em 64, substituídos pelos compactos duplo e simples que começam a se popularizar no Brasil a partir de 58.

O fato de surgirem long-plays, ou seja, discos com um maior número de músicas seguidas, fez com que as festinhas caseiras pudessem ter uma trilha sonora mais prolongada, em que as pessoas podiam arrastar os móveis e dançar suas músicas favoritas com mais facilidade. A indústria fonográfica descobriu rapidamente o filão dos discos dançantes que começavam a explorar as paradas de sucessos nacional e estrangeira, pois ainda não existiam gravadores ou fitas K7 para que cada pessoa selecionasse suas canções favoritas para uma ocasião especial. Por isso, esse estilo de LP virou uma febre entre as décadas de 1950 e 60.

O pioneiro nesse tipo de disco por aqui foi o pianista **Waldir Calmon**, que num espaço de duas décadas gravou 39 discos de 78 rpm e cerca de 50 LPs, um recorde. Só de sua série "Feito para dançar", em 12 volumes, teve mais de 100 mil cópias vendidas pela pequena Discos Rádio, num mercado ainda iniciante. Essa série foi a pioneira de música nacional a explorar o formato de 12 polegadas vigente até hoje, ainda em 1954. Os álbuns comportavam seis ou sete faixas por face e só seria fixado pelo mercado a partir de meados de 57. Nos discos dessa série o lado B apresentava uma faixa contínua, sem interrupção, justamente para fazer os casais evoluírem no salão. **Waldir** ficou famoso também por acoplar o solovox ao piano, um miniteclado que dava efeito semelhante ao dos futuros sintetizadores, uma novidade que agradava muito. Sua gravação de maior sucesso foi "Na cadência do samba" (Luiz Bandeira), que passou a animar as projeções do *Canal 100*, um "cinejornal" com ênfase no futebol, que precedia as sessões de cinema pelo país.

Além de gravar discos, **Waldir** mantinha um dos mais requisitados conjuntos para animar festas. Uma mania que veio do rádio. Desde os anos 30, as emissoras de todas as capitais brasileiras importantes já mantinham sob contrato uma grande orquestra, que acompanhava seus cantores ou solava números dançantes nacionais e estrangeiros. Daí que as mesmas começaram a fazer "Rádio baile" nos fins de semana, com som dançante, e a animar bailinhos reais em clubes e festas particulares (de debutantes, casamentos, aniversários, formaturas). Isso foi crescendo nos anos 40 e explodiu nos 50 e 60, com formações instrumentais bem variadas.

O saxofonista-tenor **Moacyr Silva** também tinha seu conjunto de baile e rivalizou com Calmon em gravações, com 34 Long-plays na Copacabana Discos e outros tantos como **Bob Fleming** na Musidisc, se beneficiando do complexo de vira-lata do brasileiro de supervalorizar músicos gringos.

O AUGE DA ERA DO RÁDIO

Fleming teve outros 15 LPs editados, mas há quem diga que o saxofonista-tenor **Zito Righi** também teria gravado alguns deles com esse mesmo pseudônimo. Os solos de **Moacyr** nos discos eram tão envolventes que ele parecia estar ao nosso lado. Isso sem contar o pianista israelense radicado no Rio **Chaim Lewack**, que dava um colorido especial aos seus álbuns. Fora isso, gravou como líder do **American Dancing Quartet**, acompanhou **Elizeth Cardoso** (com quem teve um flerte) e **Marisa Gata Mansa** em início de carreira, gravando dois discos com cada uma na Copacabana, onde foi durante muitos anos seu diretor artístico.

Vários desses conjuntos atuavam nas boates que começaram a proliferar a partir de meados da década de 40, quando os cassinos foram proibidos e o bairro de Copacabana passou a ser o polo irradiador do que havia de mais moderno em costumes e na vida cultural no país. É o caso do próprio **Waldir Calmon**, que abriu a boate Arpège no Leme, e logo a seguir lançou a série de LPs *Uma noite no Arpège*. Usando ambas as mãos para fazer a melodia, sendo a direita nas teclas agudas e a esquerda no meio do piano, seu estilo emanava um som característico, especialmente quando usava o solovox.

Da mesma forma, o pianista e organista **Djalma Ferreira**, que já atuava na música desde os anos 30, sendo gravado por **Francisco Alves** ("Longe dos olhos") e passando a década seguinte num giro pela América do Sul, voltava ao Rio atuando na boate Night and Day, na Cinelândia, e em 56 inaugurava a própria boate, a memorável Drink, num endereço vizinho à Arpège, cujo nome batizou também seu próprio selo fonográfico independente (numa época em que isso não era nada comum). Neste, produziu uma série de LPs com projetos gráficos que traziam a porta da boate na capa, e, quando se abriam as abas, havia sempre uma foto bem produzida do interior dela ou da paisagem de uma praia.

Antes disso, desde 51, **Djalma** já gravava discos dançantes em 78 rpm também, sempre com seus **Milionários do Ritmo**, e, assim como alguns dos seus colegas de estilo, com temas instrumentais e cantados. Seu balanço no órgão Hammond era sua marca registrada, incluindo um som imitando aves e bichos no solovox, presente em seu primeiro sucesso, o baião "Bicharada". Ele foi um precursor em adaptar para as pequenas pistas das boates o estilo grandiloquente das orquestrações herdado do teatro de revista e do samba-exaltação.[42] Em seus LPs, estrearam crooners como a futura grande estrela da noite **Helena de Lima**, e já na fase da Drink, entre outros, **Miltinho** e **Pedrinho Rodrigues**.

Mais para o fim dos anos 50 surgiram dois organistas que renovaram o gênero, o pernambucano **Walter Wanderley** e o cearense **Ed Lincoln**. O primeiro em São Paulo, moderníssimo, gravando uma média de dois LPs por ano a partir de 57, fora os que acompanhava sua esposa **Isaurinha Garcia** e outros artistas, como **Doris Monteiro**, nem sempre creditado. E o segundo no Rio, tocando inicialmente no contrabaixo, depois órgão na própria Drink e em tudo o que fosse baile importante da época. Um som mais "comercial", porém de grande qualidade, sendo a partir da década seguinte o principal rival de **Waldir Calmon** e recordista em vendas da Musidisc. **Ed** gravou em torno de vinte LPs e assinou também com outros nomes.

No âmbito das boates cariocas, houve mais quatro pianistas que fizeram história e, naturalmente, levaram para o disco seus conjuntos para dançar. **Sacha (Rubin)** fazia um som bem piano-bar até abrir a própria boate, o Sacha's, também no Leme. O autodidata **Bené Nunes** militava no estilo generoso do americano Carmen Cavallaro, com uma técnica invejável. **Fats Elpídio**, mais completo, tocava sozinho ou com orquestra. E seu parceiro em algumas canções, João Leal Brito, o **Britinho**, outro num estilo um pouco mais "comercial", gravou nada mais, nada menos que 37 LPs — fosse com o nome verdadeiro ou como **Pierre Kolmann**, **Tito Romero**, **Al Brito** e **Franca Villa**. Assinou ainda uma série de sambas-canção com **Fernando César**, como "Noite chuvosa", sucesso de **Angela Maria**.

Outros líderes de conjuntos de bailes que acumulavam a função de arranjadores e orquestradores de grandes gravadoras da época igualmente registraram seus próprios discos. Alguns em São Paulo. É o caso do pianista **Enrico Simonetti**, italiano radicado na capital paulista entre 1952 e meados dos anos 60, com uma orquestra excepcional de metais, palhetas e ritmistas da melhor qualidade, que animou bailes, gravou 25 LPs e teve um popular

O AUGE DA ERA DO RÁDIO

programa na TV Excelsior, o *Simonetti Show*, em que ele e seus músicos também faziam humor. Outro pianista, **Pocho** (na verdade, Rubén Pérez), era um uruguaio que fez escola com **Simonetti** e chegou a ser diretor da mesma gravadora em que ele atuava, a RGE, na qual registrou 18 de seus 22 álbuns. Havia ainda o pianista e vibrafonista **Sylvio Mazzuca**, um dos mais requisitados para bailes na capital paulista; **Edmundo Peruzzi**, também trombonista e flautista, na ponte aérea Rio-São Paulo, atuando em rádios e como arranjador na Odeon; e **Luiz Arruda Paes,** mais orquestrador, tanto que foi um dos principais do braço paulista da mesma Odeon, premiado inclusive pela vendagem de um dos diversos álbuns que lançou com sua orquestra, "Brasil, dia e noite" (57), que chegou aos Estados Unidos, Japão, México e Argentina.

Outros paulistas já ficaram mais ligados à Rádio e TV Record, como **Cyro Pereira, Gabriel Migliori**, este autor de trilhas para cinema, como a de *O cangaceiro*, de Lima Barreto (53), pela qual recebeu menção honrosa no Festival de Cannes, e **Hervé Cordovil**, que acompanhou **Inezita Barroso** em discos e na TV Record, enquanto na Rádio Tupi/Difusora, no alto do Sumaré ("A Cidade do Rádio"), davam expediente **Élcio Alvarez** e o refe- rido **Luiz Arruda Paes**.

Ainda nos anos 50, apareceram no Rio orquestradores/pianistas que também gravaram como líderes de orquestras. **Severino Filho** (de **Os Cariocas**), além de arranjador da Continental, gravou com sua própria orquestra e com a **Pan American. Renato de Oliveira** foi arranjador da Columbia e gravou com seu nome mesmo ou como **Cid Gray. Carlos Monteiro de Souza** arranjava na Philips e registrou mais de uma dezena de álbuns. E o legendário **Lindolpho Gaya** foi outro a registrar seus próprios LPs, ainda que tenha ficado mais famoso como arranjador na RCA Victor e Odeon, entre 1945 e 60, renovando seu ofício nas duas décadas seguintes. Também tivemos o trombonista **Astor Silva** com sonoridade de gafieira, o acordeonista **Orlando Silveira** e, vindo da década anterior, dois grandes clarinetistas. Para começar, **Zaccarias**, que atuara no Cassino da Urca, Copacabana Palace e Rádio Nacional, gravou músicas americanas com a orquestra **The Midnighters** para suprir a falta de gravações do gênero na época da Segunda Guerra, e, a partir da década de 50, registrou 19 LPs com seu quinteto, inclusive diversos dedicados ao frevo, e já nos anos 60 mais 21 com a **Orquestra Namorados do Caribe**.

O outro, mais famoso, **Severino Araújo**, um dos grandes modernizadores de nossa música na década de 40, mesclando sonoridades das big bands americanas com ritmos brasileiros, a partir de 45, gravou 79 discos de 78 rpm, incluindo os choros "Espinha de bacalhau" (autoral) — sua estreia — e "Paraquedista" (José Leocádio), sendo líder por quase setenta anos da legendária **Orquestra Tabajara,** com aquele som característico de gafieira. Atuou na grande fase da Rádio Tupi (RJ), orquestrou na Continental e registrou 16 álbuns em seu período áureo; e de 1959 a 69 também esteve à frente da popularíssima **Românticos de Cuba** — esta uma mina de ouro da Musidisc, gravando 29 LPs, a maioria sob seu comando.

Grandes vendedores de discos dançantes foram ainda o violinista **Irany Pinto** (bem "comercial", especializado em boleros, que gravou 21 LPs com seu conjunto, de 1956 a 69, chegando a acompanhar **Dalva de Oliveira** e Gregorio Barrios em seus álbuns na Odeon) e os saxofonistas **Portinho**, eclético, de atuação longeva em rádio e gravadoras, e **Sandoval Dias**, músico da Rádio Nacional. O ótimo **Conjunto Melódico Norberto Baudalf** sacudiu o mercado dançante gaúcho e a pianista **Carolina Cardoso de Menezes**, rara mulher musicista entre tantos varões, gravou um repertório eclético em quarenta discos de 78 rpm e uma série de 14 LPs de 53 até 62, vários com ênfase no samba de boate (ela mesma teve uma sua, a Boate Carolina, em Copacabana, em 56).[43] Por sua vez, o grande pianista romeno **Steve Bernard** aportou no Brasil em 52, sendo um dos pioneiros a pilotar um órgão Hammond no país, e dois anos depois começou a fazer uma série de 12 discos instrumentais com música de baile.

Outro fenômeno é o maestro e multi-instrumentista paulista **Poly**, que lançou de 1953 a 83 a bagatela de 57 LPs originais, solando uma guitarra havaiana, sua especialidade, num repertório para lá de eclético, flertando por vezes com o exotismo em voga nas orquestras estrangeiras de Les Baxter, Esquivel e outras. Foi autor de um grande sucesso de **Cauby Peixoto** em 55, o bolero "Tarde fria" (com Henrique Lobo), e em 59 tornou-se pioneiro em introduzir a guitarra na música sertaneja, quando tocou e rearranjou a "Moda da mula preta", numa regravação da dupla **Raul Torres e Florêncio**.

Além desses, havia a turma de pianistas sofisticados da Rádio Nacional, que na maioria gravaram álbuns próprios, a começar por **Radamés Gnattali** (sem a intenção "dançante" da maior parte de seus colegas), mas também seu irmão, **Alexandre Gnattali**, além de Gustavo de Carvalho, o **Guaraná**, e ainda **Léo Peracchi** e **Lyrio Panicalli** — este também líder da **Lyra de Xopotó**, cujo nome remete a um programa ao vivo que a emissora mantinha nas noites de domingo. Gravou vinte LPs como **Lyrio** e outros vinte com a "Lyra", além de compor a bela canção "Ternura" (com Amaral Gurgel), sucesso de **Francisco Alves**. Na Nacional do Rio se destacaram ainda os maestros **Moacir Santos**, **Alceo Bocchino**, **Eduardo Patané**, **Guerra Peixe**, **Chiquinho (do Lenço)**, o referido **Carlos Monteiro de Souza**, e na Tupi, **Aldo Taranto**.

Também atuando na Tupi e animando bailes, destacaram-se mais dois maestros negros que vieram a somar ao time estelar de **Astor**, **Moacyr Silva**, **Moacir Santos** e o veterano **Pixinguinha**. São eles o saxofonista-tenor **Cipó** (gravando LPs com seu nome e outros tantos nos anos 60 com a **Orquestra Imperial**, **Samba Rhythm** e outros) e o trombonista **Ivan Paulo**, mais conhecido como o maestro **Carioca** (que era paulista), fundador da **Orquestra All Stars** na Rádio Nacional, onde realizou um famoso duelo de trombones com o maestro americano Tommy Dorsey, transferindo-se, aí sim, para a "Maracanã dos auditórios", a Tupi.[44] Gravou vários LPs de músicas de baile e foi autor de dois choros de sucesso na voz de **Ademilde Fonseca**: o sinuoso "Derrubando violões" e outro com rara letra feminista, "Dono de ninguém", que dizia em 54: "Você é meu amor / Mas não é meu senhor / Não gosto de ser mandada / Nem por mal nem por bem / Coração é terra que ninguém pisa / Nem você, por ser meu bem / É dono de ninguém." Falando em maestros negros, vale citar os esforços de **Abigail Moura**, um copista da Rádio MEC, em formar a **Orquestra Afro-Brasileira**, que deixou seu nome na história por ser pioneiro em colocar a percussão da música negra em primeiro plano na sua big band, centrando o som no tambor e nos cantos religiosos afro-brasileiros, registrado nos dois LPs *cults* que conseguiu gravar, em 1957 e 68.

Para provar a força da música dançante instrumental nessa época, até mesmo a antiquíssima **Banda do Corpo de Bombeiros** do Rio de Janeiro se remodelava, mais eclética e suingada, em álbuns temáticos, registrando nove LPs. Sobressaía-se também fazendo exibições, com direito a coreografia dos músicos, antes de importantes partidas de futebol, no Maracanã.

Músicos que fizeram escola

Outros músicos bastante prestigiados e falados nesse tempo foram o gaúcho **Edu da Gaita**, que fazia misérias com seu limitado instrumento, e o violonista, guitarrista e compositor **José Menezes**, que, além de participar de infinitas gravações, foi contratado da Rádio Nacional, passou a gravar seus próprios 78 rpm e a fazer muitos LPs dançantes, além de participar do **Quarteto Radamés Gnattali**, que em 1958 virou **Quinteto** e depois **Sexteto**, excursionando pelo mundo, e na década seguinte seguiria gravando incógnito à frente do grupo **Os Velhinhos Transviados**, sempre com capas desenhadas e divertidas.

Nos anos 50, porém, poucos músicos foram tão bem-sucedidos quanto o acordeonista (mineiro) **Mário Mascarenhas**. Depois de tocar para os soldados durante a Segunda Guerra, nos Estados Unidos, e de se apresentar em Hollywood e em palcos célebres, como os do Carnegie Hall e Rockefeller Center, em Nova York, permaneceu por lá, aperfeiçoando seus estudos durante três anos. Diplomando-se docente e maestro, seguiu para o Canadá e vários países das Américas Central e Latina, e ao regressar, fundou uma academia para ensinar o acordeom, com seu próprio método de aprendizagem. Em 54, tinha 1.200 alunos no Rio, 800 em São Paulo e outros tantos nas 108 escolas que mantinha no país.[45] Chegou a reunir mil executantes em concertos no Teatro Municipal do Rio (em 54) e no Maracanãzinho (em 58).

Ainda nesse instrumento (embora tocasse vários), seu xará, o paulista **Mario Gennari Filho**, foi uma espécie de **Waldir Calmon** do acordeom, atingindo inclusive as classes mais baixas, especialmente em São Paulo, gravando 55 discos de 78 rpm e mais 12 LPs. Apesar de deficiente visual,

O AUGE DA ERA DO RÁDIO

o compositor, cujo maior sucesso foi o "Baião caçula", era tão forte em vendas na Odeon que mereceu um disco americano editado na Decca. Em seu instrumento, só **Mário Zan** gravou mais que ele.

Houve ainda outros que se notabilizaram nos anos 40 e 50, porém transcenderam seu tempo, caso do carioca **Jacob do Bandolim**, ícone do instrumento e pesquisador do choro, autor de clássicos do gênero, como "Doce de coco" e "Noites cariocas" e revitalizador da obra de **Ernesto Nazareth**, de quem gravou 19 temas, como "Tenebroso" e "Odeon". Extremamente radical, não admitia fusões e modernizações no estilo. Atuando em programas próprios em rádio desde a década de 30, em 55 é contratado pela Rádio Nacional (onde permaneceu até sua morte em 69), ancorando o programa diário *Jacob e seus discos de ouro*, às 23h30. Nesse ínterim, em 1959, recebe das mãos do chorão veterano **Candinho Trombone**, já doente, um riquíssimo arquivo musical com partituras manuscritas de compositores da primeira geração de chorões. Graças a essa doação, incorporada ao seu imenso e minucioso arquivo, e ao tratamento que deu a ele, o choro do século XIX pôde ser conhecido e gravado pelas gerações seguintes.

Mais popular que ele, o cavaquinista **Waldir Azevedo** virou um grande astro da música instrumental do período. Emplacou os choros "Brasileirinho" (49) — uma das músicas brasileiras mais conhecidas de todos os tempos — e "Pedacinhos do céu" (51), e nesse meio-tempo, em 50, o baião "Delicado", numa época em que já raramente uma canção não cantada chegava às paradas. O primeiro e o último viraram hits internacionais, porém "Delicado" superou todas as expectativas. Ficou seis meses (!) no Top 10 do hit parade americano.[46] Por aqui, devidamente letrados, os três deram à **Ademilde Fonseca** novos estrondosos sucessos para ela colecionar, juntamente com os choros "Sonoroso" (Del Loro/K-Ximbinho), "Galo garnizé" (Luiz Gonzaga/Miguel Lima/Antonio Almeida), "Doce melodia" (Abel Ferreira/Luiz Antônio), "Acariciando" (Abel Ferreira/Luiz Antonio) e "Teco-teco" ("na bola de gude") (Pereira Costa/Milton Vilela). Mas foi mesmo "Brasileirinho", música e letra, que o tempo tratou de eternizar: "O brasileiro / Quando é do choro / É entusiasmado / Quando cai no samba / Não fica abafado / E é um desacato / Quando chega no salão."

Em 1950, após um entrevero com **Benedito Lacerda**, os demais integrantes de seu regional, os violonistas **Meira** e **Dino**, o pandeirista **Gilson** e o cavaquinista **Canhoto** formaram um novo grupo, batizado com o nome de seu integrante mais idoso, o **Regional do Canhoto** (Waldiro Tramontano, não confundir com o velho **Grupo do Canhoto**). Ele se torna o mais importante da década, inclusive acompanhando todo o *cast* da RCA Victor. Inicialmente trabalhando com **Luiz Gonzaga**, que trocou a Rádio Nacional pela Mayrink Veiga em 51, foi aos poucos realizando inovações, como a de incluir um violão sete cordas (tocado por **Dino**, conferindo uma nova linguagem ao instrumento, a partir de 53) e um acordeonista nesse tipo de conjunto, no Rio — no caso, **Orlando Silveira** (que vinha do paulista **Regional do Rago**). Além disso, no lugar de **Benedito**, o conjunto incorporou inicialmente o flautista e arranjador virtuose **Altamiro Carrilho**, que só desertou do grupo em 56, quando o seu próprio conjunto, a **Bandinha de Altamiro Carrilho**, figurinha fácil nos programas da TV Tupi, ficou popular demais para que ele acumulasse a dupla jornada.

Trabalhando até ficar octogenário, **Altamiro** gravou mais de cinco dezenas de álbuns de choros, valsas, marchas juninas e outros gêneros tradicionais brasileiros, como o velho maxixe, que utilizou para compor o gracioso sucesso "Rio antigo", em 1955, e o samba-canção sofisticado, "Meu sonho é você" (com **Átila Nunes**), sucesso de **Orlando Correia** em 51 — a propósito, esse, um cantor de Niterói (RJ) que também estourou o samba-canção "Sistema nervoso" (Wilson Batista/Roberto Roberti/Arlindo Marques Jr.), com arranjo de **Pachequinho**, que emulava uma atmosfera de suspense de cinema *noir*, com direito a sonoplastia de passos da mulher amada que em seu delírio voltava toda noite para atormentá-lo: "Ela abalou meu sistema nervoso", dizia a letra. Uma ousadia algo "pop" que a crítica da época não perdoou.

Voltando aos músicos, Aníbal Sardinha, o **Garoto,** segundo alguns estudiosos, completava com seus encadeamentos harmônicos modernos o tripé básico da tradição do violão brasileiro, iniciado pelas bases rítmicas de **João Pernambuco** e continuado pelas linhas melódicas de **Dilermando Reis**. Mas, em verdade, tocava 13 instrumentos, entre os quais banjo,

O AUGE DA ERA DO RÁDIO

bandolim, cavaquinho, guitarra havaiana e violão tenor, que se gabava de ter lançado no país. Sua atuação nos cassinos, na Rádio Nacional (como solista da orquestra de **Radamés Gnattali**), em parte da fase americana do **Bando da Lua** e em seus duetos com **Carolina Cardoso de Menezes** foi sempre marcante. Igualmente se destacou como solista no dobrado "São Paulo quatrocentão" (dele, com **Chiquinho do Acordeon**), que vendeu milhares de 78 rpms na época do quarto centenário da cidade, tal e qual **Mário Zan** e seu "Hino do IV Centenário".

Já o seu samba-canção "Duas contas", no qual também assinou a bela letra sem rimas, virou um clássico sofisticado do gênero, lançado pelo requintado **Trio Surdina**, um grupo formado em 1952 a partir do programa *Música em surdina*, da Nacional, por ele e os legendários **Fafá Lemos** (genioso e imprevisível violinista que gravou ao menos 11 LPs próprios, solou em gravações memoráveis, como "Vingança", de **Linda Batista**, e viveu por décadas nos Estados Unidos) e **Chiquinho do Acordeon** (atuante junto ao primeiro time da música brasileira até os anos 90). Morto em 55, aos 39 anos, **Garoto** fincou seu nome no olimpo do violão desse tempo ao lado de **Luiz Bonfá**, **Laurindo de Almeida**, **Bola Sete** (todos com passagens pelos Estados Unidos) e no estilo deste último, Manuel da Conceição, o **Mão de Vaca**, além do apurado **Valzinho** e do veterano **José Menezes**.

O **Trio Surdina** fazia parte da turma que já era chegada a interpretações — vocais e instrumentais — mais intimistas, arranjos elaborados, um samba-canção mais suave, muitas vezes já apontando para temáticas mais doces, sensuais, tendo como cenário a zona sul carioca — a praia, o sol ou a brisa noturna de Copacabana. Seu som era a perfeita tradução da música que a boemia mais requintada do bairro gostava de ouvir em suas boates esfumaçadas, regadas a um bom uísque. Era a semente da chamada bossa nova que já dava seus primeiros passos e estava prestes a florescer a qualquer momento...

5.

A bossa nova, o rock e o romantismo popular se revezam (1958-1965)

A pré-bossa nova (1946-57)

Desde o início do século, quando a nossa música começou a ser gravada, foram aparecendo diversos artistas que sem saber já plantavam a semente da moderna música brasileira. No tempo da Casa Edison, **Bahiano** e **Mário Pinheiro** eram irreverentes e despojados. Na Era de Ouro alguns cultivavam o canto coloquial com graça, como **Mario Reis e Carmen Miranda**; outros sincoparam o samba, como **Cyro Monteiro** e **Geraldo Pereira**, outros inovaram na poética, com rimas ricas e temas cotidianos sem esnobismo, como **Noel Rosa**; ou nas harmonias como **Custódio Mesquita** e **José Maria de Abreu**, e ainda outros tanto na poética quanto na harmonia, como **Ary Barroso e Dorival Caymmi**. Nem todo processo na música brasileira foi "evolutivo", mas, no auge da Era do Rádio, uma linha mais burilada de composição e suave de interpretação se intensificou em paralelo à popularidade dos astros do baião e das grandes vozes consagradas nos auditórios radiofônicos, que eram igualmente interessantes, mas que já não davam conta sozinhos das demandas de uma nova juventude que estava surgindo com novos gostos e valores.

HISTÓRIA DA MÚSICA POPULAR BRASILEIRA – SEM PRECONCEITOS

Uma das figuras mais importantes desse avanço em termos de suavidade e, digamos, sofisticação, na segunda fase da Era do Rádio, foi o carioca de classe média alta Farnésio Dutra e Silva. Filho de maestro, começou a estudar música cedo e adorava o cancioneiro americano, tanto que só cantava em inglês, acompanhando-se (muito bem) ao piano. Atuava em cassinos e, com alguns discos solo na bagagem desde 1944, tinha como projeto de vida fazer carreira nos Estados Unidos. Conhecido pelo pseudônimo de **Dick Farney**, estava com a passagem comprada para sua primeira temporada em Los Angeles em 46 quando **Braguinha**, diretor da Continental, quase teve de chamar a polícia para convencê-lo de que deveria gravar em português um de seus sambas compostos com **Alberto Ribeiro**. Dick achava que sua voz não combinava com brasilidades. A muito custo ele registrou o samba-canção "Copacabana", lançado em agosto daquele ano, que se tornaria um marco da moderna canção brasileira por várias razões.

Inspirado em Bing Crosby — que se dizia mais um "fraseador" que um cantor, ou seja, cantando com naturalidade, sem grandes teatralizações —, **Dick** foi além de **Mario Reis** no canto nacional, usando o microfone também a seu favor, emitindo a voz suave num tom confidente e envolvente, que, embora sob influência americana, revelou uma sensualidade tropical inesperada nos versos belos e sem dramalhão que a partir de então se dispôs a interpretar. A outra novidade é que, longe de tragédias amorosas, "Copacabana" narrava a paisagem do bairro que se tornou sinônimo de vanguarda comportamental na América do Sul: "Existem praias tão lindas / Cheias de luz / Nenhuma tem o encanto que tu possuis / Tuas areias / Teu céu tão lindo / Tuas sereias, sempre sorrindo..." Como se não bastasse, o autor do arranjo orquestral (regido pelo maestro **Eduardo Patané**) era o velho e bom **Radamés Gnattali**, que se outrora já atendia aos pedidos de **Orlando Silva** incorporando cordas em gravações de samba, algo inédito até então, dessa vez não se fez de rogado, e colocou oboé, oito violinos, duas violas e violoncelo.

Quando **Dick Farney** voltou dos Estados Unidos em janeiro de 1947, surpreendeu-se sendo cortejado pelas meninas aonde quer que fosse — tinha uma tremenda pinta de galã. Por que tanto alarde? É que sua gravação

A BOSSA NOVA, O ROCK E O ROMANTISMO POPULAR SE REVEZAM

estourou e sua foto já começava a pipocar na imprensa. Logo, **Braguinha** o fez gravar mais discos para suprir o mercado, com outra leva de sambas-canção da pesada, a começar por "Marina", de **Caymmi**. Mais um sucesso estrondoso. Seu novo palco foi a chiquérrima boate Vogue, ali mesmo em Copacabana, alinhada com a nova tendência do bairro que deu nome ao seu hit inicial. Com o fim da Segunda Guerra e do Estado Novo, o Rio de Janeiro vivia um clima de euforia, com muitas importações e investimento na construção civil. O fechamento dos grandiosos cassinos em 46 motivou o nascimento de uma boemia sofisticada e intimista, centralizada no bairro, regada a bom uísque, em contraposição aos cabarés da Lapa à base de vermute e cachaça. A moda agora era frequentar pequenos bares, restaurantes e, sobretudo, as boates de lá, onde era providencial cantar baixinho, acompanhado de pequenos conjuntos. Tudo o que **Dick** mais adorava.

Entre suas quatro temporadas americanas, ele ia lançando por aqui as pérolas mais bonitas e suaves que se poderia imaginar, fornecidas por **José Maria de Abreu**, **Jair Amorim**, **Braguinha**, **Alberto Ribeiro** e novos talentos como **Klecius Caldas**, **Luiz Bonfá** e outros, tais como a toada "A saudade mata a gente" e os sambas-canção "Um cantinho e você", "Ser ou não ser", "Somos dois", "Esquece", "Uma loira", "Nick bar", "Alguém como tu", "Sem esse céu", "Perdido de amor" e "Não tem solução" — este de **Dorival Caymmi**, que também emplacou "Nunca mais" (49) e o antológico "Sábado em Copacabana" (51)[1] na voz de **Lucio Alves** (ex-**Anjos do Inferno** e **Namorados da Lua**), cantor de gênero intimista, semelhante ao de **Dick**, mas de voz nasalada, com ênfase nas notas graves: "Um bom lugar para encontrar, Copacabana / Pra passear à beira-mar, Copacabana / Depois num bar à meia-luz, Copacabana / Eu esperei por essa noite uma semana." Versos que reforçavam a aura boêmia do bairro da moda na virada dos anos 40 para os 50.

Vale dizer que desde 1949 funcionava num porão da Tijuca, na zona norte carioca, o "Sinatra-Farney Fã-Clube", reunindo uma turma que curtia um outro tipo de som que o tocado na maior parte dos programas de rádio. Entre os frequentadores, futuros músicos de sucesso, como **João Donato**, **Paulo Moura**, **Johnny Alf**, **Haroldo Eiras** (também radialista) e a cantora **Nora Ney**. Da mesma forma, havia o "Dick Haymes-Lúcio Alves Fã-Clube" em Botafogo, na zona sul. Curiosamente, não foi em Haymes que o "rival" **Dick Farney** se inspirou para seu nome artístico, mas no ator de cinema **Dick Powell**, que ele imitava quando pequeno.

Para acabar com a suposta rivalidade plantada por seus respectivos fã--clubes, **Dick Farney** propôs a **Lúcio Alves** que gravassem juntos. O samba escolhido foi o ralentado e envolvente "Tereza da praia", escrito como um diálogo entre dois amigos, descrevendo uma musa em comum que se envolvera com eles. Gravado em 1954, foi o primeiro sucesso de dois jovens compositores modernos: **Antonio Carlos Jobim** e **Billy Blanco**. "— Lúcio! / — Eu / — Arranjei novo amor no Leblon / — Não diga! / — Que corpo bonito! / — Humm / — Que pele morena! / — Humm / — Que amor de pequena / Amar é tão bom!" Também compõem juntos a sofisticada "Sinfonia do Rio de Janeiro", arregimentando alguns dos melhores cantores do elenco da Continental, na qual **Tom** era arranjador — mas por pouco tempo, pois dali a um ano se transferiria para a Odeon. A propósito, embora escondido, trabalhando em gravadoras e em boates de Copacabana como pianista, ele vinha aperfeiçoando sua formação musical. Além de beber na fonte do impressionismo francês, de Debussy e Ravel, estudou com três grandes professores, entre os quais o famoso educador alemão Koellreutter e o espanhol Tomás Terán, que lhe ensinou harmonia e o apresentou tanto à obra de **Villa-Lobos** como pessoalmente ao maestro **Radamés Gnattali**, que se tornaria seu grande mestre e amigo.[2] O estouro era questão de tempo.

Outro dos primeiros parceiros de **Tom**, o violonista **Luiz Bonfá** (em canções como a toada *cool* "A chuva caiu", na voz de **Angela Maria**) já gravava seus 78 rpm desde 1945. Dez anos mais tarde registrou seu primeiro LP homônimo de dez polegadas, incluindo "Minha saudade", uma composição do acordeonista **João Donato**. Anos depois ela ganharia uma letra do seu amigo, cantor e violonista, **João Gilberto**. Nesse tempo, porém, ambos eram ainda ilustres desconhecidos, apenas músicos de conjuntos de baile e boate. O suingue do samba moderno em gravações como esta já antecipava a revolução harmônica que estava prestes a acontecer.

Dois anos antes, em 53, **Mary Gonçalves**, cantora *cool* que não teve grande projeção, embora tenha sido eleita Rainha do Rádio de 52 por

A BOSSA NOVA, O ROCK E O ROMANTISMO POPULAR SE REVEZAM

uma casualidade,[3] entrou para a história por ter lançado as primeiras composições de um pianista da noite carioca que tocava em boates sambas igualmente moderníssimos, cheios de inversões de acordes, como "O que é amar" e "Escuta". Era **Johnny Alf**, na verdade Alfredo José da Silva, que adotou o nome artístico ainda adolescente por sugestão de uma colega do Ibeu. Foi um raro caso de músico negro de origem humilde, filho de uma doméstica, a se identificar nessa época com este estilo de samba moderno. Naquele mesmo ano de 53, **Alf** estreava num disco instrumental pouco divulgado, liderando um trio, e compunha algumas das primeiras fusões bem-sucedidas de samba e jazz, como "Céu e mar" (que gravaria anos mais tarde) e "Rapaz de bem", sobre um *bon-vivant* de Copacabana, daqueles que gostavam de ser bancados, faixa que ele mesmo lançou como cantor no ano seguinte: "Se a luz do sol vem me trazer calor / E a luz da lua vem trazer amor / Tudo de graça a natureza dá / Pra que que eu quero trabalhar?" Para muitos, o primeiro marco do movimento que se alinhava.

Outro rapagão de Copacabana foi imortalizado em mais um samba moderno, "Mocinho bonito", este escrito por **Billy Blanco** e, por sugestão sua, após ser lançado por **Isaura Garcia**, foi eternizado pela suave **Doris Monteiro**, até então uma cantora *cool* de pouca voz, mas restrita ao samba--canção: "Queimado de sol / Cabelo assanhado / Com muito cuidado / Na pinta de conde / Se esconde um coitado / Um pobre farsante que a sorte esqueceu". **Billy**, assim como **João Donato**, foi namorado de **Dolores Duran**, outra figura onipresente nas boates de Copacabana, que começou a compor em 1955, logo numa parceria com **Tom Jobim**, "Se é por falta de adeus", gravada pela mesma **Doris**. Depois, estourou nas vozes de dezenas de intérpretes outras duas parcerias com ele: "Por causa de você" (57) e "Estrada do sol" (58) — esta última, narrando seu cotidiano, o de ir do Beco das Garrafas (uma travessa da rua Duvivier, em Copacabana, com três pequenas boates onde estrearam ou se projetaram alguns dos músicos mais modernos do país) até seu apartamento no Posto 6, na divisa com Ipanema, sempre ao amanhecer: "É de manhã / Vem o sol, mas os pingos da chuva que ontem caiu / Ainda estão a brilhar / Ainda estão a dançar ao vento alegre que me traz esta canção."

Pianista da noite como **Tom Jobim, Newton Mendonça** foi outro de seus primeiros parceiros. Juntos criaram o samba-canção "Foi a noite" em 1956, considerado por estudiosos também um marco importante da revolução musical que estava a um passo de eclodir: "Foi a noite / Foi o mar eu sei / Foi a lua que me fez pensar / Que você me queria outra vez / E que ainda gostava de mim." Com arranjo simples de **Léo Peracchi**, foi gravado pela novata **Sylvia Telles**, de emissão doce e fresca, com um bom gosto impressionante de repertório, sempre atenta a compositores novos (e modernos). Era mais uma a juntar-se a **Nora Ney, Maysa, Dolores Duran, Neusa Maria, Marisa (Gata Mansa)** e outras cantoras de seu tempo que traziam novos tipos de repertório e intenção de interpretação à música brasileira. Nos três anos seguintes, "Foi a noite" teve cerca de vinte regravações, inclusive de **Cauby Peixoto**, que também sabia ser moderno quando saía de seu repertório popular, além de **Tito Madi, Agostinho dos Santos e Claudette Soares**. Todos em breve seriam porta-vozes de novos ares musicais.

Mas uma surpresa maior estava para acontecer. O consagrado poeta e diplomata **Vinicius de Moraes** havia adaptado o mito grego de Orfeu para a realidade das favelas cariocas e pretendia fazer um musical no Teatro Municipal só com atores negros e cenários do arquiteto Oscar Niemeyer, mas precisava de alguém que musicasse seus poemas. Lúcio Rangel, jornalista de música e grande boêmio, então indicou **Tom Jobim**, colocando-os frente a frente em 1955. Com despesas crescentes de homem recém-casado, pai de um menino, o maestro aceitou, mas não sem antes perguntar: "Tem um dinheirinho aí?" Mal sabia ele que ali estava sendo fundada a parceria que mudou o destino de boa parte da música brasileira, cujo primeiro clássico viria ao mundo já no ano seguinte, ainda em ritmo de samba-canção, "Se todos fossem iguais a você".

"Chega de saudade"

Em 1958, **Tom** e **Vinicius** convidaram **Elizeth Cardoso** para gravar o LP *Canção do amor demais*, somente com composições deles. O trabalho

A BOSSA NOVA, O ROCK E O ROMANTISMO POPULAR SE REVEZAM

era visto como um projeto alternativo e saiu pelo pequeno selo Festa, do jornalista Irineu Garcia, normalmente dedicado a discos de poesia. Por sugestão de **Tom**, duas faixas desse LP — "Outra vez" e "Chega de saudade" — tiveram a participação de um violonista de temperamento retraído, que já atuara em conjuntos vocais (**Garotos da Lua**) e como músico na noite carioca, além de ter duas canções gravadas por artistas da época e registrado um obscuro 78 rpm dando uma de **Orlando Silva**. Perfeccionista ao extremo, ele havia se recolhido por uns anos em Porto Alegre, Diamantina e sua terra natal, Juazeiro, na Bahia, até retornar ao Rio em 57, trazendo na bagagem uma novidade revolucionária: a tal "batida diferente" para se tocar o samba no violão. Se **Elizeth** pode ter estranhado um pouco, a princípio, o acompanhamento, os demais presentes (**Tom**, **Caymmi**, o produtor **Aloysio de Oliveira**...) ficaram logo encantados e fizeram pressão para que a Odeon o contratasse. Era **João Gilberto**.

Lançada num 78 rpm em agosto de 1958, a gravação de **João** como cantor e violonista do mesmo samba "Chega de saudade" nos dava uma lição de como usar uma voz tão pequena ao microfone, numa emissão próxima da perfeição para os sons e as palavras. Suave e intimista, mas ao mesmo tempo com suingue. Além disso, por sua exigência, havia um segundo microfone apenas para a captação do violão, numa atitude pioneira — afinal, como ele conseguiu sintetizar numa fórmula simples a complexidade da rítmica do samba, transpondo para o violão algo que até então só era possível com dezenas de instrumentos de percussão, cada qual realizando desenhos rítmicos e melódicos diferentes, era preciso que essa batida fosse registrada com o melhor apuro técnico possível. Também exigiu repetir vários *takes* da mesma canção para escolher o melhor — algo impensável até então nos estúdios brasileiros.

Tal "batida diferente", conjugada com a bateria minimalista de **Milton Banana**,[4] se juntou à poesia bela e coloquial de **Vinicius de Moraes**, rimando "beijinhos" com "carinhos (sem ter fim)" e à harmonia de **Tom Jobim** (também autor do arranjo), baseada em tensões e dissonâncias que antes não eram bem-vindas em nossa música popular — as mesmas que já vinham vez por outra sendo experimentadas por diversos músicos mais ousados desde o fim dos anos 40, e que naquele momento encontravam o intérprete ideal. Ali nascia oficialmente a bossa nova. A partir de então, a música brasileira passou a ter mais uma maneira de cantar e tocar o bom e velho samba (e também outros ritmos, já que consistia também num novo jeito mais confidente e minimalista de harmonizar e interpretar uma canção, seja ela de que gênero fosse). Apesar do temperamento difícil e do perfeccionismo à beira do absurdo, **João** passou a ser um dos artistas brasileiros mais admirados, respeitados, influentes, imitados e premiados do mundo pelos especialistas, músicos e aficionados por jazz, gravando em vários países, merecendo verbetes em todas as enciclopédias do gênero e se apresentando em alguns dos mais prestigiados palcos do planeta.

Seus primeiros três LPs, lançados entre 1959 e 61, consagraram a estética inicial da bossa nova, bastante intimista, na base do banquinho e violão, acompanhamento orquestral discreto vinculado a seu canto cheio de novidades no fraseado, adiantando ou atrasando versos, em canções de **Jobim** ("Este seu olhar", "Outra vez") ou deste com os parceiros **Vinicius** ("Insensatez", "Brigas nunca mais", "O amor em paz") e **Newton Mendonça** ("Desafinado", "Samba de uma nota só", "Discussão", "Meditação", "Só em teus braços") — este, morto prematuramente aos 33 anos, em 1960. **João** gravou ainda jovens compositores que estavam despontando, como **Carlos Lyra**, **Roberto Menescal** e **Ronaldo Bôscoli**, além da divertida "O pato", dos desconhecidos **Jayme Silva** e **Neusa Teixeira**. Dialogando como poucos com a tradição de nossa música, algo que o acompanhou por toda a sua carreira, começou revigorando sambas clássicos do passado, imprimindo novas nuances a obras de mestres como **Ary Barroso** ("Morena boca de ouro", "É luxo só"), **Dorival Caymmi** ("Samba da minha terra", "Saudade da Bahia", "Rosa Morena", "Doralice", sendo esta com **Antonio Almeida**), **Geraldo Pereira** ("Bolinha de papel") e **Bide e Marçal** ("A primeira vez").

Embora o nome "bossa" já fosse usado como sinônimo de virtuosismo no samba desde os anos 30, a hipótese mais provável de sua consagração intitulando este movimento, acrescido do sufixo "nova", se deu entre 1958 e 59 quando uma turma de jovens músicos (alguns dos quais famosos no futuro) fizeram uma apresentação no Grupo Universitário Hebraico Bra-

A BOSSA NOVA, O ROCK E O ROMANTISMO POPULAR SE REVEZAM

sileiro, na zona sul carioca. O estudante Moisés Fuks, que organizava o espetáculo, anunciou, em um quadro-negro, que a atração daquele dia seria: "Sylvia Telles e um grupo 'bossa nova' apresentando sambas modernos." À proporção que esses músicos iam chegando ao clube, os frequentadores perguntavam a eles: "Vocês é que são os bossa nova?" E então o nome, que já era uma gíria muito usada à época, teria sido adotada para batizar não apenas aquele gênero, mas tudo o que tinha sabor moderno, até na publicidade de eletrodomésticos.

A primeira geração de bossa-novistas

Somando-se aos precursores, como **Tom**, **Vinicius**, **Johnny Alf** e **Newton Mendonça**, e intérpretes como **João** e **Sylvia Telles**, esta, a primeira a gravar um álbum inteiro só de **Jobim** e seus parceiros, "Amor de gente moça" (59),[5] houve uma nova geração de jovens que moravam ou se encontravam em saraus de espaçosos apartamentos, como os do pianista **Bené Nunes** e o da futura cantora **Nara Leão**, alguns com vista para o mar, na zona sul do Rio. Ambientes onde era preciso cantar baixinho para não incomodar os vizinhos e cujo repertório indicava referências fortes do jazz americano e da música erudita. Esses saraus serviam para mostrar músicas, criar parcerias e amizades, e também romances; afinal, os rapazes logo viram que quem tinha um violão saía na frente na hora de cantar uma garota. Mas elas também já não se portavam como meros bibelôs.

Os jovens bossa-novistas eram, na maioria, universitários, tanto que logo na virada para os anos 60 ficaram famosas as noites dedicadas à bossa nova para promover seus pioneiros artistas na FAU (Faculdade de Arquitetura e Urbanismo) da UFRJ, Escola Naval e PUC-Rio. Nas horas vagas, frequentavam as praias da zona sul, gostavam de pegar sol, praticar surfe no Arpoador ou pesca submarina na Região dos Lagos nos fins de semana. Nada mais natural que suas letras abordassem essas paisagens do cartão-postal de Copacabana (e depois de Ipanema), com suas praias, natureza, mulheres bonitas e, por que não?, romances menos complicados. É claro que havia também uma turma na zona norte antenada à música moderna desde o início da década. Como já vimos, o Sinatra-Farney Fã--Clube ficava na Tijuca, onde moravam figuras como **João Donato**. Porém, para se projetar, era preciso frequentar algumas boates e saraus na zona sul.

Era o reflexo dos usos e costumes de uma nova geração de classe média que, motivada pelo clima de euforia que o país vivia, foi chegando de mansinho na música brasileira, conseguindo driblar o moralismo da época, pois até aquele momento a maioria de nossos intérpretes e compositores vinha da pobreza absoluta e o meio artístico não era considerado digno para rapazes e moças "de boa família". Estávamos em pleno governo do presidente Juscelino Kubitschek, que prometia modernizar o país a todo custo. O seu "plano de metas" faria o Brasil progredir "50 anos em 5", e isso incluía campanhas como O Petróleo é Nosso e a transferência da capital do Rio para Brasília. A televisão se popularizava cada vez mais, tornando-se uma realidade, sobretudo nas casas burguesas, se sobrepondo ao rádio. Na música, houve a melhora do som trazida pela "alta-fidelidade" nos discos, a partir de 1956, e os LPs "inquebráveis" começavam lentamente a substituir os precários 78 rotações.

"Bossa nova" passou a significar um olhar otimista sobre a vida, mesmo numa situação difícil. Uma vez, o violonista **Roberto Menescal** e seu grupo estavam pescando em alto-mar. Num dado momento, o motor quebrou e eles ficaram à deriva. Na volta, ao contar as peripécias do grupo ao parceiro (e jornalista) **Ronaldo Bôscoli**, um dos grandes mentores e incentivadores do novo gênero, em vez de fazer um samba contando o lado ruim e a tensão da pescaria, escreveu "O barquinho", com sentimento inverso: "Dia de luz / Festa de sol / E o barquinho a deslizar / No macio azul do mar".

"O barquinho" também foi nome de um álbum emblemático da bossa nova, engendrado da forma mais pitoresca possível, quando o emérito conquistador **Ronaldo Bôscoli**, além de namorar **Nara Leão** (antes de ela ficar famosa), resolveu ao mesmo tempo conquistar a cantora mais popular da época, a esfuziante **Maysa.** Ele achava que sua voz seria um ótimo cartão de visitas para os jovens autores bossa-novistas, pois, embora moderna, seu estilo era mais chegado ao samba-canção de dor de cotovelo, com uma interpretação densa e contundente. Seu plano deu certo. Dirigida por ele,

A BOSSA NOVA, O ROCK E O ROMANTISMO POPULAR SE REVEZAM

Maysa gravou em 1961 o LP em que aparecia na capa justamente num barquinho na Baía de Guanabara, com o grupo que ajudou a promover, incluindo **Menescal, Normando, Luiz Eça, Chico Feitosa** e outros. Apesar da crítica se dividir, ela conseguiu chamar a atenção para o trabalho dos moços.

Bôscoli foi o grande mentor de todo o movimento da bossa nova, aquele que procurou os espaços para apresentações dos artistas e também buscou promovê-la na imprensa a todo custo. Embora tendo parcerias bissextas com **Normando** ("Depois do amor", "Mais valia não chorar") e **Chico Feitosa** ("Fim de noite"), seu grande melodista inicial foi **Carlos Lyra**, violonista, cantor e compositor que desde 1955 já vinha tentando um lugar ao sol, tendo agora quatro canções de sucesso letradas por ele, "Saudade fez um samba", "Canção que morre no ar", "Se é tarde me perdoa" e, principalmente, "Lobo bobo" — que, brincando com a história de Chapeuzinho Vermelho, deixava claro que as mocinhas de Copacabana não eram tão ingênuas quanto se pensava e já sabiam levar "um lobo na coleira". Acontece que em meio aos shows universitários de bossa nova, em 59, havia um projeto de um disco coletivo na Odeon para essa turma capitaneado por **Bôscoli**, e por causa da demora a ser concretizado, **Carlinhos Lyra** surpreendeu a todos assinando com a Philips para gravar seu primeiro LP, lançado no ano seguinte. Isso fez com que os dois virassem inimigos mortais. Foi em razão do racha que **Bôscoli** tornou-se o mais fiel letrista de **Menescal**. Então, a partir de 60 vieram, além de "O barquinho", futuros clássicos atemporais da bossa, como "Rio", "Vagamente", "Você", "Telefone", "Nós e o mar", "Balansamba", "Por quem morreu de amor" "Ah! Se eu pudesse", "Errinho à toa", "A morte de um deus de sal" e "Tetê".

A bossa nova se diversifica nos temas e levadas

Na primeira metade dos anos 60, **Carlos Lyra** gravou três LPs de grande qualidade, incluindo canções como "Maria Ninguém" (depois regravada pela atriz e *sex symbol* francesa Brigitte Bardot), "Influência do jazz" e parcerias com **Vinicius de Moraes** já registradas por **João Gilberto** ("Você e eu", "Coisa mais linda"). A partir de 62, contudo, ele se engajou no Centro Popular de Cultura, o CPC, da UNE (União Nacional dos Estudantes), do qual foi um dos fundadores, que reunia intelectuais e artistas de diversas áreas da cultura, onde conheceu o paraibano **Geraldo Vandré** em início de carreira. Juntos, compuseram o samba-jazz "Aruanda" e a bossa romântica "Quem quiser encontrar o amor". A seguir, também aproximou **Vinicius de Moraes** da instituição, ajudando a promover uma virada estética nas letras da bossa nova. Muito criticada inicialmente por seu elitismo, as canções passaram a dar conta também de temas sociais.

Vinicius e **Carlos Lyra** logo compuseram a premonitória "Marcha da quarta-feira de cinzas", que antecipava em dois anos o golpe militar de 1964: "Acabou o nosso carnaval / Ninguém ouve cantar canções...". Na mesma época, o Poetinha (apelido de **Vinicius**) fez com **Tom** outra pérola de cunho social, "O morro não tem vez" ("E o que ele fez / Já foi demais / Mas olhem bem vocês / Quando derem vez ao morro toda cidade vai cantar"). Dois grandes sucessos. Quem antecipou essa nova poética mais "social" da bossa nova foi o compositor e cineasta **Sérgio Ricardo**, com "Zelão", já em 60, sobre um temporal que destruiu o barraco de um sambista: "Todo morro entendeu quando Zelão chorou / Ninguém riu, ninguém brincou / E era carnaval"; depois, em 64, com "Esse mundo é meu", letrada pelo cineasta **Ruy Guerra**. Como a vida não é só política, **Sérgio** também se notabilizou pelas românticas "Pernas", "Folha de papel" e "O nosso olhar".

Outros violonistas-compositores foram engrossando o time de talentos da bossa. **Oscar Castro-Neves,** que vinha de uma família de músicos, da qual faziam parte o pianista **Mário**, o baixista **Iko** e o baterista **Léo**, fez fama com "Morrer de amor", "Onde está você" e "Chora tua tristeza", todas compostas com **Luvercy Fiorini**. Em seguida, o também estilista das cordas (e futuro produtor) **Durval Ferreira** apareceu, compondo "Tristeza de nós dois", "Batida diferente" e "Estamos aí" — as três com o gaitista **Maurício Einhorn**, sendo a última também com **Regina Werneck**. Compôs também "Chuva", com o cineasta **Pedro Camargo**, e "Moça flor", com **Lula Freire**, este formado em Administração e futuro político. Da mesma forma, a dupla de arquitetos e compositores bissextos **Pingarilho e Marcos de**

Vasconcellos escreveram seu nome na história com temas inesquecíveis, como "Samba da pergunta (Astronauta)" e "Samba de rei".

Em 1962 começava o modismo dos trios de bossa nova. Revelado no Beco das Garrafas, o pioneiro **Tamba Trio** trazia **Luiz Eça** ao piano, um estudioso de harmonia erudita e do ritmo jazzístico que chegava pelos discos americanos; **Bebeto Castilho** no contrabaixo, flauta e sax; **Hélcio Milito** na bateria e percussão. Sendo ao mesmo tempo um grupo vocal e com repertório de ponta, influenciou toda uma geração de músicos a partir do LP *Avanço* (63), com direito à participação nem sempre creditada de **Durval Ferreira** no "violão de centro" em gravações, apimentando seu suingue. Também no Rio, o pianista **Luiz Carlos Vinhas** formou o **Bossa Três**, com **Tião Neto** no baixo e **Edison Machado** na bateria numa das formações. Houve ainda trios liderados pelo baterista **Milton Banana** e pelos pianistas **Tenório Júnior, Antonio Adolfo (Trio 3D), Dom Salvador (Rio 65 Trio**, com o baixista **Sérgio Barrozo** e novamente **Edson Machado**) e **João Donato** (que teve um breve hiato em sua carreira americana, gravando alguns álbuns no Brasil). Na capital paulista surgiram outros igualmente competentes, que comentaremos mais adiante.

A criação da Elenco e a bossa em São Paulo

Ex-integrante do **Bando da Lua, Aloysio de Oliveira**, desde que voltou ao Brasil após a morte de **Carmen Miranda**, estava em plena atividade. Tornou-se letrista de **Tom Jobim**, assinando com ele desde 1959 bossas memoráveis, como "Só tinha de ser com você", "Inútil paisagem", "Demais" e "Dindi" — as duas últimas lançadas por sua companheira e uma das maiores divas do estilo, **Sylvia Telles**. E além de iniciar uma carreira de produtor de "pocket shows", como veremos no próximo capítulo, deu uma guinada radical na de produtor fonográfico. Depois de passar pela Odeon e pela Philips, ele constatou que, apesar de a bossa nova significar muito para o futuro da música brasileira e tocar bastante no rádio, ela não era propriamente uma líder de vendagem, e que muitos dos jovens artistas que visava a promover não teriam apelo de mercado suficiente nas multinacionais do disco. Sendo assim, fundou a Elenco, primeira gravadora independente de grande expressão, no intuito de promover tudo o que fosse ligado à moderna música do país — incluindo estreantes e novos álbuns de seus precursores. Eram sempre discos com pequenas tiragens e capas de três cores, criadas pelo designer **César Vilela** e pelo fotógrafo **Chico Pereira** (o mesmo que levou **Tom Jobim** ao seu apartamento, onde promovia saraus com jovens talentos, incluindo **João Gilberto**, saindo dali convidado para tocar violão no LP *Canção do amor demais*, de **Elizeth Cardoso**).

O disco inaugural da Elenco, em 1963, marcou a estreia oficial de **Vinicius de Moraes** como cantor, ainda que em dupla com a atriz **Odette Lara**, e trazia novas parcerias não mais com **Tom Jobim** ou **Carlos Lyra**, mas com o violonista virtuose **Baden Powell**. Seu estilo era marcado por um polegar pesado que vinha da influência do choro, sucedendo a escola violonística de **Meira** (Jayme Florence), numa nova e frutífera leva de sucessos. Alguns dos primeiros foram "Samba em prelúdio", "Deixa", "Samba da bênção" e, pouco depois, "Berimbau", que marcou época por ampliar a estética até então "branca" da bossa nova com uma série de sambas com temas afro, culminando em 66 no álbum cult *Os afro-sambas* de Baden e Vinicius, incluindo o célebre "Canto de Ossanha".

Vinicius, a propósito, desde que preteriu a carreira diplomática em prol da música, foi outro sujeito incansável em produção e criatividade. Além de iniciar parcerias eventuais com os veteranos **Pixinguinha** ("Mundo melhor") e **Ary Barroso** ("Rancho das namoradas"), se uniu novamente a **Carlos Lyra**, em 1963, para elaborarem o musical *Pobre menina rica*, cujas músicas envolventes eram pano de fundo para uma bela crítica social. Ele só seria encenado pela primeira vez cinco anos depois no México, com tradução de Gabriel García Marquez e Francisco Cervantes. No Rio, entretanto, virou um show na boate Au Bon Gourmet dirigido por **Aloysio de Oliveira** e apresentado pelo próprio Poetinha, com **Carlos Lyra** e a estreante **Nara Leão**. Um ano depois o repertório foi gravado num disco de estúdio lançado pela CBS, interpretado pelo mesmo **Lyra**, dessa vez com a também novata **Dulce Nunes** (que logo depois fez mais dois discos e sumiu). Foi graças a esse musical que surgiram clássicos instantâneos como "Minha namorada", "Sabe você", "Samba do carioca", "Maria Moita" e "Primavera".

A BOSSA NOVA, O ROCK E O ROMANTISMO POPULAR SE REVEZAM

Esta última seria emblemática no repertório de **Claudette Soares**, uma intérprete de voz sussurrante e sensual. Devidamente radicada em São Paulo por sugestão de **Ronaldo Bôscoli**, ela ajudou a promover reuniões de bossa nova em grandes apartamentos de lá e a popularizá-la nas boates chiques da capital, como Baiúca, Claridge, Ela Cravo e Canela e principalmente o Juan Sebastião Bar, onde, em razão da baixa estatura, cantava de pé em cima do piano, no qual **Pedrinho Mattar** a acompanhava com seu trio. **Claudette**, juntamente com **Alaíde Costa** e, por um breve período, **Ana Lúcia**, foram as vozes femininas mais expressivas da bossa nova na capital paulista. Rara intérprete negra do movimento, de voz delicada e interpretação mais sofrida que a habitual nesse gênero, a carioca **Alaíde Costa** também se radicou em São Paulo a partir de 62, obtendo sucesso com "Onde está você" e, ainda no Rio, onde participou ativamente do início do movimento, com "Chora tua tristeza", ambas da dupla **Oscar Castro-Neves** e **Luvercy Fiorini**. As duas cantoras tiveram trajetória semelhante, uma carreira longeva e discreta, sem fazer concessões a modismos de ocasião.

Já a catarinense **Ana Lúcia** era outra cantora a realizar muitas reuniões de bossa nova em sua casa na capital paulista e gravou apenas três ótimos discos, entre 1958 e 64 — incluindo o belo "Tema do boneco de palha" (Vera Brasil/Sivan Castelo Neto) —, e ainda um compacto, em dueto com **Geraldo Vandré**, lançando "Samba em prelúdio", de **Baden Powell** e **Vinicius de Moraes**, a nova dupla de autores que nascia em 62. Largou depois a carreira em razão do casamento. Também eram figurinhas carimbadas na capital paulista o potiguar **Trio Marayá** (em atuação desde a década anterior, inclusive no estrangeiro em turnês e festivais, com repertório entre o tradicional, como "Gauchinha bem querer", de **Tito Madi**, e a bossa moderna) e os cantores **Yvette, Geraldo Cunha, Caetano Zamma** e **Maricene Costa**. Os dois últimos também promoviam reuniões em suas residências, uma febre à época, em geral em apartamentos de figuras das classes média e alta da capital, como os do produtor da TV Record Eduardo Moreira, e da socialite (e cantora) **Lygia Freitas Valle** (Jordan). A partir de 63, parte desse grupo se transferiu para o palco do Teatro de Arena paulista, onde rolavam shows de iniciantes bossa-novistas às segundas-feiras.

Como se vê, a bossa nova não emplacou apenas no Rio. Outros estados começaram a adotar a batida diferente, principalmente São Paulo. Ali, onde **Johnny Alf** já mostrava suas modernidades nas boates em que tocava desde o final dos anos 50; onde o pianista **Moacyr Peixoto**, irmão de **Cauby**, já atuava tocando harmonias jazzísticas havia mais de uma década e onde também o pioneiríssimo **Dick Farney** passou a morar, todos ampliando seus repertórios. Ao mesmo tempo ali se engajaram novos pianistas importantes, como **Walter Wanderley, César Camargo Mariano** (que formou em 64 o **Sambalanço Trio**, com **Airto Moreira** na bateria e **Humberto Clayber** no baixo, e em 66 o **SOM 3**, com o baixista **Sabá** e o baterista **Antonio Pinheiro**) e o gaúcho **Manfredo Fest** (que superou sua deficiência visual, chegando a radicar-se definitivamente nos Estados Unidos, gravando diversos álbuns por lá pelas próximas décadas), afora os violonistas/compositores **Paulinho Nogueira, Sérgio Augusto, Vera Brasil, Tuca** (também cantora), **Théo de Barros, Sidney Morais** (que formaria em 64 com os irmãos **Jane** e **Roberto** o grupo vocal **Os Três Morais**) e **Walter Santos** — também cantor, parceiro de sua esposa **Tereza Souza** em várias bossas.

Enquanto, no Rio, **Lúcio Alves** e **Doris Monteiro** se reinventaram com a bossa nova, em São Paulo o mesmo ocorreu em parte com **Isaurinha Garcia** (nos seus LPs ao lado do marido **Walter Wanderley**) e **Elza Laranjeira**, e bastante com **Agostinho dos Santos**, que chegou a participar de uma nova montagem da peça *Orfeu do Carnaval*, no Teatro Maria Della Costa, onde havia também shows de bossa-novistas.

Destacaram-se ainda na capital paulista os grupos **Jongo Trio**, formado em 65 pelo pianista **Cido Bianchi**, o baixista **Sabá** e o baterista **Toninho**, que assim como os cariocas do Tamba Trio se diferenciavam por também cantarem, e o **Zimbo Trio**, criado um ano antes, em 64, que tornou a bossa mais explosiva, com as famosas viradas de bateria de **Rubinho Barsotti**, tendo ainda entre os integrantes o pianista **Amilton Godoy** e o baixista **Luís Chaves**. Houve também o **Quinteto de Luiz Loy,** que se revezava com o **Zimbo Trio** (e o regional de **Caçulinha**) acompanhando os cantores modernos no histórico programa *O fino da bossa*, entre outras atrações, na TV Record. Irmão de **Amilton** (e **Adylson**), o também pianista **Amilson**

A BOSSA NOVA, O ROCK E O ROMANTISMO POPULAR SE REVEZAM

Godoy formou o **Bossa Jazz Trio** (com **Jurandir Meirelles** no contrabaixo e **José Roberto Sarsano** na bateria). Todos esses conjuntos foram marcantes nas carreiras de dois grandes cantores que estavam a um passo de explodir naquela cidade, catapultados pela TV, **Elis Regina** e **Jair Rodrigues**.

Antes disso, porém, ficaram famosos os saraus promovidos por universitários, como o espetáculo beneficente "O fino da bossa", do Centro Acadêmico XI de Agosto (da Faculdade de Direito da USP), em prol de suas obras assistenciais, que tornaram concorridas as noitadas do Teatro Paramount — agora não mais um palco intimista, mas um superteatro de 1.800 lugares. Neste, o radialista e produtor **Walter Silva**, o **Pica-Pau** ajudou na divulgação (e produziu o LP homônimo que foi gravado ao vivo e lançado pela RGE em 64). Contudo, esse espetáculo o fez descobrir um filão ao qual se dedicaria com afinco pelos três anos seguintes, produzindo ali shows nos quais apresentava um celeiro de artistas modernos de prestígio (muitos trazidos do Rio) e onde futuros astros como **Chico Buarque**, **Toquinho, Taiguara, Milton Nascimento** e **Gilberto Gil** deram seus primeiros passos. Foi também o palco onde os citados **Elis** e **Jair** se consagrariam e dali partiriam para apresentar em 1965 um programa na TV Record de música "moderna", cujo título era justamente O Fino da Bossa.

A bossa rumo ao jazz e ao "samba de morro"

Entre 1962 e 65, invade o mercado uma série de discos essencialmente instrumentais de bossa nova que marcaram o gosto dos ouvintes mais afeitos a novidades harmônicas de ponta, difundindo um estilo também chamado de samba-jazz. Para começar, dois de **João Donato**: *Muito à vontade* (62), seu primeiro LP ao piano, pois começara no acordeom, e *A bossa muito moderna de João Donato* (63), gravado numa breve passagem pelo Rio em meio à sua longa estada nos Estados Unidos. A seguir, mais dois do saxofonista/arranjador **J. T. Meirelles (e Os Copa 5)**, "O som" e "O novo som", entre 1963 e 64.

A lista continuava. Em 1964, vieram LPs dos bateristas **Edison Machado** (dos pioneiros a solar nos conjuntos, "É samba novo") e **Dom Um Romão**

("Dom Um") e dos pianistas **Tenório Júnior** ("Embalo") e **Eumir Deodato**, que gravou logo três, um frente a seu grupo **Os Catedráticos** ("Impulso"), chegado ao sambalanço; "Ideias", mais para a bossa nova clássica, e "Inútil paisagem", com canções de **Tom Jobim** em samba-jazz.[6] Apareceu ainda *Você ainda não ouviu nada* (64), de **Sérgio Mendes e o Bossa Rio**, segundo álbum do já comentadíssimo pianista da noite carioca, que se reunia com **Paulo Moura** (sax), **Pedro Paulo** (pistom), **Octávio Bailly** (contrabaixo), **Dom Um Romão** (bateria) e **Durval Ferreira** (violão). A produção foi de **Armando Pittigliani**, um dos grandes descobridores de talentos da época e dos primeiros a se preocupar em detalhar os créditos de ficha técnica na contracapa dos discos, que até então eram pífios — e só melhorariam de vez nos anos 70.

Também começa a ter visibilidade o maestro, arranjador, compositor e saxofonista pernambucano radicado no Rio **Moacir Santos**, apenas um ano mais velho que **Tom**. Por seu conhecimento teórico arrojado, foi professor de vários artífices do movimento, e seu álbum *Coisas* (65) foi um marco em nossa música instrumental, com uma base rítmica original, diferente de tudo, ligada a matrizes africanas. Do mesmo ano é o LP *Raulzinho — À vontade mesmo* do trombonista (e saxofonista) carioca **Raul de Souza**, um rei nos improvisos. À exceção de **Meireles** e de **Tenório Jr.** — que desapareceu durante uma turnê com **Toquinho e Vinicius** na Argentina em 76, sendo barbaramente assassinado pela ditadura local por engano —, todos os citados acabaram fazendo carreira nos Estados Unidos.

Naquele ano de ouro para a bossa nova instrumental, 64, houve álbuns pontuais que reuniram a nata dos músicos do gênero em grupos efêmeros que à época o mercado não deu a mínima importância, mas que o tempo tratou de transformar em objeto de culto, no Brasil e no exterior, a saber: **Os Ipanemas** (**Wilson das Neves** na bateria, **Rubens Bassini** na percussão, **Astor** no trombone, **Luiz Marinho** no contrabaixo e **Neco** no violão); **Os Cobras** (seu *O LP* agrupou **Tenório Jr** ao piano, **Milton Banana** na bateria, **Raul de Souza** no trombone, **José Carlos** no contrabaixo, **Hamilton** no trompete e **J. T. Meirelles** no sax, tendo ainda participações de **Menescal** ao violão e **Paulo Moura** no sax alto) e, finalmente, **Os Gatos,** liderado

A BOSSA NOVA, O ROCK E O ROMANTISMO POPULAR SE REVEZAM

pelo violonista-compositor **Durval Ferreira,** trazia novamente **Neco** (violão), **J. T.** Meirelles (flauta), **Wilson das Neves** (bateria) e **Paulo Moura** (sax alto), e também **Eumir Deodato** (teclados), **Edson Maciel** e **Norato** (trombone), **Copinha** (flauta), **Maurício Einhorn** (gaita) e **Maurílio Santos** (trompete) — esse foi o único que incluiu algumas faixas vocalizadas e gravou ainda um segundo LP, *Aquele som dos Gatos* (66).

O ano de 1964 marcou também a estreia em álbuns solo de duas cantoras. **Wanda Sá,** paulista desde cedo residente no Rio, com "Vagamente", seu único disco gravado nesse período no Brasil (faria ainda mais três nos Estados Unidos, até 67, depois só retomaria a carreira nos anos 90) e principalmente a mais carioca das capixabas **Nara Leão,** que teve seu primeiro trabalho lançado pela Elenco. Típica jovem moderna da zona sul carioca, foi a grande musa inicial do movimento por reunir alguns de seus futuros ícones em saraus no apartamento em que morava com seus pais na avenida Atlântica, de frente para o mar de Copacabana. Boa violonista, com os belos joelhos sempre à mostra, um fiapo de voz e muito tímida, ela contrariava o que se poderia esperar de uma moça de sua origem. Superando machismos e críticas contrárias até dentro de casa, estreou navegando em barquinhos de águas mais revoltas que os da bossa tradicional. Em pouco tempo, já estava inclusive lançando moda. O penteado Chanel com a franja maior e os vestidos que usava seriam imitados por todas as moças de sua classe social. Mas isso era o de menos.

Traída pelo então namorado **Ronaldo Bôscoli,** que mantinha simultaneamente um romance com **Maysa,** acabou ficando mais próxima de **Carlos Lyra,** que, além de lançá-la em duas faixas no seu álbum de 62, a apresentou aos grandes mestres do chamado "samba de morro" carioca, compositores que ela gravou logo em seu primeiro LP, contribuindo para que voltassem à baila naquele período: **Cartola** ("O sol nascerá", com **Elton Medeiros,** este revelado naquela época), **Nelson Cavaquinho** ("Luz negra", com Amâncio Cardoso) e **Zé Kéti** ("Diz que fui por aí", com Hortêncio Rocha, seu primeiro grande sucesso). Também incluiu pioneiras canções de protesto ("Feio não é bonito"[7] e "Maria Moita" — esta também de viés feminista) e outras repletas de negritude ("Berimbau" e "Nanã"). Atenta ao golpe de 64, abre o álbum com a "Marcha da quarta-feira de cinzas". Ela demorou para aparecer, mas foi definitiva nos rumos da bossa. Foi ainda uma das artistas mais combativas contra a ditadura, enfrentando os militares com depoimentos contundentes à imprensa brasileira e internacional já a partir de 66.

Em termos de conjunto vocal, o mais emblemático da bossa nova foi mesmo o veterano **Os Cariocas**. Modernos desde sua fundação em 1942, eles agora se beneficiavam dos progressos harmônico-melódicos que ajudaram a fixar, imortalizando entre 1963 e 67 bossas até hoje clássicas, como "Ela é carioca", "Samba do avião", "Telefone", "Pra que chorar", "Minha namorada" e "Tem dó".[8] Ocorre que após a morte de **Ismael Neto**, um boêmio inveterado em janeiro de 1956, aos 30 anos, sua irmã **Hortênsia Silva** ficou em seu lugar, até 1960. Enfim, se consagraram como quarteto, liderado por seu outro irmão, o pianista e arranjador **Severino Filho**, fazendo o famoso falsete que marcava o vocal do grupo, e mais **Badeco** (violão e voz), **Quartera** (percussão e voz) e **Waldir Viviani** (contrabaixo e voz, até 65, depois **Luís Roberto**).

Houve ainda intérpretes mais quentes e suingados, como o carioca **Wilson Simonal,** que cativou a todos com seu charme e balanço. Seus primeiros discos entre 1963 e 65 ainda apresentavam um repertório mais ligado à bossa nova tradicional, consagrando temas como "Balanço zona sul", do precursor **Tito Madi**, "Garota moderna" (rara bossa da dupla **Evaldo Gouveia** e **Jair Amorim**, também gravada por **Doris Monteiro**), e ainda "Consolação" (Baden/Vinicius) e "Nanã" (do grande maestro **Moacir Santos**, com **Mário Telles**, irmão de **Sylvia**), antes de fazer sua grande virada numa direção mais pop e soul.

Finalmente, mais dois cariocas da pesada. A suingada **Leny Andrade** foi pioneira no *scat singing* nativo, emplacando sucessos como "Estamos aí", do antológico álbum homônimo de 1965, e "Rio" ("Que mora no mar / Sorrio pro meu Rio que tem no seu mar / Lindas flores que nascem morenas / Em jardins de sol"). Já **Pery Ribeiro**, filho de **Dalva de Oliveira** e **Herivelto Martins**, tornou-se um dos pioneiros a divulgar o excelente repertório de bossas iniciais dos mestres do gênero, além de compor pérolas

A BOSSA NOVA, O ROCK E O ROMANTISMO POPULAR SE REVEZAM

como "Bossa na praia" (com **Geraldo Cunha**). Também jurava de joelhos ter sido o primeiro a gravar "Garota de Ipanema" (de **Tom** e **Vinicius**, em 63), embora esses e outros futuros clássicos acabaram por não ter pais ou mães, pois logo ganharam dezenas de gravações — até de gente que não era "bossa nova" — e o sucesso terminava compartilhado. Ou seja, apesar desse estilo musical não ter sido um estouro comercial, tampouco com intérpretes que virassem "donos" das canções que interpretavam, a bossa foi comendo pelas beiradas, e em breve estaria nos discos de todos os artistas relevantes dos mais diversos gêneros de nosso cancioneiro pelas próximas décadas — e também internacionais.

A bossa nova "exportação" e a consagração de novos astros

Com sua sofisticação talhada pela influência de temas eruditos e jazzísticos, a bossa nova levou a música brasileira para o exterior de uma maneira nunca antes vista. Já em 1959, alguns temas da trilha do filme *Orfeu negro*, do francês Marcel Camus (que adaptou a peça *Orfeu da Conceição*, de **Vinicius de Moraes**), ganharam o mundo. Dois deles foram lançados inicialmente na voz de **Agostinho dos Santos**, consagrando seu estilo moderno, de canto macio: "A felicidade", de **Tom** e **Vinicius** ("Tristeza não tem fim / Felicidade sim..."), e "Manhã de carnaval", cuja progressão harmônica do tema, composto por **Luiz Bonfá**, caiu como luva aos jazzistas do mundo inteiro. **Antonio Maria**, um feroz opositor do movimento, foi o autor da letra em português: "Canta o meu coração / A alegria voltou / Tão feliz a manhã desse amor..." Por ironia do destino, essa canção acabou sendo o primeiro grande clássico mundial do estilo. Três anos depois, o cantor francês Sacha Distel já tentava popularizar em seu país a "dança da bossa nova".

Ainda em 1962, o saxofonista Stan Getz gravou o álbum *Jazz samba* com o guitarrista Charlie Byrd, incluindo várias bossas, cujo *single* "Desafinado" vendeu um milhão de cópias. Era o prenúncio da grande aceitação do gênero pelos americanos. Enquanto algumas dezenas de outros jazzistas mundialmente famosos se preparavam para regravar as bossas iniciais conhecidas apenas no Brasil, no mesmo ano, em novembro, alguns dos maiores ícones do movimento foram convidados para cantar no Carnegie Hall, em Nova York, tais como **Tom Jobim, João Gilberto, Luiz Bonfá, Roberto Menescal, Carlos Lyra**, o quarteto de **Oscar Castro- -Neves, Agostinho dos Santos, Sérgio Mendes** e seu sexteto, **Normando, Chico Feitosa, Ana Lúcia, Sérgio Ricardo, Milton Banana**, entre outros. Parecia um sonho.

Eles chegaram e foram recebidos no aeroporto por alguns dos maiores músicos de jazz do mundo, seus ídolos, que estavam curiosos para conhecê- -los. Esse concerto foi tumultuado pela curadoria confusa, incluindo no show alguns artistas que nada tinham a ver com o evento, e porque alguns jornalistas daqui eram refratários em relação a essa primeira geração da bossa, por achar que faziam um samba americanizado, e quiseram dar um aspecto negativo à cobertura do evento. A verdade é que, apesar de tudo, foi um grande sucesso. **Carlos Lyra** cantou lá uma bossa de sua autoria que era uma boa resposta a essas críticas, "Influência do jazz": "Pobre samba meu / Foi se misturando, se modernizando e se perdeu / E o rebolado cadê? Não tem mais? / Cadê o tal gingado que mexe com a gente / Coitado do meu samba, mudou de repente / Influência do jazz."

A receptividade foi tão boa que **Tom Jobim** e **João Gilberto** receberam convites para realizar temporadas e discos, residindo lá por um tempo. Foi quando **Tom**, aos 36 anos, gravou seu primeiro LP como intérprete, *The composer of Desafinado plays*, em 1963, com belíssimos arranjos do alemão Claus Ogerman, e **João** se uniu ao saxofonista americano Stan Getz num disco antológico, no qual seria revelada a "Garota de Ipanema" para o mundo. Já casado com a baiana **Astrud Gilberto** desde 59, **João** sempre a incentivou a cantar. Ela já havia participado do histórico show *Noite do amor, do sorriso e da flor*, na FAU, organizado para comemorar o lançamento do segundo LP de **João**, em 60, mas nunca havia cantado profissionalmente.

Durante as sessões de *Getz/Gilberto*, porém, era preciso alguém que cantasse a letra de "The girl from Ipanema" em inglês (vertida por Norman Gimbel). A opção mais à mão foi justamente **Astrud** que o acompanhava na ocasião. Na gravação, **João** entrava só com seu violão, cantando a letra inteira em português, depois vinha **Astrud** em inglês com os outros instrumentos, e finalmente os solos de Stan Getz (sax) e **Tom Jobim** (piano). A versão passava de cinco minutos e seria inviável comercialmente, daí que o produtor Creed Taylor teve a ideia de tirar a parte de **João** e lançar no mercado um *single* apenas com **Astrud** e Getz em 1964, antes do lançamento do LP. Resultado: foi eleita a gravação do ano pelo Grammy, e da noite pro dia **Astrud** foi revelada e içada ao posto da verdadeira "Garota de Ipanema" para o mundo inteiro. Talvez a artista de maior sorte da história da música brasileira, a partir de então ela nunca mais voltou ao Brasil, criando uma sólida carreira internacional, gravando sempre discos sofisticadíssimos. O álbum *Getz/Gilberto*, por sua vez, ganhou quatro dos cinco Grammys pelos quais foi indicado, sendo um dos grandes responsáveis pela consagração definitiva da bossa nova no mundo.

Mas não foi apenas em inglês que a "Garota" foi gravada. Lançada em 62, juntamente com outros futuros clássicos da bossa, durante um show que reuniu pela única vez **Tom**, **Vinicius**, **João Gilberto** e **Os Cariocas** no mesmo palco, o da boate Au Bon Gourmet, em Copacabana, ela deu a volta ao mundo. É tida como a segunda música mais gravada em todo o planeta, estando em mais de 1.500 produtos, entre discos, trilhas de filmes e DVDs, atrás apenas de "Yesterday", dos Beatles, com versões nas mais diversas línguas que se possa imaginar — até em finlandês, estoniano e esperanto. No Brasil, os versos de **Vinicius de Moraes** traziam uma musa liberada em plena praia da zona sul carioca: "Moça do corpo dourado / Do sol de Ipanema / O seu balançado é mais que um poema / É a coisa mais linda que eu já vi passar."

Dividindo seu tempo entre os estudos, que levavam a sério, e um delicioso lazer, que incluía surfar e paquerar as meninas do Posto 6 e do Arpoador, **Marcos Valle** e o letrista **Paulo Sérgio Valle** inauguravam uma parceria de sucesso em 1963, tendo "Sonho de Maria" gravada pelo **Tamba Trio**. No ano seguinte, "Samba de verão" ganha uma versão instrumental do grande pianista e arranjador (de muitos artistas de música moderna) **Eumir Deodato** com seu grupo **Os Catedráticos**. Em 65, ele faz sucesso na voz de **Marcos** já com letra do irmão, em seu segundo LP, que trazia também o samba-canção sofisticado "Preciso aprender a ser só" e as bossas críticas "Gente" e "A resposta". Meses depois, foi para os Estados Unidos onde atuou por sete meses no conjunto **Brasil'65** do pianista **Sérgio Mendes**, pioneiro a acreditar no poder da bossa nova no mercado americano. Em 66, a gravação de "Samba de verão" feita pelo pianista **Walter Wanderley**, já radicado por lá, com o nome de "So nice", alcançou o segundo lugar nas paradas de sucesso americanas, motivando só nesse período cerca de oitenta regravações locais. Hoje já soma quatrocentas só nos Estados Unidos e cerca de duzentas no resto do mundo, sendo a segunda música brasileira mais regravada internacionalmente.

Nesse meio-tempo, surge no Brasil o samba "Mas que nada", de **Jorge Ben**. Inicialmente, lançou o cantor e compositor, puxando seu primeiro LP *Samba, esquema novo*, em 1963, juntamente com outras bossas como "Chove chuva" e "Por causa de você, menina" (além de "Bicho do mato" e "Agora ninguém chora mais" nos anos seguintes), todas de sua autoria. **Jorge** já injetava um novo tipo de balanço percussivo em seu violão e sensualidade em suas interpretações, diferentes do mestre **João Gilberto**. Três anos depois, o mesmo "Mas que nada" foi o grande hit que consagrou definitivamente o pianista **Sérgio Mendes** nos Estados Unidos — sendo a nossa primeira canção a rodar o mundo inteiro cantada em português após o fenômeno **Carmen Miranda**. Ele conseguiu fazer o que Xavier Cugat fez com a música cubana nos anos 40 e 50. Adaptou a bossa nova ao gosto dos americanos, com sabor pop, sexy e elegante, recrutando duas vocalistas locais para sua banda, Lani Hall e Karen Philips (esta última substituindo a brasileira **Silvia Vogel**), cantando em português (com adorável sotaque) e caprichando nos batuques — com **João Palma** (bateria) e **José Soarez** (percussão), somados ao baixo de **Bob Matheus**. O LP *Herb Alpert presents Sergio Mendes & Brasil 66* (66) torna-se um marco na bossa mundial, seguido de outros grandes álbuns de sucesso, reforçados a partir de 70 pela voz de **Gracinha Leporace** (ex-**Grupo Manifesto**), com quem se casou, que entrou no lugar de Lani Hall, passando a acompanhá-lo como vocalista em turnês e discos.

Mas que nada! O mais improvável ainda estava para acontecer. E aconteceu no final de 1966. Um dia **Tom Jobim** estava no bar Veloso, em Ipanema,

A BOSSA NOVA, O ROCK E O ROMANTISMO POPULAR SE REVEZAM

e recebe um telefonema. O garçom vira para ele e diz que um "gringo" queria falar com ele. Era "apenas" Frank Sinatra, convidando-o para gravarem juntos um LP. O álbum *Francis Albert Sinatra & Antonio Carlos Jobim*" (67), com arranjos de Claus Ogerman, consagrou definitivamente a bossa nova e a própria música brasileira no mundo. Eleito melhor do ano pela crítica norte-americana naquele ano, o disco chegou ao segundo lugar entre os mais vendidos nos Estados Unidos, perdendo apenas para *Sgt. Pepper's Lonely Heartz Club Band* dos Beatles. No ano seguinte, Sinatra ainda quis gravar outro que demorou um pouco, mas saiu em 71. *Sinatra & company* trazia mais sete canções de **Jobim**, agora arranjadas por **Eumir Deodato**. Dez anos depois foi a vez de uma das maiores cantoras de jazz do mundo, Ella Fitzgerald prestar um álbum-tributo ao maestro e compositor (*Ella Fitzgerald sings Antonio Carlos Jobim Songbook*).

Quem diria que dois dos ídolos da juventude que criara a bossa nova se renderiam ao som produzido por eles? Ironicamente, a bossa também influenciou a batida de bateria do próprio jazz, que em muitas canções ficou menos rígida, mais quebrada e suave. Os jazzistas, por sua vez, encontraram especialmente nas melodias de **Tom Jobim** um manancial maravilhoso a ser explorado, num momento em que os maiores compositores americanos estavam mais alinhados à música pop, ao rock e ao soul, que já começavam a dominar as paradas — uma vez que os maiores autores do gênero compuseram seus *standards* principalmente entre 1925 e 55. Em pouco tempo, **João Gilberto** e **Tom** viraram ídolos mundiais, com prestígio inabalável. O primeiro consagrado em dois álbuns com Stan Getz e o segundo em seis álbuns solo, além daqueles com Sinatra e suas belas composições espalhadas nos quatro cantos do planeta.

Após virar estrela da noite para o dia, com sua "The girl from Ipanema", **Astrud Gilberto** gravou pelas próximas décadas dezoito álbuns, incluindo *A certain smile, a certain sadness* (67), com **Walter Wanderley**, este de atuação marcante até 71. Enquanto uma falta de organização pessoal e problemas com a bebida acabaram afastando-o dos holofotes, quem se tornou um dos mais bem-sucedidos músicos brasileiros na Terra do Tio Sam foi **Sergio Mendes**. Egresso das noitadas do Beco das Garrafas, onde estreou em 60, em apenas quatro anos teve tempo para atuar bastante na noite carioca, realizar algumas turnês internacionais com seus primeiros conjuntos e registrar dois álbuns por aqui e um no exterior (com seu segundo sexteto e o saxofonista americano Cannonball Adderley). Em 64 mudou-se definitivamente para os Estados Unidos, fugindo da ditadura. Depois de formar o **Brazilian Jazz Sextet**, o **Sexteto Bossa Rio**, o **Sergio Mendes Trio** (com **Tião Neto** no baixo e **Edison Machado** na bateria) e o **Brasil 65** (este com a participação do casal **Marcos Valle** e **Ana Maria Valle**), foi com as diversas formações do **Brazil 66** que ele se consagrou, acompanhando artistas do quilate de Frank Sinatra, Jerry Lewis, Fred Astaire, Perry Como, Red Skelton e Danny Kaye.

Após o estouro de **Sergio** com "Mas que nada", cujo álbum vendeu mais de 1 milhão de cópias, "Scarborough fair", de Simon & Garfunkel, "The fool on the Hill", dos Beatles, e "The look of love", de Bacharach e David, foram algumas de suas gravações que chegaram ao Top ten da *Billboard* no final da década revestidas de clima bossa-novista. **Chico Batera** foi um dos músicos que o acompanharam desde os tempos do **Brasil 65**, numa excursão ao lado de **Rosinha de Valença**, **Jorge Ben**, **Tião Neto** e **Wanda Sá**. Enquanto os outros voltaram, ele viveu lá de 1964 a 71, gravando ou acompanhando Sinatra, Cat Stevens, Michel Legrand, Ella Fitzgerald, Quincy Jones e outros superastros, como Henry Mancini — este, um pouco antes, dividiu com o violonista paranaense **Waltel Branco** a autoria do arranjo do famoso "Tema da Pantera Cor-de-Rosa", em 63.

Outro que gravou vários álbuns com **Sergio Mendes** foi o violonista **Oscar Castro-Neves**, também radicado por lá, além de ter atuado no quinteto de Dizzy Gillespie, no quarteto de Stan Getz e de trabalhar com Ella Fitzgerald, Herbie Hancock e Stevie Wonder. **João Palma** depois seguiu com **Sergio** no lugar de **Chico Batera**. Outro emérito frequentador do Beco das Garrafas desde os primórdios, **Luiz Carlos Vinhas** foi com seu **Bossa Três** para Nova York em 1962 e gravou lá três álbuns para a Audio Fidelity, um deles com o sax de Clifford Jordan, mas logo retornou aos pianos-bares e à vida boêmia carioca.

Não foram poucos os músicos brasileiros que tentaram a sorte fora do país, amparados pelos bons ventos da bossa. O maestro **Moacir Santos** já em 1962 fazia arranjos para o filme *O santo módico*, que sucedeu o premiado *Orfeu negro*, além de compor diversas trilhas para o Cinema Novo ("Seara vermelha", "Ganga Zumba", "Os fuzis" e "O beijo"). Mas foi a de *Amor no Pacífico* (*Love in the Pacific*), de Zygmunt Sulistrowski, que o levaria em 66 pela primeira vez aos Estados Unidos, para a sua pré-estreia. Ali passou a residir a partir do ano seguinte até o fim da vida, gravando quatro álbuns como solista de sax na década posterior, incluindo "The Maestro" (72), indicado ao Grammy, além de dar aulas e integrar as equipes de Henry Mancini e Lalo Schinfrin.

Cada vez mais requisitado no exterior, **Baden Powell** imortalizou o violão brasileiro pelo mundo, alternando-se, sobretudo, entre Paris (onde ficou na ponte aérea por 18 anos) e Alemanha (mais cinco), entre os anos 60 e 80. Na década de 70, também excursionou frequentemente ao Japão, enquanto sedimentava uma frutífera parceria com **Paulo Cesar Pinheiro**. Dos cerca de 58 álbuns solo que gravou, só na França foram 22, mais cinco na Alemanha, dois no Japão, um na Suíça e outro no Canadá, além de um gravado ao vivo na Bélgica. Um fenômeno!

Carlos Lyra exilou-se nos Estados Unidos após o golpe de 1964 e gravou dois discos fora, um com o sax de Paul Winter e outro no México no fim da década, país que se converteu num bom mercado para a bossa nova, onde até mesmo **João Gilberto** foi parar (e gravar). **Dorival Caymmi** lançou internacionalmente sua valsa/samba "Das rosas" (que ganhou versão em inglês, "Roses and roses") no programa de Andy Williams, em 66. Quem iria participar deste show a fim de dar uma guinada definitiva em sua carreira internacional era **Sylvia Telles**, que infelizmente morreu, aos 32 anos, num acidente de carro na rodovia Amaral Peixoto, a caminho de Maricá, quando seu namorado à época dormiu ao volante.

Melhor sorte teve o iniciante grupo feminino **Quarteto em Cy**, que cantou com eles no mesmo programa e gravou dois LPs por lá com o nome de **Girls from Bahia**. Isso sem falar nos que já tinham ido antes de a bossa nova estourar, como **Luiz Bonfá** (e sua mulher, a letrista e cantora bissexta **Maria Helena Toledo**). Com seu estilo único, abusando das cordas soltas, com sonoridade grandiosa, o violonista gravou pelo menos 18 discos nos

HISTÓRIA DA MÚSICA POPULAR BRASILEIRA – SEM PRECONCEITOS

Estados Unidos, incluindo um com a estrela europeia Caterina Valente, em 63, até sua volta ao Brasil, dez anos depois. Além de ter "Manhã de carnaval" registrada pelos maiores astros da canção americana de então, **Bonfá** consagrou "The gentle *rain*", em 65, e foi o único brasileiro a ter uma canção gravada por Elvis Presley, "Almost in love".

Também havia outros que saíram daqui antes de a bossa ser "inventada", como o sanfoneiro (e multi-instrumentista) **Sivuca**, que partiu com o grupo **Os Brasileiros** (incluindo **Abel Ferreira, Guio de Morais, Pernambuco do Pandeiro** e o **Trio Irakitan**) para algumas temporadas europeias e em 1959 decidiu ficar em Lisboa. Depois, em 66, debandou para os Estados Unidos, quando foi diretor musical da sul-africana Mirian Makeba, assinando o famoso arranjo de "Pata pata". Em 71, trabalhou com Harry Belafonte e na sequência gravou um álbum com os colegas **Hermeto Pascoal, Flora Purim** e **Airto Moreira**, *Natural feelings*, depois participando de discos de Paul Simon e Bette Midler para então voltar ao país, em 76.

João Donato, que se mandou para os Estados Unidos em 1959, percebeu que só teria espaço entre os músicos de jazz latino. Aos poucos então foi se enturmando com nomes como Johnny Martinez, Tito Puente e Mongo Santa Maria, o que acabou por sacramentar seu estilo na direção dos ritmos caribenhos. A seguir, excursionou pela Europa com o amigo **João Gilberto**. Entre um disco e outro para o mercado brasileiro, gravou quatro para o mercado americano, entre 1965 e 73, incluindo *Bud Shank/Donato/ Rosinha de Valença* (65), *Donato/Deodato* (73), este com arranjos de **Eumir Deodato**, e o clássico *A bad Donato* (70), que abria com The frog (O sapo), sucesso três anos antes com o grupo de **Sérgio Mendes**, e que dali a quatro anos viraria "A rã", com letra de **Caetano Veloso**. Chris Montez também estourou por lá sua canção "Amazonas" com o nome de "Keep talking". Até sua volta ao Rio, no final de 72, **Donato** trabalhou com maestros como Stan Kenton, ídolo de juventude dele e da maioria dos bossa-novistas, e Nelson Riddle, músicos como Chet Baker, Herbie Mann e Wes Montgomery, e os nossos **Tom Jobim** e **Astrud Gilberto**.

Outro que foi rumo à "América" bem antes, nos anos 40, foi o violonista paulista **Laurindo de Almeida**, cuja trajetória é das menos conhecidas e mais

A BOSSA NOVA, O ROCK E O ROMANTISMO POPULAR SE REVEZAM

incrivelmente exitosas. Com a bênção de **Carmen Miranda**, caiu nas graças dos principais maestros e diretores de Hollywood, participando de dezenas de trilhas de filmes, chegando a escrever o tema "Amor flamenco" para *Nasce uma estrela*, de Judy Garland, em 47, no qual aparece na cena final, com sua guitarra flamenca. Integrou a vanguardista orquestra de Stan Kenton, depois tocou com Henry Mancini. Nos anos 60, além de inúmeras indicações, ganhou nada menos que cinco prêmios Grammy, quatro em categorias de clássico instrumental, e um em 65 por Melhor Performance de Jazz Instrumental Solo" — "Guitar from Ipanema", somente com temas brasileiros e participações de **Djalma Ferreira** e **Fafá Lemos**, que também fizeram carreira por lá. Mais tarde ainda dividiria discos com Stan Getz, George Shearing e Sammy Davis Jr; formaria um grupo com ases do jazz, como Bud Shank, Ray Brown e Shelly Manne, e gravaria em dupla com Charlie Byrd.[9] E isso era só o começo. Muitos músicos ainda fariam bonito no estrangeiro nos anos 70, com o caminho aberto por **Laurindo** e pela turma da bossa nova.

O sambalanço invade boates, clubes e festinhas caseiras

Paralelamente ao surgimento da bossa nova, houve ainda uma terceira maneira de se tocar o samba, que começava a ser veiculada nas pequenas boates de Copacabana como Drink e Arpège, e popularizada nos bailes de clubes das zonas Norte e Sul cariocas que pipocavam entre fins dos anos 50 e início dos 60. Era um samba nem tão barulhento e percussivo como os de gafieira e nem tão intimista, na base do banquinho e violão, como os que faziam os bossa-novistas de primeira hora, ótimos para ouvir mas impossíveis de se dançar. Porém com elementos de ambos. Fundindo o samba tradicional com as novas harmonias que os compositores modernos já vinham fazendo desde meados dos 50, uma turma de autores, intérpretes e músicos, meio por acaso, criou um subgênero irresistível, dançante, com letras entre o romântico e a crônica de costumes. Foi inicialmente chamado de "balanço", mais tarde imortalizado como sambalanço, tendo o som do órgão Hammond (normalmente aliado à guitarra base) como marca registrada, numa espécie de samba eletrônico.

Boa parte dos líderes de conjuntos de música para dançar que já existiam passaram a explorar cada vez mais essa sonoridade do sambalanço, já íntima àquela altura de autores como **Billy Blanco**. Que o digam os pianistas/organistas **Djalma Ferreira** e **Waldir Calmon**, pioneiros também em acoplar o solovox aos seus teclados, além de **Walter Wanderley** e **Ed Lincoln** — grandes renovadores do órgão como instrumento de música para dançar, que estourariam de fato nessa década. O primeiro, mais sofisticado, chegou a gravar com **João Gilberto** e se mudou para os Estados Unidos em 1965. O segundo, mais popular, atuou como líder de um dos conjuntos de baile (e boate) preferidos do Rio, em cujo repertório fizeram fama a instrumental "The blues walk" (Clifford Brown), "Miss balanço" (Helton Menezes) e "Eu não vou mais", de dois craques do sambalanço: o bossa-novista **Durval Ferreira** — ás do "violão de centro", sem tanto dedilhado, azeitando o suingue dos discos de **Ed** — com o também cantor **Orlandivo**. Era um som, digamos, mais "pop", à época tachado pelos puristas de "comercial".

Igualmente acompanhados do órgão Hammond, também se destacaram naquela década os paulistas **André Penazzi** (com a série de LPs *Órgão, samba e percussão*) e **Ely Arcoverde** (dois volumes de *O órgão que canta sambas*), e o mineiro radicado no Rio **Celso Murilo**. Eles se apoiavam nas levadas dos bateristas e ritmistas de seus grupos, como **Jorginho Arena** (tumbadora), **Rubens Bassini** (pandeiro, bongô), ambos dando uma contribuição afro-cubana ao gênero, além de **Humberto Garin** (pandeiro e guiro, uma placa de osso com dentes), **Ohana** (bateria), entre outros. Daí era só cair no balanço e, nos intervalos, se servir de uma cuba libre ou de um hi-fi — as bebidas da moda.

Os principais compositores cultores do sambalanço eram nascidos e/ou estabelecidos na zona sul carioca. Um deles era o estreante **João Roberto Kelly**, também pianista ("Boato", "Gamação", "Zé da Conceição", "Samba de telecoteco", "Só vou de balanço", "Samba de branco", esta com com o roteirista de programas de TV **J. Rui**). Outro era o pianista maranhense radicado no Rio desde os 6 anos **Luiz Reis**, fazendo ritmo nas teclas de seu piano tocando samba ("Palhaçada", "Cara de pau", "Fiz o bobão", "Faço um

A BOSSA NOVA, O ROCK E O ROMANTISMO POPULAR SE REVEZAM

lê lê lê", "Boa noite, Rio", todas com letra do multitalentoso **Haroldo Barbosa**). Havia também o já tarimbado **Luiz Antônio**, sozinho mesmo ("Mulher de trinta", "Chorou, chorou", "Ri" e "Menina moça") ou em parceria com o veterano **Djalma Ferreira** ("Cheiro de saudade", "Recado", "Murmúrio", "Lamento"), o qual em 1960 se mudou para São Paulo abrindo a boate Djalma, onde lançou **Jair Rodrigues** e contratou **Rubinho Barsotti e Luís Chaves**, futuros integrantes do **Zimbo Trio**.[10] Seis anos depois, largou tudo e foi seguir carreira nos Estados Unidos, para desespero da nossa boemia.

Havia os que, além de compor, também cantavam (todos com uma fase como crooners da boate Drink), como **Orlandivo**, que usava um molho de sete chaves como instrumento de percussão ("Samba toff", "Tamanco no samba", "Bolinha de sabão", todas dele com parceiros),[11] o mineiro **Silvio César** ("O que eu gosto de você", "Olhou pra mim" e "Nunca mais", as duas últimas com **Ed Lincoln**) e o pernambucano **Luiz Bandeira** (autor de sambalanços, como "O que os olhos não veem", "Na cadência do samba ('Que bonito é...')" e "O apito no samba", à parte de seus ótimos forrós e frevos). Engrossavam esse time os apenas intérpretes **Pedrinho Rodrigues** (sergipano), **Lila** (irmã de **Dalva de Oliveira**, ex-**Trio Madrigal** e ex-pastora de **Ataulfo Alves**) e **Paulo Marquez**, este, crooner do Sacha's. **Miltinho** e **Elza Soares** também começaram anônimos em conjuntos de boate na noite de Copacabana, mas foram eles, principalmente, que popularizaram esse som no país inteiro.

Ex-integrante de quatro conjuntos vocais e ex-crooner dos **Milionários do Ritmo** de **Djalma Ferreira** na Drink, o carioca de classe média, do Catete, **Miltinho** já gravava grandes parcerias do patrão com **Luiz Antônio** nos discos do organista em 59, como o fox "Devaneio" e sambalanços como "Lamento", "Recado" e "Cheiro de saudade". Mas seu primeiro sucesso arrebatador em carreira solo foi em 60, com "Mulher de trinta", outra de **Luiz Antônio**, que continuou a ser seu principal fornecedor: "Você, mulher / Que já viveu / Que já sofreu, não minta / Um triste adeus / Nos olhos seus / A gente vê, mulher de trinta." Mesmo tratando a mulher na casa dos 30 como uma veterana sofrida, gerando o protesto de algumas, conquistou o coração do público. Sua voz nasalada e sua divisão rítmica (de ótimo pandeirista que foi a vida toda), sempre dois tempos adiantado ao compasso, o que lhe permitia repetir duas vezes o mesmo verso sem sair do tempo da música, tornaram seu estilo único, inimitável.

Em seu auge, de 1960 a 65, **Miltinho** gravou 12 LPs, tamanho o sucesso que fazia. Revezava sambalanços (eventualmente gravados com arranjo de gafieira) ("Palhaçada", "Murmúrio", "Ri", "Só vou de mulher", "Cara de pau", "Só vou de balanço", "Zé da Conceição"), sambas-canção ("Meu nome é ninguém", "Poema das mãos", "Eu e o rio", "Poema do adeus", "Confidência") e boleros ("Lembranças"),[12] outra de suas especialidades. Tanto que mais tarde gravou diversos álbuns de boleros românticos e gêneros afins em espanhol, para o mercado latino, em especial a Venezuela, onde foi famoso.

No mesmo ano de 1959 em que perdíamos **Dolores Duran**, aparecia outra mulher de fibra que passou por muitas adversidades até chegar ao sucesso, com um 78 rpm trazendo uma recriação do samba "Se acaso você chegasse" (Lupicínio Rodrigues/Felisberto Martins) e uma versão em português em ritmo de samba de "Mack the knife", *hit* internacional da época. Era **Elza Soares**, uma negra nascida em Moça Bonita (depois, Padre Miguel) e criada em Água Santa, bairros pobres do Rio de Janeiro, que ficou grávida pela primeira vez aos 12 anos e teve nove filhos. Nesse meio-tempo, foi crooner de conjuntos suburbanos de baile, viajou com a companhia da bailarina Mercedes Batista para a Argentina, onde cantou com o renovador do tango, Astor Piazzolla, até que **Moreira da Silva** a descobriu, indicando seu show na boate Texas Bar, em Copacabana, à **Sylvia Telles**. Entusiasmada, logo contatou seu marido **Aloysio de Oliveira**, então diretor artístico da Odeon, que a contratou no ato.

Munida de uma voz rouca e forte, com um ritmo espetacular, **Elza** virou a maior sambista da década de 60, alternando sambalanços ("Boato", "Gamação") e sambas de gafieira ("Devagar com a louça" e as regravações de "Beija-me" e "Mulata assanhada", "Edmundo (In the mood)"),[13] capitaneados pelos arranjos dos maestros **Astor Silva** e **Nelsinho (do Trombone)**, até virar também uma grande intérprete carnavalesca no final da década.

Além deles, beberam muito na fonte do sambalanço **Doris Monteiro** ("Fiz o bobão", "Palhaçada", "O que eu gosto de você"), **Isaurinha Garcia**

("E daí? [Proibição inútil e ilegal]", "Samba da madrugada", "O que é que eu faço?", "Velho gagá"), **Tito Madi** ("Menina moça", "Saudade querida", "É fácil dizer adeus", "Carinho e amor", "Amor e paz"), **Maysa** ("Chorou, chorou") e **Elizeth Cardoso**, que nessa década de 60 alcançou o auge da popularidade, tornando célebres sambalanços como "O amor e a rosa", "Deixa andar"[14] e "Notícia de jornal", esta última a primeira parceria de **Luiz Reis** e **Haroldo Barbosa**, também autores de três sambas-canção que a acompanhariam até o fim da vida, "Nossos momentos" ("Momentos são / Iguais àqueles / Em que eu te amei..."), "Canção da manhã feliz" ("Luminosa manhã / Pra quê tanta luz?") e "Tudo é magnífico" ("Magnífica / É aquela tragada / Puxada depois do café / Magnífica é a escola de bola / De um homem chamado Pelé"), além de reviver o velho samba "Barracão" e dividir com **Elza Soares** e **Miltinho** a preferência do público em "Mulata assanhada", pois também a recriou de forma marcante.

Sobre **Haroldo Barbosa** é bom que se diga que, além de letrista de inúmeros clássicos da música brasileira, foi também um grande versionista, além de jornalista, dramaturgo, apresentador, produtor e redator de programas de variedades e humorísticos (criou a *Escolinha do Professor Raimundo*, de **Chico Anysio**, ainda no rádio, em 52).

Outra cantora que nos anos 60 viveu o auge de sua carreira longeva, com seu timbre grave e interpretações eloquentes, foi **Helena de Lima**, fazendo seu nome essencialmente da noite — sobretudo carioca —, sendo o grande cartaz da boate Cangaceiro, em Copacabana, onde gravou ao vivo seu álbum mais cultuado, *Uma noite no Cangaceiro* (64), sempre acompanhada do **Quarteto do Cangaceiro**, formado por **Raul Mascarenhas** (piano), **Muxiba** (baixo), **Papão** (bateria) e pelo futuro produtor **Rildo Hora** (violão e gaita). Consagrou sambalanços ("Oitavo botequim", "Boa noite, Rio", "Bica nova") e muito samba-canção de dor de cotovelo ("Ainda bem", "Pergunte a você" e a cortante "Verdade da vida").[15] Seu maior sucesso foi a marcha-rancho "Estão voltando as flores" (Paulo Soledade), em 61: "Vê... / Estão voltando as flores / Vê... / Nessa manhã tão linda / Vê... / Como é bonita a vida / Vê... / Há esperança ainda...".

Elizeth Cardoso e **Helena de Lima** cantaram muito "Na cadência do samba" ("Quero morrer / Numa batucada de bamba / Na cadência bonita do samba"), onipresente no repertório dançante desse tempo, ganhando cerca de quarenta regravações em menos de cinco anos desde seu lançamento, em 1962. Era mais um golaço do veterano **Ataulfo Alves** (com Paulo Gesta), que tanto podia ganhar arranjo de sambalanço quanto de samba tradicional. O que prova, aliás, que o bom e velho samba sempre dava um jeito de aparecer, mesmo em épocas que ele não era o gênero mais massificado. Enquanto isso, no mesmo ano de 62, o pioneiríssimo **Moreira da Silva**, numa virada surpreendente em sua carreira, com a gravação de "Rei do gatilho", passa a interpretar o personagem Kid Morengueira, espécie de caubói dos morros, que trouxe o gênero samba de breque de volta às paradas de sucesso, com suas impagáveis e gaiatas interpretações, incluindo "Morengueira contra 007", "O último dos Mohicanos" e "Os intocáveis", todas de autoria de **Miguel Gustavo**.

Entre a levada tradicional e o balanço apareceram mais três grandes sambistas (negros) no início dos anos 60. De São Paulo, veio o irreverente e cheio de bossa (já referido) **Jair Rodrigues** (com "Deixa isso pra lá", sucesso absoluto em 64, cuja introdução é considerada por muitos um pioneiro "rap" nativo) e o elegante, de timbre lamentoso **Noite Ilustrada** (com "Volta por cima", em 62, e "O neguinho e a senhorita",[16] em 65, com mais penetração na Terra da Garoa). E do Rio, de origem muito humilde, nascido órfão, apareceu o divertido (e brigão) **Oswaldo Nunes**, cujo primeiro sucesso veio no **Bloco Carnavalesco Bafo da Onça**, o samba (autoral) "Oba": "Nessa onda que eu vou / Olha a onda, Iaiá / É o Bafo da Onça que acabou de chegar", e a seguir o sambalanço "Na onda do berimbau", em 64, outra de sua autoria, também gravada pelo conjunto de **Ed Lincoln**. Três estilistas.

A música de carnaval resiste, com seus sambas e marchas

A falta de espontaneidade gerada pelo comercialismo excessivo da música carnavalesca tradicional, com excesso de faixas produzidas em por vezes dois LPs temáticos por ano em todas as gravadoras e a parceria quase que forçada com os disc-jockeys comprometidos em fazer a "caitituagem" da música nas rádios, entre outros problemas, geraram seu declínio pro-

A BOSSA NOVA, O ROCK E O ROMANTISMO POPULAR SE REVEZAM

gressivo. Ainda assim, nesse período que vai até meados da década de 60, diversos sambas e marchas se tornaram clássicos. Que o diga a veterana **Emilinha Borba**, que foi tetracampeã nos concursos da prefeitura, de 1963 a 66, com as marchas "Pó de mico", "Marcha do remador" ("Se a canoa não virar"), "Mulata yê yê yê" ("Mulata bossa nova") e "Can can no carnaval" ("Tem francesinha no salão").[17]

A expectativa de o homem ir à Lua motivou **Klecius Caldas** e **Armando Cavalcanti** a criarem uma série de belas marchas sobre o tema, duas das quais **Angela Maria** emplacou: "A lua é dos namorados" (61)[18] e "A lua é camarada" (62/63). Pouco antes, na folia de 59, **Aracy** e **Joel de Almeida** tiraram sarro com os gays da época em "Vai ver que é" ("Se veste de baiana pra fingir que é mulher / Vai ver que é / Vai ver que é"). Da mesma forma, **João Roberto Kelly**, maior compositor do gênero a partir dos anos 60, inspirado num garçom cabeludo à moda dos Beatles, então estourados, compôs para o carnaval de 64 a "Cabeleira do Zezé" ("Eu acho que é transviado / Mas isso eu não sei se ele é"), imortalizada por **Jorge Goulart**, o mesmo que no ano seguinte emplacou "Joga a chave, meu amor" (dividindo a preferência do público com a referida "Mulata yê yê yê", todas de **Kelly**).[19] Amante das escolas de samba, de 1964 até 69, o cantor foi pioneiro intérprete fora do ambiente das agremiações a puxar sambas-enredo na avenida, do **Salgueiro** e do **Império Serrano**, com seu vozeirão. Ainda na folia de 65, "Rancho da Praça Onze", que era tema de abertura do programa *Praça Onze*, que **Kelly** mantinha na TV Rio, trouxe de volta às paradas **Dalva de Oliveira**, num retumbante sucesso em ritmo de marcha-rancho, com letra do humorista **Chico Anysio**.

Entre as marchas, três jamais foram esquecidas. A primeira lançou o ator e comediante **Moacyr Franco** no mundo da música, levando para o carnaval de 1960 seu bordão no humorístico *A Praça da Alegria*, na TV Rio, em que vivia um mendigo: "(Ei, você aí) Me dá um dinheiro aí!" (Ivan e Homero Ferreira). A segunda foi "Índio quer apito" (Haroldo Lobo/Milton de Oliveira), lançada por **Walter Levita** em 61; e finalmente, em 62, **Carmen Costa** com a "Marcha do Cordão da Bola Preta" (Vicente Paiva/ Nelson Barbosa) ("Quem não chora não mama / Segura meu bem a chupeta

/ Lugar quente é na cama / Ou então no Bola Preta"), sobre o tradicional bloco que costuma parar o Rio de Janeiro nos dias de folia.

Entre os sambas carnavalescos, em 61, tanto **Carmen Costa** quanto **Gilberto Alves** cativaram o público com o comovente "Se eu morrer amanhã" ("Levarei saudade / Eu fiz o que quis da minha mocidade") (Gracia Junior/Jorge Martins) enquanto **Linda Batista** apostava em mote parecido, "Quero morrer no carnaval" ("na avenida Central, sambando") (Luiz Antônio/Eurico Campos). Na folia anterior, o mesmo **Gilberto Alves** defendera o romântico "De lanterna na mão", dos paulistas **Elzo Augusto** e **José Sacomanni** ("Eu procurei de lanterna na mão / Procurei, procurei e achei / Você para o meu coração / E agora, e agora / Eu vou jogar a minha lanterna fora!"). Também versando sobre amores, fossem fracassados ("Fechei a porta", 60) ou realizados ("Eu agora sou feliz", 63), **Jamelão** marcou presença. Antes, em 59, foi a vez de **Blecaute** vir com o crítico "Chora, doutor" ("Eu sei que o medo de ficar pobre lhe apavora") e ainda houve espaço para exemplares divertidos do gênero, como "Bigorrilho" (com **Jorge Veiga**, 64) e "Saravá" (com **Orlando Dias**, 65).[20]

O samba paulista "Trem das onze", de **Adoniran Barbosa**, lançado em agosto de 1964, ganha a preferência do público no carnaval carioca de 65, e acaba estourando em todo o país nas vozes do grupo **Demônios da Garoa**, sendo o maior sucesso do grupo e do compositor: "Não posso ficar nem mais um minuto com você / Sinto muito amor, mas não pode ser...".

Já o gênero samba-enredo, pouco a pouco, começa a ficar mais visível, acompanhando a crescente popularização das escolas de samba. Quando o **Salgueiro** vence o carnaval de 63, com "Chica da Silva" (Noel Rosa de Oliveira/Anescar), conquistou algumas gravações daquele que foi um dos primeiros sambas-enredo a enfocar a cultura negra e seus personagens importantes, numa série iniciada pela escola em 59, com o pintor Debret, que retratou (hoje, sabe-se de modo controverso) os negros da época colonial e imperial em seus quadros, seguida com Zumbi dos Palmares, Aleijadinho e Chico Rei nos Carnavais seguintes, sendo por isso mesmo vigiada e sabotada pelo regime militar a partir de seu ingresso no poder. Enquanto isso, o compositor **Silas de Oliveira** dá novo gás ao gênero, no

A BOSSA NOVA, O ROCK E O ROMANTISMO POPULAR SE REVEZAM

Império Serrano, com sucessivas obras-primas, como "Aquarela brasileira" (64), em homenagem ao samba "Aquarela do Brasil", de **Ary Barroso**, que por infelicidade do acaso morreu no dia do desfile desse carnaval ("Vejam / Essa maravilha de cenário / É um episódio relicário...") e "Os cinco bailes da história do Rio" (65), dele, com **Bacalhau** e **Dona Ivone Lara**, uma das pioneiras mulheres a serem aceitas em ala de compositores de uma escola. Entretanto, nem uma nem outra foram logo gravadas e içadas às paradas de sucesso, pois o tempo da popularização nacional do samba-enredo estava ainda por chegar.

A canção nordestina fecha seu primeiro ciclo de sucesso

Após um início promissor, o ícone da canção nordestina **Jackson do Pandeiro** continuava em evidência entre 1958 e 62, inclusive no carnaval, com as marchas "Velho gagá" (61) e "Vou ter um troço" (62) ("Garota você é uma gostosura / Foi proibida pela censura"). Comemorando o bicampeonato do futebol brasileiro na Copa do Mundo de 62, o Rei do Ritmo emplacou também em junho o "Frevo do bi", da mesma forma que o **Coral do Caneco**, quatro anos antes, com a marcha "A Taça do mundo é nossa" ("Com brasileiro, não há quem possa") celebrava nosso primeiro título na disputa, pelos versos de **Miguel Gustavo**, na gravação dos **Titulares do Ritmo**. Em meio de ano, **Jackson** apareceu com os baiões bem talhados "Cantiga do sapo", "Tum Tum Tum" e "Baião do bambolê"; o coco "A mulher que virou homem", o rojão "Como tem Zé na Paraíba"[21] e dois sambas geniais, o "Samba do ziriguidum" (Jadir de Castro) e o clássico dos clássicos, "Chiclete com banana", de sua esposa e companheira de palco à época, **Almira Castilho,** e **Gordurinha**, com uma letra muito bem-feita: "Eu só boto bebop no meu samba / Quando Tio Sam tocar um tamborim / Quando ele pegar / No pandeiro e no zabumba / Quando ele aprender / Que o samba não é rumba..."

Na mesma ocasião, entre 1959 e 60, o baiano **Gordurinha**, também radialista e humorista, fez sucesso como intérprete do "Mambo da Cantareira" (Barbosa da Silva/Eloide Warthon), excepcionalmente um gênero cubano, e de outros ritmos e temas nordestinos, como a toada "Súplica cearense" (dele com Nelinho) — notabilizada anos depois pelo cantor carioca **Nerino Silva** — e o baião autoral "Baiano burro nasce morto". Este último ganhou êxito também nessa mesma época com o igualmente gaiato cantor e compositor alagoano **Luiz Wanderley**. Foi ele o responsável por lançar os famosos cocos "Matuto transviado" (que anos depois virou "Coroné Antonio Bento"), dele com **João do Vale**, e o "homofóbico" "Corta o cabelo dele" (com Noé dos Santos), já em 67.

Foram também duas músicas de **Gordurinha** que ajudaram a puxar o primeiro e o segundo LPs do vitorioso **Trio Nordestino** — respectivamente, "Carta a Maceió" (62) e "Pau de arara é a vovozinha" (63). Formado em Salvador por **Coroné** (zabumba), **Cobrinha** (triângulo) e pelo ótimo cantor e sanfoneiro Lindolfo Barbosa, o **Lindú**, o grupo se iniciou no disco também graças a ele, que os apadrinhou, junto com **Angela Maria** — ela adorou o trio, ao vê-lo atuar no auditório da Mayrink Veiga. O mais longevo dos nossos grupos de forró (gravando até o século seguinte), foi criado após a separação do conjunto que acompanhava **Luiz Gonzaga**, que tinha este mesmo nome, e logo tornou "Chupando gelo" (Edésio Deda) um grande hit: "Tu tá comendo *vridu*? / Não pai! / Tô chupando é *preda* d'água!" Pouco antes, em 60, **Ary Lobo** cantava seu rojão "Eu vou pra lua" (parceria com Luiz Boquinha): "Eu vou pra lua / Eu vou morar lá / Saí no meu Sputinik do campo do Jequiá" — uma das muitas músicas alusivas à conquista do espaço que norteava o imaginário popular nesse tempo.

Também mereceram destaque cinco sanfoneiros, o baiano **Noca do Acordeon**, o alagoano **Gerson Filho** (casado com a conterrânea **Clemilda**, que estreou em 65) e os paraibanos **Zé Calixto, Geraldo Correia** (o "João Gilberto dos Oito Baixos") e **Abdias (dos Oito Baixos)**, este, também produtor, cantor e marido de **Marinês**. Além do forrozeiro alagoano **Jacinto Silva**, mestre no coco de roda, "O Rojão em Pessoa", de trajetória longeva, gravando de 62 até pouco antes de falecer, em 2001, pérolas como "Gírias do norte" — esta uma parceria com o pernambucano **Onildo Almeida**, que daria para **Luiz Gonzaga** o sucesso "A feira de Caruaru", em 57. Ainda em 60, outro pernambucano, **Luiz Jacinto**, encarnou o **Coroné Ludugero**, alternando números de humor e forrós em programas na Rádio Clube de

A BOSSA NOVA, O ROCK E O ROMANTISMO POPULAR SE REVEZAM

sua terra e a seguir na TV Tupi do Rio, gravando diversos discos, sempre satirizando a figura dos coronéis nordestinos. Teve sua trajetória interrompida num desastre de avião em 70, que o levou junto com outras figuras de sua equipe e elenco de apoio.

Principalmente a partir de 1964, o forró foi colocado bastante para escanteio em nível nacional, ficando mais restrito ao Nordeste. Da mesma forma, a maioria dos cantores do rádio só seria lembrada no carnaval e o próprio samba tradicional e o sambalanço rarearam nas paradas. Isso tinha uma razão principal. A invasão progressiva do rock no país.

Os primórdios do rock nacional

O rock começou a sacudir o mundo nas rádios, TVs, cinemas e vitrolas a partir de meados dos anos 50, embora seu embrião viesse da década anterior. Ele nasceu de uma levada do *rhythm'n'blues* jazzístico executada pelos negros americanos que foi evoluindo até a criação da batida clássica do estilo — em pouco tempo gerando diversos subgêneros. Era um ritmo simples e incendiário, frenético, eletrizante. Era preciso no mínimo uma guitarra, um baixo e uma bateria para produzi-lo e, ao contrário dos que o antecederam, não se fazia necessário ser nenhum virtuose para executá-lo, muito menos da presença de orquestras nas gravações dos discos.

O "barulho" do rock era um elixir para quem estava farto de uma sociedade feita de regras muito convencionais, até na música; ou seja, justamente a juventude, para a qual o rock caiu como uma luva. Era a primeira vez que ela, a juventude, tinha uma música própria, falando de seus assuntos de forma coloquial e que se podia cantar e dançar com toda a rebeldia, com ou sem causa, a que tinha direito. Ainda mais naquela época, em que os jovens tinham uma educação muito rígida e a sexualidade rezava numa cartilha extremamente conservadora. Tudo muito cheio de autorizações e controle dos pais, parentes, vizinhos, padres e até da polícia.

Em pouco tempo, os Estados Unidos catapultaram o rock mundo afora, com seus astros brancos Bill Haley & His Comets e o "rei" Elvis Presley, com sua beleza, voz forte e fúria pélvica, e alguns pretos de suingue espetacular como Chuck Berry e o irreverente Little Richard, mostrando que o buraco roqueiro era ainda mais embaixo. O cinema deu seu empurrão definitivo, a partir do pioneiro *Blackboard jungle* (*Sementes da violência*), recheando suas trilhas com os melhores rocks desta e de outras safras. Na sequência, outros países como a Inglaterra já produziam um rock igual ou melhor que o dos próprios americanos. E o Brasil não estava longe de engrossar esse time.

Quando o rock aportou por aqui, os discos estrangeiros ainda demoravam para chegar ao nosso mercado e muitas vezes eram os nossos cantores que regravavam os primeiros hits do gênero em versões em português, e até em inglês mesmo, como foi o caso do pioneiro "Rock around the clock", de Bill Haley & His Comets (55), gravado por **Nora Ney**, das poucas que tínhamos fluentes no idioma. Dois anos depois, enquanto a pianista **Carolina Cardoso de Menezes** lançava seu "Brasil rock", **Cauby Peixoto**, recém-chegado de uma temporada americana, nos mostrava o primeiro rock composto por aqui, o "Rock'n'roll em Copacabana", de **Miguel Gustavo**, ambos sem maior repercussão. O cantor também gravou "Enrolando o rock", outro pioneiro rock nativo, de autoria do guitarrista baiano radicado em São Paulo **Betinho** (com **Heitor Carrillo**) — líder do **Betinho e seu Conjunto**, que já vinha com sucesso desde o início da década com o baião "Neurastênico", e que também pegou uma carona na moda do novo ritmo.

Cauby ainda cantaria uma canção em inglês, "That's rock", na chanchada *Minha sogra é da polícia*, de Aloísio T. de Carvalho e Raul Araújo (58), tendo a seu lado figurantes como **Roberto Carlos**, **Erasmo** e **Carlos Imperial** — os dois primeiros, futuros reis da juventude brasileira, e o segundo, grande produtor, compositor (inclusive do rock do filme) e incentivador do ritmo. **Imperial** apresentava já nessa época o pioneiro *Clube do Rock*, na TV Tupi do Rio, lançando **Roberto** em seu programa como o "Elvis Presley brasileiro", o futuro rei do balanço **Wilson Simonal** como "Harry Belafonte brasileiro" e o subsequente rei do soul **Tim Maia** como "Little Richard brasileiro". Todos eles eram garotos suburbanos que faziam ponto numa lanchonete na Tijuca, zona norte carioca, e sonhavam com um lugar ao sol à moda dos americanos.

Depois dessa fase em que alguns cantores do rádio fizeram muito sucesso com eventuais rocks e calypsos, como **Lana Bittencourt** ("Alone"

A BOSSA NOVA, O ROCK E O ROMANTISMO POPULAR SE REVEZAM

e "Little darlin'") e **Marlene** ("O gondoleiro"),[22] surge efetivamente uma geração roqueira de sucesso. O pontapé inicial, porém, se deu de forma totalmente acidental. Em 1958, o acordeonista **Mario Gennari Filho**, que gravava um repertório eclético bem comercial na Odeon de São Paulo, decidiu surfar na onda que começava a ficar forte por aqui. Compôs dois rocks em inglês, e pediu ao jovem Sérgio, de 22 anos, ex-crooner de sua orquestra, que as gravasse. Eram "Forgive me" e "Handsome boy". Como a letra desta última (de Celeste Novais) era feminina, indicou para a tarefa sua irmã, Célia, de 15 anos, que já gostava de cantar em casa. Foram prensadas então 25 cópias das duas canções em acetato para divulgação nas rádios. Estava tudo certo então para o lançamenteo de um 78 rpm de **Mario Gennari**, porém, o divulgador Ismael Corrêa, vendo a boa aceitação dos ouvintes, decidiu lançá-los como novos artistas no selo do disco, batizando-os de **Tony Campello** (graças à sua semelhança com o ator americano Tony Curtis) e pelo nome mais próximo de Célia que achou, **Celly Campello**. Assim, por acaso, os irmãos de Taubaté se transformaram nos primeiros astros do rock nativo.

Tony e **Celly** gravavam, como a maioria de seus colegas, um número sem fim de versões decalcadas dos grandes astros americanos e eventualmente europeus. **Tony** veio com "Boogie do bebê (Baby sittin' boogie)", "Pobre de mim (Poor little fool)" e "Querida Susie (Susie darlin')".[23] **Celly**, mais bem-sucedida, marcou seu nome na história, apostando em Neil Sedaka, de "Estúpido cupido (Stupid cupid)" ("Oh, oh, cupido, vê se deixa em paz / Meu coração que já não pode amar..."), seu primeiro estouro, em 1959, e nos autores italianos Franco Migliacci e Bruno de Filippi, criadores da "Tintarella di luna", que virou a irresistível "Banho de lua" — ambas na versão de **Fred Jorge**, que se tornaria um onipresente versionista do rock: "Tomo um banho de lua / Fico branca com a neve / Se o luar é meu amigo / Censurar ninguém se atreve / É tão bom sonhar contigo / Oh! Luar tão cândido." Foram dois hits fatais para a juventude da virada da década de 50 para 60 que se esbaldou com o ritmo "diabólico" em letras angelicais. **Celly** ainda consagrou "Lacinhos cor-de-rosa (Pink shoe laces)", "Billy (I always dream of Bill)", "Túnel do amor (Have lips, will kiss in the tunnel of love)" e "*Hey Mama*", e gravou em dueto com o irmão "Canário (Yellow bird)", em mais uma versão de sucesso.[24] Os dois também podiam ser vistos no programa que apresentavam na TV Record (SP), *Celly e Tony em Hi-Fi*.

Em contrapartida, quem foi içado a Rei do Rock, fazendo par à "Rainha" **Celly Campello**, foi o carioca **Sérgio Murilo**, a partir do estouro de um rock chileno, "Marcianita", e a seguir de "Broto legal (I'm in love)".[25] Era um rapaz bem jovem, de classe média, estudante de Direito, mas que arrumou uma encrenca com a gravadora Columbia, discordando de seus honorários e do repertório que deveria gravar e, decidindo processá-la, ficou na "geladeira", vendo sua carreira esmerilhar. Antes disso, porém, **Sérgio Murilo** fez par com outra carioca, **Sonia Delfino**, apresentando o programa *Alô brotos*, na TV Tupi do Rio. Como a onda do rock aconteceu na mesma fase em que uma outra parte da juventude estava criando a bossa nova, a cantora foi lançada como uma resposta carioca à **Celly Campello**, que alternava roquinhos ("Diga que me ama (Make believe baby)")[26] e bossas/ sambalanços, como "Bolinha de sabão" (Orlandivo/Adilson Azevedo), seu maior sucesso, em 1963: "Sentado na calçada / De canudo e canequinha / Tublec tumblim / Eu vi um garotinho / Tublec tumblim / Fazendo uma bolinha / Tublec tumblim / Bolinha de sabão."

As pioneiras musas do rock, entretanto, tiveram trajetórias curtas: **Celly** largou a carreira no auge, aos 19 anos, em 1962, para se casar (voltando apenas esporadicamente), e **Sonia**, já sem gravar na segunda metade dos anos 60, também se aposentou em 70. A mineira radicada no Rio **Célia Vilela**, a carioca **Cleide Alves** e a paulista **Regiane** também tiveram seus momentos, mas logo sumiram na poeira.

Nesse meio-tempo surgiam dois grupos vocais oriundos da mesma rara e afinadíssima família. Sete irmãos cantores (negros), com características vocais mais sofisticadas, deram o que falar: em 1958, os **Golden Boys** ("Meu romance com Laura", de autoria do também cantor **Cyro Aguiar**, e "Wake up' little Susie"), e, em 61, seus irmãos ainda mais jovens, dedicados a um repertório infantil, batizado pelo radialista José Messias de **Trio Esperança** ("Filme triste (Sad movies make me cry)", "O passo do elefantinho (Baby elephant walk)").[27] Eles anteciparam em pelo menos seis anos um fenômeno americano semelhante, o grupo Jackson Five, que revelou Michael Jackson.

A BOSSA NOVA, O ROCK E O ROMANTISMO POPULAR SE REVEZAM

Outros especialistas em gravar versões de rocks gringos, agora em São Paulo, foram **Carlos Gonzaga**, que vinha experimentando variados gêneros desde 1955, mas aconteceu entre 58 e 62, cantando em português hits dos jovens astros americanos Neil Sedaka ("Oh! Carol"), Paul Anka ("Diana"), de seriados ("Bat Masterson") e uma releitura de um mais antigo, de Peggy Lee ("Cavaleiros do céu (Riders in the sky)"). Da mesma forma **Ronnie Cord** estourou "Itsy bitsy teenie weenie yellow polka dot bikini" em 1960, e quatro anos depois, a mesma música, dessa vez na versão "Biquíni de bolinha amarelinha tão pequenininho".[28] E ainda um raro exemplar nativo do gênero, "Rua Augusta", assinado por seu pai, o eclético **Hervé Cordovil**, uma crônica de época, sobre o comportamento dos "playboys" na famosa rua do Centro de São Paulo: "Entrei na rua Augusta a 120 por hora / Botei a turma toda do passeio pra fora..."

Também em São Paulo, mais três astros de sucesso efêmero. **Wilson Miranda**, futuro produtor de discos, tentou vários gêneros desde os anos 50 (até os 70), mas emplacou mesmo com a versão do rock "Alguém é bobo de alguém (Everybody's somebody's fool)", em 61. Três anos depois, foi a vez de **Demétrius** com "O ritmo da chuva (Rhythm of the rain)" e de **Prini Lorez**, que se lançava na cola do cantor e guitarrista americano de ascendência mexicana, Trini Lopez, com "La bamba", "América" e "If I had a hammer",[29] aproveitando-se da demora dos discos do roqueiro original em chegar ao Brasil. Uma fraude da RGE que deu certo, pois o rapaz (José Gagliardi Jr.) era bom cantor.

Antes de os Beatles estourarem no Brasil, o que se deu em 1964, parte das nossas bandas de rock teve como modelos a americana The Ventures e a inglesa The Shadows — vidradas em peripécias instrumentais de guitarra, em composições como "Tequila", "Apache" e "Walk don't run".[30] Essa onda roqueira sem vocais foi definitiva na formação de grupos paulistas como **The Jordans**, cujo nome foi inspirado na banda The Jordanaires, que acompanhou Elvis Presley (tendo como hits o instrumental "Tema de Lara" ["Somewhere my love"], famoso no filme *Doutor Jivago*), **The Jet Black's** (com os hits "Chapeuzinho vermelho [Lil' red riding hood]" e a instrumental "Tema para jovens enamorados [Theme for young lovers]") e **The Clevers**, que começaram em 63 e dois anos depois, após uma briga com seu empresário que detinha a patente do nome, viraram **Os Incríveis**, emplacando inicialmente o sucesso instrumental "O milionário (The millionaire)".[31]

Na mesma linha apareciam no Rio **The Youngsters** (ex-The Angels) e a banda mais importante e longeva de todas, **Renato e Seus Blue Caps**, destacando-se os irmãos **Renato Barros** (guitarra) e **Paulo César Barros** (baixo). Ela foi fundamental para o movimento do rock no país, pois, além da própria carreira, acompanhava outros artistas do gênero na CBS em gravações. Era um tempo em que as gravadoras não sabiam bem como gravar cantores sem orquestra, acompanhados apenas de um pequeno grupo com guitarra, baixo, teclado e bateria. Foi ainda no grupo dos irmãos **Barros** que começaram como crooners figuras como **Reynaldo Rayol** (irmão de **Agnaldo**), **Cleide Alves** e o batalhador **Erasmo Carlos**, gravando como solista pela primeira vez no segundo LP do grupo, de 1963, em faixas como "Estrelinha (Little star)",[32] após uma tentativa no grupo vocal The Snakes.

Por sua vez, o igualmente incansável **Roberto Carlos**, capixaba que tentava a sorte desde pequeno, cantando em rádios de sua terra natal, depois no Rio, finalmente era contratado pela Columbia. Isso depois de alternar o fascínio por Elvis Presley com uma momentânea queda pelo estilo de **João Gilberto** (levando-o a estrear em disco num equivocado 78 rpm com duas bossas novas de seu mentor **Carlos Imperial**, em 1959, após ser recusado pelas principais gravadoras do país). No LP *Louco por você* (61), tentava uma vaga em meio aos quatro estilos dos astros do mercado de então: a bossa de **João Gilberto**, o sambalanço de **Miltinho**, o bolero de **Anísio Silva** (de quem falaremos mais adiante) ou a "música jovem" (rock, balada, chá-chá-chá) de **Sérgio Murilo**.[33] A partir de 62, diante do problema da Columbia com este último, **Evandro Ribeiro**, diretor artístico da casa, direcionou seu novo pupilo justamente para a tal "música jovem".

É quando sua história se cruza novamente com a do amigo carioca **Erasmo Carlos**. Vivendo de bicos numa série de subempregos — foi de carregador de tijolos a secretário de **Carlos Imperial** —, nunca deixava morrer o sonho de ser roqueiro, colecionando tudo sobre o ídolo Elvis Presley. Amigo de **Roberto** desde 1958, foi somente em 63 que decidiram finalmente compor juntos, já que tinha bastante facilidade em cunhar "versões", em verdade, adaptações de rocks internacionais, pois não sabia falar inglês — aliás, poucos dessa geração roqueira passaram sequer do primeiro grau. Ao mostrar-lhe a "versão" que estava fazendo de "Splish, splash" ("Fez o beijo que eu dei / Nela dentro do cinema"), sobre um velho hit de Bobby Darin, **Roberto** ficou encantado e resolveu gravar. Eles também decidiram fazer uma música juntos para ver se dava certo. Surgiu então "Parei na contramão", o primeiro hit nacional do cantor, seguido justamente de "Splish, splash". Em 64, com uma nova "versão" criada pelo amigo **Erasmo**, fez um barulho ainda maior, "O calhambeque (Road hog)": "Mandei meu Cadillac pro mecânico outro dia / Pois há muito tempo um conserto ele pedia / E como vou viver sem um carango pra correr / Meu Cadillac bip bip / Quero consertar meu Cadillac".

Em paralelo, no mesmo ano, a RGE paulista precisava de um cantor jovem no *cast* e decidiu contratar **Erasmo**. Amiga de ambos, a ex-cantora mirim **Wanderléa** gravava na Columbia desde 1962, começando a tocar no Rio com "Meu anjo da guarda" (Rossini Pinto/Fernando Costa), um raro rock nativo em meio a um mar de versões. Nessa fase, de 58 até 64, eram poucos hits roqueiros que estouravam simultaneamente no Rio e em São Paulo. Quando isso se dava, aí sim, o sucesso se estendia para o resto do país. Pois nem o maior dos videntes poderia imaginar que dentro de menos de um ano os três estariam juntos num programa que passaria a ditar as novas regras de comportamento da juventude. A partir de então, mais do que nunca, não bastava ser cantor, era preciso ter uma "imagem". A "atitude" era tão ou mais importante do que cantar.

O romantismo popular ganha terreno

Celly Campello foi um grande sucesso comercial entre 1958 e 61. O primeiro LP de **João Gilberto** também, entre 59 e 60. **Miltinho** e **Elza Soares** nem se fala. Dominaram a cena na mesma época. Mas quem passaria a sustentar as gravadoras a partir desse período seriam os artistas da vertente "brega-romântica" — um termo que ainda não existia —, então chamada pela crítica de "submúsica". Em geral, gravavam canções de melodia e harmonia simples, com letras românticas desesperadas, bem apelativas. Com o tempo, algumas dessas canções se tornariam clássicas, muito graças à pungente e marcante interpretação de seus intérpretes. Outras, datadíssimas, cairiam no profundo esquecimento.

Quando **Nelson Gonçalves** chegou ao clímax da carreira com "A volta do boêmio" em 1957, intensificou a parceria com seu autor, **Adelino Moreira**, um português radicado no bairro de Campo Grande, zona oeste carioca, que de divulgador passou também a gerir os negócios do cantor e nutrir 70% de seu repertório na virada para os anos 60, fazendo dele um homem ainda mais rico do que já era, líder absoluto em vendas da RCA Victor. Artista mais bem-sucedido comercialmente de sua geração, seguiu gravando uma média de dois LPs por ano até o fim da década de 70 (!), quando então passou a gravar... um por ano, como qualquer mortal.[34]

Adelino reprocessava o estilo de samba-canção cunhado por **Herivelto Martins** e **Lupicínio Rodrigues**, mas sem qualquer compromisso com sofisticação ou originalidade, eventualmente com talento, como em "Meu dilema", "Fica comigo esta noite" ou no apoteótico "Negue", este com o radialista **Enzo de Almeida Passos** ("Pise machucando com jeitinho / Esse coração que ainda é teu..."). Normalmente, repisava fórmulas preconcebidas que funcionavam para um público mais conservador, maduro, avesso a modernidades e encantado pelo vozeirão grave do cantor. Caçoava até mesmo da turma da bossa nova em músicas como "Seresta moderna" ("agora é Hi-Fi / Num canto de sala de um apartamento (...) Um gaiato cantando sem voz um samba sem graça / Desafinado que só vendo / E as meninas de copo na mão / Fingindo entender / Mas na verdade, nada entendendo"). Mas quando **Nelson** gostava da música, não tinha conversa, gravava algumas bossas, sambas, canções de "MPB" e o que mais lhe desse na telha.

O que o grande público gostava, entretanto, era o **Nelson** mais dramático, cabareteiro e algo conservador. Nascia ali um filão que já vinha de certa forma desde os tempos dos seresteiros do fim do século passado, com seus versos empapados de adjetivos em cenas barrocas, dos dramalhões de **Vicente Celestino** e que se desenvolveu com a invasão de boleros e tangos estrangeiros. Criada em grande parte para seu pupilo, a produção de **Adelino Moreira** calcava-se exatamente em músicas de dor de cotovelo com clima de cabaré, com a visão do homem provedor da sociedade patriarcal de antigamente, sempre envolto em apuros amorosos e, claro, fascinado pelas

A BOSSA NOVA, O ROCK E O ROMANTISMO POPULAR SE REVEZAM

prostitutas ou idealizando mulheres inatingíveis, como nos sambas-canção "Escultura", "Deusa do asfalto", "Êxtase", "Fantoche", "Flor do meu bairro" e "Enigma", no samba "Mariposa" e no tango "Piedosa mentira" — todos grandes sucessos. Na vida pessoal, toda essa montanha de dinheiro que o cantor ganhava em discos, turnês, temporadas no Brasil e Argentina e na Rádio Nacional era gasta em corridas de cavalos, pif-paf, bebidas e a partir de 1958 num terrível vício em cocaína, que por um milagre não lhe tirou o vozeirão, mas em compensação o levou preso por 12 dias, em 66, como "traficante", embora nunca o tenha sido.[35] Sua mulher (oficial), Maria Luiza, foi paciente e conseguiu paulatinamente tirar-lhe do vício, o que o fazia encher o peito e dizer na década seguinte em shows e entrevistas: "Eu passei de viciado a um exemplo!"

Eventualmente, **Nelson** também emplacou outros autores em ritmo de samba-canção, como "Atiraste uma pedra", último sucesso de **Herivelto Martins** (com **David Nasser**), e "Deixe que ela se vá", em 1958, esta de dois autores que não vinham para brincadeiras. Ex-parceiro do sofisticado **José Maria de Abreu**, **Jair Amorim** iniciou uma nova e vitoriosa dupla, desta vez com o cearense **Evaldo Gouveia**, que deixara o **Trio Nagô**, e em breve forneceria canções de sucesso (na maioria boleros) a todos os grandes cantores tradicionais da época. O primeiro estouro se deu em 60 com o bolero "Alguém me disse", na voz do baiano **Anísio Silva**, uma espécie de versão ultrapopular do conterrâneo **João Gilberto**, pois cantava com voz suave e sem vibrato um repertório desbragadamente romântico. O cantor também apareceu com a guarânia "Quero beijar-te as mãos" e com outros boleros, como o autoral "Sonhando contigo" (com Fausto Guimarães), "Interesseira" e "Estou pensando em ti".[36] De 57 a 61 vendeu "dois milhões de discos", marca que intitulou uma coletânea do cantor à época.

O bolero no início da década de 1960, no geral, levou certa vantagem em relação ao samba-canção. Muitos cantores românticos foram nessa onda, alguns até passando a ser especialistas no gênero, como o pernambucano **Orlando Dias**, um cantor baixinho, calvo, de origem modesta e sofrida, que vinha tentando o sucesso desde o início dos anos 50. Só estourou no início da década seguinte, com "Perdoa-me pelo bem que te quero" e principalmente a apoteótica "Tenho ciúme de tudo" ("Até da roupa que tu vestes"), ambas de **Waldir Machado**. Cantava segurando um lenço e se ajoelhava no chão, numa mise-en-scène teatral bem peculiar.

Em 1962, apareceram o petropolitano **Silvinho**, com os boleros "Quem é", "Tu és o maior amor da minha vida" e "Esta noite eu queria que o mundo acabasse",[37] com direito a recitativos declamados; e a partir de 63, os mineiros **Carlos Alberto**, chamado assim como **Silvinho** de "O Rei do Bolero" ("Não me esquecerás", "Sabe Deus [Sabra Dios]")[38] e **Altemar Dutra** — este o maior cantor romântico da década. De baixa estatura, mas com uma bela e poderosa voz, um verdadeiro seresteiro fora de época, que ao invés de valsas e modinhas aderiu principalmente ao bolero. Acabou sendo o intérprete preponderante da dupla **Evaldo Gouveia** e **Jair Amorim**, tornando imortais os boleros "Tudo de mim", "Sentimental demais", "Que queres tu de mim?", "Oferenda", "Brigas" (esta já em 66), além da marcha-rancho "O trovador". Também deu certo gravando em espanhol para o público latino-americano e seguiu gravando regularmente até sua morte prematura em 83, aos 43 anos.

Outros cantores românticos do período também fizeram sucesso graças ao bate-coxa do bolero, como o cearense **Carlos Augusto** ("Vitrine", de Adelino Moreira), o capixaba **Raul Sampaio** (também compositor, de "Quem eu quero não me quer", com Ivo Santos, e "Lembranças", com Benil Santos, este na voz de **Miltinho**), os cariocas **Renato Guimarães** ("Poema", de Fernando Dias) e **Adilson Ramos** ("Sonhar contigo", dele com Armelindo Leandro). Mas havia também outros gêneros derramados. O paulista **Carlos José** firmou-se como seresteiro e teve alguns êxitos extemporâneos do gênero, como "Esmeralda" (Filadelfo Nunes/Fernando Barreto) e "Guarânia da saudade" (Luiz Vieira). Da mesma forma, **Francisco Petrônio** começava a gravar em 1961, aos 38 anos, deixando a carreira de motorista de táxi e quatro anos depois estourava a música "O baile da saudade" na capital paulista. Na contramão dos ritmos da moda, passou a fazer uma longa carreira de seresteiro e cantor romântico "retrô" em televisão, gravações (inclusive sete álbuns com **Dilermando Reis**) e "bailes da saudade" por todo o país até sua morte, em 2007.

Além de **Nelson Gonçalves**, também apostaram no samba-canção o capixaba **Carlos Nobre** ("Ciclone", de Adelino Moreira), bastante influen-

A BOSSA NOVA, O ROCK E O ROMANTISMO POPULAR SE REVEZAM

ciado pelo primeiro, e a potiguar **Núbia Lafayette**, dirigida igualmente por **Adelino**, virando uma versão feminina do eterno "boêmio" na mesma RCA Victor, com vários sambas-canção do compositor, como "Solidão", "Devolvi" ("o cordão e a medalha de ouro / E tudo que ele me presenteou") e "Seria tão diferente" (dele, com Tonio Luna). Com repertório mais interessante, calcado em grandes sambas de carnaval (de enredo ou não) e muitos sambas-canção de dor de cotovelo, o carioquíssimo **Jamelão**, além de compor e cantar sambas sacudidos e de puxar os sambas da Mangueira, se firmou como o melhor intérprete de **Lupicínio Rodrigues**, sucedendo **Francisco Alves** e **Linda Batista**. Emplacou "Ela disse-me assim" ("tenha pena de mim / Vá embora..."), seu maior hit, em 1959, "Exemplo", "Sozinha" e, em 65, "Matriz ou filial", do paulista **Lúcio Cardim**, espécie de **Lupicínio** paulista: "Quem sou eu / Pra ter direitos exclusivos sobre ela...", um hino da dor de corno.

Havia outros, porém, mais ecléticos, que se deram bem em diversos andamentos, caso de **Angela Maria**, que, ostentando sua melhor forma vocal, agora em interpretações cada vez mais teatrais, deu de ombros à crítica que a massacrava por ter aderido a um repertório bem comercial. Foi de hilários chá-chá-chás, como o colombiano "Pepe" e os nativos "Garota solitária" e "Beijo roubado", ambos de **Adelino Moreira**, ao rock-balada "A noiva" ("La novia"), do chileno Joaquín Prieto, sobre o drama de uma moça que entra na igreja para se casar, pensando em outro homem. Os sambas-canção bem populares (de **Adelino**, claro!) também tiveram imenso êxito radiofônico em sua voz, como "Não me perguntes", "Meu ex-amor" e "Cinderela" (este já em 66). Eles se somaram à versão de um bolero mexicano ("Falhaste coração")[39] e a mantiveram como uma das grandes vendedoras de discos do período.

Cauby Peixoto, por sua vez, voltou dos Estados Unidos definitivamente, emplacando em 1960 o bolerão "Ninguém é de ninguém" ("Na vida tudo passa / Ninguém é de ninguém / Até quem nos abraça"), de Umberto Silva, Toso Gomes e Luiz Mergulhão, e ainda as românticas carolas "Perdão para dois", do sertanejo **Palmeira** com Alfredo Corleto (também sucesso em São Paulo com **Leila Silva**) e "Ave-Maria dos namorados". Esta última de **Evaldo Gouveia** e **Jair Amorim**, os hitmakers do momento, que também encheram de boleros de sucesso os repertórios de **Maysa** ("Só Deus"), **Miltinho** ("Poema do olhar") e até mesmo do grande cantor-galã desse tempo, o carioca **Agnaldo Rayol** ("E a vida continua", este regravado muito bem pelas divas **Nora Ney, Rosana Toledo** e **Dalva de Oliveira**): "Tu passas pela rua / E a vida continua / E em mim também / Esta saudade sempre tua."

Agnaldo Rayol começou menino prodígio, atuando em cinema. A partir de 1957, aos 19 anos, já ostentava um timbre belíssimo e potente de tenor, se transferindo para São Paulo, onde passou a gravar com grande sucesso um repertório eclético, incluindo serestas, valsas, bossas, sambas--canção, mas acontecendo mesmo com versões de boleros ("Acorrentados [Encandenados]") e rock-baladas explosivos, com muita gritaria, um gênero que virou moda internacionalmente nos anos 60 ("A praia [La playa]", "O princípio e o fim" [Ma vie]", e mais para o fim da década, "Livre [Born free]" e "O amor é tudo [Love is all]"). Também ator como **Rayol**, e comediante, compositor, apresentador de TV e cantor de vozeirão, **Moacyr Franco** foi outro a fazer história com uma canção da dupla **Evaldo Gouveia** e **Jair Amorim** ("Ninguém chora por mim"), mas também com um chá-chá-chá ("Meu querido lindo", de sua autoria com Canarinho), a balada "Pobre Elisa" (Jorge Smera/Paulo Gesta) e as versões de canções americanas (o fox "Suave é a noite [Tender is the night]"), paraguaias (a guarânia "Qué será de ti") e italianas (a balada "Doce amargura [Ti guarderó nel cuore]"),[40] enquanto se consagrava no teatro, em musicais e especialmente na televisão com seu *Moacyr Franco Show*, na TV Excelsior.

Mineiro como **Moacyr** e de canto aberto e operístico como ele e **Rayol**, surgiu para o sucesso em 1965 o ex-torneiro mecânico **Agnaldo Timóteo**, gravando um repertório melodramático, baseado inicialmente em versões, como "A casa do sol nascente (The house of the rising Sun)", "Os verdes campos da minha terra (Green, green grass of home)", "A casa de Irene (A casa d'Irene)" e a francesa "Aline".[41] Mais para o fim da década (até o início da seguinte), emplacou canções feitas para ele por **Roberto Carlos** ("Meu grito") ou pelo "Rei" com **Erasmo Carlos** ("Deixe-me outro dia, menos hoje" e "Os brutos também amam"), sem esquecer a onipresente dupla **Evaldo** e **Jair Amorim** ("Quem será"), tornando-se pelas próximas décadas um recordista em vendagem no segmento romântico popular.

A BOSSA NOVA, O ROCK E O ROMANTISMO POPULAR SE REVEZAM

Entre o final dos anos 50 e 65, diversas cantoras de perfil igualmente romântico apareceram sem, no entanto, emplacar muitos hits próprios, ainda que estivessem sempre na televisão. É o caso das cariocas **Luciene Franco** (de vozeirão, com o samba-canção póstumo de **Dolores Duran**, com **Ribamar**, "Ternura antiga", também bem executada na voz de **Tito Madi**, e a francesa "Ma vie", de Alain Barrière) e **Dalva de Andrade**, com seus trinados uma oitava acima do normal (com a guarânia "Serenata suburbana", de **Capiba**). E ainda de várias radicadas no Rio, como a baiana **Ellen de Lima** (com o bolero "Vício", de Fernando César, e a "Canção das misses", de Lourival Faissal), as mineiras **Rosana Toledo** (uma intérprete densa, com a bossa nova "Tetê", de **Menescal** e **Bôscoli**) e **Carminha Mascarenhas** (de voz pequena, com o samba de crítica social "Per omnia saecula saeculorum, amen", de Miguel Gustavo), e a gaúcha **Gilda Lopes**, de carreira meteórica (celebrizando a apoteótica "O trovador de Toledo" ["L'arlequin de Tolède"],[42] de ares flamencos).

Entre as estabelecidas em São Paulo, surgiram **Edith Veiga** (com o bolero "Faz-me rir [Me dá risa]"), **Leila Silva** (com o samba "Não sabemos", de Rubens Caruso), **Wilma Bentivegna** (com o fox-blue "Hino ao amor (*Hymne à l'amour*)", versão do sucesso de Edith Piaf), **Morgana**, conhecida como a "fada loura" (com "Serenata do adeus", de **Vinicius**, e o bolero "Até sempre [Hasta siempre]"), a graciosa e sofisticada **Elza Laranjeira** (com "Eu sei que vou te amar", de **Tom** e **Vinicius**, chegando a dedicar um álbum inteiro à dupla em 1962; e o charmoso bolero "Fale baixinho", do maestro **Portinho** com **Heitor Carillo**). Outra figura emblemática foi a veterana **Hebe Camargo**. Embora mais famosa como apresentadora e entrevistadora na TV desde os seus primórdios, ela gravava desde 50 e emplacou em 59 o rock-balada "Quem é?" ("Que me cobre de beijos / Satisfaz meus desejos / E que muito me quer"), também sucesso na voz de seu autor, **Osmar Navarro**. E por falar em rock-balada, cantores como o negro paulista **Francisco Egydio** ("Creio em ti [I believe]")[43] e o paraibano radicado no Rio **Jairo Aguiar** ("Caprichos do amor", dele com o acordeonista **Mário Mascarenhas**) também tiveram seus maiores êxitos nesse gênero.

Os caipiras paulistas começam a se "modernizar"

Atuantes desde 1954, **Tião Carreiro e Pardinho** já começaram a inovar o cancioneiro caipira na virada para a próxima década, quando **Tião**, violeiro virtuose, criou uma variante do gênero, que batizou de "pagode", mas que era apenas um jeito de tocar a velha e boa moda de viola, como no sucesso "Pagode em Brasília" (Teddy Vieira/Lourival dos Santos), em 60. Contudo sabiam ser tradicionalíssimos também, como em "Rei do gado" (Teddy Vieira, 61), uma moda clássica do gênero. Tinham temperamentos antagônicos, motivos de muitas discussões. **Tião** era carismático e boêmio, e após os shows saía para curtir as noitadas, beber e dar canjas, e mesmo na hora de gravar era capaz de chegar ao estúdio e resolver logo o que seria registrado. **Pardinho**, mais reservado e organizado, se irritava e muitas vezes rompia com o parceiro. O outro chorava, e acabavam fazendo as pazes depois. Versáteis e ultrapopulares, participaram de duas peças e até de um filme, *Sertão em festa*, de Oswaldo de Oliveira, em 70.

Já os ex-lavradores e irmãos **Canário e Passarinho** registraram a moda de viola "Gaiola de ouro" (deles, com Angelo Sanches), seu maior sucesso, em 61, a rancheira "A volta da pombinha" (Baltazar da Silva/Canário) e muitos outros. Em seus shows, em dado momento, inovavam na mise-en-scène. Caracterizavam-se, formando uma nova dupla, cujo heterônimo era **Tonho e Bepe**, com muito humor. No fim da década, costumavam fazer um "desafio" contra um cantor ou conjunto de rock nativo nas cidades onde se apresentavam, vencendo quase sempre.

Por sua vez, **Jacó e Jacozinho** eram de uma família judia, de sete irmãos músicos, com timbres vocais semelhantes. Os líderes eram Amado e Antônio Jacó. Mas estes eram os "oficiais" em gravações e entrevistas. Ocorre que numa época em que a TV ainda era incipiente no interior e não havia nem sombra de internet, cada um deles, para faturar um pouco mais, se unia a outros irmãos e às vezes era possível ter um show da dupla em cartaz simultaneamente em São Paulo, Minas e Pará. Em emissões de rádio ao vivo isso também ocorria. Foram da leva de caipiras que já começaram a fazer mudanças musicais e no visual, mais próximo dos roqueiros que iam surgindo. Notabilizaram-se inicialmente com a singela "Menina moça" e

A BOSSA NOVA, O ROCK E O ROMANTISMO POPULAR SE REVEZAM

a sobrenatural "A capa do viajante", ambas de **Jacozinho**, a primeira com **Lourival dos Santos**, grande autor caipira daquele tempo, e a segunda com **Piracaia**. Na segunda metade da década de 60, na patriótica "Canção do soldado" (Carreirinho) já se nota um órgão no acompanhamento, da mesma forma que no som de **Abel e Caim**, que começaram nesse mesmo período, com pérolas como a moda de viola em homenagem à padroeira dos olhos, "Santa Luzia" (Iolando Mondim/Abel).

Mais ousados foram **Pedro Bento e Zé da Estrada** que ao assistir um show do mexicano Miguel Aceves Mejia, resolveram incorporar um sanfoneiro e dois pistonistas no acompanhamento, imitando o estilo dos mariachi, com direito a *sombrero*, uivos e letras de "dor de corno". Isso lhes valeu o epíteto "Os amantes das rancheiras", em sucessos como a dolorida "Seresteiro da lua" (deles, com Cafezinho) e "Taça da dor" (Benedito Sevieiro/Nizio). Ao gravá-las num mesmo disco de 78 rpm, em 1959, segundo **Pedro**, por exigência da gravadora, criou um novo nome para esse estilo de valseado de modo a não repetir o mesmo gênero musical dos dois lados. Daí a segunda saiu com o nome de "canção rancheira", que acabou pegando e virando um novo estilo. Outros êxitos dessa fase foram as toadas "Carta do pracinha" (Zé Paioça/Zé Capoeira) e "Mágoa de boiadeiro" (Nonô Basílio/Índio Vago).

Também influenciados por Mejia foi a promissora e afinadíssima dupla **Belmonte e Amaraí,** que durou cerca de cinco anos. Mesclando arranjos com harpa, piano, bongô, viola, violão e pistons, eram capazes de gravar canções da fase latina de Nat King Cole, boleros e até mexicanizavam *countries* americanos, como o hit "Green, green grass of home" com a mesma letra em português que consagrou **Agnaldo Timóteo** ("Os verdes campos da minha terra"), com direito a recitativo e tudo. Mas fizeram história na música caipira graças ao rasqueado "Saudade da minha terra" (Goiá/Belmonte), lançada em 1967 e ostensivamente regravada até hoje: "De que me adianta viver na cidade / Se a felicidade não me acompanhar / Adeus, paulistinha do meu coração / Lá pro meu sertão eu quero voltar". Sua trajetória, entretanto, foi interrompida em 72, em consequência da morte de **Belmonte** num acidente de carro, aos 34 anos.

Ainda à sombra das referências mexicanas, **Tibaji e Miltinho** fizeram um som bem cabareteiro, atuando nas zonas de meretrício do interior paulista e arredores. Não só gravaram versões, no caso, de canções italianas, como fizeram sucesso justamente com elas, a exemplo de duas com nomes de aves, "Pombinha branca (Vola colomba)" e "Passarinho do peito amarelo (Gorrioncillo poncho amarillo)",[44] chegando até ao bolero-mambo "Taça vazia" (Benedito Seviero / Miltinho Rodrigues), narrando as agruras de "um ébrio triste a viver nos botequins".

Todos eles, entretanto, ficaram restritos ao âmbito regional. Houve, porém, exceções, como um grupo vocal urbano afinadíssimo, baseado nos dos negros de gospel americano, que teve seus dias de glória no início da década de 60, com a toada quase sertaneja "Leva eu, sodade" ("Oi leva eu, Minha saudade / Eu também quero ir / Quando eu passo na ladeira / Tenho medo de cair") (Tito Neto / Alventino Cavalcanti), que o Brasil todo cantou, e a releitura da paraense "Uirapurú", de **Waldemar Henrique**. Eram **Nilo Amaro e Seus Cantores de Ébano**.

Já o "Gaúcho Coração do Rio Grande" **Teixeirinha** emplacou nacionalmente a toada-milonga autoral "Coração de luto", em 1960, um dos primeiros discos brasileiros a bater 1 milhão de cópias, versando sobre a verídica história da mãe morta num incêndio, que o cronista Sérgio Porto mordazmente apelidou de "Churrasquinho de mãe". A canção virou filme de sucesso e lhe abriu as portas para uma carreira cinematográfica, em que atuou em doze filmes, sendo que em dez deles também escreveu, produziu e distribuiu. Por duas décadas também atuou diariamente em seus próprios programas de rádio. Muito bem aceito pelo público caipira, era chamado de o "Rei do Disco" pela imprensa e foi, de fato, um sucesso sem precedentes. Tornou-se um mito em seu segmento, o regional gaúcho, no qual brilhou com os xotes (autorais) referentes à sua terra, "Gaúcho de Passo Fundo" e "Querência amada", que virou um hino extraoficial do Rio Grande do Sul.

Sua fama o levou a ser o único artista do gênero a ter uma carreira internacional relevante, apresentando-se e tendo dezenas de discos editados nos Estados Unidos, Canadá, América Latina, Europa e África. Uma questão polêmica que acompanhou sua carreira foi a relação extraconjugal e musical que manteve por 22 anos, de 1961 a 83, com a jovem **Mary**

A BOSSA NOVA, O ROCK E O ROMANTISMO POPULAR SE REVEZAM

Terezinha, que conheceu ainda adolescente, com quem teve dois filhos, e passou a acompanhá-lo no canto e no acordeom em shows, rádio e cinema. Quando esta se cansou da situação — inclusive financeira, de ganhar bem menos que o companheiro — e foi embora, houve uma lenda de que ele teria tido um enfarte e logo a seguir outro, que o mataria. Mas, em verdade, foi mesmo um câncer que o matou. Mas aí já estávamos em 85. Eram outros tempos, inclusive de emancipação feminina.

As novidades do mercado musical

No período que vai de 1958 a 65, a indústria fonográfica se atualizou. O LP de 12 polegadas, na maioria das vezes com seis faixas de cada lado, passa a ser o formato padrão da indústria a partir de meados de 57, e já no ano seguinte os de 10 polegadas deixam de ser produzidos. Os compactos duplos (de 45 rpm, com quatro faixas) e os simples (com duas, em 45, depois 33 rpm) passam a ser uma opção para quem queria apenas o *single* de sucesso ou não tinha dinheiro para um long-play, embora ainda houvesse muita gente que não abria mão dos *singles* nos frágeis discos de 78 rotações, pois nem todos tinham poder aquisitivo para adquirir toca-discos adequados às três rotações. Em paralelo com as mudanças de formato, talvez motivados pelo surto de industrialização da "Era JK", surgiram uma série de pequenos selos, quase todos de curta duração.

À exceção da carioca CID e da paulista Chantecler, esta de linhagem bem popular, ambas fundadas em 1958, os demais selos não duraram mais que uma década, tais como Farroupilha, Equipe, Forma, Plaza, JS (de Salvador), Tiger, Albatroz, ASR, Belacap, Ceme, Copa, Discobrás, Indisco, Madrigal, Marajoara, Masterplay, Master Sound, Palladium, Pedestal, Prestige, Pawal, Regency, Serenata, Drink e o já comentado Elenco, além do americano Audio Fidelity, que lançou alguns discos nacionais por aqui no período. Também nasceram os selos Califórnia e Inspiração, importantes no nicho sertanejo, já que os caipiras mais humildes nem sempre tinham acesso às grandes gravadoras. A Fermata e Beverly entram em cena, e depois se fundem no início da década seguinte, respectivamente, à RGE e à Copacabana. Entre as multinacionais, a Sinter virou Philips em 60, e a Columbia torna-se CBS em 62. Esta e as demais poderosas do período criaram selos alternativos para vendas diretas, de porta em porta, uma ideia do executivo André Midani da Odeon, que criou o pioneiro selo Imperial, depois imitado pelas concorrentes, como Fantasia (Philips), Som (Copacabana) e Discolar (Continental).

Toda essa geração de artistas viveu nessa época uma forma diferente de divulgação do seu trabalho. Em vez de estarem sempre cantando ao vivo nas estações de rádio — que ainda existiam e tinham seu público cativo — ou na TV, que ainda não tinha largo alcance, foram tendo cada vez mais espaço em programas radiofônicos de estúdio, onde despontaram os *disc jockeys*, que comentavam sobre as faixas que mais lhes apraziam, promovendo-as e influenciando a audiência dos álbuns a serem comprados.[45]

Se entre 1958 e o início dos anos 60 o mercado musical se equilibrou entre a sofisticação da bossa nova, o suingue do sambalanço e do rock e o romantismo "brega", a partir de 65 há uma explosão de novos intérpretes, autores e tendências, um período efervescente que transformou definitivamente os rumos da nossa música, amparados por uma mudança comportamental global e por uma ditadura militar que desde 1º de abril de 64 havia sido instaurada no Brasil.

6.

Os festivais de música, a Jovem Guarda, o Tropicalismo e o resgate do samba tradicional (1965-1972)

A televisão brasileira já exibia muitos programas musicais desde o início dos anos 50. Alguns cantores, inclusive, a exemplo do que ocorria no rádio, tinham seus próprios horários na telinha. Ocorre que até o fim daquela década os intérpretes tinham que cantar ao vivo e ficar na ponte aérea para atuar em programas no eixo Rio-São Paulo, e nas demais capitais acabavam não sendo tão vistos. Somente no início dos anos 60, o surgimento do videoteipe facilitou a vida dos cantores, mas a TV ainda era elitista e não chegava a todos os lares do Brasil. O ano de 65 foi emblemático porque foi a primeira vez que um evento televisionado em torno da música brasileira parou o país, desencadeando a criação de uma série de outros programas musicais que marcaram época. Tudo começou com o I Festival de Música Popular Brasileira.

Animado com o ambiente musical paulistano dos últimos anos que rolava em bares, universidades, reuniões caseiras, Teatro de Arena, Teatro Paramount, programas de rádio etc., o produtor Solano Ribeiro encaminhou um projeto de um festival à sede da TV Excelsior. Em vez de concorrentes de várias partes do mundo, como no famoso Festival de San Remo, na Itália, aqui o objetivo seria unicamente promover a nova geração da música nacional. A ideia era que os compositores inscrevessem suas obras e, a seguir, a TV escolheria os intérpretes que iriam defendê-las. Assim, entre março e abril de 1965 se realizou o I Festival de Música Popular Brasileira da TV Excelsior, com três eliminatórias, entre São Paulo (no Guarujá e na capital), e Rio (em Petrópolis), cuja final se deu no Auditório da filial carioca da emissora.

As eliminatórias dos festivais logo se mostraram a garantia de uma audiência maciça na TV e o repertório surgido dali inundava o mercado, pois cada gravadora colocava seu elenco a serviço dessas canções, além de promover o passe de seus principais intérpretes, ou a contratação de novos ídolos.

A vencedora do I Festival da TV Excelsior foi "Arrastão", do novato **Edu Lobo** — filho do compositor e cronista **Fernando Lobo** — com o veterano **Vinicius de Moraes** na voz de **Elis Regina**, uma cantora que já havia gravado quatro discos com repertório ora na cola de **Celly Campello**, ora com música dos Anos Dourados para dançar. Agora, já totalmente repaginada, aprendeu alguns truques, como a "desdobrada", que consistia em cantar uma parte da música em ritmo mais lento, para depois explodir em agudos apoteóticos, e um jogo de corpo no qual, mexendo os braços tal como uma hélice, levantava o público de um jeito que acabou por definir o clima da chamada "música de festival". Com isso, abafou totalmente os concorrentes, por sinal, nada desprezíveis. Eram nomes como **Alaíde Costa, Claudette Soares, Elizeth Cardoso, Cyro Monteiro** e **Geraldo Vandré**, este um nome em ascensão, em voga desde o ano anterior com o sucesso autoral "Fica mal com Deus", que lançava agora **Chico Buarque** como autor em outro samba, "Sonho de um carnaval". Mesclando a influência da bossa nova com o vigor dos velhos cantores do rádio, e manobrando auditórios ávidos por grandes canções e intérpretes, **Elis**, com seu "Arrastão", mostrava ao Brasil a nova faceta da "música moderna brasileira", que logo seria traduzida por uma sigla, a "MPB". A partir de então, com apenas 20 anos, a cantora passou a ser uma espécie de bússola de sua geração, com faro incomum para divulgar novos autores e grandes canções.

Dois dias depois da vitória, **Elis** cantou com **Jair Rodrigues** no Teatro Paramount. Sem que eles soubessem, a temporada de três dias foi gravada e

OS FESTIVAIS DE MÚSICA, A JOVEM GUARDA, O TROPICALISMO...

resultou no álbum *Dois na bossa*,[1] cujo grande momento era um pot-pourri de sambas de protesto social, que abria e fechava com "O morro não tem vez", de **Tom Jobim** e **Vinicius**, interpretado pela dupla com um vigor e uma alegria tão contagiantes que mesmo a pessoa mais desanimada do planeta não resistiria a sacudir pelo menos os ombros. A concorrente TV Record, que, após um grande sucesso na virada para os anos 60, perdeu a liderança para a Excelsior, viu naquilo tudo uma mina de ouro a ser explorada. O festival lhe mostrou a força da música brasileira e o seu impacto nos auditórios, e **Elis Regina** era um show de carisma que não podia ser desperdiçado. **Jair** tampouco.

A TV Record então decidiu abrir várias frentes em sua programação, criando um programa de música brasileira moderna — *O fino da bossa* —, em maio de 1965, com **Elis Regina** e **Jair Rodrigues**, e a seguir outros, sempre gravados em tempo real, com auditório, no Teatro Record Centro, antigo Cine Rio, na rua da Consolação. O segundo a estrear, em julho, foi um de música mais tradicional brasileira, incluindo o samba (mas sem esquecer os convidados jovens). Era o *Bossaudade*, com os veteranos **Elizeth Cardoso** e **Cyro Monteiro** — naquela altura, ela estava com 46 anos e ele com 53 —, ambos respeitadíssimos e queridos tanto pelo público quanto no meio artístico e imprensa. Como nos outros musicais da emissora, eles cantavam e recebiam convidados, sendo acompanhados pelo regional de **Caçulinha**, revezando-se com o **Quinteto de Luiz Loy** e o **Zimbo Trio** — como ocorria em *O fino da bossa*. A seguir, em agosto, começava o *Jovem Guarda*, com **Roberto, Erasmo Carlos** e **Wanderléa** —, de inigualável penetração no gosto e no comportamento dos jovens, promovendo o ritmo estrangeiro da moda, o rock.

Em novembro, estreava o *Côrte-Rayol Show*, de viés mais popular, embora eclético, enfatizando a música romântica à moda antiga com muito vozeirão. Inspirado na dupla Jerry Lewis & Dean Martin, trazia um humorista e um cantor-galã, no caso, **Renato Côrte-Real** e **Agnaldo Rayol**, o qual viveu o auge de sua popularidade naquela década. Tanto assim que seu programa foi o mais longevo de todos, e após a saída de **Renato**, em 67, o fez por mais dois anos com participação de vários humoristas sob o título de *Agnaldo Rayol Show*. Esses quatro programas, juntamente com o *Show em Simonal*, que estreou em junho de 66, trazendo o suingue bossa-pop--jazz-soul e o carisma do cantor e *showman* **Wilson Simonal**, marcaram as principais tendências musicais da segunda metade dos anos 60.[2]

A Jovem Guarda: muito além de um programa de TV

As tardes de domingo em São Paulo eram dedicadas ao futebol. Suas transmissões ao vivo pela TV Record eram literalmente um recorde absoluto de audiência no horário. Uma das inovações que favoreceram o sucesso era alternar *takes* dos jogadores com o de pessoas da torcida nos estádios. Pois, num desses jogos, o então diretor da Federação Paulista de Futebol foi focalizado por acaso na Tribuna de Honra, ao lado de uma senhora que não era a sua esposa oficial. Profundamente irritado, soltou a bomba: a partir daquele dia estavam suspensas as transmissões dos jogos.[3] A emissora, então, precisava de um programa de forte apelo para preencher suas tardes dominicais a partir do mês de agosto de 1965.

Desde o ano anterior já havia um programa concorrente, o *Festival da Juventude*, de **Antônio Aguillar**, na TV Excelsior, que a Record só conseguia vencer com o futebol. Daí Paulo Machado de Carvalho, diretor da emissora, teve a ideia de chamar uma dupla de apresentadores jovens, a começar pela "aposentada" **Celly Campello**. Mas ela não aceitou. Para fazer par com ela, **Sérgio Murilo**, até então o roqueiro jovem mais cobiçado, também foi descartado, dizem alguns, por ser gay (embora isso não fosse de conhecimento geral do público). Outros, como **Demétrius** e **Ronnie Cord**, também não serviam por terem contraído matrimônio recentemente, o que prejudicaria o apelo da atração junto às meninas. **Erasmo Carlos**, então, estourado com o rock "Festa de arromba", foi pensado para o posto. Tímido, o roqueiro indicou para seu lugar o amigo **Roberto Carlos**. Paulinho torceu o nariz, mas topou que o indicado fizesse um teste. Vendo seu olhar de menino carente no vídeo, não teve dúvidas. Era o homem perfeito para conquistar o coração das fãs.[4]

OS FESTIVAIS DE MÚSICA, A JOVEM GUARDA, O TROPICALISMO...

A seguir, decidiram não descartar **Erasmo**, por ter vindo dele a ideia de contratar **Roberto**, e pensaram então em compor a dupla com uma cantora — à época **Wanderléa** e **Rosemary** ainda não eram nomes nacionais e ambas estavam no páreo. O desempate se deu pela amizade que ambos já mantinham com Wandeca. O passo seguinte era encontrar um patrocinador. Paulinho foi falar com o publicitário Carlito Maia, da agência Magaldi, Maia & Prosperi (MM&P). Mas deram com os burros n'água. Ninguém acreditava na atração. Numa tacada de mestre, Carlito e sua firma resolveram eles próprios bancarem o programa. Para tal, criariam a marca Calhambeque — nome de um dos primeiros hits de **Roberto** — para produzir itens de moda jovem, como o jeans e outros utensílios que pudessem explorar a imagem desses ídolos populares prontos para o consumo, a exemplo do que já rolava em outras partes do mundo.[5] Isso foi bom para a agência, para os artistas (que, além do contrato, ganhariam *royalties*) e para a TV Record, que agora tinha mais um gol de placa musical na grade. Gravado em videoteipe, o negociava com outras emissoras do país, que o exibiam em outros dias da semana.

O *Jovem Guarda* ficou no ar entre agosto de 1965 e o primeiro semestre de 68 — em janeiro, **Roberto Carlos** deixou o programa, e **Erasmo** e **Wanderléa** ainda seguiram como apresentadores até junho. Ele cristalizou um movimento musical importante que modificou a música e o comportamento de parte da juventude do país. O nome "Jovem Guarda", batizado por Carlito Maia, tem origem controversa. Teria nascido do título de uma pequena coluna que o futuro empresário Ricardo Amaral mantinha na *Folha de S. Paulo* dentro de uma outra maior, de Tavares de Miranda, especializada em colunismo social, para falar dos playboys e das mocinhas que circulavam pela rua Augusta, o grande *point* da época.[6] Entretanto, segundo Erasmo, o título foi inspirado na frase do líder soviético Lenin "O futuro pertence à Jovem Guarda (porque a velha está ultrapassada)", e Carlito, um esquerdista (e gozador) nato, não hesitou em aproveitá-la.[7] A propósito, o publicitário divertia-se muito por ter batizado um movimento musical americanizado e nada politizado valendo-se de um slogan comunista, que defendia a revolução pelo proletariado.

Entretanto, apesar de certa ingenuidade em algumas letras pueris cantadas por essa geração de intérpretes, e da alienação em relação ao conturbado momento político pelo qual passava o país, havia uma transgressão, pouco notada por seus detratores à época, nos figurinos, no linguajar e na própria energia anárquica que o ritmo do rock transmitia. Por assim dizer, faziam, sem saber, uma revolução não político-partidária, como boa parte dos jovens universitários do período e suas canções de protesto, mas outra particular, autoafirmativa, frente à opressão dos pais, dentro de casa, pois a educação dos filhos era por vezes um tanto autoritária e conservadora naquele tempo.

Por outro lado, logicamente, também era um negócio lucrativo, ultracomercial. Movimentava uma indústria (e um ideal) de consumo nos moldes americanos, com a venda de muitos discos, inclusive compactos simples e duplos — que eram produtos mais baratos que o LP para serem consumido por uma plateia de menos dinheiro —, e também bonequinhos, revistas, álbuns de figurinhas, acessórios e tudo o mais com a estampa de seus ícones, além de roupas com combinações características, como minissaia com botas de cano alto, calças colantes de duas cores em formato boca de sino, cintos com botas coloridas. E o que dizer das gírias e expressões? Além da emblemática "É uma brasa, mora?" (coisa boa), se falava em "broto" (jovem), "pão" (rapaz bonito), "barra-limpa" (situação tranquila), "carango" (carro), "papo-firme" (gente boa), "lelé da cuca" (maluco), "bidu" (esperto), "goiabão" (bobão), "tremendão" (rapaz moderno) e outras que ficaram, como "legal", "coroa", "mancada", "pinta", "pra-frente"... Tudo isso aproximava uma juventude menos politizada e mais preocupada em curtir a vida de uma música mais simples e divertida.

O LP *Jovem Guarda* de **Roberto Carlos**, lançado no segundo semestre de 1965, oficializou o movimento. É considerado um marco também por trazer o rock "Quero que vá tudo pro inferno", dele com **Erasmo**: "Quero que você me aqueça nesse inverno / E que tudo mais vá pro inferno." Agressivo para os padrões da época, pois mandar algo "pro inferno" era um eufemismo para um palavrão e porque "inferno" era uma palavra com significado bíblico muito forte num país ainda de católicos pratican-

OS FESTIVAIS DE MÚSICA, A JOVEM GUARDA, O TROPICALISMO...

tes. Aquilo mexeu com a cabeça de milhares de jovens, inclusive muitos futuros astros da canção brasileira, também já enfeitiçados pelos Beatles, que desde 63 viraram um fenômeno mundial crescente, com seus rocks e baladas melodiosos e bem vocalizados, catapultados também por filmes em que eram os protagonistas, como *Os reis do iê, iê, iê* (64) e *Help!* (65). Aliás, esse movimento roqueiro também ficou conhecido como "iê-iê-iê" graças às vocalizações na base do *"yeah, yeah, yeah"* dos quatro rapazes de Liverpool; e como eles, **Roberto** também protagonizou três películas, entre 67 e 71.

O sucesso mundial dos rocks e das baladas se dava porque era a primeira vez que a juventude (ou parte dela) tinha um som que traduzisse seu cotidiano. No Brasil, as letras versavam sobre o embate entre pais e filhos, assuntos escolares, as primeiras paixões adolescentes e o mito do amor romântico, em que as meninas esperavam arranjar um bom partido para um casamento futuro, ainda muito preocupadas com a virgindade, e os meninos, ao contrário, queriam sempre um artifício para estar em contato mais íntimo com elas numa sociedade ainda muito moralista e machista, razão pela qual a virilidade masculina e a quantidade de conquistas por parte deles eram sempre exaltadas, não raro em metáforas de carros e velocidade. **Roberto** e **Erasmo Carlos** inovaram ao começar a compor em português, pois os primeiros ídolos do rock nativo (e muitos também dessa segunda fase) gravavam basicamente versões. Os pioneiros autores do gênero (**Carlos Imperial**, **Demétrius**, **Baby Santiago**) não tiveram uma produção expressiva e contínua até então. Era o começo da dupla de autores de maior sucesso, não apenas do rock daquele tempo, como da própria história da música brasileira, abrindo caminho para a veia criativa de outros músicos do movimento que se tornaram autores.

No caso de **Roberto**, apesar de suas canções dos anos 60 versarem eventualmente sobre os tais carrões em alta velocidade, além de heróis invencíveis, beijos roubados no cinema e de sua brasa que nada seria capaz de apagar, no geral, sua imagem era de bom moço, com olhar dolente e carente, como que pedindo amparo e colo das garotas. Coroado "Rei da Jovem Guarda" por sua mãe, Lady Laura, no programa do Chacrinha, em

66, acabou, com o passar do tempo, suprindo a carência afetiva da mulher brasileira, escrevendo um cancioneiro que reforçava sempre o "Eu te amo", de forma quase submissa, levando-o a ter uma multidão feminina que o acompanharia pelas cinco décadas seguintes, sem decréscimo de fanatismo.

Cantor de emissão limpa e enfática, **Roberto** ainda emplacou versões de roquinhos divertidos no início da carreira (o referido "O calhambeque [Road hog]", "Lobo mau [The wanderer]", "História de um homem mau [Ol' man mos])"),[8] mas acabou se consagrando mesmo com canções autorais, a maioria em parceria com **Erasmo**, seja em ritmo de rock ("É proibido fumar", "Mexerico da Candinha", "Eu te darei o céu", além de "É papo firme", esta excepcionalmente de **Renato Corrêa**, dos **Golden Boys**, e Donaldson Gonçalves) ou balada ("Não quero ver você triste", "Eu te amo, te amo, te amo"). Durante breve período, entre 1966 e 67, tiveram uma briga por causa de fofocas, que atingiram seus egos, e cada um passou a compor sozinho as próprias músicas. **Roberto**, por exemplo, assinou o rock "Namoradinha de um amigo meu" e as baladas "Querem acabar comigo", "Por isso corro demais" e "Como é grande o meu amor por você". A briga acabou quando o "Rei" enviou um rock para que o "irmão camarada" fizesse a letra para ser tema do filme que estava prestes a estrelar, *Roberto Carlos em ritmo de aventura*, do xará Roberto Farias, "Eu sou terrível": "Garota que andar do meu lado / Vai ver que eu ando mesmo apressado / Minha caranga é máquina quente / Eu sou terrível..."

O "Rei" emplacou também pérolas de um raro compositor negro do movimento, **Getúlio Côrtes** ("Pega ladrão", "Negro Gato", "O gênio", "Quase fui lhe procurar"), de **Luiz Ayrão** ("Nossa canção", "Ciúme de você"), **Renato Barros** ("Você não serve pra mim"), do também produtor **Rossini Pinto** ("Um leão anda solto nas ruas", "Só vou gostar de quem gosta de mim"), **Eduardo Araújo** ("Com muito amor e carinho") entre outros. Mais para o final da década, após o fim da Jovem Guarda, ganha o Festival de San Remo, na Itália, com "Canzone per te" (Sergio Endrigo/ Sergio Bardotti) e mergulha nas águas do soul negro americano ("Quando", só de **Roberto**; "As curvas da estrada de Santos", "Se você pensa" e "Jesus Cristo", em parceria com **Erasmo**; e "Não vou ficar", esta de autoria

OS FESTIVAIS DE MÚSICA, A JOVEM GUARDA, O TROPICALISMO...

do futuro astro **Tim Maia**) e segue com baladas românticas de sucesso, sempre compostas com **Erasmo** ("Sua estupidez", "As flores do jardim da nossa casa", "Eu disse adeus") que se tornariam a chave para sua renovação a partir da década seguinte. Isso só para citar as mais emblemáticas de 64 a 70. Um massacre de hits.

De voz pequena, confidente e marcante, seu parceiro de fé, **Erasmo Carlos** fazia o contraponto à figura de **Roberto**. Com um físico alto, forte e másculo, era o próprio *bad boy*, logo ganhando o apelido de Tremendão. Seu primeiro *single* fora em 1964, com o rock "Terror dos namorados" ("Eu beijo as lourinhas / Eu beijo as moreninhas / Eu beijo, beijo, beijo..."), dele com seu fiel parceiro. Minutos antes da gravação, o pianista **Lafayette** avistou um órgão Hammond, semelhante ao usado por seu ídolo **Ed Lincoln**, no estúdio da RGE e começou a tocá-lo. O cantor achou aquilo incrível e sugeriu que ele fosse usado em seu disco. Ele estranhou o pedido, mas foi em frente e a gravação ficou mesmo ótima. **Roberto** ouviu aquilo e imediatamente chamou o músico para trabalharem juntos. Já no ano seguinte é dele o clássico solo de "Quero que vá tudo pro inferno". Com isso, o organista definiu seu estilo e, contratado da mesma CBS (ex-Columbia), passou a lançar em paralelo pilhas de discos "apresentando os sucessos" para animar bailes jovens. **Erasmo**, por sua vez, além de "Festa de arromba", emplacou outros rocks virulentos, hoje antológicos, como "Minha fama de mau", "O carango", "O Tremendão", números mais ingênuos, como "A pescaria" (com arranjo mais para o calypso), "O pica-pau" e baladas matadoras, como "Gatinha manhosa", e já após o término da Jovem Guarda, superando uma breve crise criativa, "Sentado à beira do caminho" e "Vou ficar nu pra chamar sua atenção".[9]

Também gravou versões (adaptações), como "Você me acende (You turn me on)", "Deixa de banca (Les cornichons)" e "Caramelo (Yellow mellow)",[10] e canções de outros autores, como as românticas "O caderninho" (do legendário guitarrista Olmir Stocker, o **Alemão**) e "A carta", dos então diretores da RGE, **Raul Sampaio** e do futuro grande empresário **Benil Santos**, além do antológico rock "Vem quente que eu estou fervendo", de **Carlos Imperial** e **Eduardo Araújo**, que mostrava bem a audaciosa postura de machão cafajeste que àquela altura levava as gatinhas ao delírio: "Se você quer brigar / E acha que com isso estou sofrendo / Se enganou, meu bem / Pode vir quente que eu estou fervendo."

O terceiro nome da Jovem Guarda era o da mineira, até então radicada no Rio, **Wanderléa**, que em pouco tempo virou a figura feminina de maior vulto do rock nativo desde a aposentadoria de **Celly Campello**. Apesar de também gravar muitas versões ingênuas, foi além de sua antecessora pelo fato de ter tirado proveito da sua imagem via televisão, com coreografias e roupas que inventou para melhorar o nível de sua performance, e também por apresentar uma voz mais agressiva que a dela, mais alinhada com o ritmo subversivo do rock'n'roll. A partir de seu ingresso no programa, foram catapultadas ao sucesso as versões dos rocks "Exército do surf (El ejército del surf)", "Capela do amor (Chapel of Love)", "É tempo do amor (Le temps de l'amour)", "Boa noite, meu bem (Goodnight Irene)", e principalmente a balada romântica "Ternura (Somehow I got to be tomorrow [Today])" (65) — que acabou motivando o seu apelido de Ternurinha — e o impagável rock "Pare o casamento (Stop the wedding)"[11] (66), que se tornou impossível de acompanhar sem se fazer a coreografia, que consistia em empurrar a palma da mão para a frente, na hora do refrão: "Por favor, pare... agora! / Senhor Juiz, pare... agora!"

Wanderléa também se celebrizou com rocks mais agressivos, como "Acho que vou lhe esquecer" (Ed Wilson), "Pra ganhar seu coração" (Eduardo Araújo/Chil Deberto) e "Prova de fogo" (Erasmo Carlos), e com as baladas "Eu já nem sei" e "Te amo" (ambas de Roberto Corrêa/Sylvio Son), "Foi assim" (Renato/Ronaldo Corrêa) — esta, tema do filme *Juventude e ternura*, de Aurélio Teixeira, em 1968, um dos primeiros em cores do nosso cinema, no qual foi protagonista — e, após a fase da Jovem Guarda, "Você vai ser o meu escândalo" (Roberto//Erasmo).

A figura dos cantores-galãs movimentou muito a fase Jovem Guarda. As meninas eram loucas por **Roberto** e **Erasmo Carlos**, mas também por dois "rivais" de vozeirão, **Jerry Adriani** (inicialmente cantor de canções italianas, depois das nacionais "Doce, doce amor", "Devo tudo a você" e as versões "Um grande amor [I knew right away]", "Quero ser teu amor

[Oh! Baby, do Love me]", "Querida [Don't let them move]" e "Vivendo sem você [What does it take]") e **Wanderley Cardoso** ("Preste atenção [Fais attention]", "O bom rapaz", "Doce de coco", "O pic-nic", "Não posso controlar meu pensamento", "Socorro, nosso amor está morrendo").[12] De timbre mais suave, havia **Sérgio Reis** ("Coração de papel"), e mais enérgico e de verve mais cafajeste, **Eduardo Araújo** ("O bom", de **Carlos Imperial**; e parcerias do cantor com **Chil Deberto** — "O sorriso do Dudu" — e o próprio **Imperial** — "Viva o divórcio", "Goiabão"). Ambos, com o passar dos anos, aderiram ao universo sertanejo/country, sendo que **Eduardo**, um pouco antes, enveredou pela soul music, incluindo o pioneiro álbum *Boogaloo* (69), coproduzido por um **Tim Maia** ainda desconhecido, um ano antes de estourar como o maior artista que tivemos nesse gênero.

Finalmente, o maior rival inicial de **Roberto Carlos** era o belíssimo **Ronnie Von**, o chamado "Príncipe da Jovem Guarda", que comandava *O pequeno mundo de Ronnie Von*, dividindo as atenções (em franca desvantagem) com o programa *Jovem Guarda*, na mesma TV Record. Em verdade, fora contratado para que não fosse para a concorrente Excelsior, sendo um tanto sabotado. Porém foi ali que **Ronnie** teve a primazia de lançar (e batizar), em 1966, um trio que revolucionaria o rock nativo dali a dois anos, **Os Mutantes**. Entre os sucessos iniciais do cantor estavam a balada "Meu bem (Girl)" (Lennon/McCartney, em versão do próprio) e a festiva "A praça", esta do produtor **Carlos Imperial**, seu grande incentivador (e parceiro).

Houve ainda o alemão radicado por aqui **George Freedman** (emplacando a versão "Coisinha estúpida [Something stupid]", que foi hit nos Estados Unidos com Frank Sinatra e sua filha Nancy), **Bobby Di Karlo** ("Tijolinho"), **Dori Edson** ("Veja se me esquece", "Perto dos olhos, longe do coração"), **Ed Wilson,** também compositor de sucessos de outros artistas ("Sandra [Sorrow]"), o argentino **Robert Livi**, depois grande produtor, autor e versionista de sucesso ("Parabéns, querida") e o romântico **José Ricardo** ("Eu que te amo só a ti [Io che amo solo te]").[13]

Quanto à ala feminina, as que mais se destacaram foram a "Bonequinha loura" carioca **Rosemary** ("Igual a ti não há ninguém", versão do hit

"Come te no c'e nessuno", da italiana Rita Pavone) e o "Queijinho de Minas" **Martinha** ("Eu te amo mesmo assim", de sua autoria e em sua voz, e como compositora, "Eu daria a minha vida", gravada pelo "Rei"). Também tiveram alguma projeção **Waldirene** ("Garota do Roberto"), **Giane** (as versões "Dominique", esta ainda em 1964, "Não saberás [N'avoue jamais])", **Joelma** (também especialista em versões, como "Perdidamente te amarei [T'amo e T'ameró]", "Aqueles tempos [Those were the days]", "Casatschok" e "Não te quero mais [Non, tu te n'aime plus]") e a "Rainha da Juventude Brasileira" **Meire Pavão** ("O que eu faço do Latim?"). Já no final da fase Jovem Guarda, em 67, surgiram **Adriana** ("Vesti azul", depois hit de **Simonal**), **Silvinha** (que logo após, em 69, se casou com **Eduardo Araújo**) ("Minha primeira desilusão", "Playboy") e **Vanusa** ("Pra nunca mais chorar")[14] — esta logo passaria a viver com outro cantor-galã, carismático como ela e revelado na mesma época, **Antonio Marcos**, com "Tenho um amor melhor que o seu", de **Roberto Carlos**; e "Se eu pudesse conversar com Deus", de **Nelson Ned** — esta, por alguns meses, a música mais tocada do país na virada de 69 para 70.

Quem também marcou presença forte naquele tempo foram os grupos vocais cariocas **Golden Boys** e **Trio Esperança,** que já vinham da virada para os anos 60. Os primeiros, ao contrário da maioria dos artistas da Jovem Guarda, conseguiram transitar entre o rock e a "MPB" numa época em que as tribos musicais eram muito demarcadas, tanto que dividiram o palco com a então bossa-novista, ainda pouco conhecida, **Beth Carvalho**, no III FIC de 68, atendendo a um pedido dos autores, **Edmundo Souto, Paulinho Tapajós** e **Danilo Caymmi**, na toada moderna "Andança": "Olha a lua mansa a se derramar / Me leva amor... (...) Por onde for quero ser seu par". Um marco da Era dos Festivais. Mas foi uma exceção. Eles eram mesmo do rock, estourando alguns nativos ("Alguém na multidão", de **Rossini Pinto**, produtor deles) e versões ("Erva venenosa [Poison ivy]", "Pensando nela [Bus stop]" e "Ai de mim [All of me]"). Já o **Trio Esperança**, com repertório infantil, pois eram realmente muito novos, emplacou "A festa do Bolinha" (Roberto/Erasmo) e "Garparzinho" (do irmão golden boy, **Renato Corrêa**).

No tempo da Casa Edison

Nos primórdios, não havia fotografia. Os primeiros músicos fotografados foram alguns dos que conferiram à nossa música uma cara brasileira na virada do século XIX para o XX, tais como os também compositores **Chiquinha Gonzaga**, **Ernesto Nazareth**, **Anacleto de Medeiros** (abaixo) e o poeta **Catulo da Paixão Cearense** (ao lado).

Em 1900, foi inaugurada a **Casa Edison do Rio de Janeiro**, vendendo e gravando cilindros e, a partir de 1902, discos. Abaixo, à direita, um **cilindro** da música "Bacalhau da negra". Na página anterior, a capa de um catálogo da filial paulista da mesma empresa de **Fred Figner**.

Os pioneiros e mais populares cantores a gravar na Casa Edison do Rio de Janeiro nas primeiras décadas do século XX foram **Bahiano** (abaixo, à esquerda), **Cadete**, **Eduardo das Neves** e **Mário Pinheiro** (acima). Nos anos 1920, **Sinhô** (abaixo, à direita) foi o primeiro grande compositor de sambas, ainda amaxixado, seguido pelos Bambas do Estácio, como **Bide** (aqui ao lado, com seu parceiro **Marçal**), que lhe deram a forma definitiva.

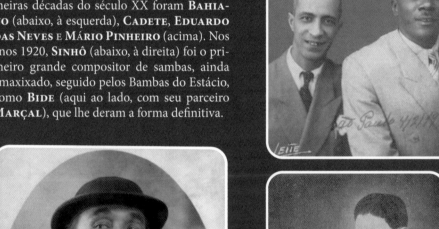

Vicente Celestino foi nosso primeiro cantor profissional a se tornar ídolo, de carreira longeva e grande sucesso, e a atriz-vedete do teatro de revista **Aracy Côrtes,** a primeira a gravar com regularidade, de 1925 a 35.

A partir de 1919, **Os Oito Batutas** consagraram o choro e tocaram vários estilos dançantes da época, chegando a Paris e Buenos Aires, entre 1922 e 23. Na foto: **Jacob Palmieri, Donga, José Alves, Nelson Alves, Raul Palmieri, Luiz Silva, China** e **Pixinguinha**.

ÍDOLOS DA ERA DE OURO

O cantor mais popular da primeira metade do século XX foi **Francisco Alves** (à esquerda), o "Rei da Voz". Em 1930, convidou seu antônimo musical, **Mario Reis** (à direita), o "Bacharel do Samba", de emissão coloquial, a gravarem juntos. Ao todo foram 24 discos de 78 rpm, incluindo a produção dos "Bambas do Estácio", **Ismael Silva** e **Nilton Bastos** (nos detalhes).

No sentido horário: o "Rei da Voz" **Francisco Alves**, o "Caboclinho Querido" **Silvio Caldas**, o "Rei da Valsa" **Carlos Galhardo** e o "Cantor das Multidões" **Orlando Silva** eram os "Quatro Grandes", os maiores e mais populares cantores da Era de Ouro.

Galhardo abraça **Nelson Gonçalves** (à direita), que a partir dos anos 1950 levou adiante o estilo dos colegas, gravando regularmente até meses antes de sua morte, em 98.

CARMEN MIRANDA foi a cantora de maior êxito dos anos 1930, e lançou também a irmã **AURORA MIRANDA**, de carreira fugaz. A partir de 39 tornou-se também a maior expressão já vista de um artista brasileiro no exterior, virando estrela de Hollywood. Enquanto isso, **ARACY DE ALMEIDA** (abaixo) era o "Samba em Pessoa".

Grandes sambistas da Era de Ouro

Quatro sambistas negros foram compositores fundamentais em levar adiante a estilização do gênero criado pela turma do Estácio: **Geraldo Pereira** e **Ataulfo Alves** (também cantor, ao lado de suas pastoras), acima; **Wilson Batista** e **Assis Valente**, abaixo. Todos bons em letra e música.

Três dos maiores compositores e letristas de todos os tempos da música brasileira começaram nos anos 1930 e fizeram escola: o mineiro **ARY BARROSO**, o baiano **DORIVAL CAYMMI** (acima) e o carioca **NOEL ROSA**, este, morto prematuramente aos 26 anos, em 1937. Além de darem novo status ao samba, se arriscaram em outros gêneros com igual maestria.

Braguinha, **Lamartine Babo** (na bateria) e **Haroldo Lobo** foram os grandes compositores que içaram a música carnavalesca, sobretudo a marchinha, ao patamar de obras-primas populares, ainda que fossem bons também no "meio de ano". **Adoniran Barbosa**, com o cachorrinho, foi a expressão máxima do samba paulista. Gravado desde 1935, estourou vinte anos depois com "Saudosa maloca", com os Demônios da Garoa, revelando seu estilo tragicômico inconfundível.

A "Rainha do Choro" **Ademilde Fonseca**, a "Estrela do Brasil" **Linda Batista** e a "Personalíssima" **Isaura Garcia** foram grandes cantoras que atravessaram as duas Eras do Rádio, com clímax de sucesso entre os anos 1940 e 50.

A cantora **Carmen Costa** aparece em companhia de **Ary Barroso** (de óculos), ladeados pelos compositores **Paquito** (à esquerda) e **Romeu Gentil** (à direita), autores de grandes sucessos carnavalescos, como "Daqui não saio", "Bigorrilho" e "Tomara que chova".

 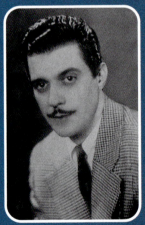

Os renovadores do samba-canção **Herivelto Martins** e **Lupicínio Rodrigues** aparecem aqui ao lado do compositor e diretor da Odeon **Felisberto Martins** (à esquerda), do onipresente **Francisco Alves** (ao centro) e do flautista e compositor **Benedito Lacerda**.

Os compositores **José Maria de Abreu** (à direita na foto, ao lado do parceiro **Francisco Mattoso**) e **Custódio Mesquita** são considerados precursores da moderna canção brasileira.

Ao lado de uma corista, **Joel de Almeida** (que começou na dupla Joel & Gaúcho) e **Blecaute** (também na primeira foto) foram grandes intérpretes carnavalescos.

Ruy Rey também teve êxito no carnaval, mas especializou-se em ritmos latinos, fundando a própria orquestra. **Jamelão** alternou-se entre os sambas-canção de dor de cotovelo e os sambas-enredo da Mangueira, interpretando-os na avenida de 1952 a 2006.

Os pioneiros da música caipira

A dupla **Alvarenga e Ranchinho** (ao lado) foi uma das mais importantes na primeira fase do estilo ao lado de **Jararaca** e **Ratinho**. Radicada no Rio de Janeiro e craque também no humorismo, foi muitas vezes detida devido às modas de viola críticas ao Estado Novo de Getúlio Vargas.

Graças à persistência de **Cornélio Pires** (abaixo), os caipiras chegaram ao disco. No detalhe, o selo de um dos discos do primeiro suplemento do gênero, de 1929.

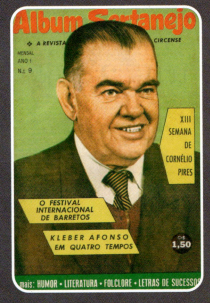

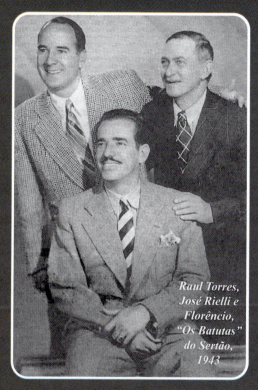

Raul Torres, José Rielli e Florêncio, "Os Batutas" do Sertão, 1943

RAUL TORRES (na foto com os parceiros **FLORÊNCIO** e o acordeonista **JOSÉ RIELLI**) e **TONICO E TINOCO** foram os maiores mitos da música caipira autêntica do país e serviram de modelo a inúmeros trios e duplas que os sucederam.

Cascatinha e **Inhana** sofisticaram o vocal caipira aos ouvidos de todo o país, estourando versões das paraguaias "Índia" e "Meu primeiro amor", enquanto **Mário Zan** foi chamado de "O Sanfoneiro da Música Caipira" e nosso acordeonista que mais gravou discos, tocando também em bailes, shows e TV por seis décadas.

Rompendo o machismo de seu tempo, **Inezita Barroso** alternava canções caipiras e folclóricas, e atuou por 65 anos, enquanto as **Irmãs Castro** (à esquerda) e, posteriormente, as longevas **Irmãs Galvão** foram pioneiras a formarem duplas femininas de sucesso.

A Dinastia Musical Nordestina

A partir de 1946, **Luiz Gonzaga** estilizou com **Humberto Teixeira** (no detalhe) a canção nordestina ao gosto do sul do país, que virou mania, autointitulando-se o "Rei do Baião". **Carmélia Alves** (na foto, com o sanfoneiro e multi-instrumentista **Sivuca**) foi coroada por ele a "Rainha do Baião".

Nos anos 1950, a "Rainha do Xaxado" **Marinês** (na primeira imagem), bem como o "Rei do Ritmo" **Jackson do Pandeiro** e sua parceira **Almira Castilho**, a bordo de cocos e rojões, juntamente com o compositor **João do Vale** (entre os dois, na foto seguinte) foram artistas que levaram a bandeira da canção nordestina adiante, completando a "dinastia".

As Rainhas do Rádio

Com repertório eclético, **Marlene** e **Emilinha Borba** foram as grandes estrelas dos auditórios da Rádio Nacional na virada dos anos 1940 para os 1950, com fã-clubes fortes e rivais a ponto de dividirem o Brasil entre emilinistas e marlenistas.

Com apenas três anos de carreira, **Angela Maria** (na primeira foto, à direita) recebeu a coroa de "Rainha do Rádio de 1954" das mãos de **Emilinha Borba**, que havia sido empossada em 53. A cerimônia se deu no Baile do Rádio, no Teatro João Caetano, Centro/Rio de Janeiro.

No mesmo local, dois anos antes, a "Rainha da Voz" **Dalva de Oliveira** (à esquerda, na segunda imagem), mãe de todas as nossas cantoras e "Rainha do Rádio de 51", coroava **Mary Gonçalves** (à direita, de coroa) a "Rainha do Rádio de 52". Ambas dividiram os flashes com a fadista **Ester de Abreu** (de chapéu) e a "Vedete do Brasil" **Virgínia Lane**, que lançava a marcha "Sassaricando" naquele carnaval.

O chamado "El Broto" **Francisco Carlos**, **Dircinha Batista**, **Ester de Abreu** e **Linda Batista** escutam um show particular do Rei da Voz **Francisco Alves** nos bastidores da Rádio Nacional em 1952, meses antes de sua trágica morte.

Cantoras versáteis, **Heleninha Costa**, **Dolores Duran** e **Julie Joy** prestigiam a amiga **Neusa Maria** (a terceira, da esquerda para a direita), precursora do canto suave, eleita "Melhor cantora de 1956" por **Sylvio Tullio Cardoso**, famoso crítico da época, em *O Globo*.

Cauby Peixoto (à esquerda, na primeira foto) foi içado ao sucesso num esquema agressivo de marketing planejado por seu empresário **Di Veras**. Em seis meses desbancou a concorrência e seguiu pelas próximas seis décadas como um dos maiores cantores do país.

Di Veras almejava para **Cauby** uma carreira nos EUA, mas quem de fato triunfou no exterior, entre a fase de **Carmen Miranda** e a da explosão da bossa nova, foi a paulista **Leny Eversong**, cuja potência de voz era insuperável, um fenômeno.

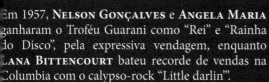

Em 1957, **Nelson Gonçalves** e **Angela Maria** ganharam o Troféu Guarani como "Rei" e "Rainha do Disco", pela expressiva vendagem, enquanto **Lana Bittencourt** bateu recorde de vendas na Columbia com o calypso-rock "Little darlin'".

Em 1952, **Dalva de Oliveira** (acima, à direita) vendeu tanto que ganhou da Odeon o prêmio de ir a Londres gravar nos estúdios de Abbey Road, enquanto em 58 **Marlene** abriu o show de **Édith Piaf** no Olympia de Paris por quatro meses e meio

O vozeirão de **Jorge Goulart**, o canto falado de **Nora Ney**, sua esposa, e o "Ator da Canção" **Ivon Curi** (ao centro) foram grandes expressões da Era do Rádio nos anos 1950. Todos começaram como *crooners* no Copacabana Palace.

Músicos que fizeram escola

Jacob do Bandolim foi um incansável cultor do choro; o cavaquinista **Waldir Azevedo**, um sucesso internacional com o baião "Delicado" e o choro "Brasileirinho"; e o flautista **Altamiro Carrilho**, um dos músicos que mais gravaram álbuns solo na história de nossa música, enquanto **Severino Araújo** e sua **Orquestra Tabajara** deram novo molho ao som das gafieiras.

O vanguardista **Radamés Gnattali** (ao piano) foi, ao lado de Pixinguinha, o maestro mais importante da Era do Rádio. Na foto, acompanha o grupo **Os Cariocas**, em sua primeira formação: **Badeco**, **Waldir Viviani**, o compositor **Ismael Neto**, o também competente maestro **Severino Filho** e **Quartera**.

Nelson Ferreira e **Capiba** foram aclamados expoentes do frevo pernambucano. Já **Benedito Lacerda** e **Pixinguinha** formaram uma dupla de chorões em registros memoráveis a partir de 1946.

A PRÉ-BOSSA NOVA

A cantora **Dolores Duran** namorou o então acordeonista **João Donato** no início dos anos 1950, quando ainda nem se sonhavam grandes compositores, e atuavam nos melhores bailes e boates do Rio.

Johnny Alf (acima, à direita), precursor da bossa nova, divide o sofá de uma boate com as cantoras **Claudette Soares** e **Alaíde Costa** (aqui abraçadas por um admirador). Os três saíram do Rio e foram divulgar o novo gênero em São Paulo.

Dick Farney (ao lado) foi um dos pioneiros do canto suave e coloquial em nossa música romântica.

ANTONIO MARIA, **ARACY DE ALMEIDA** e **DORIVAL CAYMMI**: trio da alta boemia carioca da Copacabana dos anos 1950, época de sambas-canção românticos e sofisticados.

Na segunda foto, **NORA NEY** observa os compositores **HAROLDO BARBOSA** e **BIDÚ REIS**, autores de "Bar da noite", um de seus grandes sambas-canção doloridos de sucesso.

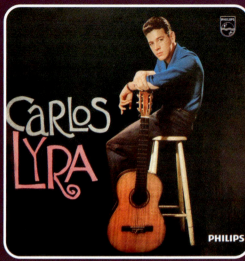

Na segunda metade dos anos 1950, **Tito Madi** foi precursor da estética da bossa nova, que teve em **Carlos Lyra** um de seus principais expoentes. Enquanto isso, **Celly Campello** e **Sérgio Murilo** foram os pioneiros do rock nacional, ainda a bordo de versões ingênuas de hits gringos, sendo coroados os reis do rock em 61.

O cantor moderno **Agostinho dos Santos** aparece ao lado de **Vinicius de Moraes** e **Tom Jobim**. Esta dupla compôs o samba "Chega de saudade" em 1958, que, gravado de modo revolucionário por **João Gilberto,** acabou originando a chamada bossa nova. Na foto seguinte, João está acompanhando **Maysa**, intérprete e também rara compositora, que endossou o movimento em seu LP *O barquinho* (1961).

Doris Monteiro foi a "Rainha do Rádio de 1956" e uma das precursoras do canto suave, sem vibrato, na música brasileira. Aqui ela oferece uma bandeja de 78 rotações, formato que vigorou em nossa indústria fonográfica de 1902 a 1964.

Lucio Alves (ao violão) foi outro precursor do canto macio que sempre foi idolatrado pelos futuros bossa-novistas Chico Feitosa, Luiz Eça (do Tamba Trio, aqui segurando Lucio); Ronaldo Bôscoli (atrás do cantor), Roberto Menescal, Nara Leão (abaixo e à direita, sorrindo) e Luiz Carlos Vinhas (centro). Todos aqui flagrados em 1960, numa das famosas reuniões que a turma fazia em apartamentos da zona sul carioca.

Samba Esquema Novo, bolero, sambalanço e o som dos bailes

Em 1963, **Altemar Dutra** se projetou como um seresteiro retrô, interpretando boleros brasileiros de imenso sucesso, enquanto **Jorge Ben** (Jor) criou um tipo de samba com um suingue quente e sexy, tão sofisticado quanto popular. Abaixo, **Ed Lincoln** e **Waldir Calmon** bateram ponto nas boates do Leme nos anos 50 e 60, logo se tornando os principais líderes de conjuntos de baile dos "anos dourados".

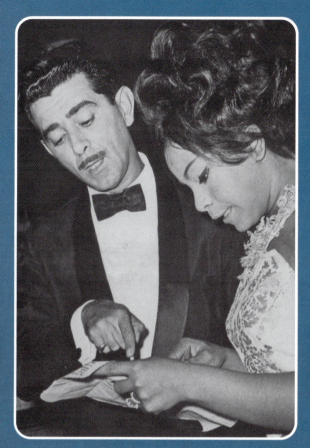

Miltinho e **Elza Soares** alternavam-se entre o sambalanço das boates cariocas e o samba de gafieira, enquanto **João Roberto Kelly** foi autor de sambalanços, temas para TV e carnaval.

A EXPLOSÃO DA BOSSA NOVA

Em 1962, **Aloysio de Oliveira** fundou a ELENCO, responsável pelos primeiros álbuns de **Vinicius de Moraes** e outros que aparecem nessa foto: **Odette Lara**, **Baden Powell**, **Tom Jobim**, **Roberto Menescal**, **Nara Leão**, além dos veteranos **Dorival Caymmi** e **Lucio Alves**. À esquerda, músicos da trupe: o baterista **José Teresa Dias** (**Zezinho**), o vibrafonista **Ugo Marotta**, o baixista **Sérgio Barrozo** e, sentado, o flautista **Henry Ackselrud**.

Os irmãos **Marcos Valle** e **Paulo Sérgio Valle** compuseram o "Samba de verão", que correu o mundo, e canções para os trios de bossa nova, a "MPB" nascente, os festivais e as primeiras trilhas de novelas.

A bossa nova ganhou o mundo com as interpretações de **João Gilberto**, da então sua esposa, **Astrud Gilberto** (ao lado), que estourou "The girl from Ipanema", além dos pianistas e compositores **Sergio Mendes** (ao centro) e **Tom Jobim** (à direita), este o preferido dos jazzistas da cena internacional – ambos aqui ao lado do *soulman* **Stevie Wonder**.

A REVALORIZAÇÃO DO SAMBA

O samba voltou à baila com os espetáculos de resistência, como o "Rosa de Ouro" (1965). CLEMENTINA DE JESUS tornou-se um símbolo dessa retomada e aparece aqui ao lado com MOREIRA DA SILVA, o estilizador do samba de breque, e na primeira foto ladeada por ABEL FERREIRA (no clarinete), ELIZETH CARDOSO, CARTOLA (de óculos), PIXINGUINHA (NO SAX) e pelo baixista JORGE MARINHO. Na imagem central, o mesmo CARTOLA e NELSON CAVAQUINHO, baluartes da Mangueira, conseguem finalmente gravar suas vozes em discos, na maturidade.

A bossa explosiva

Após a fase do banquinho e violão, a bossa nova evoluiu para uma linha mais jazzística. O **Zimbo Trio** (ao lado), de **Rubinho Barsotti** (bateria), **Amilton Godoy** (piano) e **Luís Chaves** (contrabaixo), foi decisivo nessa transformação, tornando explosivo o som dos trios de bossa-jazz.

Quem adotou essa mesma linha foram **Leny Andrade**, **Pery Ribeiro** e o **Bossa Três** (acima). Eles estouraram o show *Gemini V*, no Rio, dirigido por **Luiz Carlos Miéle** e **Ronaldo Bôscoli**, que acabou numa longa turnê pela Cidade do México.

Astros e estrelas da TV

Jair Rodrigues e **Elis Regina** (ao lado) apresentavam o programa *O fino da bossa*, marco da nascente "MPB", e gravaram o LP *Dois na bossa*, o mais vendido de 1965. Na foto menor, **Elizeth Cardoso** com **Cyro Monteiro**, líderes do programa *Bossaudade*. Novamente, a Divina **Elizeth** aparece na foto maior entre outros líderes de programas, **Hebe Camargo** e **Agnaldo Rayol** (do *Côrte-Rayol Show*), conversando com o compositor **Denis Brean** (de "Franqueza" e "Conselho", à esquerda).

BLACK POWER – O *showman* **Wilson Simonal** e a *show woman* **Eliana Pittman** – esta, apresentadora do Festival Midem, em Cannes, no ano de 1969 – levaram o prestígio dos cantores negros para além do universo do samba.

A Jovem Guarda

O programa *Jovem Guarda* acabou batizando todo o movimento roqueiro dos anos 1960. **Roberto Carlos** e **Erasmo Carlos** viraram a dupla de autores de maior sucesso da segunda metade do século XX, e **Roberto** nosso maior ídolo popular depois de **Francisco Alves**.

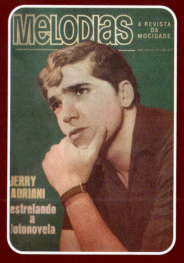

A Jovem Guarda teve em **Wanderléa** sua maior expressão feminina e destacou os cantores galãs **Jerry Adriani** e **Wanderley Cardoso** (à esquerda) e os grupos **Renato e Seus Blue Caps** (acima) e **Golden Boys**.

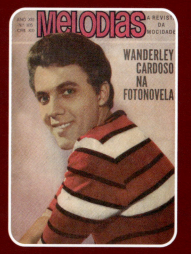

43

Jair Rodrigues, **Elis Regina**, atrás dela, **Magro** (**MPB-4**), **Gilberto Gil**, **Edu Lobo** e **Aquiles** (**MPB-4**): grandes vencedores dos festivais.

O Festival da MPB da TV Record de 1967 foi definitivo nos rumos da música popular moderna do país, consagrando **Caetano Veloso** com "Alegria, alegria", um dos marcos zero do Tropicalismo.

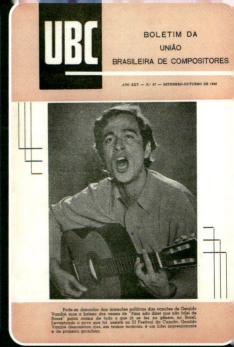

Pode-se discordar das intenções políticas das canções de Geraldo Vandré, mas a beleza dos versos de "Para não dizer que não falei de flores" paira acima de tudo o que já se fez no gênero, no Brasil. Levantando o povo que foi assistir ao III Festival da Canção, Geraldo Vandré demonstrou que, em termos musicais, é um líder impressionante e de primeira grandeza.

pós conquistar o terceiro lugar no Festival da Record de 1967, **Chico Buarque** se junto Tom Jobim para compor "Sabiá", que venceu o III Festival Internacional da Canção, de 68 s vozes de **Cynara** e **Cybele**, do Quarteto em Cy. E **Geraldo Vandré** foi um dos maic s vencedores dos festivais – que foi do céu ao inferno por causa da censuradíssima "Pra nã zer que não falei das flores", no fim de 68, após este mesmo III FIC.

Evinha (ex-Trio Esperança) e **Cláudia** (hoje Claudya) ganharam os primeiros luga-

OS TROPICALISTAS EM 1968 – Talentos que serviram de farol a toda a música moderna brasileira: **JORGE BEN** (**JOR**) (que transitou também pela bossa nova e Jovem Guarda) com **CAETANO VELOSO, GILBERTO GIL, OS MUTANTES** (**RITA LEE** e os irmãos **ARNALDO** e **SÉRGIO DIAS BAPTISTA**, sentados) e **GAL COSTA**.

Revelado no II FIC de 1967, **MILTON NASCIMENTO** foi o líder de um movimento à parte na MPB, o Clube da Esquina, reunindo **LÔ BORGES, BETO GUEDES, SOM IMAGINÁRIO, FERNANDO BRANT, RONALDO BASTOS, MÁRCIO BORGES** e muitos mais.

Djavan, revelado no Festival Abertura (1975), e **Wando** começaram como crooners da noite no início dos anos 70 e estrearam em disco com trabalhos direcionados ao samba.

O MAU – Movimento Artístico Universitário – reuniu talentos universitários como **César Costa Filho**, **Gonzaguinha**, **Ivan Lins**, **Aldir Blanc** e **Silvio da Silva Jr.**, em foto de 1970, todos revelados na Era dos Festivais.

As múltiplas tribos dos anos 1970

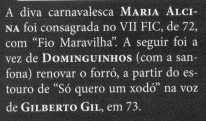

A diva carnavalesca **Maria Alcina** foi consagrada no VII FIC, de 72, com "Fio Maravilha". A seguir foi a vez de **Dominguinhos** (com a sanfona) renovar o forró, a partir do estouro de "Só quero um xodó" na voz de **Gilberto Gil**, em 73.

Em 1970, **Tim Maia** (ao violão) tornou-se o pai da *soul music* nacional, enquanto o talentoso maestro **Erlon Chaves** (acima) foi vítima de racismo no V FIC.

O desbunde comportamental dos anos 1970 respondeu à ditadura militar com a voz e o corpo. **Ney Matogrosso**, **Raul Seixas** e **Rita Lee & Tutti-Frutti** misturaram música brasileira com o pop e o rock e capricharam na atitude e no discurso das letras.

À esquerda: **Luiz Melodia** desafiou estéticas preestabelecidas, transitando pelo samba, blues e pop, enquanto o **MPB-4** combateu a ditadura com afinação e belos arranjos vocais em ritmos bem brasileiros. **Belchior e Fagner** (à direita) foram dos primeiros de sua geração nordestina além-Bahia a se tornarem ídolos, além de parceiros em "Mucuripe".

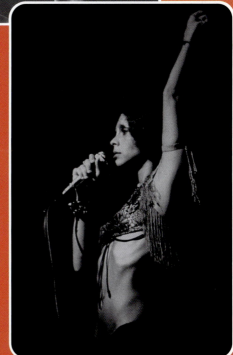

DIVAS DA MPB - **Elis Regina**, **Gal Costa** e **Maria Bethânia** revolucionaram o canto feminino na MPB dos anos 70.

A VOLTA POR CIMA DO SAMBA

O samba deu a volta por cima nos anos 1970. As sambistas **ALCIONE** e **CLARA NUNES** bateram recordes de vendas e posam com a diva feminista igualmente popular **VANUSA**, que cruzou rock, brega e MPB.

BETH CARVALHO foi outra grande vendedora ao abraçar o samba, além de revelar os compositores do bloco Cacique de Ramos em 1978. **ISMAEL SILVA**, revivido nos anos 60 e 70, foi um dos sistematizadores do samba menos sincopado e mais sacudido, a partir do fim dos anos 20.

DONA IVONE LARA abraçou a carreira musical aos 56 anos, após ser uma das pioneiras mulheres a integrar a ala de compositores de uma escola, a Império Serrano – mesma que revelou o ex-jogador de futebol **ROBERTO RIBEIRO**, um gogó de ouro.

MARTINHO DA VILA (na foto, com **NOCA DA PORTELA** E **MANÉ DO CAVACO**) deu contribuição decisiva à evolução do samba, remodelando o samba-enredo e introduzindo o partido alto em disco.

Parada popular - Anos 1970

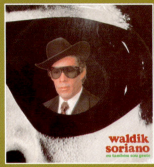
Waldick Soriano

Claudia Barroso

Lindomar Castilho

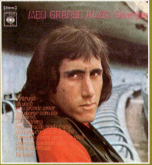
Odair José

Fernando Mendes

Perla

Antonio Marcos

Nilton César

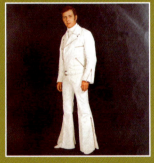
Paulo Sérgio

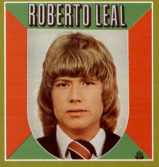
Roberto Leal

Sidney Magal

Gretchen

Agnaldo Timóteo

Moacyr Franco

Nelson Ned

Evaldo Braga

Jane e Herondy

Carmen Silva

Reginaldo Rossi

Genival Lacerda

Trio Nordestino

Os 3 do Nordeste

Elino Julião e Jacinto Silva

Pinduca

Inovadores da Música Sertaneja

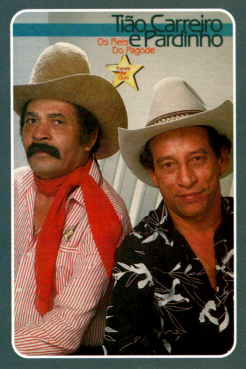

Tião Carreiro e Pardinho introduziram uma variante da moda de viola, o pagode; Pedro Bento e Zé da Estrada (acima), a influência mexicana; e Leo Canhoto e Robertinho (ao lado) abraçaram o country americano, enquanto Teixeirinha (com o violão) fez a conexão do mundo caipira com o regional gaúcho.

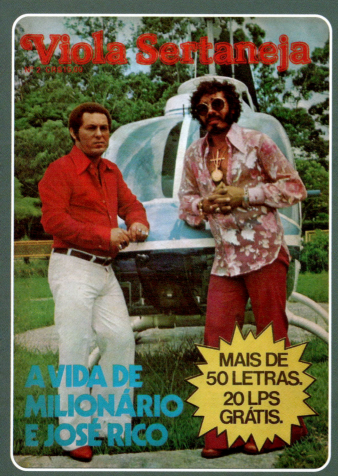

Milionário e **José Rico** foi a dupla sertaneja de maior sucesso e a mais versátil nas décadas de 1970 e 80, indo das modas de viola ao brega-romântico.

FALSOS IMPORTADOS – De 1970 a 77, vários brasileiros se passavam por "americanos" com sucesso. **Morris Albert** estourou "Feelings" no mundo todo e o **Light Reflections** chegou ao primeiro lugar no Brasil com "Tell me once again".

As variantes da MPB e do samba

João Bosco, **Paulinho da Viola**, **Sueli Costa** e **Jards Macalé** foram cantautores importantes que se consolidaram em definitivo na década de 1970.

João Nogueira e **Paulo Cesar Pinheiro** fizeram a ponte da tradição do samba com a MPB.

O samba estourou vários subgêneros nos anos 70. Do samba cantado em uníssono de apelo bem popular dos **Originais do Samba**, que na foto aparece com **Jair Rodrigues**, ao samba-enredo das **escolas de samba cariocas**.

Do samba pop de **Oswaldo Nunes** (na foto com o romântico **Agnaldo Timóteo**) aos baianos da dupla **Antonio Carlos** (à direita) e **Jocafi** (à esquerda), que na imagem sapecam um beijo na diva **Clara Nunes**, todos chegados a sambas de tempero afro-religioso.

Do estilo de **Benito Di Paula**, que a crítica apelidou de "sambão joia", ao samba-rock com sotaque suburbano de **Bebeto**.

Parada MPB/Samba - Anos 1970

Taiguara

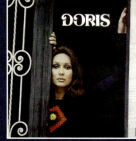
Dóris Monteiro

Toquinho & Vinicius com Marília Medalha

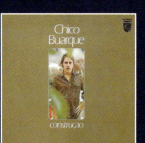
Chico Buarque

Erasmo Carlos

Caetano Veloso

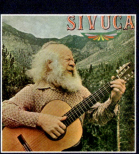
Sivuca

Gal Costa

MPB-4

Antonio Carlos & Jocafi

Elza Soares

Milton Nascimento e Lô Borges

Gilberto Gil

Eumir Deodato

Hermeto Pascoal

Marisa Gata Mansa

Raul Seixas

Gonzaguinha

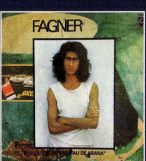
Fagner

Maria Bethânia

Sá, Rodrix e Guarabyra

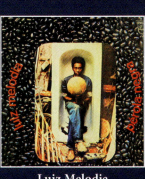
Luiz Melodia

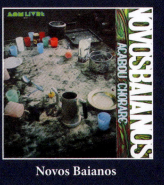
Novos Baianos

Secos & Molhados

João Donato

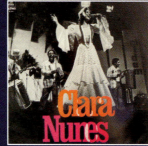
Clara Nunes

Martinho da Vila

Rita Lee

Elis Regina & Tom Jobim

Jorge Ben

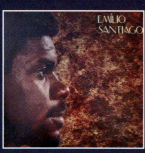
Emílio Santiago

Nana Caymmi

Alcione

Vanusa

Paulo Moura

João Bosco

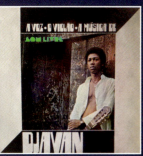
Djavan

Belchior

Fafá de Belém

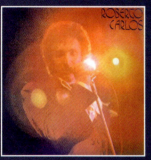
Roberto Carlos

Ivan Lins

Elizeth Cardoso

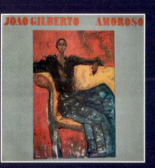
João Gilberto

Simone

Banda Black Rio

Frenéticas

Beth Carvalho

Tim Maia

Enquanto **Nara Leão** e **Caetano Veloso** (ao centro) continuavam inspirando tendências, **Chico Buarque** (à esquerda) e **Maria Bethânia** (à direita) conquistavam o Disco de Ouro no final da década de 1970, época do apogeu de popularidade da chamada MPB, cuja história continua a ser contada no segundo volume deste livro.

OS FESTIVAIS DE MÚSICA, A JOVEM GUARDA, O TROPICALISMO...

Havia também três duplas. Diretamente do Rio de Janeiro, **Leno e Lilian** emplacaram "Devolva-me" (Lilian Knapp/Renato Barros) e a versão "Pobre menina (Hang on sloopy)". E de São Paulo, **Deny e Dino** vieram com as autorais "Coruja" e "O ciúme" e **Os Vips**, com "A volta", "Faça alguma coisa pelo nosso amor" e "Longe tão perto".[15]

Criados originalmente na onda dos grupos anglo-americanos de rock instrumental, os cariocas **The Pop's** lançaram o primeiro LP em 1966, mesmo ano em que **Betinho e seu Conjunto** encerrou as atividades, pois seu líder converteu-se ao protestantismo e virou pastor. Outra banda que começou entre temas instrumentais e vocais foi **Renato e Seus Blue Caps**. Após acompanhar **Roberto Carlos** em gravações, descolaram um contrato na CBS, e já em plena fase da Jovem Guarda, foram campeões de hits, como "Feche os olhos (All my loving)", "Meu primeiro amor (You're going to loose that girl)", "Ana (Anna [Go to him])" e a inesquecível "Menina linda (I should have known better)": "Ah! Deixe essa boneca, faça-me o favor / Deixe isso tudo e vem brincar de amor." Verteram ainda para o português o hit do ator e cantor americano Shawn Elliott, "O escândalo (Shame and scandal in the family)" ("Conheci um capeta em forma de guri..."),[16] e arriscaram composições próprias, como "Primeira lágrima", assinada por seu líder, o guitarrista **Renato Barros**.

Igualmente carioca, com referências semelhantes e atuando como banda de apoio de diversos artistas, mas na Odeon, foi o **The Fevers**, que aos poucos já começava a emplacar versões de hits estrangeiros, como "Juanita Banana" e "Como o sábio diz (Simon says)". Simultaneamente, gravavam LPs dançantes com pseudônimos diversos, como **The Supersonics**. Já **Os Incríveis** (ex-**The Clevers**) arrebataram o país em 1968, com um raro tema politizado naquele tempo, um rock italiano que, na versão de **Brancato Júnior**, virou "Era um garoto que como eu amava os Beatles e os Rolling Stones",[17] marco do ano de 68, em que a juventude do mundo inteiro estava estarrecida com as mortes dos soldados americanos na Guerra do Vietnã. Naquele tempo, o programa *Jovem Guarda* já chegara ao fim pelo desgaste de sua fórmula na TV, e o movimento do rock nacional, graças às transformações no país e no mundo, apontava para outros horizontes.

Mesmo com o primarismo de certas letras e acompanhamentos (às vezes até com as guitarras desafinadas) e sofrendo o preconceito de setores mais cultos, engajados e nacionalistas da imprensa e da sociedade, a Jovem Guarda trouxe mudanças inexoráveis ao cenário artístico e comportamental do país. Alguns rapazes refinados que paqueravam as meninas com violão, na base da bossa nova repleta de sofisticação de acordes, agora muitas vezes levavam uma surra dos garotões com suas guitarras e seus rocks e baladas com quatro acordes. O que estava acontecendo? Era a cultura pop-industrial internacional batendo à porta. Apenas o começo de uma grande transformação no jeito de consumir música e na figura de quem as interpretava, que em breve contaminaria outras tribos musicais.

Samba, teatro, protesto e outras bossas

A turma do rock não sabia direito, mas, politicamente, o clima não era dos melhores. De fato, nem todos tinham consciência disso, apenas os mais cultos. Por isso, com o golpe militar de 1964, uma geração de artistas, intelectuais e universitários começou a tentar conscientizar a população por meio de artigos de imprensa, livros, peças teatrais, shows, canções, entre outros, de forma ainda mais contundente da que faziam bossa-novistas como **Sérgio Ricardo**, **Carlos Lyra** e **Vinicius** desde 60. No caso da música, o marco zero da canção de protesto daquele período pós-golpe é a que deu título ao show *Opinião* que reuniu no Teatro de Arena, em Copacabana, a partir de dezembro daquele ano, um nordestino, **João do Vale**, uma garota da zona sul carioca, **Nara Leão**, e um sambista negro, **Zé Kéti**, autor dos versos: "Podem me prender / Podem me bater / Podem até deixar-me sem comer / Que eu não mudo de opinião." Alguns meses depois, **Nara** foi substituída por uma das maiores revelações da temporada, **Maria Bethânia**, cujo impacto da apresentação foi tremendo. Com uma figura andrógina, agreste e uma voz forte, estreou aos 18 anos cantando "Carcará" (João do Vale/José Cândido), transformando uma singela canção sobre uma ave do sertão num dos hinos de protesto do período: "Carcará, não vai morrer de fome / Carcará, mais coragem do que homem / Carcará, pega mata e

OS FESTIVAIS DE MÚSICA, A JOVEM GUARDA, O TROPICALISMO...

come." Para culminar, no meio da canção, ela fazia um recitativo agressivo com dados do IBGE referentes ao êxodo rural no país. A música virou seu emblema, puxando seu primeiro LP, em 65.

A seguir, **Nara** tomou parte na peça *Liberdade, liberdade*, de Millôr Fernandes e Flávio Rangel, ao lado de pesos-pesados do teatro, como Paulo Autran e Thereza Rachel, que interpretavam um mosaico de textos sobre o tema, de Platão e Jesus Cristo a Castro Alves e Drummond, entremeados por músicas. O espetáculo estreou em 21 de abril de 1965, depois excursionando pelo país, até ser proibido pela censura. O mesmo diretor de *Opinião*, **Augusto Boal**, encenou mais dois espetáculos em São Paulo. Um no Teatro de Arena de lá, em maio, o *Arena canta Zumbi*, criado em parceria com o ator e dramaturgo **Gianfrancesco Guarnieri**, um dos pioneiros do teatro político no país, que assinou com **Edu Lobo** as canções do musical, entre ela o samba-jazz "Upa, neguinho", que, um ano depois de lançada pelo compositor, virou um clássico com **Elis Regina.** O outro foi *Arena canta Bahia*, em setembro, no Teatro Brasileiro de Comédia, em São Paulo, com **Maria Bethânia** e sua turma de conterrâneos baianos ainda desconhecidos, da qual era a caçula.

Vamos aos nomes. Seu irmão, **Caetano Veloso**, era ex-estudante de Filosofia e ex-crítico de cinema em Salvador, que aprendeu violão na adolescência e ainda bem jovem cantava em bares locais, levando a irmã menor e seus colegas. **Gilberto Gil** foi pioneiro do grupo a ter um pouco mais de visibilidade na música, desde 1962 gravava jingles e discos independentes no pequeno estúdio do produtor baiano **Jorge Santos**, do selo JS, atuando em rádios e TVs de Salvador, até se formar em Administração, quando passou a executivo da Gessy Lever, em São Paulo, e, em paralelo, tentava a sorte cantando em bares da cidade. **Gal Costa** até então era balconista de uma loja de discos na capital baiana, se deliciando com as novidades musicais do período em primeira mão. **Tom Zé**, o mais velho da turma, já havia cursado seis anos na Universidade de Música da Bahia, onde também foi professor de contraponto e harmonia, e violinista de orquestra. E **Piti** era também cantor e compositor, único do bando a abandonar a carreira no fim da década. Produzidos por **Roberto Sant'Anna**, eles haviam se reunido em 64 no espetáculo *Nós, por exemplo,* inaugurando o Teatro Vila Velha, de Salvador, seguido de *Nova bossa velha e velha bossa nova,* até que foram todos para Sampa. Por intermédio de **Bethânia,** cada um pôde gravar seu primeiro compacto e agora estavam juntos novamente no teatro.

Havia outros espetáculos que não eram políticos ao pé da letra, mas simbolizavam uma resistência cultural diante da onda do rock cada vez maior que assolava o país — então considerada um símbolo do poderio americano, que, de fato, como inúmeros documentos comprovariam mais tarde, apoiava a ditadura militar.[18] Entre eles, o *Samba pede passagem,* de Oduvaldo Vianna Filho, Sérgio e Armando Costa, que em verdade era uma peça, *Brasil pede passagem,* que acabou censurada e virou show, reunindo no Teatro de Arena carioca os veteranos do samba **Ismael Silva** e **Aracy de Almeida,** com o novato **MPB-4,** e mais o **Conjunto Samba Autêntico,** com integrantes de três escolas de samba, o **Grupo Mensagem,** um quinteto que trazia entre os integrantes dois futuros grandes compositores, **Sidney Miller** e **Luiz Carlos Sá,** e o **Conjunto Partido Alto,** dos bambas **Padeirinho, Leléu da Magueira** e **Bidi.** O show estreou concomitantemente ao *Opinião,* resultando, como o primeiro, também num LP ao vivo, seguido depois por *Telecoteco Opus nº1* no Teatro Opinião (que era o mesmo palco do Teatro de Arena, com novo nome), trazendo **Cyro Monteiro** e **Dilermando Pinheiro,** este, um cantor que seguia a tradição de **Luiz Barbosa** e **Joel de Almeida,** de marcar o ritmo no chapéu de palha.

Ainda mais emblemático foi o show *Rosa de Ouro* (que também virou disco), concebido pelo produtor e poeta **Hermínio Bello de Carvalho,** reunindo uma turma de bambas de várias gerações, entre os quais duas brilhantes revelações, **Paulinho da Viola** e **Elton Medeiros.** O primeiro, ex-estudante de Contabilidade, ex-bancário e ligado à música desde adolescente, e o segundo, doze anos mais velho, músico desde os 17 anos e com muita vivência no mundo do samba, embora ainda não fosse consagrado. Os dois se juntaram e compuseram com seu produtor a faixa-título: "Ela tem uma rosa de ouro nos cabelos / E outras mais tão graciosas...". A dupla participou do espetáculo integrando o **Conjunto Rosa de Ouro,** juntamente com **Nelson Sargento, Anescarzinho do Salgueiro** e **Jair do Cavaquinho.**[19]

OS FESTIVAIS DE MÚSICA, A JOVEM GUARDA, O TROPICALISMO...

O quinteto também fez parte do conjunto **A Voz do Morro**, criado na mesma época por **Zé Kéti**, que, além dele, trazia **Zé Cruz** e **Oscar Bigode**, este, primo de **Paulinho da Viola**, responsável por levá-lo à Portela, que se tornou sua escola do coração.[20]

As estrelas do *Rosa de Ouro* foram a atriz, vedete e pioneira cantora a ter uma carreira regular em disco **Aracy Côrtes,** afastada dos palcos havia muito tempo, e a sexagenária **Clementina de Jesus**, uma ex-empregada doméstica que entoava de memória cânticos centenários de matriz africana, como jongos, corimás, partidos-altos e hinos religiosos, com uma voz forte, grave e rústica que evocava todo o passado negro escravocrata e quilombola de seus avós, em números como "Benguelê" (Pixinguinha/ Gastão Viana) e "Bate canela" (D.P.). Ela já havia sido lançada um ano antes quando, a convite do mesmo **Hermínio**, participou do show *O menestrel* ao lado do violonista virtuose **Turíbio Santos**, mas foi no *Rosa de Ouro* que se consagrou para o grande público. No ano seguinte, de 66, ela gravou seu primeiro disco solo, e dois anos depois o LP *Gente da antiga*, um álbum memorável ao lado de **Pixinguinha** e **João da Baiana**, em que este último lançava finalmente o seu "Batuque na cozinha", composto ainda na fase do samba amaxixado: "Batuque na cozinha / Sinhá não quer / Por causa do batuque / Eu queimei meu pé".

A ideia do show *Rosa de Ouro* (bem como do *Opinião*) nasceu no Zi-Cartola,[21] um restaurante inaugurado em 63 na rua da Carioca, Centro do Rio, onde o sambista **Cartola** entrava com a música e sua terceira mulher, Dona Zica, com a comida. Em atividade até 1965, suas noites viraram um ponto de encontro de intelectuais engajados, de oposição ao regime, além de músicos e amantes do samba — um gênero que andava em baixa desde o fim dos anos 40 —, incluindo os sambistas "de morro" que andavam esquecidos, como o próprio **Cartola** e **Nelson Cavaquinho**, que, a partir de então são finalmente consagrados, inclusive pelas gravações de **Nara Leão**, que os conheceu ali, e posteriormente de **Elizeth Cardoso**, que em 1965 gravava o álbum *Elizeth sobe o morro*, incluindo "Sim", do primeiro, e "A flor e o espinho", "Luz negra" e "Vou partir", do segundo.

HISTÓRIA DA MÚSICA POPULAR BRASILEIRA – SEM PRECONCEITOS

Cartola e **Nelson Cavaquinho** começaram a aparecer como intérpretes no LP coletivo *Fala Mangueira* (68), ao lado de **Clementina**, **Odete Amaral** e outro pioneiro, **Carlos Cachaça** (que, assim como **Cartola**, foi um dos fundadores da Mangueira e participou da estilização do padrão rítmico do samba, já sem a influência do maxixe e com letras mais elaboradas). São desse tempo sambas como "Tempos idos" (dos dois) e "Alvorada" (deles com **Hermínio**, organizador dos shows da casa que passou a ter eventos de música por sugestão de **Zé Kéti**, seu frequentador assíduo e divulgador). Foi também onde Paulo César Farias foi descoberto e rebatizado de **Paulinho da Viola** pelo jornalista, produtor e agitador cultural **Sérgio Cabral**.

Paralelamente a tudo isso, explodiam os chamados *pocket-shows* (também chamados "shows de bolso"), uma mistura de música, humor e atualidades, que representavam uma reação ao poderio crescente da televisão. A noite paulista e principalmente a carioca se reinventavam para atrair um público que ficava vidrado na telinha assistindo a seus artistas preferidos. Com *know-how* americano, **Aloysio de Oliveira** consolidou uma fórmula criando encontros inusitados a partir de 1962, como os shows *O Encontro* — com **João Gilberto**, **Tom Jobim**, **Vinicius de Moraes** e **Os Cariocas**; **Baden Powell**, **Elza Soares** e **Astor Silva**; e **Chico Anysio** e **Tamba Trio**, todos na boate Au Bon Gourmet, e depois uma série noutra boate de Copacabana, o Zum-Zum, com **Vinícius** e **Caymmi**, acompanhados das jovens do **Quarteto em Cy** e do **Conjunto Oscar Castro-Neves**, cujo roteiro serviu de base para o antológico álbum homônimo lançado pela Elenco em 65.

Aliás, naquele tempo, sua gravadora Elenco ia de vento em popa. Depois de lançar os primeiros álbuns de **Vinicius de Moraes**, **Tom Jobim**, **Nara Leão** e dos conjuntos de **Sérgio Mendes** e **Roberto Menescal**, apostava forte nos violonistas **Rosinha de Valença** e **Baden Powell**, em veteranos inspiradores (**Aracy de Almeida**, **Dick Farney**, **Lúcio Alves**, **Billy Blanco**, **Maysa**, **Agostinho dos Santos**), nos bossa-novistas de primeira hora (**Sylvia Telles**, **Sérgio Ricardo**) e em novatos que dariam o que falar na Era dos Festivais, como **Edu Lobo**, **MPB-4**, **Quarteto em Cy**, **Nana Caymmi** e **Sidney Miller**, sem se esquecer do bailarino e coreógrafo americano radicado no Brasil **Lennie Dale**, que teve três discos de bossa jazzística nesse selo e

OS FESTIVAIS DE MÚSICA, A JOVEM GUARDA, O TROPICALISMO...

na década seguinte formaria o legendário grupo Dzi Croquettes, de dançarinos famosos por desconstruir as fronteiras do masculino e feminino.

O compositor e jornalista **Ronaldo Bôscoli** e o *showman* **Luiz Carlos Miéle** dominaram o mercado de *pocket-shows* a partir de então, reunindo um cantor, uma cantora e um trio nas boates do Beco das Garrafas, no Rio, e depois em outras casas noturnas e teatros de Copacabana. Um dos mais famosos foi o explosivo *Gemini V*, que reuniu **Leny Andrade**, **Pery Ribeiro** e o **Bossa Três** no Porão 73, em 65. O sucesso foi tão grande que levou esses artistas a se mudarem para a Cidade do México, contratados por um grande empresário local. No ano seguinte, a dupla dirigiu no Teatro Princesa Isabel o *1º tempo 5 × 0* com **Claudette Soares**, o estreante cantor e compositor **Taiguara** (um uruguaio radicado no Rio a partir dos 4 anos, e dos 15 em São Paulo) e o **Jongo Trio**. Ambos os shows viraram discos marcantes. Como se vê, um período de efervescência cultural que estava apenas começando.

Os festivais das TVs Excelsior, Record, Rio e Globo

O II Festival da Excelsior, de 1966, por divergências com os patrocinadores, perdeu seu maior mentor, Solano Ribeiro, e acabou tendo repercussão um pouco abaixo do esperado, com músicas na maioria lentas e mornas. Embora já começassem a aparecer nomes que fariam história posteriormente na "MPB", poucos se sobressaíram. Quem venceu o pleito com a marcha-rancho "Porta estandarte" (Geraldo Vandré/Fernando Lona), foram a cantora **Tuca** e **Airto Moreira.** Este último, dentro em breve se notabilizaria não como cantor, mas como percussionista, levando sua técnica e inventividade para revolucionar os tradicionais formatos dos grupos de jazz dos Estados Unidos, viajando com sua esposa, a cantora de jazz **Flora Purim**, outra revelada nesse festival. Ambos teriam prestigiada carreira internacional.

Também se consagraram neste torneio musical da TV Excelsior duas cantoras (de vozeirão): **Cláudia**, terceiro lugar e melhor intérprete com "Chora céu" (Adylson Godoy/Luiz Roberto), e **Maria Odette**, de carreira curta, que defendeu o samba "Boa palavra", de um ainda desconhecido **Caetano Veloso**, classificada em quinto. Meses depois, a mesma **Maria Odette** emplacaria outra canção do compositor num festival da TV Record (que veremos a seguir), "Um dia", ganhando o prêmio de melhor letra, sendo o início do triunfo de um dos artistas mais criativos do país. Atravessando problemas financeiros e a perseguição do governo militar, a Excelsior enfrentaria um período crescente de decadência até decretar falência em 70.

De olho na concorrência e já experimentando o sucesso de seus programas musicais, a TV Record abocanhou o produtor Solano Ribeiro, que ajudou a elaborar um festival muito mais empolgante entre setembro e outubro de 1966. Era o II Festival da TV Record (o primeiro havia sido realizado sem qualquer repercussão seis anos antes). A partir de então, ficava bastante nítido que a maior parte dos jovens compositores era egressa da vida universitária e colocava suas músicas a serviço do combate à ditadura. E era justamente esse tipo de música com letras politizadas e com arranjos no estilo levanta-quarteirão que empolgava o público. Caso contrário, eram vaiadas sem dó nem piedade.

Foi nesse festival realizado no Teatro Record Consolação que a disputa pelas duas favoritas pararam o país: "A banda", de **Chico Buarque**, defendida por **Nara Leão** (e na final com a participação também do autor) ("Estava à toa na vida / O meu amor me chamou / Pra ver a banda passar / Cantando coisas de amor") e "Disparada", do compositor vencedor do pleito da Excelsior, **Geraldo Vandré**, com **Théo de Barros**, na voz de **Jair Rodrigues**: "Prepare o seu coração / Pras coisas que eu vou contar / Eu venho lá do sertão (...) e posso não lhe agradar". A primeira era uma marcha simples, estilo cidade do interior, falsamente ingênua, feita a pedido de **Nara,** que estava cansada do estigma de "cantora de música de protesto". Ocorre que a sua concorrente era visivelmente mais forte, uma moda de viola estilizada com uma belíssima metáfora política, envolta num belo arranjo com direito a acompanhamento vocal do **Trio Marayá** e instrumental do **Trio Novo** (de **Théo de Barros**, **Airto Moreira** e **Heraldo do Monte**). Nos bastidores da final, **Chico** disse, veladamente aos organizadores, que não aceitaria caso

OS FESTIVAIS DE MÚSICA, A JOVEM GUARDA, O TROPICALISMO...

lhe fosse dado o primeiro prêmio — o que de fato estava para acontecer. Sendo assim, o júri optou por um empate, agradando a gregos e troianos.[22]

Os festivais se provaram um bom negócio. Tanto que o produtor Augusto Marzagão, com bom trânsito na política, resolveu criar o Festival Internacional da Canção (FIC), feito em parceria com a Secretaria de Turismo da Guanabara (RJ), no Maracanãzinho. O diferencial é que este consistia em dois festivais num só: com uma etapa nacional e outra internacional, em que a finalista da primeira disputaria com as estrangeiras em novo pleito, trazendo ao Rio intérpretes e autores famosos de diversas partes do mundo, o que ajudava também a promover a cidade e o próprio país.[23] Para concorrer com a emissora paulista rival, sua primeira edição foi transmitida, no mesmo mês de outubro de 1966, pela TV Rio e vencida pela novata **Nana Caymmi**, filha de **Dorival**, cantando "Saveiros", uma canção praieira narrando o drama dos pescadores que vão ao alto-mar sem saber se regressam, assinada pelo seu irmão **Dori Caymmi** com o então jornalista **Nelson Motta**: "Nem bem a noite terminou / Vão os saveiros para o mar...". Pelo teor lírico da canção e sua voz um tanto diferente do padrão, ela venceu debaixo de uma histórica vaia. Também se destacaram "O cavaleiro" (outra de **Geraldo Vandré** com **Tuca**, defendida por ela), vice-campeã, e "Dia de rosas" (assinada pelo casal **Luiz Bonfá** e **Maria Helena Toledo**), terceiro lugar, também da fase nacional, com **Maysa** — certamente a cantora veterana mais respeitada na Era dos Festivais.

Em 1967 se deu o antológico III Festival da Música Popular Brasileira da TV Record, que levou à final um elenco estelar e consagrou músicas e intérpretes que marcariam para sempre a história da "MPB", inaugurando o filão dos próprios compositores defenderem suas canções, já que eles até então acabavam menos conhecidos que seus intérpretes. O festival foi realizado no Teatro Record Centro quatro meses depois do fim d'*O fino da bossa*, que havia mudado o conceito de programa musical na TV, abrindo espaço para compositores e grandes canções, cantores e músicos, contribuindo decisivamente para a cultura musical de toda uma geração, até ser substituído pelo programa *Frente única — Noite da música popular brasileira*, em que vários contratados da Record se revezavam, sem obter, entretanto, o mesmo êxito.[24] A fim de divulgar o terceiro programa da série, houve uma passeata nas imediações do Teatro Record (Centro) liderada por **Elis Regina**, **Geraldo Vandré** e até mesmo **Gilberto Gil**, defendendo as canções brasileiras em contraponto ao chamado "iê-iê-iê" da Jovem Guarda, considerada uma música mais primária, americanizada, "entreguista" e de segunda classe em relação às novidades elaboradas da chamada "MPB". O levante passou à história como a "Passeata contra as guitarras elétricas". Foi nesse clima tenso, competitivo que se deu o III Festival da Record.

O que ninguém poderia imaginar era que o próprio **Gil**, juntamente com **Caetano Veloso**, absorvendo o novo (e elaborado) álbum dos Beatles, *Sgt. Pepper's Lonely Hearts Club Band*, e reprocessando elementos comportamentais da turma da Jovem Guarda, decidiram promover uma virada estética na música brasileira, testando seus intentos no novo festival. Daí que ambos defenderam suas músicas ao lado de grupos de rock. **Gil**, com os paulistanos **Mutantes**, e **Caetano**, com os argentinos dos **Beat Boys**. Se até então a guitarra era um instrumento proibido no acompanhamento de canções de raiz brasileira, e os cantores só se apresentavam de smoking na televisão, eles decidiram romper a tradição, trajando roupas extravagantes, esportivas ou coloridas e incorporando as temidas guitarras elétricas em gêneros tradicionais, um baião ("Domingo no parque", de **Gil**) e uma marcha ("Alegria, alegria", de **Caetano**).

Os quatro primeiros lugares fizeram história. A começar pela vencedora "Ponteio" (Edu Lobo/Capinan) com **Edu Lobo** (também ao violão), a estreante **Marília Medalha** e o vocal do **Momento Quatro** (de **Zé Rodrix**, **David Tygel**, **Maurício Maestro** e **Ricardo Vilas**),[25] cuja apresentação cênica teve coreografia de Augusto Boal. Era uma canção de raiz sertaneja/nordestina com um toque jazzístico na harmonia — executado bravamente pelo **Quarteto Novo** que os acompanhou — na verdade, o mesmo **Trio Novo** que acompanhara **Jair Rodrigues** e sua "Disparada" no ano anterior, agora acrescido do então flautista **Hermeto Pascoal**. A letra, como convinha à época, tinha viés politizado: "Certo dia que sei por inteiro / Eu espero não vá demorar / Este dia estou certo que vem / Digo logo o que vim pra buscar / (...) Vou ver o tempo mudado / E um novo lugar pra cantar / Quem me dera agora eu tivesse a viola pra cantar".

OS FESTIVAIS DE MÚSICA, A JOVEM GUARDA, O TROPICALISMO...

A vice-campeã foi "Domingo no parque", um baião estilizado sobre uma letra que narrava um drama passional, com o próprio autor **Gilberto Gil** e **Os Mutantes**, ganhando imediata notoriedade ("O rei da brincadeira / Ê José / O rei da confusão / Ê João / Um trabalhava na feira / Ê José / Outro na construção / Ê João..."). Em terceiro ficou o samba de alto teor político "Roda viva", com seu autor, **Chico Buarque**, cantado com o coro do **MPB-4**, cujo belo arranjo vocal foi de **Magro**, um de seus integrantes ("A gente quer ter voz ativa / No nosso destino mandar / Mas eis que chega a roda viva / E carrega o destino pra lá"). Finalmente, em quarto, a marcha de estilo português "Alegria, alegria", igualmente com seu autor, **Caetano Veloso** (e os **Beat Boys**), que a princípio entrou vaiado e aos poucos, com seu carisma e a força de sua canção, defendendo a liberdade de expressão da juventude, acabou ovacionado: "Caminhando contra o vento / Sem lenço, sem documento / O sol de quase dezembro / Eu vou... (...) Por que não? Por que não?". **Caetano** e **Gil** plantavam ali as sementes do movimento tropicalista que falaremos mais adiante.

Na final, realizada em 21 de outubro de 1967, além dos citados, estavam presentes no palco outros nomes que fizeram história. **Nana Caymmi** se apresentou com **Gil**, seu namorado à época, ao violão, entoando "Bom dia", de autoria do casal. **Elis Regina**, premiada como melhor intérprete da competição, cantou acompanhada igualmente de violão, no caso, do irmão de **Nana**, **Dori Caymmi**, também autor da melodia de "O cantador", sendo a letra de **Nelson Motta**. A consagrada **Nara Leão** veio com o promissor **Sidney Miller** defendendo "A estrada e o violeiro", de autoria dele. O onipresente **Geraldo Vandré** dessa vez marcou presença com "Ventania", dele com **Hilton Accioly**. **Jair Rodrigues** entoou o "Samba de Maria", do jovem pianista **Francis Hime**, com **Vinicius de Moraes**. O sempre politizado **Sérgio Ricardo** escolheu uma canção difícil de sua lavra, "Beto bom de bola", que foi tão vaiada que ele, num acesso de raiva, levantou-se no meio da apresentação, quebrou o violão no palco e o lançou ao público, marcando para sempre a história dos festivais. Fechando o time, **Roberto Carlos** participou com o samba "Maria, carnaval e cinzas", de **Luiz Carlos Paraná**, e novamente o **MPB-4** com o festejado frevo "Gabriela", de **Maranhão** — que se classificaram em quinto e sexto lugares respectivamente.

Esse festival da Record de 1967 foi tão marcante que mesmo alguns dos que não chegaram à final são dignos de nota. A bela canção "Eu e a brisa", de **Johnny Alf**, interpretada pela doce cantora paulista **Márcia**, foi uma das mais injustiçadas. Já os novatos **Gal Costa** e **Renato Teixeira**, apresentando-se com uma composição dele ("Dadá Maria"), ganhariam notoriedade mais adiante. O roqueiro **Erasmo Carlos** tentou adaptar-se a um estilo diferente, mais "brasileiro", com a autoral "Capoeirada", mas não decolou, enquanto **Elza Soares** (com "Isso não se faz", de **Pixinguinha** e **Hermínio Bello de Carvalho**) e **Jamelão** (com "Menina moça", do iniciante **Martinho da Vila**) mostraram vigor em ótimos sambas. Como se vê, um elenco espetacular que jamais foi esquecido pelos amantes da música "moderna" do país.

Ainda em outubro de 1967 veio o II Festival Internacional da Canção no Maracanãzinho, agora transmitido pela TV Globo, emissora que, estreando dois anos antes, começava a virar uma potência nas telecomunicações do país. Neste, a grande revelação foi o carioca mais mineiro do Brasil, **Milton Nascimento**, com três canções de sua autoria inscritas no pleito (sem que ele soubesse) por seu admirador, o cantor **Agostinho dos Santos**, que defendeu "Maria, minha fé", além de outras duas que foram levadas ao palco na própria voz do autor, "Morro velho" e "Travessia" (esta, com letra de **Fernando Brant**, que estreava na música com essa canção, iniciando uma parceria de sucesso por toda a vida com ele): "Solto a voz nas estradas / Já não quero parar / Meu caminho é de pedra / Como posso sonhar?" As duas últimas acabaram classificadas em sétimo e segundo lugares respectivamente.

Embora a vencedora da fase nacional tenha sido "Margarida" (com seu autor, **Guarabyra**, e o **Grupo Manifesto**),[26] bem recebida pelo público, essa edição ficou marcada na história pela consagração de Bituca (apelido de **Milton**), que merecia ter ganho com "Travessia", um samba lento e romântico, algo jazzístico, de refrão explosivo, francamente melhor candidata que a vitoriosa "Margarida", que só empolgava pelo refrão retirado de um motivo folclórico: "Apareceu a Margarida / Olê, olê, olê / Apareceu a Margarida, olê, olê, olá". O terceiro lugar ficou com o samba/bossa romântico

"Carolina", de **Chico Buarque**, nas vozes de **Cynara e Cybele**, egressas do **Quarteto em Cy**.

Em comparação com as inovações do Festival da Record, o FIC acabara por ter uma aura bem comportada e turística, de forma a revelar a alegria e as glórias do Brasil para o mundo — algo que inclusive passou a agradar a ditadura e a trazer sérios problemas para seus idealizadores num futuro próximo, pois a geração da "MPB" que se consagrou nesse tipo de evento queria tudo menos esse tipo de panfleto. Muito pelo contrário, desejavam mesmo era mostrar o clima político conturbado da época em suas canções. Nos primeiros três anos, de 1965 a 67, apesar dos pesares, foi possível fazer críticas veladas ao regime. O máximo que o governo fazia era solicitar artistas e produtores para explicarem o motivo de algumas das letras inscritas na sede do DOPS (Departamento de Ordem Política e Social), sendo liberados a seguir. A partir de 68, o clima começava progressivamente a ficar mais tenso. Vendo que a força da música brasileira poderia alertar o povo de suas reais intenções com o país, os militares fecharam o tempo contra ela e as artes em geral, numa perseguição terrível cuja pior fase se estendeu até 78. Haja metáforas para disfarçar suas mensagens de liberdade.

Os festivais de 1968

Entre maio e junho de 1968, uma novidade. Como o nosso ritmo preponderante estava bastante em baixa nos festivais, a TV Record resolveu realizar a I Bienal do Samba, no Teatro Record Centro, que teve entre seus participantes nomes de peso do samba da antiga, fossem intérpretes, como **Isaura Garcia, Germano Mathias, Helena de Lima** & **Miltinho, Jorge Goulart, Moreira da Silva, Ataulfo Alves, Jorge Veiga** e **Zé Kéti**, ou autores, como **Donga, Walfrido Silva, Ismael Silva, Jair do Cavaquinho, João da Baiana, Braguinha, Luiz Reis, Nássara, Cyro de Souza, Mário Rossi, Denis Brean, Pixinguinha, Synval Silva, Lupicínio Rodrigues, Monsueto** ou **Paulo Vanzolini**, mas que acabou tendo nas primeiras colocações, em sua maioria, sambas de autores mais jovens.[27]

Baden Powell e o estreante Paulo Cesar Pinheiro venceram com "Lapinha", inspirado num tema folclórico, que arrebatou o público na voz de Elis Regina, acompanhada do grupo Os Originais do Samba, o qual, devido ao sucesso, conseguiu um contrato com a RCA Victor: "Quando eu morrer me enterre na Lapinha / Calça, culote, paletó, almofadinha". Em tempo, Paulo Cesar se tornaria pelas cinco décadas seguintes um dos mais frutíferos poetas da "MPB" em mais de duas mil canções assinadas com um número igualmente recorde de parceiros, ainda que seja eventualmente também um bom melodista bissexto.[28]

Chico Buarque ficou em segundo no festival com o belo samba "Bom tempo", de sua autoria. A seguir, Elton Medeiros e Hermínio Bello de Carvalho vieram em terceiro com "Pressentimento", na voz de Marília Medalha, que a seguir seria regravado com sucesso por Elizeth Cardoso. Em sexto ficou Paulinho da Viola com um número que se tornaria emblemático na obra do compositor, "Coisas do mundo, minha nega", defendido por Jair Rodrigues. Da turma dos anos 50, apenas Billy Blanco emplacou o quarto lugar com o autoral "Canto chorado", logo esquecido, e Cartola, o quinto, com o clássico instantâneo "Tive sim", na voz do também veteraníssimo Cyro Monteiro. O evento ainda teria uma segunda edição não competitiva em 71, sem maior repercussão.

A chapa esquentaria mesmo entre setembro e outubro de 1968, no III Festival Internacional da Canção, que a TV Globo decidiu ampliar. Agora havia três etapas, uma paulista (com duas eliminatórias e uma final local, para que a emissora carioca ganhasse terreno frente à líder de audiência, que era de lá, a Record), além das já tradicionais etapas nacional e internacional (no Maracanãzinho). Nesse meio-tempo, confrontos por vezes sangrentos nas ruas entre a polícia e o movimento estudantil no Rio e em São Paulo especialmente, alinhados com o que ocorria em outras capitais europeias, como Paris, mostravam que a juventude não estava satisfeita com os rumos políticos que o planeta estava tomando. Diversas canções selecionadas para o III FIC, obviamente, refletiam essa tensão, a começar por "É proibido proibir", composta e cantada por Caetano Veloso. Com título inspirado numa frase que fora pichada numa parede da capital francesa à época, foi a mais polêmica da fase paulista.

OS FESTIVAIS DE MÚSICA, A JOVEM GUARDA, O TROPICALISMO...

Caetano entrou em cena acompanhado dos **Mutantes**, trajando roupas exóticas, com enorme cabeleira, cantando de forma experimental num arranjo louquíssimo e caótico de **Rogério Duprat**, levando para o palco um americano que emitia berros e ruídos ininteligíveis e que, ainda por cima, tinha uma figura afeminada, recebido aos gritos de "Bicha!".[29] O cantor, que entrou aplaudido, saiu debaixo de vaias retumbantes. Apesar de tudo, os julgadores do III FIC a classificaram para a final. **Gil**, com sua "Questão de ordem", igualmente hostilizado pela plateia por seus experimentalismos à la Jimi Hendrix, ao contrário, não se classificou. Na final paulista transmitida diretamente do TUCA (Teatro da Pontifícia Universidade Católica de São Paulo), onde estavam os estudantes mais politizados dentre os frequentadores dos festivais, novamente **Caetano** roubou a cena com os **Mutantes**, sendo mais uma vez vaiado. Tal plateia não se conformava que os baianos não assumissem uma atitude panfletária de reação à ditadura e ainda demonstrassem certa falta de virilidade em suas apresentações, algo que a princípio não tinha a ver com quem fosse contra o regime. Em resumo, incomodavam a direita política por sua revolução estética e comportamental, mas também parte da esquerda, por ver que tais artistas não seguiam a cartilha do realismo socialista.

Daí que a performance de **Caetano** acabou virando um discurso imortalizado num compacto lançado pela Philips, intitulado "Ambiente de festival", em que **Caetano** proferiu, completamente irado, frases que entraram para a história como: "Mas é isso que é a juventude que diz querer tomar o poder?" ou "Vocês são iguais sabem a quem? (...) Àqueles que foram na 'Roda viva' e espancaram os atores!", numa referência ao lamentável episódio que os militares do CCC (Comando de Caça aos Comunistas) espancaram os atores e técnicos, além de destruírem os cenários da peça de **Chico Buarque,** dias antes, no Teatro Oficina (SP). E finalmente, arrematava: "Eu quero dizer ao júri que me desclassifique. Gilberto Gil está comigo para acabarmos com o Festival e com toda a imbecilidade que reina no Brasil (...) O júri é muito simpático, mas é incompetente. Deus está solto." E voltou a cantar sem se importar com tonalidade e afinação por mais quatro minutos até proferir um "Chega!" e abandonar o palco.

Apesar de tudo, "É proibido proibir" foi classificada para a final nacional, mas **Caetano** manteve a palavra e não apareceu. Os únicos tropicalistas ovacionados nesse pleito foram os **Mutantes**, com "Caminhante noturno", incluindo **Rita Lee** fantasiada de noiva grávida entre os irmãos Baptista de toureiros, que acabou em sexto lugar na finalíssima, sob protestos do público, que a preferia nas primeiras colocações. A propósito, as três melhores canções de fato foram contempladas no pódio, mas não na ordem que o público gostaria. Em terceiro lugar, ficou a já comentada "Andança", com **Golden Boys** e **Beth Carvalho** (cantora que em breve se tornaria um ícone do samba tradicional), num raro cruzamento (aceito) da Jovem Guarda com a "MPB". O público se dividia entre "Andança" e a música de **Geraldo Vandré**, o maior petardo contra a ditadura de toda a história dos festivais. Enquanto todos procuravam grandes performances para chamar a atenção do público, ele se apresentou sozinho ao violão, com uma canção igualmente primária, de dois acordes, mas de uma força impressionante que demonstrava toda a "virilidade" contra o regime que a estudantada pretendia. Vinte mil vozes cantaram o refrão-bomba: "Vem, vamos embora / Que esperar não é saber / Quem sabe faz a hora não espera acontecer".

Acontece que o júri deu o primeiro lugar à lírica "Sabiá", de **Tom Jobim** (recém-imortalizado mundialmente, após gravar um álbum com Frank Sinatra) e **Chico Buarque** ("Vou voltar / Sei que ainda vou voltar / Para o meu lugar / Vou lá / E é ainda lá / Que eu hei de ouvir cantar / Uma sabiá"). Defendida por **Cynara e Cybele**, a delicada canção desbancou a de **Vandré**, algo que o público não perdoou, ostentando uma das maiores vaias da história dos festivais. Ninguém sabia, entretanto, que nos bastidores um comunicado interno vindo de Brasília à TV Globo determinava que mesmo que obtivesse os votos necessários, "Pra não dizer que não falei das flores (Caminhando)", de **Vandré**, não poderia ganhar o festival, algo que os organizadores esconderam do júri e que, para alívio de seus integrantes, acabou realmente não acontecendo.[30]

Uma semana depois, uma alegria e uma tragédia. "Sabiá" acabou vencendo também a etapa internacional do III FIC, mas **Vandré** não só teve sua memorável canção proibida, como os militares queriam a sua cabeça.

OS FESTIVAIS DE MÚSICA, A JOVEM GUARDA, O TROPICALISMO...

Escondido em várias residências e amparado pelo Partido Comunista, conseguiu fugir do país de carro, envelhecido e com passaporte falso, via Paraguai, se exilando no Chile.[31] O trauma foi tão grande que o "cantautor" de sucessos como "Fica mal com Deus" e "Cantiga brava", lançador de clássicos como "Samba em prelúdio" (em dueto com **Ana Lúcia**) e vencedor ou finalista de diversos festivais importantes nunca mais conseguiu retomar a carreira, sendo alijado para sempre da história da "MPB", da qual foi um nome fundamental nessa fase de renovação, virando uma figura reclusa e de fala nada coerente a partir de então.

Em 1968, a Era dos Festivais chegava a seu ápice no país, incluindo ainda uma enxurrada de pleitos locais e universitários. Porém, não bastasse tudo que havia acontecido num intervalo de tempo tão curto, entre novembro e dezembro, o ano ainda reservava mais algumas emoções no IV Festival da TV Record, em seu teatro no Centro, cuja maior novidade foi a inclusão de um júri popular, que examinasse as obras dos compositores em paralelo ao júri oficial, dando mais pano pra manga nos resultados. Para complicar ainda mais o meio de campo, preocupados com as vaias, muitos astros e estrelas da Record não quiseram mais defender músicas. Fora isso, a censura reteve várias canções inscritas até às vésperas do pleito, que eventualmente tiveram de ter palavras modificadas.[32] Enfim, se deu a competição, e em 9 de dezembro o júri oficial (especial) deu voz aos últimos baianos tropicalistas que ainda não haviam se consagrado. **Tom Zé**, com a autoral "São, São Paulo (meu amor)", conquistou o primeiro prêmio, e **Gal Costa**, a terceira colocação, com a canção manifesto "Divino maravilhoso" ("É preciso estar atento e forte / Não temos tempo de temer a morte"), de **Gil** e **Caetano**, que seriam incluídas nos primeiros LPs homônimos solo dos intérpretes. Duas peças de estética tropicalista de primeira linha.

Os Mutantes ficaram em quarto com a divertida "2001", de **Rita Lee** e, novamente, **Tom Zé**. Da turma da "MPB", digamos, clássica, "Memórias de Marta Saré" com **Edu Lobo e Marília Medalha** ficou com o segundo lugar, enquanto **Sérgio Ricardo** obteve o quinto com "Dia de graça". A sexta colocada no júri oficial foi a primeira do júri popular, "Benvinda", com **Chico Buarque**, então já um ídolo nacional, acompanhado do **MPB-4**.

Mais uma vez o samba tradicional parecia não ter vez nos festivais. Apesar de ter sido tão ovacionada quanto **Gal Costa**, **Elza Soares** com "Sei lá, Mangueira" (Paulinho da Viola/Hermínio Bello de Carvalho), inacreditavelmente, não foi sequer classificada para a final, mas deu à cantora o prêmio de melhor intérprete feminina do pleito e virou um clássico do gênero. O mesmo destino teve "Casa de bamba", de **Martinho da Vila**, defendida por ele com **Os Originais do Samba**, que em breve estouraria na voz de **Jair Rodrigues**.

Quem mais surpreendeu nesse festival foi mesmo **Gal Costa**. De menina bem-comportada e voz bossa-novista, ela agora assumia um cabelo black *power*, vestindo uma túnica colorida bordada com espelhos e um colar de várias voltas, e soltava a voz como nunca antes, com grunhidos à la Janis Joplin, roqueira-musa de parte da juventude mais libertária na ocasião. Era o início de uma carreira brilhante de uma das mais importantes e influentes cantoras brasileiras.

O Tropicalismo sacode as velhas convenções

Desde 1967, utilizando-se dos festivais e da TV em si como principal forma de divulgação, surgiu o movimento tropicalista, de curta duração, mas de efeitos definitivos na história da "MPB". Os baianos **Caetano Veloso e Gilberto Gil**, seus principais mentores, perceberam que, além da música, era preciso aderir ao fenômeno "pop internacional" da cultura jovem planetária, trazendo atitude e imagem mais agressivas dos cantores (incluindo o ritmo do rock, a guitarra elétrica, a psicodelia), porém adaptando isso à realidade brasileira, incorporando todas as nossas referências e liquidificando tudo num caldeirão antropofágico, de modo a fazer da "MPB" um "som universal",[33] ou seja, uma música que tivesse mais apelo de consumo, e assim não ficasse em segundo plano em relação à cultura de massa da época. E essa mudança foi muito rápida.

Pouco antes, **Caetano** havia se notabilizado pela bossa nova "Coração vagabundo", em dueto com **Gal Costa**, no primeiro LP de ambos, *Domingo* (67), e **Gil**, também com uma bossa, "Eu vim da Bahia", em 65, afinal todos

OS FESTIVAIS DE MÚSICA, A JOVEM GUARDA, O TROPICALISMO...

eram fascinados por **João Gilberto**. De uma hora para outra, entretanto, passaram a defender que o Tropicalismo daria uma continuidade ao trabalho feito por **João**, com seu canto íntimo, sua batida revolucionária e todo o frescor trazido pelas canções da bossa nova, seguindo uma "linha evolutiva" da música brasileira, para usar as palavras de **Caetano**. Ao mesmo tempo, **Gil** já aparecia em seu primeiro LP, *Louvação* (67) como intérprete das canções de protesto "Procissão" (com **Edy Star**) e a própria faixa-título (com **Torquato Neto**), mas ainda com instrumental acústico e se apresentando de smoking na TV, que era uma regra de etiqueta para os homens. O movimento rompia com tudo isso, ao mesmo tempo sem nada negar, e aglutinava um caleidoscópio de referências.

Na música, **Vicente Celestino** e **Carmen Miranda**, **Luiz Gonzaga** e os cantores do rádio, *Jovem Guarda* e *O fino da bossa* se fundiam. Era preciso assumir tudo que a nossa cultura produziu, misturá-la com os fenômenos pop internacionais e daí então renascer numa nova proposta estética, intelectual e musical. Retomando a visão pioneira do escritor e ensaísta Oswald de Andrade, o movimento cria uma nova linguagem, assumindo a modernidade ao eliminar a fronteira entre bom gosto e mau gosto, música erudita e popular, nacional e estrangeira, velho e novo, pandeiro e guitarra elétrica. Recusava padrões de bom comportamento — no palco, na melodia, na poesia, na vida — e "carnavalizava" a séria cultura brasileira dos anos 60. Ainda citando Oswald, que certa vez chamou o carnaval de "religião da raça brasileira", **Caetano** viu na folia de fevereiro um "exemplo de solução estética" e de "saúde criativa" do povo brasileiro.

O Tropicalismo não se restringia à música. Dialogou com outros fenômenos artísticos e audiovisuais em voga no mesmo período, como o Cinema Novo (de "uma câmera na mão e uma ideia na cabeça", especialmente o filme *Terra em transe*, do baiano Glauber Rocha, um dos "cineastas marginais" do período); o teatro experimental do Grupo Oficina, do diretor José Celso Martinez Correa, em São Paulo (que encenou a peça *O rei da vela*, do mesmo Oswald de Andrade, com seus ideais antropofágicos, quebrando a estrutura linear de ação e do discurso teatral); as artes plásticas (a exibição do penetrável *Tropicália* de Hélio Oiticica no Museu de Arte

Moderna do Rio, e as obras de Lygia Clark) e a literatura (o romance experimental *Panamérica*, de José Agripino de Paula). Além disso, resgatava algo da poesia concreta surgida na segunda metade dos anos 50, dos irmãos poetas Haroldo e Augusto de Campos, e Décio Pignatari, que decretavam o fim do verso, substituindo-o pela disposição espacial das palavras em alinhamentos geométricos, valorizando o som ou o impacto visual delas, inspirando-se na poesia concreta dos modernistas de 22. Por outro lado, o empresário **Guilherme Araújo**, atento ao showbiz internacional, foi uma figura não menos importante para o movimento ao incentivar e impulsionar as atitudes revolucionárias de seus principais nomes, além de rebatizar de **Gal Costa** aquela que começou com o nome de **Maria da Graça**.

Antes da Tropicália, qualquer mistura de ritmos e gêneros era pecado mortal na "MPB". Eles romperam com isso. Em termos de imagem, vieram ainda mais extravagantes e despojados que os roqueiros da Jovem Guarda — e com cabelos mais compridos ou assanhados que os deles. A ousadia dos figurinos e das guitarras elétricas no Festival da Record de 1967 de **Caetano**, **Gil**, **Beat Boys** e **Mutantes** foram as primeiras cartadas dos tropicalistas. Aliás, os **Mutantes** despontaram no meio desse caldeirão, dando origem a um novo estilo de banda de rock bastante alinhado aos ideais do movimento, com elementos experimentais, de psicodelia, misturados a outros brasileiros dos mais variados estilos musicais, num trabalho considerado vanguardista até os dias de hoje. Sua formação original, cujo núcleo principal era **Rita Lee** e os irmãos **Sérgio Dias** e **Arnaldo Baptista**, produziu cinco álbuns indispensáveis.

Caetano, Gil, Gal Costa, Nara Leão, Tom Zé, Os Mutantes, os letristas **Torquato Neto** (de "Mamãe, coragem") e **José Carlos Capinan** (de "Miserere nobis"),[34] o maestro **Rogério Duprat** e o guitarrista psicodélico **Lanny Gordin**[35] se uniram no LP-manifesto *Tropicália (ou Panis et Circencis)* editado pela Philips em 1968, cujos maiores sucessos foram justamente a canção ostentada no subtítulo, de **Caetano** e **Gil**, na interpretação dos **Mutantes** — uma grande crítica ao capitalismo e à sociedade de consumo pequeno-burguesa: "As pessoas na sala de jantar / São ocupadas em nascer e morrer" —, e "Baby", só de **Caetano**, uma verdadeira colagem de elemen-

OS FESTIVAIS DE MÚSICA, A JOVEM GUARDA, O TROPICALISMO...

tos da cultura pop do período, na voz de **Gal**, que se tornaria a principal intérprete feminina do movimento: "Você precisa saber da piscina / da margarina / da gasolina / da "Carolina" / Você precisa saber de mim... / Baby, baby / Eu sei que é assim."

Os álbuns homônimos de **Caetano**, **Gil** e **Os Mutantes** lançados naquele mesmo ano de 1968, são também fundamentais para se entender a vanguarda estético-musical do Tropicalismo, que incluía todo tipo de fusão e experimentalismo, e letras muito fortes e atípicas até então na música brasileira. O de **Caetano** continha a canção-manifesto "Tropicália" ("Viva a banda-da-dá / Carmen Miranda-da-da-da-dá"), que mereceu um arranjo suntuoso de **Júlio Medaglia**; a autoafirmativa e divertida "Superbacana"; a exaltação à "micropolítica" de cada ser na consagrada "Alegria, alegria" — todas autorais — e "Soy loco por ti, América" (Gil/Capinan), lamentando a morte de Che Guevara na selva boliviana. O de **Gil** trazia as corrosivas autorais "Marginália II" ("Aqui é o fim do mundo") (parceria com **Torquato Neto**) e "Ele falava nisso todo dia" (sobre um rapaz de 25 anos que morria em frente à companhia onde havia feito seu seguro de vida), o sucesso "Domingo no parque" e o "Frevo rasgado" (este, com **Bruno Ferreira**). E o dos **Mutantes** consagrava, entre outras, "Bat macumba" (Caetano/Gil), uma poesia concreta cantada.

Extramusicalmente, esse foi um momento em que os artistas mais antenados de nossa música reivindicavam uma participação também no invólucro de seus álbuns — dando palpites nos projetos gráficos e nos títulos —, pois até então, na maioria das vezes, isso era um trabalho exclusivo das gravadoras. No caso dos tropicalistas, as capas de seus discos eram uma extensão de sua estética musical. As antológicas capas dos referidos LPs de **Caetano** e **Gil** (bem como do cartaz do filme *Deus e o diabo na terra do sol*, de Glauber Rocha, também ícone do período), por exemplo, foram assinadas pelo designer e intelectual **Rogério Duarte**, espécie de guru dos baianos, que, nesse mesmo ano, quando tentava chegar à Igreja da Candelária, no Centro do Rio, onde foi rezada a missa de sétimo dia do estudante Edson Luiz, morto pela PM no restaurante Calabouço, foi sequestrado e torturado durante uma semana por agentes da ditadura, dando provas de que dali por diante o caminho das artes e da cultura no país não seria nada fácil.

HISTÓRIA DA MÚSICA POPULAR BRASILEIRA – SEM PRECONCEITOS

Fato é que a situação política virou uma panela de pressão e em 13 de dezembro de 1968 o governo instaurou o Ato Institucional nº5, o AI-5. Foi quando houve o "golpe dentro do golpe", com o fechamento do Congresso Nacional e as Assembleias Legislativas dos estados, a perseguição aos opositores do regime, como professores, jornalistas, intelectuais, artistas, e o fim do *habeas corpus* nas prisões. O caminho foi aberto para a censura prévia de música, cinema, teatro e televisão, além de um severo controle à imprensa e aos outros meios de comunicação. Isso afetava obviamente o repertório dos festivais, como também de todos os discos, shows, peças de teatro, exposições e tudo o mais, a partir de então. Não só pelo viés político, mas comportamental, "zelando pela moral e bons costumes da família brasileira".

Por essa razão, além de **Geraldo Vandré**, quem também pagou um preço pelas ousadias naquele festival foram **Caetano** e **Gil**. Até então, além de figurar nas competições musicais, a dupla mantinha um programa semanal transgressor na TV Tupi de São Paulo, o *Divino Maravilhoso*, ao lado de **Gal** e dos **Mutantes**, que durou pouco, menos de dois meses, a partir de 28 de outubro daquele ano. Mas o golpe fatal veio quando um radialista disse que Caetano teria cantado o "Hino Nacional" com a letra de "Tropicália" num show na boate Sucata, o que jamais aconteceu.[36] Sendo assim, ao fim daquele fatídico ano, os dois foram presos no Rio, depois escondidos pelos militares na Bahia, quando gravaram em sigilo as bases de seus novos discos, e meses depois, em julho de 1969, após um show de despedida, foram convidados a se retirar do país, exilando-se em Londres. Antes da partida, **Gil** compôs o samba "Aquele abraço", em cuja letra fazia alusão ao quartel do Exército em Realengo, onde ficou um tempo preso com **Caetano**: "O Rio de Janeiro continua lindo / O Rio de Janeiro continua sendo / O Rio de Janeiro, fevereiro e março / Alô, alô, Realengo, aquele abraço / Alô, torcida do Flamengo, aquele abraço".

Essa música foi o grande sucesso do álbum homônimo de **Gil** lançado quando ele e **Caetano** já estavam fora, o qual incluía também várias canções em que voltava seu olhar em relação aos avanços tecnológicos daquele tempo, como "Cérebro eletrônico". Dando prosseguimento à estética anárquica e antropofágica do movimento — tanto nas letras quanto nos arranjos um tanto experimentais, seus discos conceituais abriam novos caminhos estéticos longe do convencional. O de **Caetano** obteve êxito com duas autorais, o samba "Irene" e o frevo "Atrás do trio elétrico", com direito a uma guitarra impertinente, diferente do usual, além de resgatar o ritmo do samba de roda do recôncavo baiano, adaptando o tema folclórico "Marinheiro só", que quatro anos depois seria sucesso na voz de **Clementina de Jesus**.

A musa tropicalista **Gal Costa** seguiu gravando um repertório vanguardista em dois discos que se tornariam clássicos, um repleto de sucessos e outro bastante experimental. Além de "Baby" e "Não identificado", de **Caetano**, o primeiro e mais importante deles trazia ainda a canção que a consagrara no festival de 68 ("Divino maravilhoso"), uma recriação de "Sebastiana", do repertório de **Jackson do Pandeiro**, um presente de **Roberto** e **Erasmo Carlos**, "Meu nome é Gal" (em retribuição à menção do nome do "Rei" num verso de "Baby"), que viraria um de seus emblemas vida afora, e um samba bem pop, em dueto com o mesmo **Caetano**, "Que pena": "Ele já não gosta mais de mim / Mas eu gosto dele mesmo assim / Que pena, que pena...".

Este samba era do carioca **Jorge Ben**, um artista singular desse tempo. Um negro de classe média remediada que viveu a adolescência entre a zona norte e a zona sul. Tentou ser jogador de futebol, chegando a atuar no infanto-juvenil do Flamengo, mas optou pela música, não sem antes ter sido seminarista (!), raiz de boa parte do misticismo de sua obra. Filho de um pandeirista de um bloco carnavalesco, já tinha uma cabeça moderna e eclética desde cedo, cantando em coro de igreja, bossa nova no Beco das Garrafas e rock na Boate Plaza (também em Copacabana). A seguir, foi crooner do conjunto de baile de **Zé Maria** (participando até de um disco), e conseguiu a proeza de cantar tanto n'*O fino da bossa* quanto no *Jovem Guarda*. Isto lhe custou uma incompreensão e certo boicote, na mesma época em que sua antiga gravadora o fez, muito novo, lançar quatro álbuns autorais muito próximos, esgotando seu contratado. Após um período de baixa, foi abraçado pelos tropicalistas, participando inclusive do efêmero programa *Divino Maravilhoso*, e voltou em grande estilo.

Emendou então um sucesso atrás do outro, em sua própria interpretação ("Bebete vãoobora", "Take it easy my, brother Charles"), duetos com o parceiro e violonista **Toquinho** ("Que maravilha"), ou nas vozes de **Wilson Simonal** ("País tropical" e "Zazueira", esta também relida pelo conjunto de **Sérgio Mendes** nos Estados Unidos e **Elis Regina**) e grupos de estéticas tão distintas quanto **Os Mutantes** ("A minha menina"), **Os Incríveis** ("Vendedor de bananas") e **Os Originais do Samba** ("Cadê Tereza?"), este último formado em 1960 por ritmistas de várias escolas de samba que iniciava sua carreira fonográfica solo em 69. Também emplacou canções em festivais, como a ousada "Charles, Anjo 45", no IV FIC, ao lado do **Trio Mocotó**, sobre a história de um "Robin Hood dos morros, rei da malandragem", querido pela comunidade, porém preso pela polícia, um personagem cada vez mais recorrente em nossas periferias e que seria ainda muito radiografado por outros autores no futuro. A seguir, gravou-a sozinho e em dueto com **Caetano Veloso**.

Entre sambas nacionalistas, românticos ou de crítica social disfarçada, **Jorge** jogava nas onze, com sua voz mansa, sua alegria, seu ritmo contagiante, e seguia conquistando novos fãs, assim como **Gal Costa**, que virava a porta-voz de uma juventude progressista asfixiada, cantando letras não raro metafóricas, explorando cada vez mais sua sensualidade algo selvagem em contraste com a voz doce e cristalina, mas que se fosse preciso também sabia também gritar.

Os últimos grandes festivais, de 1969 a 72, a Pilantragem e a soul music nacional

Jorge Ben não foi o único ás do balanço nesse tempo. Quem viveu realmente o auge de sua popularidade naquela época foi **Wilson Simonal**, um cantor igualmente negro e carioca como ele, só que muito mais intérprete que compositor, famoso por conjugar uma bela voz com suingue e carisma impressionantes. Começou como crooner da noite carioca (no Drink e Top Club), depois passou ao Beco das Garrafas, gravando um repertório bem bossa nova e aos poucos foi ficando mais pop. Ajudado pelos arranjos

OS FESTIVAIS DE MÚSICA, A JOVEM GUARDA, O TROPICALISMO...

azeitados do **Som 3** (de **César Camargo Mariano** ao piano, **Sabá** no baixo e **Toninho Pinheiro** na bateria) e pelo **Metais em Champignon**, por volta de 1967 ele se engajou no movimento da Pilantragem, criado a seu pedido pelo produtor **Carlos Imperial**, aderido também por **Nonato Buzar**, autor do sucesso "Vesti azul", que formou a **Turma da Pilantragem**, chegando a produzir três LPs entre 68 e 69, em cujas fichas técnicas há nomes como **Antonio Adolfo**, **Durval Ferreira**, **Severino Filho**, **Erlon Chaves** e da cantora **Regininha**. O nome "Pilantragem" remetia a "malandragem" e "malícia", e musicalmente nada mais era que uma mistura de samba jazzístico com rock jovem-guardista e tempero latino, bem pop e dançante, com muito "lá lá lá" no lugar das letras, e palmas à moda do cantor americano Chris Montez, notadamente a partir de seu hit, "The more I see you", de 66.

Antes de ganhar esse nome, ainda naquele mesmo ano de 1966, a semente do novo gênero foi plantada na gravação de "(O) Carango" (Imperial/Buzar) por **Simonal** ("Ninguém sabe o duro que dei / Pra ter fon-fon trabalhei, trabalhei"). Por essa época, **Imperial** tentou batizar tal estilo de Samba Jovem, que era uma resposta aos críticos nacionalistas à geração iê-iê-iê, mas o nome não pegou. Tanto que, no mesmo disco, o hit "Mamãe passou açúcar em mim" (Carlos Imperial) ainda era chamada justamente de "samba jovem" por alguns cronistas. A mudança em seu som já era flagrante na regravação de "Meu limão, meu limoeiro",[37] assim como no ano seguinte vestiria outro clássico, "Está chegando a hora", com a roupa pop da Pilantragem, enquanto **Erasmo** em "O caderninho" acenava também à nova estética.

Naquele fim da década, **Simonal** dividiu o posto com **Roberto Carlos** de cantor mais popular do país, a bordo de sucessos como "Sá Marina", "Meia volta (Ana Cristina)" (ambas de Antonio Adolfo/Tibério Gaspar), "País tropical" (Jorge Ben), "Nem vem que não tem" (Carlos Imperial) e "Mustang cor de sangue" (Marcos e Paulo Sérgio Valle). O máximo em discurso politizado que ele cantou foi "Tributo a Martin Luther King", rara canção de sua autoria, em parceria com **Ronaldo Bôscoli**, sobre o poder da negritude, homenageando o referido pastor, líder da luta pelos direitos civis dos negros americanos, assassinado meses depois de sua gravação. Se a imprensa o tachava de pedante, antipático e americanizado — o que não era de todo um erro, pois ele realmente não era do tipo que se curvava a ninguém, tampouco era refratário às misturas com o pop, quase um pré--tropicalista popular — o grande público não estava nem aí, pois qualidades também não lhe faltavam. Fez seu programa da TV Record um sucesso e incorporou novas gírias e bordões, como "S'imbora", "Que tranquilidade" e "Deixa cair" e "Alegria, alegria" — este batizando a famosa canção que projetou **Caetano Veloso.**

Por essas e por outras, **Simonal** foi convidado a ser presidente do júri (e fazer um memorável show de encerramento) do IV Festival Internacional da Canção de 1969, que marcou o clímax de sua carreira, regendo um coral com milhares de pessoas no Maracanãzinho, bisando o que fizera pouco mais de um mês antes num show com diversos artistas, no mesmo local, que visava a consagrar o sucesso internacional de **Sérgio Mendes**, em sua primeira volta ao Brasil. O artista, embora não tenha sido hostilizado pelo público, foi totalmente abafado por seu carisma (o cantor chegava ao ponto de pedir a participação "dos 20 mil da direita", "os 20 mil da esquerda" e os "20 mil do centro"), nas suas canções da Pilantragem, motivando **Mendes** a encerrar o show, chamando **Simonal** ao palco para juntos executarem "Sá Marina".

Apesar de ser cada vez mais importante alguma extravagância visual, coreográfica ou musical nos festivais para convencer o público, a primeira colocação da fase nacional do IV FIC foi na base do tradicionalíssimo tripé "voz, melodia e letra de excelência", a valsa romântica "Cantiga por Luciana", de **Edmundo Souto** e **Paulinho Tapajós** (os mesmos coautores de "Andança", do ano anterior), cantada magistralmente por **Evinha**, ex-**Trio Esperança**, que, aos 18 anos, abocanhou também o prêmio de cantora--revelação: "Luciana / Luciana / Sorriso de menina / Dos olhos de mar". A seguir, lançou-se em vitoriosa carreira solo, enquanto foi substituída no **Trio** pela irmã mais nova, **Marizinha.** Em segundo lugar, ficou outra inspiração feminina, dessa vez a toada "Juliana", de ritmo mais contagiante, com o pianista **Antonio Adolfo e** (seu grupo) **A Brazuca**, uma composição dele com **Tibério Gaspar** (estourados à época com a referida "Sá Marina", outra "toada moderna", mistura de bossa nova e baião em voga nesse tempo, na voz de **Simonal**), cuja letra narrava a primeira vez de uma moça: "E Juliana então se fez mulher / E Juliana viu o amor chegar". **Cláudia** ficou com o quarto lugar e o prêmio de melhor intérprete pela engajada "Razão de paz pra não cantar" (Eduardo Lages/Alésio de Barros).

Outros destaques foram o décimo lugar, "Ando meio desligado", dos **Mutantes**, falando veladamente das "viagens" lisérgicas tão comuns à juventude transgressora do período, e mais duas igualmente rebeldes que nem chegaram a se classificar, passando igualmente batidas pela censura, a já referida "Charles Anjo 45", de **Jorge Ben**, e "Gotham City", do poeta **Capinan** com o aclamado violonista que se lançava como cantor-compositor, o carioca **Jards Macalé** (embora naquele ano já assinasse as trilhas de dois filmes icônicos do período, *Macunaíma*, de Joaquim Pedro de Andrade, e *O dragão da maldade contra o santo guerreiro*, de Glauber Rocha). Porém, esta recebeu uma retumbante vaia por sua performance audaciosa sobre um arranjo experimental e agressivo de **Rogério Duprat**. A letra se referia à cidade fictícia do personagem Batman das histórias em quadrinhos, como uma alegoria do regime militar: "Cuidado! Há um morcego na porta principal!".

Depois do mais tranquilo de todos os pleitos foi a vez de ocorrer em 1969 o V Festival da TV Record, em seu teatro recém-inaugurado da rua Augusta, antigo Cine Regência. Foi a última edição promovida pela emissora, abalada por sinistros incêndios em suas dependências e pela debandada da maioria de seu elenco musical exclusivo e do próprio idealizador do concurso, Solano Ribeiro. Já bastante desfigurado e com regras absurdas, como a proibição de guitarras elétricas e de, após a avaliação do júri, as canções serem submetidas a uma espécie de tribunal formado por dois grupos de debatedores — um tipo de sensacionalismo que invadiu a programação na época —, o festival foi morno e ganho por uma grande canção, ainda que tenha sido a mais estranha entre todas as vencedoras da Era dos Festivais, "Sinal fechado", de **Paulinho da Viola**. Totalmente diferente das que celebrizaram o compositor, tanto na harmonia quanto na letra, abordava a angústia de duas pessoas que não conseguiam se comunicar, em veículos diferentes, no meio de um terrível trânsito, numa das mais perfeitas metáforas sobre a ditadura instaurada no país: "Olá, como vai / Eu vou indo e você, tudo bem? / Tudo bem, eu vou indo, correndo / Pegar meu lugar no futuro, e você? / Tudo bem, eu vou indo em busca de um sono tranquilo, quem sabe? / Quanto tempo... / Pois é, quanto tempo..."

Também foram premiadas canções que, ao contrário, já nasciam datadas, "Clarice" (Eneida/João Magalhães), com o maior ídolo popular presente na disputa, **Agnaldo Rayol**, e "Comunicação" (Hélio Matheus/ Edson Alencar), uma sátira à "indústria cultural" do período, com a novata cantora paulista **Vanusa**, logo regravada por **Elis Regina**. Seu companheiro à época, o cantor **Antonio Marcos** foi eleito melhor intérprete e a melhor letra foi para "Moleque", de **Luiz Gonzaga Júnior**, o carioca **Gonzaguinha**, que largaria a Faculdade de Economia para se tornar um futuro grande astro da "MPB". Os **Novos Baianos**, entretanto, que estavam se lançando na época, passaram em branco pelo júri. Três meses antes da final, em setembro de 1969, o estudante de Psicologia e "cantautor" carioca **Ricardo Vilas** (do **Momento Quatro**), que havia sido preso em 1968 por sua atuação política contra o regime, foi um dos prisioneiros políticos libertados em troca da vida do embaixador americano Charles Elbrick, sequestrado por movimentos de esquerda, sendo a seguir exilado em Paris, onde seguiu carreira com **Teca Calazans** durante toda a década, gravando com ela cinco LPs por lá.

Em 1970, o país vivia uma campanha de euforia liderada pelo governo Médici, propagando seu "milagre econômico" e com a ajudinha involuntária do tricampeonato de futebol, conquistado no México, cuja canção "Pra frente Brasil", de **Miguel Gustavo**, o exaltava, e acabou virando um dos slogans da ditadura. Como o Festival Internacional da Canção significava propaganda do Brasil, inclusive para os artistas estrangeiros convidados, o V FIC não podia decepcionar e a TV Globo sabia disso. Apesar de boicotado pela maioria dos pesos-pesados dos velhos festivais, a nova geração inscreveu boas canções. Apesar de não ter classificado o futuro clássico mineiro "Feira moderna" (Beto Guedes/Lô Borges/Fernando Brant), com o **Som Imaginário**, a lista dos dez primeiros colocados trouxe pelo menos mais seis canções que viraram clássicos, além de intérpretes que se fariam marcantes.

OS FESTIVAIS DE MÚSICA, A JOVEM GUARDA, O TROPICALISMO...

Passaram pelo palco do Maracanãzinho "Meu laiaraiá", de (e com) **Martinho da Vila**, conquistando o sétimo lugar; a apoteótica "Universo no teu corpo", com seu autor **Taiguara**, ficou em oitavo; e "Tributo ao sorriso" (Jorge Amiden/Sérgio Hinds), com o iniciante grupo de rock **O Terço**, terminou em nono. O também estreante **Fábio**, paraguaio radicado no Rio de Janeiro, ficou em terceiro com "Encouraçado", canção que logo seria esquecida, mas não seus autores: a também iniciante e talentosa compositora carioca, criada em Juiz de Fora, **Sueli Costa**, e o poeta, jornalista e dramaturgo carioca **Tite de Lemos**.

O ex-estudante de Engenharia Química **Ivan Lins** foi um dos mais consagrados daquele festival abocanhando o vice-campeonato com "O amor é o meu país", dele com **Ronaldo Monteiro de Souza**, e logo se tornaria um dos compositores mais profícuos da história da "MPB". O quarto lugar, "Um abraço terno em você, viu, mãe?" foi outra canção que com o tempo sumiria na poeira, mas seu autor, intérprete e cronista da sociedade **Gonzaguinha** já era um talento que se mostrava promissor desde o ano anterior. **Gonzaguinha** e **Ivan Lins** conheceram-se no MAU (Movimento Artístico Universitário) em verdade, a casa do psiquiatra Aluízio Porto Carrero, na rua Jaceguai 27 (Tijuca, zona norte do Rio), onde eram promovidos saraus frequentados por músicos, autores e intérpretes como **Aldir Blanc**, **César Costa Filho**, **Ruy Quaresma**, **Ruy Maurity**, **Rolando (Faria)** e **Lucinha (Lins)**.

Entretanto, as músicas que mais renderam polêmicas naquele festival — principalmente na fase internacional — foram a vencedora "BR-3", dos cariocas **Antonio Adolfo** e **Tibério Gaspar**, defendida pelo ex-crooner da noite do Rio **Tony Tornado** (com **Trio Ternura** e **Quarteto Osmar Milito**), e a escrachada e nonsense "Eu também quero mocotó", de **Jorge Ben**, defendida pelo maestro paulista **Erlon Chaves**, que terminou em sexto.

Enquanto o violento movimento dos Panteras Negras dava as caras nos Estados Unidos, por aqui um negro bonito e forte, **Tony Tornado**, cantando com um sol estampado em sua blusa, com os punhos cerrados, incomodou muito a ditadura e setores conservadores da sociedade. Achavam que ele poderia ser um líder negro à moda americana. Da mesma forma o talentoso maestro **Erlon Chaves**, no dia da finalíssima internacional, embora não

HISTÓRIA DA MÚSICA POPULAR BRASILEIRA – SEM PRECONCEITOS

tenha sido classificado, foi convidado a apresentar seu "mocotó", que o fez, substituindo um grupo de "escravos de sultão" pelas "gatas do Canecão", uma plêiade de belas mulheres brancas, com quem trocou "selinhos", dizendo: "Agora vamos fazer um número quente, eu sendo beijado por lindas garotas. É como se eu fosse beijado por todas as que estão aqui presentes." Foi vaiado. Mais tarde, quando a música pegou para valer, já com **Jorge Ben** e o **Trio Mocotó** no palco, o acompanhando, aí sim, foi aplaudido. Em casa, pela telinha, muitas esposas brancas se sentiram ofendidas. O resultado foi um show à parte de racismo.[38]

Em relação ao primeiro, um boato plantado pelo colunista social Ibrahim Sued sugeriu que "BR-3" não era apenas a sigla da Rio-Belo Horizonte, mas uma veia do braço onde se injetava cocaína. Depois uma violenta discussão do cantor com sua ex-mulher gerou uma acusação fabricada de "agressão". Ainda por cima, naquele momento, **Toni** namorava uma atriz branca famosa, Arlete Salles, uma das apresentadoras do FIC. Naquela época, um casal inter-racial famoso era uma raridade e, mais que isso, uma afronta. Mais tarde, um incidente em que ele caiu do palco num show fez criar uma fama ainda maior de "doidão" ao cantor, justo ele que não fumava nem bebia. Acabou tendo a fama bastante ofuscada, enquanto **Tibério Gaspar** foi prestar esclarecimentos no DOPS e **Antonio Adolfo** sofreu assédio dos militares querendo tirar partido de seu sucesso para fazer propaganda do governo. Ele então preferiu cair fora e foi viver um período nos Estados Unidos.[39]

Pior sorte ainda teve **Erlon**. Foi levado preso assim que saiu do palco, acusado de atentado à moral. Após ser solto, dias depois foi interrogado por horas a fio e preso novamente. Ficou proibido de se apresentar por trinta dias. Sua carreira de cantor estava liquidada. O maestro — que, além de diretor musical das várias edições do FIC e de ter trabalhado com a nata da "MPB", teve sua figura popularizada como jurado do *Programa Flávio Cavalcanti* e agora tentava uma carreira de cantor — voltou para os bastidores. Criou a bem-sucedida **Banda Veneno,** que gravou diversos LPs com seus magníficos arranjos na linha do soul-jazz, com ênfase no hit parade internacional, além de continuar seu trabalho como compositor de 23 trilhas sonoras de filmes e diversas aberturas de novelas. Contudo, jamais refeito da humilhação, nunca mais se apresentou em público como cantor solo. Em 1974, vendo o que sucedeu ao amigo **Wilson Simonal**, preso pela acusação de extorsão mediante sequestro de seu contador, foi visitá-lo no presídio de Água Santa. Na volta, ao passar por uma galeria comercial no Flamengo, reagiu a provocações de um passante, teve um enfarte e morreu, aos 40 anos.

Acusado delator de colegas do meio artístico na época da ditadura, e sendo ele um negro de muito sucesso, bastante dono de si e com um jeito não muito sensato de resolver as coisas, em 1971 **Wilson Simonal** entrou em uma confusão danada associada ao famigerado DOPS, envolvendo justamente a tortura de seu contador, e acabou sendo apagado do primeiro time da música brasileira pelos próximos trinta e poucos anos, vivendo a partir de então uma progressiva antipatia da imprensa e um ostracismo crescente até sua morte em 2000, apesar de ainda ter gravado regularmente nos anos 70, incluindo um *revival* de sucesso entre 76 e 77 com o samba "A vida é só pra cantar".[40]

Em 1971, mesmo ano em que **Caetano**, **Edu Lobo** e **Carlos Lyra** voltavam do exílio (**Chico** voltara pouco antes, em março de 70), o sexto FIC da TV Globo aconteceu em clima de pleno boicote dos compositores às regras rígidas impostas pelos militares ao festival, com direito a abaixo-assinado dos pesos-pesados da "MPB", com nomes como o de Tom Jobim e Marcos Valle. Foi um rebuliço dos diabos, pois todos os envolvidos foram intimados a prestar depoimento no DOPS. Isso acabou minando bastante o brilho do pleito, já que para tapar buraco foram arregimentadas de última hora músicas inéditas aleatórias reservadas a escolas de samba, novelas e gravações da Som Livre, empresa do mesmo grupo Globo, que começava a ser implementada. Valia tudo. Novamente no Maracanãzinho, a edição mais medíocre da Era dos Festivais[41] foi vencida pela inexpressiva "Kyrie" (Paulinho Soares/Marcelo Silva) com o **Trio Ternura**, tendo em segundo o agradável samba "Desacato", da dupla baiana **Antonio Carlos & Jocafi**, com refrão chiclete ("Por isso agora / Deixa estar / Deixa estar que eu vou entregar você"), sendo bastante regravada. De marcante mesmo houve a canção "Casa no campo", de **Zé Rodrix**, em parceria com **Tavito**, com seus versos escapistas daquela rotina pesada em que viviam músicos, artistas e intelectuais no país: "Eu quero uma casa no campo / (...) Onde eu possa plantar meus amigos / Meus discos e livros / E nada mais".

Fechando a tampa, em 1972, houve o sétimo e último FIC, no mesmo palco. Tudo foi feito de modo que não fosse repetido o fiasco do ano anterior, a começar pelo alarido de que seria o primeiro transmitido em cores, tecnologia na qual a TV Globo foi pioneira no país. Ainda assim, os militares tentaram tirar **Nara Leão**, a presidente do júri, após as duas eliminatórias, por causa de uma entrevista polêmica que ela dera ao *Jornal do Brasil*, criticando o regime.[42] Acabou que todo o júri foi trocado para a finalíssima e a confusão foi imensa, pois nenhum dos integrantes se conformava com tal arbitrariedade e queria que o público ficasse ciente. Quando um deles tentou ler uma carta-manifesto, foi retirado por policiais e espancado nos bastidores. A seguir, o apresentador Murilo Neri acabou lendo a tal carta, ao mesmo tempo que divulgava as duas classificadas para a fase internacional, a hoje obscura "Diálogo", de **Baden Powell** e **Paulo Cesar Pinheiro**, defendida pelo próprio violonista, com os novatos **Cláudia Regina** e **Tobias**, e a que todo o público queria, "Fio Maravilha", de **Jorge Ben**, em homenagem ao jogador homônimo do Flamengo, com a estreante mineira **Maria Alcina**, cantora exótica, de voz masculina e performance de vedete.

Mesmo sem estarem entre os vencedores, apareceram ainda neste festival o ex-produtor da CBS, o baiano **Raul Seixas**, com dois petardos autorais (o rock "Let me sing, let me sing", dele com **Nadine Wisner**, e a funkeada com tempero latino "Eu sou eu, Nicuri é o diabo"), o capixaba **Sérgio Sampaio**, com a marcha "Eu quero botar meu bloco na rua" e, apesar das vaias, o paulista **Walter Franco**, com a sua experimental "Cabeça".

Nesses concursos surgiram artistas que se consagrariam ao longo das próximas duas décadas: **(Luiz Carlos) Sá, Ruy Maurity, Os Originais do Samba, Alceu Valença, Geraldo Azevedo, Oswaldo Montenegro, Aldir Blanc, Rildo Hora, Sonia Santos, Luli, Lucina, Fagner, Joyce, Guto Graça Mello, Egberto Gismonti**, o maestro, pianista, violonista, compositor e arranjador **Arthur Verocai**, além do grupo de rock **A Bolha**. Isso sem falar em festivais de menor peso, universitários, estudantis, fluminenses,

OS FESTIVAIS DE MÚSICA, A JOVEM GUARDA, O TROPICALISMO...

de Juiz de Fora etc., que tomaram o país desde 1967 e que prosseguiriam por parte da década de 70, ainda que sem o peso dos supracitados.

Nesse meio-tempo, em 1970, surgia nas paradas um artista que não precisou nem da bossa nova, nem da Jovem Guarda nem da Era dos Festivais pra se promover. Mas nem por isso seu caminho foi mais fácil, em parte também por seu temperamento genioso, brigão, contestador e irreverente. **Tim Maia**, o primeiro *soul man* brasileiro, conseguiu aliar influência americana (viveu por lá parte de sua adolescência) a um molho bem brasileiro, com seu vozeirão rouco, alternando canções suingadas ou românticas, com letras simples e diretas, e seria um mito da música pop brasileira. Após compactos fracassados, conseguiu que o velho companheiro **Roberto Carlos** gravasse "Não vou ficar", em 69. Daí, no ano seguinte, com seu primeiro álbum homônimo, vieram uma enxurrada de hits, como a canção "Primavera" e a balada "Eu amo você", promovendo também o *soul man* **Cassiano** como compositor (ambas com **Silvio Rochael**), a regravação do velho forrock "Coroné Antônio Bento" e a balada "Azul da cor do mar", de sua autoria: "Ah! Se o mundo inteiro me pudesse ouvir / Tenho muito pra contar / Dizer que aprendi / Que na vida a gente tem que entender / Que um nasce pra sofrer / Enquanto o outro ri". Uma lição autobiográfica, pois foi o último de seus colegas de adolescência da turma da Tijuca a estourar. Já havia feito um grupo com **Roberto Carlos** (**The Sputniks**, em 57), ensinado **Erasmo** a tocar violão e foi amigo de **Jorge Ben**. Enfim, sua sorte chegara.

O sucesso da nascente "MPB" e a mudança na música carnavalesca

Nessa segunda metade dos anos 1960 até a virada da década seguinte, a imbatível geração da chamada "MPB" revelada em sua grande maioria nos festivais começou a arrombar a porta das paradas, com músicas lembradas até hoje. Da turma mais ligada às raízes dos ritmos brasileiros, o carioca à época radicado em São Paulo **Chico Buarque** já se firmou logo de cara como um ídolo, inaugurando a era dos compositores que se notabilizavam interpretando a própria obra, sem a necessidade de ostentar grandes recursos vocais. O impacto de sua figura foi muito forte porque ele era muito novo, um rapaz bonito, tímido e meigo, que deixava as meninas universitárias loucas e os rapazes admirados por seu talento, pois já escrevia como gente grande, tanto assim que aos 24 anos já era parceiro de **Tom Jobim**, assinando as letras de "Retrato em branco e preto" e "Sabiá", em 68.

Filho do historiador Sérgio Buarque de Hollanda, desde pequeno era um grande leitor e ouvinte de rádio. O ambiente efervescente artístico de música moderna e teatro engajado em São Paulo, com grandes shows, saraus, musicais e movimentos estudantis, o empurrou para a música. Em 1965, já musicava os poemas da peça *Morte e vida Severina*, de **João Cabral de Melo Netto**, e gravava suas primeiras canções autorais na RGE. Dessa primeira fase, ainda com certa influência de **Noel Rosa**, foram os sambas "Pedro Pedreiro" (de temática social), "Tem mais samba", "Sonho de um carnaval" (defendida por **Vandré** no I Festival da Excelsior), e, após o estouro (internacional) da marcha "A banda", em 66, outros sambas até hoje relevantes, como "A Rita", "Ela desatinou", "Quem te viu, quem te vê", "Essa moça tá diferente" e a marcha "Noite dos mascarados", esta gravada por ele com a participação do grupo vocal **Os Três Morais**.

Além das já citadas, bem classificadas nos festivais, como as autorais "Roda viva", "Bom tempo", "Benvinda", "Carolina" e "Sabiá" (esta, com **Tom Jobim**), **Chico** também emplacou nas vozes de colegas outros temas de sua lavra, como "Olê, olá" (**MPB-4**, logo em 1966, sendo um de seus intérpretes mais constantes, e também seu grupo de apoio nos primeiros dez anos de estrada), "Januária" (**Claudette Soares**) e "Com açúcar, com afeto", lançada por **Jane** (do trio **Os Três Morais**) no segundo álbum de **Chico**, depois hit de **Nara Leão**, que havia encomendado uma canção a ele com a temática da mulher submissa, tão comum nos sambas da antiga. Acabou sendo a primeira de uma série composta com o eu-lírico feminino, que se tornaria uma de suas marcas. Apesar da timidez, **Chico** e **Nara** chegaram a apresentar juntos um programa na TV Record, *Pra Ver a Banda Passar*, que obviamente fracassou. Mas isso foi a única bola fora dos dois naquele tempo.

Sempre avessa a rótulos, **Nara Leão** estava, desde o tempo da bossa nova, sempre disposta a desafiar convenções do que se esperava de uma menina bem-nascida da zona sul carioca. Viveu naquele tempo a melhor

OS FESTIVAIS DE MÚSICA, A JOVEM GUARDA, O TROPICALISMO...

fase de sua carreira, com famosas canções de protesto, gênero, aliás, que reinaugurou a partir de 1964 (com "Opinião" e "Acender as velas", de **Zé Kéti**; "Esse mundo é meu" e "Aleluia", de **Ruy Guerra**, a primeira com música de **Sérgio Ricardo**, a segunda, de **Edu Lobo**), sendo grande intérprete inicial de compositores como **Baden**, **Chico**, o próprio **Edu**, mas também do pouco lembrado **Sidney Miller** ("Pede passagem", "A estrada e o violeiro", "O circo"). Depois integrou-se brevemente aos tropicalistas, com pérolas como "Lindonéia" (que **Gil** e **Caetano** compuseram a seu pedido, baseada no belo e estranho quadro do jovem pintor Rubens Gerchman), resgatou canções da Era de Ouro de nossa música e até mesmo do início do século XX, como o choro "Odeon", de **Ernesto Nazareth**, que, a seu pedido, ganhou letra de **Vinicius de Moraes** em 68, tornando-se nacionalmente conhecida por outras gerações. Quando a barra começou a pesar, em 69, se autoexilou em Paris com o marido, o cineasta Cacá Diegues, ficando dois anos sem gravar.

Maria Bethânia, assim como **Nara** e **Chico**, também não queria saber de ser vista apenas como cantora de protesto. Após o sucesso de "Carcará" e de atuar em alguns espetáculos em 1965, tirou um ano sabático (o de 66) em Salvador para viver sua juventude e se inspirar, até que gravou um LP na Elenco com **Edu Lobo**, em 67, destacando seus duetos em duas canções autorais do compositor, "Pra dizer adeus" (com **Torquato Neto**) e "Cirandeiro" (com **Capinan**). Logo após, o empresário Guilherme Araújo descolou um show para ela na boate Barroco (ex-Cangaceiro), em Copacabana, em 68, onde ela podia cantar o que quisesse e inclusive "não cantar" o "Carcará". De vestido e perucas — longe da imagem de nordestina agreste do show *Opinião* —, foi de sambas-canção das divas da Era do Rádio, alguns deles, considerados o suprassumo da cafonice, alternando-os com pérolas tropicalistas de seus amigos **Caetano**, **Gil**, **Torquato Neto** e **Capinan**, que faziam parte do movimento que se recusou a participar justamente por detestar estigmas, preferindo a liberdade estilística. Seguiu por esse caminho de shows em boates e o primeiro em teatro, *Comigo me desavim*, iniciando uma vitoriosa parceria com o diretor Fauzi Arap.

Contudo, naquele tempo, as cantoras mais populares da juventude universitária eram mesmo **Nara Leão** e, sua antítese em termos de voz e performance, **Elis Regina**. Tinham em comum, entretanto, a ousadia. Desde que inaugurou a Era dos Festivais com "Arrastão", **Elis**, como já foi dito, tornou-se uma bússola de sua geração, descobrindo e consagrando autores ou canções, sempre de excelente qualidade. Até 1971, colecionou sucessos, de **Marcos e Paulo Sérgio Valle** ("Terra de ninguém", "Preciso aprender a ser só" e "Black is beautiful", que em sua leitura feminina virou um pioneiro libelo do amor inter-racial ainda mais ousado), **Dori Caymmi e Nelson Motta** ("O cantador") e **Baden Powell** ("Canto de Ossanha", com letra de **Vinicius**, além de "Lapinha" e o divertido samba vingativo "Vou deitar e rolar", ambos com letra de **Paulo Cesar Pinheiro**), além de lançar ao estrelato **Edu Lobo**, gravando suas canções com vários letristas ("Arrastão", "Canto triste", "Canção do amanhecer" e "Zambi" [com **Vinicius de Moraes**], "Pra dizer adeus" [com **Torquato Neto**], "Upa, neguinho" [com **Gianfrancesco Guarnieri**], "Jogo de roda", "Reza" e "Aleluia" [com **Ruy Guerra**] e "Corrida de jangada" [com **Capinan**]).

Também foi responsável por alguns dos primeiros sucessos de **Gilberto Gil** ("Ensaio geral", "Lunik 9" ; "Roda", com **João Augusto**; "Louvação", com **Torquato Neto**), **Milton Nascimento** ("Canção do sal" — foi a primeira a acreditar nele, ainda em 1966), **Théo de Barros** ("Menino das laranjas") e **Ivan Lins**, com **Ronaldo Monteiro de Souza** ("Madalena"), além de recriar "As curvas da estrada de Santos", de **Roberto e Erasmo**, quando já havia se dado conta de que não era possível ser contra a guitarra elétrica. Seu casamento com o experiente produtor, compositor e ex-desafeto **Ronaldo Bôscoli**, entre 1967 e 71, foi decisivo em seu amadurecimento pessoal e artístico, pois ele a orientou inclusive no aprimoramento de sua interpretação, para além da bela voz e da técnica.

Rivalizando com **Elis** naquele período em repertório e relevância estava a veterana **Elizeth Cardoso**, que, além do sucesso na TV Record e de resgatar sambistas da velha guarda em disco, emplacou sambas-canção, como "Meiga presença" (de seu filho, **Paulo Valdez**, em parceria com **Otávio de Morais**), "Apelo" (Baden/Vinicius) e sambões como "Tem que rebolar" (José Batista/Magno de Oliveira) (com seu companheiro de *Bossaudade*, **Cyro Monteiro**) e duas de **Hermínio Bello de Carvalho**, "Pressentimento" (com **Elton Medeiros**) e "Sei lá, Mangueira" (com **Paulinho da Viola**). Também cometeu ousadias, como a de cantar uma peça erudita, a "Bachiana nº 5", obra-prima de **Villa-Lobos**, em 1964, no Teatro Municipal de São Paulo (depois no do Rio), levada pelo maestro **Diogo Pacheco** (que seria gravada na mesma época por outra cantora, **Lenita Bruno**, nos Estados Unidos), e três anos depois, a de gravar outra do maestro, a "Melodia sentimental", que ganhara letra da poeta e diplomata **Dora Vasconcellos**. Em 19 de fevereiro de 68 realizou uma nova e histórica apresentação, desta vez no Teatro João Caetano do Rio de Janeiro, em prol do Museu da Imagem e do Som, acompanhada pelos tradicionalíssimos **Jacob do Bandolim** e o Conjunto **Época de Ouro**, bem como pelo jazzístico **Zimbo Trio**. Esse show gerou dois LPs (e anos depois, ainda um terceiro) e é considerado um marco da fusão entre a tradicional e a moderna música popular brasileira.

Negra e elegante como **Elizeth**, **Eliana Pittman** era muito mais que a bela filha adotiva do clarinetista e saxofonista **Booker Pittman** — grande jazzista americano que retomara a carreira em 1956, com grande êxito entre São Paulo e Rio. Ela era praticamente uma versão feminina de **Wilson Simonal**, com muito balanço e presença de palco, só que para um público mais seleto. Após uma fase de dueto com o pai, seguiu carreira solo a partir de 66, com um repertório de "MPB" e jazz. Além de ser uma das nossas pioneiras *show-women* de carreira internacional, inaugurou o costume de gravar sambas-enredo das escolas cariocas, que começavam a se tornar mais populares que as marchinhas no carnaval, com "O mundo encantado de Monteiro Lobato" (Batista da Mangueira/Darcy Luiz) (**Mangueira**, 67).[43] Tal tradição foi seguida a partir de então, com "Bahia de todos os deuses" (Bala/Manoel), outro samba da Mangueira, de 69, que teve gravações de **Elza Soares** (também dando uma de "puxadora", na avenida) e de **Jair Rodrigues**. Vale dizer que a partir de 68, as escolas de samba do Rio passaram a lançar seus LPs anuais com os sambas-enredo do primeiro grupo, gerando grande impacto no mercado musical para o samba e o carnaval a partir da década seguinte, invadindo rádios, TVs e os próprios bailes de salão, outrora fechados ao gênero.

Naquela mesma época, "Heróis da liberdade", do **Império Serrano**, considerado um dos mais belos sambas de enredo de todos os tempos, fez um imenso sucesso na avenida no primeiro carnaval pós-AI-5, o de

69, mas seus autores **Silas de Oliveira, Mano Décio da Viola** e **Manuel Ferreira** precisaram, dias antes do desfile, ter uma conversinha com o secretário de Segurança Pública do Rio, pois estavam desconfiados de que havia uma subversão ali. Apesar de seus versos se referirem a fatos históricos retratando a luta pela liberdade do Brasil, como a Inconfidência Mineira, a Independência e a Proclamação da República, pareciam uma defesa aos protestos estudantis da época, como o de Maio de 68, em Paris, e a Passeata dos Cem Mil, no Rio: "Ao longe, soldados e tambores / Alunos e professores / Acompanhados de clarins / Cantavam assim: / Já raiou a liberdade / A liberdade já raiou / Essa brisa que a juventude afaga / Essa chama / Que o ódio não apaga pelo universo / É a (r)evolução em sua legítima razão." Liberado, só tiveram que substituir a palavra "revolução" por "evolução", para não haver confusão, afinal, em 64, era assim que o golpe se autoproclamava.[44]

Falando em transformação, o fim da década de 1970 trazia alguns dos derradeiros sambas e marchas feitos para a folia. Em 66, tivemos "Tristeza" ("Por favor, vá embora"), último sucesso de um dos maiores compositores carnavalescos da Era de Ouro, **Haroldo Lobo** (em parceria com o novato **Niltinho**), que morreu sem ver o estouro de sua música, na voz de **Jair Rodrigues**, depois insistentemente regravada. Em 67, tivemos "Palmas no portão" (Walter Dionísio/D'Acri Luis), com o paulista **Risadinha**; em 68, "Amor de carnaval", com **Zé Kéti**; autoral; e finalmente em 69, "Bloco de sujo" (Luiz Reis/Luiz Antônio), com **Elza Soares**, e "Levanta a cabeça", com **Osvaldo Nunes** (dele, com Ivan Nascimento). Marchas animadas foram poucas marcantes, destacando "Colombina iê iê iê", do craque **João Roberto Kelly**, na voz do carioca **Roberto Audi**, e "Can can no carnval" ("Tem francesinha no salão / Tem francesinha no cordão / Ela é um sonho de mulher / Vem do Follies Bergère..."), do não menos craque **Haroldo Barbosa** (e Carlos Cruz), com **Emilinha Borba**, ambas nos festejos de 66.

No mais, apenas belas marchas-rancho. Em 67, **Dalva de Oliveira** emplacou "Máscara negra", também gravada por seu autor, **Zé Kéti** (que a compôs com Pereira Matos): "Quanto riso / Oh! Quanta alegria / Mais de mil palhaços no salão..." No ano seguinte, o capixaba **Marcos Moran**, também puxador de diversas escolas cariocas, imortalizou a moderninha

OS FESTIVAIS DE MÚSICA, A JOVEM GUARDA, O TROPICALISMO...

"Até quarta-feira" (Humberto Silva / Paulo Alves Sete), sobre um casal de foliões que dava uma trégua durante a festa de Momo para que cada um aproveitasse os quatro dias como quisessem: "Este ano não vai ser igual àquele que passou / Eu não brinquei, você também não brincou (...) Agora, tá combinado / Nós vamos brincar separados". Em 69 foi a vez de "Avenida iluminada" (Newton Teixeira/Brasinha) com o **Coral de Joab Teixeira**, e, fechando a tampa, dois clássicos do gênero consagradas no concurso carnavalesco para a folia de 70, no Maracanãzinho, o último de fato relevante no gênero. A marcha-rancho campeã foi a improvável e deslumbrante "O primeiro clarim", de **Klecius Caldas** e **Rutinaldo**, de melodia sinuosa oscilando entre os tons maior e menor ("Hoje eu não quero sofrer / Hoje eu não quero chorar..."), com **Dircinha Batista**, e a vice foi "Bandeira branca", do redator de humor **Max Nunes** com o radialista **Laércio Alves** ("Bandeira branca, amor / Não posso mais / Pela saudade que me invade / Eu peço paz"), novamente com **Dalva de Oliveira**, que com o tempo se tornou mais popular que a primeira. Foram também os derradeiros sucessos das duas divas. Em 72, **Dircinha**, desgostosa, se retirou da cena artística, e **Dalva** faleceu em decorrência do alcoolismo.

A turma mais chegada ao samba prenunciava um novo e belo ciclo que estava para chegar. Maior sambista da década de 60, **Elza Soares** vivia o auge de sua popularidade, formando com o jogador Garrincha um casal midiático e polêmico, pois sua união se deu exatamente na curva descendente da carreira dele, em decorrência de problemas no joelho e com o alcoolismo. Em paralelo a seus discos solo, em que emplacou ótimos sambas de **Luiz Reis**, como o de gafieira "Devagar com a louça (que eu conheço a moça)" (em parceria com **Haroldo Barbosa**) e o carnavalesco "Bloco de sujo" (com **Luiz Antônio**), gravou uma série vitoriosa de três álbuns com **Miltinho** ("Elza, Miltinho e samba"), que são verdadeiras aulas do estilo, Quando o casal foi para a Itália, em 70, fugindo de confusões no país e tentando uma nova chance para o jogador, o cantor fez nova parceria com a veterana **Doris Monteiro**, na série também vitoriosa, "Doris, Miltinho e charme", de quatro álbuns.

O maior sucesso de **Doris** na década foi um samba, em 1968, que se tornou a faixa-título de seu LP daquele ano: "Mudando de conversa /

Onde foi que ficou / Aquela velha amizade? / Aquele papo furado / Todo fim de tarde / Num bar do Leblon / Meu Deus do céu / Que tempo bom". Era "Mudando de conversa", de **Maurício Tapajós** e **Hermínio Bello de Carvalho**. Tal samba intitulou também um show que reunia desde o ano anterior, no Teatro Santa Rosa, em Ipanema, a trinca de ases **Clementina de Jesus, Nora Ney** e **Cyro Monteiro**, acompanhados pelo **Conjunto Rosa de Ouro** (na verdade, **Os Cinco Crioulos**, agora com **Mauro Duarte** no lugar de **Paulinho da Viola**) e um (trio) regional comandado por **Dino 7 Cordas** e **Jards Macalé** (que acompanhava **Nora**), gerando um álbum ao vivo. Quem também tomaria parte naquele show seria **Ataulfo Alves**, mas uma úlcera no duodeno que o acompanhava há tempos o impediu.[45] Ele viria a falecer em 69, não sem antes ver seu último sucesso na boca do povo, o primeiro de muitos da carreira da futura sambista mineira **Clara Nunes**, "Você passa eu acho graça", numa parceria inusitada com um dos criadores da Pilantragem, o produtor **Carlos Imperial**, cujo encontro se deu por serem da mesma sociedade de direitos autorais, a ADDAF.

Entre os mais jovens, **Jair Rodrigues** vivia a melhor fase de sua carreira. Sucesso na TV Record, ganhando um festival com "Disparada" ou frente a *O fino da bossa*, a seguir foi de "Triste madrugada" (do alagoano radicado em São Paulo, **Jorge Costa**), "O conde" e "Bloco da solidão" (ambas de **Evaldo Gouveia** e **Jair Amorim**), além dos já mencionados "Bahia de todos os deuses" e "Tristeza", além de gravar dois sambas de partido-alto, "Casa de bamba" e "Pra que dinheiro", um gênero que ainda não era muito conhecido, mais restrito ao ambiente interno das escolas, e cuja autoria era de um futuro mito do samba, **Martinho da Vila** (Isabel) que finalmente conquistava o sucesso, aos 31 anos.

Envolvido com pequenos blocos e escolas de samba desde adolescente (ingressando em sua **Vila Isabel** somente em 1964), **Martinho** ganhou a vida como sargento do Exército por 13 anos, dando baixa em 69, quando, após participar de alguns festivais, gravou seu magistral disco de estreia, que incluía esses dois sambas gravados por **Jair Rodrigues** e vários outros autorais que viraram clássicos, como o crítico "O pequeno burguês", narrando as agruras de um pobre ao entrar na universidade paga ("Felicidade, passei no vestibular / Mas a faculdade é particular..."). Havia ainda o samba-

OS FESTIVAIS DE MÚSICA, A JOVEM GUARDA, O TROPICALISMO...

-enredo "Iaiá do cais dourado", os românticos "Tom maior" e "Grande amor", e o partido-alto "Quem é do mar não enjoa". No segundo álbum do sambista, a faixa-título, "Meu laiaraiá", já testada no V FIC, confirmava que ele vinha para ficar.

Outro sambista, cantor e compositor de igual importância que despontava na mesma época era o portelense **Paulinho da Viola**. Após uma bela estreia no show *Rosa de Ouro* e de gravar um álbum com o colega **Elton Medeiros**, emplacou um sambão nas vozes ora de **Elizeth Cardoso**, ora de **Elza Soares** ("Sei lá, Mangueira"), homenageando a verde e rosa. Para não ficar mal com sua escola, foi à forra exaltando-a naquele que viria a ser o maior sucesso de sua carreira, "Foi um rio que passou em minha vida" ("E o meu coração se deixou levar..."). De quebra, no ano de 1969, como já vimos, ainda ganhou o V Festival da TV Record com "Sinal fechado".

Além deles, de **Jorge Ben** e de **Os Originais do Samba**, também figuraram nas paradas os sambas irreverentes de **Noriel Vilela**, ex-baixo cantante do grupo **Nilo Amaro e Seus Cantores de Ébano**, com o divertido "Só o ôme" (Edenal Rodrigues), emulando um pai de santo na interpretação; e **Oswaldo Nunes**, às vezes de levada mais tradicional, em "Voltei" ("Aqui é meu lugar / Minha emoção é grande / A saudade era maior / Eu voltei pra ficar"), dele com **Celso Castro**, ou mais "moderninha", gravados com o jovem-guardista The Pop's, como "Segura esse samba, Ogunhê", e outras delícias maliciosas em andamentos diversos, como "Mãe-iê" ("Sabe o que me aconteceu? / O Tonico me bateu"), dele com o mesmo parceiro.

Na chamada "MPB" mais eclética, várias figuras começavam suas trajetórias de sucesso. Para começar, **Taiguara**, com as românticas "Modinha", do jornalista **Sérgio Bittencourt**, e "Helena, Helena, Helena", de **Alberto Land**, ambas vencedoras de festivais de menor repercussão em 1968, a primeira do III Festival Nacional de "MPB", da Excelsior, e a segunda do I Festival Universitário da Canção Popular, da TV Tupi. Também se consagraram os grupos **Quarteto em Cy** ("Das rosas", com **Dorival Caymmi**, de sua autoria; "Samba do crioulo doido", de **Sérgio Porto**) e **MPB-4** (a referida "Olê, olá" [Chico Buarque], "Lamento" [Pixinguinha/Vinicius de Moraes], "Gabriela" [Chico Maranhão], "Amigo é pra essas coisas" [Silvio da Silva Jr./Aldir Blanc]).

Finalmente, **Evinha** ficou nacionalmente conhecida com "Casaco marrom" (Danilo Caymmi/Renato Corrêa/Guarabyra) e a bela e melancólica "Teletema", de **Antonio Adolfo** e **Tibério Gaspar**, que defendeu na Olimpíada da Canção de Atenas, na Grécia, em 70, voltando com a vice-colocação: "Rumo / Estrada turva / Sou despedida / Por entre lenços brancos de partida / Em cada curva / Sem ter você / Vou mais só." Em verdade, ela foi escrita para a novela *Véu de noiva*, da TV Globo, em 1969, e lançada por **Regininha**, cantora do trio **Umas & Outras**. Igualmente romântica, "Pra você" ("Eu guardei / Um amor mais bonito...") deu a seu autor e intérprete, **Silvio César**, seu maior sucesso, em 70, sendo um dos nossos clássicos românticos mais regravados até hoje.

Em termos musicais, entretanto, nada foi mais emblemático e premonitório que o dueto de **Marcos Valle e Milton Nascimento** na belíssima canção de protesto "Viola enluarada" (Marcos/Paulo Sérgio Valle), lançada em 1968. Um hino musical do período que teria muito a ver com a verdadeira guerrilha de engajamento político, principalmente da "MPB", que perduraria pela década seguinte, numa dura, longa e por vezes sangrenta queda de braço com os militares, cuja política desafiava as liberdades individuais: "A mão que toca um violão / Se for preciso faz a guerra / Mata o mundo / Fere a terra (...) Mão, violão, canção e espada / E viola enluarada / Pelo campo e cidade / Porta-bandeira, capoeira desfilando, vão cantando / Liberdade."

7.

A "MPB", o Clube da Esquina, o rock malcriado e os alternativos nos anos de chumbo da ditadura (1970-1978)

A partir da década de 60, com a ascensão dos Beatles e a explosão mundial do rock, muitos gêneros musicais mais autênticos de diversos países foram sufocados ou inteiramente transformados, substituídos por variações de rocks e baladas. No Brasil, entretanto, essa hegemonia não ocorreu. Por um lado, o viés roqueiro e baladeiro deu origem a um sem-número de artistas da música à época chamada "cafona" (brega-romântica), incluindo boa parte da música sertaneja, remodelada a partir de então. Por outro, muitos músicos, de forma bastante antropofágica, assimilaram as mais diversas referências internacionais, misturando-as à nossa linguagem musical e poética, criando um cancioneiro bem rico, inclusive um movimento, o Tropicalismo. E até mesmo alguns do segmento pop/rock/soul, que começavam a surgir, abriram mão da simples imitação da estética anglo-americana, imprimindo um carimbo "brasileiro" em suas obras.

Os anos 70 foram determinantes na consagração da chamada "MPB", com um viés político muito forte, pois estávamos na pior fase da ditadura militar, em que os opositores do regime eram perseguidos — interrogados, às vezes presos, mas muitas vezes também torturados e mortos por oficiais do DOPS. Até hoje não se sabe ao certo o número de óbitos, pois o Brasil sempre foi o país da dissimulação.[1] Por causa desse sistema fechado e de perseguição, artistas de todos os segmentos musicais tiveram problemas com a censura pelos mais diversos motivos. Contudo, a turma da "MPB", de formação majoritariamente universitária, politicamente engajada, por expressar em grande parte de suas canções seu inconformismo ao regime político, bem como uma visão mais transgressora em termos comportamentais, foi a mais combatida.

Censura, política e desbunde

Com toda a nossa produção cultural e jornalística à mercê de censura prévia, isso significava que não era possível gravar um disco ou realizar um show sem antes submeter o repertório aos censores — no caso dos espetáculos musicais ou teatrais, a censura prévia era regional e semanal. Ou seja, uma vez por semana era preciso ter a autorização da censura para o prosseguimento da temporada. Caso o espetáculo viajasse, começava tudo outra vez. O texto precisava ser novamente analisado para a estreia, e depois reautorizado semanalmente. Isso exigiu muita criatividade da classe artística, incluindo os roteiristas e os compositores, para transgredir normas abusivas e muitas vezes incompreensíveis da censura. É bem verdade que as metáforas e demais figuras de linguagem usadas para burlar a censura faziam com que em geral só os mais perspicazes percebessem suas mensagens.

No caso da música, valia tudo para tentar a sua liberação. Transferir um verso final da canção para o início da letra, datilografá-la sem ponto e vírgula, incluí-la numa remessa do disco de um artista romântico-popular... As que não passavam da primeira vez eram reapresentadas novamente duas, três vezes. Daí os autores mudavam palavras, versos inteiros, eventualmente até o título. Quando o problema não se resolvia em seus estados de origem, os compositores ou advogados das gravadoras muitas vezes tinham que ir a Brasília, à Censura Federal, mas chegando lá, além de tomar muito chá de cadeira dos censores, nem sempre conseguiam seu intento. Muitas vezes elas eram vetadas mesmo e fim de papo.

A "MPB", O CLUBE DA ESQUINA, O ROCK MALCRIADO E OS ALTERNATIVOS...

Alguns dos mais talentosos cantores-compositores surgidos na "MPB" dos anos 60 e início dos 70 foram os mais duramente perseguidos pela censura, tendo por vezes álbuns inteiros interditados, como **Chico Buarque, Taiguara, Gonzaguinha** e **Zé Rodrix**. Outros exclusivamente letristas, como **Paulo Cesar Pinheiro, Aldir Blanc** e **Vitor Martins,** também sofreram muito. Mas a verdade é que é difícil haver um autor de qualquer segmento — "MPB", samba, rock ou brega — que não tenha sofrido algum tipo de interdição. Vale dizer que a censura não era apenas de temática político-social. Canções de cunho sexual e comportamental eram muito visadas e quase sempre só eram liberadas com palavras substituídas.

Logo em 1970, ao chegar de um exílio "voluntário" de 14 meses em Roma, **Chico Buarque** viu seu samba "Apesar de você" ("...amanhã há de ser outro dia") obter grande sucesso. Lançado em compacto, já havia vendido 100 mil cópias quando o alto-comando da ditadura percebeu que "você" não era uma mulher, e sim o general Médici, então presidente do Brasil. Quando os censores descobriram a pegadinha, rapidamente recolheram seu disco e também o de todos os artistas que porventura a tivessem regravado, passando a persegui-lo sistematicamente. Porém, **Chico** se utilizou de todas as figuras de linguagem possíveis para mascarar suas mensagens — incluindo até rimas internas — e conseguiu criar uma obra contundente à época, que sobreviveu ao tempo adaptada a outros contextos, pois o compositor nunca se restringiu ao panfleto. Seus temas eram, na maioria, atemporais e não mero pano de fundo para um consumo provocativo descartável.

Isso já ficava nítido a partir de 1971, com seu antológico LP *Construção*. A impactante faixa-título apresentava uma poética ultrassofisticada, somente com versos dodecassílabos, sempre terminados em palavras proparoxítonas, e depois repetidos na segunda parte com as últimas palavras alternadas. Ela vinha seguida da corrosiva "Deus lhe pague", também de sua autoria, num arranjo de tensão progressiva assinado por **Rogério Duprat,** formando uma das faixas mais avassaladoras já feitas de crítica social em nossa discografia. "Construção" narrava o último dia da vida mecanizada de um operário que tinha uma rotina monótona e estafante, sendo apenas mais uma peça na engrenagem industrial da sociedade capitalista: "Subiu a construção como se fosse máquina / Ergueu no patamar quatro paredes sólidas / Tijolo com tijolo num desenho mágico / Seus olhos embotados de cimento e lágrima." A ideia era arrematada pelos versos da segunda canção: "Por esse pão pra comer, por esse chão pra dormir / A certidão pra nascer e a concessão pra sorrir / Por me deixar respirar, por me deixar existir / Deus lhe pague."

A fatídica crítica do tédio conjugal na autoral "Cotidiano" ("Todo dia ela faz tudo sempre igual / Me sacode às seis horas da manhã..."), a romântica--retrô "Valsinha", uma parceria com **Vinicius de Moraes** ("Um dia ele chegou tão diferente do seu jeito de sempre chegar...") e a subversiva versão dele para a italiana "Gesubambino", de Lucio Dalla, "Minha história", mostrando a humanidade de Jesus Cristo como filho de uma prostituta ("Ele vinha sem muita conversa, sem muito explicar..."), completavam o álbum, consagrando definitivamente um novo, mais maduro e "perigoso" **Chico**. Gravada originalmente por ele no álbum anterior, em 1970, a sua "Rosa dos ventos" virava um emblema na voz de **Maria Bethânia** em 71, dando título a seu show (e também a um memorável álbum ao vivo) narrando o clima de terror do período: "Numa enchente amazônica / Numa explosão atlântica / E a multidão vendo em pânico / E a multidão vendo atônita ainda que tarde o seu despertar." Rapidamente, a cantora vai desbancando **Nara**, se tornando a maior intérprete de **Buarque**.

Ainda em 1971, **Gal Costa**, além de levar adiante o bastão tropicalista enquanto seus colegas **Caetano** e **Gil** estavam exilados, emplacando "London, London", do primeiro, e recriando o samba "Falsa baiana", de **Geraldo Pereira**, se viu num impasse. Ao ter tantas músicas censuradas para seu próximo LP de estúdio, lançou apenas um compacto duplo, incluindo o moderno samba "Você não entende nada", do mesmo **Caetano**. Naquele tempo, **Gal** era a figura feminina mais revolucionária da "MPB" de então, com sua sensualidade, seu despojamento (cantando de vestidinho hippie estilizado, flor no cabelo, pernas abertas sobre um banquinho, com uma boca grande contornada sempre de batom vermelho) e um repertório em total sintonia com a juventude "desbundada" (leia-se libertária dos valores

A "MPB", O CLUBE DA ESQUINA, O ROCK MALCRIADO E OS ALTERNATIVOS...

pequeno-burgueses estabelecidos) do período. Tanto assim que seu nome acabou vinculado a um local frequentado por essa sua turma na zona sul carioca de meados de 1971 até 75. Durante a construção de um emissário submarino de esgoto próximo ao Posto 8, na praia de Ipanema, formou-se uma montanha de areia onde se podia fumar baseado mais reservadamente, longe dos olhos dos passantes no calçadão (e da polícia), e um píer até alto-mar, que era a alegria dos surfistas, um esporte que começava a ser popularizado. Pois esse lugar foi batizado de Dunas da Gal.

Sua consagração definitiva veio no show *Fatal* no Teatro Tereza Rachel, em Copacabana, também de 1971, que virou um álbum ao vivo, *Fa-tal — Gal a todo vapor*, com direção musical do guitarrista **Lanny Gordin**. Além de lançar **Luiz Melodia** com a ousada "Pérola negra" ("Tente entender tudo mais sobre o sexo / Peça meu livro, querendo te empresto"), consagrou as duplas **Jards Macalé** (seu violonista) e **Waly Salomão** (poeta e diretor do espetáculo) como autores, no blues "Vapor barato" ("Oh! Sim eu estou tão cansado, mas não pra dizer que estou indo embora"), e **Morais** (**Moraes Moreira**) e (**Luiz**) **Galvão** em "Dê um rolê" — esta um libelo de paz & amor daqueles tempos: "Antes de você ser eu sou / Eu sou, eu sou amor da cabeça aos pés". Três hinos da nossa contracultura que punham em xeque as opressões comportamentais, de educação, família, religião, figurino e postura sexual caretas.

O cantor-compositor **Morais** e o poeta **Galvão** faziam parte do grupo **Novos Baianos**, o mais emblemático de música jovem (desbundada) do período, que incluía os conterrâneos **Paulinho Boca de Cantor** e **Pepeu Gomes**, também exímio guitarrista e compositor, e sua companheira, a cantora e compositora fluminense, de Niterói, **Baby Consuelo**. Todos eles viviam numa comunidade autenticamente hippie no bairro de Jacarepaguá, zona oeste do Rio. Em 72, chegaram ao ápice com a canção "Preta pretinha" e os sambas "A menina dança" e "Besta é tu"[2] e a recriação de "Brasil pandeiro" (Assis Valente) no álbum *Acabou chorare*, até hoje cultuado. O grupo fazia uma mescla de "MPB", samba e rock nativo; raiz e psicodelia; guitarra com bandolim e cavaquinho. Por fim, conseguiram maior popularidade que **Os Mutantes**, mais experimentais, e cuja formação original com **Rita Lee** terminava naquele mesmo ano de 72, lançando o sucesso "Balada do louco", de **Rita** e **Arnaldo Baptista**. A partir daí, adotaram uma linha mais chegada ao rock progressivo britânico, que despontava na época, porém sem o mesmo apelo e originalidade de antes.

De volta do exílio em janeiro de 1972, **Caetano Veloso** estourava no carnaval o frevo "Chuva, suor e cerveja", enquanto produzia o LP *Drama*, da irmã **Maria Bethânia**, destacando a faixa-título e a canção feminina "Esse cara", ambas de sua autoria; e lançava seu álbum (hoje cultuado) *Transa*, gravado em Londres, com direção musical de **Jards Macalé**. Comemorando o retorno, dividiu um show no Teatro Castro Alves, em Salvador, com **Chico Buarque**, mostrando que entre os dois artistas de estilos opostos não havia a rivalidade tão propalada pela imprensa do período. O espetáculo foi registrado em disco, mesmo tendo algumas canções censuradas, como "Bárbara", de **Chico** e **Ruy Guerra**, que ambos cantavam provocativamente em dueto, sendo, aliás, a primeira música mais explícita de conteúdo homossexual feminino da "MPB". A mixagem teve de incluir palmas altas para encobrir trechos censurados da letra e outros foram cortados na fita original na base da gilete.

Gilberto Gil, também de volta, gravou um LP memorável, *Expresso 2222*, cuja faixa-título, autoral, discorria indiretamente sobre a descoberta das drogas, que, como já foi dito, na época tinha a ver com autoconhecimento, liberdade e até integração: "Começou a circular o expresso 2222 / Que parte direto de Bonsucesso / Pra depois do ano 2000." O álbum trazia também o blues "Oriente", de viés libertador, e o rock "Back in Bahia", que exorcizava os dias entediantes de exílio — ambos igualmente autorais. Naquele mesmo período, **Luiz Gonzaga** e **Jackson do Pandeiro** foram redescobertos pelos baianos tropicalistas. É promovido um show do primeiro no Rio (*Gonzaga volta pra curtir*) e o segundo teve seu prestígio renovado quando **Gil** regravou nesse mesmo álbum dois clássicos de seu repertório, o coco "O canto da Ema" e o samba "Chiclete com banana".[3]

No ano seguinte, 1973, **Gil** lançava ao estrelato outro futuro ás do forró, o sanfoneiro pernambucano **Dominguinhos**, num compacto com seu xote "Eu só quero um xodó", em parceria com a então sua mulher, a também for-

A "MPB", O CLUBE DA ESQUINA, O ROCK MALCRIADO E OS ALTERNATIVOS...

rozeira **Anastácia** (mais conhecida em São Paulo, gravando como cantora desde 65). Era a primeira de muitas canções de sucesso do compositor que, desde criança, teve **Luiz Gonzaga** como padrinho. Foi o Rei do Baião que lhe deu a primeira sanfona e posteriormente abrigo quando se mudou para o Rio de Janeiro, por volta de seus 14 anos. A seguir, o contratou como músico em shows e estúdio, sendo o responsável por rebatizá-lo com seu nome artístico, pois antes era conhecido como Neném do Acordeon. **Dominguinhos** começou a gravar seus próprios LPs em 64. Autodidata e sem saber ler música, impressionava a todos com as lindas frases que tirava de seu instrumento. Sua maior conquista foi conseguir juntar o virtuoso e o popular, atingindo todas as classes sociais, tornando o Nordeste mais cosmopolita. Não foi à toa que **Gal Costa** o levou ao Midem, na França, com seu show *Índia* naquele mesmo ano de 73, onde ele comprou um acordeom Giulietti Super Model, que já vinha microfonado de fábrica, algo que não existia no Brasil, com 24 registros nos teclados e um som mais aveludado. Isso fez aflorar ainda mais seu virtuosismo, experimentando inesperadas harmonias jazzísticas e eruditas.[4]

Dominguinhos conquistou a admiração de músicos mais sofisticados da "MPB", de quem foi parceiro, como **Chico Buarque**, **Djavan**, **Gonzaguinha**, o próprio **Gil** e diversos poetas renomados, como **Capinan**, **Fausto Nilo**, **Manduka**, **Climério**, **Clodo**, **Abel Silva** e grandes "cantautores" forrozeiros, como **Nando Cordel**, além de ter inspirado diversas gerações de sanfoneiros de baile, tocando canções instrumentais de sua lavra, que eram uma verdadeira prova de fogo para quem quisesse se arriscar no acordeão, como "Nilopolitano", "Princesinha do choro", "Oxente", "11 de Abril" ou "Forró em Rolândia". Um de seus múltiplos parceiros foi o cantor e baixista **Toinho Alves**, líder do grupo **Quinteto Violado**, que juntamente com a **Banda de Pau e Corda**, ambos formados em Recife, também levaram adiante o bastão da "MPB" nordestina, com harmonia igualmente bem talhada. Gravaram regularmente nos anos 1970, juntamente com outros de linhagem mais popular que veremos no capítulo seguinte.

Um pouco antes do estouro de **Dominguinhos**, em 72, **Chico Buarque** compôs a bela trilha do filme *Quando o carnaval chegar*, de Cacá Diegues, em que participou como ator ao lado de **Maria Bethânia** e **Nara Leão**, então esposa do diretor, cujo maior sucesso foi o samba "Partido alto", interpretado pelo **MPB-4** ("Diz que Deus dará / E se Deus negar, ô nega / Como é que vai ficar?"), mais uma crítica velada à ditadura. O sentido todo era de crítica, mas a censura implicou com um adjetivo, "titica". Então "pouca titica" virou "pobre coisica". Era um embate contínuo. No ano seguinte, emplacou duas canções-título de filmes, "Joanna francesa", uma valsa, gravada em dueto com o iniciante **Fagner**, para outra película de Cacá, e "Vai trabalhar vagabundo", um sambão para a comédia de Hugo Carvana. Estas, felizmente, sem cortes.

À época braço direito de **Chico**, o **MPB-4** continuava sendo um dos mais atuantes e combativos contra a ditadura, gravando sempre um repertório de ponta, incluindo diversos belos sambas de **Paulo Cesar Pinheiro** em seu LP *Cicatrizes*, de 1972, como a faixa-título (com **Maurício Tapajós**), a romântica "Última forma" (com **Baden Powell**), uma das mais cantadas pelos crooners da noite na época, e "Pesadelo" (com **Miltinho**, um dos integrantes do quarteto, ao lado de **Aquiles**, **Ruy Faria** e **Magro**). Esta última escapou milagrosamente da tesoura censora, pois **Paulo Cesar**, à época também produtor na Odeon, fez amizade com o rapaz que enviava as letras à censura, e o interpelou pedindo que a incluísse em meio às faixas do novo LP do romântico **Agnaldo Timóteo**. Daí que os inacreditáveis versos "Você corta um verso, eu escrevo outro / Você me prende vivo, eu escapo morto / De repente olha eu de novo (...) Que medo você tem de nós, olha aí" passaram despercebidos. Todavia, mesmo liberada, as emissoras de rádio não tocaram a canção com medo de represálias.

Com todo o seu material bloqueado, em 1974 **Chico** gravou um álbum interpretando canções de outros autores, *Sinal fechado*, e chegou a criar um heterônimo, **Julinho da Adelaide**, para driblar os censores em "Acorda, amor", um samba sarcástico no qual narrava o pesadelo de um sujeito perseguido pela "dita". Ainda com o mesmo pseudônimo, de forma avulsa, também lançou o samba-rock "Jorge Maravilha". **Bethânia,** por sua vez, vivia sua década mais marcante, com uma presença de palco extremamente teatral, em espetáculos concorridos de longas temporadas, normalmente

A "MPB", O CLUBE DA ESQUINA, O ROCK MALCRIADO E OS ALTERNATIVOS...

dirigida por Fauzi Arap. Realizou três álbuns ao vivo marcantes, o existencial "Rosa dos ventos", o lúdico "Drama — 3º ato" e o combativo "A cena muda". Foi pioneira em intercalar canções com textos de prosa e poesia, de Clarice Lispector a Fernando Pessoa. Reciclou como poucos o repertório dos grandes cantores do rádio e ainda lançou muitas canções de vanguarda.

Em 1975, **Chico** e **Bethânia** realizaram uma temporada no Canecão (RJ), gravando ali um álbum antológico, incluindo algumas inéditas do compositor, como "Sem açúcar" e "Vai levando" (esta, uma rara parceria com **Caetano**), e a canção "Tanto mar", criada pelo compositor para celebrar a Revolução dos Cravos em Portugal, ou seja, a queda da ditadura de Salazar. Porém esta só foi permitida em versão instrumental. Ainda no LP, outra novidade de sua autoria: a canção-tema da peça *Gota d'água*, um grande sucesso do teatro, escrito por **Buarque** e Paulo Pontes, e protagonizado pela "cantriz" **Bibi Ferreira**, que também a gravou: "Deixe em paz meu coração / Que ele é um pote até aqui de mágoa / E qualquer desatenção, faça não! / Pode ser a gota d'água."

No ano seguinte, além de **Chico** presentear **Bethânia** com a canção "Olhos nos olhos", que se tornaria o primeiro grande sucesso popular da cantora, ele voltava finalmente num álbum autoral, *Meus caros amigos*, destacando o choro "Meu caro amigo" (com **Francis Hime**), cuja letra é uma carta de denúncia velada ao amigo Augusto Boal, então exilado, sobre a situação calamitosa em que o país vivia; e ainda a canção ecológica "Passaredo" (outra com **Francis**) e a obra-prima "O que será", um samba escrito com três letras diferentes para o filme *Dona Flor e seus dois maridos*, de Bruno Barreto. A com subtítulo "À flor da terra" foi um grande sucesso: "O que será, que será? / Que vive nas ideias desses amantes / Que cantam os poetas mais delirantes / Que juram os profetas embriagados / Que está na romaria dos mutilados / Que está na fantasia dos infelizes / Que está no dia a dia das meretrizes / No plano dos bandidos, dos desvalidos / Em todos os sentidos / Será, que será? / O que não tem decência nem nunca terá / O que não tem censura nem nunca terá / O que não faz sentido." A gravação ganhou reforço vocal do amigo **Milton Nascimento**, outra figura legendária da "MPB" do período.

O Clube da Esquina e os artistas que cruzaram seu caminho

Iniciando um longo casamento musical e artístico com o pianista **César Camargo Mariano**, que passou a ser seu arranjador a partir de então, **Elis Regina** deu novo salto em sua carreira a partir de seu LP homônimo de 1972, que parece mais um "*best of*" da cantora, incluindo o manifesto feminino de uma separação sofrida "Atrás da porta" (Francis Hime/Chico Buarque) e consagrando grandes compositores, **Zé Rodrix** e **Tavito** ("Casa no campo"), **João Bosco** e **Aldir Blanc** (na divertida "Bala com bala") e **Fagner** e **Belchior** (na contemplativa "Mucuripe"). Outra incluída nesse disco e lançada em compacto pouco antes disso, em 1971, era uma música de **Milton Nascimento** e **Ronaldo Bastos** que narrava a tristeza em ver amigos distantes — escondidos ou exilados pela ditadura — e mostrando que ao mesmo tempo resistir era necessário: "Que notícia me dão dos amigos / Que notícias me dão de você / Sei que nada será como está / Amanhã ou depois de amanhã / Resistindo na boca da noite um gosto de sol".

Milton logo regravou "Nada será como antes" em dueto com um jovem amigo que daria muito o que falar, **Beto Guedes**, em seu álbum duplo *Clube da Esquina* (72). Era apenas um dos encontros registrados naquele disco. Na capa já se via que era assinado em dupla com outro amigo igualmente muito jovem, o estreante **Lô Borges**, eternizando uma espécie de movimento de músicos mineiros surgido no fim dos anos 60, em Belo Horizonte, cujo nome tem uma origem curiosa. Como naquele tempo os rapazes não tinham posses para frequentar as festas dos clubes sociais da cidade, iam para a esquina das ruas Paraisópolis com Divinópolis, do tradicional bairro boêmio de Santa Tereza. Quando alguém perguntava do paradeiro de seus filhos, Dona Maricota, mãe de **Lô** e dos outros irmãos **Borges**, todos ligados à música, dizia com ironia que estavam "no clube da Esquina".

A turma do Clube da Esquina era pós-tropicalista, menos na imagem e mais no som, avançando por outros caminhos. Mesclava bossa nova, elementos do jazz e do rock, especialmente dos Beatles — e também música folclórica negra e sacra do barroco mineiro, sem esquecer os laços com a erudita e hispânica. A propósito, esse pessoal, capitaneado pela figura de

A "MPB", O CLUBE DA ESQUINA, O ROCK MALCRIADO E OS ALTERNATIVOS...

Milton, aprofundou os laços do nosso cancioneiro com a cultura musical da América Latina, que nessa época tinha outros países passando por ditaduras sanguinárias, algo implícito numa das faixas do disco, San Vicente, dele com **Fernando Brant** ("Coração americano / Acordei de um sonho estranho / Um gosto vidro e corte / Um sabor de chocolate / No corpo e na cidade / Um sabor de vida e morte"). O lado mais suingado latino--americano aparece em outra, "Cravo e canela", da mesma dupla. (Vale dizer que quatro anos depois **Milton** chegou a gravar com Mercedes Sosa, então exilada em Paris, a clássica canção de protesto "Volver a los 17", de Violeta Parra, e na década seguinte faria um LP com ela e Leon Gieco.)

Esse LP duplo só foi possível graças ao prestígio crescente adquirido por **Milton** desde a sua consagração no II FIC da TV Globo, em 1967. Por outro lado, acabou por revelar também o talento do iniciante **Lô Borges** como cantor, músico e autor de canções que se tornariam imortais, como "O trem azul" e "Nuvem cigana" (ambas com **Ronaldo Bastos**), "Paisagem da janela" (com **Fernando Brant**), "Tudo que você podia ser" e "Um girassol da cor do seu cabelo" (as duas com seu irmão, o poeta **Márcio Borges**) e "Clube da Esquina nº 2" (com **Milton**, à época instrumental, ainda sem a letra de **Márcio**). E ele não havia completado 20 anos quando compôs e gravou todas essas obras-primas. Aliás, sua primeira composição gravada foi a politizada "Para Lennon e McCartney" (com **Márcio Borges** e **Fernando Brant**), registrada pelo mesmo **Milton** em 70, um clássico instantâneo: "Porque vocês não sabem do lixo ocidental / Não precisam mais temer / Não precisam da solidão / Todo dia é dia de viver."

Com um nome respeitado inclusive no cenário internacional, tendo gravado um álbum para o mercado americano em 1969, *Courage*, e com três discos solo importantes já lançados no Brasil, **Milton**, ou melhor, Bituca para os íntimos, passava a ser cada vez mais uma das figuras mais devotadas da "MPB" pela sua voz monumental e composições de estilo inconfundível, ora de forte apelo existencial, como "Cais", dele e **Ronaldo Bastos**, ainda neste álbum *Clube da Esquina*, ora de outras que versavam sobre paisagens mineiras ou de um Brasil bem profundo de raiz negra e indígena, sempre de forma crítica, na trilha aberta por "Vera Cruz" (com

Márcio Borges) e "Beco do Mota" (com **Fernando Brant**) em 69 e que ainda gravaria no correr da década, como "Ponta de areia", "Raça" (ambas com **Brant**) e "O cio da terra" (com **Chico Buarque**). Também apareceu de forma *sui generis* questionando o sistema em "Fé cega, faca amolada" (com **Ronaldo Bastos**) — esta, de quebra, ajudando a popularizar **Beto Guedes**, com quem gravou-a em dueto, em 75 —, "Cadê?" (com **Ruy Guerra**) e "Conversando no bar" (com **Fernando Brant**), cujo título original "Saudade dos aviões da Panair" foi censurado, por mencionar a empresa de aviação fechada de forma arbitrária pelo governo: "Descobri que minha arma é / O que a memória guarda dos tempos da Panair." Esta última também seria gravada magistralmente por **Elis**, em 74.

Milton falou também de liberdade sexual em "Paula e Bebeto" (com **Caetano Veloso**, em versos como "Qualquer maneira de amor vale a pena") e consagrou como intérprete canções de outros colegas mineiros que já vinham desde o início da década participando de festivais em Minas e que passaram a tocar junto com ele em diversos projetos, como o violonista e guitarrista **Nelson Angelo** ("Fazenda"), o guitarrista **Toninho Horta** ("Beijo partido", "Aqui oh", esta última com **Fernando Brant**) e **Tavinho Moura** (que adaptou o tema folclórico de uma Folia de Reis, "Cálix bento"). Finalmente, trazia de volta **Alaíde Costa**, longe dos estúdios desde 1965, regravando com ela o samba de carnaval "Me deixa em paz", em versão lenta e dramática (como ela já fazia nos seus shows), que se tornou clássica. Paralelamente, a carreira internacional de **Milton** despontava com a gravação de mais três álbuns para o mercado americano.

Em 1978, um segundo volume do "Clube da Esquina" é lançado, incluindo as politizadas "A sede do peixe" (com **Márcio Borges**), "Credo" e "O que foi feito de vera (Devera)" (ambas com **Fernando Brant**), esta em dueto incendiário com **Elis Regina**, e a vibrante e feminista "Maria, Maria" composta originalmente para o balé homônimo do grupo Corpo dois anos antes e, após ganhar letra também de **Brant**, se tornou o maior sucesso da carreira de **Milton** e um petardo feminista atemporal: "Maria, Maria é um dom / Uma certa magia / Uma força que nos alerta / Uma mulher que merece / Viver e amar como outra qualquer do planeta." De caráter

A "MPB", O CLUBE DA ESQUINA, O ROCK MALCRIADO E OS ALTERNATIVOS...

conjunto como o anterior, esse segundo volume ampliava o espectro de amigos músicos para além das fronteiras mineiras, prova disso é que revelou ao sucesso a obra autoral das cariocas **Joyce** (na sensual "Mistérios", parceria com **Maurício Maestro**) e **Ana Terra** ("Meu menino", com **Danilo Caymmi**, que também tocou flauta no disco), além de participações instrumentais de **João Donato, Francis Hime, Paulo Jobim** (filho de **Tom**), do baixista pernambucano **Novelli** (assinando com o anfitrião, mais **Nelson Angelo** e **Fran**, "Reis e rainhas do maracatu"), entre outros, e vocais de **Chico Buarque** e do grupo **Boca Livre**, do qual falaremos mais adiante.

Mas a mineirada predominou. **Milton** chamou **Wagner Tiso, Beto Guedes**, que comparecia agora também como autor, em "Tanto" (com **Ronaldo Bastos**), novamente **Lô Borges, Tavinho Moura, Toninho Horta, Nelson Angelo** (autor de "Canoa, canoa", com **Fernando Brant**) e atraiu atenções para o tecladista, cantor e compositor **Flávio Venturini**, na antológica e lírica "Nascente" (com **Murilo Antunes**): "Clareia, manhã / O sol vai esconder a clara estrela...", que foi a faixa de trabalho do álbum nas rádios. **Flávio** já atuava no mercado como tecladista em discos importantes e desde 1974 integrava a segunda formação (e de maior êxito) do grupo de rock progressivo **O Terço** (com o guitarrista **Sérgio Hinds**, o baixista **Sergio Magrão** e o baterista **Luís Moreno**), lançando o álbum *Criaturas da noite* (75), com arranjos de **Rogério Duprat**, numa feliz mistura de rock progressivo, folk e "MPB".[5] Após sua atuação naquele disco e na turnê subsequente, é convidado para gravar na Odeon naquele mesmo ano de 78, mas preferiu fundar o grupo **14 Bis**, que misturava rock country e progressivo com a "MPB" de linhagem mineira.

A canção "Clube da Esquina nº 2", porém, só ganharia letra a pedido de **Nana Caymmi** e seria gravada por ela em 1979, compensando "Cais", que ela teria a primazia de lançar e não conseguiu por não ter gravadora à época. Cantora de trajetória a princípio errática, após vencer o I FIC em 66, teve muita dificuldade em ter seu timbre diferente e seu repertório alheio a modismos digerido pelas gravadoras e pelo público brasileiro. Daí que foi fazer carreira na Argentina, onde **Vinicius de Moraes** ajudou a abrir um mercado no fim dos anos 60. Seu segundo LP solo seria lançado pelo selo

HISTÓRIA DA MÚSICA POPULAR BRASILEIRA – SEM PRECONCEITOS

portenho Trova, em 73, com um repertório de clássicos novos e antigos da "MPB", e virou um "cult", sobretudo entre os músicos, que viajavam para lá e o traziam na bagagem. Isso chamou a atenção da pequena CID que a contratou. Então, após um jejum de nove anos no país, ela voltava com dois álbuns preciosos, *Nana Caymmi* (75) — com "Beijo partido", de **Toninho Horta**, "Só louco", do pai, **Dorival**, e "Medo de amar", de **Vinicius** —, e *Renascer* (76) — com uma das primeiras de **Djavan**, "Dupla traição", e diversas pérolas de **Edu Lobo, Francis Hime, Tom Jobim, Chico, Milton, Ivan Lins**, além dos irmãos **Danilo** e, especialmente, **Dori**, que além de ser arranjador de ambos os álbuns, compôs com **Paulo Cesar Pinheiro** as emocionantes "Desenredo" e "Tati, a garota", esta tema do filme homônimo de Bruno Barreto.

Em 1977, **Nana** teve breve passagem pela RCA, onde regravou um grande sucesso de **Emilinha Borba**, o samba-canção "Se queres saber" (Peterpan), e a CID relança seu disco argentino com o nome de *Atrás da porta*, até que dois anos depois finalmente ingressa na EMI-Odeon, registrando em seu LP homônimo "Palavras" (Gonzaguinha) e "Contrato de separação" (Dominguinhos / Anastácia), em que o sanfoneiro mostra um lado de rara sofisticação numa canção de harmonia dissonante. **Nana**, como **Milton**, **Caetano** e **Gonzaguinha** no início de carreira, era o que as gravadoras chamavam de artista de prestígio. Não vendia quase nada, mas era um investimento a longo prazo, pois alimentava um catálogo não perecível, idolatrado por um público seleto e toda uma geração de autores, intérpretes e músicos. E dito e feito, todos um dia seriam grandes vendedores, sobretudo, os três últimos.

Ainda sobre **Milton**, sua importância foi latente naquela década, pois não bastasse o elenco estelar de cantores e autores que trouxe à tona em seus trabalhos, ajudou a revelar também os músicos do **Som Imaginário**,[6] que o acompanharam no show *Milton Nascimento, ah, e o Som Imaginário*, e a seguir **Gal Costa** no show *Deixa sangrar*, ambos em 1970, além dos álbuns do cantor daquele ano e do primeiro *Clube da Esquina*, que, à parte a direção musical do maestro **Lindolpho Gaya**, teve as orquestrações divididas entre o já consagrado **Eumir Deodato** e o estreante **Wagner Tiso**,

A "MPB", O CLUBE DA ESQUINA, O ROCK MALCRIADO E OS ALTERNATIVOS...

justamente o pianista do grupo, companheiro de **Milton** desde a adolescência, incluindo a fase que Bituca foi crooner em conjuntos de baile em Belo Horizonte. Com ênfase no instrumental, mesclando rock progressivo com uma cultura que ia do jazz ao pop, incomum a outros grupos do gênero, e passando por várias formações, o **Som Imaginário** gravou três LPs solo até 74, celebrizando-se pela canção "Feira moderna" (dos ainda iniciantes **Beto Guedes** e **Lô Borges** com **Fernando Brant**), em 70: "Tua cor é o que eles olham, velha chaga / Teu sorriso é o que eles temem, medo, medo...", apresentada no V FIC. No circuito cult, ficaram célebres as psicodélicas "Morse", "Super god", "Sábado" e "Hey, man".[7]

Em 1973, o **Som Imaginário** entrava para a história com o álbum *Matança do porco*, apenas instrumental e bastante experimental. Sua formação original era composta pelo referido **Wagner Tiso** (piano), **Tavito** (guitarra base), **Luiz Alves** (baixo), **Robertinho Silva** (bateria, que anos depois se tornaria presença constante em dezenas de álbuns de jazz e pop internacionais), além de dois que debandaram, Frederiko, o **Fredera** (guitarra), após o segundo LP, e o ex-**Momento Quatro**, o carioca **Zé Rodrix** (órgão e vocais) que cantava o sucesso "Feira moderna" e já estava fora do segundo álbum, partindo para a carreira solo já em 1971, cantando inclusive sua "Casa no campo" no FIC da TV Globo daquele ano.

Ocorre que **Zé Rodrix** esbarrou no estúdio da Odeon com os também "cantautores" egressos de festivais, o carioca (Luiz Carlos) **Sá** e o baiano (Gutemberg) **Guarabyra,** que estavam com o mesmo propósito de gravarem seus respectivos álbuns. O encontro, porém, os faz abandonarem seus projetos individuais e unir forças no bem-sucedido trio **Sá, Rodrix e Guarabyra**, gerando dois LPs, entre 72 (com os hits "Zepelim", "Primeira canção da estrada" e "Hoje ainda é dia de rock") e 73 ("Os anos 60", "Mestre Jonas").[8] São tidos como os inventores do "rock rural", mas utilizando violão no lugar de guitarras, ainda que, desde 69 com a canção "2001", **Rita Lee** e **Tom Zé** já lançassem sementes desse subgênero.

Naquele mesmo ano de 73, **Zé Rodrix** partiu para o voo solo, celebrizando-se por um estilo irreverente, com "Casca de caracol" e "Cadillac 52", seguido de seus maiores sucessos, a caribenha "Soy latinoamericano"

(76) e "Quando será?",[9] esta chegando ao Top 5 das paradas em 78. No ano seguinte, porém, encerrou sua carreira fonográfica solo. Os demais integrantes, **Sá & Guarabyra**, entretanto, se entenderam como dupla já a partir de 74 e nunca mais se separaram, emplacando diversas canções autorais, especialmente "Sobradinho", estourada em 77 ("O sertão vai virar mar / Dói no coração / O medo que algum dia o mar também vire sertão"), mas também "Trem de Pirapora", "O silêncio é de ouro", "Sete Marias" e ainda "Espanhola", esta uma parceria de **Guarabyra** com o futuro astro **Flávio Venturini**, cujo sucesso foi crescendo até explodir nacionalmente nos anos 80.

Rebeldia, provocações e irreverência

Voltando a 1973, este não foi um ano só de alegrias, com a estreia fonográfica de diversos artistas interessantes. Muito pelo contrário. **Milton Nascimento** teve tantas músicas censuradas no seu álbum *Milagre dos peixes* que gravou muitas delas sem letras, substituindo-as por vocalises agressivos. Da mesma forma, **Chico Buarque** escreveu a peça *Calabar — O elogio da traição* com **Ruy Guerra**, que nunca recebia o carimbo da censura para ser encenada — e também não vinha a negação. Com isso os produtores amargaram um tremendo prejuízo, e o disco, com as músicas da peça, além de ter tido a capa original vetada, também saiu com algumas versões instrumentais no lugar das cantadas.

Da mesma forma, ao apresentar um show no Teatro Glória no início dos anos 70, o grupo **MPB-4** foi proibido de cantar o samba "Apesar de você", de **Chico Buarque**. Daí passaram a cantar somente a melodia fazendo "lá lá lás". Também proibiram. Daí resolveram apenas tocar para o público mesmo entoá-la. Resultado: interditaram o teatro. Anos depois, o espetáculo *MPB-4 na República do Peru*, no Teatro Fonte da Saudade (RJ), em 75, com roteiro escrito por eles, pelo ator Antônio Pedro e o mesmo **Chico**, também foi vetado após cinco apresentações — e liberado apenas um mês depois como recital musical, sem texto algum. Numa época em que os próprios artistas pegavam empréstimos para bancar seus espetáculos, isso gerava um desespero, pois era preciso honrar as dívidas. Isso ocorreu com diversos artistas daquele tempo da música e do teatro.

Taiguara, outrora um cantor romântico, passou a ter canções cada vez mais combativas ao regime a partir de 1970, incluindo alguns de seus sucessos românticos autorais muitas vezes travestidos de canções de amor ("Hoje", "Universo no teu corpo", "Viagem", "Teu sonho não acabou" e "Que as crianças cantem livres"). O sistema percebeu e fez dele um dos autores mais perseguidos, vetando nada menos que 68 composições suas. Em outubro de 73, ele estava gravando o álbum *Verão 74* quando teve onze das doze canções interditadas. Irritado, acabou se exilando em Londres e nunca mais foi o mesmo. Ainda que tenha regressado em 75 com um novo álbum, as autoridades mandaram recolhê-lo, impedindo a estreia de seu show de lançamento. Seu viés militante acabou atormentando-o de tal forma que sua carreira ficou tão prejudicada quanto a de **Geraldo Vandré**.

E por falar em censura, talvez a canção mais simbólica do período ditatorial tenha sido composta justamente em 1973 por **Chico Buarque** e **Gilberto Gil**. "Cálice", cuja palavra pronunciava-se da mesma maneira que o modo imperativo afirmativo do verbo "calar-se", foi imediatamente censurada, porém era um sucesso no circuito universitário, sempre pedida pelos estudantes nos shows de **Chico**, **Gil** e do **MPB-4**: "Pai, afasta de mim esse cálice, pai / Afasta de mim esse cálice / De vinho tinto de sangue". Ela foi lançada no festival Phono 73, promovido pela gravadora Phonogram (Philips), que mantinha um elenco espetacular naquela época (chegando a reuni-lo numa foto para uma publicidade de fim de ano com os dizeres "Só nos falta o Roberto (Carlos)... mas, também, ninguém é perfeito"). O evento foi realizado em quatro dias, de 10 a 13 de maio daquele ano, no Palácio de Convenções do Anhembi (SP). O combinado foi cada intérprete cantar um sucesso, uma inédita e fazer um dueto com outro cantor da casa. A empreitada resultou num álbum triplo ao vivo, incluindo, de fato, grandes encontros, como o esperado de **Chico** e **Gil**, que lançariam a inédita "Cálice". Mesmo com a proibição prévia, os dois artistas optaram por não descartá-la, cantando outra letra absurda, criada na hora, com palavras como "arroz à grega", mantendo apenas o refrão, mas no meio da música o microfone de **Chico** foi desligado, pois havia agentes da censura presentes no local. "Cálice" permaneceu na gaveta dos censores e só pôde ser gravada cinco anos depois.

Mas a "subversão" continuava. No dia 10 de dezembro de 1973, **Jards Macalé** organizou o show *Banquete dos mendigos*, com a nata da "MPB", para comemorar os 25 anos da Declaração Universal dos Direitos Humanos, nos jardins do MAM (Museu de Arte Moderna), no Rio. Em reunião na casa do **Chico Buarque**, foram escolhidos os artigos mais contundentes que seriam lidos entre as apresentações musicais pelo poeta **Ivan Junqueira**, tais como "Ninguém será arbitrariamente preso, detido ou exilado", "Ninguém será submetido à tortura" etc. Tudo isso na presença do representante da ONU, com o museu lotado por 4 mil pessoas e cercado pela polícia. Sem que ninguém soubesse o show foi gravado, mas logo censurado e liberado apenas seis anos depois. Entre os participantes, além de **Macalé** e **Chico**, estavam **Milton Nascimento, Gal Costa, Edu Lobo, Dominguinhos, Paulinho da Viola, MPB-4, Johnny Alf, Toninho Horta, Danilo Caymmi, Jorge Mautner, Nelson Jacobina**, o baterista **Edison Machado**, além do recém-estourado **Raul Seixas** e mais dois que acabavam de lançar seus primeiros discos, **Gonzaguinha** e **Luiz Melodia**, duas crias do Morro de São Carlos, no mítico bairro carioca do Estácio.

Se 1973 coincidia com o período mais agressivo da ditadura, o governo Médici, a reação da "MPB" e do rock brasileiro foi igualmente enérgica. **Gonzaguinha**, o filho adotivo do Rei do Baião, com quem foi morar aos 16 anos na Ilha do Governador, zona norte carioca, mantendo com ele durante boa parte da vida uma relação conflituosa por questões pessoais e políticas, conseguiu ter uma boa formação intelectual. Chegou à Faculdade de Economia, às reuniões do MAU (Movimento Artístico Universitário) e teve algumas passagens pela Era dos Festivais, realizando suas primeiras gravações avulsas. Alcançava o sucesso de maneira um tanto inesperada com o petardo "Comportamento geral", um dos mais críticos contra os alienados em relação ao regime militar.

Inicialmente lançado em compacto no final de 1972, o samba só foi notado depois que ele o cantou no ano seguinte no *programa Flávio Ca-*

A "MPB", O CLUBE DA ESQUINA, O ROCK MALCRIADO E OS ALTERNATIVOS...

valcanti, na TV Tupi, que num dos seus quadros de maior sucesso, "Um instante, maestro", jogava discos no lixo — e não se furtou a fazê-lo com a bolachinha de **Luiz Gonzaga Jr.** (como era chamado na ocasião). Isso acabou promovendo a música, incluída em seu primeiro LP.[10] Era tão inconformista quanto agressiva, por ser na terceira pessoa: "Você deve lutar pela xepa da feira / E dizer que está recompensado / Você deve estampar sempre um ar de alegria / E dizer: tudo tem melhorado / Você deve rezar pelo bem do patrão / E esquecer que está desempregado / Você merece, você merece / Tudo vai bem, tudo legal / Cerveja, samba, e amanhã, seu Zé / Se acabarem com o teu carnaval?" Obviamente não tardou a ser recolhido pelo governo, bem como seu álbum de estreia. Além disso, a maior parte do repertório de seus dois LPs seguintes, *Luiz Gonzaga Jr.* (1974) e *Plano de voo* (1975), também sofreu o veto da censura em inúmeras faixas.

Os discos iniciais de **Gonzaguinha** eram pesados e ele ganhou a alcunha de "Cantor Rancor", sendo pouco ouvido e compreendido. Porém, em paralelo, já começava a ser gravado por grandes astros da "MPB", como **Marlene**, **Maria Bethânia** e **MPB-4**. A partir de 1976, com o sucesso da toada "Espere por mim, morena" e do bolero "Começaria tudo outra vez", ele viu crescer sua popularidade ao explodir também como autor romântico/existencial, mesmo sem nunca deixar de lado seu olhar crítico e corrosivo em relação à ditadura militar. Tornou-se então um fornecedor permanente de repertório, sobretudo às cantoras de sua geração.

Fã de samba, bolero, seresta, choro, samba-canção, baião e Jovem Guarda, **Luiz Melodia** foi um cantor e compositor negro que soube unir referências musicais de morro e asfalto num som e poética mais pop e universais, sem renegar as raízes. Autêntico pós-tropicalista, teve uma carreira fonográfica irregular durante os anos 70 e 80, gravando com sua bela voz rouca e metálica não um álbum por ano, como passou a ser praxe a partir daquela década nas grandes gravadoras, mas com longos intervalos. Seu primeiro LP, *Pérola negra*, era uma preciosidade. A faixa-título, um blues, foi novamente sucesso em sua voz, em arranjo mais contido que o de **Gal Costa**, assim como "Estácio Holly Estácio" (já conhecida com **Bethânia**), "Vale quanto pesa" e "Magrelinha". No segundo, de 76, apareceram "Congênito" e "Juventude transviada", sacralizando seu estilo, quase sempre com letras enigmáticas e não raro criticando o estabelecido e a sociedade de consumo.

O rock malcriado

Mas estouro revolucionário mesmo em 1973 partiu da turma mais chegada ao rock, ainda que com um inegável lirismo e engajamento que faziam fronteira com a "MPB". A começar pelo **Secos & Molhados**, um trio de homens peludos, fantasiados, de sexualidade dúbia, com as caras pintadas, formado em São Paulo, que causou furor principalmente por causa de seu vocalista, uma figura rebolativa, com um timbre feminino marcante e olhar desafiador. Era **Ney Matogrosso**. O álbum de estreia do grupo foi um sucesso tão arrebatador que a Continental teve que alugar fábricas de outras gravadoras para dar conta da prensagem de mais discos, de modo a suprir a demanda de consumidores, que não parava de crescer, beirando 1 milhão de cópias. A prova de sua popularidade veio em fevereiro do ano seguinte, quando levaram 30 mil pessoas ao Maracanãzinho, batendo recorde de público do ginásio.

O trio se especializou em cantar poemas modernistas musicados por seus demais integrantes, como "Flores astrais", de **João Apolinário** (por seu filho, **João Ricardo**, que atuava no violão, harmônica e vocais) e "Rosa de Hiroshima", de **Vinicius de Moraes** (por **Gerson Conrad**, que participava no violão e vocais), e também parcerias de **João** com a compositora **Luli** (o rock "O vira" e a canção "Fala") e com o cineasta **Paulo Mendonça**, na canção "Sangue latino", que se tornou um emblema da época: "Jurei mentiras e sigo sozinho / Assumo os pecados / Os ventos do Norte não movem moinhos." Com mensagens subliminares nas letras e quebrando pela primeira vez de modo contundente as fronteiras do masculino e feminino em nossa música, o grupo não foi retirado de circulação por milagre, o que **Ney** atribuiu mais tarde à adesão do público infantil, que os via como personagens lúdicos. O fato de encantarem também mulheres contribuiu para a liberação, embora **Aldir Blanc** tenha ouvido de um censor certa vez, em Brasília, que **Ney** era um caso perdido, "só matando".

A "MPB", O CLUBE DA ESQUINA, O ROCK MALCRIADO E OS ALTERNATIVOS...

Também em 1973 estourava o baiano **Raul Seixas**. Após um disco "jovem-guardista" fracassado ("Raulzito e os Panteras", em 68), viveu um período como produtor de discos da CBS (inclusive de **Jerry Adriani**) e autor de rocks e baladas despretensiosos nos álbuns dos jovens astros da gravadora. Reaparecendo com o nome artístico que o celebrizou, cantando duas músicas no VII FIC da TV Globo de 72, descolou um contrato com a Phonogram, marcando, enfim, seu nome na história do rock no ano seguinte com a gravação de "Ouro de tolo". Era uma crítica social avassaladora, com objetivo semelhante à de "Comportamento geral", de **Gonzaguinha**, mas disfarçada de canção brega humorística que passou batida pela censura: "Eu devia estar feliz pelo Senhor ter me concedido o domingo / Pra ir com a família no jardim zoológico dar pipoca aos macacos / Ah, mas que sujeito chato sou eu que não acha nada engraçado / Macaco, praia, carro, jornal, tobogã, eu acho tudo isso um saco..." Foi incluída no LP *Krig-ha, Bandolo!*, cujo título remete aos urros de Tarzan dos quadrinhos. Tropicalista desde antes de o movimento existir, **Raul** já misturava baião e rock desde adolescente, e nesse momento avançou ainda mais no terreno das fusões rítmicas e temáticas já testado comercialmente pelos **Mutantes**. No seu caldeirão cabiam baião, maxixe, batuques de candomblé e música brega como temperos de um rock bem básico, sem grandes firulas harmônicas, à la Elvis e Little Richard, além de centrifugar Alice Cooper, Led Zeppelin e um texto contundente, sem nada a dever a um John Lennon ou um Bob Dylan, mas com humor e tempero tropicais. Com atuação marcante nessa década, especialmente entre 1973 e 76, forma uma dupla com o letrista (e futuro escritor) **Paulo Coelho** — outro que também seria preso e torturado pelo regime militar.

Editor de uma revista alternativa (*A Pomba*), que tratava de assuntos como esoterismo, misticismo e ufologia, **Paulo** já era membro de sociedades secretas e usuário de drogas leves e pesadas. Procurado por **Raul**, este o apresentou às drogas, que naquele tempo tinha uma conotação de autoconhecimento, e ao universo esotérico, inclusive à filosofia do ocultista britânico Aleister Crowley, influenciando-os na concepção da ideia da Sociedade Alternativa, nome de um de seus muitos sucessos do período: "Viva a sociedade alternativa (...) Faça o que tu queres / Pois é tudo da lei."

Também foram parceiros em clássicos como "Gïta" ("Eu sou o amargo da língua / A mãe, o pai, o avô / O filho que ainda não veio / O início, o fim e o meio"). Estas juntamente com "(Eu prefiro ser essa) 'Metamorfose ambulante' (Do que ter aquela velha opinião formada sobre tudo)", só de **Raul**, viraram hino de boa parte da juventude desbundada da época. Na verdade, era a primeira vez que o rock nacional tratava em suas letras de temas efetivamente mais sérios e chegava com sucesso às massas com mensagens políticas, existenciais, esotéricas — sempre libertárias. **Raul** colocou na *boca* do povo seus discursos inconformistas e sarcásticos. Foi um rosário iconoclasta de hits, como "Mosca na sopa", "O trem das 7" (ambas só de **Raul**), "Maluco beleza" (com **Cláudio Roberto**) e mais algumas com **Paulo Coelho**, como "Eu nasci há dez mil anos atrás", "Como vovó já dizia", "Tente outra vez" e até um raro hino à poligamia, "A maçã" (as duas últimas também com **Marcelo Motta**): "Amor só dura em liberdade / O ciúme é só vaidade / Sofro, mas eu vou te libertar."

Ousadia também foi uma marca do veterano **Erasmo Carlos,** que naquela década evoluiu como intérprete e compositor, num rock mais maduro. Abriu-se a novos gêneros musicais e ganhou grandes elogios da crítica (enquanto o parceiro **Roberto,** apesar do sucesso acachapante em belas canções românticas, era massacrado pela mesma, considerado cafona e alienado). Gravou discos hoje cults como *Carlos, Erasmo* (1971), e emplacou vários hits autorais com o parceiro de fé, como a canção de inspiração hippie "Meu mar"; o rock rebelde "Filho único"; "Panorama ecológico", alertando sobre a devastação do meio ambiente; além da anárquica "Sou uma criança não entendo nada", em parceria com Ghiaroni. Também teve êxito com sambas de pegada pop, como o sensual "De noite na cama", de **Caetano Veloso**, e e alguns de sua parceria com **Roberto**, como "Cachaça mecânica", "O comilão" (ambos, de crítica social) e "Maria Joana", este logo censurado quando descobriram se tratar do aportuguesamento de *marijuana*, como a popular maconha é chamada em espanhol.

Enquanto isso, a maior figura feminina do rock nativo desse tempo foi **Rita Lee**. Ainda nos **Mutantes**, emplacou sozinha a canção "José (Joseph)", uma versão de **Nara Leão** para a canção do egípcio-francês George

A "MPB", O CLUBE DA ESQUINA, O ROCK MALCRIADO E OS ALTERNATIVOS...

Moustaki, em 1970. Depois da saída do grupo, vira *band-leader* do **Tutti--Frutti**, com destaque para o guitarrista **Luiz Sérgio Carlini** e o baixista **Lee Marccuci** e, apenas no primeiro disco, os vocais e a guitarra de **Lucia Turnbull** — a propósito, primeira guitarrista-mulher a aparecer com expressão no Brasil. Neste álbum, **Rita** abafou com os rocks bem-humorados "Ando jururu" e "Mamãe natureza", e a balada "Menino bonito", todos autorais. Porém, a partir do sucesso do LP *Fruto proibido*, em 1975, viraria efetivamente um ícone da juventude, estourando novas pepitas autorais, os rocks "Agora só falta você" (com **Luiz Carlini**), "Dançar pra não dançar", "Esse tal de Roque Enrow" (com **Paulo Coelho**) e principalmente a balada "Ovelha negra", outro hino da juventude da época: "Foi quando o meu pai me disse: Filha / Você é ovelha negra da família / Agora é hora de você assumir / E sumir", com direito a um solo deslumbrante da guitarra de **Carlini** ao final.

Num ambiente emeritamente masculino, **Rita Lee** sofreu uma série de boicotes, até dentro de seus próprios grupos, mas, assim como seu ídolo David Bowie, adorava se transmutar em diversas *personas* no palco e, sempre teatral, bela e inventiva, conseguiu se firmar como nossa pioneira roqueira-compositora-letrista, elevando o padrão poético do gênero, e tecnológico em suas turnês fora do eixo Rio-São Paulo, pois à época, a qualidade de som e da aparelhagem era um tanto tosca, ainda mais para o rock, que necessitava de mais potência que a "MPB" (a propósito, na "MPB" quem lutava muito pela elevação do nível técnico das casas de show e gravações ao vivo era **Elis Regina**). Por essas e por outras, sua popularidade só crescia. Logicamente, ficou visada pela ditadura. Embora fosse usuária de várias drogas, quando engravidou em 1976, parou com tudo, mas a polícia armou um falso flagrante, invadiu sua casa e a levou presa por suposto porte de maconha. Após um mês no xilindró ainda cumpriu pena em prisão domiciliar por um ano.

Na saída, **Rita** continuava um mito da juventude, mas muitas mães de seus fãs não deixavam que os filhos comprassem e levassem para casa os discos daquela "maconheira" e "ex-presidiária". Daí que o produtor da Som Livre e àquela altura diretor musical da trilhas de novelas da TV Globo,

Guto Graça Mello, passou a incluir diversas de suas canções nesses discos, fazendo um trabalho de reinserção da cantora no mercado. Funcionou. Seu álbum solo seguinte com o **Tutti-Frutti**, *Babilônia*, de 1978, foi um novo estouro, com os rocks autorais "Miss Brasil 2000", "Jardins da Babilônia", "Agora é moda" (as três com **Lee Marcucci**), "Eu e meu gato" e "Disco voador", esta já em parceria com seu novo marido, o tecladista, guitarrista e arranjador **Roberto de Carvalho**, que em breve a ajudaria a reformular seu som em direção ao pop, atingindo um público monstruoso, de todas as idades, credos e classes sociais, como veremos no segundo volume deste livro.

O restante da galera do rock nesse período fazia jus ao desabafo que **Rita Lee** faria em 1980 na letra de "Orra, meu", "roqueiro brasileiro sempre teve cara de bandido", ou seja, ficava quase sempre restrita ao underground. Era um tempo em que a "MPB" era perseguida, mas a turma do rock não ficava atrás, sempre com a polícia no encalço daqueles "cabeludos", no palco e na plateia. Os shows eram sempre vigiados pela polícia e qualquer aglomeração já era pretexto para prisões. Inclusive para conseguir liberação da censura para qualquer show ou evento de rock era sempre um parto. Afora isso, ganhava-se pouco dinheiro, pois os ingressos tinham de ser baratos para atrair o público jovem, e os equipamentos eram um tanto precários. Até mesmo para se comprar uma guitarra importada era um deus nos acuda, pois ainda não havia política de importações. Com todas essas limitações, copiando muitas vezes o som das bandas de fora, eles ao menos avançaram em relação ao estilo ingênuo e dançante dos anos 60 e ajudaram a abrir caminho para a geração vitoriosa dos 80.

De sonoridade mais tradicional, apareceram em São Paulo quatro bandas expressivas. Na estrada desde o fim dos 60, com forte influência dos Rolling Stones, o **Made in Brazil** teve inúmeras formações, mas sempre mantendo os irmãos **Celso** (baixo) e **Oswaldo Vecchione** (guitarra), tendo na fase áurea os vocais de **Cornélius**, cujo estilo era puro *glitter* rock. O **Casa das Máquinas** marcou presença com o vocalista **Simbas**, o guitarrista e multi-instrumentista **Piska** e **Netinho,** ex-baterista d'**Os Incríveis**, gravando três discos bem diferentes entre si, incluindo o rock "Vou morar no ar", e um LP progressivo, *Lar das maravilhas*. Numa mistura pós-tropicalista

A "MPB", O CLUBE DA ESQUINA, O ROCK MALCRIADO E OS ALTERNATIVOS...

com diversos gêneros, o **Joelho de Porco** ficou famoso no meio roqueiro pela teatralidade no palco e por canções debochadas, como "México lindo" e "O rapé".[11] Já o **Patrulha do Espaço** foi criado originalmente como banda de base para o mutante **Arnaldo Baptista**.

No Rio, o rock básico ficava por conta das bandas **O Peso**, com componentes cearenses e cariocas, celebrizando "Cabeça feita" (Guilherme Lamounier/Tibério Gaspar) sobre as viagens à base de *Cannabis*, do LP *Em busca do tempo perdido*, e **Vímana**, que lançou apenas um compacto, mas teve entre os integrantes os futuros astros **Lobão**, **Ritchie** e **Lulu Santos**. Isso sem contar o roqueiro eternamente alternativo underground **Serguei**, mais importante como "personagem" do que pelo repertório.

Já no campo do rock progressivo, com influência da psicodelia, marcaram época três grupos da cena paulistana, a começar pelo já citado **Mutantes**, único dessa turma a ter maior repercussão midiática. Chegaram a emplacar o hit "O contrário de nada é nada" (Sérgio Dias/Túlio Mourão), do LP *Tudo foi feito pelo sol* (1974), após a saída de **Rita Lee**. A seguir, o **Moto Perpétuo** revelou o então estudante de Arquitetura **Guilherme Arantes**, que já em 76 começava uma carreira solo vitoriosa com a balada autoral "Meu mundo e nada mais". O terceiro a se destacar foi o **Som Nosso de Cada Dia**, do baixista/guitarrista **Pedrão**, o Pedro Baldanza, e do multi--instrumentista **Manito**, d'**Os Incríveis**, emplacando no meio roqueiro as canções "Bicho do mato", "Sinal de paranoia" e "Massavilha".[12] Mais para o fim da década, aderiram à black music, a partir do LP *Som nosso* (77). O grupo chegou a abrir a turnê do legendário Alice Cooper, entre Rio e SP, em cinco shows, reunindo um total de 130 mil pessoas, no primeiro evento internacional de rock no país, em julho de 74.

O som progressivo tomou vulto com outras quatro bandas formadas no Rio, como a referida **O Terço**. Fundada em 1968, tinha como integrantes o então baterista **Vinicius Cantuária,** o guitarrista **Jorge Amiden** (criador da guitarra de três braços) e o baixista **Sérgio Hinds**. Com diversas passagens pelos festivais de música, chegava ao som "prog" em 73, e já com **Flávio Venturini** emplacava dois anos depois as canções "Hey amigo" e "Criaturas da noite".[13] Embora seu som não fosse apenas progressivo, A

Bolha se destacou com seu primeiro LP, *Um passo à frente* (73), tendo entre seus integrantes o baterista **Gustavo Schroeter**, que formaria mais tarde o **A Cor do Som**, fora **Renato Ladeira** e **Marcelo Sussekind**, dupla que fundaria na década seguinte o **Herva Doce**. Antes, em 70, chegaram a acompanhar **Gal Costa** em um show na boate Sucata.

Finalmente, o Rio revelou o **Módulo 1000**, num som "prog" mais chegado ao *hard rock*, com o LP cult *Não fale com paredes*, enquanto o **Bacamarte** marcou seu nome por ter revelado a cantora **Jane Duboc** como vocalista, embora o álbum que chegou a gravar com a banda, *Depois do fim*, tenha sido lançado apenas em 1983. Ela, porém, já gravava e fazia vocais desde 71 como **Jane Vaquer**, nem sempre creditada. Seu primeiro compacto no grupo **Fein (Jazz Band)** foi produzido por **Raul Seixas** — para quem tocou piano em sua apresentação consagratória no VII FIC, de 72, com "Let me sing, let me sing". Foi ela também quem o apresentou à obra do futuro parceiro **Paulo Coelho,** após ter lido a revista *2001*, em que ele escrevia sobre discos voadores e ocultismos afins. A seguir, fez shows no circuito universitário pelo país com **Egberto Gismonti**, **Paulo Moura**, **Novelli**, entre outros, gravou dois álbuns de acalantos brasileiros com o veterano cantor pernambucano **José Tobias** e diversos jingles publicitários. Fez backing para a **Banda Veneno** de **Erlon Chaves**, além de cantar rock progressivo, jazz e pop em shows nos EUA com o então marido — o guitarrista americano **Gay Vaquer**, que depois trocou o primeiro nome, assinando **Jay Anthony Vaquer**, presente nos principais álbuns de **Raul**.

De outras regiões do país saíram grupos progressivos como o pernambucano **Ave Sangria**, do cantor, compositor e poeta **Marco Polo**, emergindo numa cena em que havia **Flaviola**, **Lula Côrtes** e outros expoentes locais, e o gaúcho **Bixo da Seda** (ex-**Liverpool**), do guitarrista **Mimi Lessa**, além de outros músicos que depois passariam a trabalhar no universo "MPB"/pop/disco de **As Frenéticas**.

Por fim, de estilo híbrido, **A Barca do Sol** alternava sonoridades acústicas com rock progressivo e letras de poetas "marginais", como **Geraldo Carneiro**, **Cacaso** e **João Carlos Pádua**. Dele fizeram parte o violoncelista **Jacques Morelenbaum**, o baterista/percussionista **Marcelo Costa** e, por

A "MPB", O CLUBE DA ESQUINA, O ROCK MALCRIADO E OS ALTERNATIVOS...

um curto período, **Ritchie**, ainda como flautista, além de terem servido de banda de base para um LP da cantora *cool* **Olívia Byington**, em 78, trazendo o sucesso "Lady Jane" (Nando & Geraldo Carneiro): "Lady Jane / Respire o cheiro dos esgotos no chão / Sob essas catedrais de Babel...".

Mesmo com toda a linha-dura política, diversos festivais de rock nacional foram realizados, alguns tendo o de Woodstock como parâmetro, guardando as devidas proporções, como o Festival de Verão de Guarapari, em 1971; o Festival de Águas Claras, realizado quatro anos depois na Fazenda Santa Virgínia, em Icaranga, interior paulista, e o Som, Sol e Surf, de 76, em Saquarema. Ainda mais bem-sucedidos foram dois realizados em 75, o Banana Progressyva, entre maio e junho, no Teatro da Fundação Getúlio Vargas (SP) e, um pouco antes, o Hollywood Rock, no verão, entre janeiro e fevereiro, no campo do Botafogo, no Rio. Este último reuniu os maiores astros e estrelas do gênero, como **Raul Seixas**, **Rita Lee & Tutti-Frutti**, **Erasmo Carlos**, **Os Mutantes**, **O Peso**, **Vímana**, a efêmera banda de hard-rock carioca **Veludo** e até a veterana **Celly Campello**, que desde 68 tentava retomar sua carreira, gravando alguns álbuns e compactos, sem maior repercussão.

Sofisticados, alternativos e experimentais

Transgressão e diversidade também não faltaram à "MPB" setentista. O mercado parecia aberto a gravar todo tipo de artista. Da Era dos Festivais, **Cláudia** (que no fim da década seguinte passou a assinar **Claudya**) arrebatava com seu vozeirão a canção gospel "Jesus Cristo", de **Roberto** e **Erasmo**, e a bossa pop "Com mais de 30", de **Marcos** e **Paulo Sérgio Valle**, em 1971, além participar de diversos festivais no exterior, vencendo dois deles em todas as categorias — música, intérprete, letra e arranjo —, a IV Olimpíada da Canção, na Grécia, com "Minha voz virá do sol da América", dos mesmos irmãos **Valle** no mesmo ano, e outro no México, um pouco antes, em 70, com "Razão de paz pra não cantar (Eduardo Lages/Alésio de Barros), que já havia ficado em quarto lugar na fase nacional do IV FIC, de 69, vencido por **Evinha**. Esta, por sua vez, comprovaria sua afinação e musicalidade naquele período em temas também de **Maurício Duboc** e **Carlos Colla** ("Sonho lindo"), dos irmãos **Marcos** e **Paulo Sérgio Valle**, com **Novelli** ("Pigmalião") e **Mariozinho Rocha** ("Que bandeira"), deste último com **Renato Corrêa** e **Guto Graça Mello** ("Marido ideal"), até que em 1976 conhece o pianista francês Gérard Gambus, à época braço direito do maestro Paul Mauriat, e vai se radicar em Paris, onde duas décadas depois remontaria com as irmãs **Regina** e **Marizinha,** o **Trio Esperança,** dessa vez dedicado não mais ao rock e sim à "MPB".

Já a cantora suave paulista **Márcia** tomou parte num show engajado ao lado do cantor e compositor paulista **Eduardo Gudin** e de **Paulo Cesar Pinheiro,** transformados em dois discos ao vivo, entre 75 e 76, intitulados *O importante é que a nossa emoção sobreviva*, verso retirado de uma das canções apresentadas, cujo título não deixava dúvidas de seu conteúdo, "Mordaça". A seguir, em 77, reapareceu solo nas paradas com uma regravação de "Ronda" (Paulo Vanzolini). Também em Sampa surgiu **Célia**, uma intérprete igualmente de prestígio, bom repertório e avessa a concessões, que, como **Márcia**, jamais chegou aos píncaros do estrelato.

No campo mais alternativo, após a consagração no VII FIC com "Fio Maravilha" (Jorge Ben), **Maria Alcina** gravou dois LPs, entre 73 e 74, obtendo sucesso com as releituras de velhos hits de **Carmen Miranda** ("Alô, alô") e **Bando da Lua** ("Maria Boa"),[14] e novidades como o samba "Kid cavaquinho", da dupla iniciante **João Bosco** e **Aldir Blanc.** Com sua figura andrógina e sua performance teatral extravagante e intuitiva, certa vez, cantando um dos seus hits na final do concurso de Miss Brasil, no antigo ginásio Presidente Médici (atual Nilson Nelson) em Brasília, passou uma rosa em várias partes do corpo, acabando por mastigá-la. Os militares presentes não gostaram nada, e ela respondeu a um processo por "atentado à moral e aos bons costumes da família brasileira", ficando proibida de aparecer e ser tocada em qualquer mídia por vinte dias, que repercutiram por muito mais tempo, pois, após o episódio, alguns contratantes se afastaram temendo prejuízo.

Outros nomes, entretanto, não tiveram qualquer sucesso radiofônico, ficaram de fato no underground, mas viraram igualmente cults. É o caso

A "MPB", O CLUBE DA ESQUINA, O ROCK MALCRIADO E OS ALTERNATIVOS...

de **Jards Macalé** e suas parcerias com **Capinan** ("Movimento dos barcos"), **Duda** ("Hotel das estrelas") e **Waly Salomão** ("Mal secreto", "Anjo exterminado" e "Negra melodia"). De **Walter Franco**, com seus LPs megaexperimentais *Ou não* (73) e *Revolver* (75), e as canções autorais "Canalha" e "Coração tranquilo", esta imortalizando os versos "Tudo é uma questão de manter / A mente quieta / A espinha ereta / E o coração tranquilo"). Também de **Tom Zé**, com quatro álbuns lançados sem maior repercussão, inclusive os hoje cultuados "Todos os olhos" (73) e "Estudando o samba" (76). Igualmente alternativos foram **Sérgio Sampaio** (que após a autoral "Eu quero botar meu bloco na rua" nunca mais emplacou outra com a mesma força) e **Jorge Mautner** (coautor com **Nelson Jacobina** do sucesso de **Gil** "Maracatu atômico", e de pérolas autorais como a irreverente "Samba dos animais" e a delicada "Lágrimas negras", um belo "lado B" na voz de **Gal Costa**, seguindo sempre à margem, sendo mais conhecido como compositor, filósofo e escritor). Esses, junto com **Luiz Melodia**, acabaram ganhando a injusta pecha de artistas "malditos". Ou por não se curvarem às exigências do mercado e/ou por não conseguirem chegar ao grande público nesse tempo.

No ramo dos sopros, destacaram-se o já veterano clarinetista **Paulo Moura** com o LP *Confusão urbana, suburbana e rural*, em que contribuiu para reacender o interesse pelo samba-choro nas orquestras de gafieira; os saxofonistas **Victor Assis Brasil, Raul Mascarenhas** (também flautista) e **Nivaldo Ornellas;** e o trompetista **Márcio Montarroyos**, cuja versão para o clássico "Carinhoso" (Pixinguinha/João de Barro), tema da novela homônima da TV Globo, marcou época em 1973. E dois músicos que compunham a banda que trabalhava com **Elis Regina** naquela década, o tecladista **César Camargo Mariano** e o violonista **Hélio Delmiro**, após alguns voos solo, nos mostraram mais tarde, em 81, com quanto adubo se plantava uma "Samambaia", cunhando a quatro mãos um álbum precioso.

Internacionalmente, seguiam com sucesso **Sérgio Mendes, Airto Moreira**, a cantora **Flora Purim**, a pianista/cantora maranhense **Tania Maria**, radicada em Paris a partir de 74, além dos citados **Naná e Hermeto**. Acompanhando um sem-número de artistas nacionais e estrangeiros, fizeram

HISTÓRIA DA MÚSICA POPULAR BRASILEIRA – SEM PRECONCEITOS

fama o pianista **Osmar Milito** e os percussionistas/bateristas **Dom Um Romão, Paulinho da Costa** e **Laudir de Oliveira**, este na banda Chicago. Engrossavam essa lista o trombonista (e saxofonista) **Raul de Souza**, que se alternou entre Los Angeles, Chicago e Paris, unindo choro e bossa nova ao jazz, inventando um "souzabone", um trombone adaptado com quatro pistões (o normal são três), que só ele tocava, e lançando dois álbuns no mercado americano, *Colors* (75) e o aclamado *Sweet Lucy* (77).

Mas, naquela década, era difícil superar o triunfo do pianista e arranjador **Eumir Deodato**, cujo sucesso de uma versão funkeada de "Also sprach Zarathustra", de Richard Strauss, no antológico filme *2001: uma odisseia no espaço*, de Stanley Kubrick, foi um sucesso mundial em 72. Fora o fato de acumular no currículo arranjos para artistas do porte de Frank Sinatra, Roberta Flack ("Killing me softly with his song"), Kool & The Gang ("Ladies night", "Celebration") e Earth, Wind & Fire. Seu nome virou uma lenda no pop mundial, tanto que vinte anos depois ainda viria a trabalhar com nomes como a superstar Björk.

Muitos músicos egressos do Clube da Esquina sedimentaram seu estilo no país e/ou fora dele. O mineiro **Chiquito Braga** desenvolveu uma técnica de violão, misturando elementos da música clássica e do jazz, organizando acordes de uma forma diferente que influenciou muito seus conterrâneos, em especial o violonista e guitarrista **Toninho Horta**, que se tornou admirado até por feras como Pat Metheny e Stanley Jordan. Este, além de gravar em discos de alguns maiores músicos do país — **Dori Caymmi, Edu Lobo, Hermeto**... —, ficou na ponte aérea Brasil-Estados Unidos por vinte anos, gravando com Wayne Shorter, Keith Jarrett e George Benson. O baterista e percussionista **Robertinho Silva** também virou figurinha fácil nos discos de astros nacionais e internacionais — dos colegas **Airto Moreira** e **Egberto Gismonti** a Peggy Lee, Ron Carter e Sarah Vaughan. Enquanto isso, o trompetista **Cláudio Roditi** se estabeleceu em Nova York a partir de 1976 e se esbaldou no latin jazz rodeado de feras, como Arturo Sandoval e Paquito D'Rivera, até posteriormente integrar a United Nation Orchestra, liderada pelo trompetista Dizzy Gillespie. E, por aqui mesmo, após deixar o grupo **A Brazuca**, e passar um tempo fora o pianista **Anto-**

A "MPB", O CLUBE DA ESQUINA, O ROCK MALCRIADO E OS ALTERNATIVOS...

nio **Adolfo** gravou o álbum *Feito em casa* (77), um dos pioneiros artistas a lançar seus próprios LPs independentes no país, pelo seu selo "Artezanal".

Adolfo também teve arranjos assinados em discos de "MPB" dos anos 70, juntamente com orquestradores como **Gaya, Erlon Chaves, Orlando Silveira, Geraldo Vespar, Perinho Albuquerque, Meirelles,** pontualmente **Rogério Duprat,** e ainda outros que seguiram igualmente fortes na década seguinte, como os pesos-pesados **Chiquinho de Moraes, Eduardo Souto Neto, Gilson Peranzzetta, Guto Graça Mello, Wagner Tiso, César Camargo Mariano, Dori Caymmi, Francis Hime, Luiz Cláudio Ramos, João Donato, Miguel Cidrás, Laércio de Freitas e José Briamonte**, este, principalmente em São Paulo. Especialmente nos discos de samba foram recorrentes por décadas o veterano **José Menezes** (que passou a assinar **Zé Menezes**), **Jota Moraes** (também de "MPB"), bem como os filhos dos maestros **Carioca** (o onipresente **Ivan Paulo**) e **Abel Ferreira** (**Leonardo Bruno**), o também produtor **Rildo Hora** e, já nos anos 80, engrossando o time, **Jorge Cardoso** e **Mauro Diniz.** No segmento popular, destacavam-se **Daniel Salinas**, o também compositor **Sérgio Sá**, o sofisticadíssimo **Hareton Salvanini, Eduardo Lages** (maestro de **Roberto Carlos**), **José Paulo Soares, Eduardo Assad, Pachequinho, Ted Moreno, Portinho, Messias Santos Jr. e Waldomiro Lemke.**

Os veteranos e os cantores da noite

Toda essa geração impressionante de talentos renovadores revelada nos anos 60 e 70 aposentou precocemente boa parte da geração mais tradicional da Era do Rádio, relegada injustamente a um ostracismo precoce, muitos na faixa dos 40 a 50 anos, por apresentarem uma estética comportamental, vocal e de repertório um pouco anacrônica aos novos tempos. Houve, entretanto, um time de intérpretes que conseguiu furar tal bloqueio. É o caso de **Marlene**, que teve uma impressionante sobrevida artística a partir do fim dos anos 60, seja como atriz de teatro ou cantora em espetáculos engajados como *Carnavália* (68), ao lado de **Blecaute, Nuno Roland** e da cronista **Eneida**; *É a maior* (70); *Botequim* (72/73) e *Te pego pela palavra*

(74/75), quando lançou o agressivo xote "Galope", de **Gonzaguinha**: "Deixa essa criança chorar / Que ela só para quando a fome passar." Sua colega **Angela Maria**, por sua vez, se identificou com a letra de "Gente humilde", cunhada por **Vinicius de Moraes** e **Chico Buarque** (sobre velha melodia de **Garoto**), narrando um olhar melancólico sobre a vida suburbana e estourou a canção em 70. Depois, ressurgiu com "Tango pra Tereza", de **Evaldo Gouveia** e **Jair Amorim,** em 75, mantendo-se em evidência até o fim da década com muitos discos e outros hits, como a balada "Vá, mas volte", do novato **Wando**.

Confirmando o sucesso obtido na década anterior, a "Divina" **Elizeth Cardoso** continuava ativa em televisão — chegando a apresentar por um ano e meio o *Sambão*, na TV Record; nos palcos — com temporadas longas em palcos imensos como o do recém-inaugurado Canecão, uma cervejaria carioca que a partir de 1969 virou palco de memoráveis espetáculos — e em disco, lançando pelo menos duas canções clássicas, o samba-canção "Naquela mesa", composto por **Sérgio Bittencourt** em homenagem à memória do pai, **Jacob do Bandolim**, e "Eu bebo sim" (Luiz Antônio/João do Violão), um delicioso samba-rock. Por causa de sua letra gaiata, tal disco chegou a ser quebrado pelo polêmico apresentador Flávio Cavalcanti em seu programa *Um instante, maestro*, na Tupi, mas é até hoje lembrado: "Eu bebo sim / Estou vivendo / Tem gente que não bebe e está morrendo."

A sempre inquieta **Maysa** ainda fez teatro, novela e registrou dois ótimos álbuns e alguns compactos até morrer prematuramente aos 40 anos, em 1977, num acidente de carro na Ponte Rio-Niterói. E a suave **Doris Monteiro** se aprimorou como intérprete gravando excelentes discos desde 66 na Odeon, revelando os sambas "É isso aí" e "Alô, fevereiro", de **Sidney Miller**, compositor que acabou subvalorizado naquela década.

Outras intérpretes igualmente suaves reveladas nos anos 50 também ressurgiram com grandes êxitos. Em 73, **Marisa Gata Mansa** foi muito bem em sua "Viagem" ("Ah, tristeza me desculpe / Estou de malas prontas / Hoje a poesia / Veio ao meu encontro / Já raiou o dia / Vamos viajar..."), do violonista **João de Aquino** com **Paulo Cesar Pinheiro**. Dois anos antes, porém, **Claudette Soares** quase não consegue gravar o maior hit de sua

A "MPB", O CLUBE DA ESQUINA, O ROCK MALCRIADO E OS ALTERNATIVOS...

carreira. Ao ganhar de presente "De tanto amor", de **Roberto** e **Erasmo Carlos**, decidiu incluí-la no pocket show *Fica combinado assim,* em que atuava no Teatro Princesa Isabel, no Rio, ao lado do humorista Agildo Ribeiro e do pianista **Pedrinho Mattar**. Toda noite ao cantar seus versos — "Ah, eu vim aqui amor / Só pra me despedir / E as últimas palavras desse nosso amor, você vai ter que ouvir" — era ovacionada. Mas sua gravadora, Phonogram, não a deixava gravá-la, afinal ela era uma cantora de "MPB"/ bossa. Foi preciso André Midani, diretor da companhia, ir conferir *in loco* o seu êxito para finalmente liberá-la. A gravação saiu em 71, mas seu contrato não foi renovado. Seus produtores queriam que ela gravasse só canções românticas, puxadas para o que se chamava à época de "cafona". Ao recusar-se, ficou três anos sem gravar. Esse exemplo mostra bem os duros caminhos de um mercado fonográfico que, durante muitas décadas foi comandado por uma máfia de meia dúzia de grandes empresas, e quem não se curvasse ficava "queimado".

Claudette voltaria aos estúdios em 1974 por interferência do amigo **Dick Farney**, naquela que a partir sobretudo de 77 adotaria o nome de EMI- -Odeon, e tinha **Milton Miranda**, rara unanimidade à época, como diretor artístico. O cantor, após um jejum bem maior, voltava às gravações no selo London da mesma gravadora. A seu lado, faria dois belos álbuns, *Tudo isto é amor*, volumes 1 (76) e 2 (77), com clássicos do cancioneiro romântico sofisticado brasileiro. Suave como a dupla, **Silvio César** reapareceu nas paradas com uma melodia mais popular, "Vamos dar as mãos e cantar", de sua autoria, entre 74 e 75.

O ambiente noturno das boates cariocas e paulistanas deram guarida a uma série de artistas românticos, como **Tito Madi** e a cantora capixaba revelada nos anos 60, **Waleska**, que juntamente com o pianista **Ribamar** gravou diversos discos para os aficionados em samba-canção de dor de cotovelo, que naquela época foi rebatizada de música de "fossa". Da mesma forma, a carioca **Áurea Martins**, no Rio, e o cantor paraibano radicado em São Paulo **Roberto Luna**, que se notabilizou pelas interpretações de sambas-canção, boleros e tangos nos anos 1950 e 60, fizeram da noite seu hábitat a partir dessa década.

O veterano **Lupicínio Rodrigues** também se beneficiou desse *revival* e, até sua morte, em Porto Alegre, em 1974, atuou muito, sobretudo nas noites gaúcha e paulistana. Isso além de ser sempre lembrado nos inúmeros shows intimistas por seu maior intérprete, **Jamelão**, que desde a década anterior vinha prestigiando também um compositor paulista extemporâneo desse tipo de música. Era **Lúcio Cardim**, autor dos clássicos "Matriz ou filial" ("Quem sou eu / Pra ter direitos exclusivos sobre ela") e "Êta dor de cotovelo (dos diabos)", lançados por ele, respectivamente, em 65 e 71. Outro vozeirão que seguia imune aos novos modismos foi **Nelson Gonçalves**, que ainda gravava inacreditáveis dois a três LPs por ano, mas sem tanto sucesso radiofônico, a não ser pela regravação de "Mágoas de caboclo" (J. Cascata/ Leonel Azevedo), em 79, para a novela *Cabocla*, da Globo.

E por falar em "fossa", os repertórios de **Dolores Duran** e de seu contemporâneo **Antonio Maria** também foram lembrados no espetáculo *Brasileiro, profissão: esperança*, que virou um belo LP, cuja montagem com a sambista **Clara Nunes** e o ator Paulo Gracindo ficou em cartaz entre 1974 e 75, com casa cheia não em pequenas boates, mas em grandes palcos como o do Canecão. Era um tempo, a propósito, em que começavam a proliferar esse tipo de casa de espetáculo para plateias maiores. Em 66, São Paulo inaugurava o Beco, que pelas duas décadas seguintes apresentaria megashows superproduzidos pelo empresário Abelardo Figueiredo.

Todavia, para essa geração mais antiga, da Era do Rádio, dos artistas considerados mais populares ("cafonas") ou egressos da Jovem Guarda, cristalizou-se um lucrativo mercado dos clubes e principalmente das grandes churrascarias, que mantinham palcos bem montados com grandes estruturas de som e luz. O único inconveniente era o movimento dos garçons passando com cortes de picanha ou uma dúzia de corações de galinha, enquanto o cantor se desdobrava em sentimento. A maioria, entretanto, não se importava. Pelo contrário. **Angela Maria** foi quem melhor definiu o fenômeno: "Canto com muito orgulho. Me pagam melhor (que outras casas). Ninguém põe um garfo na boca enquanto faço show. Preferem comer carne fria e ouvir uma cantora quente, como me falou certa vez um cliente."[15]

A "MPB", O CLUBE DA ESQUINA, O ROCK MALCRIADO E OS ALTERNATIVOS...

Duas duplas de autores eternos e outros mestres da "MPB" e bossa nova

A bossa nova, naquela altura, já era uma música muito mais cultuada fora do que dentro do país. **João Gilberto**, após uma temporada no México, gravava um álbum por lá, incluindo até dois boleros no estilo bossa-novista, "Eclipse (de luna)" e "Bésame mucho". Depois, realizava outro em 73, repleto de clássicos de várias épocas, lançando sua nova esposa, **Miúcha**, irmã de **Chico Buarque**, na recriação do samba "Izaura", de **Herivelto Martins** e **Roberto Roberti**. Em seguida se juntava novamente a ela (já com destaque na capa), e pela terceira vez ao saxofonista Stan Getz num álbum para o mercado americano em 76, *The best of two worlds*, e no ano seguinte, gravava aquele que seria considerado por muitos sua grande obra-prima, "Amoroso", destacando suas interpretações para a italiana "Estate" e a brasileiríssima "Wave", de **Tom Jobim**, que ganhava letra em português, virando "Vou te contar" ("...os olhos já não podem ver / Coisas que só o coração pode entender / Fundamental é mesmo o amor / É impossível ser feliz sozinho").

Após a estreia retumbante, **Miúcha** não fez por menos. Gravou a seguir dois álbuns com **Tom Jobim** no Brasil, um em 1977 e outro em 79, destacando, no primeiro, canções como "Vai levando" (Chico Buarque/Caetano Veloso), "A vida tem sempre razão" (Toquinho/Vinicius) e "Maninha" (Chico), com participação do irmão famoso, e "Pela luz dos olhos teus" (só de Vinicius). Do segundo álbum, ficou famosa uma adaptação de **Tom** e **Chico Buarque** para a velha marcha carnavalesca "Turma do funil" (Mirabeau/Milton de Oliveira/Urgel de Castro), acoplando o subtítulo "No Baixo Leblon", em referência ao novo reduto da boemia carioca de então. Nesse meio-tempo, a cantora juntou-se a **Vinicius**, **Toquinho** e novamente a **Tom**, para uma histórica temporada no Canecão durante o ano inteiro de 77, dirigida por **Aloysio de Oliveira**, que gerou um álbum ao vivo editado pela Som Livre, cuja capa tinha o mesmo design gráfico de suas velhas e esmeradas produções na Elenco.

Tom Jobim, que já se dividia entre o Rio e Nova York desde a década anterior, gravando pelo menos sete álbuns por lá, de vez em quando lançava uma novidade que ganhava belas gravações por aqui, como as de **MPB-4** & **Quarteto em Cy** ("Ana Luiza") e **Chico Buarque** ("Lígia"). Mas foi um samba estilo bossa nova narrando o que via da janela de seu sítio em São José do Vale do Rio Preto, na Região Serrana do Rio, que se tornou seu maior sucesso naquela década, "Águas de março" ("É pau, é pedra, é o fim do caminho / É um resto de toco / É um pouco sozinho..."). Lançado em 1972, só chegou ao sucesso dois anos depois num disco considerado item maior de qualquer discoteca básica brasileira. Gravado em Los Angeles, *Elis & Tom* trazia o encontro de nosso compositor moderno mais importante e nossa cantora maior, **Elis Regina**; e ainda os arranjos azeitados de **César Camargo Mariano**, com produção do mesmo **Aloysio de Oliveira**.

Ainda em 1974, em seu LP *Elis*, obteve sucesso com o samba-jazz de **Gilberto Gil** "Amor até o fim", que ela mesma já havia gravado ao vivo nos tempos de *O fino da bossa*, e com duas assinadas por uma dupla de autores que efetivamente não tinha vindo ao mundo a passeio. Eram o samba "O mestre-sala dos mares" (cujo título original "Almirante negro" evocava João Cândido, o marinheiro-líder da Revolta da Chibata, foi censurado, bem como diversos trechos da letra, pois temas aliando negritude e política "deveriam ser evitados") e o boleraço "Dois pra lá, dois pra cá" ("Sentindo um frio em minh'alma / Te convidei pra dançar / A tua voz me acalmava / São dois pra lá, dois pra cá"). A bem da verdade desde 72 ela já vinha gravando os dois em números igualmente brilhantes, como o samba "Bala com bala", a climática "Agnus sei" e o tango "Cabaré". Eram **João Bosco** e **Aldir Blanc**.

O primeiro, mineiro de Ponte Nova, exímio violonista, ex-estudante de Engenharia Civil, craque nos sambas sincopados e harmonias sinuosas, com referências da bossa nova, Tropicália, jazz e dos batuques afro-brasileiros, e o segundo, um carioca da Tijuca, formado em Medicina e atuante no ramo da psiquiatria, desde o início se mostrando capaz de criar as rimas mais audaciosas, ao misturar palavras rebuscadas com outras que beiravam o vulgar, resultando num estilo reconhecido a léguas de distância. Um perfeito cronista de costumes de sua cidade, o Rio, e político do país, **Aldir** já havia tido canções nos grandes festivais, mas ainda sem sucesso até que conheceu **João**.

A "MPB", O CLUBE DA ESQUINA, O ROCK MALCRIADO E OS ALTERNATIVOS...

Depois de a dupla ter várias ótimas músicas gravadas por **Elis** e também por **Maria Alcina** ("Kid cavaquinho"), **MPB-4** ("De frente pro crime"), **Ney Matogrosso** ("Corsário"), **Vanusa** ("Amigos novos e antigos") e outros, **João Bosco** grava seu melhor disco da década como cantor, *Galos de briga* (76), incluindo o tragicômico bolero "Latin lover", a satírica marcha-rancho "O rancho da goiabada", a hilariante "Miss suéter", em dueto com a veterana **Angela Maria**, e dois sambas memoráveis, um de crítica social, "O ronco da cuíca", em que comparava o ronco do estômago do pobre com o do instrumento de percussão ("Roncou, roncou / Roncou de raiva a cuíca / Roncou de fome"), e outro abordando as diferenças conjugais, "Incompatibilidade de gênios" ("Dotô, jogava o Flamengo, eu queria escutar / Chegou, mudou de estação, começou a cantar / Tem mais, um cisco no olho, ela em vez de assoprar / Sem dó falou, que por ela eu podia cegar"). Seguiram até o fim da década emplacando pérolas, como o bolero "Bijuterias" ("Minha pedra é ametista / Minha cor, o amarelo / Mas sou sincero / Necessito ir urgente ao dentista") e o genial fuzuê narrado no sambão "Linha de passe" ("Toca de tatu, linguiça e paio e boi zebu / Rabada com angu, rabo de saia"), esta também tendo **Paulo Emílio** como parceiro.

Além de **Bosco** e **Blanc**, outra parceria explosiva apareceu na mesma época fazendo barulho na "MPB", com seus integrantes também consagrados por **Elis**. Egresso do V FIC ("O amor é o meu país") e do Movimento Artístico Universitário, **Ivan Lins**, também pianista, já vinha com sucessos em parceria com **Ronaldo Monteiro de Souza**, como "Madalena", em 1970, na voz da cantora "Agora" e "Me deixa em paz". Porém seu trabalho não frisava tanto o lado contestador que sua geração universitária exigia. A grande virada se deu ao conhecer o paulista **Vitor Martins**, cuja composição mais conhecida até então era "20 anos blue" (com a então novata **Sueli Costa**), gravada em 72 igualmente por **Elis**. Juntos, inauguram a parceria em 74, com um samba trazendo o sugestivo título de "Abre-alas": "Abre-alas pra minha folia / Já está chegando a hora / Encosta esta porta que a nossa conversa não pode vazar / A vida não era assim...". Foi o início de uma longa jornada cujo clímax se deu entre 77 e 80, quando **Ivan** registrou como cantor os quatro discos mais importantes de sua carreira na EMI-Odeon, com uma penca de futuros clássicos da "MPB", como "Bandeira do divino", "Guarde nos olhos", "Velas içadas", "Bilhete" e "Dinorah, Dinorah", quase sempre com arranjos vestidos por **Gilson Peranzzetta**, então pianista e organista do **Grupo Modo Livre**

Propositalmente, a esmagadora maioria das letras do parceiro **Vitor** naquele período, inclusive a inicial "Abre-alas", apresentava um duplo sentido evidente nos versos contra a ditadura, mas que sobreviveram ao tempo, indo além do panfleto, pela extrema qualidade, como "Somos todos iguais nesta noite" ("Nós vivemos debaixo do pano / Pelo truque malfeito dos magos / Pelo chicote dos domadores / E o rufar dos tambores"), "Quadras de roda", "Cantoria", "Antes que seja tarde", "Desesperar, jamais", "Começar de novo" e "Novo tempo", além de mais duas imortalizadas por **Elis Regina**, a comovente "Aos nossos filhos", sobre o incômodo de criá-los sob o pânico da perseguição política e sem saber o futuro que o país lhes daria ("Perdoem a cara amarrada / Perdoem a falta de abraço... Os dias eram assim") e a sarcástica "Cartomante" ("Já está previsto por todas videntes, pelas cartomantes (...) Cai o rei de Espadas / Cai o rei de Ouros / Cai o rei de Paus / Cai, não fica nada"). Às vezes, porém, a alusão ao clima tenebroso da ditadura vinha com sutileza. Um bom exemplo é o sucesso "A noite". Em versos como "A noite tem bordado / Nas toalhas dos bares / Corações 'arpoados' / Corações 'torturados' / Corações de ressaca / Corações desabrigados demais", a alusão à "tortura" não é gratuita nem mesmo a palavra "arpoado", que quer dizer "golpeado".

O cantor, compositor e violonista paulista (engenheiro formado) **Renato Teixeira**, então integrante do **Grupo Água**, foi também consagrado pela Pimentinha **Elis Regina**, cuja gravação da sertaneja "Romaria" foi um sucesso retumbante em 1977. Era outra canção a ganhar duplo sentido político: "Descasei e joguei, investi desisti / Se há sorte, eu não sei, nunca vi / Sou caipira Pirapora Nossa Senhora de Aparecida / Ilumina a mina escura e funda o trem da minha vida". Depois apareceu com pérolas autorais que se notabilizaram na fronteira do universo caipira com a "MPB", como "Amora", "Frete", "Cavalo bravo", "Vida malvada" e, já na década seguinte, "Amizade sincera", esta com **Dominguinhos**, e "Amanheceu, peguei a viola".

A "MPB", O CLUBE DA ESQUINA, O ROCK MALCRIADO E OS ALTERNATIVOS...

A ex-rival de **Elis**, **Nara Leão** voltava de seu exílio voluntário, abraçando os clássicos da bossa nova num álbum duplo de 1971, com as mesmas canções que renegara dez anos antes. Em seguida, participou do filme *Quando o carnaval chegar* do marido Cacá Diegues, realizou trabalhos esporádicos enquanto os filhos eram bem pequenos, retomando enfim a carreira fonográfica de forma mais regular em 75 com um álbum revendo canções de sua infância, depois sendo a pioneira a fazer um disco de duetos na "MPB" (*Meus amigos são um barato*, em 77), ao lado de feras como **Chico Buarque** (na valsa "João e Maria", dele com **Sivuca**: "Agora eu era o herói / E o meu cavalo só falava inglês"), um de seus maiores sucessos, e **Erasmo Carlos** ("Meu ego"). Talvez motivada pelo feliz encontro com o Tremendão, teve a petulância de gravar um álbum somente com canções dele e de **Roberto Carlos** num tempo em que, sobretudo suas canções românticas, ainda não eram unanimidade, transformando-as em pérolas *cool* irresistíveis.

Discretos e sem pretensões a grandes astros, reapareceram diversos cantores, compositores e arranjadores, filhos da estética musical trazida pela bossa nova. **Edu Lobo** se destacou com joias autorais com letras de **Paulo Cesar Pinheiro** ("Vento bravo"), **Capinan** ("Viola fora de moda") e **Cacaso** ("Lero, lero"), além de compor ou orquestrar para discos, teatro, cinema e TV, e ser o primeiro a gravar, em 1978, "O trenzinho do caipira" (a tocata do quarto movimento da "Bachiana brasileira nº 2", composta em 1930 pelo ícone de nossa música erudita **Heitor Villa-Lobos**), com a letra que o poeta **Ferreira Gullar** publicou em seu livro *Poema sujo* (75). **Dori Caymmi** brilhou mais como autor — de 69 em diante, teve novas parcerias com **Nelson Motta** ("De onde vens", "O mar é meu chão"), **Jorge Amado** ("Alegre menina") e **Paulo Cesar Pinheiro** ("Desenredo", "Estrela da terra"), além de compor para trilhas de filmes e TV, e arranjar os discos de diversos artistas, entre os quais a irmã **Nana**. **Francis Hime**, depois de compor com **Vinicius de Moraes** e **Ruy Guerra**, se tornava o parceiro mais constante de **Chico Buarque** naquela década, emplacando "Trocando em miúdos", "Atrás da porta", "Meu caro amigo", "Passaredo" e outras, sendo ainda um dos nossos mais profícuos orquestradores e autor também de diversas trilhas para teatro e cinema.

Já **Marcos Valle** viveu um momento intenso de sua carreira, fazendo o *crossover* da bossa nova com a música pop e o soul sem perder de vista a suavidade das belas melodias e harmonias, suas marcas registradas. Obteve sucesso com suas músicas em parceria com o irmão **Paulo Sérgio Valle** nas vozes de **Wilson Simonal, Cláudia, Evinha, Elis Regina, Maysa, Claudette Soares**, entre outros. Em 75, voltou aos Estados Unidos, onde travou contato com Sarah Vaughan, que o convidou para gravarem juntos em seu álbum dedicado aos Beatles, enquanto ele a aproximava da nossa "MPB". A diva do jazz acaba registrando "Preciso aprender a ser só" em inglês (com belíssimo solo de guitarra de **Hélio Delmiro**), no primeiro dos três álbuns que dedicou à nossa música, *I love Brazil* ("O som brasileiro de Sarah Vaughan") (78), que trazia ainda a participação de **Tom Jobim** ao piano e duetos inesquecíveis com **Milton Nascimento** ("Travessia/Bridges", "Courage") e **Dorival Caymmi** ("Das rosas"), além de belos arranjos de **Edson Frederico**.

As trilhas de novela e a criação da Som Livre

Antes, porém, **Marcos** e **Paulo Sérgio Valle** também compuseram muito para a TV Globo, que naquela época sucedeu a Record em excelência na programação musical. Fossem trilhas de novelas, como *Véu de noiva* (com a canção "Azimuth", que mais tarde batizaria o grupo homônimo), *Assim na terra como no céu* ("Quarentão simpático"), *Pigmalião 70* ("Pigmalião"), *O cafona* (a famosa canção-tema), além das trilhas inteiras de *Os ossos do barão* e *Selva de pedra* (incluindo "Capitão de indústria"), além de seriados infantis, como *Vila Sésamo*, e até mesmo o famoso jingle de fim de ano da emissora, assinado a seis mãos, com **Nelson Motta**, a valsa pop "Um novo tempo": "Hoje a festa é sua / Hoje a festa é nossa / É de quem quiser / Quem vier", originalmente cantada por um coral reunindo todo o elenco da emissora e lançada num compacto no fim de 1972. Produzindo trilhas de novelas desde 1969, editando-as na Phonogram/Philips, a Globo decidiu a partir de 71 fundar sua própria gravadora, a Som Livre.

Inicialmente, grandes compositores do período foram convidados a criar todos os temas de suas novelas. Além dos irmãos **Valle, Roberto e**

A "MPB", O CLUBE DA ESQUINA, O ROCK MALCRIADO E OS ALTERNATIVOS...

Erasmo Carlos, Antonio Carlos & Jocafi, Baden Powell e Paulo Cesar Pinheiro, Raul Seixas e Paulo Coelho, Toquinho & Vinicius, Guto Graça Mello e Nelson Motta, mais Zé Rodrix (sozinho mesmo) também o fizeram. Em outros folhetins, alguns autores compuseram faixas somente para personagens específicos, caso de Arthur Verocai, Fred Falcão, Silvio César, Roberto Menescal, Paulinho Tapajós, Nonato Buzar, Luiz Carlos Sá, Guarabyra, César Costa Filho, Aldir Blanc, Reginaldo Bessa, Paulinho Soares, Walter Queiroz, Danilo e Dori Caymmi, Edu Lobo, Alceu Valença, Gonzaguinha e tantos outros, na maioria, em início de carreira, inclusive Antonio Adolfo e Tibério Gaspar, cuja canção "Teletema" foi uma das primeiras consagradas nacionalmente via folhetim televisivo, na referida novela *Véu de noiva* (1969).

Até mesmo o veterano Dorival Caymmi assinou as famosíssimas canções de abertura das novelas *Gabriela* (1975) e *Escrava Isaura* (1976). São elas "Modinha para Gabriela", da primeira, interpretada por Gal Costa ("Eu nasci assim / Eu cresci assim / Eu sou mesmo assim / Vou ser sempre assim / Gabriela, sempre Gabriela...") e "Retirantes", da segunda, que ele mesmo gravou, com arranjo vocal/instrumental idealizado pelo maestro Waltel Branco, mesmo arranjador de inúmeras trilhas daquela época ("Lerê, Lerê / lerê, lerê, lerê / Vida de nego é difícil...").

A partir de meados da década, a Som Livre fez um acordo com as demais gravadoras do mercado, editando uma espécie de hit parade nacional e estrangeiro para cada trama, contribuindo decisivamente para o sucesso de um sem-número de artistas e canções. Paralelamente, formou um elenco próprio de artistas, alguns bastante experimentais, incluindo alguns do universo homossexual, tema tabu à época, como Edy Star — com um pioneiro álbum de estética gay, *Sweet Edy* (1974) — e Tuca — com *Drácula, I love you*, outro de 74, incluindo algumas canções sutis de teor lésbico. Egressa dos festivais, Tuca obteve mais sucesso na França que no Brasil, emplacando diversas composições próprias, como "La question", num cultuado álbum de Françoise Hardy em 71. Sua trajetória, entretanto, foi interrompida precocemente em 78, quando morreu, vítima de um regime para emagrecer. Também em Paris, os Les Étoiles (Rolando Faria e Luiz

Antônio), após assistirem à vitoriosa turnê europeia dos Dzi Croquettes, se enveredaram pela androginia em meados da década com um trabalho vocal e teatral impressionante de sabor bem brasileiro que lhes rendeu fama e diversos álbuns no mercado francês.

Voltando à Som Livre, a gravadora também apostou em futuros astros iniciantes, como **Guilherme Arantes**, **Fábio Jr.**, **Djavan**, **Alceu Valença**, **Geraldo Azevedo**, **Ruy Maurity** e **Novos Baianos** (cujo álbum *Acabou chorare* [72] foi um dos primeiros êxitos comerciais da empresa) e alguns em ascensão, como **Moraes Moreira**, **Luiz Melodia**, **Sá & Guarabyra**, **Francis Hime** e, a partir de 75, **Rita Lee**, que em breve seria o número um de seu elenco. Investiu ainda em artistas de sucesso efêmero, como **Djalma Dias**, **Marília Barbosa** (também atriz) e **Sonia Santos**, e eternos, como **Cauby Peixoto** e **Elizeth Cardoso**.

Músicos consagrados em gravações de estúdio de meia música brasileira, o pianista **José Roberto Bertrami**, o baixista **Alex Malheiros** e o baterista **Mamão** (Ivan Conti) decidiram se unir num trio inspirado numa canção de **Marcos Valle**, o **Azimuth**. Estouram "Linha do horizonte" (Paraná/ Paulo Sérgio Valle) (com letra), também na Som Livre em 1975, e "Voo sobre o horizonte" (Paraná/Zé Roberto) (só com improvisos vocais), em 77, já na WEA, do grupo Warner, que começara a se estabelecer no país um ano antes. Eram, ambas, canções contemplativas, suaves, de sabor entre o pop, a bossa e o jazz. Naquele mesmo ano é a primeira banda brasileira convidada para o Festival de Jazz de Montreux, abrindo caminho para que no ano seguinte se inaugurasse a tradicional noite brasileira que perduraria pelas quatro décadas seguintes, com iniciantes como o grupo **A Cor do Som** e o guitarrista pernambucano **Ivinho** (de trajetória curta), os percussionistas **Djalma Corrêa** e **Airto Moreira** e ainda **Gilberto Gil**, que partiria para Los Angeles na sequência, a fim de gravar seu primeiro LP americano, *Nightingale* (79). O **Azimuth** (depois **Azymuth**) teve uma trajetória de sucesso cult no país e chegou a ficar um ano nas paradas inglesas com a canção "Jazz carnival" em 1988.

A Som Livre também ganharia o passe de **Jorge Ben** em 1978. Antes disso, porém, ele continuava a fazer história na Phonogram, a começar

A "MPB", O CLUBE DA ESQUINA, O ROCK MALCRIADO E OS ALTERNATIVOS...

pelo LP *Negro é lindo* (71), em que ousava fazer a elegia da raça em período político tão conturbado, continuando no correr da década, com hits no mesmo assunto, do quilate de "Menina mulher da pele preta", "Zumbi" e "Xica da Silva" (tema do filme homônimo, de Cacá Diegues). Outros marcos foram o místico álbum *A Tábua de Esmeralda* (74), com canções como "Os alquimistas estão chegando os alquimistas", e o cultuado *África Brasil* (76), no qual trocava o violão pela guitarra. Aliás, continuava mantendo a mesma avalanche de sucessos anuais da década anterior, recorrendo não só ao misticismo ("Domingo 23", "Jorge da Capadócia"), como a cenários, figuras e línguas ancestrais ("Taj Mahal", "Caramba... Galileu da Galileia" e "Errare humanum est"). Em contraponto, não deixava de lado um assunto que lhe era bem caro, o futebol, em "Fio Maravilha", "Camisa 10 da Gávea", "Zagueiro" e "Ponta de lança africano", além de nonsenses divertidos, como "Cosa nostra", esta, anos mais tarde, adaptada pelo animador **Silvio Santos** para receber os jurados no seu *Show de calouros*, na TVS (depois SBT). Ainda gravou um álbum experimental duplo com **Gilberto Gil**, *Gil & Jorge, Ogum, Xangô* (75), em que musicou até uma oração ("Meu glorioso São Cristóvão"), achada num papelzinho no chão do estúdio.

Um festival atípico, revelações expressivas e novos clássicos

Ainda em 1975, a mesma TV Globo realizou o Festival Abertura, sua primeira tentativa de retomar as disputas entre canções, que chegara ao fim havia três anos. Apesar de não ter alcançado a repercussão de outros tempos, entre os finalistas estava uma boa mostra dos compositores importantes que figuraram nos anos 70. Havia artistas nordestinos de som universal (**Alceu Valença,** com o rock-repente "Vou danado pra Catende", um poema de Ascenso Ferreira musicado por ele; **Ednardo**, com "Vaila", dele com Brandão), sambista carioca com formação universitária (**Leci Brandão**, com seu primeiro sucesso, autoral, que daria título a seu primeiro LP, *Antes que eu volte a ser nada*), dupla baiana ligada ao samba-soul (**Tom & Dito**, que igualmente lançou seu primeiro êxito autoral, "Tamanco malandrinho"), artistas alternativos, com a pecha de "malditos", como **Luiz**

Melodia, Jorge Mautner, Jards Macalé e Walter Franco, dos quais apenas o primeiro obteve mais repercussão com seu samba-soul autoral "Ébano") e outros que se firmaram mais como músicos ou compositores, a exemplo de (Octávio) Burnier & (Cláudio) Cartier, que à época formavam uma dupla, e o também produtor musical e compositor Reginaldo Bessa. Vale dizer que Burnier na década seguinte mudou de nome para Tavinho Bonfá.

Embora tenha sido ganho por um artista da "MPB" eclética que não chegou a estourar — Carlinhos Vergueiro com a autoral "Como um ladrão" —, foi o segundo colocado que se projetou como um dos nossos maiores cantores-compositores de todos os tempos, o alagoano Djavan, com o samba de sua lavra, cheio de síncopes, "Fato consumado", com um refrão infalível: "Eu quero é viver em paz / Por favor me beija a boca / Que louca! / Que louca!". No ano seguinte, 1976, gravava seu primeiro LP, *A voz, o violão, a música de Djavan*, com o sucesso "Flor de lis", um outro samba dele próprio que caiu na boca do povo: "E o meu jardim da vida / Ressecou, morreu / Do pé que brotou Maria / Nem Margarida nasceu."

No mesmo ano do Festival Abertura, dois grandes estreantes davam passos importantes na MPB. Para começar, Emílio Santiago, cantor sofisticado, de emissão cool, que tinha um lado romântico, na linha de Dick Farney e Johnny Alf, e outro de balanço, com algo de Simonal. Em 1970, o ex-office boy ingressava na Faculdade Nacional de Direito, no Rio, mas logo foi convidado a participar de um festival universitário. Seu êxito o levou a largar o curso para se dedicar à música, tornando-se um grande crooner da noite carioca. Após cantar no concurso *A grande chance*, do *Programa Flávio Cavalcanti* e gravar alguns compactos entre 72 e 73, inclusive um como Teddy, cantando em inglês, registrou em 75 seu primeiro e hoje cultuado LP homônimo na CID. A seguir, contratado pela Polygram, começou a construir uma carreira de prestígio, ainda sem estouro comercial, sempre acompanhado de músicos de primeira linha. Com repertório de ponta, gravou sambas com toques jazzísticos, como "Bananeira" (João Donato/ Gilberto Gil) e "Nega" (Vevé Calazans), este seu primeiro sucesso. Chegou ao ápice do requinte em 1979 com o LP *O canto crescente de Emílio Santiago*, em que se notabilizou pelo samba sensual "Logo agora",

A "MPB", O CLUBE DA ESQUINA, O ROCK MALCRIADO E OS ALTERNATIVOS...

do iniciante **Jorge Aragão** com **Jotabê**: "Agora entendo o sorriso / Ele é que não entendeu / Se não fez amor com você / Faço eu." Mas sua consagração popular ainda estava distante.

Com mais repercussão, surge a paraense **Fafá de Belém** que trouxe um novo padrão de beleza feminina e de sensualidade à música brasileira — um pouco acima do peso, seios fartos, voz sexy e gargalhada escancarada —, sendo ao mesmo tempo inteligente e articulada. Com apenas 18 anos chegou ao Rio de Janeiro e estourou com o afoxé "Filho da Bahia", de **Walter Queiroz**, gravado para a antológica novela *Gabriela*, da TV Globo, cuja trilha emplacou quase todas as faixas: "Saia dessa roda, venha descansar / Venha pro meu colo, venha namorar / Ah, moreno...". Na mesma linha mais regional, vieram "Emoriô", outra da lavra de **João Donato** e **Gilberto Gil**, e canções e ritmos que evocavam seu estado, o Pará, como a suingada "Esse rio é minha rua", a existencial "Pauapixuna" e a romântica, algo caribenha, "Foi assim" ("Como um resto de sol no mar / Como a brisa da preamar / Nós chegamos ao fim"), todas dos conterrâneos **Ruy Barata** e **Paulo André** — pai e filho.

Aos poucos, **Fafá** cantou também o melhor do cancioneiro mais urbano, incluindo duas peças compostas por **Milton Nascimento** e **Fernando Brant** para o balé *Maria, Maria*, do Grupo Corpo, sendo intérprete vigorosa na ode à negritude "Raça" ("Lá vem a força, lá vem a magia / Que me incendeia o corpo de alegria") e brejeira e lasciva em "Sedução": "Eu nasci para ter um amor forte, sereno, bonito, gostoso, um homem bom", versos que flagram um prenúncio do *boom* sensual e feminino que arrombaria a "MPB" naquele fim de década.

Outra cantora fundamental do período, que aguçou a libido dos brasileiros e começou pouco antes de **Fafá**, em 1973, foi a baiana **Simone**. Ex-jogadora de basquete, com um timbre raro de contralto, ela teve um começo *sui generis* na "MPB". Jamais foi crooner. Passou das quadras esportivas a um teste na Odeon. Aprovada, foi descoberta por **Hermínio Bello de Carvalho** e levada para um show com o sambista **Roberto Ribeiro**, também recém-revelado, e o violonista **João de Aquino** na Europa. E o primeiro palco em que pisou foi o mítico Olympia de Paris. Simples assim.

Contudo, foi somente em seu quarto álbum solo (ou sétimo, se contarmos os coletivos), em 77, que ela realmente estourou, com as existenciais "Jura secreta" ("Só uma palavra me devora / Aquela que meu coração não diz") e "Face a face" ("São as trapaças da sorte / São as graças da paixão / Quem quiser casar comigo / Tem que ter opinião"), ambas de **Sueli Costa** (que também começou a gravar como cantora naquele tempo, em 75), sendo a primeira com versos de **Abel Silva**, e a segunda de **Cacaso.**

A partir de então, **Simone** começou a enfileirar sucessos até o fim dos anos 80, ano a ano, sem trégua, a começar pelo LP *Cigarra*, trazendo composições da mesma **Sueli Costa**, com **Tite de Lemos** (o ousado bolero "Medo de amar nº 2", dos versos "Você me deixa um pouco tonta / Assim meio maluca / Quando me conta essas tolices e segredos (...) E me bate na cara / E me dobra os joelhos / E me vira a cabeça"), **Gonzaguinha** (a toada "Diga lá, coração", em dueto com o próprio) e a faixa-título, de **Milton Nascimento** e **Ronaldo Bastos**, que virou seu apelido, e fez o país todo imitar uma cigarra no refrão: "Si-si-si-si-si-si..."

Quem iniciou uma carreira solo naquele período foi **Ney Matogrosso**, confirmando a sua promissora estreia bombástica no **Secos & Molhados**. Gravou um primeiro e impactante LP, *Água do Céu — Pássaro* (75), entre o pop e o jazz, com sonoridades latinas e brasileiras, destacando a canção de protesto "('Desperta') América do Sul", de **Paulo Machado**, cujo clipe no programa *Fantástico* da TV Globo, gravado com tomadas externas, fora dos estúdios, foi o pioneiro nessa característica, mostrando o cantor sobrevoando uma série de paisagens naturais, num efeito obtido com ele amarrado pela cintura num helicóptero sem porta, vestido como um aborígene. No ano seguinte, gravou "Mulheres de Atenas", uma bela crítica à submissão feminina assinada por **Chico Buarque** e **Augusto Boal**, "A gaivota", de **Gilberto Gil**, e o debochado tango/chá-chá-chá "Bandido corazón", que **Rita Lee** lhe presenteou, puxando o sucesso de seu segundo LP. Foi por causa do arranjo dessa música assinado por **Roberto de Carvalho**, à época ainda chamado de **Zezé**, que **Ney** fez a ponte para que ela conhecesse aquele que seria seu futuro companheiro conjugal e musical para toda a vida.

A "MPB", O CLUBE DA ESQUINA, O ROCK MALCRIADO E OS ALTERNATIVOS...

No palco, o sucesso era ainda maior, quando, desafiando a ditadura, **Ney** reforçava sua ambiguidade sexual e provocava o público de todas as maneiras. No show de lançamento do LP *Bandido*, por exemplo, ele surgia atrás de uma fogueira acesa no palco rebolando e tocando castanholas, lambia salto "15" de bota, metia a mão dentro da calça e chegava ao clímax com um strip-tease ao som da sertaneja "Boneca cobiçada", enquanto mudava de roupa, ou melhor, de tapa-sexo. Apesar do biombo que havia na altura de sua cintura, um espelho por trás fazia a plateia de *voyeur*. Num tempo em que homem não podia usar cor-de-rosa, brinco, pulseira, sandália Havaiana, camisa vermelha ou muito estampada, muito menos se requebrar, ter voz aguda ou demonstrar qualquer atributo ligado ao universo feminino, dá para se ter uma ideia do impacto da figura de **Ney** no Brasil dos anos 70.

A explosão dos baianos

Dividindo com **Ney**, **Rita** e **Fafá** o posto de sexy-symbols da década, **Gal Costa**, então uma estrela absoluta, era uma fábrica de belos hits. A partir de 1973, emplacou "Presente cotidiano" (Luiz Melodia), duas novas de **Dorival Caymmi**: "Oração de Mãe Menininha", em duo com **Maria Bethânia** ao vivo no Phono 73, e a referida "Modinha para Gabriela", em 75, e registrava outras três de **João Donato**, que voltava a morar no Brasil em 72, estreando como cantor no LP *Quem é quem* (73), pelas mãos de **Marcos Valle**. Agora começando a buscar letristas para seus inúmeros temas instrumentais compostos até então — uma sugestão de **Agostinho dos Santos**, que logo a seguir morreria num desastre de avião —, **Donato** se tornaria ainda o arranjador e líder da banda da cantora no álbum e show *Cantar* (74), destacando a bossa tropical "A rã" (com letra de **Caetano**) e duas com seu parceiro mais constante, o irmão **Lysias Ênio**: a funkeada "Flor de maracujá" e a delicada "Até quem sabe": "Até um dia, até talvez, até quem sabe / Até você, sem fantasia, sem mais saudade...".

Em 1976, *Gal canta Caymmi* era outro álbum a contar com seus incríveis arranjos, destacando a regravação de "Só louco", tema de abertura da novela

O casarão, da TV Globo. E falando em recriações de clássicos, no período de 1973-77 ela foi buscar velhos êxitos de **Linda Batista** (o samba-canção "Volta"), **Ademilde Fonseca** (o choro "Teco-teco"), **Demônios da Garoa** (o sambão "Trem das onze"), **Cascatinha e Inhana** (a guarânia "Índia") e até Bob Dylan (uma versão do blues "It's all over now, baby blue", "Negro amor").[16] Ainda lançou uma promissora compositora, **Marina (Lima)**, com a canção pop vingativa "Meu doce amor" (com **Duda Machado**): "Você vacilou / E agora, agora você / Você vai sangrar / Um mar de dor". Tudo funcionava na voz de **Gal**.

Gravando diversos discos experimentais (*Araçá azul*, recorde de devolução nas lojas, em 1973, e *Joia*, cuja capa, que trazia um desenho dele com sua mulher, seu filho e ele próprio nus, é proibida) ou temáticos durante a década; produzindo álbuns históricos de **Bethânia** (*Drama*) e **Gal** (o referido *Cantar*, lhe dando pérolas como "Lua, lua, lua, lua") e eventualmente criticando a própria canção de protesto e os "movimentos musicais", **Caetano Veloso** emplacava no rádio em 75 a enigmática "Qualquer coisa" ("Esse papo seu tá qualquer coisa / Você já tá pra lá de Marrakesh") — que mesmo cheia de quebras de ritmo e palavras difíceis caiu no gosto do público.

Após uma excursão em 1976 com os **Doces Bárbaros**, num espetáculo comemorativo dos dez anos de carreira dele e de **Gal**, **Gil** e **Bethânia**, lançava o álbum temático *Bicho* (77), cujo repertório foi inspirado em sua primeira viagem ao continente africano. Assim nasceram "Odara" (popularizando a palavra de raiz iorubá, que significa, entre outras coisas, estar em paz e tranquilidade), "Tigresa" (que virou hit de **Gal**), "O leãozinho", dedicada ao baixista **Dadi**, até então integrado à trupe dos **Novos Baianos** e, sim, alguns protestos mais universais, nas letras de "Gente" ("é pra brilhar, não pra morrer de fome") e "Um índio", sobre o apagamento da memória indígena, embora isso fosse pouco para uma ala esquerdista mais radical que não entendia que a guerra contra o estabelecido se dava também no plano comportamental, como na faixa "Odara", alusiva à filosofia de vida hippie. No ano seguinte, viria o LP *Muito — Dentro da estrela azulada*, com a onírica "Terra" e o samba-canção "Sampa", uma grande homenagem à cidade de São Paulo, cuja melodia citava o clássico "Ronda": "Alguma coisa

A "MPB", O CLUBE DA ESQUINA, O ROCK MALCRIADO E OS ALTERNATIVOS...

acontece no meu coração / Que só quando cruzo a Ipiranga / E a avenida São João". Todas indispensáveis em qualquer rodinha de violão da época. Durante toda a década, **Caetano** também compunha marchas-frevo para o carnaval, algumas das quais compiladas no LP *Muitos carnavais* (77).

Quem também passou a dar atenção especial à folia carnavalesca, fora do modismo dos sambas-enredo cariocas, foi o "novo baiano" **Morais** — o primeiro dos integrantes do célebre grupo a desertá-lo para iniciar uma carreira individual das mais consistentes em 1975, logo rebatizado de **Moraes Moreira** pelo empresário Guilherme Araújo. Em paralelo a seu disco solo, acabou produzindo o primeiro LP do legendário **Trio Elétrico Dodô e Osmar**, que há um ano contava com um "novo" integrante, **Armandinho**, o bandolinista virtuose, filho de **Osmar Macedo** que desde os dez anos de idade já o acompanhava, inclusive num trio mirim que o pai inventou para introduzi-lo na festa. **Armandinho** então o reestruturou em 74, após 13 anos afastado da folia de Salvador, com seus três irmãos músicos e a adesão de **Moraes** já no ano seguinte. O álbum chamava-se *Jubileu de prata* (75), cujo título remetia aos 25 anos de fundação daquele duo, depois trio de músicos sobre um pequeno Ford Bigode, que saía pelas ruas do Centro de Salvador durante o carnaval, tocando frevos e marchas, cuja história será esmiuçada mais adiante.

Naquele disco, havia duas músicas cantadas por **Moraes,** inclusive a faixa-título, o frevo eletrizado "Jubileu de prata" (de **Dodô e Osmar**), que já foi bem-aceito na folia baiana de 1975. Durante o desfile, o público que seguia o trio já pedia para que ele cantasse. Daí que pegou um microfone bem simplório que **Osmar** usava para dar avisos aos foliões, batizado de "meus amigos" (porque era assim que ele sempre se referia ao público) e, vencendo as microfonias, se tornou o primeiro cantor a subir num trio elétrico no carnaval baiano, entoando o tal frevo algumas vezes durante o longo desfile, iniciando uma tradição que perdura até os dias de hoje. Em 77, colocou uma letra na marcha-frevo "Double morse", de **Dodô e Osmar**, rebatizando-a de "Pombo correio" ("Voa depressa / E esta carta leva / Para o meu amor"). Foi seu primeiro grande sucesso solo, de uma carreira cujas marcas foram seu violão bem característico, mais o suingue e a vibração de suas canções, na base da positividade, agora compondo também com **Fausto Nilo, Abel Silva, Antonio Risério, Capinan, Fred Góes, Zeca Barreto, Paulo Leminski** e outros grandes músicos e poetas, se tornando verdadeiramente um astro nos anos 80.

Outro baiano, **Gilberto Gil**, era também pura explosão criativa, como músico e poeta. Depois de lançar o maior sucesso da dupla alternativa **Jorge Mautner** e **Nelson Jacobina**, "Maracatu atômico" em 1974, gravou o clássico LP *Refazenda* (75), em que aprofundava sua relação com o Nordeste, na belíssima faixa-título, que fazia referência à clássica "Mulher rendeira" ("Abacateiro, saiba que na refazenda / Tu me ensina a fazer renda / Que eu te ensino a namorar") e em duas de **Dominguinhos**, "Tenho sede" (com letra de **Anastácia**) e "Lamento sertanejo" (com versos do próprio **Gil**). Se este álbum era de inspiração rural, o próximo, *Refavela* (1977), estreitava seus laços com a mãe África, após a volta de uma viagem à Nigéria, onde participou de um festival de arte e cultura negra. Nas temáticas e no acabamento percussivo, procurava fazer uma ponte com o que via desta cultura no Brasil de então, exaltando os blocos afro-baianos, o movimento jovem Black-Rio, a população majoritariamente preta das favelas cariocas e de Salvador, e a herança religiosa do culto aos orixás, destacando temas como "Babá Alapalá" e a faixa-título.

Cada vez mais filosófico, naquela década o compositor aprofundou temas existenciais, tentando entender que todo ser humano é ao mesmo tempo homem e mulher ("Pai e mãe", "Super-homem — a canção"), vendo a solidão de uma perspectiva positiva ("Preciso aprender a só ser"), relativizando verdades absolutas ("Copo vazio", lançada por **Chico Buarque**) e reivindicando o equilíbrio do ser ("Retiros espirituais", "Aqui e agora"). Foi sensual e místico em "Esotérico" ("Não adianta nem me abandonar / Porque mistério sempre há de pintar por aí") e criou um libelo a favor do amor livre, brincando com o slogan da ditadura ("Brasil, ame-o ou deixe--o") em "O seu amor" ("Ame-o e deixe-o livre para amar / O seu amor / Ame-o e deixe-o ir aonde quiser").

As duas últimas canções faziam parte do show coletivo (que virou álbum duplo ao vivo) *Doces Bárbaros* (76). Foi durante essa turnê, quando o

A "MPB", O CLUBE DA ESQUINA, O ROCK MALCRIADO E OS ALTERNATIVOS...

quarteto baiano estava em Florianópolis, que **Gil** foi preso e pelos mesmos motivos de **Rita Lee**: porte de maconha e afirmação do poderio militar, enquadrando ídolos da juventude. Soltos, em 77, se juntaram no show *Refestança*, que virou também um álbum ao vivo, muito mal gravado, mas que valeu para marcar seus territórios e transgredir em meio à pressão política, e ainda com a coragem de satirizar diversas figuras da "MPB" tradicional no rock "Arrombou a festa", de **Rita** e **Paulo Coelho**: "Ai, ai meu Deus / O que foi que aconteceu / Com a música popular brasileira? / Todos falam sério / Todos eles levam a sério / Mas esse sério me parece brincadeira", num tempo em que os roqueiros era tachados de alienados pela galera da "MPB" e do samba, e as duas turmas não se bicavam.

A invasão (e renovação) da nação musical nordestina

Ainda no turbulento ano de 1976, **Elis Regina** estava em cartaz com a superprodução *Falso brilhante*, em São Paulo, um espetáculo engajado com críticas veladas ao sistema político, que intitulou também seu LP de estúdio, obtendo sucesso estrondoso com a regravação da valsa "Fascinação" e um blues inédito que virou hino de uma geração, "Como nossos pais": "Minha dor é perceber / Que apesar de termos feito tudo, tudo que fizemos / Ainda somos os mesmos e vivemos como os nossos pais", projetando definitivamente seu autor, o cearense **Belchior**.

É preciso levar em conta que na segunda metade da década de 60 surgem em várias cidades do Brasil — Rio, São Paulo, Belo Horizonte, Salvador — grupos de jovens que se uniram em torno dos movimentos regionais de arte e cultura, normalmente ligados ao ambiente universitário, combativos do regime militar. Tal atividade coletiva foi herdada dos Centros Populares de Cultura — grupos de ativistas de teatro e música popular coordenados pela União Nacional dos Estudantes (UNE) —, e que dominaram a cena universitária nos anos que antecederam a ditadura (depois considerados ilegais). A formação artística desses grupos era espontânea e incluía referências da bossa nova, do Cinema Novo, dos filmes europeus divulgados em cineclubes, do teatro de protesto, da arte popular e da poesia moderna brasileira. Fortaleza e Recife foram justamente os maiores polos de sua "facção nordestina".

Essa turma do Nordeste acima de Salvador não teve um espírito coletivo de grupo nem a sorte de ter um nome que a consagrasse para a posteridade como movimento musical, tampouco uma gravadora só que investisse em todos eles, como os baianos do Tropicalismo (na Phonogram) e os mineiros do Clube da Esquina (na Odeon) — apesar de a CBS ter investido em muitos deles num segundo momento. Isso ocorreu talvez por terem estilos muito diferentes entre si, por terem vindo de estados distintos e pelo temperamento forte e vaidade excessivos de alguns de seus integrantes. Ainda assim, a verdade é que todo esse grupo também teve sua parcela igualmente revolucionária na chamada "MPB" desse período por somar sotaques diferentes e influências múltiplas ao nosso cancioneiro, no caso nordestino, para além de **Luiz Gonzaga**, **Jackson do Pandeiro** e **Marinês**.

Uma parte daquele grupo era conhecido como **Pessoal do Ceará**, de intelectuais e artistas do circuito universitário de Fortaleza que se reuniam para debater assuntos relacionados ao futuro do país, além de se revezarem na apresentação de um programa de TV local, *Porque Hoje É Sábado*, ainda no fim dos anos 60. Todos esses — e figuras de outras regiões nordestinas que tentaram a sorte na mesma época —, ao contrário dos baianos e mineiros, demoraram bem mais a se consagrar nacionalmente como intérpretes.

Após a mudança para o Rio de Janeiro, os primeiros cearenses a se destacar — e que seriam efetivamente os mais famosos — foram os ex-estudantes de Medicina (Antonio Carlos) **Belchior**, e Arquitetura (Raimundo) **Fagner**. Parceiros, entre outras, na canção "Mucuripe" e no samba-jazz "Noves fora", logo incorporados ao repertório de **Elis Regina**, não chegaram a ter uma amizade muito próxima depois daquele breve período de 1971 a 72. O primeiro ganhou, munido de sua voz fanhosa e interpretação trovadoresca, o IV Festival Universitário da TV Tupi do Rio em 71, com a canção de cunho social "Na hora do almoço", mas só gravaria o primeiro LP em 74, sem grande repercussão, apesar de já incluir o clássico "A palo seco" (depois regravado com sucesso por ele mesmo dois anos depois). Após a gravação de "Paralelas" por **Vanusa**, em 75, e, sobretudo, de "Como nossos

A "MPB", O CLUBE DA ESQUINA, O ROCK MALCRIADO E OS ALTERNATIVOS...

pais" (e do rock "Velha roupa colorida") por **Elis** em 76, é que sua carreira de intérprete também decolou, com o lançamento do LP *Alucinação* que trazia "(Eu sou) Apenas um rapaz latino-americano" ("sem dinheiro no banco / Sem parentes importantes / e vindo do interior"). A partir de então enfileirou sucessos, como "Coração selvagem", "Galos, noites e quintais", "Todo sujo de batom" e "Divina comédia humana", sendo dos raros artistas engajados da chamada "MPB" que preferiu os sons americanos — baladas, blues e rock — para traduzir os conflitos de seu tempo, como um Bob Dylan tupiniquim, já desconstruindo uma ideia de que por ser músico nordestino era preciso beber apenas na fonte dessa cultura.

Por sua vez, **Fagner**, após sair vitorioso em festivais locais universitários, no Ceará e em Brasília (inclusive com "Mucuripe", que seria registrada em sua voz no primeiro volume do *Disco de Bolso do Pasquim*, encartado no famoso tabloide contestador carioca, em 1972), de ter gravado um compacto em dupla com o conterrâneo **Cirino** e uma discreta participação no FIC de 72 com a canção "Quatro graus", chegou ao primeiro LP já no ano seguinte, *Manera Fru Fru, manera*, com "Penas do tiê" (adaptada da velha canção "Você", de **Hekel Tavares** e **Nair Mesquita**), em dueto com **Nara Leão**, e "Canteiros" (sobre poesia de **Cecília Meireles**): "Quando penso em você / Fecho os olhos de saudaaaaaaade..." — faixas cujo sucesso seria ainda maior com o passar dos anos, pois seu LP foi logo recolhido por causa de desentendimentos da família da poeta com o cantor e reeditado posteriormente sem a faixa. Com sua voz áspera, de sonoridade algo árabe, e naquela época com um pitoresco cacoete de tremer o rosto para cantar, aliado ao acompanhamento de um violão de náilon rascante e espanholado,[17] ele imprimiu um estilo de interpretar e tocar diferente de tudo que havia no país até então.

Quanto ao restante dos cearenses, em 1973, chegou ao disco o núcleo que se estabeleceu em São Paulo e foi descoberto pelo radialista **Walter Silva**. Eram o cantor e compositor **Ednardo**, a cantora **Téti** e o compositor **Rodger Rogério** no álbum coletivo *Pessoal do Ceará*, destacando-se "Terral", do primeiro, e "Cavalo Ferro", de **Fagner** e **Ricardo Bezerra** — este último, juntamente com **Fausto Nilo**, letristas importantes daquele grupo.

HISTÓRIA DA MÚSICA POPULAR BRASILEIRA – SEM PRECONCEITOS

O maior sucesso de **Ednardo** viria, entretanto, tal qual **Belchior**, em 76, com a sua composição "Pavão mysteriozo", tema de abertura da novela *Saramandaia*, da TV Globo, outro petardo político disfarçado: "Pavão misterioso / Pássaro formoso / Um conde raivoso / Não tarda a chegar / Não temas, minha donzela / Nossa sorte nesta guerra / Eles são muitos, mas não podem voar".

Além dos cearenses, também entraram em cena naquele tempo dois pernambucanos atuantes na cena universitária e artística de Recife, **Geraldo Azevedo** e **Alceu Valença**. Encantado pela bossa nova, **Geraldo** começou como violonista no conjunto **Sambossa**, foi para Recife prestar vestibular para Arquitetura, mas, ao conhecer o percussionista **Naná Vasconcelos**, a cantora **Teca Calazans** e **Paulo Guimarães**, acaba deixando os estudos e forma com eles o grupo **Construção**. Pouco depois, cunhou sua primeira composição com **Carlos Fernando** (futuro autor de frevos famosos), "Aquela rosa", que seria gravada por **Teca** e também por **Eliana Pittman**, mesma que em 1967 lhe fez um irrecusável convite para ir ao Rio de Janeiro acompanhá-la em seu primeiro show solo, após a doença do pai, **Booker Pittman**, para integrar sua banda, ao lado de figuras como **Novelli** e **Antonio Adolfo**. Depois, com os conterrâneos **Naná**, **Nelson Angelo** e **Franklin da Flauta**, forma o **Quarteto Livre**, acompanhando **Geraldo Vandré** nos seus shows, muito visados pela ditadura. Não deu outra: em 69, é preso e torturado por 41 dias.

Depois do trauma, voltou às atividades musicais, encontrando **Alceu** que àquela altura chegava ao Rio. Logo compuseram a primeira parceria, "Talismã" ("Diana me dê um talismã / Um talismã / Viajar / Você já pensou ir mais eu viajar?"), sendo inicialmente censurada por evocar as experiências lisérgicas comuns no período, depois enfim liberada. Cria dos circos e dos cantadores nordestinos — que citavam a Bíblia, a mitologia, quimeras, dragões, Vênus, Apolo, o diabo —, do suingue de **Luiz Gonzaga** e **Jackson do Pandeiro**, e dos cantores do rádio que tocavam nos alto-falantes da Praça de São Bento do Una, **Alceu** absorveu, já em Recife, a cultura americana de Ray Charles, Elvis Presley e, mais tarde, Bob Dylan. Daí que a mistura com **Geraldo** se tornava um tanto explosiva. Participaram juntos de fes-

A "MPB", O CLUBE DA ESQUINA, O ROCK MALCRIADO E OS ALTERNATIVOS...

tivais, como o VII e último FIC de 1972, com "Papagaio do futuro" (de **Alceu**), atuando ao lado do ídolo **Jackson do Pandeiro**, na mesma época que **Gilberto Gil** também o redescobria.

Apesar de não terem estourado no festival, os produtores da Copacabana Discos os convidaram para gravar o primeiro álbum em dupla (identificado na capa como *Quadrafônico*, por ser pioneiro na referida tecnologia), com influência da psicodelia em voga, mas que não obteve maior repercussão. Daí para a frente, atuaram (separadamente) no filme *A noite do espantalho*, de **Sérgio Ricardo**, em 1974, e voltaram, cada um, à carreira solo. Em 75, "Caravana", dos dois, na voz de **Geraldo**, integrava a trilha da festejada novela *Gabriela*, da TV Globo, e a seguir ele é preso e torturado novamente pela ditadura, talvez pelo tipo físico cabeludo e de barba, pois nunca fez parte de movimentos políticos. Quando o personagem de José Wilker, do qual sua canção era tema, entrava na trama, vinha a ordem para que fosse encapuzado e obrigado a cantar e dançar a música famosa, totalmente nu, enquanto seus algozes faziam uma roda em torno dele e o linchavam, pedindo isso aos palavrões.[18] Finalmente em liberdade, com impressionante poder de superação, até porque viu um companheiro de cela ser morto, trabalhou na direção musical da peça *Lampião no inferno*, de Luiz Mendonça, na qual conheceu a iniciante **Elba Ramalho**, que foi da Paraíba para o Rio a convite do **Quinteto Violado** — conjunto que desde 1970 abraçou a música nordestina de raiz, com um pé no folclore, obtendo sucesso com uma releitura do clássico "Asa branca". Finalmente, em 77, **Geraldo Azevedo** gravava seu primeiro LP, homônimo, incluindo um medley com as já testadas "Caravana" e "Talismã", mais "Barcarola do São Francisco". Aos poucos, sua figura ia conquistando mais visibilidade.

Alceu, por sua vez, demorou ainda mais para ser reconhecido. Após o Festival Abertura de 1975, chegou a sair de megafone pelas ruas de Copacabana conclamando o público para prestigiar seu show no Teatro Thereza Rachel. E não é que deu certo? Isso motivou a gravação de um álbum ao vivo, lançado no ano seguinte, e outro em estúdio, em 77, pela Som Livre, que entretanto não deram em nada. Desencantado, acaba indo variar de ares em Paris no fim da década, e o destino ainda o deixaria na geladeira por mais três anos até a sua retumbante consagração. Seus colegas de geração, o cantor e compositor **Zé Ramalho** e a cantora cearense **Amelinha**, também na batalha há vários anos, só se consagrariam justamente a partir de 1978, época em que se casaram, como veremos no volume dois deste livro.

Enquanto isso, **Fagner** ouviu um conselho providencial de **Roberto Carlos**: parar de fazer música apenas para os universitários e criar canções para que o povo todo cantasse. Daí que, em 1978, estourava no Brasil inteiro com "Revelação", dos irmãos piauienses radicados em Brasília, **Clodo** e **Clésio**, com direito à guitarra de **Robertinho de Recife**, que, após uma fase ruim em que chegou a desistir da carreira e, inspirado pela letra cortante da canção, transformava todas as agruras vividas num solo endiabrado antológico, tão marcante quanto a interpretação do amigo, como que dizendo para si mesmo que ele até poderia abandonar a música, mas esta jamais o largaria:[19] "Quando a gente tenta / De toda maneira / Dele se guardar / Sentimento ilhado / Morto, amordaçado / Volta a incomodar..." Isto foi o passaporte definitivo para o guitarrista entrar para o primeiro time da "MPB". No ano seguinte, já estava fazendo história na banda de **Gal Costa,** duelando com os agudos da cantora em sua regravação de "Meu nome é Gal".

O novo som dos blacks e das *discothèques*

Desde o fim dos anos 1960, a força da música soul negra americana começava a dar as caras em algumas grandes capitais brasileiras. Essa onda funk/soul vinha disseminada no trabalho de **Wilson Simonal**, com os arranjos azeitados de **César Camargo Mariano** carregados nesse molho, e em alguns artistas egressos da Jovem Guarda, como **Roberto Carlos** ("Se você pensa", "Todos estão surdos") e **Eduardo Araújo**. No V Festival Internacional da Canção, em 1970, as de maior destaque tinham um pé no soul, "Eu também quero mocotó" (com **Erlon Chaves**), "O amor é o meu país" (com **Ivan Lins**) e, sobretudo, a campeã "BR-3" (na voz **Tony Tornado**).[20] No mesmo ano, surgia nas paradas seu personagem mais autêntico e bem resolvido, **Tim Maia**, criando fusões com samba, xote e bossa nova, gravando com **Os Diagonais**, banda do futuro astro (Genival) **Cassiano**.

A "MPB", O CLUBE DA ESQUINA, O ROCK MALCRIADO E OS ALTERNATIVOS...

O pianista **Dom Salvador**, que já havia ajudado a estilizar o samba-jazz, agora era um dos mentores do samba-soul, gravando um álbum com o Grupo **Abolição**, *Som, sangue e raça* (71), em que navegava nessa praia de fusões bem sacadas, mas era tão diferente para os padrões da época que provocou a demissão de seu produtor e diretor artístico da CBS (além de grande músico e professor), **Ian Guest**. Depois, em 1973, foi para os Estados Unidos trabalhar com Harry Belafonte e nunca mais voltou. Naquela época, começavam a pulular reuniões em casas particulares da zona norte carioca para se ouvir soul music, enquanto na zona sul se iniciava a moda dos bailes black, com o "Baile da Pesada", no Canecão, depois levado a outros clubes da zona norte, em que os DJs **Big Boy** (branco, ex-professor de geografia) e **Ademir Lemos** (negro) tocavam o melhor do hit parade americano para dançar, incluindo o rock e o funk/soul. Aos poucos outros DJs foram aparecendo, como **Monsieur (Messiê) Limá**, **Cidinho Cambalhota** e **Mr. Funky Santos,** especialistas na discotecagem de black music. Vários deles também eram radialistas e passaram a produzir coletâneas do gênero.

Os eventos foram crescendo e já em meados dos anos 1970 multidões se espremiam em bailes promovidos em ginásios, sobretudo dos subúrbios cariocas da zona norte (e do Grande Rio), como Vera Cruz, da Abolição; Portelão, Portelinha, Império Serrano, Pavunense, União da Pavuna, Ideal de Olinda; Mauá, de São Gonçalo; Vila Laje, de Niterói; entre outros, todos animados por conjuntos orquestrais como **Brasil Show, Charme, Chanel, Devaneios, Copa 7** — este, com hits como os sambas-soul "Sabadá" (Ronaldo Barcellos), um hino dos bailes, e "Aos trancos e barrancos" (Moiséis Costa/Beto Soares)[21] —, e equipes de som como a **Cash Box, Furacão 2000** (que ficaria célebre na década seguinte) e **Soul Grand Prix**, que também marcavam presença nas domingueiras promovidas por **Dom Filó** no Clube Renascença do Andaraí, outro reduto da zona norte.

A **Soul Grand Prix** foi a primeira equipe a ter suas coletâneas de soul music lançadas por uma multinacional, a Warner, cujo presidente, André Midani, decidiu investir no gênero por ter ficado impressionado com tal movimento espontâneo da periferia ao ser convidado para ir até um desses bailes, pois era um universo que a classe média da zona sul carioca, formadora de opinião, nem sequer sonhava que existisse. Somente após uma reportagem de Lena Frias no *Jornal do Brasil* em 1976 ("Black Rio, o orgulho (importado) de ser negro no Brasil"), explicando que tais jovens estavam "espiritualmente mais próximos do Harlem do que das quadras de samba", acabou batizando o fenômeno como Movimento Black Rio, que teve ecos nos trabalhos de grandes nomes da "MPB" como **Caetano, Gil** e **Jorge Ben** no fim da década.

Era uma tentativa de afirmação da negritude nos cabelos, roupas, sapatos, acessórios, linguagem, eventuais discursos dos DJs (em pequenas paradas entre um set e outro) e no próprio ritmo do funk imortalizado por James Brown, e seus derivativos da soul music — algo que incomodava não apenas a ditadura, com medo de uma revolução negra à moda dos americanos (chegando a prender e torturar alguns dos responsáveis pelos bailes, como **Dom Filó**), como pela resistência esquerdista, que via naquilo uma traição à cultura negra local do samba — aliás, duas tribos musicais cujos defensores se estranhavam, ainda que houvesse também aqueles que achassem tudo muito natural, tanto que várias quadras de escolas se abriram aos bailes black. Apesar do som desses bailes priorizar essencialmente músicas estrangeiras, havia em alguns deles eventuais apresentações ao vivo de nomes da cena funk/black nacional que já faziam suas misturas até com o samba, como **Carlos Dafé**, **Gerson King Combo** e o próprio **Tim Maia**. Também foi esse movimento que propiciou o surgimento da revolucionária e originalíssima **Banda Black Rio**.

Formada em 1976 pelo saxofonista e flautista **Oberdan Magalhães**, sobrinho do baluarte do **Império Serrano Silas de Oliveira**, a **Black Rio** fundia o samba de gafieira (e outros ritmos brasileiros) com o jazz, o funk/ *discothèque*, em temas como a instrumental "Maria Fumaça" (Oberdan/ Luiz Carlos), que foi parar na abertura da novela de grande sucesso da TV Globo, *Locomotivas*, e batizou o seu primeiro LP, de 1977, seguido por *Gafieira Universal* (78), cuja formação original multiétnica trazia também **Barrosinho** (trompete), **Luiz Carlos** (bateria e percussão) — que, juntamente com **Oberdan** e o pianista **Dom Salvador** haviam formado o Grupo **Abolição** —, além de **Lucio** (trombone), **Claudio Stevenson** (guitarra),

A "MPB", O CLUBE DA ESQUINA, O ROCK MALCRIADO E OS ALTERNATIVOS...

Jorjão Barreto (teclados) no lugar de **Cristovão Bastos**, **Valdecir Nei** (baixo e cuíca) no lugar de **Jamil Joanes**, e foi seguindo com várias formações. Quem levaria adiante essa bandeira do samba-soul bem carioca no início da década seguinte seriam alguns poucos artistas, como **Emílio Santiago** e principalmente **Sandra (de) Sá**, que seria revelada em 80.

É bem verdade que o samba-soul é também uma outra forma de chamar o "samba-rock", cujo berço foi em São Paulo, onde era também o nome de uma dança, com artistas de ambas as cidades — assunto do próximo capítulo. Fato é que esse tipo de samba funkeado adquiriu pequenas nuances diferentes em cada estado brasileiro onde houve um movimento musical forte do gênero, aliás, como aconteceu com o próprio samba tradicional, entre Rio, São Paulo e Bahia, por exemplo, cada qual com sua particularidade, mas sendo no fundo o mesmo "barato" — para usar a gíria da época.

Em relação ao soul nacional propriamente dito, o primeiro artista a surgir para as massas (e resistir ao tempo, sempre com novos hits) foi mesmo **Tim Maia**. Depois do estouro de seu já comentado primeiro LP, em 1970, e de emplacar o divertido funk/soul "Chocolate", a balada romântica "Você" ("É tudo pra mim / É mais que esperava, baby"), ambas de sua autoria; o "forrock" "A festa do Santo Reis" (Márcio Leonardo) e sambas funkeados, como "Gostava tanto de você" (Edson Trindade) e "Réu confesso" (outra de sua lavra) que podem ser considerados samba-rock ou samba-soul dependendo do gosto do freguês, entre 1974 e 75 o cantor se converteu à seita Universo em Desencanto, que acreditava no poder de seres extraterrestres. Imbuído dessa doutrina, gravou dois volumes do álbum *Tim Maia Racional* que passaram em branco na época e, vinte anos depois, cultuados, incluindo o funk/soul "Imunização racional" ("Que beleza"). No fim da década, além do velho e bom soul tradicional "Sossego", flertou com a disco music, na disco-soul "Acenda o farol" e na disco-funk "Você e eu, eu e você (juntinhos)" — esta já em 80.

Revelado ao sucesso no mesmo ano de **Tim Maia**, o paulista radicado no Rio desde adolescente **Tony Tornado** começou imitando o cantor de twist Chubby Checker com o nome de Tony Checker, em 1959, depois viajou com o grupo folclórico Brasiliana para os Estados Unidos, onde viveu por dez anos. Viu surgir o movimento negro e se apaixonou pela soul music, mas também teve passagens pela marginalidade, assim como o colega doze anos mais novo, o mesmo **Tim Maia**, que chegou a conhecer por lá. Na volta, foi crooner do conjunto de **Ed Lincoln** e virou uma espécie de James Brown à brasileira, causando alarde no V FIC com "BR-3". Ainda gravou dois discos, incluindo o funk "Podes crer, amizade" (dele, com Major) mas foi muito prejudicado, como já vimos, pela perseguição da ditadura. Acabou ficando mais conhecido, anos depois, como ator de cinema e TV.

Ainda em 1970, lançado como compositor por **Tim Maia** no hit "Primavera", o paraibano **Cassiano** só seria consagrado como cantor mais adiante, com os hits autorais (com **Paulo Zdanowsky**) "A lua e eu", em 75, e, no ano seguinte, "Coleção" ("Sei que você gosta de brincar / De amores / Mas, ó, comigo não..."), ambos incluídos em trilhas de novela de sucesso. Pouco antes, em 74, o soul nacional revelava o baiano **Hyldon** com "Na rua, na chuva, na fazenda (Casinha de sapê)", e pouco depois, em 77, o carioca **Carlos Dafé,** autor de alguns sambas de acento soul, como "Acorda que eu quero ver" e a canção "Pra que vou recordar o que chorei", também incluída numa novela global, da mesma forma que a balada soul "Pensando nela", hit único do ex-guitarrista de **Raul Seixas**, o uruguaio radicado no Brasil **Don Beto**. Já **Fábio**, que apareceu com a balada "Stella", em 69, depois tirou terceiro lugar com "Encouraçado" no V FIC, de 70, estourou duas baladas soul com o amigo **Tim**, em 79, "Até parece que foi sonho" e "Velho camarada", esta com o reforço vocal também de **Hyldon**: "Como vai, meu velho camarada / Quanto tempo eu não vejo mais você...". Nesse meio-tempo, em 77, os paulistas **Tony Bizarro** (também produtor, que vinha da dupla de rock e soul **Tony & Frankye**, com "Nesse inverno")[22] e **Miguel de Deus** (ex-guitarrista do grupo **Os Brazões**) também tentaram a sorte gravando álbuns na linha soul, sem maior repercussão.

Fechando o pioneiro time do soul nacional, tivemos **Gerson King Combo,** irmão do autor jovem-guardista **Getúlio Côrtes**, que chegou a ser dançarino, depois coreógrafo do programa *Jovem Guarda* e até das chacretes (dançarinas do programa de Chacrinha), antes de optar por ser cantor. No início dos anos 70, excursionou com **Simonal** para os Estados

A "MPB", O CLUBE DA ESQUINA, O ROCK MALCRIADO E OS ALTERNATIVOS...

Unidos, e lá também conheceu ícones soul como Stevie Wonder e James Brown, cujo estilo passou a cultuar tal e qual o rival **Tony Tornado**, porém mais irreverente, sempre vestido como um rei, com capa e tudo. Gravou seu álbum homônimo definitivo (cult), em 77, incluindo os "Mandamentos Black",[23] com direito a recitativo, conclamando os "brothers" a ter atitude "black", mas nunca saiu do gueto. Vale dizer que a polícia não entendeu sua irreverência e o levou a ser interrogado pelo Doi-Codi. Achavam que ele era "líder do movimento" que planejava uma revolução negra.[24]

A partir de 1977/78 explodiu o *boom* mundial da *discothèque*, que enfraqueceu por alguns anos tanto a cena soul, sobretudo no Rio, quanto a roqueira daquele tempo. Contudo, as produções brasileiras de disco music só não foram mais longe porque o gênero era sinônimo de alienação numa época em que os artistas da "MPB" e do samba eram bastante engajados, e os do rock, bem radicais em sua estética. Daí que um artista de prestígio embarcar nessa onda poderia ser um tiro mortal em sua carreira, e os que tentaram construir uma nesse estilo não foram muito longe (como veremos no próximo capítulo). Mas quem se esbaldou na onda disco, abrindo caminho para uma "MPB" pop irreverente de grande qualidade foi o sexteto **As Frenéticas**.

Tudo começou quando seis cantoras/atrizes foram contratadas como garçonetes da discoteca Frenetic Dancin'days, do jornalista, produtor e letrista **Nelson Motta**, que funcionou por pouco mais de três meses, no final de 1976, como forma de divulgar o Shopping da Gávea, um dos pioneiros do Rio. Em dado momento da noite, largavam as bandejas e faziam um som que agradava a todos. No início de 77, começaram a gravar e o sucesso veio a galope, mostrando a nova onda de liberação de costumes e das ideias feministas que começavam a ser mais bem entendidas pela sociedade brasileira, ainda que sem qualquer intenção consciente por parte delas.

Eram canções, como "A felicidade bate à sua porta", de um até então sisudo **Gonzaguinha**, que ganhou arranjo "disco" e o *glam-rock* "Perigosa" ("Sei que eu sou bonita e gostosa / E sei que você me olha e me quer / Eu sou uma fera, de pele macia / Cuidado, garoto / Eu sou perigosa"), de **Nelson**, **Roberto de Carvalho** (então arranjador do grupo) e **Rita Lee**. O LP *As Fre-*

néticas, primeira produção assinada do ex-baixista dos **Mutantes, Liminha**, foi também o primeiro Disco de Ouro da gravadora WEA no Brasil, por 150 mil cópias vendidas. No ano seguinte, estourou outro petardo disco, "Dancin' days" ("Abra suas asas / Solte suas feras..."), tornando-se um marco na história da dance music nacional. Foi composta pelo tecladista **Ruban** com **Nelson Motta** para ser tema de abertura da novela homônima já em 1978. Com a formação original de sexteto, o grupo durou até 82, como sinônimo de liberdade e irreverência.

A propósito do prêmio Disco de Ouro, inicialmente ele existia apenas extraoficialmente, com as gravadoras premiando internamente seus principais artistas. Motivado pelo *boom* de vendas da indústria fonográfica nacional que caminhava em escala crescente até o fim da década, ele foi instituído em 1977, porém ainda sem uma unificação dos critérios adotados. Somente a partir de 78 é que ele passou a receber a comprovação da ABPD (Associação Brasileira de Produtores de Discos), conferido às vendagens superiores a 150 mil cópias no período de um ano (baixadas para 100 mil em 1982), assim como o Disco de Platina, pelas 250 mil, marca que à época muito poucos atingiam.

A gradual queda da censura e os recordistas de sucessos

Com o paulatino arrefecimento da censura, finalmente **Chico Buarque** consegue gravar "Cálice", com o reforço de **Milton Nascimento** e do **MPB-4**, a aportuguesada "Tanto mar" e enfim regravar "Apesar de você". Todas estão no LP homônimo do cantor de 1978, que trazia ainda a antológica canção de separação "Trocando em miúdos" (que o parceiro **Francis Hime** lançara no ano anterior, mas agora chegava a todas as rádios) e mais três inéditas de sucesso, uma sobre os meninos de rua ("Pivete", outra da frutífera parceria com **Francis**), a gaiata "Até o fim" e um samba divertido e crítico, "Homenagem ao malandro", escrito para a sua peça musical *Ópera do malandro*: "Agora já não é normal / O que dá de malandro regular, profissional / Malandro com aparato de malandro oficial / Malandro candidato a malandro federal / Malandro com retrato

A "MPB", O CLUBE DA ESQUINA, O ROCK MALCRIADO E OS ALTERNATIVOS...

na coluna social / Malandro com contrato, com gravata e capital / Que nunca se dá mal." Naquela época, **Chico** era um dos cantores que mais vendia discos no país, ao lado de **Agnaldo Timóteo**, **Nelson Gonçalves** e, claro, **Roberto Carlos**. E como compositor, de 70 a 80 fez cerca de setenta canções conhecidas, bem distintas umas das outras, que estouraram em diferentes vozes nos mais variados formatos — rádio, cinema, teatro e TV. Uma marca impressionante.

Falando em recordes, durante toda a década de 1970 o maior fenômeno comercial da música brasileira foi, sem dúvida, **Roberto Carlos,** que se firmou como ícone romântico a partir da canção "Detalhes" ("Não adianta nem tentar / Me esquecer / Durante muito tempo em sua vida / Eu vou viver"), de 1971. De 76 até o fim dos anos 80, jamais passou um ano sem vender 1 milhão de discos, se superando a cada lançamento. Em 77, seu álbum homônimo bateu 2,5 milhões de cópias munido de canções como "Amigo" ("Você, meu amigo de fé, meu irmão camarada..."), composta com o parceiro, e homenageado na faixa, **Erasmo Carlos**; "Falando sério" (Maurício Duboc/Carlos Colla); e "Outra vez" (Isolda). É bom que se diga que, após 71, passou a gravar e mixar a grande maioria das faixas de seus álbuns nos Estados Unidos, e sobretudo após 75, alcançando um padrão técnico inédito até então nos discos nacionais, e ao lado do fiel parceiro **Erasmo,** se torna um dos maiores hitmakers da história da nossa música, enfileirando quase uma centena de sucessos entre os anos 60 e 80.

Só na década de 70, o Rei emplacou em sua voz uma lista interminável de canções da dupla nas paradas, a maioria de grande qualidade e lembrada até hoje, fossem de viés romântico ("Amada amante", "A distância", "Proposta", "Despedida", "O portão", "Olha", "Além do horizonte", "Desabafo", "Costumes"), de cunho religioso/místico/ecológico ("Todos estão surdos", "A montanha", "Fé", "O progresso"), além das chamadas "canções de motel" ("Seu corpo", "Os seus botões", "Na paz do seu sorriso", "Cavalgada", "Café da manhã") ou de temas diversos ("A cigana", "Traumas", "Eu quero apenas", "Ilegal, imoral ou engorda", "Lady Laura", "Meu querido, meu velho, meu amigo"), além de inéditas de **Antônio Marcos** e **Mário Marcos** ("Como vai você"), dos irmãos **Isolda** e **Milton Carlos** ("Um jeito estúpido

HISTÓRIA DA MÚSICA POPULAR BRASILEIRA – SEM PRECONCEITOS

de te amar") e de **Caetano Veloso**, que lhe deu "Força estranha" e, ainda na fase de seu exílio londrino, "Como 2 e 2", quando **Roberto** foi visitá-lo. O encontro inspirou o "Rei" a compor logo a seguir "Debaixo dos caracóis dos seus cabelos" em sua homenagem. Ambas foram registradas em seu clássico LP de 1971, o mesmo de seu hit atemporal "Detalhes".

Nesse tempo, manteve um padrão de prestígio e êxito comercial inalcançável em qualquer época de nossa música. Seus shows ficavam meses em cartaz, muitas vezes dirigidos pela dupla **Miéle** e **Ronaldo Bôscoli**, e a partir de 1974 passou a apresentar um especial anual de fim de ano, na TV Globo, que se tornou tão tradicional quanto as rabanadas nas ceias natalinas. Sua carreira internacional ia de vento em popa, com discos lançados em italiano, inglês e espanhol. Especialmente na América Latina, se tornou um grande ídolo, passando a gravar anualmente seus álbuns, de 1970 a 93, também em língua espanhola. Se boa parte da "MPB" e do próprio público já tinha por ele bastante simpatia, a crítica e certa parcela das cabeças pensantes do país e da classe média/alta o consideravam cafona pela simplicidade de seus versos; alienado, por, entre outros, fatores evitar temas políticos numa época tão difícil do país; ou sem ousadia, pelo padrão excessivamente esquemático de seus discos, ano a ano. De todo modo, sua música influenciou boa parte dos compositores e intérpretes românticos brasileiros, inclusive da ala sertaneja. Alguns podiam fazer muxoxo, até eventualmente com certa razão, mas era impossível ignorar a força popular da figura, da voz e das canções do eterno "Rei", **Roberto Carlos**.

8.

A volta por cima do samba e a ascensão do forró de duplo sentido e da música "cafona" nos anos 1970

A década de 70 foi uma das mais ricas da história da música brasileira. Apesar da ditadura militar correndo solta, censurando canções e shows, e da crescente invasão de música americana em nossas rádios, relegando, num primeiro momento, o cancioneiro nacional a segundo plano, tivemos uma produção forte, eclética e bastante original, que até hoje (juntamente com uma parte do repertório da década seguinte) é o que todos ainda associam ou evocam quando se fala de samba ou "MPB". Contribuiu para isso a melhoria na qualidade técnica dos estúdios, evoluindo de quatro canais, no início, para oito, 12 até chegar a 24 canais de gravação, além de maior variedade de arranjadores por disco e uma lei que diminuía os impostos sobre as gravações dos álbuns, fazendo com que as companhias prensassem até mesmo álbuns mais experimentais, de baixo apelo comercial.

Além da ala que renovou a tradição de nossa música, que passou a ser conhecida (a partir de 1965) pela sigla "MPB", com novas fusões e elementos até extramusicais (como a imagem e a atitude mais agressivas de parte dos artistas, refletidas nos arranjos, letras, performances e até no conceito e nas artes visuais das capas de seus álbuns) e da turma que deu molho brasileiro aos gêneros estrangeiros, como o rock e o soul, os anos 70 também foram marcados pela reafirmação do samba e da consagração da música brega-romântica, que na época era chamada simplesmente de "cafona" (do italiano *cafóne*, que significa sujeito humilde, tolo), isso sem contar os forrós de duplo sentido, o carimbó e outras pérolas de linhagem bem popular que chegaram ao sucesso. A Phonogram/Philips investiu majoritariamente na "MPB", a Odeon (depois EMI-Odeon) na "MPB" e no samba, a RCA Victor no samba e no brega, e a Continental e a Copacabana, no forró, no brega e no sertanejo, de raiz ou não. Das que se iniciaram no país naquela década, a multinacional WEA/Warner focou a "MPB" e os artistas mais pop, e a brasileira Som Livre equilibrou-se entre o experimental e o comercial dos mais variados gêneros.

Os "cafonas" grandiloquentes

A música "cafona" foi uma consequência natural do romantismo exacerbado dos tangos-canção, valsas e serestas do tempo de **Vicente Celestino**, no início do século XX, que se transmutaram em sambas-canção e boleros bem populares, de **Lupicínio Rodrigues**, **Herivelto Martins**, **Evaldo Gouveia** e **Adelino Moreira**, incluindo uma pitada trágica de tangos argentinos e fados portugueses, em voga no país nos anos 40 a 60, com a nova linguagem, mais direta e pop, do pessoal da Jovem Guarda — na poética e nos arranjos. Isso deu origem a duas vertentes básicas de "cafonices": um bolerão mais pop e baladas estilo *chacundum*, com uma batida de violão que lembra de longe o samba-rock, ambos repercutindo até na música sertaneja, que foi aderindo a melodramas cada vez mais urbanos e conturbados. Houve ainda uma terceira, a do samba romântico, de harmonias e letras mais simples, apelidado pelos críticos de "sambão-joia", ainda uma quarta, mais divertida, em que alguns artistas incorporavam personagens caricatos ou lúdicos, mais elencados com o puro e simples entretenimento, muitas vezes de ritmo mais dançante.

Os setores mais intelectualizados — incluindo a crítica musical — não se sentiam representados por músicas tão simplórias, e por vezes com letras e interpretações até um tanto histriônicas. Para eles, era difícil compreender que um país onde mesmo os mais humildes sambistas, caipiras e forrozeiros conseguiram criar um cancioneiro tão rico poética e ritmicamente, a partir de determinado momento apostasse em fórmulas cada vez mais pueris, não raro, seguindo a mera cópia de modelos importados. Por outro lado, uma grande massa mais humilde da população se identificava com as melodias fáceis, harmonias repetitivas, a linguagem descomplicada das letras e as próprias situações nelas abordadas. Eram histórias tristes, com lições tiradas do senso comum, reproduzindo muitas vezes o machismo da sociedade, em relações quase sempre de amor não correspondido, e agora com ritmos menos "nacionais" e uma poética mais direta. Isso era um reflexo de uma sociedade cada vez mais excludente em todos os níveis, inclusive em educação e cultura, somados a crescentes interesses econômicos globais.

Claro que vários artistas de outros gêneros musicais mais elaborados conseguiam furar esse bloqueio e chegar às classes mais populares. O inverso, entretanto, naquele tempo, era quase impossível. E se alguém das classes mais abastadas gostasse de algum artista "cafona", ouvia no rádio, a portas fechadas ou comprava o disco dizendo que "era para sua empregada", como testemunhou certa vez **Sebastião Ferreira da Silva**, compositor desse universo e produtor da Grande Parada, uma firma que imprimia folhetos com o top 10 dos LPs, fitas K7, compactos simples e duplos, e singles de sucesso daquele tempo, distribuindo-os às mais de 30 mil lojas de discos de todo o país, num mercado fonográfico em ascensão, que de 1970 a 76 pulou de 25 para 66 milhões de unidades por ano no país.

Convenientemente, as gravadoras descobriram na música "cafona" uma fôrma de bolo fácil para fazer seus lucros se ampliarem sem precisar gastar com fermentos caros. Usavam-se quase sempre os mesmos músicos de estúdio (e eventualmente uma orquestra que eles ainda mantinham sob contrato), um produtor popular com uma cabeça bem comercial e, na falta de repertório próprio, eram gravadas muitas versões (ou adaptações) de sucessos estrangeiros românticos (ou mais dançantes, dependendo do artista) já testados. Em poucos dias soltava-se um compacto simples, incluindo o single que se desejava trabalhar, depois o LP e o compacto duplo, para não perder nenhum tipo de público. Em regiões mais pobres, como Norte e Nordeste, os compactos vendiam muito mais que os LPs.

Ao mesmo tempo, as gravadoras já vinham há algum tempo adotando uma estratégia interessante, que ficava cada vez mais evidente. As vendas dos artistas mais populares acabavam financiando as de artistas mais criativos ou sofisticados que demorariam mais tempo para ser trabalhados e digeridos pelo público até alcançar cifras de vendagem maior — o que muitas vezes, de fato, aconteceu. Esse mercado para a música "cafona", que colocava prostitutas, deficientes físicos e empregadas domésticas como protagonistas de canções de amor, e histórias das mais açucaradas às mais melodramáticas, tinha ampla divulgação nas chamadas rádios AM. Já na TV, dividiam espaço com a chamada "MPB", o samba, seus mais variados subgêneros e outros estilos mais elaborados, que tocavam também na frequência modulada (FM) do dial radiofônico, popularizada mais para o fim da década. Como consequência, artistas de segmentos os mais distintos conseguiam se firmar, criando um público cativo. Tal mentalidade vigorou na indústria até a primeira metade dos anos 80.

Um dos maiores fenômenos na seara popular foi o mineiro de Ubá **Nelson Ned**, que chegou a ser "vendido" pela Polydor, na capa de seu primeiro LP, em 1964, como "Um show de 90 centímetros", apenas por ser anão. Mas mesmo com tal apelação, não aconteceu. Ele deu certo mesmo cinco anos depois, quando, já na Copacabana, seu vozeirão marcou época com a balada resignada "Tudo passará", de sua autoria, e extrapolou as fronteiras do Brasil, sendo sucesso (até maior) em outros países da América, como México e Estados Unidos, tendo se apresentado com lotação esgotada no Carnegie Hall por quatro vezes. Suas composições românticas, como "Se eu pudesse conversar com Deus" (lançada ao sucesso por **Antonio Marcos**), "Será, será", "A cigana", "Não tenho culpa de ser triste" e "Meu ciúme", sempre dolorosas e tingidas de melodrama, em sua voz impostada lhe renderam um fã-clube imenso, em ritmo de balada ou de bolero estilizado.

Nelson Ned veio de uma linhagem de cantores de vozeirão que cultuavam o *bel canto*, da mesma forma que **Moacyr Franco** (eventualmente mais suave) e **Agnaldo Timóteo** (quase sempre explosivo). Os três iniciaram nos anos 1960 e prosseguiram com sucesso por essa nova década principalmente com baladas. O primeiro, entre 70 e 72, estoura as românticas "Eu

A VOLTA POR CIMA DO SAMBA E A ASCENSÃO DO FORRÓ DE DUPLO SENTIDO...

nunca mais vou te esquecer" (de sua autoria); "Balada nº 7" (Alberto Luiz), em homenagem ao jogador Garrincha; "A rosa" (Lourival Faissal); e uma versão (de Rogério Cardoso) de uma canção do argentino Astor Piazzolla (com Horácio Ferrer), "Balada para um louco", enquanto mantinha seu prestígio na TV, apresentando programas de variedades, como o *Moacyr Franco Show*, na Globo, entre 72 e 77.

Já **Timóteo**, nessa década, rivalizou nas paradas com **Maria Bethânia** entoando a mesma balada "Olhos nos olhos", de **Chico Buarque** (um autor que com essa canção conseguiu chegar a todos os tipos de público), e ainda outras autorais de contornos homoeróticos, que apenas os "entendidos" souberam seu real significado, como "Perdido na noite", "Eu, pecador" e, sobretudo, "A galeria do amor", esta uma referência à Galeria Alaska, em Copacabana, famoso *point* do underground carioca, de gays e travestis: "Na galeria do amor é assim / Muita 'gente' à procura de 'gente' / (...) Um lugar de emoções diferentes / Onde 'gente' que é 'gente' se entende / Onde pode se amar livremente." E o mais incrível, sem jamais assumir esse seu lado publicamente, com uma postura impassível de machão viril e brigão. Na década seguinte, usou seu carisma para ingressar na política. Uma figura passional, contraditória, mas generosa, que sempre ajudou todo tipo de gente, inclusive os colegas do meio artístico em dificuldades financeiras.

Os "cafonas" cabareteiros

Com referências musicais semelhantes, mas tendo o bolero mexicano no topo da lista, apareceu **Waldick Soriano**. Esse baiano do sertão de Caetité, ex-lavrador, engraxate, garimpeiro, servente de pedreiro e camelô foi tentar a vida em São Paulo e, embora já gravasse desde 1960, na linha do cantor de boleros cubano Bienvenido Granda, "El Bigote que Canta", e tivesse forte atuação no circuito que todo cantor "cafona" conhecia de cor — feiras, circos e cabarés do interior e da periferia das cidades —, só conheceu o sucesso nacional aos 36 anos. Isto se deu em 69, quando gravou a "dor de corno" autoral "Paixão de um homem" ("Amigo, por favor leva esta carta / E entregue àquela ingrata / E diga como estou"). E olhem que, até então, em apenas oito anos, de 61 a 69 já tinha gravado 16 LPs (!). Essa música virou até título de filme (de Egydio Eccio), no qual atuou, em 72. Como ator, estrelou ainda, no ano seguinte, *O poderoso garanhão*, de Antônio B. Thomé. Sempre trajando chapéu de caubói preto, óculos escuros e terno de linho, com jeito de machão do interior, fez fama de brigão, como **Timóteo**, e era mestre em proferir declarações bombásticas. Com sua voz áspera e entoando letras chorosas, não raro praguejando contra a mulher amada, **Waldick** era considerado o suprassumo do mau gosto nos anos 70, uma unanimidade (ao contrário) da crítica musical.

Antítese do mocinho, **Waldick** tinha seu charme e muita mulher gostava. Tanto assim que em 1971 houve um inusitadíssimo e "escandaloso" romance dele com a socialite Beki Klabin, num tempo em que a alta sociedade carioca era um clube muito fechado. Ela não só o namorou como produziu um show dele na famosa boate Sucata, na zona sul carioca, em que virou cult por um breve período. A seguir, em 72, veio o petardo autoral "Eu não sou cachorro, não" ("Pra viver tão humilhado"), canção que virou seu emblema e de muitos brasileiros, massacrados pela "amada" e pelo sistema. Dois anos depois, regravava sua obra-prima (originalmente lançada em 62), o bolero "Tortura de amor", também autoral, o mais suave e melódico de toda a sua obra, e teve problemas com a censura, afinal "tortura" era uma das palavras proibidas em letra de música na ditadura por óbvios motivos. Saiu no disco, mas era proibida a execução em todo território nacional: "Hoje que a noite está calma / E que minh'alma sonhava por ti / Apareceste afinal / Torturando este ser que te adora...".

No mesmo estilo e na mesma gravadora, a Continental, surgia a cantora e compositora **Claudia Barroso**, que começou sua carreira na boate Meia-Noite do Copacabana Palace em 1957, passando ao circuito chique paulistano, mas foi após ser jurada do *Programa Silvio Santos*, em 70, que se encontrou na estética da música "cafona", estourando o boleraço "Você mudou demais" (do próprio **Waldick**), já em 71: "Quem foi / Quem foi que fez você ficar tão diferente amor? / Você mudou demais, você não era assim". Seguiram-se "A vida é mesmo assim" ("Alguém tem que perder / Pra outro entrar no jogo"), "Quem mandou você errar", "Por Deus eu

A VOLTA POR CIMA DO SAMBA E A ASCENSÃO DO FORRÓ DE DUPLO SENTIDO...

juro" (todas de sua autoria) e "A resposta da carta" (no caso, a descrita no sucesso "Paixão de um homem", de **Waldick**), composta pelos forrozeiros **Dominguinhos** e **Anastácia**.

O diferencial é que ela alternava músicas de mulher submissa com outras autoafirmativas e não se furtava a falar do papel da "outra" na sociedade, como em "Mulher sem nome" (outra de **Anastácia**), eventualmente também se colocando no papel da fiel, na autoral "Deixe o meu marido em paz" ("Ele tem outras / Mas sou eu sua mulher / Antes que você sofra demais / Procure outro / Deixe o meu marido em paz"). Também não se furtava a defender o divórcio, antes de sua promulgação, em 1977, mesmo sob protestos da Igreja, em canções como o bolero "Pedaço de papel" (mais uma da amiga **Anastácia**). Foi uma espécie de sucessora de **Núbia Lafayette**, que por sinal voltou às paradas em 72 com um bolero nessa linha cabareteira, "Casa e comida" (Rossini Pinto), cuja letra emulava o sucesso "Errei, sim", de **Dalva de Oliveira**: "Você nunca foi um bom marido (...) Não é só casa e comida que faz a mulher feliz".

Também nesse estilo de arranjo abolerado (sempre com metais mexicanos, mas de linhagem mais pop), e vozeirão, estourou **Lindomar Castilho**. Desde 1964 gravando boleros mais tradicionais, além de serestas na linha de **Vicente Celestino** e versões de rock-baladas, foi nos anos 70, contratado da RCA Victor, que viveu o apogeu de sua carreira, com hits como "Ébrio de amor" (Palmeira/Ramoncito Gomes) e outras autorais com vários parceiros, como "Meu coração está de luto" e as tragicômicas "Eu vou rifar meu coração", "Você é doida demais", "Nós somos dois sem-vergonhas" e "Eu amo sua mãe". Assim como **Nelson Ned**, também mereceu destaque no mercado latino-americano ganhando o epíteto "Namorado de las Américas" e até mesmo em Angola, onde seu merengue, que ficou seis anos na gaveta da censura, "(Estou com a maioria...) Eu canto o que o povo quer", fez sucesso na época em que o país se libertava do jugo português.[1]

A nota triste em sua carreira ocorreu em 1981, quando cometeu um crime passional, assassinando sua mulher, a cantora e compositora **Eliane de Grammont**, por ciúmes do violonista que a acompanhava no palco no momento da cena do crime. Logo ela que três anos antes teve sua canção premonitória "Amélia de você" (composta com sua irmã, a repórter da TV Globo **Elena de Grammont**) gravada por **Angela Maria**: "Tentei mudar você, não consegui porque / Nasci pra ser Amélia de você". Em 84, **Lindomar** foi condenado a 12 anos de prisão, saindo em 96, quando retomou a carreira.

Quem chegou a gravar um álbum em dupla com ele (*Alma latina*, em 1979), por serem da mesma gravadora e irmãos em estilo, foi a chamada "Pérola Negra", **Carmen Silva**. De origem muito pobre, começou a trabalhar como doméstica aos 10 anos de idade. Incentivada por uma das patroas a tentar a carreira, aos 16, a mineira partiu para a capital paulista e, ainda dividindo-se entre os dois ofícios, conquistou seu sonho. É um raro exemplo de cantora negra que não aderiu ao samba (não por falta de tentativa da RCA, que pretendia contratá-la como uma concorrente de **Elza Soares**, na Odeon). Consagrou-se com canções românticas populares, como a balada, estilo arrasa-quarteirão, "Adeus, solidão (Picking up pebbles)": "Quero bem alto ao mundo inteiro gritar / Que sou feliz e tenho alguém para amar / Agora eu posso dizer 'adeus, solidão' / Pois sei que o amor tomou conta do meu coração." Dominou os anos 70 com versões de temas internacionais e algumas canções sertanejas românticas, como "Espinho na cama" (Praense/Compadre Lima), chegando aos 80 com dois forrós de arranjos bem bregas, as irresistíveis "O amor é um bichinho" e "Fofurinha".[2]

A turma da balada, do rock, do *chacundum* e uma diva feminista popular

Com a estética romântica jovem-guardista nas veias, cantando essencialmente baladas, porém transfiguradas num tipo de arranjo apelidado de *chacundum*, surgem também no fim da década de 60 figuras como o capixaba do interior (o ex-alfaiate) **Paulo Sérgio**, cuja principal característica era ser um sósia vocal do conterrâneo **Roberto Carlos** — a ponto de o original ter estampado o título de "O inimitável" na capa de seu LP de 1968, mesmo ano em que o seguidor estreou vendendo 300 mil cópias do álbum que trazia "Última canção" (Carlos Roberto). Até 80, quando morreu prematuramente em consequência de um derrame cerebral, gravou

A VOLTA POR CIMA DO SAMBA E A ASCENSÃO DO FORRÓ DE DUPLO SENTIDO...

13 discos, com inúmeros sucessos, como as baladas "No dia em que eu parti", "Não creio em mais nada", "Pelo amor de Deus", "Benzinho (Dear someone)" e os roquinhos "Sai de mim", "Vou pedir outra vez" e "Eu te amo, eu te venero" numa linha incrivelmente semelhante à do "Rei". Dez anos depois do estouro de **Paulo Sérgio**, apareceu outro clone de Roberto, **Ricardo Braga**, interpretando um longo pot-pourri ("Roberto Collection"), citando dezenas de sucessos do cantor, no programa *Fantástico*, da TV Globo. E não é que deu pé? Depois, veio "Uma estrela vai brilhar" ("no meu caminho"), em 79.[3]

Autora do hit "Gosto muito de você", de **Paulo Sérgio**, a carioca **Elizabeth** chegou a tentar uma carreira cantando sambas e bossas, ganhou impulso como "cantautora" de roquinhos e baladas, como "Sou louca por você", depois teve canções de vários gêneros, até sofisticados, gravadas por outros artistas e ela própria, como "Pra começo de assunto". Já a mineira do interior **Nalva Aguiar**, igualmente bela, loura e de voz pequena, celebrizou-se pela versão em português de um dos maiores sucessos românticos internacionais de 1972, "Rock and roll lullaby", de B. J. Thomas, tema da primeira versão da novela *Selva de pedra*, da TV Globo, que em sua voz virou "Não volto mais".[4] A partir de 77, aderiu ao repertório sertanejo, como a regravação de "Tá de mal comigo" (Nhô Pai) e já nos anos 80, com "Dia de formatura" (Moacyr Franco), sobre uma mulher que, contrariando a vontade do companheiro, preferiu não fazer um aborto e criou o filho sozinha. Egressa da Jovem Guarda, **Joelma** voltou às paradas com a ingênua "Pombinha branca" (Silvia Burato/Murano) em 76, enquanto **Lilian** (da dupla com **Leno**) retornaria três anos depois com "Sou rebelde", versão da espanhola "Soy rebelde" assinada por **Paulo Coelho**, em sua época de produtor/autor do universo "cafona/popular", entre a fase das parcerias geniais com **Raul Seixas** e a de escritor místico de fama internacional: "Eu queria ser / Como uma criança / cheia de esperança / E feliz."

Na linha das baladas jovemguardistas repaginadas ao *chacundum*, despontaram alguns artistas que já vinham tentando a sorte desde os anos 60, como os cantores-galãs mineiros **Nilton César**, que finalmente estoura com "Professor apaixonado" (1965) e sobretudo com "Férias na índia" (1968), sucedidas por "Meu coração que te amava tanto (Avevo un cuore che ti amava tanto)" e "A namorada que sonhei", gravando com regularidade pelas três décadas seguintes, e **Márcio Greyck**, que estreou em 67 e emplacou duas baladas em 72, "O mais importante é o verdadeiro amor (Tanta voglia di lei)"[5] e a regravadíssima até hoje, "Impossível acreditar que perdi você", dele com Cobel: "Não, eu não consigo acreditar no que aconteceu / É um sonho meu / Nada se acabou".

Outro artista daquele tempo foi o maranhense e ex-taquígrafo **Cláudio Fontana**, do sucesso "Adeus, ingrata" (Geraldo Nunes) e de dois libelos antirracistas autorais "Estou amando uma garota de cor" e "Se Jesus fosse um homem de cor (Deus negro)", esta na voz de **Tony Tornado**, em que autor e intérprete tiveram de se explicar aos agentes do DOPS. Também compôs "Menina de trança" e "O homem de Nazareth", dois dos maiores hits do galã paulista **Antonio Marcos**, este sim, um dos grandes ídolos românticos da década de 1970. Começando como office boy, vendedor de varejo e balconista de loja de calçados, finalmente galgou o meio artístico, alternando-se entre os ofícios de humorista, ator de cinema e TV, e cantor, quando esta atividade enfim ofuscou as outras. Entre seus sucessos, "Oração de um jovem triste", "Por que chora a tarde", "Quem dá mais" e a disco music "Cara a cara",[6] esta tema da novela homônima da TV Bandeirantes, em que atuou ao lado da atriz Débora Duarte, sua segunda esposa. Seu maior sucesso como autor (com seu irmão **Mário Marcos**) foi a balada "Como vai você?" ("Eu preciso saber da sua vida"), gravada por **Roberto Carlos** em 72. Na década seguinte, porém, seus problemas com álcool e drogas o levaram progressivamente à decadência, vindo a falecer em 92.

Primeira mulher de **Antonio Marcos**, formando um casal famosíssimo no início da década, **Vanusa** estourou antes dele com uma série de baladas e rocks, estilo "iê-iê-iê", a partir de 1967, no finalzinho da época da Jovem Guarda, ou mais psicodélicos (em seu LP homônimo de 71). Munida de uma performance extravagante e teatral, que incluía se atirar no chão diante das câmeras de TV para quebrar a mesmice que imperava nos programas de então e chamar a atenção dos telespectadores para si, se tornou uma das cantoras populares mais talentosas de sua geração. Se no início aprendeu a cantar ouvindo a americana Aretha Franklin, a partir de 75, após a separação de **Antonio Marcos** e incentivada pelo então seu empresário **Moracy do Val**, fez a ponte com a "MPB", sendo das primeiras a gravar autores como **Belchior** (o sucesso "Paralelas") e **Zé Ramalho** (antecipando seu "Avôhai", em 77), além de **Luiz Melodia** ("Congênito"), e uma de nossas pioneiras letristas a fazer sucesso com canções de temática feminista no país, como "Manhãs de setembro" (com **Mário Campanha**, 73) e "Mudanças" (com **Sérgio Sá**, 79), esta bastante panfletária, com direito a um recitativo arrasador, que fez história: "Hoje eu vou mudar / Vasculhar minhas gavetas... (...) Parar de dizer / Não tenho tempo pra vida / Que grita dentro de mim / Me libertar". Uma artista difícil de se rotular em algum gênero, mas que inegavelmente atingiu as camadas mais humildes da população, com ênfase no público feminino e gay, regravando inclusive uma versão de **Paulo Coelho** para o "hino" LGBTQI+ "I will survive", hit disco de Gloria Gaynor, que virou "Eu sobrevivo" em 81.

Raro artista jovem-guardista de nível universitário, o estudante de Engenharia Civil e professor de Física e Matemática, natural de Recife (PE), **Reginaldo Rossi,** teve várias fases em sua carreira desde a estreia em 1964. Após canções mais chegadas ao rock "anos 60", emplacou em 72 num estilo mais rasgado o irresistível *chacundum* "Mon amour, meu bem, ma femme". No início da década seguinte, seria a vez de "Em plena lua de mel" e da inenarrável "A raposa e as uvas", evocando a atmosfera dos bailes "mela-cueca" dos anos dourados: "E tudo que a gente transava / Eram três, quatro cubas / Eu era a raposa / Você era as uvas / Eu sempre querendo / Seu beijo roubar".[7]

Também um homem culto e que começou na fase dos rocks ingênuos dos anos 1960, **Ronnie Von** gravou três discos psicodélicos sem repercussão no fim da década (que seriam cultuados no futuro), mas aconteceu nos anos 70 com três pérolas do argentino radicado no país **Tony Osanah** (ex-**Beat Boys**), duas pegando carona na onda soul e macumbeira que aterrissou nesse tempo — "Cavaleiro de Aruanda" e "Colher de chá" — e outra romântico-cafona, da qual é coautor, "Tranquei a vida" ("neste apartamento"). Ele ainda teria um hit extemporâneo mais solar, nos anos 80,

"Cachoeira", de **Luiz Guedes** e **Thomas Roth**, antes de deixar em segundo plano a carreira musical para voltar à TV como apresentador num prestigiado programa na TV Gazeta. Outros ídolos românticos jovem-guardistas como **Jerry Adriani** e **Wanderley Cardoso** seguiram gravando nos anos 1970, com seus vozeirões a serviço de temas bem populares, sendo que este último foi um dos líderes de vendas na Copacabana com a balada "Minha namorada" (Roberto Corrêa/Jon Lemos) e a agitada "Sempre lhe direi (Lady Lay)" (Pierre Groscolas/Michel Jourdan).

Entre os grupos egressos daquele movimento roqueiro, dois ainda obtiveram certo sucesso na virada para os primeiros anos da década 70, caso dos sempre afinados **Golden Boys**, que naquela época lançaram os números mais irreverentes de seu repertório, "Fumacê", "Só vou criar galinha" e "Cabeção"; de **Renato e seus Blue Caps** ("Playboy", "Coitadinha de você", "Cha-la-la Marisa (Cha-la-la I need you)" e "Se você soubesse")[8] e d'**Os Incríveis** com a marcha "Eu te amo, meu Brasil", de autoria de **Dom** (que fazia dupla com o irmão **Ravel**). A canção ultrafanista, exaltando as belezas clichês do país, totalmente alheia ao ambiente de terrível controle e repressão — acabou virando um símbolo da era do "milagre econômico" do regime militar, criando uma grande antipatia da intelectualidade e parte da imprensa tanto para ele como para seu colega de dupla. No mesmo ano de 70, o **Coral de Joab Teixeira** gravou "Pra frente Brasil", bela marcha do veterano **Miguel Gustavo** (falecido pouco depois), que embalou a vitória do Brasil na Copa de 70, igualmente usada pelo governo como propaganda política: "Noventa milhões em ação / Pra frente, Brasil, do meu coração / Todos juntos, vamos pra frente, Brasil / Salve a seleção!!!"

Mais longevos em termos de sucesso nos 1970 foi o grupo **The Fevers**, agora não tanto como acompanhadores de diversos artistas, mas com estilo próprio, levando às paradas versões de sucessos estrangeiros em seu gênero jovem-guardista, imune aos novos modismos, como "Vem me ajudar (Get me some help)", "Mar de rosas (Rose garden)", "Agora eu sei (I've been hurt)", "Já cansei" (It's too late), "Cândida (Candida)", "Sou feliz (I am so happy)", "Paloma branca (White dove)"[9] e até um hit carnavalesco, "Pra lá de Bagdá" (pérola de **Luiz Carlos Sá**, o mesmo da dupla com

Guarabyra). Num estilo híbrido, com influência inicial da Jovem Guarda, também surgiu o cantor e compositor **Paulo Diniz** em 1966, com o rock gaiato "O chorão" (Edson Mello/Luiz Keller), que se jogava de joelhos no chão e simulava um choro quanto entoava seu refrão "É demais, é demais / Como chora esse rapaz". Já mais alinhado ao movimento soul brasileiro, inclusive pela impostação vocal gutural, estourou mesmo em 1970 com a canção "Quero voltar pra Bahia" ("I don't want to stay here / I 'wanna' to go back to Bahia"), numa alusão ao exílio de **Caetano Veloso**. No ano seguinte, emplacou também "(Vai chover) Pingos de amor" (outra dele, com Odibar), entre outras, com relevância nas paradas até meados da década.

Os "cafonas" de estilos diversos, revelados nos anos 70

Muitos artistas, embora com fortes referências da Jovem Guarda e outros movimentos brasileiros e internacionais, se encontraram na estética "cafona" nos anos 70. Um dos mais talentosos foi, sem dúvida, o cantor e compositor goiano **Odair José**. Fã de **Roberto Carlos** e sua trupe, mas vendo que não podia ganhar melodicamente das canções do Rei, investiu em baladas e *chacunduns* afins com letras mais picantes e anárquicas, mexendo com diversos assuntos tabus da sociedade da época — e nesse quesito não tinha nada de cafona, era à sua maneira tão vanguardista quanto seus colegas da "MPB". Falou das prostitutas ("Vou tirar você deste lugar"), drogas ("Viagem"), da primeira noite de um homem ("Noite de desejos"), sexo sem tabus ("Esta noite você vai ter que ser minha", "Eu, você e a praça"), de felicidade num enfoque mais inteligente ("A noite mais linda do mundo", dos versos "Felicidade não existe / O que existe na vida são momentos felizes"), de viver junto sem casamento ("Vou morar com ela"), da alienação provocada pelas novelas de TV ("Novelas"), de viver sem temores ("Medo") e até dos dogmas religiosos cristãos, inicialmente em "Cristo, quem é você?" e posteriormente no álbum *O filho de José e Maria* (77), que, de tão ousado, além de ter sete faixas censuradas (saiu apenas com dez), foi rejeitado tanto pela gravadora onde se consagrou, a Phonogram/Polydor, como por seu público mais humilde, depois de lançado já na RCA

Victor. Isso acarretou-lhe um trauma que o deixou em certa estagnação criativa pelas três décadas seguintes, ainda que gravando regularmente.

Com esse rosário de temas polêmicos, logicamente, **Odair** incomodou um bocado a ditadura, culminando em "Uma vida só" ("Pare de tomar a pílula / Porque ela não deixa o nosso filho nascer"), que ia contra o programa de controle de natalidade do governo Médici. Era uma saia justa porque a música estourou no país todo e foi censurada. Daí ele ia para os shows, o público exigia que ele a cantasse e na porta um policial estava sempre ali para detê-lo. Em seus álbuns, para driblar a censura se utilizou de diversos pseudônimos para ele e eventuais parceiros — do irmão ainda criança (Donizetti), de nomes de amigos e até de seus cachorros (Samuca e Maxine), e, a fim de evitar cortes nas suas letras quentes, muitas vezes usou "amor" para expressar "sexo". Ganhou ainda a alcunha de "Galã/ Terror das Empregadas" por canções, como "Deixa essa vergonha de lado" ("Pois nada disso tem valor / Por você ser uma simples empregada / Não vai modificar o meu amor"), em que relatava o lado humilhante do dia a dia das domésticas, às vezes servindo à iniciação sexual dos filhos dos patrões. Também falou de homossexualidade em "Desespero", mas foi vetado e, já em 1977, liberado — com alguns ajustes, a canção virou "Forma de sentir". Claro que também passeou por temas mais triviais, como dores de cotovelo, como "Cadê você" e "Pense pelo menos em nossos filhos". Nessa época, foi o campeão de vendas da Phonogram, especialista em "MPB".

Na contramão dos protestos da Igreja católica, **Odair** também fez campanha a favor do divórcio ("Na minha opinião") e, após sua promulgação, comemorou ("Agora sou livre [Livre pro que der e vier]"). Sim, pois queria muito se separar; aliás, foi o quarto divórcio promulgado no país. É que naquele tempo, no auge de seu sucesso, viveu um romance conturbado com a também cantora e compositora carioca **Diana**, de estilo romântico musical semelhante ao seu, com quem assinou a premonitória "Foi tudo culpa do amor", sucesso dela em 1974, em verdade uma versão (não autorizada oficialmente) de uma canção de Paul & Linda McCartney, "Some people never know": "Peço perdão mais uma vez se compliquei sua vida / Não tenho culpa se você chorou, se não deu certo / Foi tudo culpa do amor!".

A VOLTA POR CIMA DO SAMBA E A ASCENSÃO DO FORRÓ DE DUPLO SENTIDO...

Antes desse hit, "A Cantora Apaixonada do Brasil" ficou conhecida pelas baladas "Ainda queima a esperança", de **Mauro Motta** e **Raulzito** — sim, **Raul Seixas** antes da fama, quando era produtor da CBS —, e "Porque brigamos (I am, I said)", versão de **Rossini Pinto** para o hit de Neil Diamond.

Também goiano, o cantor-galã **Ângelo Máximo** mostrava sua influência roqueira, com "Domingo feliz", versão do hit "Beautiful Sunday" do inglês Daniel Boone, e "A primeira namorada" (Nicéas Drumont), ostentando costeletas à la Elvis Presley. Outro conterrâneo, de carreira bem mais longeva de sucesso, **Amado Batista**, assim como **Waldick Soriano**, foi lavrador, mas também faxineiro, catador de papel, balconista e até subgerente de uma livraria antes da fama, quando se tornou um dos maiores recordistas de vendas de discos do universo "cafona", desde que começou em 1975, alcançando a fama dois anos depois, com "Desisto", dele com seu fiel parceiro (e produtor) **Reginaldo Sodré**. Eventualmente trazia histórias rocambolescas, como a de "Amor perfeito" (Praião II/Vicente Dias), mais conhecida como "O fruto do nosso amor", que vendeu cerca de 1 milhão de cópias entre 78 e 79, com versos como "No hospital, na sala de cirurgia / Pela vidraça eu via / Você sofrendo a sorrir", sobre a história verídica de uma mulher grávida que, ao morrer, deixava seu rebento vivo. Ele foi um dos poucos daquele tempo a conseguir continuar gravando até o século XXI, ganhando diversos Discos de Ouro e Platina, vendendo mais de 20 milhões de álbuns.

Com grande influência de **Agnaldo Timóteo**, o fluminense **Evaldo Braga** surgiu no início da década com o epípetro de "O Ídolo Negro" e foi pioneiro no estilo "cafona" histriônico mais pop e vibrante, ainda que quase sempre com letras trágicas, abordando tristeza, solidão, rejeição e morte. Assinou (e cantou) com sua voz clara, aberta e impostada versos de uma simplicidade como só os autores bem populares conseguem, como "Eu não sou lixo pra você fora jogar" ("Eu não sou lixo"), "(Eu gosto de) Alguém que é de alguém" ou o clássico "Sorria, meu bem, sorria, da infelicidade que você procurou (...) Sempre sorria assim como estou" ("Sorria, sorria").[10] Tudo, porém, condizia com sua origem. Ex-garoto de rua e interno do Serviço de Assistência ao Menor (que precedeu a Febem), nunca conheceu os pais, mas quando soube que sua mãe, uma prostituta, o havia abandonado ainda bebê em uma lata de lixo, passou a beber e ter uma vida errante até bater com o carro e falecer prematuramente em 1973, no auge de sua carreira, aos 25 anos. Suas músicas muitas vezes incluíam recitativos dramáticos.

Quem também era chegado a um recitativo era o radialista e apresentador de TV, paraibano de Uiraúna radicado em São Paulo, **Barros de Alencar**, que seguiu em paralelo uma carreira de cantor, já quarentão, nos anos 70, celebrizando-se com pérolas como a recriação de "Os homens não devem chorar (Nova flor)" e algumas mais faladas que cantadas, em geral, versões de canções latinas. É o caso de "Meu amor (Monia)", em que declamava "Se você voltar / E o sol bater numa janela / Se você voltar / E as sombras forem embora / Haverá sempre um claro de você", e a inacreditável "Apenas 3 minutos", esta simulando uma conversa num orelhão de rua, cuja ficha telefônica durava "apenas três minutos".[11] Enquanto ele falava, sua interlocutora apenas chorava, e de repente, quando a ficha caía, ele não conseguia mais ser ouvido.

Muitos diálogos, dessa vez com resposta cantada da outra parte, estavam no repertório do "Casal 20"[12] paulista mais adorado da música "cafona", **Jane & Herondy**, cuja trajetória é das mais inusitadas. **Jane** começou em 1959, aos 16 anos, como uma das lady crooners da orquestra de **Luiz Arruda Paes**, à moda de Ray Conniff, a coqueluche da época. A partir de 1963, em carreira solo, fez longa temporada no templo da bossa nova paulistana, o Juão Sebastião Bar, até formar com dois dos irmãos, **Sidney** e **Roberto**, o sofisticado trio **Os 3 Morais**, chegando a registrar diversos LPs com o grupo, entre 65 e 72, e a participar do segundo LP de **Chico Buarque**, cantando com seu grupo "Noite dos mascarados" e, solo mesmo, "Com açúcar, com afeto". Nesse meio-tempo, em 70, casou-se com **Herondy Bueno**, que atuava em boates chiques paulistanas como a Cave e gravou um LP solo, cantando autores como **Cassiano** e **Ivan Lins**, à época ambos chegados à soul music.

Com o mercado escasso para artistas da bossa nova, **Jane** começou a cantar jingles e voltou a fazer bailes e às vezes era convidada para cantar no *Clube dos Artistas*, de Aírton (e Lolita) Rodrigues, na TV Tupi paulista. Certa vez, em 1974, este lhe pediu que unisse vozes com o marido numa

A VOLTA POR CIMA DO SAMBA E A ASCENSÃO DO FORRÓ DE DUPLO SENTIDO...

balada soul do grupo The Stylistics. Pois na semana seguinte já foram convidados por produtores da RCA para se unirem novamente num projeto romântico bem comercial. É que naquela ocasião alguns "casais" estavam emplacando hits no exterior (como Diana Ross & Marvin Gaye). Como a situação estava cada vez mais difícil e precisavam criar as filhas, aceitaram. Após gravar uma canção soul, "Em terra de cego" (Zelão), no ano seguinte obter boa repercussão com o single "É um problema (J'ai un problème)", gravaram um LP, que com a sensibilidade artística pré-fase "cafona" foi cunhado com arranjos sofisticados demais e não vingou. Foi aí que o destino os ajudou, pelas mãos do recém-citado **Barros de Alencar**.

Ao ouvir a gravação de "Tu t'en vas", dos franceses Alain Barrière & Nicole Croisille, **Alencar** ligou para a RCA Victor, da qual também era contratado, e informou aos diretores que se a dupla gravasse essa música, ele a estouraria em uma semana em seu programa de rádio. **Jane** rabiscou às pressas uma versão (usando o pseudônimo de **Tyna**) que batizou de "Não se vá" e não deu outra. O compacto vendeu 600 mil cópias só na primeira tiragem, em 1976. Gravada como um diálogo, nunca mais foi esquecida: "Ele: — Não se vá... / Ela: — Eu já não posso suportar essa minha vida de amarguras". Depois, viriam "Por muitas razões eu te quero (Por muchas razones te quiero)", do argentino Palito Ortega, "Por favor, amor (My life)", do iniciante **Michael Sullivan**, e diversas outras versões, como a da italiana "Noi ci ami ano" ("Eu te amo, tu me amas").[13]

Quem também se especializou em versões foi a paraguaia **Perla**, dona de um belíssimo timbre de contralto e grande extensão vocal, com uma figura marcante, ostentando seus longos cabelos de índia. Nascida Ermelinda Pedrozo numa família muito humilde de músicos, cujo pai era líder do conjunto Las Maravillas del Paraguay, onde começou, radicou-se no Brasil depois de casada, em 1971, aos 20 anos. Cantando e gravando inicialmente um repertório latino, só aconteceu quando foi contratada pela mesma RCA Victor em 75, cantando versões (ou adaptações) do pop internacional, a começar pela italiana "Alle porte del sole" que virou "Estrada do sol", e já no ano seguinte com "Fernando", do quarteto pop sueco ABBA. Inicialmente versando sobre um guerrilheiro, ela achou melhor romantizar a letra em

HISTÓRIA DA MÚSICA POPULAR BRASILEIRA – SEM PRECONCEITOS

sua adaptação para o português e foi um sucesso estrondoso: "Nosso amor nasceu foi pra ficar / E eu vou te amar / Fernando...".

O ABBA rendeu pelo menos uma dúzia de versões em seu repertório, incluindo duas que chegaram também às paradas: "Pequenina (Chiquitita)" e "O jogo já acabou (The winner takes it all)". Também se celebrizou com outras do grupo pop alemão Boney M. ("Rios da Babilônia [Rivers of Babylon]") e da dupla disco espanhola Baccara ("Eu sei tudo professor [Yes, sir, I can boogie]"). Gravando anualmente discos também para o mercado latino, atingiu o *Top Ten* da *Billboard* latina com, entre outras, "Comienza a amanecer", em 1982, também registrada por aqui como "Começa amanhecer". Do sucesso em shows para o disco, celebrizou pérolas latino-americanas, como o *huapango* mexicano "Malagueña", guarânias ("Índia" e "Recuerdos de Ypacaraí") e polcas paraguaias ("Galopera"), interpretadas de forma teatral e passional.[14]

Outra figura feminina de destaque nesse universo foi a deficiente visual **Kátia**. Ela surgiu apadrinhada por **Roberto Carlos**, que lhe deu a canção "Lembranças" (dele com **Erasmo**) ("Eu já nem me lembro quanto tempo faz / Mas eu não me esqueço que te amei demais"), que vendeu milhares de compactos em 1979. No fim dos anos 80, a dupla faria uma versão de um hit country da canadense Anne Murray que também deu pé, "Qualquer jeito (It should have been easy)", vulgarmente conhecida como a "Melô do carrapato": "Não está sendo fácil viver assim / Você tá grudado em mim." Apesar de apenas dois hits, sua imagem cantando de óculos escuros, balançando a cabeça e empunhando seu violão virou um emblema da nossa canção popular.

Muitos outros do mesmo gênero romântico se destacaram nessa década. O cantor de emissão suave **Fernando Mendes**, mineiro do interior, estreou com "A desconhecida" (dele com Banana), em 1973, estourando dois anos depois com a história triste de sua paixão por 'aquela menina em sua' "Cadeira de rodas" (dele, com José Wilson), causando frisson, afinal, tal categoria não costumava ser lembrada em nosso cancioneiro até então. E se a dor de cotovelo "Você não me ensinou a te esquecer" (da mesma dupla) foi um dos discos mais vendidos de 78, antes disso, a corajosa "Sorte tem

A VOLTA POR CIMA DO SAMBA E A ASCENSÃO DO FORRÓ DE DUPLO SENTIDO...

quem acredita nela" (Maxcilliano/Mário Marcos) ensinava que os amuletos religiosos ou profanos, tão familiares ao senso comum do brasileiro, eram, de fato, inúteis: "Não adianta um pé de coelho no bolso traseiro / Nem mesmo a tal ferradura suspensa atrás da porta / Ou um astral bem maior que o da noite passada / Pois toda sorte tem quem acredita nela".

Começando no mesmo ano e gravadora (Odeon), **José Augusto** foi um exemplo atípico de artista carioca de classe média que enveredou pelo universo "cafona". Com estilo vocal e estético bem decalcado de **Roberto Carlos**, tal como **Paulo Sérgio** e como ainda seria **Ricardo Braga**, logo no primeiro disco, agradou com "De que vale ter tudo na vida" (dele, com Miguel, Marcelo e Salim), vendendo milhares de cópias. Seguiu com "Eu quero apenas carinho" (dos mesmos autores) e "Meu primeiro amor" (dele com Miguel e **Paulo Coelho**). Uma versão em espanhol da chapliniana "Luzes da ribalta", "Candilejas", em 1974, foi o ponto de partida para o sucesso no mercado latino. No fim daquela década, emplacou duas versões do repertório de Julio Iglesias, "Me esqueci de viver (Me olvidé de vivir)" e "Hey".[15] Porém sua consagração absoluta se daria na década seguinte. Igualmente romântico, o paulista **Peninha** abafou a banca em 77, graças às autorais românticas (e resignadas) "Sonhos" ("Tudo era apenas uma brincadeira e foi crescendo...") (autoral) e "Que pena" (dele com **Robert Livi**).

No ano seguinte, o potiguar (ex-vendedor de padaria) **Carlos Alexandre** estreava logo com seu maior sucesso, "Feiticeira" ("É esta mulher / Que por ela gamei"), uma das músicas mais cantadas no programa ultrapopular *Show de calouros*, de Silvio Santos, na TVS (futuro SBT), além de "A ciganinha" e "Vá pra cadeia" ("Porque o mundo é moderno / Vá morar com Satanás / Lá no inferno") — todas dele, com vários parceiros[16] — e já na década seguinte, com a lambada "Fim de semana" (Ari/Diva Santos), tendo a trajetória interrompida por um acidente de carro, em 89. Nesse mesmo estilo *chacundum*, o paraibano **Bartô Galeno** chorava sua dor de corno na balada "No toca-fita do meu carro", de 1978, olhando para o banco do carona e não se conformando em vê-lo vazio, e num *chacundum* mais animado continuava a se lamuriar em "De que vale a minha vida agora", ambas dele, com **Carlos André**. Já no início dos anos 1980, surpreendeu a todos ao ser contratado pela Warner brasileira, até então uma empresa de artistas mais chegados à "MPB" e ao pop.

Bartô Galeno é também um dos autores de "Um par de alianças" (74), maior hit de **Fernando Lelis**, cantor nascido no sertão paraibano. De estilo igualmente melodramático, o carioca **César Sampaio** entrou para os anais do brega por causa da história triste da prostituta descrita em "Secretária da beira do cais" (Xavier/Nezinho), dominando as paradas em 76. Ainda mais efêmeros foram os êxitos de **Márcio José** com a tragicômica "O telefone chora (Le téléphone pleure)", em que travava um diálogo inusitado com uma suposta filha que não o conhecia e ficava lhe perguntando sobre a sua mãe; e do ator-galã **Francisco Cuoco** com "Soleado (Todo o tempo do mundo)",[17] que chegou ao primeiro lugar das paradas populares em 75, na esteira de seu sucesso como o rústico Carlão, na novela *Pecado capital* da TV Globo. A mesma canção foi gravada também por **Moacyr Franco** com outra letra.

Com um empurrãozinho das novelas, bons cantores emplacaram músicas românticas com arranjos sofisticados, mas de verniz bem popular, como o gaúcho **Hermes Aquino** — as autorais "Nuvem passageira" e "Desencontro de primavera" — e o potiguar **Gilson**, com sua "Casinha branca" (dele, com Joran): "Eu queria ter na vida simplesmente / Um lugar de mato verde / Pra plantar e pra colher / Ter uma casinha branca de varanda / Um quintal e uma janela / Para ver o sol nascer".[18] Nomes ligados a famílias de artistas famosos foram igualmente beneficiados pelos folhetins televisivos. É o caso da carioca **Cláudia Telles**, filha da bossa-novista **Sylvia Telles**, também muito requisitada em coros de gravações, com "Fim de tarde" e "Eu preciso te esquecer" (ambas de Mauro Motta/Robson Jorge), bem como da irmã mais jovem da Família Corrêa, **Marizinha**, ex-**Trio Esperança**, com "Mais uma vez", uma balada chegada ao estilo soul como as duas últimas citadas, assinada por um trio de hitmakers, seu irmão **Renato Corrêa**, o também produtor **Mariozinho Rocha** e **Paulo Sérgio Valle**: "Quando algum amigo perguntar por mim / Diga que eu estou a-pai-xo-na-da. / E se algum amigo duvidar de mim / Simplesmente não res-pon-da na-da".

Os "cafonas" divertidos

Exposição midiática foi o que não faltou ao morenão **Sidney Magal**. Ele já havia gravado um compacto em 1971 com o nome de Sidney Rossi, cantando o tema do filme *Love story*, sem repercussão, e seguia cantando o fino como crooner da noite carioca quando foi recrutado pela Phonogram/Polydor para encarnar um cigano *latin lover* aos moldes do cantor Sandro, um fenômeno portenho à época. O personagem grudou no cantor de tal forma que jamais conseguiu se desvencilhar dele. Seu vozeirão e sua performance teatral o tornaram ícone "cafona", virando décadas depois um amado artista cult. Seu hit inicial foi uma versão do repertório de outro cantor argentino, Cacho Castaña, descoberta pelo produtor **Jairo Pires**, "Se te agarro com outro te mato (Te mando algumas flores e depois escapo)". Foi a primeira de muitas versões latinas de apelo sensual, como "Meu sangue ferve por você (*Melancolie*)", "Amante latino", "Tenho (*Tengo*)",[19] até chegar a uma composta especialmente para ele, em 78, pelo arranjador **Miguel Cidrás** e **Robert Livi**, "Sandra Rosa Madalena, a cigana". Com orquestração à *discothèque* e uma letra cabareteira, tornou-se eterna: "Quero vê-la sorrir / Quero vê-la cantar / Quero ver o seu corpo / Dançar sem parar // Ela é bonita, seus cabelos muito negros / E o seu corpo faz meu corpo delirar / O seu olhar desperta em mim uma vontade / De enlouquecer, de me perder, de me entregar...".

Quem também nasceu musa "cafona" e aos poucos tornou-se cult foi **Gretchen**. O visionário produtor e DJ argentino radicado em São Paulo, **Mister Sam,** vislumbrou em sua pupila a garota sapeca ideal para um tipo de música divertida, a ser acompanhada por palmas pelos auditórios. Em 1978, numa época ainda de lenta abertura comportamental, ela caiu no gosto dos marmanjos, que enlouqueciam com seus gemidos e rebolados com pouca roupa, e também das crianças que viam na artista algo lúdico. Acabou sendo uma das recordistas em vendas de compactos na Copacabana Discos, com pérolas nonsense cantadas numa língua que misturava inglês, francês, espanhol e português, dominando as paradas televisivas dos programas bem populares entre 79 e 82, com "Freak le boom, boom" (cujo título levou-a a ser condecorada Rainha do Bumbum), "Conga, conga, conga" e a pioneira lambada a estourar no eixo Rio-São Paulo, a "Melô do piripipi", quando ainda poucos associavam o ritmo paraense a essa canção.

Também no gênero mais pitoresco e/ou divertido, apareceram quatro artistas. O carioca **João da Praia**, que vendia sorvetes na praia de Copacabana, emplacou um único hit autoral, "(Aonde a vaca vai) O boi vai atrás", em 1974, munido de um violão com apenas uma corda. O paulista do interior **Mauro Celso**, de sucesso (e vida) efêmeros, explodiu com "Bilu-teteia" e "Farofa-fá" ("Comprei um quilo de farinha / Pra fazer farofa / Pra fazer farofa-fá"), este, seu hit inicial, revelado no Festival Abertura, da TV Globo, em 75, mas apenas o primeiro foi incluído no seu único LP, *Mauro Celso para crianças até 80 anos*. Já o mineiro do interior **Silvio Brito**, bastante influenciado por **Raul Seixas**, criticava o sistema com letras autorais aparentemente ingênuas, a partir de "Tá todo mundo louco", em 73, seguido de "Espelho mágico" ("Espelho meu / Diga se no mundo existe alguém / Mais louco do que eu") e "Pare o mundo que eu quero descer". E o português radicado em São Paulo, **Roberto Leal**, ex-sapateiro, vendedor de doces e feirante, a partir de 71 trouxe para o universo "cafona" ritmos patrícios como o vira ("Arrebita", "Bate o pé"), misturando-o com outros brasileiros ("Carimbó português") e até com o pop internacional, regravando uma dance music à moda árabe, "Fatamorgana", hit do grupo alemão Dissidenten, essa já em 88, no LP *A fada dos meus fados*.

O forró de duplo sentido, o carimbó e a guitarrada do Pará

Mais divertida ainda foi a turma de forrozeiros chegada num duplo sentido. Inicialmente o **Trio Nordestino**, que já vinha com sucesso desde a década de 60 com músicas irreverentes, abriu os caminhos em 70 com "Procurando tu" (Antonio Barros/J. Luna), cujo êxito foi tanto que transcendeu o nicho regional, chegando ao país todo, a ponto de a CBS presenteá-lo com um troféu pelo segundo lugar em vendas naquele ano, superado apenas por **Roberto Carlos**. A seguir, o Rei do Baião, **Luiz Gonzaga**, após um longo período de ostracismo na mídia, volta ao sucesso em

A VOLTA POR CIMA DO SAMBA E A ASCENSÃO DO FORRÓ DE DUPLO SENTIDO...

71 falando de um antídoto contra a impotência masculina, no xote "Ovo de codorna" ("Eu quero ovo de codorna pra comer / O meu problema ele tem que resolver"), e mais para o fim da década emplacava outra de temática semelhante, "Capim novo" ("Certo mesmo é o ditado do povo / Pra cavalo velho, o remédio é capim novo").[21]

Embora gravasse desde os anos 50, o paraibano, concunhado de **Jackson do Pandeiro**, **Genival Lacerda** retomou seu repertório de canções nordestinas divertidas que apresentava em seu programa *O Forró do seu Vavá*, na Rádio Borborema, de Campina Grande, e emplacou nacionalmente em 75 um xote que estilizaria o filão dos forrós de duplo sentido, que à época foram batizados pela crítica de "pornoxaxados", numa alusão às porno-chanchadas muito populares em nossos cinemas. Era "Severina Xique, Xique" (dele, com **João Gonçalves**, um especialista no gênero): "Ele tá de olho / É na butique dela". Seguiram-se outros hilários de estilo semelhante, como "Radinho de pilha" ("Ela deu o rádio / E nem me disse nada..."), esta com **Graça Góis** — sua esposa e compositora de vários de seus hits, com o parceiro Namd — e já nos anos 80, "Mate o véio, mate" (outra de **João** e **Genival**) e "Caldinho de mocotó" (Nicéas Drumont/Cecílio Nena), sempre com cacos histriônicos nas interpretações e dançando com a mão no seu barrigão em movimentos maliciosos.

Também era impossível resistir aos "pornoxaxados" do mineiro **Manhoso**.[22] Descoberto pelo apresentador Flávio Cavalcanti nos bastidores de seu programa, do qual era contínuo, passou a gravar e frequentar as rádios AM desde o início da década com seus xotes e baiões. Inicialmente com a acaipirada "Não quero nem saber (Quem envernizou a barata)" e ganhando mais força a partir de 1975 quando foi contratado pela RCA para fazer frente a **Genival Lacerda**, lançando pérolas como "Eva e Adão" ("E o culpado disso tudo sempre foi / Eva e Adão)", "Troféu de cozinheira (Festa da rabada)" ("Falou Seu Manuel e falou Dona Tereza / Que minha nega em rabada é uma beleza") e, seu maior sucesso, "O modo de usar" ("É só capim canela / Que vai engordar essa égua magrela"), que ficou engavetada na censura anos a fio até ser liberada em 83. Suas composições tiveram como parceiros nomes como os paraibanos **Rouxinol** e o referido

João Gonçalves, de "Severina Xique-Xique", que a partir de 76 seguiu gravando como cantor pelo mesmo viés do duplo sentido, alcançando sucesso com "Pescaria em Boqueirão" ("Ô lapa de minhoca / eita que minhocão / Com uma minhoca dessa se pega até tubarão"), apesar de enfrentar uma terrível perseguição da censura tanto nos discos quanto em seus shows.[23]

Engrossaram o caldo dos forrós safadinhos o cearense **Messias Holanda** ("Pra tirar coco"), o cantor e sanfoneiro pernambucano **Zenilton**, de "Meu casamento (Quebrei a cabaça dela)", "O cômico" ("Eu sou cômico / Eu sou o cômico da televisão") e "Milho cru", esta uma parceria com **João Gonçalves** ("Com milho cru / Com milho cru / Bote cravo, canela, manteiga e banha / Uma gostosa pamonha só se faz com milho cru") e até a veterana **Marinês**, que compôs "Só gosto de tudo grande", mas ficou com vergonha e vendeu a música a um par de autores: "Eu sou pequenininha, mas gosto de tudo grande / Só gosto de tudo grande (...) / A minha mãe escolheu pra me criar / Me levou pra uma cidade / De nome Campina Grande".[24]

Todos esses últimos tiveram êxito mais restrito ao Norte/Nordeste ou à colônia nordestina radicada, especialmente, em São Paulo, assim como outros artistas que militaram no forró com leque temático mais amplo, como o potiguar **Trio Mossoró**, gravando joias de 1962 a 77, como "Êta, coração" (Antonio Barros), com seus integrantes partindo a seguir para a carreira solo. Eram eles os irmãos **Hermelinda**, **João Mossoró** e **Oséas Lopes** — este também grande produtor (inclusive de **Luiz Gonzaga**) e cantor, gravando com o nome de **Carlos André**. Dignos de nota o são também o conterrâneo **Elino Julião** ("Meu tipo de mulher", "Xodó de motorista"), os pernambucanos **Assisão** (com as autorais "Forró do Sertão", "Peixe piaba", depois "Eu quero meu amor") e **Azulão (de Caruaru)** ("Dona Tereza");[25] e os paraibanos **Pinto do Acordeon** (autor de "Neném mulher", que chegou a sagrar-se vereador em João Pessoa, nos anos 90) e **Oswaldinho do Acordeon**, natural de Caxias, na Baixada Fluminense (RJ), que foi um dos maiores acordeonistas do país, ao lado de **Sivuca** e **Dominguinhos**, com os quais chegou a gravar um álbum três décadas depois. Começou a tocar (e a gravar) com o pai, depois integrou o grupo **Bendegó**. Seu talento o levou a ganhar uma bolsa de estudos no Conservatório Dante de Milão

A VOLTA POR CIMA DO SAMBA E A ASCENSÃO DO FORRÓ DE DUPLO SENTIDO...

e a dividir os estúdios e palcos com alguns dos maiores astros da "MPB", do rock, do pop e do jazz mundial, chegando a apresentar-se como solista em festivais dos EUA e Europa.

Oswaldinho é filho de **Pedro Sertanejo**, sanfoneiro que gravava desde 1956 e que na década seguinte vislumbrou um mercado para o forró em São Paulo, onde havia justamente uma imensa população de migrantes nordestinos. Vencendo o preconceito e as portas fechadas contra o ritmo, quando o rock e novos modismos pareciam querer sepultá-lo, abriu um salão para dançar forró, na rua Catumbi 183, no Brás, e criou a gravadora Cantagalo em 64, especializada no estilo, que abrigou desde os ícones **Jackson do Pandeiro, Ary Lobo** e **Carmélia Alves** até eventualmente alguns sambistas e caipiras de raiz, além de dar o pontapé inicial nas carreiras fonográficas de figuras como **Dominguinhos**.

Outra gravadora que abrigou forrozeiros foi a CBS, chegando a gravar mais de trinta artistas do gênero, incluindo o selo Tropicana, que incorporou artistas da Cantagalo, quando esta fechou as portas em 1970. Ali militava o sanfoneiro, cantor e produtor **Abdias**, onde também gravava regularmente seus LPs com forrós e sambas. Um de seus contratados teve uma história curiosa. Após perder para a Copacabana o **Trio Nordestino**, então vice-líder de vendas de sua gravadora, precisava de um substituto à altura. Daí, por indicação de **Jackson do Pandeiro**, contratou **Os 3 do Nordeste**, formado na Paraíba em 69, ainda como **Trio Luar do Sertão**, por **Zé Pacheco** (sanfona), **Zé Cacau** (vocal e triângulo) e **Parafuso** (zabumba). No fim das contas, teve uma trajetória tão longeva quanto a do grupo que substituiu, lançando forrós memoráveis, como "É proibido cochilar" (faixa de seu primeiro LP, de 74) e "Forró do poeirão", todas de autoria do paraibano **Antonio Barros** (enquanto o **Trio Nordestino** continuava na concorrente, com "Forró pesado", "Chililique"[26] e tantas outras).

Se **Antonio Barros** já militava como autor desde 1956, a partir de 70 começa a ter uma carreira fonográfica mais regular (eventualmente assinando forrós também com **Cecéu**, com quem se casou em 71, e formou uma dupla de sucesso), sendo gravado por grandes nomes, como **Marinês**, sua maior intérprete, registrando cerca de 90 canções de sua lavra, como "Sou o estopim", "Bate coração" e "Por debaixo dos panos". Estas duas últimas se tornaram conhecidas na década de 80, respectivamente, nas vozes de **Elba Ramalho** (que também fez sucesso com o seu baião "Amor com café") e **Ney Matogrosso** (cujo maior sucesso, "Homem com H", é também do forrozeiro). Seguiu pelos anos 80, popularizado nacionalmente pelas vozes de **Alcione** ("Forró do xenhenhém"), **Gal Costa e Luiz Gonzaga** ("Forró nº 1"), sendo um dos maiores, mais profícuos e criativos compositores do forró de todos os tempos.

Enquanto isso, percorrendo o Brasil em animadas caravanas com alguns dos forrozeiros acima citados, como **Trio Nordestino**, **Messias Holanda** e **Marinês**, o cantor e compositor paraense **Osvaldo Oliveira** equilibrava-se entre o forró gaiato e o que dali a alguns anos seria chamado de brega, incluindo um até então raro merengue com letra, "A deusa do Mercado São José" (Elino Julião). E por falar em Pará, foi nessa época que o carimbó chegava ao disco. Baseado em tambores, o ritmo teve origem numa dança sensual, profana, segundo alguns folcloristas, praticada por negros escravizados em momentos de folga,[27] chegando a ser perseguido por forças policiais no fim do século XIX. Foi popularizado em escala nacional, principalmente depois que a cantora **Eliana Pittman**, após uma excursão a Belém, se encantou com o que ouviu lá e travou um embate com **Sérgio Cabral**, seu produtor na RCA, para que ele a deixasse gravar um medley do gênero, a "Mistura de Carimbó", revelando também ao Brasil o talento do paraense **Pinduca**, autor da maioria dos temas. Ao todo foram três pot-pourris, entre 1974 e 77. O primeiro da série lhe rendeu um Disco de Ouro e o segundo também nunca mais foi esquecido: "Dona Maria que dança é essa / Que a gente dança só / Dona Maria que dança é essa / É carimbó, é carimbó".

Conhecido como o Rei do Carimbó, o cantor e compositor **Pinduca** celebrizou inúmeras pérolas do gênero, como "Sinhá Pureza", "Dança do Carimbó" e "O carimbó do macaco", sendo também dos pioneiros a gravar lambadas, de sua autoria e também de seu irmão e guitarrista **Mário Gonçalves**. É contemporâneo de artistas que renovaram a música folclórica paraense, como **Mestre Cupijó**, **Mestre Verequete**, **Mestre Lu-**

A VOLTA POR CIMA DO SAMBA E A ASCENSÃO DO FORRÓ DE DUPLO SENTIDO...

cindo e **Mestre Vieira**, este, criador do gênero instrumental "guitarrada", ou seja, uma mescla de choro, ritmos do Pará (e do Caribe) e rock, estilo Jovem Guarda, solados na guitarra elétrica, batizado inicialmente como lambada. Isso se deu em 1978, com o LP *Lambadas das quebradas*. Em seu encalço surgiram os guitarristas **Aldo Sena** e **Oséas**. Mais tarde, o nome "guitarrada" ficou associado aos artistas da cena instrumental do gênero, enquanto "lambada", aos do estilo cantado.

Naquele tempo, dificilmente os artistas chamados "cafonas" cruzavam com os da "MPB" e os do samba tradicional, pois eram rejeitados. Quando **Caetano Veloso** cantou com **Odair José** no Festival Phono 73 foi um escândalo. Da mesma forma, quando **Vanusa** flertou com a "MPB", certa vez foi hostilizada por **Gonzaguinha** quando esta lhe pediu uma composição para gravar. A seu ver, a cantora fazia parte do time dos artistas alienados e alinhados ao "sistema" comercial e americanizado da "indústria cultural" (muitos, de fato, eram assim, inclusive usados por esse sistema sem se dar conta disso). Por outro lado, se sentiu atraído pelo estilo rasgado de **Agnaldo Timóteo** e, ao ouvir uma de suas histórias homoeróticas, compôs "Grito de alerta" para ele, que acabou puxando o LP *Mel* de **Maria Bethânia**, em 1979, abafando a versão do cantor: "São tantas coisinhas miúdas / Roendo, comendo / Arrasando aos poucos / Com o nosso ideal / São frases perdidas num mundo / De gritos e gestos / Num jogo de culpa / Que faz tanto mal." Aliás, a cantora foi mestra em quebrar as barreiras entre brega e chique desde os anos 60, quando em plena Era dos Festivais regravou o bolerão "Lama", do repertório de **Linda Rodrigues**, tido como de péssimo gosto.

A estética "cafona" chega ao mundo sertanejo

A explosão roqueira na década de 60 foi tão forte no Brasil que, a partir de então, segundo **Inezita Barroso**, "todo caipira queria ser Roberto Carlos". Mas, não apenas isso, queria ser um pouco Beatles também. Isso significa que, além da viola, violão e sanfona, passaram a incorporar órgãos, guitarras e contrabaixos elétricos nas gravações, e eventualmente uma sonoridade mexicana já testada por **Pedro Bento & Zé da Estrada**, mas agora, mesclada ao som jovem-guardista, dando origem àquele tipo de bolero pop de **Waldick Soriano** e **Cláudia Barroso**. No fundo, havia, sim, um violento apelo migratório das grandes cidades, uma sede de modernização pela aquisição de novos modelos em contraponto ao "atraso" da vida rural.[28] Na imagem, alguns deles aposentaram o chapéu de palha e as camisas xadrez. Os cabelos se tornaram maiores, as roupas com cores mais berrantes, incluindo calças boca de sino, casacos de couro, bombachas, botas de cano curto sobre a barra da calça ou ternos pouco convencionais com camisas em estampas de bolinhas e muitos acessórios, como óculos escuros, medalhões, cordões de ouro e cinturões de couro. A modernização dos caipiras em muitos casos significou uma "cafonização" tremenda do estilo, em função da cópia enviesada do modelo americano aliada à estética *kitsch* do exagero e do melodrama latino-hispano-americano.

Mais contidos no hit inicial, "Apartamento 37", em 1969, **Leo Canhoto e Robertinho**, já a partir de 70, com "Rock Bravo chegou para matar" e "Buck Sarampo", misturavam a linguagem dos filmes de caubói americanos, entremeando canções estilo country com trechos de histórias cujos áudios parecem tirados de dublagens de filmes exibidos em TV naquela década. Seguiram com o rasqueado "A gaivota", o country de duplo sentido "Eu e a Dinha" ("Eu estou morrendo pela Dinha"), chegando aos anos 80 com a toada "O último julgamento", um acerto de contas com o "Criador", evocando ensinamentos bíblicos — todas de autoria de **Leo**, solo ou com parceiros.[29] Valia até mesmo posar nas capas de alguns discos como malvados caubóis, com revólveres, misturando tal estética com as de boiadeiro e roqueiro, às vezes até sem camisa, no melhor estilo dos ídolos pop. Se **Raul Torres** e **Tonico e Tinoco** fizeram escola na primeira fase dos caipiras, foi esta dupla que completou o serviço pelas próximas duas décadas, em termos de música, temáticas das letras (incluindo as amorosas de dor de cotovelo) e instrumentação. Mesmo as que não aderiram de todo à "modernização" fizeram suas experiências na área. Eram nomes como **Lourenço & Lourival**, **Abel & Caim**, **Mococa & Moraci** e os irmãos paranaenses José e Durval Lima, ou melhor, **Chitãozinho & Xororó**, que começam a gravar em 70.

A VOLTA POR CIMA DO SAMBA E A ASCENSÃO DO FORRÓ DE DUPLO SENTIDO...

João Mineiro e Marciano foi uma dessas duplas cujo estilo se aproximava ao de **Leo Canhoto e Robertinho** e que os superou em popularidade. Adentraram ao mercado sertanejo com números mais chegados à estética "cafona", como a guarânia "Ainda ontem chorei de saudade", de **Moacyr Franco** (que naquela época também emplacou hits nesse gênero), as rancheiras "Crises de amor", "Esta noite como lembrança" e "Whisky com gelo" (todas de **Darci Rossi e Marciano**, sendo a primeira também com José Homero). Só pelo título desta última já se vê a mudança temática gritante em relação ao velho universo caipira: "Numa dose de whisky / Começou o nosso caso / Aumentou nosso calor..." Só eventualmente, apareciam com alguma canção dita de raiz, como a toada "Milagre da flecha" (mais uma de **Moacyr Franco**, com Marcos Silvestre), esta já em 1984.

A propósito dos temas, os sertanejos mais populares foram deixando para trás a vida rural e abraçando a temática de "dor de corno", em que o protagonista das canções é sempre abandonado pela mulher (e cuja culpa é sempre dela), além de alusões à vida sexual (perdida), contrariando a tradição caipira de evitar temas da vida conjugal — no máximo, choravam a perda de um amor, sem detalhes sórdidos. Entretanto, nesse momento de transição estética, a vida rural aparecia ainda com algumas questões curiosas, como a do estranhamento do roceiro a partir do êxodo rural rumo às grandes capitais do país, seja pela ótica dos que ficavam, bem como dos que partiam, eventualmente com críticas políticas veladas à situação do homem do campo, além da saudade de ambos os lados.

Jacó e Jacozinho gravaram em 1969 o pagode "Cavalo enxuto" ("O progresso é coisa boa, reconheço e não discuto / Mas aqui no meu sertão, meu cavalo é absoluto") e em 75 o rasqueado "Filho de pobre" ("Mamãe, eu saí de casa / Por um futuro melhor / Vivendo aqui tão distante / Já vi que tudo é pior"). No ano seguinte, em "Amigo lavrador", fazia apelo aos colegas que não deixassem a lavoura ("Meu amigo lavrador aqui vai o meu pedido / Não abandone a lavoura nem o meu sertão querido / Aqui na cidade grande tem gente desiludido / Abandonaram a lavoura, estão muito arrependido"). Na moda campeira "Vida de operário", de 70, gravada por **Tonico e Tinoco**, o tema da miséria do caipira na cidade grande volta à baila ("Não ganho domingo, não ganho feriado / Chega o fim do mês, o meu ordenado / Não dá pra pagar onde eu comprei fiado"). Mais adiante, em 81, em "Caboclo na cidade", outra moda de viola, **Dino Franco e Mouraí** pintavam o quadro com tintas mais fortes: "Seu moço já fui roceiro no Triângulo Mineiro / Onde eu tinha meu ranchinho (...) Já faz mais de 12 anos / Que eu estou aqui morando / Como eu tô arrependido / Aqui tudo é diferente / Não me dou com essa gente / Vivo muito aborrecido / Não ganho nem pra comer / Tô ficando quase louco / É só luxo e vaidade / Penso que na cidade / Não é lugar de caboclo".[30]

Embora jamais houvesse um enfrentamento direto no discurso dos sertanejos contra os donos de terra, aqui e ali havia protestos pontuais contra injustiças nas relações de trabalho, no geral acompanhados de uma boa dose de resignação. Os mesmos **Jacó e Jacozinho** criticavam a situação no sambinha "Boia-fria" ("Meu patrão gritou comigo / Me chamou de boia-fria / Não bati na cara dele / Para não perder o dia / Todo dia eu deito cedo / Pra sair de madrugada / Tomo cafezinho quente / A boia está preparada / O caminhão está esperando / Na beiradinha da estrada / Estou na unha do gato / Estou no cabo da enxada / É aquele vai e vem / Aquela vida apertada"). **Tião Carreiro e Pardinho** lamentavam um comportamento abusivo do patrão no pagode "É isto que o povo quer" ("Estou gostando do emprego mas eu tenho que deixar / O patrão não quer dar férias e eu preciso descansar"). Um ano após a chegada do homem à Lua, **Moreno & Moreninho** usaram o mote para falar, quem diria, de reforma agrária na moda de viola "O caipira que foi na Lua": "Dizem que a terra lá é boa / Então vamos experimentar / Vou fazer reforma agrária / Vou ver se plantando dá / (..) Ali ninguém era dono / Tudo de bom aconteceu / Quando chegou a colheita / A Lua favoreceu / Aí eu voltei pra Terra / Deixei o solo lunar / Contei pra minha família / O que eu tinha feito lá / Todos ficaram contentes / Então nós vamos mudar / Meus filhos ajunta tudo / Na Lua vamos morar."[31]

Por outro lado, o nacionalismo presente desde os primórdios na música caipira se afinava perfeitamente nesse período ao ideário do regime militar, o que mostra que este ganhou, por um bom tempo, o apoio de grande

A VOLTA POR CIMA DO SAMBA E A ASCENSÃO DO FORRÓ DE DUPLO SENTIDO...

parcela da população, inclusive do campo. Para a maioria dos artistas sertanejos as gigantescas obras do período (aberturas de estradas, construção de hidrelétricas, usinas nucleares, pontes suntuosas etc.) significavam um bom progresso e motivo de otimismo para eles e, por conseguinte, para o Brasil. Isso sem esquecer que no plano comportamental a linha-dura também se equiparava ao conservadorismo moral da vida interiorana. Após barrarem a reforma agrária proposta pelo presidente João Goulart em 1963, pouco antes de ele ser deposto pelo golpe, os militares concederam alguns benefícios ao homem do campo já na década de 70.

O Pró-Rural, que ficou conhecido como Lei do Lavrador, concedeu em 1971 direitos sociais aos camponeses, como aposentadoria, pensões, auxílios doença e maternidade, entre outras garantias já comuns aos trabalhadores urbanos.[32] Também houve o surgimento de políticas que tentavam modernizar o trabalho no campo, há muito almejadas por eles. Seu plano Mobral de alfabetização implementado em 67 foi igualmente visto com simpatia por essa população excluída, num país que naquela altura ainda era 45% rural, em grande parte analfabeta. Por essa razão, surgiram várias canções adesistas, a começar pelos baluartes do gênero **Tonico e Tinoco**, talvez a mais engajada de todas no projeto do governo, gravando diversas canções autorais (com vários parceiros), como as marchas "Esperança do Brasil", "Bendito seja o Mobral", "Estudante" e "Transamazônica", além de "Salve, salve brasileiro", da fase soul do jovem-guardista **Eduardo Araújo**.[33]

A lista é extensa e inclui **Teixeirinha**, a princípio outro grande entusiasta do regime, com diversas canções autorais (como os arrasta-pés "Hino ao motorista" e "A ordem é essa", a toada "Motorista do progresso" e a rancheira "Rio Grande brasileiro", em que exaltava personagens importantes nascidos em seu estado natal, começando por presidentes, como o ditador Médici: "Ó meu Rio Grande do Sul / Deu o grande Getúlio Vargas / E o grande Garrastazu", cujo mote é bisado no vaneirão "Presidente Médici", no qual ousava dizer que o ditador "não perseguiu ninguém"). Também foram adesistas **Moreno e Moreninho** (a marcha autoral "Futuro do Brasil", gravada com **Janinha**), **Belmonte e Miltinho** (o cateretê otimista "Brasil caboclo exportação", regravado também por **Jacó e Jacozinho**, que por sua vez registraram o rasqueado panfletário "Plante que o governo garante"), **Biá e Dino Franco** ("Herói da pátria", espécie de marcha em que o herói era o lavrador), **Zilo e Zalo** (o cateretê "Minha pátria") e **Liu e Leo**, com o rasqueado "Transamazônica", outra canção homônima à de **Tonico e Tinoco** celebrando a construção da estrada (jamais totalmente concluída), que impressionou a opinião pública, a ponto de batizar temas também de artistas não necessariamente apoiadores do regime, fossem do forró (**Trio Mossoró**), da Era do Rádio (**Luiz Vieira**), do soul/jazz (**Carlos Dafé** e **Tania Maria**) e da "MPB" (**Antonio Adolfo** e **Tibério Gaspar**, que a escreveram, ainda que com uma letra algo crítica, de forma a amenizar a perseguição que vinham sofrendo). Aliás, afora a "MPB" universitária e parte do samba, mais informados sobre as verdadeiras intenções do golpe de 64 e seu modo de ação, muitos artistas de diversos segmentos musicais entre fins dos anos 60 e meados dos 70 gravaram alguma canção de inspiração ufanista ou otimista, navegando nos slogans que procuravam celebrar o "milagre econômico" e a "modernização" prevista pelos militares.

Apesar de algumas inovações, ainda que mais ligados à canção caipira de raiz, **Tião Carreiro e Pardinho**, repetindo o sucesso da década anterior, enfileiraram êxitos nas paradas locais, compostos por **Tião** com vários parceiros, como a guarânia "Amargurado", o cururu "A vaca já foi pro brejo"[34] e a antológica "Rio de lágrimas" (batidão dele, com Piraci e Lourival dos Santos), lançada em 1971: "O Rio de Piracicaba / Vai jogar água pra fora / Quando chegar a água / Dos olhos de alguém que chora". Entretanto, nem tudo era ingênuo. Eles também festejaram os ideais do regime militar de forma contundente, o que fica nítido em temas como a querumana "Vida de um policial", que apoiava a polícia do governo Médici, sendo ainda mais agressivos na toada/pagode "Filho da liberdade": "O perigo não me assusta / Para trás não dou um passo / Duas feras mato a bala / Uma só eu vou no braço / Pra ter paz tem que ter guerra / Precisando guerra eu faço / Para o medo e a covardia / Eu não vou deixar espaço / Viva meu Brasil amado / Eu estou de sentinela / Sendo filho desta terra / Morro lutando por ela".[35]

Mais repercussão junto ao governo tiveram os referidos grandes "modernizadores" da música sertaneja, **Leo Canhoto e Robertinho**, com

A VOLTA POR CIMA DO SAMBA E A ASCENSÃO DO FORRÓ DE DUPLO SENTIDO...

várias canções de **Leo** e seus parceiros. Além da marcha ufanista "Minha pátria amada", gravaram a toada "Soldado sem farda" (esta vendo o lavrador como um soldado do campo, símbolo da união do país, que deveria aceitar "o abraço apertado do homem que agora é nosso presidente"), o corrido "Operário brasileiro" (que da mesma forma o via como "soldado do progresso") e o country no estilo bangue-bangue "A polícia", no qual rogava a Deus que amparasse a categoria "em sua luta, dia e noite contra o mal". Porém, foi após gravarem a toada "O presidente e o lavrador"[36] que conseguiram sensibilizar o recém-empossado presidente Ernesto Geisel, em 76: "Excelentíssimo senhor presidente / Aqui estou na vossa frente / Com muita admiração / É um brasileiro que vos fala nessa hora / Por favor me ouça agora / Oh, nobre chefe da nação / Vossa Excelência precisa ir ao interior / Pegar na mão do lavrador / E ver seu rosto queimado / Aqueles calos que ele tem, eu lhe asseguro / É de um trabalho duro / Muito honesto e muito honrado." Além de cumprimentar seu autor, **Leo Canhoto**, em cerimônia oficial no Palácio do Planalto, ele e seu parceiro **Robertinho** foram a única dupla sertaneja contemplada pelo governo com o prêmio Brasão da República.[37]

Comprometimentos à parte, é impossível falar do universo sertanejo daquele tempo sem esbarrar no nome de **Milionário e José Rico**, a dupla que mais reluziu nos céus das roças e das cidades, superando quaisquer concorrentes, com um jeito peculiar de terçar vozes que nenhuma outra conseguiu imitar. Conhecidos como "As gargantas de ouro do Brasil", venderam 200 mil discos em 1977, uma marca altíssima para a época nesse mercado, com a rancheira "Estrada da vida" (José Rico), e virou até um longa-metragem de Nelson Pereira dos Santos quatro anos depois, que rodou o mundo todo, a ponto de serem convidados a seguir numa turnê de um mês pela China: "Nessa longa estrada da vida / Vou correndo e não posso parar / Na esperança de ser campeão / Alcançando o primeiro lugar." As más línguas diziam que seus integrantes não eram muito amigos fora dos palcos, pois viajavam em carros separados para as apresentações e chegaram a romper um com o outro por três anos, em 91. Eram, sim, figuras de temperamentos distintos. **José Rico**, pernambucano criado em

Terra Rica, no Paraná (razão do apelido), mais extravagante e extrovertido, e o mineiro **Milionário**, ex-pintor de paredes, mais reservado.

Com um sucesso atrás do outro no nicho sertanejo, principalmente nos anos 70 e 80, agradaram a gregos e troianos, com músicas mais raiz ou mais "cafonas", com diversos estilos de arranjo e andamento. No primeiro time estavam, por exemplo, o rasqueado "Paraná querido" (Goiá/Paulinho Gama) e a toada "Sonho de caminhoneiro" (Chico Valente/Nil Bernardes), e no segundo, as rancheiras "De longe também se ama", "Jogo do amor", "Amor dividido" e "Tribunal do amor" — todas de **José Rico**, solo ou com vários parceiros,[38] e ainda canções que não se enquadravam em nenhuma das duas patrulhas estéticas, como a polca paraguaia "A carta" (Praense/Prado Junior).

Fazendo o caminho inverso, o jovem-guardista **Sérgio Reis** mudava de estilo. Deixava de lado os rocks e baladas e a partir de 1973 aderia ao universo sertanejo, com chapéu de vaqueiro e tudo, recriando ao longo da carreira uma série de pérolas caipiras autênticas, como o cururu "Menino da porteira" (Teddy Vieira/Luisinho), seu primeiro sucesso no novo gênero com repercussão nacional, e as toadas "Menino da gaita" (versão de **Sérgio** para "El chico del armonica", de Fernando Arbex), "Mágoa de boiadeiro" (Nonô Basílio/Índio Vago) e "Filho adotivo" (Arthur Moreira/Sebastião F. da Silva), esta já em 81, além do vaneirão "Baita macho" (Luis Azolin/Lourenço Fuzinato), êxitos circunscritos ao público mais cativo do estilo. Enquanto isso, o **Trio Parada Dura,** que teve várias formações, se consagrou mesmo em 75, com **Mangabinha** — sanfoneiro e compositor — e os cantores **Creone** e **Barreirito** (que eram dupla, com vários LPs gravados, porém famosos somente em Goiás), ascendendo às paradas com a rancheira "Castelo de amor" (Nenzico/Creone/Barreirito): "Num lugar longe, bem longe, lá no alto da colina / Onde vejo a imensidão e as belezas que fascina / Ali eu quero morar juntinho com minha flor / Ali quero construir nosso castelo de amor".

A geração dos Falsos Importados, a disco music nacional e o som dos humoristas

Um fato que irritava muito, principalmente a turma da "MPB" eclética e do samba naquele tempo, era que pela primeira vez as nossas rádios

A VOLTA POR CIMA DO SAMBA E A ASCENSÃO DO FORRÓ DE DUPLO SENTIDO...

estavam veiculando mais músicas estrangeiras que nacionais. O governo, a rigor, dava concessões a várias emissoras conquanto se comprometessem a tocar ao menos 50% de canções dos artistas brazucas, mas essa regra nunca era respeitada. Os produtores que viam a música simplesmente como um mercado resolveram arrumar um jeito de lucrar em cima disso, bem ao jeitinho brasileiro: criaram artistas supostamente estrangeiros para gravar em inglês, mas que na verdade eram brasileiros disfarçados com codinomes. Havia ainda uma vantagem: em plena ditadura militar, esse tipo de artista não trazia qualquer dor de cabeça em termos de liberação e veiculação de músicas em rádio e discos, pois não apresentavam letras em português, enchendo assim, sem maiores empecilhos, os cofres das gravadoras.

Essa ideia não era exatamente nova. Muitos artistas que vinham desde o fim dos anos 50 já usavam de tal expediente. Aproveitando-se da fama do The Platters, o conjunto **The Playings**, na verdade, era os **Titulares do Ritmo** (eventualmente com o reforço de coristas femininas), gravou um LP de sucesso na RGE em 57. O roqueiro **Demétrius** registrou seu primeiro compacto imitando Elvis Presley descaradamente. Vários futuros astros começaram com nomes estrangeiros, como **Sérgio Reis** (Johnny Johnson), o humorista **Paulo Silvino** (Dixon Savanah) e **Moacyr Franco** (Bily Fontana, ao lado do grupo **Rockmakers**). Depois vieram vários conjuntos de rock instrumental com nomes gringos, se especializando em covers dos estrangeiros, como os competentes **The Jet Black's**, **The Clevers** e **The Jordans**, e o adolescente **Top Sounds**. Motivado pela demora que os discos de fora chegavam ao mercado nativo, **Prini Lorez** chegou ao cúmulo de ser lançado como imitação do americano Trini Lopez.

A partir de 1965, as domingueiras nos clubes de São Paulo viraram uma febre, a começar pelo Esporte Clube Pinheiros, depois o Círculo Militar e outros. Os jovens iam assistir ao programa *Jovem Guarda* nesses locais, onde a seguir começavam os bailes. Surgiram então dezenas de grupos especializados em cantar sucessos da época em inglês, como **Rubber Souls**, **Loupha** (em que **Arnaldo Baptista** tocou ainda adolescente), **Colt 45**, **Sunday**, **Watt 69**, **Kompha**, **Memphis**, **Amebha**, **Pholhas**, **Phobus**, **The Buttons**, **Zappa**, **Fenders** e o mais famoso deles, **Os Carbonos**, formado por sobrinhos dos **Trigêmeos Vocalistas**,[39] que a partir de então foi uma das bandas de estúdio mais solicitadas da nossa história, raramente creditada nos discos, além de gravar álbuns como **The Hitmakers, The Royal Band e The Magnetic Sounds**.

Quem iniciou essa espécie de movimento que ficou conhecido como "Falsos Importados" (e anos mais tarde seus maiores êxitos foram reunidos em coletâneas intituladas "Hits Brasil") foi o sexteto paulista **Sunday,** que gravou a balada "I'm gonna get married" (regravação do hit do americano Lou Christie, antes de o original chegar por aqui), vendendo milhares de cópias do seu compacto no selo Young (da RGE/Fermata) em 1970. A banda era liderada pelo tecladista e vocalista **Hélio Costa Manso**, que logo começou a trabalhar como produtor na RGE e eventualmente também passou a gravar solo com o pseudônimo de **Steve MacLean**, estourando em 1975 com a balada "True Love", no mesmo selo, incluída da trilha da novela *O grito*, da TV Globo.[40]

Após o **Sunday**, foi a vez de outro paulista, o neto de ingleses Thomas William Standen, ou melhor, **Terry Winter**, emplacar em 1971 "Summer Holiday", de Tony Temple e Dell Flyde, pseudônimos de brasileiros, pois para a fraude ser completa o nome dos autores também deviam seguir a mesma cartilha. Vendeu milhares de cópias, inclusive no exterior.[41] O disco saiu pelo selo New Records/Beverly, e rendeu ao cantor mais cinco LPs só nos anos 70, nas multinacionais RCA e Philips. Só se revelou brasileiro durante uma entrevista ao *Programa Silvio Santos* em 1975, na qual começava ajudado por um intérprete e, após os comerciais, gastava seu bom português. É também de **Terry** a voz masculina de uma série que deu muito certo na Copacabana intitulada *Super Erótica*, a partir de 70, com diversas músicas supostamente internacionais com gemidos e sussurros arfantes de um casal à la "Je t'aime moi non plus", que Jane Birkin e Serge Gainsburg, um ano antes, explodiram no mundo e que os militares, desesperados em manter a "moral da família brasileira", trataram de mandar recolher os discos que estavam na praça.

Ainda em 1971 foi a vez de o produtor Cesare Benvenutti da Copacabana criar o selo Cash Box. Uma de suas estratégias era gravar uma penca de músicas com um mesmo grupo, mas batizando cada gravação com um nome de cantor ou banda diferente. A canção que desse mais certo nas rádios e que vendesse mais era o voto de minerva natural para consagrar o nome da "nova" banda ou cantor. A primeira gravação do grupo **Lee Jackson**, "Oh oh la la la" (August/Duncan), ainda em 71, nasceu assim. Em verdade, havia sido gravada pelo grupo paulista **Memphis**, mas assinando com esse outro nome. Acabou que, graças ao sucesso do compacto, ex-integrantes do próprio **Memphis**, do **Amebha**, do **Madsman**, entre outros, acabaram assumindo o nome **Lee Jackson** que até então não existia e seguiram uma carreira promissora naquela década. Eram eles **Marcos Maynard**, **Cláudio Condé**, **Luiz Carlos Maluly**, **Sérgio Lopes** e **Marco Bissi**, muitos dos quais virariam grandes produtores, diretores e até presidentes de multinacionais do disco — aliás, fato semelhante aconteceu com vários integrantes dos **Fevers**. O grande sucesso do **Lee Jackson**, que vendeu mais de 250 mil compactos em 72, foi "Hey, girl" (Philips/Duncan). Curiosamente, um ano depois, os mesmos **Fevers** gravaram uma "versão" em português dessa música que, na verdade, já era brasileira e foi hit novamente.

O **Memphis**, por sua vez, cujo vocalista já havia passado pelo grupo **Colt 45** e ficaria conhecido no fim da década como **Dudu França**, chegou às paradas com a canção "Sweet Daisy" (Mr. Charlie), ainda em 71. Outro grupo lançado pela Cash Box foi o paulista **Tobruk**, que lançou o álbum *Ad Lib*, em 72, e logo depois passou a gravar como **Light Reflections**, estourando no mesmo ano "Tell me once again". Era uma balada com melodia grudenta e delicioso arranjo incluindo uma guitarra com trêmulo, de autoria do vocalista e guitarrista **Brian Anderson**, na verdade, André Barbosa Filho. Foi o segundo compacto simples mais vendido no Brasil na época, algo em torno de dois milhões de cópias, perdendo apenas para a italiana Gigliola Cinquetti com "Dio come ti amo", na CBS. Onze anos depois, a canção mereceu uma gaiata paródia gravada por Ney Matogrosso e o grupo **João Penca e seus Miquinhos Amestrados** com o nome de "Telma, eu não sou gay" e foi sucesso *again*. A carreira do **Light Reflections**, entretanto, foi abalada quando após uma apresentação no *Programa Flávio Cavalcanti*, seus integrantes resolveram responder em português às perguntas do apresentador.[42]

HISTÓRIA DA MÚSICA POPULAR BRASILEIRA – SEM PRECONCEITOS

Em 1973, o selo One Way, da Top Tape — uma gravadora nacional de atuação discreta nos anos 70 e 80 —, investiu na voz afinada e aguda de **Chrystian**, que começou como cantor-mirim, chegando a gravar um compacto em 68 com o nome de **Zezinho**, e agora emplacava "(Please) Don't say goodbye" (dele, com Jim Saloman e **Paul Bryan**, heterônimo de **Sérgio Sá**, que também gravou discos de intérprete com esse nome). A balada foi tema de amor do casal de maior sucesso na TV à época, Tarcísio Meira e Glória Menezes, na novela *Cavalo de aço*, da Globo, permanecendo 19 semanas em primeiro lugar no hit parade.[43] Porém seu rosto não podia aparecer nem na foto da capa de seus discos, pois seria flagrante que aquele adolescente, de traços indígenas, era um típico brasileiro nascido em Goiânia. Depois, vieram uma penca de compactos, incluindo *Lies* (Tati), em 79, e três LPs, até que em 83 adere ao estilo sertanejo formando com o irmão a vitoriosa dupla **Chrystian & Ralf**.

Outro que estreou no mesmo selo One Way, mas foi estourar na RCA Victor, uma das multinacionais que, percebendo esse filão lucrativo, não quis ficar de fora desse mercado genérico, foi **Dave MacLean**. Egresso do grupo de baile **The Buttons**, José Carlos González resolveu batizar-se artisticamente com o sobrenome semelhante ao do amigo **Steve**, emplacando a balada "We said goodbye" (Joe), em 74, e vários outros temas em novelas da Globo, até que décadas depois virou grande autor de hits sertanejos. A RCA investiu também na banda paulista **Pholhas**, liderada pelo tecladista, compositor e vocalista (depois produtor e arranjador) **Hélio Santisteban** que entre 1972 e 73 estourou com a balada "My mistake" (dele com o baixista/vocalista **Oswaldo Malagutti**), vendendo 400 mil discos só nos primeiros três meses de lançada. De todos os artistas desse "movimento", quem deu mais certo foi essa banda, gravando pelo menos 14 discos pelas cinco décadas seguintes e passando a intercalar canções em português a partir de 77. O método que seus integrantes usavam para compor em inglês era maravilhoso. Juntavam frases sem muito critério que acharam no livro *O inglês sem mestre*, que ensinava o idioma por frases feitas, acompanhadas por tradução.[44]

Mas nenhum sucesso, nem mesmo "Tell me once again", repetiu o feito do paulista **Morris Albert** (Maurício Alberto Kaisserman). A balada

A VOLTA POR CIMA DO SAMBA E A ASCENSÃO DO FORRÓ DE DUPLO SENTIDO...

"Feelings", de sua autoria, lançada em 74, foi também um hit internacional a partir de 75, permanecendo 32 semanas na parada da *Billboard*, ganhando mais de 100 regravações em 25 idiomas,[45] incluindo Ella Fitzgerald, Sarah Vaughan, Frank Sinatra, Andy Williams, Shirley Bassey, Dionne Warwick & Isaac Hayes, Nina Simone, Johnny Mathis, George Benson, Barbra Streisand & Julio Iglesias, Ornella Vanoni, José Feliciano, o pianista Richard Clayderman e as orquestras de Paul Mauriat, Percy Faith e Ray Conniff, além de ter sido música incidental em mais de sessenta filmes. Entretanto, sua canção foi considerada um plágio, da francesa "Pour toi" (Loulou Gasté), pela corte americana em 88. Ainda que tenha perdido 25% dos seus direitos, o cantor, por tê-la editada nos Estados Unidos, sempre viveu de seus royalties.

Em 1974 foi a vez da estreia de **Mark Davis** no selo MGM Discos, ligado à Phonogram/Philips, outra multinacional que aderiu a esse filão. Tratava-se do futuro astro da canção romântica **Fábio Jr.**, interpretando "Don't let me cry", de autoria do também cantor **Pete Dunaway** (Otávio Cardoso) e George. Ele ainda gravaria um LP na época, mas só se consagraria a partir de 79, na carona de seu sucesso como ator de cinema e televisão. Outro que só chegaria à fama anos depois, em 80, foi **Jessé**. Mas já em 75 gravava um cover de "Flying", do francês Chris de Burgh, lançado com o nome de **Christie Burgh**.[46] Uma superpicaretagem, mas que deu certo. No ano seguinte, se notabilizava com novo pseudônimo, **Tony Stevens**, entoando o sucesso "(If you could) Remember", criada por certos Hamilton, Mark Lee e Williams a partir do "Concerto para cravo em Fá Menor", de J. S. Bach (mesmo que em 2003, seria adaptado por **Flávio Venturini**, como "Céu de Santo Amaro").

Finalmente, em 1976, era a vez de aparecer diretamente de Recife, **Michael Sullivan**, num compacto da Amazon Records/Top Tape, com "My life" (dele, com uns certos Richard Lee e Mark), vendendo milhares de compactos e incluída na trilha da novela *O casarão*, da Globo. Até então, havia passado três anos no grupo **Renato e seus Blue Caps** (assinando como **Ivanilton**, seu nome de batismo) e em seguida integrado os **Fevers**. Ele se tornaria um dos compositores de linhagem popular mais gravados do país na década seguinte, ajudando até a mudar a sonoridade de boa parte dos discos da "MPB".

Talvez as últimas artistas expressivas a aparecer dessa geração de covers, regravando hits da disco music (e da Jovem Guarda) em longos medleys foi o quinteto **Harmony Cats**, criado por **Hélio Santisteban** (**Pholhas**), então diretor artístico da RGE. Embora já gravassem *discothèque* desde 1976 no selo Young/RGE, ainda assinando **Bandits of Love**, pareciam nitidamente uma resposta (mais comportada) ao sucesso das **Frenéticas** na mesma época. Tanto o álbum The Harmony Cats Show (77) quanto o compacto que o precedeu não traziam a imagem das garotas na capa, muito embora no meio dos *pot-pourris* já houvesse também canções nacionais. Deu tão certo que seu medley de hits dos Bee Gees integrou a famosa trilha "internacional" da novela *Dancin'days*, da Globo, em 78. Anos depois, estourariam cantando em português uma versão de um sucesso dançante do grupo Boney M., "Felicidade (Felicidad [Margherita])" ("Uma margarida disse que ele virá").[47]

Em seu rastro surgiram ainda, visando ao público infantil, **As Melindrosas**, com o LP *Disco baby* (78), em que reliam cantigas de roda em ritmo disco. A capa do primeiro álbum, entretanto, trazia apenas a foto de dois bebês fofos. Quem o gravou foi um coro produzido por **Jorge Gambier** na Copacabana Discos. A estratégia comercial previa que cada lojista ganhasse um pequeno bônus em dinheiro por cópia vendida. Claro que em poucas semanas chegou ao milhão, o que chamou a atenção do *Fantástico*, da TV Globo, exigindo a presença das artistas para gravar um clipe. Os executivos da gravadora saíram então desesperados em busca de um grupo feminino real. Acharam as irmãs da cantora rebolativa **Gretchen**, surgida no mesmo período, que dançavam e também queriam ser artistas. Deu certo, e elas até estrelaram um filme do veterano J. B. Tanko, *É proibido beijar as melindrosas / Vamos cantar disco, baby*. No mesmo ano, a RCA lançou o igualmente bem-sucedido **A Patotinha**, criado pelo produtor **Osmar Zan**, mas com quatro meninas-cantoras de verdade, entoando basicamente versões de hits internacionais, como "Não puxe, não force" ("Estamos de patins") ("Don't push it, don't force it"), que ganhou o apelido de "Melô dos

A VOLTA POR CIMA DO SAMBA E A ASCENSÃO DO FORRÓ DE DUPLO SENTIDO...

patins", quando a patinação virou uma febre no país, entre 79 e 80. A futura apresentadora **Eliana** foi revelada numa segunda formação desse grupo.

A disco music nacional quase sempre ficou restrita a produções de segunda categoria por ser execrada por todos os segmentos de maior sucesso na música brasileira dos anos 1970. A turma do rock a odiava porque perdeu público nos bailes, pois não tinham como reproduzir seus arranjos, repletos de metais (que agora eram substituídos por um DJ), e sua estética era completamente diferente da roqueira, normalmente mais viril e mal-humorada. A da "MPB" por considerá-la alienante politicamente e a do samba porque o som das discotecas estava dominando as rádios cada vez mais, empurrando qualquer bagulho em ritmo de *discothèque* nas programações numa competição desleal. Porém, mercantilismo e excesso de artistas à parte (o que levaria rapidamente à sua decadência), a cultura disco continha um dado que poucos se davam conta à época. Ela era a própria celebração do corpo e da liberdade sexual — inclusive das mulheres e dos gays, até então um tanto reprimidos, e que teve como raiz os guetos negros e "homo" nova-iorquinos nos idos de 1973. Por isso também incomodava tanto.

Mesmo os que dialogaram com a disco apenas em parte de sua estética foram duramente criticados. Que o diga **Caetano Veloso**. Seu espetáculo *Bicho Baile Show*, ao lado da **Banda Black Rio**, subsequente ao lançamento do LP *Bicho* (77), incluindo canções vibrantes como "Odara", misturando samba, jazz e disco, foi execrado. "Como pensar em dançar e ficar em paz com o corpo se o couro estava comendo em plena ditadura?", questionava a crítica politizada. Mas houve quem peitasse essa outra "ditadura". Em 1978, **Rita Lee**, sempre na vanguarda (já com **Roberto de Carvalho**), **Jorge Ben** (após seu encontro com a **Banda do Zé Pretinho**) — como veremos adiante — e **Tim Maia** (gravando o LP *Tim Maia Disco Club*) conseguiram furar esse bloqueio com gravações de sucesso no estilo, bem como **Ney Matogrosso**, que ousou reler em versão *discothèque* um frevo de **Chico Buarque** e **Ruy Guerra**, "Não existe pecado ao sul do equador". Poderia ter sido um passo fatal em seu prestígio na "MPB", mas foi um sucesso estrondoso, mesmo com a ação da tesoura da censura em dois versos, que foram trocados.

Afora o fenômeno **Frenéticas** — que não gravava apenas esse gênero — e alguns arranjos com influência disco na virada para a próxima década, o que se viu por aqui nesse segmento foram estreantes, na maioria de carreira curta, com hits considerados *trash* à época, alguns deles "regenerados" com o tempo. Eram nomes como os paulistas **Dudu França** (estreando com esse nome artístico na divertida "Grilo na cuca") e **Lady Zu** ("A noite vai chegar" e "Hora de união", em dueto com **Totó Mugabe**), ambos com vozes acima da média para o padrão disco. Houve ainda duas adolescentes — a cearense **Miss Lene** ("Quem é ele?") e a mineira **Bianca** ("Os tempos mudaram"), que logo virou roqueira de êxito igualmente efêmero — e mais duas muito jovens também, a carioca radicada em São Paulo **Gretchen** e a paulista **Rosana** em seus singles iniciais (a primeira com "Dance with me" e "Outra vez mulher", e a segunda com "Muito independente"). Também tiveram seu momento a atriz fluminense **Elizângela** ("Pertinho de você"), o grupo carioca **Painel de Controle** ("Black Coco"), a dupla **Ana & Angela** ("Cara de pau"), a irmã de **Angela**, **Sarah (Regina)**, gravando canções originais ("Deixe todo esse amor pra depois") e versões de hits de Donna Summer e Bee Gees. Também apareceu a irmã de **Miss Lene**, **Mary Jo** ("Dance livre") e o coreógrafo e professor de jazz de artistas da TV Globo e dublê de cantor carioca **Ronaldo Resedá** ("Marrom glacê", "Kitsch zona sul")[48] — morto prematuramente em 1984, aos 39, vítima de um AVC — e finalmente o grupo de baile carioca **Superbacana**, com a hilária "Tá com medo tabaréu" (Pedrinho/Laranjeiras): "Você encosta / Ela estica / Tira a mão da minha pipa que eu quero soltar (...) Rá, rá, rá, minha pipa tá no ar".

Por falar em diversão, vários humoristas gravaram discos, alguns com canções de sucesso. Autor de dezenas de composições desde os anos 50, o cearense **Chico Anysio**, ao criar o personagem **Baiano**, líder do grupo **Novos Caetanos**, para seu programa *Chico City*, da TV Globo, formou uma dupla com o pernambucano **Arnaud Rodrigues**, justamente **Baiano e os Novos Caetanos**, satirizando **Caetano** e **Gil**, gravando temas originais, como o samba-rock "Vou batê pra tu (batê)" (Arnaud/Orlandivo) e o xote "Urubu tá com raiva do boi" (Geraldo Nunes/Venâncio). O paulista **Ary Toledo** teve êxito em meados da década anterior com "Pau-de-arara"

A VOLTA POR CIMA DO SAMBA E A ASCENSÃO DO FORRÓ DE DUPLO SENTIDO...

(Carlos Lyra/Vinicius, do musical "Pobre menina rica"), enquanto o carioca radicado em São Paulo **Juca Chaves**, também músico de formação erudita, sempre acompanhado de seu alaúde, foi o que mais gravou como cantor, especialmente sátiras e paródias políticas autorais, como "Presidente Bossa Nova" (60), que lhe trouxe problemas com o então presidente Juscelino Kubistchek. Entre 63 e 69, exilou-se em Portugal e na Itália, onde também teve êxito. Na volta satirizou o sucesso de **Simonal** em "Paris tropical" (1970), depois o de **Paulo Diniz** em "Take me back to Piauí" (1972). Também cunhou modinhas líricas que davam uma trégua no humor, como "Por quem sonha Ana Maria?" (1960) e "A cúmplice" (1974): "Eu quero uma mulher que seja diferente / De todas que eu já tive / De todas tão iguais / Que seja minha amiga, amante e confidente / A cúmplice de tudo que eu fizer a mais".

O "sambão-joia"

Desde que foi inventado, o samba nunca perdeu seu lugar. Se nos anos 50, apareceu mais em sua vertente samba-canção, e nos 60, mais transmutado ora no intimismo inicial da bossa nova, ora nos arranjos jazzísticos dos trios que proliferaram como coelhos ou no sambalanço das boates e bailes para dançar, voltou nos anos 70 com força total seja em sua gênese original ou ramificado em vários subgêneros, mas sempre com muito suingue. No fim da década anterior, o sucesso comercial de **Martinho da Vila**, o crescente interesse pelo som das escolas de samba e a boa audiência nas madrugadas do programa de **Adelzon Alves** na Rádio Globo do Rio sinalizavam um bom presságio. Já em 71 a retomada das noitadas de samba do Teatro Opinião, às segundas-feiras, em torno de autores e ritmistas das escolas, motivou a moda das rodas de samba e sambões que se alastraram por clubes e churrascarias do eixo Rio-São Paulo.[49] Tudo isso transformou o samba num crescente produto de massa naquela década, criando novos astros que se tornaram recordistas de vendas, resgatando ícones da velha guarda das escolas e levando os sambas-enredo cariocas à consagração nacional, agora nas rádios e bailes de salão.

Com a crise de 1973/74, mostrando que o "milagre econômico" não aconteceu conforme o previsto, o governo precisava mudar em busca de uma imagem mais simpática ao povo, sobretudo à classe média. Dando-se conta do esvaziamento da cultura nacional, derivada da política repressiva do Estado, que facilitava a invasão dos ritmos estrangeiros, a partir de 74, decretou ser o samba a "linguagem musical nacional" e, ao organizar a produção cultural, tentou encampar as expressões populares que de maneira marginal e contestatória conseguiram sobreviver à crise. Apesar de não facilitar na censura das obras, criou mecanismos de incentivo à música e à cultura, como a Funarte. Não foi à toa que o ano de 75 ficou marcado para as gravadoras como "o ano do samba" e da grande virada da indústria fonográfica, que não parou mais de crescer.[50]

Até alguns artistas que ainda seriam conhecidos como românticos começaram no samba, graças ao bom momento que o gênero atravessava. É o caso do mineiro (e ex-feirante) **Wando**, estourando primeiro como compositor em "O importante é ser fevereiro" (dele com **Nilo Amaro**), na voz de **Jair Rodrigues**, e depois ele próprio, como intérprete do sambão autoral "Nega de Obaluaê". Mais tarde, começou a explorar temas sensuais, porém com mais moderação do que faria a partir dos anos 1980. Um bom exemplo é o seu samba romântico "Moça", quebrando o tabu da virgindade: "Moça sei que já não és pura / Seu passado é tão forte / Pode até machucar...".

Inicialmente vetado pela censura, ele o reapresentou e finalmente foi liberado, vendendo 1,5 milhão de compactos simples em 1975, seguido das autorais "Senhorita, senhorita" e "Gosto de maçã". Era um tipo de samba de estrutura rítmica mais simplificada, com a batida do surdo no tempo forte, normalmente romântico, que foi apelidado pejorativamente pela crítica como "sambão-joia", em que "joia" era uma gíria dos anos 1970 que significava "legal". Em verdade, o termo foi criado pelo ensaísta e sociólogo Gilberto Vasconcellos e acabou pegando, sempre citado nas resenhas musicais desse período. Resumindo: seus cultores eram considerados a turma "cafona" do samba. **Wando**, entretanto, foi um artista extremamente musical, bom cantor e violonista. Como letrista, se alinhava de certa forma a **Odair José**, sendo mais progressista e transgressor que a maioria de seus colegas do universo popular.

Um dos artífices desse tipo de samba foi **Benito Di Paula**. Natural da região serrana de Nova Friburgo, estado do Rio, esse branco de ascendência cigana, com cabelos cheios, barba e bigode, repleto de brincos, pulseiras, colares e ternos coloridos, sempre tocando samba em pianos de meia cauda, foi um dos artistas mais populares da década de 1970, chegando a excursionar à Europa, ao Japão e à América Latina. Teve até mesmo seu próprio programa de TV (*Brasil Som 75*, na Tupi), a bordo de uma dúzia de sucessos com letras bem simples e diretas, como os sambas divertidos "Charlie Brown", "Mulher brasileira" e "Assobiar e chupar cana", e os mais românticos "Se não for amor" e "Retalhos de cetim", este último sobre uma história trivial: a frustração de um folião com uma cabrocha, que ao chegar o carnaval prometeu e não desfilou para ele. A melodia que vai num crescente, entretanto, grudou como chiclete no coração dos ouvintes de várias classes sociais, fazendo deste seu primeiro grande sucesso e também o sambão (joia) mais regravado de sua obra.

Intercalando sambas tradicionais e "sambões-joia", o carioca do subúrbio de Lins de Vasconcelos **Luiz Ayrão** cresceu num ambiente musical e foi um raro artista dessa seara de nível universitário, formando-se em Direito. Inicialmente, celebrizou-se como autor de canções de amor na voz de **Roberto Carlos** na fase Jovem Guarda ("Nossa canção", "Ciúme de você") e, a partir de 1973, também como intérprete de sambas de embalo, como as autorais "Porta aberta" (em homenagem à sua escola, **Portela**), "Conto até dez" e "A saudade que ficou" ("O lencinho não dá pra enxugar / Um rio de lágrimas que eu tenho pra chorar...") e outros românticos na tal linha "sambão-joia", como "Bola dividida" e o envolvente "Os amantes" (Sidney da Conceição/Lourenço/Augusto César), sobre relações extraconjugais: "Qualquer dia / Qualquer hora / A gente se encontra / Seja onde for / Pra falar de amor... (...) Meu amor / Ah se eu pudesse te abraçar agora...". Seu último grande êxito foi na Copa do Mundo de 82, com "Meu canarinho", justa homenagem à extraordinária seleção brasileira daquele ano que, no entanto, foi eliminada pela Itália e acabou em quinto lugar.

Também versando sobre a nossa seleção de futebol, o santista **Luiz Américo** puxava a orelha do técnico Zagallo na Copa de 1974, querendo saber quem seria o sucessor do craque Pelé, no samba "Camisa 10" (Hélio Matheus/Luís Vagner) — aliás, na mesma Copa, o veterano **Trio Esperança** emplacou "Replay" (Roberto Corrêa/Jon Lemos), cujo refrão era também em ritmo de "sambão-joia" ("É gol / Que felicidade / É gol / O meu time é alegria da cidade"). O primeiro sucesso de **Luiz Américo**, porém, veio um ano antes com o "sambão-joia" "Desafio", (dele com Bráulio de Castro/ Clóvis de Lima), que chegou a abrir o show *India*, de **Gal Costa**. Depois, vieram o divertido "O filho da *véia*", de motivo afrorreligioso ("Sou fio da *véia* ô / E não pego nada / A *véia* tem força ô / Na encruzilhada"), os "sambões-joias" lamentosos "O gás acabou" e "Carta de alforria', mais o prosaico "Na hora da sede" ('Você pensa em mim / Pois eu sou o seu copo d'água'), regravado por **Clementina de Jesus** em 79 — todos feitos com seu parceiro **Braguinha**, homônimo do grande compositor da Era de Ouro.

Um sambista romântico inveterado foi o carioca Antônio Gilson Porfírio, cuja pronúncia de suas iniciais formava o nome pelo qual o Brasil inteiro o conheceu, **Agepê**. Após ser transportador de bagagem e técnico projetista da Companhia Telefônica do Rio, a Telerj, surgiu no disco em 1975 com "Moro onde não mora ninguém", seguido nos anos seguintes por "Moça criança" e "Menina dos cabelos longos", todos compostos com o parceiro **Canário** na levada do "sambão-joia". Igualmente negro e de estilo semelhante, o paulista **Gilson de Souza** foi revelado como compositor quando **Jair Rodrigues** gravou "Orgulho de um sambista" e teve um único grande sucesso como cantor, o "sambão-joia" "Poxa": "Por que você não para pra pensar um pouco / Não vê que é motivo de um poeta louco / Que quer o teu amor pra te fazer canção?".

A bossa nova e o samba se cruzam com sabor baiano

Quem também apareceu com sambas de temática amorosa, além de motivos baianos e afrorreligiosos, com melodia e harmonia mais elaboradas e uma linguagem bem particular, com pequenos breques estratégicos, foi a dupla de cantores-compositores **Antonio Carlos & Jocafi**, indo de Salvador para o Rio nesse tempo. Revelada em 1971 no VI FIC da TV Globo, quando foi vice-campeã com "Desacato", viu seu maior sucesso explodir naquele mesmo ano, "Você abusou" ("Tirou partido de mim, abusou"), que logo se tornaria um dos sambas mais conhecidos e gravados da história, inclusive no exterior, virando hits de Michel Fugain, em francês ("Fais comme l'oiseau") e da cubana Célia Cruz, em espanhol ("Usted abusó").

Na primeira metade da década, os dois colocaram vários sambas nas paradas, como "Toró de lágrimas", "Teimosa" e "Mudei de ideia", sendo alguns com referências ao candomblé, como "Ossain" e "Jesuíno Galo Doido". Também fizeram parte de várias trilhas de novelas, assinando inclusive, como autores, uma inteira, "Primeiro amor" (72), em que várias faixas caíram na boca do povo, como "Hei, Shazam". Como se não bastasse, foram gravados por intérpretes dos mais variados estilos, como **Cláudia, Doris Monteiro, Miltinho, Evinha, Simonal, Elza Soares, Vanusa, Maysa, MPB-4, Marinês**, o pianista **Osmar Milito**, o baterista **Milton Banana**, a violonista **Rosinha de Valença**, a alternativa **Miriam Batucada** e principalmente por **Maria Creuza**, que começou com eles na Bahia no fim da década anterior e foi das primeiras a levar "Você abusou" ao sucesso, juntamente com "Mas que doidice" e "Desmazelo", todas da dupla.

Casada com **Antonio Carlos** e apadrinhada por **Vinicius de Moraes**, **Maria Creuza** foi uma cantora de samba, bossa nova, samba-canção e "MPB" em geral, que marcou os anos 1970 com sua voz suave cantando *standards* da música romântica brasileira e lançadora da feminista "Dom de iludir", de **Caetano Veloso**, incluída em seu *classudo* LP *Meia-noite* (77), que seria um sucesso com **Gal Costa** nos anos 80. Seguiu uma carreira em paralelo com grande êxito na Argentina e no Uruguai, iniciada ao lado da dupla **Toquinho & Vinicius**, com quem fez diversas gravações. Sim, depois de fazer sucesso compondo obras-primas com **Tom Jobim, Carlos Lyra, Baden Powell, Edu Lobo** e outros, **Vinicius de Moraes** encontra no jovem violonista paulista **Toquinho** sua cara-metade para aquela que seria sua última década de vida e carreira.

Em 1969, além de lançar um compacto com dois sambas-rock clássicos assinados a quatro mãos com **Jorge Ben**, "Que maravilha" e "Carolina,

Carol bela", **Toquinho** seguiu em turnê com **Chico Buarque** pela Itália, depois gravou o álbum *La vita, amico, é l'arte dell'incontro*, com o poeta Giuseppe Ungaretti e o cantor Sergio Endrigo, com músicas do Poetinha cantadas em italiano. Porém não chegou a estar pessoalmente com o futuro parceiro. Até que, em 70, impressionado com seu talento, **Vinicius** o convidou para tocar com ele numa turnê ao lado de **Maria Creuza** na boate La Fusa, em Buenos Aires (depois gravada ao vivo em disco). Apesar de ele estar com 24 anos e Vinicius com 57, graças ao espírito jovem e mutante do poeta o casamento musical foi perfeito.

Na volta, **Toquinho & Vinicius** inauguraram os circuitos universitários, cantando em faculdades de Norte a Sul do Brasil, e gravaram o antológico LP *Como dizia o poeta* (71), ao lado de **Marília Medalha**, incluindo as primeiras parcerias da dupla, como a faixa-título ("Quem já passou por esta vida e não viveu / Pode ser mais / Mas sabe menos do que eu / Porque a vida só se dá pra quem se deu / Pra quem amou / Pra quem chorou / Pra quem sofreu..."), "Mais um adeus", o clássico instantâneo "Tarde em Itapoã" e o irônico "A tonga da mironga do kabuletê", com participação de **Monsueto**, pouco antes de sua morte. Todos sambas de sucesso. Também compuseram diversas trilhas de novelas, da TV Tupi, como *Nossa filha Gabriela*, e da Globo, como *O Bem-Amado*, e vários temas, inclusive o título, de "Fogo sobre terra", este, numa memorável gravação do **MPB-4** com o **Quarteto em Cy**.

Eventualmente faziam canções com outros parceiros. **Toquinho** compôs com o baterista **Mutinho**, sobrinho de **Lupicínio Rodrigues**[51] ("Turbilhão") e **Chico Buarque** ("Samba para Vinicius", "Samba de Orly", esta assinada também com o Poetinha). **Vinicius** assinou com um certo **Hermano Silva** o bolero "Onde anda você" e verteu para o português as canções do musical *Jesus Cristo Superstar*. Mas, na imensa maioria, foram as parcerias exclusivas da dupla, quase todas em ritmo de samba tradicional, que caíram no gosto popular. Ainda em 71, eles produziram "Testamento", "Sei lá, a vida tem sempre razão", "O velho e a flor", "Essa menina", "Menina flor", "Maria vai com as outras", depois "Regra três", "Cotidiano n°2", "Para viver um grande amor", "Samba da volta", "Carta ao Tom 74", incluindo diversos temas ligados ao universo dos orixás e da Bahia, graças à proximidade do Poeta com o terreiro de Mãe Menininha do Gantois, em Salvador, como, entre outras, "Tatamirô" (dedicada a ela), "À bênção, Bahia", "Canto de Oxum" e "Meu pai Oxalá" ("É o rei, venha me valer!").

Foi um período de atividade intensa entre shows e discos, inclusive coletivos, chegando a gravarem um álbum com a estrela italiana Ornella Vanoni e, como já vimos, outro ao vivo no Canecão ao lado de **Tom Jobim** e **Miúcha**. Em 1980, viria o derradeiro álbum, com o sucesso "Escravo da alegria", outra de **Toquinho** e **Mutinho** ("Se o amor é fantasia / Eu me encontro ultimamente em pleno carnaval"). Com uma produção de sucesso absurda e constante na música desde 56, **Vinicius** ainda faria sucesso póstumo com outras canções, graças aos especiais infantis veiculados pela TV Globo, bolados e compostos ao lado de **Toquinho** (e outros parceiros), *A arca de Noé*, volumes 1 e 2, inspirados num livro seu, homônimo, de poemas infantis. Lançados entre 80 e 81, trazia faixas memoráveis nas vozes do **MPB-4** ("O pato"), **Boca Livre** ("A casa"), **Elis Regina** ("A corujinha"), **Ney Matogrosso** ("A galinha-d'angola"),[52] entre outros.

A temática afrorreligiosa e as grandes vozes femininas do samba

Não foram apenas as parcerias de **Toquinho & Vinicius**, **Antonio Carlos & Jocafi** ou os solistas **Wando** e **Luiz Américo** que fizeram sambas com alusão aos temas de candomblé e umbanda. Esse filão, que começara a ficar forte na década anterior, foi cada vez mais explorado nos anos 70. Difícil um artista do samba ou da própria "MPB" que não tenha gravado uma canção alusiva aos orixás. **Clementina de Jesus** registrou cânticos tradicionais de seus antepassados que ela trazia na memória; **Elza Soares,** pérolas como "Sete linhas", **Maria Bethânia**, desde autênticos pontos de Iansã e Oxóssi até saudações aos orixás cunhados por **Caetano** e **Gil**, como "Iansã" e "As Ayabás", e **Martinho da Vila** celebrizou o samba "Deixa a fumaça entrar" e o pot-pourri de terreiro com "Filho de Zâmbi", "Sete flechas" e "Vestimenta de caboclo",[53] que abria assim: "O Sino da igrejinha faz belém bem blão / Deu meia-noite o galo já cantou / Seu Tranca-Rua que é dono da gira / Oi corre gira que Ogum mandou". Em 76, duas veteranas também investiram no gênero: **Dora Lopes**, no LP *Esta é minha filosofia*, sem qualquer repercussão, e **Angela Maria**, estourando "Moça bonita" (Evaldo Gouveia/Jair Amorim), sobre uma pombagira da umbanda: "E no canto da rua / Zombando, zombando, zombando está / Ela é moça bonita / Girando, girando, girando lá."

Alguns intérpretes, entretanto, foram revelados nesse tempo com o mesmo tipo de repertório, como o sofisticado grupo negro **Os Tincoãs** ("Promessa ao Gantois", "Cordeiro de Nanã"), o cantor **Lincoln** ("A encruzilhada"), a mineira radicada no Rio **Aparecida** ("Rosa pra 'Iasã'")[54] e até o ícone da umbanda, **Exú da Lira**, o **"Seu 7"**, na verdade, a andrógina mãe de santo **Cacilda dos Santos**, que gravou dois discos memoráveis, "Seu 7 Saracura cura a minha dor" (70) e "Sete Rei da Lira" (71), e causou frisson nos programas de Chacrinha, na Globo, e Flávio Cavalcanti, na Tupi, em 71, incorporando ao vivo diante das câmeras, provocando a ira dos generais, que ameaçaram cassar as concessões das emissoras. Aliás, pouco antes, a Continental reeditou um velho álbum do irreverente e polêmico pai de santo baiano **Joãosinho da Goméa** ("Rei do candomblé", de 58), falecido na ocasião. Irmão de **Antonio Adolfo**, **Ruy Maurity** também marcou a década com vários sucessos, assinados com o parceiro **José Jorge**, como a toada "Serafim e seus filhos", os xotes "Cuando fubá" e "A xepa", a canção "Menina do mato", mas principalmente o batuque de terreiro "Nem ouro nem prata": "Eu vi chover / Eu vi relampear / Mas mesmo assim o céu estava azul / Samborê, pemba, folha de Jurema / Oxossi reina de norte a sul".

Mas foi **Clara Nunes**, uma mineira de origem humilde, filha de um violeiro cantador de Folia de Reis, que, após um começo errático, tentando navegar por diversos estilos, entre boleros, baladas estrangeiras vertidas para o português e toadas modernas, finalmente se encontrou no samba, especialmente o de contornos afrorreligiosos. Isso se deu após uma viagem a Angola, quando resolveu remodelar sua carreira. Convidou o radialista **Adelzon Alves** (com quem se casaria), ligado ao mundo do samba, para produzir seus discos, estudou expressão corporal e adotou vestidos de cor branca como marca, com muitas guias e pulseiras. Tornou-se a sambista

A VOLTA POR CIMA DO SAMBA E A ASCENSÃO DO FORRÓ DE DUPLO SENTIDO...

de maior sucesso nos anos 70, rompendo um tabu nas gravadoras que vigorava há dez anos, desde o apogeu de **Angela Maria**, o de que cantora não vendia disco. Ela vendeu mais de 350 mil cópias de seu LP *Alvorecer*, de 1974, recheado de êxitos imortais, como "Conto de areia" (Romildo/ Toninho): "É água no mar / É maré cheia, ô / Mareia, ô / Mareia."

Com um timbre caloroso, que evocava a própria **Angela**, **Elizeth Cardoso** e **Maysa**, em interpretações muito expressivas, **Clara**, embora já tivesse feito sucesso em 1968 com um samba, "Você passa eu acho graça", a partir de 71 não saiu mais da parada de sucessos, muitas vezes com sambas exaltando a cultura negra e/ou afrorreligiosa, sempre passando uma imagem alegre e positiva, como em "Ilu Ayê (Terra da vida)" (Cabana/Norival Reis, samba-enredo da **Portela** de 72), "A deusa dos orixás" (Romildo/Toninho), "O mar serenou" (Candeia) ou duas de seu segundo marido, o poeta **Paulo Cesar Pinheiro**, com o também cantor **João Nogueira**, "Banho de manjericão" e "Guerreira" — esta última lançada num memorável clipe do *Fantástico* nas cataratas de Sete Quedas (depois transformada em usina hidrelétrica), onde ela terminava dizendo "Sou a mineira guerreira / Filha de Ogum com Iansã", desfiando uma belíssima oração mostrando o sincretismo dos santos católicos com os orixás do candomblé. Só nessa década foram mais de vinte sucessos, entre sambas românticos ("Tristeza, pé no chão", "Alvorecer", "Lama", "Coração leviano"), mas também divertidos ("Quando vim de Minas", "Coisa da antiga"), autoafirmativos ("Na linha do mar"), ecológicos ("As forças da natureza"), de protesto ("Meu sapato já furou"), esperançosos ("Menino Deus"), místicos ("Juízo final") ou alusivos às glórias e tristezas de nosso "Brasil mestiço" ("Canto das três raças").[55]

Oriunda de uma família humilde como **Clara**, filha de um sargento e maestro de uma banda de baile, que lhe ensinou a tocar diversos instrumentos de sopro, como o pistom, a maranhense **Alcione** aportou no Rio de Janeiro em 1968 disposta a vencer na vida. Trabalhou numa loja de discos, depois frequentou programas de calouros e atuou nas boates de Copacabana como lady crooner, cantando um repertório eclético, incluindo "MPB", samba e música internacional, ganhando o apelido de Marrom, por causa da cor de sua pele. Após uma turnê pela Itália, foi contratada pela Phonogram/Philips, sendo direcionada para o caminho do samba pelos produtores **Roberto Menescal** e **Roberto Sant'Anna**, uma vez que a gravadora não tinha nenhuma sambista. Começou a gravar compactos em 1972, lançando o futuro grande compositor, letrista, escritor e intelectual negro **Nei Lopes**, no samba "Figa de guiné" (com **Reginaldo Bessa**). Mas o sucesso só chegaria três anos depois, com "Não deixe o samba morrer", de uma dupla de sucesso em São Paulo, **Edson e Aloísio**, e "O surdo", de **Totonho** e **Paulinho Rezende**. Tanto este último quanto **Nei Lopes** a acompanhariam pelas quatro décadas seguintes com faixas em quase todos os seus discos.

Alcione gravou temas divertidos como os sambas baianos "Ilha de Maré" (Walmir Lima/Lupa) e "Pedra que não cria limo" (Vevé Calasans/ Nilton Alecrim), mas triunfou mesmo nos românticos, como "Pandeiro é meu nome", "Sufoco" (ambas de **Chico da Silva**, com parceiros), "Pode esperar" (Roberto Corrêa/Sylvio Son), "Gostoso veneno" (Wilson Moreira/Nei Lopes) e "Rio antigo", esta última uma ode à Cidade Maravilhosa dos anos 30 aos 50, cunhada por seu conterrâneo **Nonato Buzar** e pelo humorista **Chico Anysio**: "Quero bate-papo na esquina / Eu quero o Rio antigo com crianças na calçada / Brincando sem perigo, sem metrô e sem 'frescão' / O ontem no amanhã...".

Com uma trajetória meteórica de sucesso, no fim da década já era uma grande vendedora de discos, sendo contratada pelo diretor Augusto César Vanucci para apresentar um programa musical mensal que marcou época na TV Globo, às sextas à noite, de março de 1979 a maio de 81. Foi o *Alerta Geral*, cujo nome era o mesmo de seu álbum do ano anterior que vendeu 450 mil cópias, e uma crítica à onda de música estrangeira, sobretudo da *discothèque*, que competia em desigualdade nas rádios com a música nacional. Curiosamente, era um tempo que mesmo com essa invasão estrangeira todo mundo conhecia os sucessos dos nossos grandes artistas da "MPB", do samba, do forró, dos "cafonas" e até do rock nativo.

Fechando o chamado "Trio A-B-C do samba",[56] das que conseguiram elevar o gênero a grandes patamares de vendagem, estava outra cantora que assim como **Clara** e **Alcione** não veio do samba tradicional. Embora

A VOLTA POR CIMA DO SAMBA E A ASCENSÃO DO FORRÓ DE DUPLO SENTIDO...

sempre tenha incluído sambas no repertório, **Beth Carvalho** começou cantando bossa nova e toada moderna (como "Andança", no III FIC), mas em 1972, ao gravar o samba-enredo "Rio Grande do Sul na Festa do Preto Forro", da **Unidos de São Carlos,** optou em definitivo pelo gênero.[57] Sua gravadora Odeon, que já tinha **Clara Nunes,** a dispensou. Ficou então três anos na pequena Tapecar (selo nacional que começara suas atividades em 70), obtendo sucesso já em seu primeiro LP como sambista, *Canto por um novo dia* (73), com "Folhas secas", de **Nelson Cavaquinho e Guilherme de Brito.** Seguiu com "1.800 colinas" (Gracia do Salgueiro) até ser contratada pela multinacional RCA Victor, quando estoura com "As rosas não falam", de **Cartola,** em 76. A partir de então, **Beth,** com sua voz quente e seu repertório imbatível, continuou trazendo sempre o melhor da velha e nova guardas, se tornando uma das maiores sambistas da história e uma grande intérprete carnavalesca.

Ainda naquela década, **Beth** teve problemas com a censura em 1977 com o samba "Saco de feijão", do portelense **Francisco Santana,** que depois de liberado fez um grande sucesso, criticando a fila do feijão, um período de crise de abastecimento em que o alimento se tornou caríssimo. Resistindo ao machismo do samba, teve êxito no mesmo ano com "Olho por olho" (Zé do Maranhão/Daniel Santos) ("Você se diz malandro / Malandro você não é / Porque não existe homem malandro pra mulher"). No ano seguinte, dava um salto em sua carreira, quando conheceu os sambistas do bloco carnavalesco Cacique de Ramos, que tinham uma sede em Olaria, onde sempre havia pagodes no fundo do quintal, da maior qualidade. Ela chamou o produtor **Rildo Hora** e disse que queria a mesma sonoridade que ouvia por lá no seu disco. Era uma turma de autores e músicos ainda amadores que fundaria dali a dois anos o grupo **Fundo de Quintal,** cuja formação original trazia **Bira Presidente, Neoci, Sereno, Sombrinha, Ubirany** e os futuros astros **Almir Guineto** e **Jorge Aragão,** e que numa segunda formação teria também **Arlindo Cruz.** Antes disso, porém, foi ela quem primeiro os levou para o estúdio, inovando na sonoridade dos discos de samba, com instrumentos como o banjo com afinação de cavaquinho (**Almir**), o tantã (**Sereno**) e o repique de mão (**Ubirany**), no LP *De pé no chão* (78), um marco no samba brasileiro.

Além de popularizar sambas de veteranos como **Monarco e Francisco Santana** (regravando "Lenço") e **Nelson Sargento** (o inédito "Agoniza, mas não morre"), **Beth** deu espaço a **Beto Sem Braço e João Quadrado** ("Marcando bobeira"), **Rubens da Mangueira** ("Ô Isaura") e também estourou no carnaval a deliciosamente vingativa "Vou festejar" (Jorge Aragão/Dida/Neoci): "Chora, não vou ligar / Chegou a hora / Vais me pagar / Pode chorar, pode chorar". Por sinal, entre o fim dos anos 70 e início dos 80, em toda folia de fevereiro ela estourava um samba nas paradas, como "Coisinha do pai" (outra de **Jorge Aragão**, com **Almir Guineto e Luiz Carlos**) — esta já do LP seguinte, *No pagode*, outro clássico que popularizou a expressão "pagode", inicialmente apenas um apelido para o próprio samba usado no jargão dos bambas.

Naquela mesma época surgia **Dona Ivone Lara**. Apesar do talento musical manifestado desde cedo, foi trabalhar como enfermeira e assistente social, inclusive com a respeitada Dra. Nise da Silveira. Deu vazão a seus sofrimentos através do samba, sobretudo nas letras feitas por **Délcio Carvalho**, que escrevia a partir de seus relatos. Embora desde os anos 60 fosse uma das pioneiras mulheres da ala dos compositores da **Império Serrano**, por ser de uma família de sambistas, foi só aos 56 anos, quando se aposentou, que iniciou profissionalmente uma carreira vitoriosa de cantora e compositora. A bem da verdade ela já vinha sendo gravada com sucesso por diversos sambistas, como **Clara Nunes** ("Alvorecer") e **Roberto Ribeiro** ("Acreditar", "Liberdade") até que em 78, sua composição "Sonho meu" (com **Délcio Carvalho**) foi registrada por **Maria Bethânia** (em dueto com **Gal Costa**) no LP *Alibi*, o mais vendido de uma cantora de "MPB" até então. No mesmo ano, a sambista de voz meiga e forte gravava seu primeiro LP, *Samba: minha verdade, minha raiz* na EMI-Odeon, incluindo "Minha verdade", "Prazer da Serrinha" e "Andei para Corimá",[58] e se torna um ícone do gênero, respeitada e querida pelos colegas, público e crítica, alvo de muitas homenagens até sua morte, aos 97 anos, em 2018.

Outra sambista e compositora a aparecer nesse tempo foi **Leci Brandão**. Sendo, desde 1971, uma das primeiras mulheres a integrar a ala de compositores da Mangueira, ela gravou seu álbum de estreia *Antes que eu*

A VOLTA POR CIMA DO SAMBA E A ASCENSÃO DO FORRÓ DE DUPLO SENTIDO...

volte a ser nada (1975). Naquela década, seu trabalho ainda era mesclado entre o samba e outros gêneros da chamada "MPB", com arranjos mais elaborados, talvez por ser uma rara negra à época nesse meio com formação universitária e o dom da palavra (que a levou anos depois inclusive à política). Já naquele tempo suas canções autorais tocavam em questões do negro, da mulher, além de protesto social e político. Outro diferencial e grande mérito foi ter coragem de abordar de forma pioneiríssima a defesa da causa LGBTQI+ (que ainda nem sonhava em ter essa nomenclatura) em canções como "As pessoas e eles" ("As pessoas olham pra eles / Com ar de reprovação") e seus primeiros grandes hits, "Ombro amigo" ("Você vive se escondendo / Sempre respondendo / Com certo temor / Eu sei que as pessoas lhe agridem / E até mesmo proíbem / Sua forma de amor"), em 77, e "Essa tal criatura" ("Transa na mais linda loucura / Deixa a vergonha de lado"), em 80.

Houve ainda naquela década o sucesso efêmero das cariocas **Sonia Lemos**, irmã do poeta **Tite de Lemos** ("Sete domingos") e **Geovana** ("Quem tem carinho me leva"). Entre as veteranas, também apareceram com bons sambas **Nora Ney** (o clássico "Quando eu me chamar saudade", de **Nelson Cavaquinho** e **Guilherme de Brito**) e **Elza Soares**, que estourou "Salve a Mocidade" (Luiz Reis) no carnaval de 75 e, no ano seguinte, lançou o sambista **Jorge Aragão** como compositor com o samba "Malandro" (em parceria com **Jotabê**). Já **Clementina de Jesus** seguia como grande referência, gravando pérolas como o samba de roda "Marinheiro só" (seu maior sucesso, em 73), "Incompatibilidade de gênios", "Partido Clementina de Jesus" e "Co-co-ro-có"[59] (os dois últimos em dueto com **Clara Nunes** e **Roberto Ribeiro** respectivamente). Não tocava muito no rádio, mas virou símbolo do samba e da negritude do país, excursionando até ao exterior. E o quarteto vocal **As Gatas**, formado em 67, além de gravar discos bissextos, foi onipresente em gravações do período.

Os grandes intérpretes masculinos do samba e a revitalização do choro

Ex-jogador de futebol, o natural de Campos, estado do Rio, **Roberto Ribeiro** teve sua grande chance ao puxar um samba-enredo de sua escola, a

Império Serrano, em 1971. Depois de uma excursão à Europa, discos com **Elza Soares**, **Simone** e o violonista **João de Aquino**, um álbum solo em 73 e alguns compactos, finalmente, em 75, ele estourava como o maior cantor de sambas de sua geração, com "Estrela de Madureira" (Acyr Pimentel/ Cardoso), em homenagem à vedete Zaquia Jorge: "Brilhando num imenso cenário / Num turbilhão de luz / Surge a imagem daquela / Que meu samba traduz...", um caso raro de um samba-enredo perdedor fazer mais sucesso que o levado à avenida pela (sua) escola naquele ano.

Com um repertório de primeira, **Roberto** teve o cuidado de gravar inéditas de sambistas então pouco ou nada conhecidos do grande público, como o baiano **Nelson Rufino** ("Tempo ê", "Todo menino é um rei", "Vazio (Está faltando uma coisa em mim)", todas com **Zé Luiz do Império**), autores da **Portela**, como **Monarco** ("Proposta amorosa", "O quitandeiro", esta uma parceria póstuma com o legendário **Paulo da Portela**); da **Mocidade Independente de Padre Miguel**, como **Serafim Adriano** ("Ingenuidade")[60] e da **Mangueira**, como **Xangô** ("Isso não são horas", com **Catoni e Chiquinho**),[61] sem esquecer os de sua própria escola, como a dupla ainda anônima para a maioria, **Dona Ivone Lara** e **Délcio Carvalho** (os já referidos e futuros clássicos "Acreditar" e "Liberdade") e o mestre **Silas de Oliveira** (com **J. Ilarindo**), num raro samba dele sem ser de enredo, "Meu drama" ("Ah minha romântica Senhora tentação / Não deixe que eu venha a sucumbir / Neste vendaval de paixão").

Foi ainda, ao lado de **Alcione**, um dos grandes intérpretes do bamba **Nei Lopes** em números como "Só chora quem ama" (com **Wilson Moreira**) e compositor bissexto de sambas como "Vem" (com **Toninho Nascimento**). Casado com a compositora **Liette de Souza** (que lhe deu os sucessos "Amor de verdade" e "Amei demais", ambas com **Flávio Moreira**), seguiu com bastante sucesso até meados da década seguinte.

Negros e talentosos, como **Roberto Ribeiro**, foram dois cantores-compositores de origens e estilos totalmente distintos que começaram no início da década anterior, **Martinho da Vila** e **Paulinho da Viola**. O primeiro, de origem muito pobre, nasceu em Duas Barras, interior do estado do Rio de Janeiro. Chegou à capital sendo sargento do Exército,

A VOLTA POR CIMA DO SAMBA E A ASCENSÃO DO FORRÓ DE DUPLO SENTIDO...

indo morar no Morro dos Macacos, em Vila Isabel, cuja escola de samba foi parar em seu próprio nome — levando adiante a bandeira da tradição no bairro que um dia consagrou **Noel Rosa**. Foi logo prestando duas grandes contribuições ao gênero que o consagrou: sistematizou em disco o partido-alto, antes restrito ao ambiente das escolas, e deu nova forma ao samba-enredo, de maneira mais compacta que os antigos "lençóis" (sambas com muitos versos, contando de forma didática as glórias brasileiras), numa linguagem mais coloquial, evitando termos pomposos ("varonil", "divinal"), e dando nova cadência rítmica ao gênero, mais dinâmica, injetando até mesmo o próprio partido-alto nesse tipo de samba. Compôs "Quatro séculos de glórias e costumes" (68), "Iaiá do cais dourado" (69), em parceria com Rodolpho, "Onde o Brasil aprendeu a liberdade" (72), entre outros. Foi ainda o primeiro sambista a criar álbuns temáticos ano a ano e a exigir capas duplas em discos de samba, normalmente com investimentos inferiores das gravadoras, assinadas por grandes artistas gráficos, como Elifas Andreato — também autor de muitas capas de **Clara Nunes** e **Paulinho da Viola**.

De timbre suave e confidente, num estilo malandro, rasgado e festivo de interpretar, **Martinho da Vila** nunca tocou nenhum instrumento, mas elaborou por vezes melodias sinuosas, daquelas que põem à prova os intérpretes de seus sambas. Com letras que evocavam nossas raízes negras africanas e uma visão crítica de cunho social, foi um colecionador de sucessos populares a partir do primeiro álbum de 1969, depois, durante os anos 70, exaltou o samba e a alegria ("Segure tudo", "Canta, canta minha gente"), afugentou a dor ("Samba da cabrocha bamba"), falou do embate entre amor e boemia ("Disritmia", aquele do "Vem logo, vem curar seu nego / Que chegou de porre lá da boemia"), de despedida ("Não chora, meu amor"), negligência amorosa ("Amor não é brinquedo", com **Candeia**, que diz "Se quiser se distrair / Ligue a televisão / Amor, comigo não"), criticou o feminismo, numa época que este chegou ao Brasil de forma pouco compreendida ("Você não passa de uma mulher") e a invasão de música estrangeira no rádio ("Oi, compadre" ["mete o dedo na viola"]).

Também emulou os ancestrais **Donga** e **Mauro de Almeida** ("Pelo telefone") e **João da Baiana** ("Batuque na cozinha") e tirou **Monarco** do miserê, até então um ex-feirante e contínuo da ABI (Associação Brasileira de Imprensa), gravando "Tudo, menos amor" (dele com **Walter Rosa**), em 1973, fazendo com que dali a três anos o colega entrasse em estúdio para gravar seu próprio disco, na Continental. Além de todos esses sucessos, ainda ousou falar de sensualidade e sexualidade como nunca antes no samba ("Coisa louca", "Quero, quero", "Manteiga de garrafa", "Viajando") e encerrava a década, em 80, com um deslumbrante samba-enredo para sua **Vila Isabel**, com Rodolpho e Tião Graúna, "Sonho de um sonho", sobre Carlos Drummond de Andrade: "Sonhei que estava sonhando um sonho sonhado...".

Já **Paulinho da Viola** veio da classe média e ajudou a aproximar a intelectualidade pós-bossa nova do samba tradicional. Filho de violonista chorão (**César Faria**, do **Conjunto Época de Ouro**), teve logo de cara uma identificação com a velha guarda, principalmente da sua escola, a **Portela**, e a tradição dos sambas mais românticos, num estilo comedido e elegante de cantar. Bom violonista, articulou sua linguagem instrumental minimalista, numa paralela que nunca se encontra com a bossa nova.[62] Se nos anos 1960 já disse a que veio com "Sinal fechado" e "Sei lá, Mangueira" (dele, com **Hermínio Bello de Carvalho**), virava 70 com "Foi um rio que passou em minha vida", antecipando uma década de ouro.

Criando um estilo próprio, entre sambas (e eventuais choros) de harmonia tradicional e sofisticada, cantados e instrumentais, **Paulinho** se notabilizou mesmo na década de 1970 como intérprete de diversas pérolas autorais, em sambas de amor, cativando mais pela redenção amorosa do que pelo machismo de outros tempos ("Dança da solidão", "Coração leviano", "Perdoa"), além de reclamações contra as mudanças no samba ("Argumento"), o custo de vida ("Pode guardar as panelas") e o caos ecológico ("Amor à natureza"). Narrou a crônica dos domingos festivos suburbanos ("No pagode do Vavá") às disputas familiares frente ao vil metal ("Pecado capital"). Ousou nas dissonâncias harmônicas e poéticas em sambas existenciais ("Roendo as unhas", sem rimas), de dor de cotovelo ("Para ver as meninas") ou exultante pelo nascimento de um novo amor ("Num

A VOLTA POR CIMA DO SAMBA E A ASCENSÃO DO FORRÓ DE DUPLO SENTIDO...

samba curto", num arranjo que antecipava o drum'n'bass). Também tornou imortais o velho samba-canção "Nervos de aço", de **Lupicínio Rodrigues**, e o samba-enredo "Lapa em três tempos" (Ary do Cavaco/Rubens), que deu o segundo lugar à Portela em 71.

Em 1973, no ano em que **Pixinguinha** nos deixou, **Paulinho da Viola** foi também um dos responsáveis pela revitalização do choro, um gênero que andava um tanto esquecido, fora do rádio e da TV. Ele criou com o jornalista e produtor **Sérgio Cabral** o show *Sarau*, levado ao palco do Teatro da Lagoa (RJ), na companhia de **Elton Medeiros**, de um quarteto de músicos, incluindo o flautista **Copinha**, e o **Época de Ouro**, do qual fazia parte o bandolinista **Déo Rian**, que começara a gravar como solista na RCA, na vaga deixada por outro ás do choro recém-falecido (em 69), **Jacob do Bandolim**. Um desses álbuns foi registrado ao lado do grupo **Noites Cariocas**, formado por ele em 77.

Além dos sambas, nesse *Sarau* **Paulinho** mostrou choros de sua autoria, como "Choro negro" (com Fernando Costa), e atiçou jovens na plateia como os futuros integrantes do **Galo Preto** (como o bandolinista **Afonso Machado**), que chegariam ao disco em 1978, um ano depois de **Os Carioquinhas**, do qual faziam parte, entre outros, **Maurício Carrilho** (violão) e os irmãos (adolescentes) petropolitanos **Raphael Rabello** (violão de 7 cordas) e **Luciana Rabello** (cavaquinho). Mais para o fim da década, por iniciativa de **Herminio Bello de Carvalho**, os três últimos formaram com outros jovens e o bandolinista **Joel Nascimento** a **Camerata Carioca**, em torno do veteraníssimo (e padrinho) **Radamés Gnattali**, tendo já numa segunda formação os irmãos **Henrique Cazes** (cavaquinho) e **Beto Cazes** (percussão). Na verdade, vários conjuntos de choro formados nesse tempo eram de jovens entre 15 e 20 anos.

Antes disso, em 1975, por sugestão de **Beth Carvalho**, foi formado o grupo de samba e choro **A Fina Flor do Samba**, que a acompanhava em shows, chamando a atenção pela variedade étnica e social dos integrantes[63] e por ter repertório próprio. Era formado por, entre outros, o cavaquinista **Alceu Maia**, o violonista **Ruy Quaresma** (ambos futuros produtores também de samba) e três percussionistas típicos do samba, **Ovídio Brito**,

Valter Paixão e Juca. Também reforçaram o time do choro naquela década, gravando e participando de shows, o bandolinista **Joel Nascimento**, outro herdeiro de **Jacob** (em cinco álbuns), e o trombonista **Zé da Velha** (com o **Grupo Chapéu de Palha**). Em São Paulo, **Isaías e seus Chorões** e o regional de **Evandro do Bandolim** também marcaram época. A eterna Rainha do Choro, **Ademilde Fonseca**, voltava aos estúdios, gravando dois álbuns, incluindo alguns choros memoráveis compostos especialmente para ela por, entre outros, **Martinho da Vila** ("Choro chorão") e a dupla **João Bosco e Aldir Blanc** ("Títulos de nobreza").

Aos poucos, a TV foi incluindo novamente o gênero em sua programação e houve até mesmo festivais dedicados a ele no Rio e em São Paulo — o Festival Nacional do Choro em duas edições, em 1977 e 78, transmitidos pela TV Bandeirantes. Em algumas capitais, como Rio, São Paulo e Brasília, surgiram Clubes do Choro, embora nem todos vingassem por muito tempo. Ainda sobre **Paulinho da Viola**: ele também gravou um álbum exclusivamente instrumental, *Memórias, chorando* (76), com inéditas autorais e raridades esquecidas. Se os esforços não conseguiram renovar o repertório chorão com novos sucessos, por outro lado revelou uma nova geração bastante ativa e resistente que se manteve pelas décadas seguintes.

Fechando o quarteto masculino mais influente do samba nos anos 70, ao lado de **Martinho da Vila**, **Paulinho da Viola** e **Roberto Ribeiro**, **João Nogueira** se autodefinia "sambista de calçada", um autêntico representante do subúrbio carioca (do Méier). Após uma bela gravação de "Corrente de aço", por **Elizeth Cardoso** em 70, seu primeiro grande sucesso como autor viria dois anos depois, com "Das 200 para lá", na voz de **Eliana Pittman**, que naquela década também abraçava o samba, gravando quatro álbuns dedicados ao gênero: "Esse mar é meu / Leva esse barco pra lá desse mar". Naquele mesmo ano, **João** registrava seu primeiro LP. Bom de melodia e letra, consagrou-se numa dupla autoral de peso com **Paulo Cesar Pinheiro**, criando uma bela ponte com a chamada "MPB", em sambas de desdém amoroso ("Batendo a porta", "Eu, hein, Rosa!"); de homenagem à comadre **Clara Nunes** ("Mineira"), de cunho existencial pelo viés do próprio samba ("E lá vou eu", "Súplica", "Poder da criação") ou emulando sua história

A VOLTA POR CIMA DO SAMBA E A ASCENSÃO DO FORRÓ DE DUPLO SENTIDO...

de vida, no belíssimo "Espelho": "Eh, vida boa / Quanto tempo faz / Que felicidade! / E que vontade de tocar viola de verdade / E de fazer canções como as que fez meu pai".

Com outros parceiros, **João** também foi autobiográfico na opção por seu ofício ("Nó na madeira", com Eugênio Monteiro), falou do próprio samba ("Do jeito que o rei mandou", com **Zé Katimba**, um dos fundadores da **Imperatriz Leopoldinense,** em 59), além de revelar-se bom intérprete de outros autores, como **Luiz Grande** ("Maria Rita") e de suas maiores referências, **Noel Rosa** ("Gago apaixonado"), **Wilson Batista** ("Samba rubro--negro", com Jorge de Castro) e **Geraldo Pereira** ("Você está sumindo", outra com Jorge) — esta, uma das faixas de um álbum dedicado aos três, em 81, *Wilson, Geraldo e Noel.* Sempre engajado na preservação do samba e da música brasileira, criou em 79 o Clube do Samba, um local exclusivo para divulgação de artistas do gênero, cuja sede inicial foi em sua própria casa, no Méier. Coroando o empreendimento, compôs um samba homônimo gravado em dueto com **Martinho da Vila** que foi um grande sucesso de 83: "Melhor é viver cantando / As coisas do coração / É por isso que eu vivo no Clube do Samba / Nessa gente bamba / Eu me amarro de montão".

Dentre os grupos de sambistas dos anos 70, o maior deles foi **Os Originais do Samba**, vocal-instrumental, com integrantes do **Salgueiro** (incluindo o passista **Arlindo Bigode**, seu líder, e **Chiquinho**, irmão de **Almir Guineto**), **Imperatriz Leopoldinense** (como o compositor **Bidi**) e **Mangueira**, com o grande ritmista, célebre por seu reco-reco metálico, **Mussum** (a partir de 73, também humorista no grupo **Os Trapalhões**). Sucessores dos **Demônios da Garoa**, mas com tempero carioca, tinham um uníssono forte, pequenas coreografias e certa dose de humor, fazendo com que eles atravessassem a década anterior de forma progressiva e explodissem nesse momento, com hits como "E lá se vão meus anéis" (Eduardo Gudin/Paulo Cesar Pinheiro), vencedor de um festival universitário da TV Tupi em 71, "Tragédia no fundo do mar" ("Assassinaram o camarão...") (Zere/Ibrahim), "Do lado direito da rua direita" (Luís Carlos/Chiquinho) e "Esperanças perdidas" (Adeílton Alves/Délcio Carvalho), dos versos "Não posso ficar, eu juro que não / Não posso ficar, eu tenho razão / Já fui batizado na roda de bamba / O samba é a corda e eu sou a caçamba". Seu estilo deixaria marcas no **Grupo Fundo de Quintal**, sendo os avós dos grupos de pagode dos anos 90 em diante.

Responsável pela sonoridade contagiante de muitos discos de samba de **Roberto Ribeiro, João Nogueira** e, sobretudo, de **Clara Nunes** na Odeon, o **Conjunto Nosso Samba** também gravou discos solo, com destaque para **Carlinhos do Cavaco**, que o tocava com afinação de bandolim, e o líder **Genaro (Soalheiro)**, que participaria como cantor de alguns volumes da série "Partido alto nota 10", na CID, o primeiro deles, memorável, com o iniciante **Bezerra da Silva**, em 1977.

Pernambucano residente no Rio desde o início dos anos 70, quando trabalhou como pintor na construção civil e tentou cantar cocos à moda do amigo (e parceiro) **Jackson do Pandeiro, Bezerra** chegou a gravar dois discos como "O Rei do Coco", em 73 e 76, foi ritmista da banda de alguns artistas e da orquestra da TV Globo, mas só conseguiu destaque quando trocou o improviso do seu gênero nordestino favorito pelo similar carioca, o partido-alto, emplacando em 79 o sarcástico "Pega eu (que eu sou ladrão)" (Crioulo Doido), primeiro de uma série de êxitos que o consagrariam na década seguinte. Sobre o mesmo tema, o grupo **Exporta Samba**, do cavaquinista/vocalista **Ratinho**, chegava ao sucesso no ano seguinte com "Reunião de bacana" (Ary do Cavaco / Bebeto di São João): "Se gritar pega ladrão / Não fica um, meu irmão."

De estilo igualmente gaiato, dando conta de um cotidiano de periferia cada vez mais agressivo, em 76, começava a gravar, discretamente, num LP coletivo de vários sambistas iniciantes o filho de uma famosa mãe de santo da favela de Jacutinga, em Mesquita, na Baixada Fluminense. Era o cantor e compositor **Dicró**, com o partido-alto (autoral) "Sonho de besta", descrevendo que seu barraco no morro era tão luxuoso que recebia a visita até de Jaqueline Onassis (!). Especializado em sambas divertidos e maliciosos, eventualmente com crítica social, teve o auge da carreira entre o fim de 70 e a primeira metade dos anos 80, com pérolas como "Barra pesada (Melô da Baixada)", "Olha a rima", "O barrigudo" e "Praia de Ramos", esta pegando no pé das sogras, uma de suas especialidades.[64]

A VOLTA POR CIMA DO SAMBA E A ASCENSÃO DO FORRÓ DE DUPLO SENTIDO...

Ainda na ala masculina do samba, o filho de **Mano Décio da Viola**, **Jorginho do Império** seguiu o estilo de **Martinho da Vila** obtendo sucesso com "Na beira do mar", de **Gracia do Salgueiro**, e "Água no feijão", dele com Ubirajara Dias. Já o compositor **Chico da Silva** (autor de sucessos de **Alcione**, como "Pandeiro é meu nome", com Venâncio, e "Sufoco", com Antônio José) emplacou como intérprete um irônico samba de **Noca da Portela** e **Tião de Miracema**, "É preciso muito amor" ("para suportar esta mulher / Tudo que ela vê numa vitrine ela quer / Tudo que ela quer / Tenho que dar sem reclamar / Porque senão ela chora / E diz que vai embora / Oh, diz que vai embora!"). **João Só** foi sucesso com uma música só, a autoral "Menina da ladeira" e **Ataulfo Alves Jr.**, filho do mestre e irmão de outro sambista, **Adeílton Alves** (coautor de "Esperanças perdidas"), apesar da carreira mais longeva, só liderou as paradas uma vez, em 76, com "Os meninos de Mangueira", de **Rildo Hora** e **Sérgio Cabral**.

Consagrado nos anos 60, **Jair Rodrigues** fez bonito no início da nova década, principalmente com a gravação de uma série de sambas-enredo das grandes escolas cariocas, como "Festa para um rei negro (Pega no ganzê)", "Mangueira, minha madrinha querida (Tengo-tengo)", ambas de **Zuzuca**, e "O mundo melhor de Pixinguinha" (Evaldo Gouveia/Jair Amorim/Velha). Aliás, foi naquele decênio que os novos lançamentos de sambas e marchinhas para o carnaval perderam definitivamente em prestígio para os sambas-enredo e que os desfiles viraram um fenômeno até internacional.

O *boom* midiático das escolas de samba cariocas

A década de 60 já começava a produzir sambas de enredo notáveis, mas o ano de 68 foi emblemático. Foi quando o gênero ganhou seu primeiro LP coletivo com os sambas de enredo de cada escola carioca do grupo especial, lançado pela pequena DiscNews, *Festival de samba* (e a seguir um outro pelo Museu da Imagem e do Som carioca). Foi também naquele ano que **Martinho da Vila** compactou o samba-enredo e que outros autores beberam na fonte da simplicidade — ágil, de refrão fácil — e criaram algumas pérolas na contramão dos antigos "lençóis", como "Bahia de todos os deuses" (Bala/Manoel), que deu o campeonato ao **Salgueiro** em 69. Dois anos depois, foi **Zuzuca**, da mesma escola, que radicalizou o estilo, compondo a referida "Festa para um rei negro" ("Ô, lê, lê / Ô, lá, lá / Pega no ganzê / Pega no ganzá"). Este samba foi também um divisor de águas no estilo, por ter sido o primeiro, nascido em uma escola de samba e feito especialmente para a avenida, a obter uma arrecadação autoral explosiva, muito acima da média, transformando o samba-enredo literalmente num mercado, a ponto de atrair até compositores alheios ao universo das escolas.

Pouco depois disso, em 72, **Maneco**, **Wilson Diabo** e **Heitor** seguiram no mesmo modelo da concisão com "Alô, alô, taí Carmen Miranda", do **Império Serrano** ("Uma Pequena Notável, cantou muitos sambas / É motivo de carnaval / Pandeiro, camisa listrada / Tornou a baiana internacional"). Venceram a disputa, causando desgosto profundo ao baluarte **Silas de Oliveira**, até então considerado o maior ás do gênero, que veio a falecer três meses depois do carnaval. A bem da verdade, além dele, não podem faltar a uma antologia justa de autores do gênero **Mano Décio da Viola, Beto Sem Braço** e **Aluízio Machado** (também do **Império Serrano**), **Anescarzinho** e **Noel Rosa de Oliveira** (do **Salgueiro**), **Hélio Turco** e **Jurandir** (da **Mangueira**), **Manacéa, Walter Rosa, Norival Reis, Catoni, Jabolô, Ary do Cavaco, Noca, Dedé** e **David Corrêa** (egressos da **Portela**, sendo que este último, a partir da década de 80, também faria sambas para outras escolas), **Toco** e **Tiãozinho** (**Mocidade**), **Zé Katimba** (**Imperatriz**), **Didi** (**União da Ilha**) e o próprio **Martinho da Vila** (**Isabel**).

Aos poucos os LPs anuais das escolas de samba foram se tornando itens obrigatórios aos amantes do samba e do carnaval, com uma explosão criativa que levaram os sambas-enredo a invadir emissoras de rádio, festinhas caseiras e bailes de salão. A grande maioria era de uma qualidade excepcional e vários intérpretes do samba/"MPB" passaram a regravá-los. Isso foi uma vitória do samba porque a ditadura também atrapalhou muito a vida dos sambistas e foliões. Para se ter uma ideia, a partir de 70, as escolas precisavam enviar os croquis de suas fantasias e alegorias para a aprovação prévia da censura, num aperto que também atingiu até mesmo blocos, decorações de bailes e os enfeites de rua.[65] O governo também infiltrou agentes

A VOLTA POR CIMA DO SAMBA E A ASCENSÃO DO FORRÓ DE DUPLO SENTIDO...

disfarçados em suas quadras, interferiu nas letras de vários sambas, isso quando não tentou impor às agremiações uma adesão aos seus projetos, o que foi aceito por algumas e rechaçado com muita malandragem por outras.

Não foram poucos os sambas-enredo da década de 1970 que entraram para a história. Logo no começo, **Martinho da Vila (Isabel)** emplacou "Glórias gaúchas", enquanto a **Portela** consagrou dois, "Lendas e mistérios da Amazônia" (Jabolô/Catoni/Waltenir), sendo campeã em 70, e "Lapa em três tempos" (Ary do Cavaco/Rubens), vice-campeã, em 71 — ambos cantados por **Silvinho do Pandeiro**, primeiro puxador oficial da escola, ocupando o cargo entre 69 e 86. Naquele mesmo ano, **Roberto Ribeiro** revelava sua voz magnífica no **Império Serrano** puxando o belo "Nordeste, seu povo, seu canto, sua glória" (Wilson Diabo/Maneco/Heitor), ficando em terceiro lugar, sendo seu puxador oficial até 81, enquanto o campeonato ficou mesmo com o **Salgueiro**, que cantou o histórico (e já comentado) "Festa para um rei negro (Pega no ganzá)" (Zuzuca).

O ano de 1972 seria de sambas de enredo marcantes, como "Martim Cererê" (Zé Katimba/Gibi), com a **Imperatriz**, que reforçava o mito da cordialidade das três raças, mas em compensação consagrava três libelos sobre a força e importância da cultura negra: "Onde o Brasil aprendeu a liberdade" (**Martinho da Vila [Isabel]**), "Rio Grande do Sul na Festa do Preto Forro" (Nilo Mendes/Dario Marciano), com a **Unidos de São Carlos**, e "Ilu Ayê (Terra da vida)" (Cabana/Norival Reis), com o qual a **Portela** ficou em terceiro, não sem ter problemas com a censura. O verso "Negro diz tudo que pode dizer", originalmente tinha sentido diferente: "Negro diz tudo que lhe vem do ser". Foi logo regravado com sucesso por **Clara Nunes**, enquanto o já citado (e campeão) "Alô, alô, taí Carmen Miranda", do **Império**, foi puxado na avenida (e gravado) pela veterana **Marlene** e ganhou também gravações de **Elis Regina** e **Roberto Ribeiro**.

Se em 1973 a **Mangueira** foi campeã com "Lendas do Abaeté" (Jajá/ Preto Rico/Manuel), exaltando a força de Yemanjá, a **Beija-Flor** optou por aderir à ideologia militar, algo que a verde e rosa já havia feito dois anos antes com "Modernos bandeirantes" (Darcy da Mangueira/Hélio Turco/ Jurandir). E o fez tanto nesse ano, com "Educação para o desenvolvimento"

(César Roberto Neves/Darvin), sobre o Mobral, quanto no ano seguinte, com "Brasil ano 2000" (Walter de Oliveira/João Rosa) e em 75 ("O grande decênio", de Bira Quininho, que dizia "Lembrando PIS e Pasep/E também o FunRural"). A propósito, no ano de 74, houve pressão para que todas as escolas comemorassem os dez anos da tomada do poder pelos militares, mas muitas encontraram formas de burlar a imposição, como a **Mocidade** com "A festa do Divino" (Tatu/Nezinho/Campo Grande), marcando a estreia do puxador **Ney Vianna** (que deixava a **Em Cima da Hora** e permaneceria por lá até 89, falecendo às vésperas da folia do ano seguinte); o **Salgueiro**, que venceu com "O rei da França na Ilha da Assombração" (Zé Di/Malandro); e a **Portela** que foi vice com o polêmico (e belo) "O mundo melhor de Pixinguinha", assinado pelos hitmakers **Evaldo Gouveia** e **Jair Amorim**, compositores profissionais alheios à sua ala dos compositores, com **Velha**, sambista local. A **Vila Isabel**, entretanto, teve seu enredo, Aruanã-açu, e seu samba original vetados. Eles versavam sobre a festa das tribos do Alto Xingu, e o samba composto por **Martinho da Vila** dizia que o índio "não se escravizou, mas está sumindo da face da Terra". Foi obrigada a mudar o foco original do enredo e louvar a construção da Transamazônica.[66]

Em 1975, a safra de sambas foi tão apoteótica que vários cantores importantes, como a iniciante **Alcione**, os veteranos **Jamelão** e **Angela Maria** e a estourada **Clara Nunes** gravaram alguns deles antes mesmo dos desfiles em compactos, como "Macunaíma" (David Corrêa/Norival Reis), da **Portela**; "Festa do Círio de Nazaré" (Dario Marciano/Aderbal Moreira/Nilo Mendes (Esmera)), da **Unidos de São Carlos**; "O mundo fantástico do Uirapuru" (Tatu/Nezinho/Campo), da **Mocidade**, "Imagens poéticas de Jorge de Lima" (Tolito/Mosar/Delson), que deu à **Mangueira** o vice--campeonato, e "O segredo das minas do Rei Salomão" (Nininha Rossi/Dauro/Zé Pinto/Mário Pedra), com o qual o **Salgueiro** foi bicampeão, com o samba puxado na avenida por **Noel Rosa de Oliveira**, voz oficial da escola por quase vinte anos, dividindo o posto com baluartes como **Djalma Sabiá** e **Zuzuca**, e cantores como **Jorge Goulart**, **Sonia Santos** e **Joel Teixeira**. **Noel** encerrou o ofício em 77, quando passou o bastão a **Rico Medeiros**, este permanecendo entre 78 e 90.

A VOLTA POR CIMA DO SAMBA E A ASCENSÃO DO FORRÓ DE DUPLO SENTIDO...

Chegamos ao ano de 1976, quando a **Beija-Flor** mudou as regras do jogo na avenida. Já com o carnavalesco Joãosinho Trinta à frente da escola, trazendo luxo e grandes carros alegóricos, financiados pelo patrono, o bicheiro Anísio Abraão David,[67] se sagrava campeã pela primeira vez com "Sonhar com rei dá leão", justamente sobre a história do jogo do bicho, puxada e composta por **Neguinho da Vala**, que vira "da **Beija-Flor**" a partir de então, se tornando um expoente da escola e um grande sambista solo: "Sonhar com filharada / É o coelhinho / Com gente teimosa na cabeça dá burrinho / E com rapaz todo enfeitado / O resultado, pessoal, é pavão ou é veado". No mesmo ano, **Dominguinhos do Estácio** estreava como puxador e autor de "Arte negra na legendária Bahia" (com Caruso e Caramba), na **Unidos de São Carlos** (hoje **Estácio de Sá**). Ainda em 76, três exemplares do gênero se tornariam clássicos, "Os sertões" (Edeor de Paula), na **Em Cima da Hora**; "A lenda das sereias (Rainhas do mar)" (Vicente Mattos/Dinoel/Arlindo Velloso), no **Império Serrano;** e "Mãe Menininha do Gantois" (Toco/Djalma Crill), com o qual a **Mocidade** ficaria em terceiro lugar, com o samba puxado na avenida por **Ney Vianna** e **Elza Soares**.

Entre 1977 e 78 foi a vez da **União da Ilha do Governador** lançar sambas clássicos, respectivamente "Domingo" (Aurinho da Ilha / Ione do Nascimento / Ademar Vinhães / Waldir da Vala) e "O amanhã" (João Sérgio), puxado pela voz inesquecível de **Aroldo Melodia**, que logo seria gravado por **Elizeth Cardoso** e na década seguinte imortalizado por **Simone**: "O que será o amanhã / Responda quem puder / O que irá me acontecer / O meu destino será como Deus quiser". Foi também em 78 que, depois de muito peregrinar por vários pontos do Rio, empurrados pelas obras do metrô, os desfiles se instalaram na Marquês de Sapucaí, próximo à Praça Onze, berço do samba.

Em paralelo à ascensão das escolas de samba, algumas de suas mais belas passistas negras foram reunidas nos chamados "shows de mulatas". Com função semelhante à das coristas do teatro de revista, esse tipo de show foi consagrado pelo locutor e *showman* **Oswaldo Sargentelli**, sobrinho de **Lamartine Babo**, que ao ser proibido pelos militares de apresentar seu programa *O Preto no Branco*, na TV Rio, em que interpelava (em *off*) com seu vozeirão seus entrevistados de forma aterrorizante, foi obrigado a se reinventar.[68] Boêmio inveterado e amante da música brasileira (teve o programa *Viva Meu Samba*, na Rádio Mundial), passou a produzir, a partir de 69, shows em que ele contava casos de nossa música, com um conjunto de samba no palco, alguns crooners fixos (e canjas dele mesmo), cujo clímax era a dança das "mulatas" fantasiadas, mas com pouca roupa, num tempo em que ainda não se problematizava a questão da *objetificação* de seus corpos.

Inicialmente no Sambão, em Copacabana, depois na boate Sucata (que abriu com Ricardo Amaral), tais shows passaram a atrair multidões de turistas, garantindo dois anos de casa lotada quase diariamente. Motivado pelo sucesso, em 1973, foi a vez dele transformar o antigo bar Zeppelin na boate Oba-Oba, em Ipanema, que ganhou filial na avenida Paulista, em Sampa, levando adiante o filão. Vários LPs foram lançados com sua grife, com a participação de sambistas do quilate de **Dona Ivone Lara** e **Roberto Ribeiro**, ambos antes da fama. Imitado em várias partes do país, tal sucesso se deveu também ao carisma de seu idealizador, que popularizava o uso de palavras como "bole-bole", "telecoteco", "balacobaco" e "ziriguidum" ao referir-se ao balanço do samba. Na mesma época, programas como *Samba de Primeira*, de **Jorge Perlingeiro**, e *Rio Dá Samba*, de **João Roberto Kelly**, ambos na Tupi, depois na Bandeirantes, apresentavam sambistas, tendo também "mulatas-show" como atrações. Neste último, elas inspiraram **Kelly** a compor a "Dança do bole-bole", um samba com algo de merengue, para que pudessem "evoluir" melhor nos seus solos para as câmeras. Foi também nesse programa que figuras como **Neguinho da Beija-Flor** e **Dicró** deram os primeiros passos rumo à fama.

No cruzamento da "MPB" com o samba, também foi marcante naquela década o Projeto Pixinguinha, criado por **Hermínio Bello de Carvalho** na Funarte em 1977 como uma versão itinerante do Seis e Meia, de **Albino Pinheiro**. Circulou com muito sucesso pelo menos até o começo dos anos 80, com shows de duplas memoráveis como **Marlene** e **Gonzaguinha**, **Clementina de Jesus** e **João Bosco** e **Moreira da Silva** e **Jards Macalé**.

O resgate de bambas históricos

Antes da massificação dos desfiles das escolas de samba, que culminou nos anos 70 com suas transmissões em colorido pela televisão e os álbuns anuais com os sambas de enredo do grupo especial, havia, nos ambientes dessas próprias escolas, uma cultura que não se restringia à época do carnaval. Eram sambas criados de forma um pouco diferente dos mais, digamos, urbanos, gravados em disco pelos grandes intérpretes dos anos 30 até então. Após ter a ideia de um tema e desenvolver a primeira parte, o compositor mostrava seu samba para um ou dois colegas da escola e dizia que estava faltando a segunda, na esperança de que um deles o terminasse. Depois, se fosse bem-aceito, as pastoras da agremiação o cantavam no terreiro (à época o nome que se dava à quadra da escola) — sim, as mulheres, assim como no candomblé, tinham papel destacado na cultura do samba. Só dessa forma, após passar pelo crivo das vozes femininas, o compositor e seu samba saíam consagrados. Nos primórdios, os mais cantados nesse ambiente é que eram entoados durante o desfile, no carnaval.

Havia o chamado samba de terreiro (de quadra) e ainda o de partido-alto, um refrão intercalado com improvisos que se sucedem na segunda parte. Eram estilos executados nas reuniões de sambistas, em geral dentro das escolas. Quem os criava eram figuras da comunidade de cada agremiação que tinham muito pouca ou nenhuma escolaridade, caso dos irmãos portelenses **Aniceto**, **Mijinha** e **Manacéa**, criadores de sambas belíssimos. Muitos desses bambas viviam de bicos, da malandragem ou de vida honesta, mas em empregos muito humildes, e os compunham inspirados em fatos de suas vidas e ou de seu entorno, não com a finalidade de gerar um produto de consumo, muito menos "com a cara" de algum cantor. Até porque raramente eles eram gravados pelos então cantores profissionais, pois poucos sambistas "de morro" (ou das escolas de bairros periféricos) tinham contato com esses artistas. O pioneiro **Ismael Silva** (e seus parceiros da turma do Estácio), **Heitor dos Prazeres**, que participou da fundação de várias escolas de samba no fim dos anos 20, e o portelense **Alvaiade** eram exceções, conseguindo ter vários sambas gravados até os anos 50 (**Ismael** e

HISTÓRIA DA MÚSICA POPULAR BRASILEIRA – SEM PRECONCEITOS

Heitor conseguiram até mesmo gravar LPs, como cantores, naquela última década). Porém, a maioria, quando tinha essa oportunidade, não passava de três ou quatro sambas registrados. **Cartola** não passou de uma dúzia até **Nara Leão** gravá-lo com sucesso em 64. O próprio **Nelson Cavaquinho** era um ilustre desconhecido do grande público até essa época, embora já, excepcionalmente, mais bem gravado.

Para evitar que parte dessa produção caísse no esquecimento, em 1970 **Paulinho da Viola** criou o grupo **Velha Guarda da Portela** a fim de registrar sambas clássicos de sua escola, até então desconhecidos, no LP *Portela, passado de glória*, cantados por seus baluartes, cujo título foi extraído de um samba de **Monarco**. E muitos desses sambas acabaram sendo regravados com sucesso no correr daquela década, como "Quantas lágrimas", de **Manacéa** (maior êxito de **Cristina Buarque**, irmã de **Chico**, em 74, também grande pesquisadora de sambas raros), "Sofrimento de quem ama", de **Alberto Lonato** (por **Clara Nunes**) e "Desengano", de **Aniceto da Portela** (por **Beth Carvalho**, que levaria ao disco pela primeira vez outro compositor portelense veterano, **Argemiro Patrocínio**. Estourou o carnavalesco "A chuva cai", dele com **Casquinha**, em 80). **Paulinho**, **Beth**, **Clara** e **Roberto Ribeiro**, em especial, tiveram uma contribuição importante em ressuscitar a obra da velha guarda nos anos 70 (e 80). Seus discos, com altas vendagens, espalharam o samba dessa gente pelo Brasil inteiro.

Justamente na década de 1970, muitos desses sambas e sambistas da antiga chegaram com bastante atraso ao disco, não só na interpretação de diversos bambas das gerações mais novas, como nas suas próprias vozes, em álbuns coletivos ou mesmo inteiros gravados por eles. Que o digam os mangueirenses **Darcy da Mangueira** (seu único LP, ainda em 70), **Xangô da Mangueira** (quatro LPs a partir de 72), **Nelson Cavaquinho** (dois LPs lançados entre 72 e 73, além de um disco-depoimento), **Cartola** (quatro álbuns entre 74 e 79), **Carlos Cachaça** (um único, em 76) e **Nelson Sargento** (um, em 79); os portelenses **Monarco** (em 76 e outro em 80) e **Noca da Portela** (também em 80) e os imperianos **Mano Décio da Viola** (cinco LPs, entre 74 e 80) e a dupla **Aniceto do Império** e **Campolino** (em 77) — cujo LP foi produzido por **Elton Medeiros**, outro que também lançou seu

A VOLTA POR CIMA DO SAMBA E A ASCENSÃO DO FORRÓ DE DUPLO SENTIDO...

primeiro álbum solo em 73. Inicialmente da **Mocidade**, depois portelense, **Wilson Moreira** e o salgueirense **Nei Lopes** ganharam seu primeiro álbum próprio como intérpretes, gravando juntos, em 80.

Outro estreante como intérprete foi **Synval Silva**, de outra facção da realeza do samba, a do **Império da Tijuca**, que até então tivera mais sorte que os demais, com cerca de 25 sambas gravados na Era do Rádio, especialmente pelas irmãs **Carmen** e **Aurora Miranda** e pelo **Trio de Ouro**. Pois ele chegava enfim ao disco em 73 na "Série Documento", da RCA, mesma que deu nova chance ao estilizador do gênero, **Ismael Silva**, gravando seu terceiro e melhor disco. Por sua vez, o pioneiríssimo **Donga** (de "Pelo telefone"), em 75, ganhava um álbum-tributo um ano após a sua morte.

Isso não foi apenas um fenômeno do samba carioca. Os baianos **Batatinha**, **Riachão** e **Panela** também conseguiram registrar um LP coletivo, em 1973. Se **Panela** ficou restrito a essa pequena participação, **Batatinha** registraria um álbum solo em 76 e outro no fim da vida, em 93. Até então, havia tido um samba gravado pelo parceiro **Jamelão**, "Jajá da Gamboa", em 60, mas só seria revelado cinco anos depois, quando **Maria Bethânia** trouxe a público duas composições dele com J. **Luna**, "Só eu sei", em seu álbum de estreia, e "Diplomacia", no show *Opinião*. Depois gravaria esta última e mais alguns de seus sambas tristes e existenciais no álbum/show *Rosa dos ventos* (71), como "Toalha da saudade", "Hora da razão" (as duas também com J. **Luna**) e "Imitação": "Ninguém sabe quem sou eu / Também já não sei quem sou / Eu pensei que o sofrimento de mim até se cansou / Na imitação da vida ninguém vai me superar".

Já o longevo **Riachão**, após longa carreira no rádio baiano, se encontrou no samba a partir dos anos 1960, sendo gravado por **Jackson do Pandeiro**, **Trio Nordestino** e **Marinês**, até que na década de 70, precisamente em 72, **Gil** e **Caetano** consagraram "(Chô, chuá) Cada macaco no seu galho" ("Chô, chuá / Eu não me canso de falar / Chô, chuá / O meu galho é na Bahia / Chô, chuá / O seu é em outro lugar)". Seus três discos solo, porém, viriam apenas a partir da década seguinte.

A propósito, foram **Caetano** e **Bethânia** dois dos primeiros artistas a popularizar em disco o samba de roda do recôncavo baiano. Ele gravando uma adaptação sua para um tema de domínio público, "Marinheiro só", em 1969, logo regravado pela irmã num pot-pourri do gênero em 70. Oriundo das tradições afrorreligiosas, o gênero surgiu no século XVII, tendo o ritmo puxado por palmas, violas e atabaques. É ligado à dança da capoeira, onde os cantores e batuqueiros se dispõem numa roda, em volta dos lutadores.

Em tempo, alguns sambistas e compositores baianos mais contemporâneos também chegaram ao disco naquela década, como **Tião Motorista**, **Edil Pacheco**, **Walmir Lima**, **Walter Queiroz** e **Ederaldo Gentil** (este com o sucesso "O ouro e a madeira").

Voltando à velha guarda, o cientista/biólogo **Paulo Vanzolini**, compositor da pesada nas horas vagas, autor de "Ronda", "Volta por cima", "Samba erudito" e "Amor de trapo e farrapo", também conseguiu gravar seu único LP em 1979. Seu conterrâneo **Geraldo Filme**, o Tio Gê ou Geraldão da Barra Funda, só conseguiu gravar o seu álbum solo no fim da década, em 80. Também militante negro e querido por todas as escolas de samba de São Paulo, sobretudo a Vai-Vai, **Geraldo** é tido como o sistematizador do chamado "samba paulista" (uma evolução de gêneros/danças como o "samba de bumbo", outrora marginalizado). Também da Terra da Garoa, até mesmo o mestre dos mestres do samba paulista **Adoniran Barbosa** só registrou seus primeiros (e únicos) três LPs entre 74 e 80 — sendo que o último, de duetos, teve uma faixa de grande sucesso, "Tiro ao Álvaro", com a participação de **Elis Regina** —, todos produzidos pelo incansável João Carlos Botezelli, o **Pelão**, também responsável pelo único LP de **Carlos Cachaça** e pelos álbuns lançados de duas outras lendas vivas da **Mangueira** que ninguém se interessava em gravar, **Cartola** e **Nelson Cavaquinho**.

De todos esses, sem dúvida, os álbuns que se tornaram mais cultuados na posteridade foram os de **Cartola**. Em especial os dois primeiros, registrados na Discos Marcus Pereira, selo independente criado pelo produtor homônimo (e publicitário) em 1973 a fim de preservar a música de raiz brasileira. Por incrível que pareça, por pouco jamais teríamos esses LPs, pois o dono do selo não acreditava no sambista como intérprete de sua própria obra. Foi preciso a intervenção do crítico paulista Maurício Kubrusly, que após encontrar-se com **Pelão** e vê-lo cabisbaixo, decidiu, numa matéria de

A VOLTA POR CIMA DO SAMBA E A ASCENSÃO DO FORRÓ DE DUPLO SENTIDO...

capa do *Jornal da Tarde*, festejar antecipadamente a iniciativa como um dos "grandes lançamentos do ano". Clássico cult instantâneo, o LP homônimo do mangueirense de 74 logo puxou um sucessor em 76. Em ambos desovou uma produção nova de qualidade impressionante para um sexagenário, como "Disfarça e chora" e "Corra e olhe o céu" (com **Dalmo Castelo**), "Peito vazio" (com **Elton Medeiros**), "O mundo é um moinho", "Cordas de aço", "Ensaboa" e, pela primeira vez em sua voz, "Acontece", "Tive sim", "Festa da vinda" (com **Nuno Veloso**) e "Sim" (com **Osvaldo Martins**).

O sucesso alcançado por **Beth Carvalho** com "As rosas não falam", no LP de estreia da cantora na RCA Victor, em 76, motivou a multinacional a contratá-lo, gravando seus dois derradeiros álbuns em 1977 ("Verde que te quero rosa"), destacando "Autonomia", e 79 ("Cartola 70 anos"), com a comovente "O inverno do meu tempo" (com **Roberto Nascimento**), espécie de testamento anunciado, pois o sambista nos deixaria no ano seguinte. Genioso e retraído, após passar por altos e baixos e viver em situação miserável na maior parte da vida, teve a consagração e mais paz e conforto justo em sua fase final, mas a julgar pela letra desse samba, morreu em paz: "Já não sinto saudade / Saudades de nada que vi / No inverno do tempo da vida / Oh! Deus / Eu me sinto feliz." Curiosamente, o autor cujo apelido vem do chapéu-coco usado na época em que trabalhava como pedreiro para proteger o cocuruto, só estudou até o quinto ano do ensino fundamental, e sobreviveu quase até o início daquela década de subempregos. Como músico, foi grande melodista mesmo sendo, como a maioria dos sambistas, autodidata.

Igualmente redescoberto nos anos 60, **Nelson Cavaquinho** teve a maior parte de sua obra gravada (e regravada) nos 70, incluindo seu único LP de carreira idealizado por **Pelão** — os outros dois foram um disco-depoimento e um volume da "Série Documento" da RCA. Boêmio inveterado, do tipo que vendia ou dava parceria em sambas até para quem pagasse a conta do botequim em que estava, compôs, sozinho ou com parceiros reais ou de camaradagem, um cancioneiro invejável, em geral versando sobre assuntos da boemia (mulheres, violão, botequins), a sua escola (**Mangueira**) e um especial apreço pelo tema da morte (assim como **Ataulfo Alves**). O apelido veio da adolescência, quando cultivava o instrumento em rodas de choro. Depois, adotou o violão, com uma técnica única, beliscando suas cordas com o polegar e o indicador.

Nas décadas de 40 e 50 ainda assinava **Nelson Silva** e teve muitos sambas importantes com diversos parceiros gravados, como "Rugas", "Palhaço", "Degraus da vida", "Notícia", "Pranto de poeta", "Caridade", "A flor e o espinho" e "Luz negra",[69] mas ainda sem a visibilidade e o sucesso merecidos. À exceção dos dois primeiros, os demais só voltariam à baila quando ele foi redescoberto no restaurante ZiCartola, em 64, sendo gravado por **Nara Leão**, depois por **Elizeth Cardoso**, chegando a participar com outros bambas históricos (**Cartola, Carlos Cachaça, Clementina de Jesus** e **Odete Amaral**) do LP coletivo *Fala Mangueira* (68). Já da safra dos anos 70 são os antológicos "Juízo final" (com Élcio Soares), "Folhas secas", "Minha festa", "Quero alegria" e "Quando eu me chamar saudade", os quatro últimos com **Guilherme de Brito**, seu parceiro mais constante, partidário das mesmas obsessões temáticas e autor de um par de versos (com Alcides Caminha) que marcaram a história de nosso cancioneiro: "Tire o seu sorriso do caminho / Que eu quero passar com a minha dor".[70]

Quase trinta anos mais novo que **Cartola** e **Nelson Cavaquinho** foi o carioca **Candeia**, outro compositor importante naquela década, que deixaria a vida anos antes dos colegas. Dividindo-se entre o samba e o trabalho na polícia, no qual era um tanto explosivo, em 1965, ficou paralítico ao se envolver numa briga de trânsito: após uma batida de carro na saída do Túnel Santa Bárbara, no Catumbi, resolveu encarar outro motorista (caminhoneiro) e levou um tiro na coluna. Ainda que tenha gravado cinco álbuns solo e um coletivo com **Nelson Cavaquinho, Elton Medeiros** e **Guilherme de Brito** — "Quatro grandes do samba" (77) —, produzido gravações também de jongos e cânticos rituais e participado de dois álbuns do grupo **Partido em 5**, dedicados ao partido-alto, um estilo que adorava, ficou famoso mesmo como autor de obras-primas como "Dia de graça", "O mar serenou", "Preciso me encontrar", "Pintura sem arte" e "A flor e o samba". Desgostoso com as transformações das escolas de samba, incluindo sua querida **Portela**, entendendo serem o samba e suas escolas bastiões da resistência negra, criou o Grêmio Recreativo de Arte Negra e Escola de Samba Quilombo, onde também se destacaram como autores **Luiz Carlos da Vila, Zé Luiz do Império**[71] e a dupla **Wilson Moreira** e **Nei Lopes**, que compôs para a escola o samba "Ao povo em forma de arte".

O samba-rock vira um gênero musical

Na contramão do tradicionalismo, já em 1957, o violonista **Bola Sete** fazia solos incendiários com seu violão e batizava algumas de suas gravações instrumentais como "samba-rock". Dois anos depois este nome apareceu pela primeira vez numa letra em "Chiclete com banana", sucesso de **Jackson do Pandeiro**, mesma época em que o pianista **Waldir Calmon** gravou "Rock around the clock" em ritmo de sambalanço bem apimentado. Quando **Erasmo Carlos** regravou o carnavalesco "Não me diga adeus" em seu álbum de 67 já fazia algo que seria a semente do samba-rock, mas quem acabou carimbando essa marca foi mesmo o sempre criativo **Jorge Ben**, que desde 1965 já ensaiava o novo gênero.

Em seu álbum *Big Ben*, há três faixas em que o estilo já dava sinal de vida, ainda sob acompanhamento de um trio acústico. Eram "Jorge Well" (cartão de visita para o mercado externo, num inglês deliciosamente macarrônico), "Agora ninguém chora mais" e, sobretudo, "O homem que matou o homem que matou o homem mau", resposta de **Jorge** ao sucesso "História de um homem mau" de **Roberto Carlos**. A seguir, num compacto em 66, lançou "Aleluia (é nome de mulher)".[72]

No álbum seguinte, *O Bidú: Silêncio no Brooklin* (67), na Artistas Unidos (selo da Mocambo ligado a artistas da TV Record), acompanhado pelos **Fevers**, o samba-rock se mostrava mais próximo de seu formato definitivo em faixas como "Jovem samba" e "Frases" (anos mais tarde rebatizada de "Olha o menino").[73] O disco foi gestado numa época em que, sabotado pelo programa *O fino da bossa* por ter ousado se apresentar no rival *Jovem Guarda*, ele foi viver em São Paulo, abraçado pela turma do rock — inclusive empunhando guitarra em vez do violão nas apresentações ao vivo, a fim de obter mais resposta do público roqueiro, pois não havia outro microfone para o violão, enquanto a guitarra era plugada separadamente no amplificador. Seguramente, tais mudanças acabaram por interferir no seu som, que seguiu um rumo diferente do chamado "Samba jovem" idealizado por **Carlos Imperial**, que naquele ano já ganhava a alcunha de Pilantragem, virando febre no repertório de **Wilson Simonal**.

Jorge Ben gostava de tudo que era suingue, mas sem rótulos. Tanto que no mesmo álbum havia também o cruzamento da onda "jovem" com a música nordestina em faixas como a autoral "Si manda". Fato é que, a partir de então, a nova batida do samba-rock esteve sempre presente em suas composições, como "A minha menina" (gravada pelos **Mutantes**), "Queremos guerra", que concorreu no IV Festival de "MPB" da TV Record, ambas de 68, e o compacto com **Toquinho** ("Carolina, Carol bela" e "Que maravilha"), de 69. A tradição seguiu também em seus álbuns quando voltou à Phonogram/Philips no mesmo ano, inicialmente (até 72) na companhia dos paulistas incendiários do **Trio Mocotó** (grupo vocal-instrumental formado por **Fritz Escovão** na cuíca, **Nereu Gargalo** no pandeiro e **João Parahyba** no atabaque/bateria), que conheceu em 68 na boate paulista Jogral e logo os batizou com este nome. Apesar de ter sempre refutado o rótulo de "samba-rock", e com certa razão, já que a batida é muito mais funkeada que roqueira, são autênticos exemplares do gênero "Que pena", "Caramba... Galileu da Galileia" e várias de suas composições que se tornaram obrigatórias em coletâneas e discotecagens do gênero.

E não parece ser obra do acaso essa nova levada ter ganhado sua forma definitiva justo em São Paulo, pois até então o nome "samba-rock" era atribuído a uma dança surgida em bailes de casas de família e salões da periferia paulistana, frequentados especialmente por negros desde o fim da década de 50, misturando passos dos dois ritmos e até de gêneros caribenhos, como os mambos de Perez Prado rearranjados em "cuban rock". No âmbito nacional, os sambalanços de **Waldir Calmon**, **Ed Lincoln**, **Elza Soares** e do paulista **Bolão e seus Rockettes** também já faziam a cabeça dos que curtiam um som mais híbrido e suingado nos 60. Essa onda começou a ser difundida pelos pioneiros DJs que promoviam bailes sem orquestra ao vivo, mais baratos e viáveis a essa população marginalizada,

A VOLTA POR CIMA DO SAMBA E A ASCENSÃO DO FORRÓ DE DUPLO SENTIDO...

sendo popularizada a seguir pelas equipes dos que seriam chamados de "bailes black" nos 70, como a **Chic Show**, do **DJ Luizão** (a principal, em vários pontos da cidade, que chegaram a lotar o Clube Palmeiras no fim da década, recebendo a certa altura atrações nacionais e internacionais, como o próprio ícone-mor James Brown e o astro Barry White) e outras mais restritas ao som das pick-ups, como **Zimbabwe** (em Santana, zona norte), **Transa Negra** e **Princesa Negra** (zona sul), **Circuit Power** e **Maurício Fórmula 1** (Zona leste), **Kaskata's** (Santo André, no ABC) e outros bailes como "Musicália", onde só se entrava de roupa social. No geral, essas noitadas eram divididas em três sessões temáticas: começava com músicas lentas (românticas), depois engatava soul/funk/disco e acabava no clima do tal samba-rock.

Ao longo do tempo a dança foi chamada de "sambalanço", "swing", "rock samba" e, finalmente, "samba-rock". Assim como no Rio, a população negra ia toda produzida, com visual caprichado, num ambiente em que a negritude era valorizada também no quesito estético. Por outro lado, ao contrário do Rio, vários gêneros eram dançados com os passos do samba-rock, até mesmo o próprio (e nascente gênero musical) samba-rock. Para se ter uma ideia do ecletismo da turma, que variava de uma equipe para outra, a turma ia de Perez Prado e Jackson Five a **Os Originais do Samba** e até ao **Partido em 5**, de **Candeia**, grupo especializado em samba de partido-alto.

Na capital paulista, onde o samba-rock como gênero musical obteve mais repercussão, apareceu o cantor e guitarrista gaúcho **Luís Vagner**, que ficou conhecido como "Guitarreiro" (celebrizando, entre outros, "Só que deram zero pro **Bedeu**", homenagem ao conterrâneo que foi líder do trio **Pau Brasil** — autor de samba-rocks como "Kid Brilhantina", regravado os anos 80 pelo cantor e percussionista **Branca Di Neve**). Ex-baixista do mesmo grupo inicial de **Luís Vagner**, **Os Brasas**, também surgiu **Franco**,[74] com ótimos exemplares do gênero, como "Black samba", "Rock enredo" e "Rock do rato". **Luís Vagner** também foi parceiro do cantor e violonista **Bebeto**, logo em seu hit inicial, "Segura (a) nega", em 1975. Maior seguidor paulistano de **Jorge Ben**, ele, digamos, simplificou e tornou ainda mais comercial o estilo do colega, num gênero rebatizado de "swing", criando

HISTÓRIA DA MÚSICA POPULAR BRASILEIRA – SEM PRECONCEITOS

uma carreira mais longeva de sucesso do que a maioria dos artistas que se aventuraram nesse subgênero, inclusive no Rio, onde virou uma febre, com sambas-rocks (swings) autorais com diversos parceiros, como "A beleza é você menina", e já nos 80, "Salve ela", "Arigatô Flamengo" e ainda "Menina Carolina", que chegou ao Top 50 da parada em 81.[75]

Contudo, o samba-rock como gênero musical não chegou a ser um movimento organizado. Ainda assim artistas de diversas vertentes gravaram a batida que tinha a guitarra como instrumento base, como o próprio **Erasmo Carlos**, a partir do sucesso de "Coqueiro verde" que compôs para o **Trio Mocotó** e também gravou, ele mesmo, em 1970; **Wanderléa** ("Kriola"); as veteranas **Claudette Soares** ("Se você quiser, mas sem bronquear", "Carolina, Carol bela"), **Doris Monteiro** ("É isso aí") e **Elizeth Cardoso** ("Eu bebo sim"), além, entre outros, do grupo **Os Originais do Samba** ("Do lado direito da rua direita"), do português radicado em Sampa, **Abílio Manoel** ("Pena verde", em duo com **Rosa Rebelo**) como o mineiro **Marku Ribas** ("Zamba bem"), o pernambucano **Di Melo** ("Kilariô"), o carioca **Noriel Vilela** (a versão "16 toneladas (Sixteen tons)", do velho cantor country americano Merle Travis) e os baianos **Chocolate da Bahia** ("Roda de samba") e **Trio Abaeté** ("Pisa no Taboado").[76]

A "MPB" cai no samba

Como se não bastasse toda essa geração fantástica de sambistas, a turma universitária da chamada "MPB", egressa em sua maioria dos festivais de música popular, produziu um cancioneiro muito rico de 1970 a 80, incluindo grandes sambas cantados até hoje. A começar pelo campeão **Chico Buarque** ("Apesar de você", "Cotidiano", "Partido alto", "Quando o carnaval chegar", "Samba e amor", "Acorda, amor", "Gota d'água", "O que será", "Feijoada completa", "Homenagem ao malandro", "Deixe a menina", alguns com **Francis Hime**, como "Pivete"), passando pelos vice-campeões **João Bosco** e **Aldir Blanc**, com "Kid cavaquinho", "De frente pro crime", "Incompatibilidade de gênios", "O ronco da cuíca", "Linha de passe" (esta também com **Paulo Emílio**), "Boca de sapo", "Ou bola ou búlica", "O

A VOLTA POR CIMA DO SAMBA E A ASCENSÃO DO FORRÓ DE DUPLO SENTIDO...

mestre-sala dos mares" e "O bêbado e a equilibrista", e o não menos inspirado **Gilberto Gil** (que após fechar a década anterior com "Aquele abraço", emplacou "Ladeira da preguiça", "Tradição", "Meio de campo", "O sonho acabou", "Rebento" e, com **João Donato**, "Bananeira").

Destacam-se ainda, com louvor, **Ivan Lins** ("Madalena", "Me deixa em paz", "Deixa eu dizer", todas com **Ronaldo Monteiro**; "Abre-alas", "Desesperar, jamais" e "Antes que seja tarde", as três com **Vitor Martins**), **Gonzaguinha** ("Comportamento geral", "Recado" e "E vamos à luta"), **Djavan** ("Flor de lis", "Fato consumado", "Serrado" e "A Rosa"), **Moraes Moreira** ("Lá vem o Brasil descendo a ladeira", com **Pepeu Gomes**; "Besta é tu" e "Com qualquer dois mil réis", com **Galvão**), **Caetano Veloso** ("Vai levando", com **Chico Buarque**, "De noite, na cama", "Você não entende nada" e "Sampa") e as parcerias de **Baden Powell** e **Paulo Cesar Pinheiro** ("Vou deitar e rolar", "É de lei", "Aviso aos navegantes", "Última forma" e "Cai dentro"). Uma seleção de tirar o fôlego.

Mesmo com tantos sambas incríveis e populares na boca do povo, nosso ritmo maior teve seus problemas. Não foi à toa que na segunda metade da década **Candeia** criou uma escola de samba alternativa, a Quilombo, **João Nogueira**, o Clube do Samba, e a TV Globo, o programa *Alerta Geral* com **Alcione**. Apesar de ter crescido o mercado para os sambistas, com raras exceções, eles não tinham os mesmos cachês e oportunidades que os demais artistas da música; as escolas de samba começavam a ser descaracterizadas, privilegiando nos desfiles o luxo e a riqueza de fantasias, adereços portentosos, grandes carros alegóricos e destaques alheios às suas comunidades. Fora isso, havia a invasão de música estrangeira nas rádios, que os irritava, e suas quadras parcialmente tomadas pelos bailes black com música americana. Não é por acaso que o veterano **Nelson Sargento** compôs nessa fase o hino "Agoniza, mas não morre", lançado por **Beth Carvalho**: "Samba, agoniza, mas não morre / Alguém sempre te socorre / Antes do suspiro derradeiro (...) Mudaram / Toda a tua estrutura / Te impuseram outra cultura / E você nem percebeu". Com tudo isso, apesar das transformações e de ganhar novos concorrentes de peso, o samba seguiu ainda com bastante força na década seguinte, no carnaval e no meio de ano. A profecia de **Sargento** se concretizou.

Bibliografia

ABI-RIHAN, Hilton. *Sambas-enredos que marcaram o Brasil.* Rio de Janeiro: Luneta, 2001.

ADOLFO, Antonio e GASPAR, Tibério. *Songbook.* Rio de Janeiro: Lumiar, 2017.

ALBUQUERQUE, Célio (org.). *1973: O ano que reinventou a MPB.* 2. ed. Rio de Janeiro: Sonora, 2017.

ALENCAR, Edigar de. *O carnaval carioca através da música.* v. 1. 5ª edição. Rio de Janeiro: Francisco Alves, 1985.

ALEXANDRE, Ricardo. *Dias de luta: O rock e o Brasil dos anos 80.* Porto Alegre: Arquipélago Editorial, 2002.

_____.*Nem vem que não tem: A vida e o veneno de Wilson Simonal.* São Paulo: Globo Livros, 2009.

ALMIRANTE. *No tempo de Noel Rosa.* Rio de Janeiro: Francisco Alves, 1977.

ALONSO, Gustavo. *Cowboys do asfalto.* Rio de Janeiro: Civilização Brasileira, 2015.

ALZUGUIR, Rodrigo. *Wilson Baptista: O samba foi sua glória.* Rio de Janeiro: Casa da Palavra, 2013.

ANDRADE, Mário de. *Dicionário musical brasileiro.* São Paulo: Instituto de Estudos Brasileiros da USP. Edusp, 1989.

ARAGÃO, Diana. *Marlene: A incomparável.* São Paulo: Imprensa Oficial do Estado de São Paulo, 2012.

ARAÚJO, Paulo Cesar. *Eu não sou cachorro, não: Música popular cafona e ditadura militar.* Rio de Janeiro: Record, 2002.

_____. *Roberto Carlos em detalhes.* São Paulo: Planeta, 2006.

ARAÚJO, Mozart de. *A modinha e o lundu do século XVIII*. São Paulo: Ricordi Brasileira, 1963.

AUGUSTO, Alexandre. *Moreira da Silva: O último dos malandros*. Rio de Janeiro: Record, 1996.

BAHIANA, Ana Maria. *Almanaque Anos 70*. Rio de Janeiro: Ediouro, 2006.

_____. *Nada será como antes: MPB Anos 70 — 30 anos depois*. Rio de Janeiro: Senac Rio, 2006.

BARBOSA, Domingos Caldas. *Viola de Lereno (poesia)*. Rio de Janeiro: Civilização Brasileira/INL — MEC, 1980.

BERNARDO, Marco Antonio. *Waldir Azevedo: Um cavaquinho na história*. Rio de Janeiro: Irmãos Vitale, 2004.

BOTTESELLI, João Carlos (Pelão) e PEREIRA, Arley (coordenação). *A música brasileira deste século por seus autores e intérpretes*. v. 1-8. São Paulo: Sesc SP, 2003.

CABRAL, Sérgio. *Antonio Carlos Jobim: Uma biografia*. Rio de Janeiro: Lumiar, 1997.

_____. *Ataulfo Alves: Vida e obra*. Rio de Janeiro: Lauzuli, 2009.

_____. *Elisete Cardoso: Uma vida*. Rio de Janeiro: Lumiar, 1994.

_____. *No tempo de Almirante: Uma história do rádio e da MPB*. 2. ed. Rio de Janeiro: Lumiar, 2005.

_____. *No tempo de Ary Barroso*. Rio de Janeiro: Lumiar, 1993.

_____. *Pixinguinha, vida e obra*. Rio de Janeiro: MEC/Funarte, 1978.

CABRERA, Antonio Carlos. *Almanaque da música brega*. São Paulo: Matrix, 2007.

CALDAS, Klecius. *Pelas esquinas do Rio*. Rio de Janeiro: Civilização Brasileira, 1994.

CAMPOS, Conceição. *A letra brasileira de Paulo Cesar Pinheiro: Uma jornada musical*. Rio de Janeiro: Casa da Palavra, 2009.

CAMPOS, Fernando Carneiro de. *Hits Brasil: Sucessos "estrangeiros" Made In Brazil*. São Paulo: Agbook/Clube de Autores, 2012.

CARLOS, Erasmo. *Minha fama de mau*. Rio de Janeiro: Objetiva, 2008.

CASTRO, Ruy. *A onda que se ergueu no mar: Novos mergulhos na bossa nova*. São Paulo: Companhia das Letras, 2001.

_____. *Carmen: Uma biografia*. São Paulo: Companhia das Letras, 2005.

BIBLIOGRAFIA

_____. *Chega de saudade: A História e as histórias da bossa nova*. São Paulo: Companhia das Letras, 1990.

_____. *Metrópole à beira-mar: O Rio moderno dos anos 20*. São Paulo: Companhia das Letras, 2019.

CAYMMI, Stella. *Dorival Caymmi: O mar e o tempo*. São Paulo: 34, 2001.

CAZES, Henrique. *Choro: Do quintal ao Municipal*. São Paulo: 34, 1998.

CORAÚCCI, Carlos. *Orquestra Tabajara de Severino Araújo, a vida musical da eterna big band brasileira*. São Paulo: Companhia Editora Nacional, 2009.

DINIZ, André. *O Rio musical de Anacleto de Medeiros: A vida, a obra e o tempo de um mestre do choro*. Rio de Janeiro: Jorge Zahar, 2007.

DINIZ, Edinha. *Chiquinha Gonzaga: Uma história de vida*. Rio de Janeiro: Rosa dos Tempos, 1984.

DREYFUS, Dominique. *Vida do viajante: A saga de Luiz Gonzaga*. São Paulo: 34, 1996.

ENCICLOPÉDIA DA MÚSICA BRASILEIRA: popular, erudita e folclórica. 2. ed. São Paulo: Art Editora Publifolha, 1998.

ECHEVERRIA, Regina. *Gonzaguinha & Gonzagão: Uma história brasileira*. São Paulo: Leya, 2012.

EFEGÊ, Jota. *Maxixe: dança excomungada*. Rio de Janeiro: Leitura, MEC, 1972.

ENEIDA. *História do carnaval carioca*. Rio de Janeiro: Civilização Brasileira, 1958.

ESSINGER, Silvio. *Batidão: Uma história do funk*. Rio de Janeiro: Record, 2005.

_____. *Punk: Anarquia planetária e a cena brasileira*. São Paulo: 34, 1999.

FAOUR, Rodrigo. *Angela Maria: A eterna cantora do Brasil*. Rio de Janeiro: Record, 2015.

_____. *Bastidores: Cauby Peixoto: 50 anos da voz e do mito*. Rio de Janeiro: Record, 2001.

_____. *A bossa sexy e romântica de Claudette Soares*. São Paulo: Imprensa Oficial do Estado de São Paulo, 2010.

_____. *Dolores Duran: A noite e as canções de uma mulher fascinante*. Rio de Janeiro: Record, 2012.

_____. *História sexual da MPB*. Rio de Janeiro: Record, 2006.

_____. *Revista do Rádio: Cultura, fuxicos e moral nos anos dourados*. Rio de Janeiro: Relume Dumará, 2002.

FLORES, Vanusa Santos. *Vanusa: A vida não pode ser só isso* (texto de João Henrique Schiller, Gabriel Chalita e Joaquim Maria Botelho). São Paulo: Saraiva, 1997.

GIRON, Luis Antonio. *Mário Reis: O fino do samba*. São Paulo: 34, 2001.

HOMEM DE MELLO, Zuza. *A Era dos Festivais: Uma parábola*. São Paulo: 34, 2003.

_____. *Copacabana: A trajetória do samba-canção (1929-1958)*. São Paulo: 34, 2017.

LEE, Rita. *Uma autobiografia*. São Paulo: Globo Livros, 2016.

LENHARO, Alcir. *Cantores do rádio: A trajetória de Nora Ney e Jorge Goulart e o meio artístico de seu tempo*. Campinas: Unicamp, 1995.

LOPES, Nei e SIMAS, Luiz Antônio. *Dicionário da história social do samba*. Rio de Janeiro: Civilização Brasileira, 2015.

LOPES, Nei. *Sambeabá*. Rio de Janeiro: Casa da Palavra, 2003.

LYRA, Carlos. *Eu & a bossa*. Rio de Janeiro: Casa da Palavra, 2008.

MADEIRA, Maria Teresa. *Carolina Cardoso de Menezes — a pianeira*. Tese (Doutorado em Música) — UFRJ, Rio de Janeiro, 2016.

MARCELO, Carlos e RODRIGUES, Rosualdo. *O fole roncou: Uma história do forró*. Rio de Janeiro: Zahar, 2012.

MARIA, Julio. *Elis Regina: Nada será como antes*. São Paulo: Masterbook, 2015.

MARTINS, Franklin. *Quem foi que inventou o Brasil? Volume I — de 1902 a 1964*. Rio de Janeiro: Nova Fronteira, 2015.

_____. *Quem foi que inventou o Brasil? Volume II — de 1964 a 1985*. Rio de Janeiro: Nova Fronteira, 2015.

_____. *Quem foi que inventou o Brasil? Volume III — de 1985 a 2002*. Rio de Janeiro: Nova Fronteira, 2015.

MÁXIMO, João e DIDIER, Carlos. *Noel Rosa: Uma biografia*. Brasília: UNB, 1990.

MAZZOLA, Marco. *Ouvindo estrelas: A luta, a ousadia e a glória de um dos maiores produtores musicais do Brasil*. São Paulo: Planeta, 2007.

MIDANI, André. *Do vinil ao download*. Edição revista e ampliada. Rio de Janeiro: Nova Fronteira, 2015.

MONTEIRO, Denilson. *A bossa do Lobo: Ronaldo Bôscoli*. São Paulo: Leya, 2001.

BIBLIOGRAFIA

_____. *Dez, nota dez!: Eu sou Carlos Imperial*. São Paulo: Planeta, 2008/ nova edição 2015.

MOTTA, Nelson. *O som e a fúria de Tim Maia*. São Paulo: Objetiva, 2007.

MOURA, Fernando e VICENTE, Antônio. *Jackson do Pandeiro: O rei do ritmo*. São Paulo: 34, 2001.

MUGNANI JR., Ayrton. *Adoniran: Dá licença de contar...* São Paulo: 34, 2ª edição, 2013.

NEPOMUCENO, Rosa. *Música caipira: Da roça ao rodeio*. São Paulo: 34, 1999.

NETO, Lira. *Uma história do samba: As origens*. São Paulo: Companhia das Letras, 2017.

_____. *Maysa: Só, numa multidão de amores*. São Paulo: Globo, 2007.

NOVAES, Adauto (org.). *Anos 70/1: Música popular*. Rio de Janeiro: Europa, 1979-80.

PÊRA, Sandra. *As tais Frenéticas: Eu tenho uma louca dentro de mim*. Rio de Janeiro: Ediouro, 2008.

PINHEIRO, Paulo Cesar. *História das minhas canções*. São Paulo: Leya, 2010.

PUGLIALI, Ricardo. *No embalo da Jovem Guarda*. Rio de Janeiro: Ampersand, 1999.

RIBEIRO, Pery e DUARTE, Ana. *Minhas duas estrelas: Uma vida com meus pais, Dalva de Oliveira e Herivelto Martins*. São Paulo: Globo, 2006.

SANTOS, Alcino, BARBALHO, Gracio, SEVERIANO, Jairo e AZEVEDO, M. A. de (Nirez). *Discografia brasileira 78 rpm — 1902-1964 v. 1*. Rio de Janeiro: Funarte, 1982.

SEVERIANO, Jairo. *Uma história da música popular brasileira: Das origens à modernidade*. São Paulo: 34, 2008.

SEVERIANO, Jairo e MELLO, Zuza Homem de. *A canção no tempo. v. 1*. São Paulo: 34, 1997.

_____. *A canção no tempo. v. 2*. São Paulo: 34, 1998.

SIQUEIRA, Batista. *Modinhas do século passado: Cultura, folclore e música*. 2. ed. Rio de Janeiro: s/ed, 1979.

SILVA, Francisco Duarte e GOMES, Dulcinéa Nunes. *A jovialidade trágica de Assis Valente*. Rio de Janeiro: Martins Fontes/Funarte, 1988.

SILVA, Marília T. Barboza da & OLIVEIRA FILHO, Arthur L. de. *Cartola: Os tempos idos*. Rio de Janeiro: Funarte/INM/DMP, 1983.

SODRÉ, Muniz. *Samba: O dono do corpo*. Rio de Janeiro: Mauad, 2007.

SOUZA, Tárik de. *MPBambas: Histórias e memórias da canção brasileira v. 1*. São Paulo: Kuarup, 2016.

_____. *MPBambas: Histórias e memórias da canção brasileira: v. 2*. São Paulo: Kuarup, 2016.

_____. *Sambalanço: A bossa que dança, um mosaico*. São Paulo: Kuarup, 2016.

_____. *Tem mais samba*. São Paulo: 34, 2003.

TELES, José. *Do frevo ao manguebeat*. 2. ed. São Paulo: 34, 2012.

TINHORÃO, José Ramos. *Domingos Caldas Barbosa, o poeta da viola, da modinha e do lundu*. São Paulo: 34, 2004.

TINHORÃO, José Ramos. *História social da música popular brasileira*. São Paulo: 34, 1998.

_____. *Música popular: Um tema em debate*. 3. ed. São Paulo: 34, 1997.

_____. *Pequena história da música popular: Da modinha ao Tropicalismo*. 5. ed., revista e aumentada. São Paulo: Art Editora, 1986.

VASCONCELOS, Ary. *Panorama da música popular brasileira na Belle Époque*. Rio de Janeiro: Livraria Sant'Anna, 1977.

_____. *Panorama da música popular brasileira. 2v*. São Paulo: Martins, 1964.

_____. *Raízes da música popular brasileira*. Rio de Janeiro: Rio Fundo, 1991.

VELOSO, Caetano. *Verdade tropical*. 3. ed. São Paulo: Companhia das Letras, 2017.

WAGHABI, Magro. *Vozes do Magro*. Rio de Janeiro: Batheia Cultura, 2014.

Encartes de álbuns

CASTRO, Ruy. Libreto da caixa *Orlando Silva — O Cantor das Multidões*. Texto "Caprichos do destino". BMG, 1995.

GRÜNEWALD, José Lino. Libreto da caixa *Francisco Alves — O mito do cantor*. BMG. 1997.

MÁXIMO, João. Libreto da caixa *Luiz Gonzaga — 50 anos de chão*. BMG. 1996.

_____. Libreto da caixa *Silvio Caldas — Celebridades da MPB/O Caboclinho Querido e os anos Columbia*. Sony Music. 1996.

BIBLIOGRAFIA

Artigos citados

ALONSO, Gustavo e VISCONTI, Eduardo. "Dominguinhos e a 'invenção' do Nordeste cosmopolita". *Teoria e cultura*, Juiz de Fora, v. 13, n. 2, p. 198-210, jul./dez. 2018.

AUTRAN, Margarida. "Samba, artigo de consumo nacional". *Anos 70 / 1 — Música popular*. Rio de Janeiro: Europa, 1980, p. 53.

BERGAMO, Mônica. "Foi na cadeia que descobri que queria viver de música", diz Geraldo Azevedo. *Folha de S.Paulo*, 21 abr. 2019.

BÔSCOLI, Ronaldo. Entrevista com Ângela Maria. *Manchete*, 3 nov. 1979.

BOTTARI, Elenilce e GALDO, Rafael. "Da mordaça da ditadura à voz da liberdade". *O Globo*, 4 fev. 2018.

COSTA, Manuela Areias. "Música e história: um estudo sobre as bandas de música civis e suas apropriações militares". *Tempos Históricos*, v. 15, p. 240-260, 1º semestre de 2011.

DESOUTEIRO, Arnaldo. "Tributo a um virtuose". *Tribuna da Imprensa*, 26 jul. 1999.

ESSINGER, Silvio. "Antes do iê iê iê". *Jornal do Brasil*, 24 jan. 2002.

_____. "Série Suingando resgata samba-soul à carioca". *O Globo*, 18 fev. 2013.

FERREIRA, David. "Canção do sambista Caco Velho foi reimportada para o Brasil". *Valor Econômico*, 12 nov. 2017.

LICHOTE, Leonardo. "O mundo em 78 rpm". *O Globo*, 8 jul. 2016.

LIMA, Natasha Corrêa e Lessa, Mônica. "Com 'telecoteco e ziriguidum', Oswaldo Sargentelli inventou o 'show de mulatas'". *O Globo*, 6 abr. 2017.

MOREIRA, Ricardo. Manera Fru-Fru Manera. Disponível em: <immub. org>. Acesso em: 14 ago. 2018.

OLIVEIRA, Flávia. "Ditadura perseguiu até bailes black". *O Globo*, 11 jul. 2015.

PEREIRA, Avelino Romero Simões. "Hino Nacional Brasileiro: que história é esta?" *Revista IEB*, Instituto dos Estudos Brasileiros, USP, n. 38, p. 12-42, 1995.

SALLES, Vicente e ISDEBSKY, Marena. "Carimbó: trabalho e lazer do caboclo". *Revista Brasileira de Folclore*, Rio de Janeiro, ano IX, n. 25, p. 257-282, set./dez. 1969.

SANGUINETT, Maria Luiza. "A música no Brasil e em Pernambuco: formação e tendências". *Revista Ciência & Trópico*, Dipes/Fundaj, 2014.

SOUZA, Tárik de. "Força sertaneja". *Jornal do Brasil*, 28 jun. 1998.

Referências de internet

ANTUNES, Gilson. Violão brasileiro, [s.d]. Dicionário. Disponível em: <https://www.violaobrasileiro.com.br/dicionario/dilermando-reis>. Acesso em 6 jul. 2019.

BUYS, Sandor. Minha caroboo: o hoje surpreendente grande sucesso do carnaval de 1916. *Histórias da música brasileira*, 2016. Disponível em: <https://sandorbuys.wordpress.com/2016/03/11/minha-caraboo-o-hoje--surpreendente-grande-sucesso-do-carnaval-1916/>. Acesso em: 6 jul. 2019.

DICIONÁRIO CRAVO ALBIN DA MPB. Disponível em: <https://www.dicionariompb.com.br>. Acesso em: 6 jul. 2019.

FUNDAÇÃO JOAQUIM NABUCO. Disponível em: <http://bases.fundaj.gov.br/disco.html>. Acesso em: 6 jul. 2019.

HEMEROTECA DIGITAL. Disponível em: <http://memoria.bn.br/hdb/periodico.aspx>. Acesso em: 6 jul. 2019.

INSTITUTO MEMÓRIA MUSICAL. Disponível em: <https://immub.org/>. Acesso em: 6 jul. 2019.

LOPES, Antonio Herculano. Vasques: Uma sensibilidade excêntrica. *Nuevo mundo, mundos nuevos*, 2007. Disponível em: <http://nuevomundo.revues.org/3676>. Acesso em: 6 jul. 2019.

MONTEIRO, José Fernando Saroba. Lundu: origem da música popular brasileira. *Terra Brasilis*, 2009. Disponível em: <http://musicabrasilis.org.br/temas/lundu-origem-da-musica-popular-brasileira>. Acesso em: 6 jul. 2019.

NOUGUÉ, Carlos. A música no Brasil — do descobrimento ao fim do Império. *A boa música*, 2011. Disponível em: <http://www.aboamusica.com.br/2011/05/normal-0-21-false-false-false-pt-br-x.html>. Acesso em: 6 jul. 2019.

G1. 55 anos do golpe militar de 1964. *G1*, 31 mar. 2019. Política. Disponível em: <https://g1.globo.com/politica/noticia/2019/03/31/55-anos-do--golpe-militar-de-1964.ghtml>. Acesso em: 6 jul. 2019.

OLIVEIRA, Ana de. Tropicália, [s.d]. Página inicial. Disponível em: <http://tropicalia.com.br/>. Acesso em: 6 jul. 2019.

Notas

1. OS PRIMÓRDIOS DA MÚSICA BRASILEIRA: DA COLÔNIA À REPÚBLICA (SÉCULOS XVI A XIX)

1. VASCONCELOS, Ary. *Raízes da música popular brasileira*. Rio de Janeiro: Rio Fundo, 1991, p. 15-18.
2. O fato de os religiosos acompanharem as navegações portuguesas era bastante importante. Sem saber as dificuldades que iriam enfrentar nessas viagens, incluindo o "mar tenebroso" do oceano Atlântico, esse apoio religioso aos navegantes era psicologicamente importante; como também a necessidade de a Igreja católica expandir sua fé, diante do processo de Reforma Religiosa por que passava a Europa.
3. NOUGUÉ, Carlos. A música no Brasil — do descobrimento ao fim do Império. Disponível em: <http://www.aboamusica.com.br/2011/05/normal-0-21-false-false-false-pt-br-x.html>. Acesso em: 6 jul. 2019.
4. ANDRADE, Mário de. *Dicionário musical brasileiro*. São Paulo: Instituto de Estudos Brasileiros da USP. Edusp, 1989. p. 120-122 e 168-169.
5. NOUGUÉ, Carlos. A música no Brasil — do descobrimento ao fim do Império. Disponível em: <http://www.aboamusica.com.br/2011/05/normal-0-21-false-false-false-pt-br-x.html>. Acesso em: 6 jul. 2019.
6. VASCONCELOS, Ary. *Raízes da música popular brasileira*. Rio de Janeiro: Rio Fundo, 1991, p. 20.
7. Ibidem, p. 26-27.
8. TINHORÃO, José Ramos. *História social da música popular brasileira*. São Paulo: 34, 1998, p. 18.

9. Ibidem, p. 21-22

10. NOUGUÉ, Carlos. A música no Brasil — do descobrimento ao fim do Império. Disponível em: <http://www.aboamusica.com.br/2011/05/normal-0-21-false-false-false-pt-br-x.html>. Acesso em: 6 jul. 2019.

11. VASCONCELOS, Ary. *Raízes da música popular brasileira*. Rio de Janeiro: Rio Fundo, 1991, p. 45.

12. TINHORÃO, José Ramos. *História social da música popular brasileira*. São Paulo: 34, 1998, p. 55.

13. Ibidem, p. 70.

14. Ibidem, p. 61.

15. CASCUDO, Luís da Câmara. *Dicionário do folclore brasileiro*. Rio de Janeiro: Edições de Ouro, 1954, p. 161.

16. Em relação ao acompanhamento rítmico, havia o maracatu nação, de "baque virado", só de percussão, mais tradicional, e posteriormente surgiu o maracatu rural, de "baque solto", acompanhado de orquestra.

17. TINHORÃO, José Ramos. *História social da música popular brasileira*. São Paulo: 34, 1998, p. 89.

18. MONTEIRO, José Fernando Saroba. Lundu: origem da música popular brasileira. Disponível em: <http://musicabrasilis.org.br/temas/lundu--origem-da-musica-popular-brasileira>. Acesso em: Disponível em: 6 jul. 2019.

19. TINHORÃO, José Ramos. *História social da música popular brasileira*. São Paulo: Ed. 34, 1998, p. 99.

20. MONTEIRO, José Fernando Saroba. Lundu: origem da música popular brasileira. Disponível em: <http://musicabrasilis.org.br/temas/lundu--origem-da-musica-popular-brasileira>. Acesso em: 6 jul. 2019.

21. NOUGUÉ, Carlos. A música no Brasil — do descobrimento ao fim do Império. Disponível em <http://www.aboamusica.com.br/2011/05/normal-0-21-false-false-false-pt-br-x.html>. Acesso em: 6 jul. 2019.

22. SANGUINETT, Maria Luiza. "A música no Brasil e em Pernambuco: formação e tendências". In *Revista Ciência & Trópico*, Dipes/Fundaj. 2014. p. 220.

23. NOUGUÉ, Carlos. A música no Brasil — do descobrimento ao fim do Império. Disponível em: <http://www.aboamusica.com.br/2011/05/normal-0-21-false-false-false-pt-br-x.html>. Acesso em: 6 jul. 2019.

NOTAS

24. VASCONCELOS, Ary. *Raízes da música popular brasileira*. Rio de Janeiro: Rio Fundo, 1991, p. 50

25. TINHORÃO, José Ramos. *História social da música popular brasileira*. São Paulo: 34, 1998, p. 116

26. Ibidem, p. 117

27. NOUGUÉ, Carlos. A música no Brasil — do descobrimento ao fim do Império. Disponível em: <http://www.aboamusica.com.br/2011/05/normal-0-21-false-false-false-pt-br-x.html>. Acesso em: 6 jul. 2019.

28. SEVERIANO, Jairo. *A canção no Tempo*. São Paulo: 34, 2008, p. 23.

29. Ary Vasconcelos descreve um a um em livros como *Raízes da música popular brasileira* e *Panorama da música popular brasileira*, citados na bibliografia.

30. VASCONCELOS, Ary. *Raízes da música popular brasileira*. Rio de Janeiro: Rio Fundo, 1991, p. 57.

31. TINHORÃO, José Ramos. *História social da música popular brasileira*. São Paulo: 34, 1998, p. 118.

32. Ibidem, p. 120.

33. Ibidem, p. 119-120.

34. Ibidem, p. 136-137.

35. Ibidem, p. 140.

36. Normalmente se diz que o hino foi feito para a Festa da Independência de 1822. Hipótese refutada pelo pesquisador Avelino Romero Simões Pereira em sua tese "Hino Nacional Brasileiro: Que história é esta?", fartamente documentada. *Revista IEB*, do Instituto dos Estudos Brasileiros, USP, SP, 38: 12-42, 1995.

37. TINHORÃO, José Ramos. *História social da música popular brasileira*. São Paulo: 34, 1998, p. 144.

38. Ibidem, p. 148.

39. Ibidem, p. 132.

40. Ibidem, p. 52.

41. Desde o início do século, já há indícios de bandas militares em Recife e Olinda (PE), João Pessoa (PB) e São Paulo e Itu (SP).

42. COSTA, Manuela Areias. "Música e história: um estudo sobre as bandas de música civis e suas apropriações militares". In *Revista Tempos Históricos*. v. 15, 1º semestre de 2011, p. 240-260.

43. DINIZ, André. *O Rio musical de Anacleto de Medeiros: A vida, a obra e o tempo de um mestre do choro.* Rio de Janeiro: Jorge Zahar, 2007, p. 55.
44. TINHORÃO, José Ramos. *História social da música popular brasileira.* São Paulo: 34, 1998, p. 179.
45. SEVERIANO, Jairo. *A canção no tempo.* São Paulo: 34, 2008, p. 26-27.
46. Ibidem, p. 29
47. SEVERIANO, Jairo. *A canção no tempo.* São Paulo: 34, 2008, p. 34-35.
48. Ibidem, p. 37.
49. LOPES, Antonio Herculano. Vasques: Uma sensibilidade excêntrica. "Nuevo mundo, mundos nuevos", *Coloquios*, 2007, p. 71. Disponível em: <http://nuevomundo.revues.org/3676>. Acesso em: 6 jul. 2019.
50. Há controvérsias sobre a autoria de "Dengoso". A música é assinada por um certo Renaud, que alguém deduziu ser um pseudônimo do Ernesto Nazareth e desde então isso foi sendo repetido até virar "verdade". O próprio Nazareth nunca incluiu "Dengoso" em suas listas de composições, mesmo depois de a música ter estourado nos Estados Unidos e na Europa na década de 1910. Pesquisas recentes de Alexandre Dias indicam que quem usava o pseudônimo Renaud era o pianista e compositor Costinha, apelido de João Francisco Fonseca da Costa.
51. TINHORÃO, José Ramos. *História social da música popular brasileira.* São Paulo: 34, 1998, p. 112.
52. "Meu assovio" foi gravada por Geraldo Magalhães em 1904, em disco Odeon.
53. DINIZ, Edinha. *Chiquinha Gonzaga: Uma história de vida.* Rio de Janeiro: Rosa dos Tempos, 1984, p. 31.
54. Pequenas bolas de cera recheadas de águas perfumadas.
55. MORAES, Eneida de. *História do carnaval carioca.* Rio de Janeiro: Civilização Brasileira, 1958, p. 17-20.
56. Ibidem, p. 29.
57. SEVERIANO, Jairo. *A canção no tempo.* São Paulo: 34, 2008, p. 24.
58. Artigo publicado por José de Alencar em 14/01/1855 no jornal *Correio Mercantil* do Rio de Janeiro. In TINHORÃO, José Ramos. *História social da música popular brasileira.* São Paulo: 34, 1998, p. 182.
59. MORAES, Eneida de. *História do carnaval carioca.* Rio de Janeiro: Civilização Brasileira, 1958, p. 47.

NOTAS

60. DINIZ, Edinha. *Chiquinha Gonzaga: Uma história de vida.* Rio de Janeiro: Rosa dos Tempos, 1984, p. 40.
61. SEVERIANO, Jairo. *A canção no tempo.* São Paulo: 34, 2008, p. 45.
62. Ibidem, p. 49. Contemporâneo de Anacleto de Medeiros, o trompetista Paulino do Sacramento pleiteou a vaga de regente da Banda do Corpo de Bombeiros em 1896, mas perdeu para ele. A partir de 1912 se dedicou ao teatro de revista. Suas composições mais famosas foram os tangos (brasileiros) "Pierrot", "Vatapá" e "Bebê".
63. SEVERIANO, Jairo. *A canção no tempo.* São Paulo: 34, 2008, p. 67.
64. Que teria sido adaptada por ele do tema folclórico "É do Humaitá".
65. SEVERIANO, Jairo. *A canção no tempo.* São Paulo: 34, 2008, p. 67.

2. O INÍCIO DA INDÚSTRIA FONOGRÁFICA E O NASCIMENTO DO SAMBA, DA MARCHINHA E DA MÚSICA "SERTANEJA" (1902-1930)

1. VASCONCELOS, Ary. *Panorama da música popular brasileira.* v.1. São Paulo: Livraria Martins, 1964, p. 11-13.
2. Informação do pesquisador Miguel Ângelo de Azevedo (Nirez) em depoimento ao autor.
3. VASCONCELOS, Ary. *Panorama da música popular brasileira na Belle Époque.* Rio de Janeiro: Livraria Sant'Anna, 1977, p. 20.
4. Compositores: "Lundu do baiano" (autor desconhecido), "Esta nega qué me dá" (Caninha), "O arame" (Ernesto de Souza), "Luar de Paquetá" (Freire Jr./Hermes Fontes), "Pelo telefone" (Donga/Mauro de Almeida), "Quem são eles" (Sinhô), "Já te digo" (Pixinguinha/China), "Tatu subiu no pau" (Eduardo Souto), "Ai, Filomena" (Arranjo de J. Carvalho de Bulhões sobre "Uma canção italiana"), "Ai, seu Mé" (Freire Jr./Careca) e "Goiabada" (Eduardo Souto).
5. SEVERIANO, Jairo. *A canção no tempo.* São Paulo: 34, 2008, p. 61. Compositores: "As laranjas da Sabina" (Arthur de Azevedo), "O gondoleiro do amor" (Salvador Fabregas/Castro Alves), "Lundu do baiano" (autor desconhecido), "A mulata" (Gonçalves Crespo) e "Perdão, Emília" (motivo popular).
6. LICHOTE, Leonardo. "O mundo em 78 rpm", *O Globo,* 8 jul. 2016.

7. SANTOS, Alcino; Barbalho, Gracio; Severiano, Jairo e Azevedo, M.A. de (Nirez). *Discografia brasileira 78 rpm — 1902-1964. v.1*. Rio de Janeiro: Funarte, 1982.

8. Composições de Pixinguinha (solo), exceto "Yaô" (com Gastão Viana), "Patrão, prenda seu gado" (com Donga e João da Baiana), e duas que ganhariam letra posteriormente, "Carinhoso" e "Rosa". Os choros "1 × 0" e "Ingênuo" foram assinados também por Benedito Lacerda, pois o que se diz é que muitos desses choros já estavam prontos (feitos só por Pixinguinha) bem antes de Benedito assinar, como parte do acordo que fizeram em meados da década de 40 para trazê-lo de volta aos estúdios. Assim, Benedito passou a assinar também as músicas do Pixinguinha, mesmo as antigas. "1 × 0", por exemplo, foi feita em homenagem ao título sul-americano da seleção brasileira, em 1919, muito antes do acordo.

9. Ibidem.

10. Há outra canção homônima nesse tempo, a cançoneta já citada de Eustórgio Wanderley.

11. *A Noite*, 31/10/1916 in NETO, Lira. *Uma história do samba: as origens*. São Paulo: Companhia das Letras, 2017, p. 93.

12. O nome Pequena África, cunhado pelo historiador Roberto Moura no livro *Tia Ciata e Pequena África no Rio de Janeiro*, se referia a uma região onde havia presença maciça de escravos alforriados e comunidades quilombolas, incluindo as rodas de samba na Pedra do Sal e o candomblé da Tia Ciata, na Praça Onze. Antigos casarões da época do Império se transformaram em cortiços que se sobrepunham numa série de ruelas, becos e casebres, onde havia muita festa regada a maxixe, choro e samba.

13. TINHORÃO, José Ramos. *Música popular: Um tema em debate*, 3. ed. São Paulo: 34, 1997, p. 90-93.

14. Esta também, com Mauro de Almeida.

15. SEVERIANO, Jairo. *A canção no tempo*. São Paulo: 34, 2008, p. 75.

16. Compositores: "Ontem ao luar" (Pedro de Alcântara/Catulo da Paixão Cearense), "Triste carnaval" (Canhoto/Arlindo Leal), "Caiuby (Canção da cabocla bonita)" (Pedro de Sá Pereira) e "O cigano" (Marcelo Tupinambá).

17. GIRON, Luis Antonio. *Mário Reis: O fino do samba*. São Paulo: 34, 2001, p. 80.

18. NETO, Lira. *Uma história do samba: As origens*. São Paulo: Companhia das Letras, 2017, p. 229.

NOTAS

19. Ibidem, p. 188.

20. TINHORÃO, José Ramos. *História social da música popular brasileira.* São Paulo: 34, 1998, p. 90-91.

21. NETO, Lira. *Uma história do samba: As origens.* São Paulo, Companhia das Letras, 2017, p. 188.

22. SODRÉ, Muniz. *Samba: O dono do corpo.* Rio de Janeiro: Mauad, 2007, p. 37.

23. "A malandragem" trazia na autoria o nome de Francisco Alves, que comprou o samba de Bide.

24. No selo do disco aparece o nome de Cândido Costa, que foi autor da primeira letra desse samba-canção, "Linda flor", lançado pela vedete Dulce de Almeida na comédia *A verdade do meio-dia* e gravada por Vicente Celestino. A segunda foi de Freire Júnior, "Meiga flor", gravada por Francisco Alves, e a terceira lançada por Aracy Côrtes na revista *Miss Brasil* e no disco com o título de "Iaiá", mas que se tornou conhecida como "Ai, Ioiô".

25. *Dicionário Cravo Albin da Música Popular Brasileira.* Disponível em <http://dicionariompb.com.br/otilia-amorim>. Acesso em: 6 jul. 2019.

26. Compositores: "História triste de uma praieira" (Motivo popular/versos de Adelmar Tavares).

27. SOUZA, Tárik de. "Força sertaneja". *Jornal do Brasil*, 28 jun. 1998, citando Flausino Vale em *Capitão Furtado, viola caipira ou sertaneja?.* Rio de Janeiro: Funarte, 1985.

28. Compositores: "Pinião" (Augusto Calheiros/Luperce Miranda).

29. Chiquinha Gonzaga denunciou em ata da SBAT datada de 8/10/1929 que esta e outras músicas gravadas nesse tempo seriam de sua autoria e solicitava providências — informação que está em DINIZ, Edinha — *Chiquinha Gonzaga: Uma história de vida.* Rio de Janeiro: Rosa dos Tempos, 1984, p. 221.

3. A Era de Ouro: o triunfo do samba, da marchinha, da valsa e do fox-canção (1929-1945)

1. Principalmente após o sucesso do filme *A voz do carnaval*, de Ademar Gonzaga, produzido pela Cinédia em 1933, há um *boom* da comédia musical em nosso cinema, seguido, a partir do fim dos anos 1940, pelas chamadas chanchadas, recheadas, na maioria, de músicas carnavalescas.

HISTÓRIA DA MÚSICA POPULAR BRASILEIRA – SEM PRECONCEITOS

2. TINHORÃO, José Ramos. *História social da música popular brasileira.* São Paulo: 34, 1998, p. 252.

3. HOMEM DE MELLO, Zuza. *A Era dos Festivais: Uma parábola.* São Paulo: 34, 2003, p. 16.

4. Ibidem, p. 15.

5. Composições de João de Barro (Braguinha) ("Linda lourinha") e parceiros, como Alberto Ribeiro ("Tem gato na tuba", "Touradas em Madrid", "Yes, nós temos bananas", "Chiquita Bacana", "Balancê", "Copacabana", "Seu Libório"), Alcyr Pires Vermelho ("Laura") e Pixinguinha ("Carinhoso"). Versões de João de Barro: "Sorri (Smile)" (C. Chaplin/G. Parsons/G. Turner) e "Aqueles olhos verdes (*Aquellos ojos verdes*)" (Nilo Menendez/ Adolfo Utrera). Versão de João de Barro e Antonio Almeida: "Luzes da ribalta (Limelight)" (C. Chaplin).

6. Composições de Haroldo Lobo com Donga e Luís Menezes ("Metralhadora"), Cristóvão de Alencar ("Ruas do Japão", "Clube dos barrigudos"), Marino Pinto ("Retrato do velho"), Milton de Oliveira ("O passarinho do relógio", "O passo do canguru", "Miau, miau", "Tem galinha no bonde", "A mulher do leiteiro", "Eu quero é rosetar", "Pra seu governo"), Wilson Batista ("Emília", "Cabo Laurindo") e Benedito Lacerda ("Coitado do Edgar", "Espanhola").

7. Compositores: "A. E. I. O. U" (Lamartine Babo/Noel Rosa), "Moleque indigesto" (Lamartine) "Há uma forte corrente contra você" (Francisco Alves/Orestes Barbosa), "Aí, hein" (Lamartine/Paulo Valença), "Seu condutor" (Herivelto Martins/Alvarenga e Ranchinho), "Good bye" (Assis Valente), "Cidade maravilhosa" (André Filho), "Primavera no Rio" (João de Barro) e "Cantores de rádio" (João de Barro/Lamartine/ Alberto Ribeiro).

8. "Mamãe eu quero" (Jararaca/Vicente Paiva), "Querido Adão" (Benedito Lacerda/Osvaldo Santiago), "Yes, nós temos bananas", "Deixa a lua sossegada", "Pirulito" e "China pau" (João de Barro/Alberto Ribeiro), "Nós, os carecas" (Roberto Roberti/Arlindo Marques Jr.), "Roberta" (Roberto Martins/Mario Rossi/Roberto Roberti), "Periquitinho verde" (Nássara/ Sá Róris), "Passarinho do relógio (Cuco)" e "Passo do canguru" (Haroldo Lobo/Milton de Oliveira), "Marchinha do grande galo" (Lamartine/Paulo Barbosa), "Alá-la-ô" (Haroldo Lobo/Nássara), "Lig-lig-lig-lé" (Paulo

NOTAS

Barbosa/Osvaldo Santiago) e "Clube dos barrigudos" (Haroldo Lobo/Cristóvão de Alencar).

9. Compositores: "O teu cabelo não nega" (Irmãos Valença/Lamartine Babo), "Linda morena" (Lamartine), "Uma andorinha não faz verão", "Linda lourinha", "Linda Mimi" e "Moreninha da praia" (João de Barro), "Grau dez" (Ary Barroso/Lamartine), "Cadê Mimi?" e "Touradas em Madri" (João de Barro/Alberto Ribeiro), "Hino do carnaval brasileiro" (Lamartine), "Carolina" (Bonfiglio de Oliveira/Hervé Cordovil), "Eva querida" (Benedito Lacerda/Luiz Vassalo).

10. "It" era uma gíria da época que significava "algo mais", um "charme especial".

11. Compositores: "Formosa" (Nássara/J. Rui), "Aurora" (Roberto Roberti/Mário Lago), "Dama das camélias" (João de Barro/Alcyr Pires Vermelho), "Pastorinhas" (Noel Rosa/João de Barro), "Iaiá boneca" (Ary Barroso), "Malmequer" (Newton Teixeira/Cristóvão de Alencar), "Tirolesa" (Paulo Barbosa/Osvaldo Santiago), "Ride palhaço" e "Rasguei a minha fantasia" (Lamartine), "A jardineira" (Benedito Lacerda/Humberto Porto).

12. Compositores: "Gegê" (Eduardo Souto/Getúlio Marinho), "Passo do soldado" (Marcelo Tupinambá/Guilherme de Almeida), "Trem blindado" (João de Barro), "Paulistinha querida" (Ary Barroso), "Cortada na censura" (João de Barro/Aldo Taranto/Márcio de Azevedo), "A menina presidência" (Nássara/Cristóvão de Alencar), "Pensão do Catete" (Lamartine Babo/Milton Amaral), "Quem é o homem?" (Ary Barroso).

13. Compositores: "Canção do Expedicionário" (Spartaco Rossi/Guilherme de Almeida), "Canção do Marinheiro" (Antonio do Espírito Santo/Benedito Xavier de Macedo), "Que passo é esse, Adolfo?" (Haroldo Lobo/Roberto Roberti), "A cara do Führer" (Benedito Lacerda/F. Correia da Silva/Oliver Wallace) e "Adolfito Mata-moros" (João de Barro/Alberto Ribeiro), "Diplomata" (Henrique Gonçalez), "Quem é o tal?" (Ubirajara Nesdan/Afonso Teixeira), "Cecília" (Roberto Martins/Mario Rossi).

14. Compositores: "Sofrer é da vida" (Ismael Silva/Francisco Alves), "A tua vida é um segredo" (Lamartine Babo), "Juro" (Haroldo Lobo/Milton de Oliveira), "Agora é cinza" (Bide/Marçal), "Implorar" (Germano Augusto/J. da Silva Gaspar/Kid Pepe), "É bom parar" (Rubens Soares), "O correio já chegou" (Ary Barroso), "Sei que é covardia, mas" (Ataulfo

Alves), "Meu consolo é você" (Ataulfo Alves/Claudionor Cruz), "A primeira vez" (Bide/Marçal), "Helena, Helena" (Antonio Almeida/Constantino Silva), "Emília" (Wilson Batista/Haroldo Lobo), "Odete" (Herivelto Martins/Dunga), "Atire a primeira pedra" (Ataulfo Alves/Mário Lago), "Coitado do Edgar" (Benedito Lacerda/Haroldo Lobo).

15. Compositores: "Se você jurar" (Ismael Silva/Nilton Bastos/Francisco Alves), "Abre a janela" (Roberto Roberti/Arlindo Marques Jr.), "Cinco horas da manhã" (Ary Barroso).

16. Compositores: "O homem sem mulher não vale nada" (Arlindo Marques Jr./Roberto Roberti), "Até amanhã" (Noel Rosa), "Maria Boa" (Assis Valente), "Nega do cabelo duro" (Rubens Soares/David Nasser), "Arrasta a sandália" (Aurélio Gomes/Osvaldo Vasques), "Dolores" (Marino Pinto/ Alberto Ribeiro), "Isaura" (Herivelto Martins), "Ai, que saudades da Amélia" (Ataulfo Alves/Mário Lago), "Cai, cai" (Roberto Martins).

17. SEVERIANO, Jairo e Homem de Mello, Zuza. *A canção no tempo. v.1.* São Paulo: 34, 1997, p. 209

18. As letras de "Palpite infeliz" e "Feitiço da Vila" foram criadas por Noel, motivadas por uma polêmica travada com Wilson Batista, em que um fazia um samba e o outro respondia. O embate não teve maior repercussão pública à época, mas trouxe à tona grandes canções provocativas. Duas décadas depois, os nove sambas foram registrados no LP *Polêmica* (Odeon, 1956), por Roberto Paiva e Francisco Egydio.

19. O verdadeiro nome da marchinha "Taí" é, na verdade, "Pra você gostar de mim".

20. Compositores de canções ainda não citadas: "Chica chica boom chic" (Harry Warren/Mack Gordon) e "South American way" (Jimmy McHugh/Al Dubin).

21. Ao contrário do que foi perpetuado nas enciclopédias de música e no própio depoimento de Linda ao museu da Imagem e do Som, conforme prova a reportagem da revista *Carioca* nº 36, em 23 de maio de 1936, a cantora já era Rainha do Rádio em 36, e não apenas em 37. E como atestam diversos periódicos da época, desde julho de 1935 ja mantinha horário fixo em emissoras como a Rádio Cruzeiro do Sul.

22. Em 1930, a Odeon formou um conjunto de acompanhamento de estúdio, o Deixa Falar, com Nonô (piano) e Walfrido Silva (bateria), também com-

NOTAS

positores, Esmerino Cardoso (trombone), Djalma Guimarães (pistom), além de ritmistas e coristas.

23. ANTUNES, Gilson. Violão brasileiro. Disponível em: <https://www.violaobrasileiro.com.br/dicionario/dilermando-reis>. Acesso em: 6 jul. 2019.

24. Samba de Alcyr Pires Vermelho e Alberto Ribeiro.

25. SEVERIANO, Jairo. *Uma história da música popular brasileira*. São Paulo: 34, 2008, p. 267, citando a monografia "Tentou-se organizar a batucada", de Eulícia Esteves, sobre o Estado Novo e a música brasileira.

26. Compositores: "Os quindins de Yayá" (Ary Barroso), "Botões de laranjeira" (Pedro Caetano), "Beija-me" (Roberto Martins/Mario Rossi), "Falsa baiana" e "Pisei num despacho" (Geraldo Pereira), "Boogie-woogie na favela" (Denis Brean), "Rugas" (Nelson Cavaquinho/Augusto Garcez/Ary Monteiro), "Oh! Seu Oscar" (Ataulfo Alves/Wilson Batista), "Deus me perdoe" (Lauro Maia/Humberto Teixeira).

27. Compositores: "Implorar" (Germano Augusto/Kid Pepe/João Gaspar) e "Arrasta a sandália" (Baiaco [Osvaldo Vasques]/Aurélio Gomes).

28. Compositores: "A tua vida é um segredo" (Lamartine Babo), "O destino é Deus é quem dá" (Nilton Bastos), "Mulato bamba", "Quando o samba acabou" e "Fui louco" (todas de Noel Rosa, a última com Bide), "Agora é cinza" (Bide/Marçal). A seguir, há marchas cujos autores já foram citados e "Iaiá boneca" (Ary Barroso).

29. Compositores: "Alô, alô", de André Filho, e "Me respeite, ouviu?", de Walfrido Silva.

30. MÁXIMO, João. Libreto da caixa *Silvio Caldas — Celebridades da MPB /O Caboclinho Querido e os anos Columbia*. Sony Music, 1996.

31. Compositores: "Professora" (Benedito Lacerda/Jorge Faraj), "Na aldeia" (Caruzinho/Silvio Caldas/De Chocolat), "Meus vinte anos", "Arrependimento" (Silvio e Cristóvão de Alencar), "Meu limão, meu limoeiro" (motivo popular — arr.: José Carlos Burle), "Um caboclo abandonado" (Benedito Lacerda/Herivelto Martins), "Até breve" (Ataulfo Alves/Cristóvão de Alencar), "Menos eu" (Roberto Martins/Jorge Faraj) e o pré-samba de breque "Minha palhoça" (J. Cascata).

32. Compositores: "Fica doido varrido" (Benedito Lacerda/Eratóstenes Frazão), "Gilda" (Erasmo Silva/Mário Lago), "Linda lourinha" (João de Barro), "Florisbela" (Nássara/Eratóstenes Frazão), "Andorinha" (Silvio

Caldas), "Anda, Luzia!" (João de Barro), "(As) Pastorinhas" (João de Barro/Noel Rosa).

33. Compositores: "Italiana" (Paulo Barbosa/José Maria de Abreu/Osvaldo Santiago), "A você" (Ataulfo Alves/Aldo Cabral), "E o destino desfolhou" (Gastão Lamounier/Mario Rossi), "Madame Pompadour" (Paulo Barbosa/Osvaldo Santiago), "Linda borboleta" e "Sonhos azuis" (João de Barro/Alberto Ribeiro), "Bodas de prata" (Roberto Martins/Mario Rossi) e "Nós queremos uma valsa" (Nássara/Eratóstenes Frazão).

34. CASTRO, Ruy. Libreto da caixa "Orlando Silva — O Cantor das Multidões". Texto "Caprichos do destino". BMG, 1995.

35. Compositores: "Chora cavaquinho" (Dunga), "Faixa de cetim" (Ary Barroso), "Juramento falso" (J. Cascata/Leonel Azevedo), "Aos pés da cruz" (Bide/Marçal), "Preconceito" (Wilson Batista/Marino Pinto), "Errei, erramos" (Ataulfo Alves), "Amigo leal" (Benedito Lacerda/Aldo Cabral), "Coqueiro velho" (Fernando Martinez Filho/José Marcílio), "Meu romance" (J. Cascata), "Abre a janela" e "O homem sem mulher não vale nada" (Roberto Roberti/Arlindo Marques Jr.), "Meu consolo é você" (Nássara/Roberto Martins), "Atire a primeira pedra" (Ataulfo Alves/Mário Lago), "Lealdade" (Wilson Batista/Jorge de Castro), "Malmequer" (Newton Teixeira/Cristóvão de Alencar), "Jardim da infância" (Nássara/Cristóvão de Alencar), "Carioca" (Arlindo, Roberti e Frazão) e "Lero-lero" (Benedito Lacerda/Eratóstenes Frazão).

36. Compositores: "Caprichos do destino" (Pedro Caetano/Claudionor Cruz), "Número um" (Benedito Lacerda/Mário Lago), "Súplica" (Otávio G. Mendes/José Marcílio/Déo), "Lágrimas" (Cândido das Neves), "Enquanto houver saudades" (Custódio Mesquita/Mário Lago), "Uma saudade a mais... uma esperança a menos" (Silvino Neto/Carlos Morais), "Que importa para nós dois a despedida" (Silvino Neto), "Sinhá Maria" (René Bittencourt).

37. Compositores: "Brasa" (Lupicínio Rodrigues/Felisberto Martins), "Sempre no meu coração (Always in my heart)" (Ernesto Lecuona/Kim Gannon — versão: Mário Mendes), "Canção da mula" (Jimmy Van Heusen/Johnny Burke — v: Haroldo Barbosa) e "Jornal de ontem" (Romeu Gentil/Elisário Teixeira).

38. GRÜNEWALD, José Lino. Libreto da caixa *Francisco Alves — O mito do cantor*. BMG, 1997.

NOTAS

39. Compositores: "Nanci" (Bruno Arelli/Luiz Lacerda), "A mulher que ficou na taça" e "Por teu amor" (Francisco Alves/Orestes Barbosa), "Misterioso amor" (Saint-Clair Sena), "Só nós dois no salão (e esta valsa)" (Lamartine Babo).

40. Compositores: "Tristezas não pagam dívidas" (Ismael Silva), "Mulher de malandro" (Heitor dos Prazeres), "Não tem tradução", "Feitio de oração" (ambas de Noel Rosa, a segunda com Vadico), "Ela teve razão" (Benedito Lacerda/Darci de Oliveira), "Vaidosa" (Herivelto Martins/Arthur Morais), "O correio já chegou" (Ary Barroso), "Serra da Boa Esperança" (Lamartine Babo), "Favela" (Roberto Martins/Valdemar Silva), "Longe dos olhos" (Djalma Ferreira/Cristóvão de Alencar), "Se é pecado" (Herivelto Martins).

41. Compositores: "Canta Brasil" (Alcyr Pires Vermelho/David Nasser), "Onde o céu azul é mais azul" (João de Barro/Alberto Ribeiro/Alcyr), "Brasil" (Benedito Lacerda/Aldo Cabral), "Verão no Havaí" (Haroldo Lobo/Benedito Lacerda), "Andorinha" (Herivelto Martins/Haroldo Barbosa), "Dois corações" (Herivelto/Valdemar Gomes).

42. Compositores: "Se você jurar" e "Nem é bom falar" (Ismael Silva/Nilton Bastos/Francisco Alves) e "Fita amarela" (Noel Rosa), "Para me livrar do mal" (Noel Rosa/Ismael Silva), "Foi ela" e "Dá nela" (Ary Barroso), "É bom parar" (Rubens Soares), "Solteiro é melhor" (Rubens/Felisberto Silva), "Despedida de Mangueira" (Benedito Lacerda/Aldo Cabral), "Isaura" (Herivelto Martins/Roberto Roberti), "Odete" (Herivelto/Dunga), "Que rei sou eu" (Herivelto/Waldemar Ressurreição), "Seu Julinho vem" (Freire Jr.), "Há uma forte corrente contra você" (Francisco Alves/Orestes Barbosa), "A M E I" (Nássara/E. Frazão), "Grau dez" (Ary Barroso/Lamartine Babo), "Dama das camélias" (João de Barro/Alcyr P. Vermelho), "Formosa" (Nássara/J. Rui), "Eu não posso ver mulher" (Osvaldo Santiago/Roberto Roberti), "Haja carnaval ou não" (Pedro Caetano/Claudionor Cruz).

43. Compositores: "Canção do Expedicionário" (do maestro paulista Spartaco Rossi, que atuou em várias emissoras do eixo Rio-SP, com versos do poeta Guilherme de Almeida), "Vitória, vitória" (José Rodrigues Pires), "Sob a máscara de veludo" e "Esmagando rosas" (Alcyr Pires Vermelho/David Nasser), "Didi" (Nelson Ferreira/Samuel Campelo), "Hino a João Pessoa" (Eduardo Souto/Osvaldo Santiago).

HISTÓRIA DA MÚSICA POPULAR BRASILEIRA – SEM PRECONCEITOS

44. Compositores: "Dolorosa saudade" (Jararaca/Ratinho), "Quero-te cada vez mais" (João de Freitas/Zeca Ivo), "Mané Fogueteiro" (João de Barro), "Alma de tupi" (Jararaca); "De papo pro á" e "Zíngara" (Joubert de Carvalho/Olegário Mariano), "Folhas ao vento" (Milton Amaral), "Se ela perguntar" (Sivan Castelo Neto), "Na serra da Mantiqueira" (Ary Kerner).

45. Compositores: "Piano alemão (Wir haben ein klavier)" (Jupp Schmitz/Jonny Bartels — versão: Júlio Nagib).

46. Zequinha de Abreu também compôs "Branca", uma das valsas mais regravadas de nossa discografia, lançada ainda em 1929 pelo italiano radicado em São Paulo Antônio Berlini. Durante muitos anos foi apenas instrumental.

47. Compositores: "Cisne branco" (Antonio Manoel do Espírito Santo/Benedito Xavier de Macedo).

48. Compositores: "Cabôca de caxangá" (João Pernambuco/Catulo da Paixão Cearense).

49. BUYS, Sandor. Disponível em: <https://sandorbuys.wordpress.com/2016/03/11/minha-caraboo-o-hoje-surpreendente-grande-sucesso-do-carnaval-1916/>. Acesso em: 6 jul. 2019.

50. Compositores: "Ela me beijou" (Herivelto Martins/Artur Costa), "Aquela mulher" (Cícero Nunes), "Deusa do Maracanã" (Jaime Guilherme) e "Dorme que eu velo por ti" (Roberto Martins/Mario Rossi).

51. Compositores: "Príncipe" (Joubert de Carvalho), "Marilena" (Geraldo Mendonça), "Ainda uma vez" (José Maria de Abreu/Francisco Mattoso) e "Você só mente" (Noel Rosa/Hélio Rosa), "Loura ou morena" (Haroldo Tapajós/Vinicius de Moraes), "Tudo cabe num beijo" (Carolina Cardoso de Menezes/Osvaldo Santiago), "Rosa de maio" (Custódio Mesquita/Evaldo Rui), "Adeus" (Roberto Martins/Mario Rossi).

52. Compositores: "A última canção" (Guilherme Pereira), "Naná" (Custódio Mesquita/Geysa Bôscoli), "Perdão amor" (Lamartine Babo), "Dá-me tuas mãos" (Roberto Martins/Mário Lago), "Brigamos outra vez" (José Maria de Abreu/Jair Amorim), "Ao ouvir esta canção hás de pensar em mim" (José M. Abreu/Francisco Mattoso), "Noite de lua" (Antonio Almeida), "Solidão" (Roberto Martins/Mário Rossi), "Voltarás" (Custódio Mesquita/Evaldo Rui).

53. Composições de Custódio Mesquita com Evaldo Rui ("Rosa de maio", "Voltarás", "Não faças caso, coração", "Noturno em tempo de samba",

492

NOTAS

"Como os rios que correm pro mar", "Velho realejo", "Valsa do meu subúrbio", "Gira, gira, gira", "Promessa"), Sady Cabral ("O pião"), Mário Lago ("Enquanto houver saudades") e David Nasser ("Algodão", "Mãe Maria").

54. DICIONÁRIO CRAVO ALBIN. Disponível em: <http://dicionariompb. com.br/jose-maria-de-abreu>. Acesso em: 6 jul. 2019.

55. ENCICLOPÉDIA DA MÚSICA BRASILEIRA: popular, erudita e folclórica. São Paulo: Art Editora/Publifolha, 1998, p. 812-813.

56. GIRON, Luís Antônio. *Gazeta Mercantil*, Caderno Fim de Semana, 4 mai. 2001.

57. A partir dos anos 1950, houve outros dois "Ranchinhos".

58. Curiosamente algumas gravações de Raul Torres e Serrinha dessa época apresentavam de um lado apenas o nome de Raul, embora fossem executadas pela dupla, como é o caso de "Meu cavalo zaino".

59. Esse programa seguiu por 32 anos, sob o comando de Raul Torres até o final de 1969. Após isso, por ordens médicas, passou a produzi-lo em casa e Florêncio (no lugar de Serrinha) e Rielli passaram a apresentá-lo até julho de 1970, um mês após o falecimento do Torres.

60. Composições de Alvarenga e Ranchinho: "O divórcio vem aí", e em parceria com Ariovaldo Pires ("Liga dos bichos" e "A baixa do café") e Herivelto Martins ("Seu condutor").

61. Numa das brigas de Alvarenga com Ranchinho, em 1938, o primeiro fez dupla com o mineiro radicado no Rio, Bentinho. No ano seguinte, com a volta de Ranchinho, formou-se a dupla Xerém e Bentinho, este um cearense também radicado no Rio. A dupla alternava música caipira e humorismo, agradando ao gosto dos cariocas, integrando o *cast* da Rádio Mayrink Veiga — e também dos paulistas. Entre idas e vindas, a dupla se estabeleceu em São Paulo na década de 1950 a convite do Capitão Furtado, integrando seu programa na Rádio Piratininga.

62. Compositores: "Desafiando", "Oi Chico!" e "Bonito" (Jararaca/Ratinho) e "Meu pirão primeiro" (Jararaca/Walfrido Silva).

63. Compositores: "Marchinha do grande galo" (Lamartine Babo/Paulo Barbosa), e "Não resta a menor dúvida" (Noel Rosa/Hervé Cordovil).

64. Compositores: "Bahia, oi! Bahia" (Vicente Paiva/Augusto Mesquita).

65. Compositores: "Na Glória" (Mario Moraes/E. Frazão) e "Cordão dos Puxa-Saco" (Roberto Martins/E. Frazão), e as de meio de ano "Brasil

HISTÓRIA DA MÚSICA POPULAR BRASILEIRA – SEM PRECONCEITOS

pandeiro" (Assis Valente), "Sem compromisso" (Geraldo Pereira/Nelson Trigueiro) e "Bolinha de papel" (Geraldo Pereira).

66. Músicas de Herivelto Martins: "Lá em Mangueira" (com Heitor dos Prazeres), "Senhor do Bonfim", "Laurindo", "Odete" (com Dunga), "Mangueira, não", "Praça Onze" e "Bom dia, avenida" (com Grande Otelo), "Minueto" (com Benedito Lacerda), e ainda "E não sou baiano" (Waldemar Ressurreição) e "Salve a princesa" (Paquito/Luís Soberano).

67. HOMEM DE MELLO, Zuza. *Copacabana: A trajetória do samba-canção (1929-1958)*. São Paulo: 34, 2017, p. 115.

68. Ibidem, p. 118.

4. O auge da Era do Rádio: baião, samba-canção e a invasão da música internacional (1946-1958)

1. MÁXIMO, João. Libreto da caixa *Luiz Gonzaga — 50 anos de chão*. BMG, 1996.

2. HOMEM DE MELLO, Zuza. *Copacabana: A trajetória do samba-canção (1929-1958)*. São Paulo: 34, 2017, p. 84.

3. Canções de Luiz Gonzaga com Antonio Almeida ("Galo garnizé"), J. Portela ("Calango da lacraia") e Miguel Lima ("Penerô Xerém"), ou os dois últimos juntos ("Cortando pano").

4. Xotes de João do Vale com Ernesto Pires e Silveira Jr. ("Pisa na fulô) e com José Batista e Adelino Rivera ("Peba na pimenta")

5. Segundo o especialista Maikel Monteiro, após os anos 1970 foram inúmeros os trios que surgiram, mas somente o Trio Parada Dura fez sucesso nacional e o Trio da Vitória obteve grande sucesso na região Centro-Oeste. Os demais não tiveram grande expressão. Conclui-se que o público sertanejo não aceita com muita facilidade a figura de trio, assim como não aceita com facilidade cantores solos preferem as duplas.

6. Inezita já havia gravado um disco-teste na Sinter, em 1951, sem qualquer repercussão.

7. Compositores: "Naná" (Ruy Rey/Rutinaldo Silva), "La bamba" (Tradicional), "Alfama" (Carlos Dias/Amadeu do Vale), "Coimbra" (Raul Ferrão/José Galhardo), "Baião de Ana (El negro bastião)" (Roman Vatro/F. Giordano — versão: Caribé da Rocha), "Uma casa portuguesa" (Artur

NOTAS

Fonseca/Reinaldo Ferreira). Houve também uma cantora eclética do período, **Marion**, famosa por imitar Carmem Miranda, mas que não chegou a fazer grande sucesso em disco.

8. Compositores: "Oh! Suzana" (Stephen Forster — versão: Bob Nelson),"Vaqueiro alegre" (Ben Kanter — versão: Bob Nelson e Victor Simon), "Boi barnabé" (Bob/Victor Simão) e "Eu tiro o leite" (Bob/Sebastião Lima).

9. Compositores: "Arrivederci Roma" (L. Rascel/Garnier/Giovannini — versão: Júlio Nagib), "Cerejeira rosa (Cerisier rose et pommier blanc)" (Louiguy/Jacques Laurie — versão: Júlio Nagib) e "Lili (Hi-li, Hi-lo)" (Bronislaw Kaper/Helen Deutsch — versão: Haroldo Barbosa).

10. HOMEM DE MELLO, Zuza. *Copacabana: A trajetória do samba-canção (1929-1958)*. São Paulo: 34, 2017, p. 55.

11. As autorias de todas essas músicas estão citadas no correr dos capítulos 3, 4 e 5, à exceção de "Bom dia, tristeza", única parceria de Adoniran Barbosa e Vinicius de Moraes, celebrizada por Aracy de Almeida em 1957, depois por Maysa, em 1958.

12. Compositores: "Aqueles olhos verdes (Aquellos ojos verdes)" (Nilo Menendez/Adolfo Utrera/versão João de Barro (João de Barro), "Bandolins ao luar (Mandolins in the moonlight)" (P. Green), "Em nome de Deus (En nombre de Dios)" (Chago Alvarado) e o antológico "Dez anos (Diez años)" (Rafael Hernandez), as três últimas versões de Lourival Faissal, "Cachito" (Consuelo Velasquez) e "Patrícia" (Perez Prado), ambas versões de A. Bourget.

13. Os fã-clubes explodiram nessa fase de Rainha do Rádio. Os admiradores ardorosos de Emilinha Borba, Marlene e Dalva de Oliveira já eram bastante atuantes, mas se organizaram efetivamente em fã-clubes a partir de 1952, com direito a sócios, carteirinhas e até trabalhos sociais.

14. Compositores: "Lencinho querido (El pañuelito)" (Peñalosa/Filiberto — versão: Maugéri Neto) e "Eu tenho um pecado novo (Yo tengo un pecado nuevo)" (Marianito Mores/Mariano Martinez — versão: Lourival Faissal).

15. Compositores: "Fósforo queimado" (Paulo Menezes/Milton Legey), "Orgulho" (Nelson Wederkind/Waldir Rocha), "Vida de bailarina" (Chocolate/Américo Seixas), "Escuta" (Ivon Curi), "Abandono", "Noite chuvosa" (Fernando César/Britinho), "Abandono" (Nazareno de Brito/

HISTÓRIA DA MÚSICA POPULAR BRASILEIRA – SEM PRECONCEITOS

Presyla de Barros), "Recusa" (Herivelto Martins), "Ontem e hoje" (Getúlio Macedo/Irany de Oliveira), "Rio é amor" e "Inspiração" (ambas de Bruno Marnet), "Lábios de mel" (Waldir Rocha), "Mentindo" (Eduardo Patané/Lourival Faissal), "Adeus, querido" (Eduardo Patané/Floriano Faissal), "Fala, Mangueira" (Mirabeau/Milton de Oliveira) e "Eu rolei" (Paulo Aguiar/Milton/Rocha).

16. Compositores: "Porque brilham os teus olhos" (Fernando César), "Meu brotinho" (Luiz Gonzaga/Humberto Teixeira), "Blue gardenia" (Bob Russell/Lester Lee — versão; Antonio Carlos), "Daqui para a eternidade (From here to eternity)" (Bob Wells/Fred Carger — versão: Lourival Faissal), "É tão sublime o amor (Love is a many splendored thing)" (Paul Webster/Sammy Fain — versão: Antonio Almeida), "Ci-ciu-ci, canção do rouxionol (Ci-ciu-ci cantava um usignolo)" (Saverio Seracini/Ettore Minoretti — versão: Nadir Pires).

17. "Sob o céu de paris (Sous les ciel de Paris)" (H. Jiraud/J. Dréjac — versão: A. Quirino) e "C'est si bon" (Henri Betti/André Hornez), "Doce mãezinha" (Lourival Faissal/Max Gold), "Oh!" (Byron Gray/Arnold Johnson — versão: Haroldo Barbosa) e "Delicadeza" (Pedro Rogério/Lombardi Filho) e "Tutti buona gente" (Bruno Marnet).

18. Compositores: "Velho enferrujado" (Gadé/Waldfrido Silva), "De conversa em conversa" (Lucio Alves/Haroldo Barbosa), "Prêmio de consolação" (Jayme Florence/Augusto Mesquita).

19. Compositores: "Espanhola" (Benedito Lacerda/Haroldo Lobo), "Odalisca" (Haroldo Lobo/Geraldo Gomes), "Princesa de Bagdá" e "Serpentina" (ambas de Haroldo Lobo/David Nasser).

20. Sucessos de Carmen Costa assinados por Mirabeau e seus parceiros — "Cachaça" (com Lúcio de Castro/Heber Lobato/Marinósio Filho), "Jarro da saudade" (com Daniel Barbosa), "Tem nego bebo aí" (com Ayrton Amorim), "Obsessão" (com Milton de Oliveira) e "Quase" (com Jorge Gonçalves).

21. Compositores: "O sanfoneiro só tocava isso" (Geraldo Medeiros/Haroldo Lobo), "Oh tirolesa" (Paulo Barbosa/Osvaldo Santiago), "Mamãe eu levei bomba" (Jota Júnior/Oldemar Magalhães), "A coroa do rei" (Haroldo Lobo/David Nasser), "Máscara da face" e "A mulher que é mulher" (ambas de Klecius Caldas/Armando Cavalcanti).

NOTAS

22. Compositores: "Enlouqueci" (Luís Soberano/Valdomiro Pereira/João Sale), "Nega maluca" (Fernando Lobo/Evaldo Rui), "Madalena" (Ary Macedo/Ayrton Amorim), "Me deixa em paz" (Monsueto/Arnaldo Passos).

23. BOTTARI, Elenilce e Galdo, Rafael. "Da mordaça da ditadura à voz da liberdade", artigo do jornal *O Globo*, 4 fev. 2018.

24. Compositores: "Quem sabe sabe" (Jota Sandoval/Carvalhinho), "Madureira chorou" (Carvalhinho/Júlio Monteiro).

25. Compositores: "Rosa Maria" (Aníbal Silva/Eden Silva) e "Recordar (é viver)" (Aldacir Louro/Aluísio Marins/Adolfo Macedo).

26. Compositores: "Tiradentes" (Estanislau Silva/Mano Décio da Viola/Penteado)

27. Compositores: "Pra seu governo" (Haroldo Lobo/Milton de Oliveira), "Se eu errei" (Francisco Netto/Humberto Carvalho), "O doutor não gosta" (Arnô Provenzano/Otolindo Lopes), "Engole ele paletó" (J. Audi), "Exaltação à Mangueira" (Enéas Brites da Silva/Aloísio Augusto da Costa).

28. Compositores: "Sassaricando" (Luiz Antonio/Jota Júnior (Zé Mario)/Oldemar Magalhães), "Marcha da pipoca" (Luiz Bandeira/Arsênio de Carvalho), "Marcha do gago" (Klecius Caldas/Armando Cavalcanti).

29. Carequinha fez sucesso também com as marchas "Parabéns! Parabéns" ("Pelo seu aniversário") (1959) e "O bom menino" (1960), ambas de Altamiro Carrilho e Irany de Oliveira, gravadas com o Coro Infantil Lar da Glória.

30. Sambas de Monsueto com Raul Moreno e Marcléo ("A fonte secou"), Arnaldo Passos ("Mora na filosofia"), Ayrton Amorim ("Me deixa em paz").

31. Havia ainda um quinto nome do Exército Brasileiro que compunha para o carnaval, Rutinaldo, parceiro de Klécius Caldas, a partir dos anos 1960.

32. Tata Tancredo foi ainda o inventor do réveillon na praia de Copacabana em 1961, incluindo o culto aos orixás, caboclos e pretos velhos in loco.

33. Compositores: "Império do samba" (Zé da Zilda/Zilda do Zé), "Vai que depois eu vou" (Adolfo Macedo/Zé da Zilda).

34. *Enciclopédia da música brasileira: popular, erudita e folclórica*. 2. Ed. São Paulo: Art Editora/Publifolha, 1998, p. 129.

35. FERREIRA, David. "Canção do sambista Caco Velho foi reimportada para o Brasil". *Valor Econômico*, 12 set. 2017.

36. LOPES, Nei e Luiz Antônio Simas. *Dicionário da história social do samba*. Rio de Janeiro: Civilização Brasileira, 2015, p. 121-122.

HISTÓRIA DA MÚSICA POPULAR BRASILEIRA – SEM PRECONCEITOS

37. Compositores: "Daqui não saio" (Paquito/Romeu Gentil), "Jacarepaguá" (Paquito/Romeu Gentil/Marino Pinto) e "Turma do funil" (Mirabeau/ Milton de Oliveira/Urgel de Castro).

38. Compositores: "Noites de Moscou" (I. Dunayevsky — versão: Inah Bangel) e "Liechtensteiner Polka" (Edmundo Kotscher/Rudi Lindt).

39. HOMEM DE MELLO, Zuza. *Copacabana: A trajetória do samba-canção (1929-1958)*. São Paulo: 34, 2017, p. 328.

40. Nora Ney gravou "Rock around the clock" (Max Freedman/J. de Knight) num 78 rpm em que apenas o título era em português, "Ronda das horas".

41. SANTOS, Alcino, Barbalho, Gracio, Severiano, Jairo e Azevedo, M.A. de (Nirez). *Discografia brasileira 78 rpm — 1902-1964. v.1*. Rio de Janeiro: Funarte, 1982.

42. SOUZA, Tárik. *Sambalanço: A bossa que dança, um mosaico*. São Paulo: 34, 2003, p. 187.

43. MADEIRA, Maria Teresa. "Carolina Cardoso de Menezes — a pianeira". UFRJ, 2016 (tese de mestrado).

44. A Rádio Tupi do Rio, após um incêndio, em 1949, foi remodelada e construiu o maior auditório de todas as emissoras cariocas, apelidado de "Maracanã dos Auditórios", inaugurado em 1951.

45. Informações da *Revista do Disco* nº 12, janeiro de 1954.

46. BERNARDO, Marco Antonio. *Waldir Azevedo: Um cavaquinho na história*. Rio de Janeiro: Irmãos Vitale, 2004, p. 68.

5. A BOSSA NOVA, O ROCK E O ROMANTISMO POPULAR SE REVEZAM (1958-1965)

1. Compositores: "A saudade mata a gente" (João de Barro/Antonio Almeida), "Um cantinho e você" e "Alguém como tu" (José Maria de Abreu/ Jair Amorim), "Ser ou não ser" (José Maria de Abreu/Alberto Ribeiro), "Somos dois" (Armando Cavalcanti/Klecius Caldas/Luiz Antonio), "Esquece" (Gilberto Milfont), "Uma loira" (Hervé Cordovil), "Nick bar" (Garoto/José Vasconcellos), "Sem esse céu" e "Perdido de amor" (Luiz Bonfá), "Não tem solução" e "Sábado em Copacabana" (Caymmi/Carlos Guinle), "Nunca mais" (Caymmi).

2. HOMEM DE MELLO, Zuza. *Copacabana: A trajetória do samba-canção (1929-1958)*. São Paulo: 34, 2017, p. 450.

NOTAS

3. A Rainha do Baião Carmélia Alves, vendo que sua rival Adelaide Chiozzo ganharia o concurso, transferiu seus votos para a pouco popular Mary Gonçalves.

4. Na gravação de "Chega de saudade" no LP *Canção do amor demais*, de Elizeth Cardoso, a bateria foi de Juca Stockler, o Juquinha.

5. Há de considerar que antes de Sylvia, Elizeth Cardoso e Lenita Bruno dedicaram LPs à parceria Tom e Vinicius, ambas em 1958, e que, nos três casos, nem todas as canções eram de espírito leve e bossa-novista. O álbum *Por toda minha vida*, de Lenita, então esposa do maestro Léo Peracchi, era mais camerístico, chegado ao campo erudito, e foi um marco divisório entre os dois caminhos que seguiu a obra da dupla, o erudito e o popular. A bossa nova preferiu o balanço, balizado pelo violão de João Gilberto em duas faixas, e a voz da Elizeth em seu *Canção do amor demais*. Curiosamente, ambos os álbuns foram lançados pelo selo alternativo Festa, de Irineu Marinho, normalmente dedicado a discos de poesia.

6. SOUZA, Tárik. Exposição "Bossa 60 — Passo a compasso". Espaço Cultural BNDES. Rio de Janeiro, 2018.

7. Compositores: "Feio não é bonito" (Carlos Lyra/Gianfrancesco Guarnirei). As demais mencionadas nesse parágrafo têm seus compositores citados ao longo deste capítulo.

8. Compositores de canções ainda não citadas: "Ela é carioca" (Tom Jobim/Vinicius), "Samba do avião" (Tom), "Pra que chorar" e "Tem dó" (Baden/Vinicius).

9. DESOUTEIRO, Arnaldo. "Tributo a um virtuose." *Tribuna da Imprensa*, 26 jul. 1999.

10. SOUZA, Tárik. *Sambalanço: A bossa que dança, um mosaico*. São Paulo: 34, 2003, p. 188.

11. Composições de Orlandivo com Roberto Jorge ("Samba toff"), Helton Menezes ("Tamanco no samba") e Adilson Azevedo ("Bolinha de sabão").

12. Compositores: "Murmúrio" (Djalma Ferreira/Luiz Antônio), "Ri", "Poema das mãos", "Eu e o rio" e "Poema do adeus" (Luiz Antônio), "Palhaçada", "Só vou de mulher", "Cara de pau", "Meu nome é ninguém" (Luiz Reis/Haroldo Barbosa), "Só vou de balanço" e "Zé da Conceição" (João Roberto Kelly), "Confidência" e "Lembranças" (Raul Sampaio/Benil Santos).

13. Compositores de músicas ainda não citadas: "Devagar com a louça" (Luiz Reis/Haroldo Barbosa) e "Edmundo (In the mood)" (Joseph Garland — versão: Aloysio de Oliveira).

14. Compositores de músicas ainda não citadas: "Fiz o bobão" (Luiz Reis e Haroldo Barbosa), "E daí" (Miguel Gustavo), "Samba da madrugada" (Dora Lopes/Carminha Mascarenhas/Herothides Nascimento), "O que é que eu faço?" (J. Ribamar/Dolores Duran), "Velho gagá" (Fernando César), "Saudade querida", "É fácil dizer adeus", "Carinho e amor" e "Amor e paz" (Tito Madi), "Chorou, chorou" (Luiz Antônio), "O amor e a rosa" (Pernambuco/Antonio Maria) e "Deixa andar" (Jujuba).

15. Compositores: "Oitavo botequim" (Jota Júnior), "Boa noite, Rio" (Luiz Reis e Haroldo Barbosa), "Bica nova" (Luiz Antônio), "Ainda bem" (Fernando César), "Pergunte a você" (Luiz Antônio), "Verdade da vida" (Raul Mascarenhas/Concessa Lacerda).

16. Compositores: "Deixa isso pra lá" (Edson Menezes/Alberto Paz), "Volta por cima" (Paulo Vanzolini), "O neguinho e a senhorita" (Noel Rosa de Oliveira/Abelardo da Silva).

17. Compositores: "Pó de mico" (Nilo Viana/Renato Araújo/Dora Lopes/ Arildo Souza), "Marcha do remador" (Antonio Almeida/Oldemar Magalhães), "Mulata yê yê yê" (João Roberto Kelly) e "Can can no carnaval" (Haroldo Lobo/Carlos Cruz).

18. Compositores: "A lua é dos namorados" (Klecius e Armando/Brasinha).

19. "Cabeleira do Zezé", com o famoso radioator da Rádio Nacional, Roberto Faissal, e "Joga a chave meu amor", com J. Rui, grande redator de programas humorísticos.

20. Compositores: "Fechei a porta" (Sebastião Mota/Ferreira dos Santos), "Eu agora sou feliz" (Jamelão [José Bispo]/Mestre Gato), "Chora, doutor" (J. Piedade/J. Campos/O. Gazzaneo), "Bigorrilho" (Paquito/Romeu Gentil/ Sebastião Gomes), "Saravá" (Zilda do Zé/Carvalhinho/Jorge Silva).

21. Compositores: "Velho gagá" (Almira Castilho/Paulo Gracindo), "Vou ter um troço" (Jackson do Pandeiro/Arnô Provenzano), "Frevo do bi" (Braz Marques/Diógenes Bezerra), "Cantiga do sapo" (Jackson do Pandeiro/ Buco do Pandeiro), "Tum Tum tum" (Cristóvão de Alencar/Ary Monteiro), "Baião do bambolê" (Antonio Barros/Almira Castilho), "A mulher que virou homem" (Jackson do Pandeiro/Elias Soares), "Como tem Zé na Paraíba" (Manezinho Araújo/Catulo de Paula).

NOTAS

22. Compositores: *"Alone"* (Selma & Morton Craft), "Little darlin'" (Maurice Williams) e "O gondoleiro (Le gondolier)" (Pete de Angelis/J. Broussole — versão: Sérgio Porto).

23. Compositores: "Boogie do bebê (Baby sittin' boogie)" (Parker/Relin — v: Fred Jorge), "Pobre de mim (Poor little fool)" (Shari Sheeley — v: Fred Jorge) e "Querida Susie (Susie darlin')" (R. Luke Jr. — v: Sérgio de Freitas).

24. Compositores: "Lacinhos cor-de-rosa (Pink shoe laces)" (Mickie Grant), "Billy (I always dream of Bill)" (Kendis & Paley/Joe Goodwin), "Túnel do amor (Have lips will kiss in the tunnel of love)" (Patty Fisher/Bob Roberts), "Hey Mama" (Paul Anka), "Canário (Yellow bird)" (Norman Luboff/Marilyn Keith/Alan Bergman) — todas em versão de Fred Jorge.

25. Compositores: "Marcianita" (Galvarino Alderete/José Marcone — versão: Fernando César), "Broto legal (I'm in love)" (H. Earnhart — v: Renato Corte Real).

26. Compositores: "Diga que me ama (Make believe baby)" (Benjamin Weisman/Edna Lewis — versão: Luiz Bittencourt).

27. Compositores: "Wake up little Susie" (Felice & Boudleaux Bryant), "Filme triste (Sad movies make me cry)" (John D. Loudermilk — versão: Romeu Nunes), "O passo do elefantinho (Baby elephant walk)" (Henry Mancini — versão: Ruth Blanco).

28. Compositores: "Oh! Carol" (Neil Sedaka/H. Greenfield — v: Fred Jorge), "Diana" (Paul Anka — v: Fred Jorge), "Bat Masterson" (B. Corwin/H. Wray - versão: Edson Borges) e "Cavaleiros do céu (Riders in the sky)" (Stan Jones — versão: Haroldo Barbosa), "Biquíni de bolinha amarelinha tão pequenininho (Itsy bitsy teenie weenie yellow polka dot bikini" (Pockriss/Vance — versão: Hervé Cordovil).

29. Compositores: "Alguém é bobo de alguém (Everybody's somebody's fool")) (Howard Greenfield/Jack Keller — versão: Fred Jorge), "O ritmo da chuva (Rhythm of the rain)" (John Gummoe — v: Demétrius), "La bamba" (Tradicional), "America" (Leonard Bernstein/Stephen Sondheim) e "If I had a hammer" (Lee Hays/Pete Seeger).

30. ESSINGER, Silvio. "Antes do iê iê iê". *Jornal do Brasil*, 24 jan. 2002. Compositores: "Tequila" (Chuck Rio), "Apache" (Jerry Lordan), "Walk don't run" (John Y. Smith).

HISTÓRIA DA MÚSICA POPULAR BRASILEIRA – SEM PRECONCEITOS

31. Compositores: "Tema de Lara (Somewhere my love)" (Maurice Jarre), "Chapeuzinho vermelho (Lil' red riding hood)" (Ronald Blackwell — versão: Amilton Godoy), "Tema para jovens enamorados (Theme for young lovers)" (Bruce/Wielch), "O milionário (The millionaire)" (Mike Maxfield).

32. "Estrelinha (Little star)" (Venosa/Picone — versão: Paulo Murillo).

33. ARAÚJO, Paulo César. *Roberto Carlos em detalhes*. São Paulo: Planeta, 2006, p. 85.

34. A única exceção foi o ano de 1984, em que também gravou dois álbuns num mesmo ano.

35. HOMEM DE MELLO, Zuza. *Copacabana: A trajetória do samba-canção (1929-1958)*. São Paulo: 34, 2017, p. 370.

36. Compositores: "Quero beijar-te as mãos" (Arcênio de Carvalho/Lourival Faissal), "Interesseira" (Bidú Reis/Murilo Latini) e "Estou pensando em ti" (Raul Sampaio/Benil Santos).

37. Compositores: "Quem é" (Silvio Lima/Maurilio Lopes), "Tu és o maior amor da minha vida" (Silvio Lima/De Carvalho) e "Esta noite eu queria que o mundo acabasse" (Silvio Lima).

38. Compositores: "Não me esquecerás" (Otto Borges), "Sabe Deus (Sabra Dios)" (Álvaro Carrillo — versão: Nely B. Pinto).

39. Compositores: "Pepe" (Daniel Lemaitre — versão: A. Santana), "A noiva (La novia)" (Joaquim Prieto — versão: Fred Jorge), "Falhaste coração (Fallaste corazón)" (Cuco Sanchez — versão: Luiz Carlos Gouvêa).

40. Compositores: "Acorrentados (Encadenados)" (Carlos Arturo Briz — versão: Genival Melo/J. Miranda), "A praia (La playa)" (J. Van Wetter — versão: Bruno Silva), "O princípio e o fim (Ma vie)" (Alain Barrière — versão: Nazareno de Brito), "Livre (Born free)" (Don Black/John Barry — versão: N. Bourget), "O amor é tudo (Love is all)" (Les Reed/Barry Manson — versão: Romeu Nunes), "Suave é a noite (Tender is the night)" (Paulo Francis Webster/Sammy Fain — versão: Nazareno de Brito), "Que será de ti" (Demetrio Ortiz/Maria Teresa Márquez — versão: Hélio Ansaldo), "Doce amargura (Ti guarderó nel cuore)" (Nino Oliviero/Riz Ortolani/Marcello Ciorciolini — versão: Nazareno de Brito).

41. Compositores: "A casa do sol nascente (The house of the rising sun)" (Alan Price — versão: Fred Jorge), "Os verdes campos da minha terra (Green,

NOTAS

green grass of home)" (Curly Putman — versão: Geraldo Figueiredo), "A casa de Irene (A casa d'Irene)" (Francesco Maresca/Francesco Pagano — versão: Júlio Nagib) e "Aline" (Christophe — versão: Nazareno de Brito).

42. Compositores: "O trovador de Toledo (L'arlequin de Tolède)" (Hubert Giraud/Jean Drejac — versão: Romeu Nunes).

43. Compositores: "Faz-me rir (Me dá risa)" (Francisco Yoni/Edmundo Arias — versão: Teixeira Filho), "Hino ao amor (Hymne à l'amour)" (Edith Piaf/Marguerite Monnot — versão: Odair Marsano), "Até sempre (Hasta siempre) (Mario Clavell — versão: Teixeira Filho), "Quem é" (Osmar Navarro/Oldemar Magalhães), "Creio em ti (I believe)" (Al Stillman/Erwin Drake/Irvin Graham/Jimmy Shirl — versão: Osvaldo Santiago).

44. Compositores: "Pombinha branca (Vola colomba)" (Carlo Concina/Bruno Cherubini — versão: Miltinho Rodrigues) e "Passarinho do peito amarelo (Gorrioncillo poncho amarillo)" (Tomaz Mendes — versão: Miltinho Rodrigues).

45. HOMEM DE MELLO, Zuza. *Copacabana: A trajetória do samba-canção (1929-1958)*. São Paulo: 34, 2017, p. 368.

6. OS FESTIVAIS DE MÚSICA, A JOVEM GUARDA, O TROPICALISMO E O RESGATE DO SAMBA TRADICIONAL (1965-1972)

1. HOMEM DE MELLO, Zuza. *A Era dos Festivais: Uma parábola*. São Paulo: 34, 2003, p. 71

2. Ibidem, p. 113-116. Havia também os programas *Esta noite se improvisa*, musical apresentado por Blota Júnior e Sonia Ribeiro, *Show do dia 7*, *Astros do disco* e o de Hebe Camargo, com muitos números musicais.

3. Depoimento de Paulo Machado de Carvalho nos extras do filme *Uma noite em 67*, de Ricardo Calil e Renato Terra (2010).

4. ARAÚJO, Paulo César. *Roberto Carlos em detalhes*. São Paulo: Planeta, 2006, p. 127-134.

5. Ibidem, p. 133-134.

6. Ibidem, p. 134. A versão do nome ter sido inspirado na coluna de jornal também é sustentada pelo ex-diretor da TV Record, Paulo Machado de Carvalho, nos extras do filme *Uma noite em 67*, de Renato Terra e Ricardo Calil (2010), editado em DVD. A outra está na biografia de Carlito Maia.

HISTÓRIA DA MÚSICA POPULAR BRASILEIRA – SEM PRECONCEITOS

7. Entrevista de Erasmo Carlos à *Folha de São Paulo*, 5/6/2021.

8. Compositores: "O calhambeque (Road hog)" (John & Gwen Loudermild — versão: Erasmo Carlos), "Lobo mau (The wanderer)" (Ernest Mareska — v: Hamilton Di Giorgio) e "História de um homem mau (Ol' man mose)" (Louis Armstrong/Zilner Randolph — v: Roberto Rei).

9. Compositores: "Festa de arromba", "Minha fama de mau", "A pescaria", "Gatinha manhosa", "Sentado à beira do caminho", "Vou ficar nu pra chamar sua atenção" em parceria com Roberto, e "O pica-pau" (Renato Barros/Lilian Knapp), "O carango" (Carlos Imperial/Nonato Buzar), "O Tremendão" (Marcos Roberto/Dori Edson).

10. Compositores: "Você me acende (You turn me on)" (Ian Whitcomb — versão: Erasmo Carlos), "Deixa de banca (Les cornichons)" (James Booker/Nino Ferrer — v: Eduardo Araújo) e "Caramelo (Mellow yellow)" (Donovan Leitch — v: Roberto Carlos).

11. Compositores: "Exército do surf (El exército del surf)" (Mogol/Pataccini) e "Capela do amor (Chapel of love)" (Phil Spector/Ellis Greenwich/Jeff Barry), ambas versão de Neusa de Souza; "É tempo do amor (Le temps de l'amour)" (Marc Aryan), "Boa noite, meu bem (Goodnight Irene)" (Leobetter/Lowax) e "Ternura (Somehow I got to be tomorrow [Today])" (Estelle Levitt/Kenny Karen), as três vertidas por Rossini Pinto; "Pare o casamento (Stop the wedding)" (Arthur Resnick/Kenny Young — v: Luiz Keller).

12. Compositores: "Doce, doce amor" (Raulzito [Raul Seixas]/Mauro Motta), "Devo tudo a você" (Renato Barros), "Um grande amor (I knew right away)" (Alma Cogan/Stan Foster — v: Roberto Nunes), "Quero ser teu amor (Oh! Baby, do love me)" (Loose/Gotz — v: Ronaldo Corrêa), "Querida (Don't let them move)" e "Vivendo sem você (What does it take)" (George Garrett/Chuck Howard — v: Rossini Pinto) / "Preste atenção (Fais attention)" (Jean Loup Chauby/Bob Du Pac — v: Paulo Queiroz), "O bom rapaz" (Geraldo Nunes), "Doce de coco" (Claudio Fontana/ Wanderley Cardoso), "O pic-nic" (Mário Faissal), "Não posso controlar meu pensamento" (Claudio Fontana/Robert Livi), "Socorro, nosso amor está morrendo" (Fábio).

13. Compositores: "Coisinha estúpida (Something stupid)" (Carson Parks/ versão: Leno), "Tijolinho" (Wagner Benatti), "Veja se me esquece" e "Perto dos olhos, longe do coração" (ambas de Marcos Roberto/Dori Edson),

NOTAS

"Sandra (Sorrow)" (Feldman/Goldstein/Gottehrer — v: Leno), "Parabéns, querida" (Roberto Corrêa/Sylvio Son), "Eu que te amo só a ti (Io che amo solo te)" (Sergio Endrigo — v: Aldacir Louro).

14. Compositores: "Igual a ti não há ninguém (Come te no c'e néssuno)" (Franco Migliacci/Oreste vassallo — versão: Hélio Justo), "A garota do Roberto" (Carlos Imperial/Eduardo Araújo), "Dominique (Soeur Sourire)" e "Não saberás (N'avoue jamais)" (Guy Mardel/Françoise Dorin), ambas em versão de Paulo Queiroz / "Perdidamente te amarei (T'amo e t'ameró)" (Gaetano Amendola) e "Não te quero mais (Non, tu te n'aime plus)" (Jean Loup Chauby/Bob Du Pac), ambas em versão de Gláucia Prado; "Aqueles tempos (Those were the days)" (George Raskin) e "Casatschok" (Boris Rubaschkin), em versão de Fred Jorge / "O que eu faço do Latim?" (Luciano Beretta/Mario Bertolazzi/Marcelo Marchesi — v: Theotônio Pavão) / "Vesti azul" (Nonato Buzar) / "Minha primeira desilusão" (Sissi), "Playboy" (Gene Thomas — v: Alf Soares) / "Pra nunca mais chorar" (Carlos Imperial/Eduardo Araújo).

15. Compositores: "Erva venenosa (Poison ivy)" (Jerry Leiber/Mike Stoller) e "Pensando nela (Bus stop)" (Graham Gouldman), ambas versões de Rossini Pinto, "Ai de mim (All of me)" (Seymour Simons/Gerard Marks — v: Neusa de Souza) / "Pobre menina (Hang on sloopy)" (Bert Russell/ Wes Farrell — v: Leno) / "A volta" (Roberto/Erasmo Carlos), "Faça alguma coisa pelo nosso amor" (Roberto Carlos), "Longe, tão perto" (Márcio & Ronaldo Antonucci).

16. Compositores: "Feche os olhos (All my loving)" e "Menina linda (I should have known better)", ambas de Lennon/Mc Cartney em versão de Renato Barros); "Meu primeiro amor (You're going to lose that girl)" (Lennon/ McCartney — v: Lilian Knapp), "Ana (Anna [Go to him])" (Arthur Alexandre — v: Lisna Dantas), "O escândalo (Shame and scandal in the family)" (Huon Donaldson/Slim Henry — v: Renato Barros).

17. Compositores: "Juanita Banana" (T. Howard/M. Kenton) e "Como o sábio diz (Simon says)" (Elliot Chiprut — v: Rossini Pinto) / "Era um garoto que como eu amava os Beatles e os Rolling Stones (C'era un ragazzo che come me amava i Beatles e i Rolling Stones)" (Mauro Lusini/Franco Migliacci — v: Brancato Júnior).

18. Site G1, 31 mar. 2019 — "55 anos do golpe militar de 1964". Disponível em: <https://g1.globo.com/politica/noticia/2019/03/31/55-anos-do-golpe--militar-de-1964.ghtml>. Acesso em: 6 jul. 2019.

19. O grupo foi sucedido por Os Cinco Crioulos, formado por Elton, Jair, Anescarzinho, Nelson Sargento e Mauro Duarte, que substituiu Paulinho da Viola.

20. O Conjunto A Voz do Morro lançou ainda três LPs entre 1965 e 67, dos primeiros a registrar em disco composições autorais dos chamados "sambistas de morro", embora nem todos morassem em morros, mas no sentido de fazerem parte de uma cultura de samba à margem da indústria fonográfica.

21. SEVERIANO, Jairo. *Uma história da música popular brasileira: Das origens à modernidade.* São Paulo: 34, 2008, p. 407.

22. HOMEM DE MELLO, Zuza. *A Era dos Festivais: Uma parábola.* São Paulo: 34, 2003, p. 144.

23. Ibidem, p. 148.

24. Ibidem, p. 178.

25. À época, os dois últimos assinavam Maurício Mendonça e Ricardo Sá.

26. Formado em 1965, o Grupo Manifesto era formado por Guarabyra (compositor, violonista e cantor), Lucinha (depois Lucina) (voz), Junaldo (voz), Augusto César Pinheiro (voz), José Renato Filho (voz), Guto Graça Melo (compositor), Mariozinho Rocha (compositor e arranjador vocal) e Fernando Leporace (compositor e violonista).

27. HOMEM DE MELLO, Zuza. *A Era dos Festivais: Uma parábola.* São Paulo: 34, 2003, p. 253.

28. Segundo levantamento de Conceição Campos, até 2009 Paulo Cesar Pinheiro tinha 1.129 músicas inéditas e 873 gravadas.

29. Ibidem, p. 275.

30. Ibidem, p. 287.

31. Ibidem p. 301-302.

32. Ibidem p. 308, 310-311.

33. Site Tropicália — um projeto de Ana de Oliveira. Disponível em: < http://tropicalia.com.br/>. Acesso em: 6 jul. 2019.

34. "Mamãe, coragem" (com música de Caetano) e "Miserere nobis" (com Gilberto Gil). Capinan é baiano e Torquato, piauiense, de vida curta. Suicidou-se no Rio de Janeiro em 1972.

NOTAS

35. Rogério Duprat nasceu no Rio de Janeiro e Lanny nasceu em Xangai, na China, vivendo em Israel até os seis anos, e no fim dos anos 1960, radicou-se na mesma cidade escolhida por Duprat, São Paulo.

36. Caetano narra os detalhes de sua prisão no filme *Narciso em férias* (2020), de Renato Terra e Ricardo Calil.

37. Devidamente "adaptada" do folclore por José Carlos Burle e Carlos Imperial.

38. Ibidem, p. 377, 385-386.

39. Ibidem, p. 388-389.

40. Compositores: "A vida é só pra cantar (Viva América" (Claude François/ Jean Pierre Bourtayre/Bernard Edgard Estardy — versão: Thomas Greef/ Tião da Vila P/Ed Gomez).

41. Ibidem, p. 412.

42. Ibidem, p. 422.

43. Antes dela, apenas Emilinha Borba com o samba-enredo "Brasil, fonte das artes" (Djalma Costa/Eden Silva/Nilo Moreira), do Salgueiro, obteve algum sucesso no carnaval de 1957. Mas foi um fato isolado.

44. MARTINS, Franklin. *Quem foi que inventou o Brasil? Volume II de 1964 a 1985*. Rio de Janeiro: Nova Fronteira, 2015, p. 104.

45. CABRAL, Sérgio. *Ataulfo Alves: Vida e obra*. Rio de Janeiro: Lauzuli, 2009.

7. A "MPB", O CLUBE DA ESQUINA, O ROCK MALCRIADO E OS ALTERNATIVOS NOS ANOS DE CHUMBO DA DITADURA (1970-1978)

1. O relatório da Comissão Nacional da Verdade, elaborado meio século após o golpe, relatou 434 fuzilados pelo governo brasileiro, dos quais 210 continuavam desaparecidos. Segundo a Comissão Especial sobre Mortos e Desaparecidos Políticos, foram mais de 50 mil presos e 20 mil torturados. A Human Rights Watch aponta para 4.841 representantes eleitos pelo povo destituídos de seus cargos. Porém há cerca de 1.200 camponeses e líderes rurais, mais de 8.500 indígenas, além de incontáveis vítimas de esquadrões da morte e grupos de extermínio que poderiam engrossar esta lista dos mortos caso realmente o Brasil se importasse com suas vidas.

2. Todas de Moraes e Galvão, sendo "Besta é tu" também de Pepeu Gomes.

3. Compositores: "O canto da ema" (João do Vale/Alventino Cavalcante/ Ayres Viana) e "Chiclete com banana" (Gordurinha/Almira Castilho).

4. ALONSO, Gustavo e VISCONTI, Eduardo. Artigo "Dominguinhos e a 'invenção' do Nordeste cosmopolita". In *Teoria e cultura*. UFJF, 2018.

5. BAHIANA, Ana Maria. *Almanaque Anos 70*. Rio de Janeiro: Ediouro, 2006, p. 277

6. No álbum *Clube da Esquina* (1972), além dos músicos do Som Imaginário, participaram Laudir de Oliveira e Paulinho Braga nas percussões; Toninho Horta, na guitarra; Beto Guedes, no violão e na guitarra; e Nelson Angelo no violão.

7. Compositores: "Morse" (Wagner Tiso/Zé Rodrix/Tavito), "Super god" (Zé Rodrix), "Sábado" (Frederyko) e "Hey, man" (Tavito/Zé Rodrix).

8. Compositores: "Zepelim" (Luiz Carlos Sá), "Primeira canção da estrada" (Luiz Carlos Sá/Zé Rodix), "Hoje ainda é dia de rock" (Zé Rodrix), "Os anos 60" e e "Mestre Jonas" (ambas de Luiz Carlos Sá/Zé Rodrix/ Guarabyra).

9. Compositores: "Casca de caracol" e "Cadillac 52" (ambas de Zé Rodrix), "Soy latinoamericano" e "Quando será?" (ambas de Zé Rodrix/Robert Livi).

10. ALBUQUERQUE, Célio (organização). *1973: O ano que reinventou a MPB*. 2. ed. Rio de Janeiro: Sonora, 2017, p. 223.

11. Compositores: "Vou morar no ar" (Netinho/Aroldo/Carlos Geraldo), "México lindo" (Tico Terpins) e "O rapé" (Tico Terpins/Billy Bond/ Graciela Correia).

12. Compositores: "Bicho do mato" (Gastão Lamounier Neto), "Sinal de paranoia" (Cimara/Pedrão) e "Massavilha" (Paulinho/Pedrão).

13. Compositores: "Hey amigo" (César de Mercés), "Criaturas da noite" (Flávio Venturini/Luiz Carlos Sá).

14. Compositores: "Alô, alô" (André Filho) e "Maria Boa" (Assis Valente).

15. Depoimento a Ronaldo Bôscoli, Revista *Manchete*, 3 nov. 1979.

16. Compositores: "Volta" (Lupicínio Rodrigues), "Teco-teco" (Pereira da Costa/Milton Vilela), "Trem das onze" (Adoniran Barbosa), "Índia" (José Assunción Flores/Manuel Ortiz Guerrero — versão: José Fortuna) e "Negro amor (It's all over now, baby blue)" (Bob Dylan — v: Caetano Veloso e Péricles Cavalcanti).

NOTAS

17. MOREIRA, Ricardo in "Manera Fru-Fru Manera". Disponível em: <Immub.org>. Acesso em: 14 ago. 2018.

18. BERGAMO, Mônica. — Geraldo Azevedo: "Foi na cadeia que descobri que queria viver de música". *Folha de S.Paulo*, 21 abr. 2019.

19. TELLES, José. *Do frevo ao Manguebeat*. 2. ed. São Paulo: 34, 2012, p. 144

20. Compositores: "Se você pensa" e "Todos estão surdos" (ambas de Roberto e Erasmo Carlos), "Eu também quero mocotó" (Jorge Ben), "O amor é o meu país" (Ivan Lins/Ronaldo Monteiro de Souza) e "BR-3" (Antonio Adolfo/Tibério Gaspar).

21. ESSINGER, Silvio. "Série Suingando resgata samba-soul à carioca", jornal *O Globo*, 18 fev. 2013.

22. Compositores: "Pensando nela" (Dom Beto/Reina), "Stella" (Fábio/Paulo Imperial), "Encouraçado" (Sueli Costa/Tite de Lemos), "Até parece que foi sonho" (Fábio/Paulo Sérgio Valle/Diogo), "Velho camarada" (Augusto César) e "Nesse inverno" (Carlos Lemos/Tony Bizarro).

23. Compositores: "Mandamentos black" (Gerson King Combo/Pedrinho/ Augusto César), 1977.

24. OLIVEIRA, Flávia. "Ditadura perseguiu até bailes black". *O Globo*, 11 jul. 2015.

8. A VOLTA POR CIMA DO SAMBA E A ASCENSÃO DO FORRÓ DE DUPLO SENTIDO E DA MÚSICA "CAFONA" NOS ANOS 1970

1. 1. Compositores: "Meu coração está de luto" (Lindomar Castilho/Antoninho dos Santos), "Eu vou rifar meu coração" (Lindomar/Letinho), "Você é doida demais" (Lindomar/Ronaldo Adriano/Arthur Bergamin), "Nós somos dois sem-vergonhas" (Lindomar/Ronaldo Adriano), "Eu amo sua mãe" (Clayton) e "Eu canto o que o povo quer" (Lindomar/ Ronaldo Adriano).

2. Compositores: "Adeus, solidão (Picking up pebbles)" (J. Curtis/versão: Newton Miranda), "O amor é um bichinho" (Edelson Moura/Geraldo Nunes) e "Fofurinha" (Edelson Moura).

3. Compositores: "No dia em que parti" (Carlos Roberto), "Não creio em mais nada" (Totó), "Pelo amor de Deus" (Martinha), "Benzinho (Dear someone)" (Cy Coben/versão: Maurileno Rodrigues), "Sai de mim" (Re-

ginaldo Rossi), "Vou pedir outra vez" (Paulo Sérgio/Eustáquio Sena), "Eu te amo, eu te venero" (Paulo Sérgio/Carlos Roberto) e "Uma estrela vai brilhar" (Montevillas/Dallaverde).

4. Compositores: "Não volto mais (Rock and roll lullaby)" (Barry Mann/ Cynthia Weil — versão: Wando).

5. Compositores: "Professor apaixonado" (Jair Gonçalves), "Férias na Índia" (Nilton César/Osmar Navarro), "Meu coração que te amava tanto (Avevo um cuore che ti amava tanto" (Franco/Mino Reitano/A. Salermo — v: Antonio Marcos), "A namorada que sonhei" (Osmar Navarro) e "O mais importante é o verdadeiro amor (Tanta voglia di lei)" (Roby Facchinetti/ Valerio Negrini — v: Fernando Adour).

6. Compositores: "Oração de um jovem triste" (Alberto Luiz), "Porque chora a tarde" (Gabino Correa/Antonio Marcos), "Quem dá mais" (Beto Surian) e "Cara a cara" (Antonio Marcos/Sérgio Sá).

7. Compositores: "Mon amour, meu bem, ma femme" (Cleide), "Em plena lua de mel" (Clayton/Cleide) e "A raposa e as uvas" (Reginaldo Rossi).

8. Compositores: "Fumacê" (Rossini Pinto/Solange Corrêa), "Só vou criar galinha" e "Cabeção" (ambas de Roberto Corrêa/Sylvio Son), "Playboy" (Pedro Paulo/Raulzito [Raul Seixas]), "Coitadinha de você" (Marcos Torraca), "Cha-la-la Marisa (Cha-la-la I need you)" (H. Hillman/B. Goldwyn — v: Roberto Bernardes) e "Se você soubesse" (Renato Barros/Rossini Pinto).

9. Compositores: "Vem me ajudar (Get me some help)" (Daniel Vangarde/ Nelly Byl), "Mar de rosas ([I never promised you a] Rose garden)" (Joe South), "Agora eu sei (I've been hurt)" (Ray Whitley), "Já cansei (It's too late)" (Bobby Goldsboro), "Cândida (Candida)" (Toni Wine/Irwin Levine), "Sou feliz (I am so happy)" (C. Iturbide/A. Conte), "Paloma branca (White dove)" (J. Bouwens) — todas, versões de Rossini Pinto.

10. Composições de Evaldo Braga: "Eu não sou lixo" (com Pantera), "Alguém que é de alguém" e "Sorria, sorria" (ambas, com Carmen Lúcia).

11. Compositores: "Os homens não devem chorar (Nova flor)" (Mario Zan/ Palmeira), "Meu amor (Monia)" (D. Finado/Jager/Vidalin — v: Sebastião Ferreira da Silva), "Apenas 3 minutos" (Ivan/Barros de Alencar).

12. Referência ao popularíssimo seriado de TV americano *Hart to hart,* que no Brasil ganhou o nome de *Casal 20,* entre 1979 e 84, protagonizado pelos atores Robert Wagner e Stefanie Powers.

NOTAS

13. Compositores de hits de Jane & Herondy: "É um problema (J'ai um problème)" (Jean Renard/Michel Mallory — v: Marcos Calazans), "Por muitas razões eu te quero (Por muchas razones te quiero)" (Palito Ortega/v: Walter José), "Por favor, amor (My life)" (Michael Sullivan/Richard Lee/ Mark — v: Fábio Marcel) e "Eu te amo, tu me amas (Noi ci amiamo)" (Avogadro/Chelon — v: Miguel Vaccaro Netto).

14. Compositores: "Estrada do sol (Alle porte del sole)" (Mario Panzeri/ Conrado Conti/Lorenzo Pilat/Daniele Pace — v: Tito), "Fernando" e "Pequenina (Chiquitita)" (ambas de Benny Andersson/Björn Ulvaeus — v: Perla e Waly), "O jogo já acabou (The winner takes it all)" (Benny Andersson/Björn Ulvaeus — v: Márcio Antonucci), "Rios da Babilônia (Rivers of Babylon)" (Frank Farian/George Reyam/Brent Dowe/James McNaughton — v: Wally), "Eu sei tudo professor (Yes, sir, I can boogie)" (R. Soja/F. Dosta — v: Ângela), "Começa amanhecer (Comienza a amanecer)" (Pablo Herrero/José Luis Armenteros — v: Perla e Maria José), "Malagueña" (Elpídio Ramirez/Pedro Galindo), "Índia (India)" (José Asunción Flores/Manuel Ortiz Guerrero — v: José Fortuna) e "Recuerdos de Ypacaraí" (Zulema de Mirkin/Demetrio Ortiz) e "Galopera" (Mauricio Cardozo Ocampo).

15. Compositores: "Me esqueci de viver (Me olvidé de vivir)" (Pierre Bilon/ Jacques Revaux — v: Rossini Pinto) e "Hey" (Julio Iglesias/Mario Bladucci/Giovanni Belfiore/Ramon Arcusa).

16. Compositores: "Um par de alianças" (Bartô Galeno/Edmundo Viana/ Walter Costa), "Feiticeira" (Carlos Alexandre/Osvaldo Garcia), "A ciganinha" (C. Alexandre/Aarão Bernardo) e "Vá pra cadeia" (C. Alexandre/ Janjão).

17. Compositores: "O telefone chora (Le téléphone pleure)" (Frank Thomas/C. François/J. P. Bourtayre — v: Murano) e Soleado (Zacar — v: Ray Giraldo).

18. Gilson ainda faria sucesso como compositor na década seguinte, nas vozes de Adriana ("I love you, baby", com Joran, em 86), Peninha ("Seu jeito de amar", em 1988), ambas com Joran; Emílio santiago ("Verdade chinesa", com Carlos Colla, em 1990), entre outras.

19. Compositores: "Se te agarro com outro te mato (Si te agarro con otro te mato)" (Cacho castaña — adapt: Jean Pierre), "Meu sangue ferve por

você (Melancolie)" (Freddie Neyer/Jack Arel/adapt: Claude Carrère/Katherine Pancol — v: Serafim Costa Almeida), "Amante latino" (Rabito — v: Antonio Carlos) e "Tenho (Tengo)" (Sandro/Oscar Anderle — v: Sidney Magal).

20. Compositores: "Tá todo mundo louco" (Silvio Brito), "Espelho mágico" (Silvio Brito/Luis Vagner) e "Pare o mundo que eu quero descer" (Silvio Brito), "Arrebita" (Tradicional/Adapt: Roberto Leal), "Bate o pé" (Roberto Leal/Kátia Maria) e "Carimbó português" (Roberto Leal/Márcia Lúcia) e "Fatamorgana (Rame rame)" (Josh/Klein/Mullrich — v: Roberto Leal e Márcia Lúcia).

21. Compositores: "Ovo de codorna" (Severino Ramos), "Capim novo" (Luiz Gonzaga/José Clementino).

22. Manhoso (Edson Correia da Fonseca) nasceu em Divino de Carangola, foi registrado em Eugenópolis (MG) em 29/12/1935 e criado na roça, em Catuné, ouvindo música caipira e, mais tarde, forrós. O primeiro sucesso foi "Não quero nem saber (Quem envernizou a barata)", apresentada no *Programa Flávio Cavalcanti* e com nota máxima dos jurados e que figurou em seu primeiro compacto na Musidisc, juntamente com "A sombra" (dele, com Graveto). Depois, passou à Copacabana até que o comunicador Paulo Babosa da Rádio Tupi o levou pra a RCA, em 75.

23. Compositores: "Não quero nem saber (Quem envernizou a barata)" (Pirapó/Cambará/Augusto Toscano), "Eva e Adão" (Alcymar Monteiro/João Paulo), "Troféu de cozinheira (Festa da rabada)" (Rouxinol/Manhoso), "O modo de usar" (Manoel do Gramacho/Paulinho do Tietê/Toninho Cinquenta) e "Pescaria em Boqueirão" (João Gonçalves/Messias Holanda).

24. Compositores: "Pra tirar coco" (Messias Holanda/Hamilton de Oliveira), "Meu casamento (Quebrei a cabaça dela)" (Zenilton), "Eu sou cômico" (João Caetano/Zenilton) e "Só gosto de tudo grande" (Adolpho de Carvalho/Adélio da Silva).

25. Compositores: "Meu tipo de mulher" (Severino Ramos/Adolfinho), "Xodó de motorista" (Elino Julião/Dilson Dória) e "Dona Tereza" (Elias Soares).

26. Compositores: "Forró pesado" (Assisão/Lindolfo Barbosa) e "Chililiqui" (João Silva/J. B. de Aquino).

27. SALLES, Vicente & ISDEBSKY, Marena. "Carimbó: trabalho e lazer do caboclo". In *Revista Brasileira de Folclore*. Ano IX, No. 25. Rio de Janeiro, set./dez. 1969, p. 257-282.

NOTAS

28. SOUZA, Tárik de. "Força sertaneja". *Jornal do Brasil*, 28 jun. 1998.

29. Canções de Léo Canhoto: "Apartamento 37", "A gaivota", "O último julgamento"; e ainda "Buck Sarampo" e "Rock Bravo chegou para matar" (ambas com Carlos Alberto) e "Eu e a Dinha" (com Robson Garcia).

30. Compositores: "Cavalo enxuto" (Moacyr dos Santos/Lourival dos Santos), "Filho de pobre" (Moacyr dos Santos/Jacó), "Amigo lavrador" (Moacyr dos Santos/Jacozinho), "Vida de operário" (Marumby/D. Hilário/Nhô Neco) e "Caboclo na cidade" (Dino Franco/Nhô Chico).

31. "Boia-fria" (Moacyr dos Santos/Jacozinho), "É isto que o povo quer" (Tião Carreiro/Lourival Santos/Zé Mineiro), 1976; "O caipira que foi na Lua" (Martins Neto/Moreno), 1970.

32. ALONSO, GUSTAVO. *Cowboys do asfalto*. Rio de Janeiro: Civilização Brasileira, 2015, p. 151.

33. Compositores: "Esperança do Brasil" (Tinoco/Nhô Crispin), 1964, regravada em 71; "Transamazônica" (Tonico/Tinoco/José Caetano Erba), 1971; "Bendito seja o Mobral" (Tonico/Tinoco/José Caetano Erba), 1973; "Estudante (Dia do Estudante)" (Tonico/Tinoco/Aristom de Oliveira), 1973, regravada em 77; "Salve, salve brasileiro" (Eduardo Araújo/Marcos Durães), 1971.

34. Compositores: "Amargurado" (Tião Carreiro/Dino Franco), "A vaca já foi pro brejo" (Tião Carreiro/Lourival dos Santos/Vicente P. Machado).

35. Compositores: "Vida de um policial" (Tião Carreiro/Lourival dos Santos), 1969; "Filho da liberdade" (Tião Carreiro/Lourival dos Santos/Sebastião Victor), 1974.

36. Compositores: "Brasil caboclo exportação" (Miltinho Rodrigues), 1971, "Transamazônica" (Tapuã/Geraldo Aparecido Borges), 1971; "Herói da pátria" (Dino Franco), 1973, "Minha pátria" (Leo Canhoto), 1968; "Minha pátria amada" (Leo Canhoto), 1971; "Soldado sem farda" (Leo Canhoto), 1970, "Operário brasileiro" (Leo Canhoto/Benedito Seviero), "A polícia" (Leo Canhoto/Nenete), 1972; "O presidente e o lavrador" (Leo Canhoto), 1975.

37. ALONSO, GUSTAVO. *Cowboys do asfalto*. Rio de Janeiro: Civilização Brasileira, 2015, p. 110-111.

38. Composições de José Rico ("Amor dividido", "Tribunal do amor") ou em parceria com Jair Silva Cabral ("De longe também se ama") e Waldemar de Freitas Assumpção ("Jogo do amor").

HISTÓRIA DA MÚSICA POPULAR BRASILEIRA – SEM PRECONCEITOS

39. CAMPOS, Fernando Carneiro de. *Hits Brasil: Sucessos "estrangeiros" Made In Brazil*. São Paulo, Agbook//Clube de Autores, 2012, p. 221.

40. Compositores: "I'm gonna get married" (Lou Christie/Twyla Herbert) e "True love" (Paul Nixon).

41. CAMPOS, Fernando Carneiro de. *Hits Brasil: Sucessos "estrangeiros" Made In Brazil*. São Paulo, Agbook//Clube de Autores, 2012, p. 194.

42. Ibidem, p. 213.

43. Ibidem, p. 208.

44. Ibidem, p. 123.

45. Ibidem, p. 232.

46. Ibidem, p. 185.

47. Compositores: "Felicidade (*Felicidad [Margherita]*)" (Rosella Conz/Pino Massara — v: João Walter Plinta).

48. Compositores: "A fim de voltar" (Tim Maia/Hyldon), "Acenda o farol" (Tim Maia), "A noite vai chegar" (Paulinho Camargo), "Hora de união (Samba-soul)" (Totó Mugabe), "Grilo na cuca" (Carlos Imperial) (OBS: na verdade composta por Dudu, mas assinada por Imperial), "Quem é ele?" (Betto Douglas/Fernando Santos), "Os tempos mudaram" (Cléo), "Dance with me" (M. Smith/V. Guzzrick), "Pertinho de você" (Hugo Belardi), "Black coco" (Ronaldo/Lincoln Olivetti), "Cara de pau" e "Deixe todo esse amor pra depois" (ambas de João Walter Plinta/Helio Santisteban/Cesar Rossini), "Dance livre (Sing it low)" (Ann Calvert/Laurent Voulzy — v: Hugo Belardi), "Marrom glacê" (Guto Graça Mello/Renato Corrêa/Mariozinho Rocha) e "Kitche zona sul" (Robson Jorge/Ronaldo/Lincoln Olivetti). Obs.: "Kitsch" vem escrito erradamente no rótulo do disco como "Kitche"; Obs. 2: A cantora Bianca também fez sucesso com a hipercareta "Vou pra casa rever os meus pais (A little more love)" (John Farrar — v: Cléo), em 1978.

49. AUTRAN, Margarida. "Samba, artigo de consumo nacional". In *"Anos 70/1: Música popular"*. Rio de Janeiro: Europa 1979-80, p. 53.

50. Ibidem, p. 54.

51. O nome de batismo de Mutinho é Lupicínio Moraes Rodrigues Sobrinho.

52. Composições de Toquinho e Vinicius de Moraes, sendo "O pato" também com Paulo Soledade, e "A casa" só de Vinícius.

NOTAS

53. Compositores: "Sete linhas" (Sidney da Conceição), "Deixa a fumaça entrar" (Martinho da Vila/Beto Sem Braço) e Pot-pourri "Filho de Zâmbi", "Sete flechas" e "Vestimenta de caboclo" (adapt: Martinho da Vila).

54. Compositores: "Promessa ao Gantois" e "Cordeiro de Nanã" (ambas de Mateus/Dadinho), "A encruzilhada" (Sonia Amaral/Bentana) e "Rosa pra 'Iasã'" (Josefina de Lima).

55. Autores dos sucessos de Clara Nunes: "Tristeza, pé no chão" (Armando Fernandes "Mamão"); "Alvorecer" (Ivone Lara/Délcio Carvalho), "Lama" (Mauro Duarte); "Coração leviano" e "Na linha do mar" (Paulinho da Viola); "Quando vim de Minas" (Xangô da Mangueira), "Juízo final" (Nelson Cavaquinho/Élcio Soares), "Coisa da antiga" (Wilson Moreira/Nei Lopes), "As forças da natureza" (João Nogueira/Paulo Cesar Pinheiro), "Meu sapato já furou" (Mauro Duarte/Elton Medeiros), "Menino Deus" e "Canto das três raças" (Mauro Duarte/Paulo Cesar Pinheiro).

56. Termo cunhado pelo crítico musical Tárik de Souza, no *Jornal do Brasil*.

57. Compositores: "Andança" (Edmundo Souto/Danilo Caymmi/Paulinho Tapajós) e "Rio Grande do Sul na Festa do Preto Forro" (Nilo Mendes/Dario Marciano).

58. Compositores: "Minha verdade" (Ivone Lara/Délcio Carvalho), "Prazer da Serrinha" (Rubens da Silva/Hélio dos Santos) e "Andei para Curimá" (Ivone Lara).

59. Compositores: "Sete domingos" (Agepê/Canário), "Quem tem carinho me leva" (Geovana), "Marinheiro só" (Domínio público — arranjo/adapt: Caetano Veloso), "Incompatibilidade de gênios" (João Bosco/Aldir Blanc), "Partido Clementina de Jesus" (Candeia) e "Co-co-ro-có" (Paulo da Portela).

60. Lançada por Clementina de Jesus em 1976, mas sucesso com Roberto Ribeiro em 77.

61. Catoni é (co)autor de "Lendas e Mistérios da Amazônia" e de outros sambas de terreiro da Portela. Chiquinho, bem como os irmãos Almir Guineto e Mestre Louro, são do Salgueiro.

62. SOUZA, Tárik de. *Tem mais samba: Das raízes à eletrônica*. São Paulo: 34, 2003, p. 130.

63. CAZES, Henrique. *Choro: Do quintal ao Municipal*. São Paulo: 34, 1998, p. 142.

HISTÓRIA DA MÚSICA POPULAR BRASILEIRA – SEM PRECONCEITOS

64. Compositores: "Barra pesada (Melô da Baixada)" (Dicró/José Paulo), "Olha a rima" (Dicró/Dias), "O barrigudo" (Dicró/Elias do Parque) e "Praia de Ramos" (Afranio José de Melo/Oswaldo Melo/Irany Miranda).

65. BOTTARI, Elenilce e GALDO, Rafael. "Da mordaça da ditadura à voz da liberdade", *O Globo*, 4 fev. 2018.

66. LOPES, Nei e Luiz Antonio Simas. *Dicionário da história social do samba*. Rio de Janeiro: Civilização Brasileira, 2015, p. 103-105.

67. NOVAES, Adauto (org.). *Anos 70/1: Música popular*. Rio de Janeiro: Europa, 1979-80.

68. LIMA, Natasha Corrêa e Lessa, Mônica. "Com 'telecoteco e ziriguidum', Oswaldo Sargentelli inventou o 'show de mulatas'", *O Globo*, 6 abr. 2017.

69. Composições de Nelson Cavaquinho: "Rugas" (com Augusto Garcez), "Palhaço" (com Oswaldo Martins e Washington), "Degraus da vida" (com Antonio Braga e César Brasil), "Notícia" (com Alcides Caminha e Norival Bahia), "Pranto de poeta" (com Guilherme de Brito), "Caridade" (com Ermínio do Vale), "A flor e o espinho" (com Guilherme de Brito e Alcides Caminha) e "Luz negra" (com Amâncio Cardoso).

70. Versos de "A flor e o espinho", de Nelson Cavaquinho, Guilherme de Brito e Alcides Caminha.

71. LOPES, Nei e Luiz Antonio Simas. *Dicionário da história social do samba*. Rio de Janeiro: Civilização Brasileira, 2015, p. 233.

72. Depoimento do crítico Tárik de Souza ao autor.

73. Compositores: "Chiclete com banana" (Gordurinha/Almira Castilho), "Não me diga adeus" (Paquito/Luís Soberano/João Correia da Silva), "Jovem samba" e "Frases (Olha o menino)" (Jorge Ben).

74. Franco Scornavacca (1940-2018) a partir dos anos 1980 se tornou empresário de artistas e no ano 2000 lançaria os três filhos na boy band KLB.

75. Compositores: "Só que deram zero pro Bedeu" (Luís Vagner), "Black samba" (Voltaire/Antônio Carlos), "Rock enredo" (São Beto/Voltaire), "Rock do rato" (Hélio Matheus), "A beleza é você, menina" (Bebeto/Rubens), "Salve ela" (Bebeto/Comanche/Betão), "Arigatô, Flamengo" (Bebeto/Adilson Silva) e "Menina Carolina" (Bedeu/Leleco Telles).

76. Compositores: "Coqueiro verde" (Erasmo Carlos/Roberto Carlos), "Krio-

NOTAS

la" (Hélio Matheus), "16 toneladas (Sixteen tons)" (Merie Travis — v: Roberto Neves), "Se você quiser, mas sem bronquear" e "Carolina, Carol bela" (ambas de Jorge Ben), "É isso aí" (Sidney Miller), "Eu bebo sim" (Luiz Antonio/João do Violão), "Do lado direito da rua direita" (Luiz Carlos/Chiquinho), "Pena verde" (Abílio Manoel), "Zamba Bem" (Marku Ribas), "Roda de samba" (Chocolate da Bahia/Israel Miranda) e "Pisa no Taboado" (Bonfim).

Créditos das imagens do encarte

p. 1. **Capa de catálogo da Casa Odeon:** Acervo de Andreas Triantafyllou.

p. 2. **Todas as fotos:** Acervo do autor, exceto **cilindro:** Acervo de Andreas Triantafyllou.

p. 3. **Todas as fotos:** Acervo do autor e colaboração de Marcelo Bonavides.

p. 4. **Vicente Celestino:** Coleção Luiz Antonio de Almeida. | **Aracy Côrtes:** Acervo do autor. | **Os Oito Batutas:** Instituto Moreira Salles.

p. 5. **Todas as fotos:** Acervo do autor.

p. 6. **Francisco Alves:** Museu da Imagem e do Som do Rio de Janeiro. | **Silvio Caldas, Orlando Silva, Carlos Galhardo e Nelson Gonçalves:** Diler.

p. 7. **Carmen Miranda, Carmen e Aurora Miranda:** Museu da Imagem e do Som do Rio de Janeiro. | **Aracy de Almeida:** Diler.

p. 8. **Ataulfo Alves e suas pastoras:** Diler. | **Wilson Batista:** Rodrigo Alzuquir. **Demais fotos:** Acervo do autor.

p. 9. **Ary Barroso e Caymmi:** Museu da Imagem e do Som do Rio de Janeiro. | **Noel Rosa:** Acervo de Marcelo Bonavides.

p. 10. **Braguinha e Adoniran Barbosa:** Acervo do autor. | **Haroldo Lobo e Lamartine Babo:** Museu da Imagem e do Som do Rio de Janeiro.

p. 11. **Ademilde Fonseca, Linda Batista e Isaura Garcia:** Acervo do autor. | PAQUITO, ARY BARROSO, CARMEN COSTA E ROMEU GENTIL: Museu da Imagem e do Som do Rio de Janeiro.

p. 12. HERIVELTO MARTINS, LUPICÍNIO RODRIGUES, BENEDITO LACERDA, FELISBERTO MARTINS E FRANCISCO ALVES e CUSTÓDIO MESQUITA: Museu da Imagem e do Som do Rio de Janeiro. | JOSÉ MARIA DE ABREU E FRANCISCO MATTOSO: Acervo de Marcelo Bonavides.

p. 13. JOEL DE ALMEIDA E BLECAUTE: Arquivo Público do Estado de São Paulo. | JAMELÃO: Museu da Imagem e do Som do Rio de Janeiro. | RUY REY: Diler.

p. 14 a 16. SERTANEJOS: Acervo de Maikel Monteiro.

p. 17. INEZITA BARROSO: Arquivo Público do Estado de São Paulo. | IRMÃS CASTRO E IRMÃS GALVÃO: Acervo de Maikel Monteiro.

p. 18. LUIZ GONZAGA: Instituto Moreira Salles. | HUMBERTO TEIXEIRA e CARMÉLIA ALVES E SIVUCA: Diler.

p. 19. JACKSON DO PANDEIRO, JOÃO DO VALE E ALMIRA CASTILHO: Arquivo Público do Estado de São Paulo. | MARINÊS E TRIO: Diler.

p. 20. MARLENE E EMILINHA BORBA: Diler.

p. 21. ANGELA MARIA E EMILINHA BORBA: Acervo do autor. | DALVA DE OLIVEIRA, ESTER DE ABREU, VIRGÍNIA LANE E MARY GONÇALVES: Diler.

p. 22. TODAS AS FOTOS: Diler.

p. 23. CAUBY PEIXOTO E DI VERAS E LENY EVERSONG: Acervo do autor.

p. 24. ANGELA MARIA E NELSON GONÇALVES: Instituto Moreira Salles. | LANA BITTENCOURT: Acervo do autor. | MARLENE E DALVA DE OLIVEIRA: Diler.

p. 25. IVON CURI, NORA NEY E JORGE GOULART: Instituto Moreira Salles.

p. 26. LPs Acervo de Thiago Marques Luiz e Rodrigo Faour.

p. 27. BENEDITO LACERDA E PIXINGUINHA: Instituto Moreira Salles. | NELSON FERREIRA E CAPIBA: Acervo do autor. | OS CARIOCAS E RADAMÉS GNATALLI: Acervo de Roberto Gnattali.

p. 28. DICK FARNEY: Arquivo Público do Estado de São Paulo. | DEMAIS FOTOS: Acervo do autor.

p. 29. ANTONIO MARIA, ARACY DE ALMEIDA E DORIVAL CAYMMI: Mu-

CRÉDITOS DAS IMAGENS DO ENCARTE

seu da Imagem e do Som do Rio de Janeiro. | **NORA NEY, HAROLDO BARBOSA E BIDÚ REIS**: Diler.

p. 30. **REVISTA DO ROCK**: Acervo Valdir Siqueira | **LPs**: Acervo Thiago Marques Luiz.

p. 31. **TODAS AS FOTOS**: Arquivo Público do Estado de São Paulo.

p. 32. **DORIS MONTEIRO**: Diler.

p. 33. **TURMA DA BOSSA NOVA**: Arquivo Público do Estado de São Paulo.

p. 34. **JORGE BEN**: Arquivo Público do Estado de São Paulo. | **LPs ALTEMAR DUTRA E WALDIR CALMON**: Acervo do autor. | **ED LINCOLN**: Museu da Imagem e do Som do Rio de Janeiro.

p. 35. **TODAS AS FOTOS**: Arquivo Público do Estado de São Paulo.

p. 36. **TURMA DA ELENCO**: Museu da Imagem e do Som do Rio de Janeiro. | **MARCOS E PAULO SÉRGIO VALLE**: Acervo de Marcos Valle.

p. 37. **JOÃO E ASTRUD GILBERTO**: Arquivo Público do Estado de São Paulo. | **SÉRGIO MENDES, TOM JOBIM E STEVIE WONDER**: Museu da Imagem e do Som do Rio de Janeiro.

p. 38. **FOTO COLETIVA** e **MOREIRA DA SILVA E CLEMENTINA**: Arquivo Público do Estado de São Paulo. | **NELSON CAVAQUINHO E CARTOLA**: Museu da Imagem e do Som do Rio de Janeiro.

p. 39. *GEMINI V* E **ZIMBO TRIO**: Arquivo Público do Estado de São Paulo.

p. 40. *REVISTA MELODIAS*: Acervo de Valdir Siqueira. | **AGNALDO RAYOL, ELIZETH CARDOSO, HEBE CAMARGO E DENIS BREAN**: Instituto Moreira Salles. | **ELIZETH E CYRO**: Museu da Imagem e do Som do Rio de Janeiro.

p. 41. LP **WILSON SIMONAL**: Acervo do autor. | **ELIANA PITTMAN**: Acervo pessoal da cantora.

p. 42. *REVISTA DO RÁDIO E TV*: Acervo de Adriano Thales.

p. 43. *REVISTA MELODIAS, REVISTA SONHO* e **COMPACTO GOLDEN BOYS**: Acervo Valdir Siqueira. | *REVISTA DO RÁDIO E TV*: Acervo do autor.

p. 44. **CAETANO VELOSO**: Arquivo Público do Estado de São Paulo. | **FOTO COLETIVA**: Arquivo Público do Estado de São Paulo.

p. 45. *REVISTA DA SBACEM 1 E 2*: Acervo do autor. | **EVINHA E CLÁUDIA**: Arquivo Público do Estado de São Paulo.

HISTÓRIA DA MÚSICA POPULAR BRASILEIRA – SEM PRECONCEITOS

p. 46. **Todas as fotos:** Arquivo Público do Estado de São Paulo.

p. 47. MAU: Arquivo Público do Estado de São Paulo. | **Djavan e Wando:** Museu da Imagem e do Som do Rio de Janeiro.

p. 48. **Todas as fotos:** Arquivo Público do Estado de São Paulo

p. 49. **Raul Seixas e Ney Matogrosso:** Thereza Eugênia. | **Rita Lee e Tutti Frutti:** Arquivo Público do Estado de São Paulo.

p. 50. **MPB-4, Luiz Melodia, Fagner e Belchior:** Arquivo Público do Estado de São Paulo.

p. 51. **Gal Costa e Maria Bethânia:** Thereza Eugênia. | **Elis Regina:** Arquivo Público do Estado de São Paulo.

p. 52. **Todas as fotos:** Museu da Imagem e do Som do Rio de Janeiro.

p. 53. **Roberto Ribeiro e Ivone Lara:** Museu da Imagem e do Som do Rio de Janeiro. | **Martinho da Vila, Noca da Portela e Mané do Cavaco:** Arquivo Público do Estado de São Paulo.

p. 54 e 55. LPs: Acervo de Thiago Marques Luiz e Rodrigo Faour.

p. 56 e 57. **Sertanejos:** Acervo de Maikel Monteiro. | **LPs e compactos:** Acervo do autor.

p. 58. **Todas as fotos:** Museu da Imagem e do Som do Rio de Janeiro.

p. 59. **Todas as fotos:** Arquivo Público do Estado de São Paulo.

p. 60 a 63. Lps: Acervo de Thiago Marques Luiz e Rodrigo Faour.

p. 64. **Foto coletiva:** Museu da Imagem e do Som do Rio de Janeiro.

Agradecimentos

Agradeço a dedicação e a paciência de tantos amigos novos e antigos que me ajudaram pacientemente com seus esclarecimentos, revisões e sugestões para esta obra, pois sozinho seria impossível concluí-la. A saber: Adriano Thales (pelos exemplares da *Revistas do Rádio*), André Piunti, Andreas Triantafyllou, Aline Brufato (pelas informações sobre a cena da Lapa), Aninha Franco, Aquiles (MPB-4), Armandinho, Armando Andrade, Beto Fae (pela leitura do livro), Bia Paes Leme (Instituto Moreira Salles), Branco P9 (rapper, ex-Pavilhão 9), Carlos Fernando Marrão (pelas informações do Maranhão), Carlos Savalla (grande amigo e assessor de repertório, nas madrugadas), César Sepúlveda, Cesare Benvenuti, Cida Moreira, Diler Trindade (pelas lindas fotos de seu pai, Diler), Diogo Cunha, Eduardo Bastos, Edy Star, Eloá Dias, Flávio Venturini, Gabriel Gonzaga, Gerson King Combo (*in memoriam*), Givly Simons, Jairo Severiano, Jane (Os 3 Morais / & Herondy), João Roberto Kelly, Jorjão Barreto, Jorge de Altinho, Júlio Diniz (meu querido orientador na pós-graduação da PUC-Rio, pela leitura e dicas), Leandro Arraes, Luiza Miranda, Luiz Antônio de Almeida, Luiz Antonio Simas, Luiz Fernando Borges, Luiz Octávio Oliveira (pela leitura atenta), Maikel Monteiro (meu "professor" paciente e incansável de música caipira), Marcel Chapman (especialista em disco e dance music), Marcelo Bonavides, Marcelo Castello Branco (UBC), Marcos Salles (mestre do samba), Marcos Valle, Maria Teresa Madeira, Mário Luís da

Silva, Martinho da Vila, Mateus Campos, Max Pierre, Mister Sam, Monica Loureiro, Moraes Moreira (*in memoriam*), Mosquito, ao povo do Museu da Imagem e do Som (RJ), Nei Lopes, Ney Matogrosso, Paulo Cesar Pinheiro, Paulo Junqueiro, Pedro Alexandre Sanches, Pedro Paulo Malta (outro revisor atento, maravilhoso), Paulinho Rosa, Paulo Serau, Rachel Valença, Renato Vieira, Rita Benneditto (pelas informações do Maranhão), Rodrigo Alzuguir, Ricardo Beliel, Rodrigo de Araújo, Rodrigo Nogueira (também revisor), Rody Martinez, Rogério Augusto, Ruy Castro, Sandra Pêra, Sebastião Ferreira da Silva (*in memoriam*), Selmy Yassuda (pela foto da orelha do livro), Silvio Essinger, (professora) Sonia Wanderley, Tárik de Souza (pelo texto de orelha e pelas dicas preciosas), Thereza Eugênia (pelas lindas fotos), Thiago dos Santos, Thiago Marques Luiz (pela ajuda na iconografia), Thiago Sacramento, Tiago Silva Marques (meu revisor de coração), Valdir Siqueira (pelas fotos de revistas), Victor Berbara (*in memoriam*, primeiro a ler esta obra), Victor Leonardo Mendes, Wagner Lima, Xis (rapper), Zuza Homem de Mello (*in memoriam*), toda a equipe da Editora Record (Carlos Andreazza, meu antigo editor; Rodrigo Lacerda, o atual querido e atencioso —, além de Duda Costa e Thaís Lima), meus pais, Leila e Fernando, pelo apoio irrestrito ao meu trabalho sempre, e todos os colegas da música brasileira com quem privei e aprendi em inúmeros papos informais e entrevistas em todos esses anos.

Índice onomástico

14 Bis, 339

A

A Barca do Sol, 352
A Bolha, 316, 352
A Brazuca, 310, 356
A Cor do Som, 352, 368
A Fina Flor do Samba, 449
A Patotinha, 430
A Voz do Morro, 289
ABBA, 407-408
Abdias dos Oito Baixos (José Abdias de Farias) (1933-1991), 254, 415
Abdon Lira (1887-1962), 49
Abel e Caim – José Vieira (1929-2011) e Sebastião Silva (1944), 269, 418
Abel Ferreira (1915-1980), 103, 213, 244, 357
Abel Silva (1945), 333, 372, 376
Abelardo Figueiredo (1931-2009), 360
Abigail Maia (1887-1981), 51
Abigail Moura (1904-1970), 211
Abílio Manoel (1947-2010), 468
Abílio Martins (1938-1993), 188
Acyr Pimentel (1929), 446

Adeílton Alves (de Souza) (1935), 451, 453
Adelaide Chiozzo (1931-2020), 152, 159
Adelino Moreira (1918-2002), 179, 262, 264-265, 392
Adelmar Tavares (1888-1963), 49
Adelzon Alves (1939), 433, 440
Ademar Casé (1902-1993), 76
Ademar Vinhães (União da Ilha do Governador), 457
Ademilde Fonseca (1921-2012), 101-102, 199, 211-213, 374, 450
Ademir Lemos (1946-1998), 383
Aderbal Moreira (Aderbal do Estácio) (1939-1989), 456
Adilson Ramos (1945), 264
Ado Benatti (1908-1962), 135, 158
Adoniran Barbosa (João Rubinato) (1910-1982), 124, 193-194, 252, 462
Adriana (Adriana Rosa dos Santos) (1953), 284
Adylson Godoy (1939), 232, 291
Afonso Machado (1954), 449
Agepê (Antônio Gilson Porfírio) (1943--1995), 436
Agildo Ribeiro (1932-2018), 359

HISTÓRIA DA MÚSICA POPULAR BRASILEIRA – SEM PRECONCEITOS

Agnaldo Rayol (1938), 260, 266, 275-276, 312

Agnaldo Timóteo (1936-2021), 266, 269, 334, 389, 394, 405, 417

Agostinho dos Santos (1932-1973), 222, 232, 237-238, 290, 296, 373

Agustín Lara (1887-1970), 163

Airto Moreira (1941), 232, 244, 291-292, 355-356, 368

Aírton Rodrigues (1922-1993), 406

Alaíde Costa (1935), 231, 274, 338

Alain Barrière (1935-2019), 267, 407

Albertinho Fortuna (1922-1995), 161

Alberto Land (1942-2002), 325

Alberto Lonato (1909-1998), 460

Alberto Luiz (compositor), 395

Alberto Maia (compositor), 191

Alberto Ribeiro (1902-1971), 81, 91, 94-95, 118, 121, 129, 167-168, 184, 204, 218-219

Albino Pinheiro (1934-1999), 458

Alceo Bocchino (1918-2013), 211

Alceu Maia (1953), 449

Alceu Valença (1946), 316, 367-369, 380-381

Alcides Caminha (1921-1992), 464

Alcides Gerardi (1918-1978), 152

Alcides Gonçalves (1908-1987), 183

Alcindo Freire (?-1958), 157

Alcione (a Marrom) (Alcione Dias Nazareth) (1947), 416, 441-442, 446, 453, 456, 469

Alcyr Pires Vermelho (1906-1994), 81, 83, 91, 94, 122-123, 162, 196, 201, 204

Alda Garrido (1896-1970), 124

Alda Soares (cantora e dançarina), 51

Alda Verona (1898-1989), 130

Aldir Blanc (1946-2020), 313, 316, 325, 329, 336, 346, 354, 362, 367, 450, 468

Aldo Cabral (1912-1994), 85, 91, 99, 112, 165, 178

Aldo Sena (Aldo Alves de Sena) (1957), 417

Aldo Taranto (1906-?), 211

Aleijadinho (Antonio Francisco Lisboa) (1738-1814), 23, 252

Aleister Crowley (1875-1947), 347

Alex Malheiros (1946), 368

Alex Viany (1918-1992), 202

Alexandre Gnattali (Filho) (1918-1990), 211

Alexandre José de Melo Moraes Filho (1844-1919), 30

Alfredo Albuquerque (1884-1934), 49,123

Alfredo Corleto (compositor), 265

Alice Cooper (1948), 347, 351

Almanir Grego (1909-1995), 94

Almeidinha (1925) (compositor), 185

Almir Guineto (Almir de Souza Serra) (1946-2017), 443-444, 451

Almira Castilho (1924-2011), 150-151, 253

Almirante (Henrique Foréis Domingues) (1908-1980), 74, 97, 102, 109, 184, 192

Aloísio T. de Carvalho (1924-2017), 256

Aloysio de Oliveira (1914-1995), 101, 138, 223, 229, 230, 248, 290, 361-362

Altamiro Carrilho (1924-2012), 214

Altemar Dutra (1940-1983), 264

Aluízio Machado (1939), 454

Aluízio Porto Carrero (psiquiatra), 313

Alvaiade (Oswaldo dos Santos) (1913-1981), 102, 459

ÍNDICE ONOMÁSTICO

Alvarenga (da dupla com Ranchinho) (1912-1978), 133, 136

Alvarenga e Ranchinho – Murilo Alvarenga (1912-1978) e Diésis dos Anjos Gaia (1913-1991), 136, 141

Alventino Cavalcanti (c. 1920-?), 150, 270

Alzirinha Camargo (1915-1982), 99-100

Amado Batista (1951), 405

Amália Rodrigues (1920-1999), 195

Amebha (banda de rock), 425, 427

Amelinha (Amélia Cláudia Garcia Collares) (1950), 382

American Dancing Quartet, 207

American Jazz-Band Silvio de Souza, 54

Amilson Godoy (1946), 232

Ana & Angela (dupla de música pop), 432

Ana Lúcia (Ana Lúcia Buchele da Silva e Souza) (1937-2011), 231, 238, 301

Ana Maria Valle (1947), 242

Ana Terra (1950), 339

Anacleto de Medeiros (1866-1907), 34, 42-43, 52

Anacleto Rosas Jr. (1911-1978), 153, 155, 157

Anastácia (1941), 333, 340, 376, 397

André da Silva Gomes (1752-1844), 24

André Filho (1906-1964), 89, 94, 98, 131

André Matarazzo (empresário), 201

André Midani (1932-2019), 272, 359, 383

André Penazzi (1914-2004), 246

Andrews Sisters, 96

Andy Williams (1927-2012), 243, 429

Andyara Peixoto (1926-2017), 175

Anescarzinho do Salgueiro (1929-2000), 288, 454

Angela Maria (Abelim Maria da Cunha) (1929-2018), 173-174, 177, 200, 208, 220, 251, 254, 265, 358, 360, 363, 398, 440-441, 456

Angelino de Oliveira (1888-1964), 71, 120, 156

Ângelo Máximo (1948), 405

Angelo Sanches (compositor), 268

Aníbal Silva (Salgueiro), 191

Aniceto da Portela (Aniceto José de Andrade) (1912-1982), 459-460

Aniceto do Império (Aniceto de Menezes) (1912-1993), 460

Anísio Silva (1920-1989), 260, 263

Anjos do Inferno, 138-139, 185, 188, 219

Ankito (Anchizes Pinto) (1924--2009),152

Anne Murray, 408

Antenógenes Silva (1906-2001), 103, 135

Antenor Gargalhada (Antenor Santíssimo de Araújo) (1909-1941), 88

Anthony Sergi (Antônio Sergi) (Totó) (1913-2003), 162

Antonio Adolfo (1947), 229, 309-310, 313-314, 326, 367, 380, 422, 440

Antônio Aguillar (1929), 276

Antonio Almeida (1911-1985), 167, 188, 203-204, 213, 224

Antônio B. Thomé (1935), 396

Antonio Barros (1930), 412, 414-415

Antonio Bruno (1923), 178

Antonio Carlos & Jocafi – Antonio Carlos Marques Pinto (1945) e José Carlos Figueiredo (1944), 315, 367, 437, 439

Antonio Carlos (A. C. Marques Pinto, da dupla com Jocafi) (1945), 437

Antonio Carlos Jobim, *ver* Tom Jobim

HISTÓRIA DA MÚSICA POPULAR BRASILEIRA – SEM PRECONCEITOS

Antonio Gomez (Milonguita) (cantor), 112

Antonio José da Silva (O Judeu) (1705--1739), 24

Antonio Marcos (1945-1992), 284, 312, 389, 394, 400-401

Antonio Maria (1921-1964), 140, 181, 200-201, 203, 237, 360

Antônio Pedro (1940), 342

Antonio Rago (1916-2008), 103

Antonio Risério (1953), 376

Antônio Spangler Aranha (séc XVIII), 24

Aparecida (1939-1985), 400

Aquiles Reis (MPB-4) (1948), 334

Aracy Côrtes (Zilda de Carvalho Espíndola) (1904-1985), 68, 95, 99, 289

Aracy de Almeida (1914-1988), 97, 99, 101, 128, 164, 189, 191-192, 251, 288, 290

Argemiro Patrocínio (1923-2003), 460

Ari Kerner (1906-1963), 71, 120 ,128, 130, 149

Ariovaldo Pires (Capitão Furtado) (1907-1979), 125, 136, 155-156

Arlindo Bigode (Os Originais do Samba), 451

Arlindo Cruz (1958), 443

Arlindo Marques Jr. (1913-1968), 214

Arlindo Pinto (1906-1968), 154-155

Arlindo Santana (1892-1979), 73

Arlindo Velloso (Império Serrano), 457

Armandinho (Neves) (Regional do Canhoto), 103

Armandinho Macedo (1953), 375

Armando Cavalcanti (1914-1964), 148, 167, 172, 190, 251

Armando Louzada (1908-1988), 114

Armando Pittigliani (1934), 234

Arnaldo Baptista (1948), 304, 332, 351, 425

Arnaldo Guinle (1884-1963), 53

Arnaldo Passos (1910-1964), 108, 149, 170

Arnaldo Pescuma (1903-1968), 125, 156

Arnaud Rodrigues (1942-2010), 432

Arnô Canegal (1915-1986), 197

Aroldo Melodia (1930-2008), 188, 457

Arquimedes de Oliveira (c. 1870-1930), 50

Arthur Moreira (compositor), 424

Arthur Rubinstein (1887-1982), 131

Arthur Verocai (1945), 316, 367

Artur Azevedo (1855-1904), 39, 70

Artur Bernardes (1875-1955), 60

Artur Vilarinho (c. 1920-1993), 85, 122

Arturo Sandoval (1949), 356

Ary Barroso (Ary Evangelista Barroso) (1903-1964), 62, 79, 81, 83, 90-92, 94, 97-99, 113, 122-123, 125, 130--131, 137, 145, 164-165, 172, 178-179, 182, 185, 193-194, 196, 217, 224, 230, 253

Ary do Cavaco (1942-2011), 415, 449, 452, 454-455

Ary Lobo (Gabriel Eusébio dos Santos Lobo) (1930-1980), 151, 254

Ary Monteiro (1905-?), 115, 173

Ary Toledo (Ary Christoni de Toledo Piza) (1937), 432

As Frenéticas, 352, 387, 430, 432

As Gatas, 445

As Melindrosas, 430

As Meninas de Hoje (bloco carnavalesco), 58

Ascenso Ferreira (1895-1965), 125, 369

Assis Chateaubriand (1892-1968), 76, 163

ÍNDICE ONOMÁSTICO

Assis Valente (1911-1958), 95, 97, 99, 131, 115, 138, 196, 306, 331

Assisão (Francisco Assis Nogueira) (1941), 414

Astor Piazzolla (1921-1992), 248, 395

Astor Silva (1922-1968), 209, 211, 234, 248, 290

Astrud Gilberto (Astrud Evangelina Weinert) (1940-2023), 238-239, 241, 244

Ataulfo Alves (1909-1969), 84, 92-93, 106-107, 114, 118, 165, 172, 191-192, 203, 247, 250, 297, 324, 463

Ataulfo Alves Jr. (1943-2017), 453

Athos Campos (1923-1992), 135

Augusto Boal (1931-2009), 287, 294, 335, 372

Augusto Calheiros (1891-1956), 72, 119, 133, 146

Augusto César (1959-2021), 435

Augusto César Vanucci (1934-1992), 442

Augusto de Campos (1931), 304

Augusto Marzagão (1929-2017), 293

Augusto Mesquita (1913-?), 101, 176, 181

Augusto Vasseur (1889-1969), 53

Áurea Martins (Áldima Pereira dos Santos (1940), 359

Aurélio Teixeira (1926-1973), 282

Aurinho da Ilha (1931-2010), 457

Aurora Miranda (1915-2005), 92, 95, 98, 120, 126, 128-129, 461

Ave Sangria, 352

Aylce Chaves (1921-1991), 199

Aymoré (José Alves da Silva) (1908-1979), 155

Azimuth (Azymuth), 368

Azulão (de Caruaru) (Francisco Bezerro de Lima) (1942), 414

B

B. J. Thomas (1942-2021), 399

Ba Be Bi (bloco carnavalesco), 58

Babahú (Babaú da Mangueira) (1914-1993), 97

Baby Consuelo (Baby do Brasil) (Bernadete Dinorah de Carvalho Cidade) (1952), 331

Baby Santiago (Fulgêncio Santiago) (1933), 279

Bacalhau (Império Serrano), 253

Bacamarte (banda de rock), 352

Baccara (duo pop espanhol), 408

Badeco (Emmanoel Barbosa Furtado) (1924-2014), 236

Baden Powell (1937-2000), 230-231, 236, 243, 290, 298, 316, 319-320, 334, 367, 437, 469

Bahiano (Manuel Pedro dos Santos) (1870-1944), 37, 49, 51, 55, 70-72, 217

Baiaco (Osvaldo Vasques) (1913-1935), 63

Bala (João Nicolau Carneiro Firmo) (1957-2015), 321, 454

Banana (José Alves Filho), 408

Banda Black Rio, 384, 431

Banda da Casa Edison, 52

Banda de Pau e Corda, 333

Banda do 10º Regimento da Infantaria, 52

Banda do 1º Regimento da Cavalaria, 52

Banda do 1º Regimento da Força Policial, 52

Banda do Batalhão Naval, 62

Banda do Corpo de Bombeiros, 42, 52, 212

Banda Veneno (de Erlon Chaves), 314, 352

Bandinha de Altamiro Carrilho, 214

Bandits of Love – ver Harmony Cats

Bando da Lua, 96, 106, 129, 138, 141, 215, 229, 354

Bando de Tangarás, 74, 81, 109

Barbosa da Silva (compositor), 253

Barbosa Junior (1891-1965), 128

Barbosa Lessa (Luiz Carlos Barbosa Lessa) (1929-2002), 197

Barbra Streisand (1942), 429

Barros de Alencar (1932-2017), 406-407

Barros de Souza, Carlos Rego (compositor), 124

Barrosinho (José Carlos Barroso) (1944-2009), 384

Barry White (1944-2003), 467

Bartô Galeno (Bartolomeu da Silva) (1950), 409-410

Batatinha (Oscar da Penha) (1924--1997), 461

Batista da Mangueira, 321

Batista Júnior (1894-1943), 98, 182

Beat Boys, 294-295, 304, 401

Beatles, The, 239, 241-242, 251, 259, 279, 285, 294, 327, 336, 366, 417

Bebeto (Roberto Tadeu de Souza) (1947), 467

Bebeto Castilho (Adalberto José de Castilho e Souza) (1939), 229

Bebeto di São João (Carlos Alberto dos Santos) (1949-2010), 452

Bee Gees, 430, 432

Beija-Flor de Nilópolis (escola de samba), 455, 457

Beki Klabin (1921-2000), 396

Belchior (Antonio Carlos Belchior) (1946-2017), 336, 377-378, 380, 401

Belmonte (1937-1972) e Amaraí (1940--2018), 269

Belmonte (1937-1972) e Miltinho (Rodrigues) (1941-2021), 421

Bené Nunes (Benedito Francisco José da Penha Nunes) (1920-1997), 208, 225

Benedito Lacerda (1903-1958), 84-85, 91, 99, 101-102, 104, 112, 116, 122, 125, 130, 179, 183, 185, 191, 214

Benedito Sevieiro (1931-2016), 158, 269--270

Benil Santos (1931-2012), 264, 281

Benito Di Paula (Uday Vellozo) (1941), 435

Benjamim Baptista (compositor), 178

Benjamin de Oliveira (1870-1954), 37

Benny Goodman (1909-1986), 141

Beth Carvalho (Elizabeth dos Santos Leal de Carvalho) (1946-2019), 284, 300, 443-444, 449, 460, 463, 469

Betinho (Alberto Borges de Barros) (1918-2000), 141, 256

Betinho e seu Conjunto, 256, 285

Beto Cazes (Humberto Leal Cazes) (1955), 449

Beto Guedes (Alberto de Castro Neves) (1951), 312, 336, 338-339, 341

Beto Sem Braço (Laudeni Casemiro) (1940-1993), 444, 454

Bette Midler (1945), 244

Bezerra da Silva (José Bezerra da Silva) (1927-2005), 452

Biá (Sebastião Alves de Cunha) (1927--2006), 153

Biá e Dino Franco – Sebastião Alves de Cunha (1927-2006) e Oswaldo Franco (1936-2014), 422

ÍNDICE ONOMÁSTICO

Bianca (Cleide Domingues Franco) (1964), 432

Bibi Ferreira (Abigail Izquierdo Ferreira) (1922-2019), 335

Bico Doce e sua Gente do Norte – *ver* Raul Torres

Bide (Alcebíades Barcelos) (1902-1975), 63-64, 66, 125, 224

Bidi (Maurílio da Penha Aparecida e Silva) (1932-1983), 288, 451

Bidú Reis (Edila Luísa Reis) (1920--2011), 167, 199, 203

Bidu Sayão (1902-1999), 132

Bienvenido Granda (1915-1983), 395

Big Boy (Newton Alvarenga Duarte) (1943-1977), 383

Bill Haley (1925-1981), 255-256

Billy Blanco (William Blanco Abrunhosa Trindade) (1924-2011), 193, 204, 220-221, 245-246, 290, 298

Bily Fontana – *ver* Moacyr Franco

Bing Crosby (1903-1977), 96, 115, 137, 141, 144, 218

Bira Presidente (Ubirajara Félix do Nascimento) (1937), 443

Bira Quininho (Beija-Flor) (1942-1975), 456

Bittencourt Sampaio (1834-1895), 39, 123

Bixo da Seda (ex-Liverpool), 352

Björk (1965), 356

Blecaute (Black-Out) (Octávio Henrique de Oliveira) (1919-1983), 186, 190-191, 252, 357

Bloco Carnavalesco Bafo da Onça, 250

Bloco Carnavalesco Batutas de São José, 189

Bob Dylan (1941), 347, 374, 379-380

Bob Fleming – *ver* Moacyr Silva

Bob Matheus (contrabaixista), 240

Bob Nelson (1918-2009), 161

Bobby Darin (1936-1973), 261

Bobby Di Karlo (Roberto Caldeira dos Santos) (1945), 283

Boca Livre, 339, 439

Bola Sete (Djalma de Andrade) (1923--1987), 215, 465

Bolão (1925-2005) e seus Rockettes, 466

Bolinha (Euclydes Rangel) (1916-1971), 153

Boney M., 408, 430

Bonfiglio de Oliveira (1894-1940), 53, 103, 115

Booker Pittman (1909-1969), 140, 321, 380

Bororó (Alberto de Castro Simoens da Silva) (1898-1986), 113, 115

Bossa Jazz Trio, 233

Bossa Três, 229, 242, 291

Braguinha (João de Barro) (Carlos Alberto Ferreira Braga) (1907-2006), 74, 80-83, 91, 94, 102, 106, 109, 116, 118, 121, 165, 167-168, 188, 203-204, 218-219, 297, 436

Branca Di Neve (1951-1989), 467

Brancato Júnior (1934-2016), 285

Brancura (Silvio Fernandes) (1908--1935), 63, 67

Brasil 65 – *ver* Sergio Mendes

Brasil Show, 383

Brasinha (Gustavo Thomaz Filho) (1925-1998), 170, 323

Bráulio de Castro (1942), 436

Brazilian Jazz Sextet, 242

Breno Ferreira (1907-1966), 124

Brian Anderson (André Barbosa Filho) (1951), 427

Brício Filho (Jaime Pombo B. F.) (político), 46

Britinho (João Leal Brito) (1917-1966), 208

Bruno Barreto (1955), 335, 340

Buci Moreira (1909-1982), 197

Bud Shank (1926-2009), 244-245

Burnier & Cartier, 370

Burt Bacharach (1928-2023), 342

C

Cabana (Silvestre David da Silva) (da Beija-Flor) (1924-1986), 441, 455

Caboclinho (Marino Rabelo) (1914-1957), 135

Cacá Diegues (Carlos José Diegues) (1940), 319, 333-334, 365, 369

Cacaso (Antonio Carlos de Brito) (1944-1987), 352, 365, 372

Cacique de Ramos (bloco carnavalesco), 443

Caco Velho (Mateus Nunes) (1920-1971), 194-195

Caçulinha (Rubens Antônio da Silva) (1940-2023), 73, 232, 275

Cadete (Manuel Evêncio da Costa Moreira) (1874-1960), 51

Caetano de Mello Jesus (padre), 23

Caetano Veloso (Caetano Emanuel Vianna Telles Velloso) (1942), 244, 287, 292, 294-295, 298-308, 310, 315, 319, 330, 332, 335, 338, 340, 348, 361, 373-375, 384, 390, 403, 417, 431-432, 437, 439, 461, 469

Caetano Zamma (1935-2010), 231

Camerata Carioca, 449

Campolino, Nilton (1926-2001), 460

Campos (palhaço-cantor), 37

Canário (Verner Raimundo de Macedo) (da Portela) (1949), 436

Canário e Passarinho – Antônio Bérgamo (1934) e Pedro Bérgamo (1936), 268

Candeia (Antonio Candeia Filho) (1935-1978), 441, 447, 464, 467, 469

Cândido Botelho (1907-1955), 123

Cândido das Neves (Índio) (1899-1934), 110, 116, 121

Cândido Inácio da Silva (1800-1838), 28

Cândido José de Araújo Viana (Marquês de Sapucaí) (1793-1875), 28

Candinho Trombone (1879-1960), 213

Canhoto (Américo Jacomino) (1889-1928), 52, 71, 103

Canhoto (Rogério Guimarães) (1900-1980), 102

Canhoto (Waldyro Frederico Tramontano) (1908-1987), 214

Caninha (José Luiz de Morais) (1883-1961), 57, 70

Canuto (Deocleciano da Silva Paranhos) (1903-1932), 88

Capiba (Lourenço da Fonseca Barbosa) (1904-1997), 87, 123, 126, 267

Capinan (José Carlos Capinan) (1941), 294, 304-305, 311, 319-320, 333, 355, 365, 376

Capitão Balduíno (Pedro Anestori Marigliani) (1904-1967), 158

Capitão Furtado ver Ariovaldo Pires

Capitão Zuzinha (José Lourenço da Silva) (1889-1952), 87

Careca (Luís Nunes Sampaio) (1886-1953), 57, 60

Carequinha (George Savalla Gomes) (1915-2006), 189

Caribé da Rocha, José (Copacabana Palace), 162

Carioca (Ivan Paulo da Silva) (1910-1991), 211, 357

ÍNDICE ONOMÁSTICO

Carlinhos do Cavaco (?-1991), 452
Carlinhos Vergueiro (1952), 370
Carlito Maia (1924-2002), 277
Carlos Alberto (Nuno Soares) (1933--2020), 264
Carlos Alexandre (1957-1989), 409
Carlos André (Oséas Lopes) (1938), 409, 414
Carlos Augusto (1931-1968), 264
Carlos Cachaça (1902-1999), 290, 460, 462, 464
Carlos Colla (1944-2023), 354, 389
Carlos Dafé (1947), 384, 386, 422
Carlos Drummond de Andrade (1902--1987), 287, 448
Carlos Fernando (1938-2013), 380
Carlos Galhardo (1913-1985), 87, 111, 114-115, 117, 125, 127, 129, 174
Carlos Gomes (Antonio Carlos Gomes) (1836-1896), 39-41, 123, 132
Carlos Gonzaga (1924-2023), 259
Carlos Imperial (1935-1992), 256, 260, 279, 281, 283, 309, 324, 466
Carlos José (Ramos dos Santos) (1934--2020), 264
Carlos Lacerda (1914-1977), 186
Carlos Lyra (1933-2024), 224, 227-228, 230, 235, 238, 243, 286, 315, 433, 437
Carlos Machado (1908-1992), 141
Carlos Monteiro de Souza (1916-1975), 209, 211
Carlos Nobre (1934-2009), 264
Carmélia Alves (1923-2012), 140, 148--149, 199, 415
Carmen Barbosa (1912-1942), 122
Carmen Cavallaro (1913-1989), 208
Carmen Costa (Carmelita Madriaga) (Don Madrid como compositora) (1920-2007), 146, 180, 251-252

Carmen Miranda (1909-1955), 79, 90, 94-102, 105, 107, 109-110, 113, 120, 125, 128, 130-132, 137-138, 141, 163, 168, 180, 186, 217, 229, 240, 245, 303, 354, 461
Carmen Silva (1945-2016), 398
Carminha Mascarenhas (1930-2012), 199, 267
Carolina Cardoso de Menezes (1913--1999), 103, 198, 210, 215, 256
Carreirinho (Adalto Ezequiel) (1921--2009), 158, 269
Cartola (Angenor de Oliveira) (1908--1980), 67, 88, 118, 140, 191, 235, 289-290, 298, 443, 460, 462, 464
Casa das Máquinas, 350
Cascatinha e Inhana – Francisco dos Santos (1919-1996) e Ana Eufrosina da Silva (1923-1981), 156, 374
Casemiro Rocha (c. 1880-1912), 102
Casquinha da Portela (Otto Enrique Trepte) (1922-2018), 460
Cassiano (Genival Cassiano dos Santos) (1943), 317, 382, 386, 406
Castro Alves (1847-1871), 287
Castro Barbosa, Joaquim Silvério de (1909-1975), 79, 118, 133, 139
Cat Stevens (1948), 242
Caterina Valente (1931), 244
Catoni (Sebastião Victorino T. dos Santos) (1930-1999), 188, 446, 454-455
Catulo da Paixão Cearense (1863-1946), 42-43, 49-50, 70-71, 146
Cauby Peixoto (1931-2016), 174-176, 190, 210, 222, 232, 256, 265, 368
Cecéu (Mary Maciel Ribeiro) (1950), 415
Cecília Meireles (1901-1964), 379
Cecílio Nena (Cecílio Alves Martins), 413
Celestino Paraventi (1897-1986), 122

Célia (Célia Regina Cruz) (1947-2017), 354

Célia Cruz (1925-2003), 437

Célia Vilela (1939-2005), 258

Celly Campello (Célia Campello Gomes Chacon) (1942-2003), 257-258, 261, 274, 276, 282, 353

Celso Murilo (1940), 246

Celso Vecchione (Made in Brazil), 350

César Camargo Mariano (1943), 232, 309, 336, 355, 357, 362, 382

César Costa Filho (1944-2022), 313, 367

César Faria (1919-2007), 448

César Ladeira (1910-1960), 60, 76, 124

César Nunes (1867-c. 1940), 49

César Sampaio (Leopoldo Cesar Sampaio de Azevedo) (1951), 410

César Vilela (1930-2020), 230

Cesare Benvenuti (1943), 426

Chacrinha (Abelardo Barbosa) (1917--1988), 151, 202-203, 279, 386, 440

Chaim Lewack (pianista), 207

Chanel (conjunto de baile), 383

Charles Chaplin (1889-1977), 204

Charles Elbrick (1908-1983), 312

Charlie Byrd (1925-1999), 237, 245

Charme (conjunto de baile), 383

Che Guevara (1928-1967), 305

Chet Baker (1929-1988), 244

Chianca de Garcia (1898-1993), 100

Chic Show, 467

Chicago (banda americana), 356

Chico Anysio (Francisco Anyzio de Oliveira Paula Filho) (1931-2012), 177, 249, 251, 290, 432, 442

Chico Batera (Francisco José Tavares de Souza) (1943), 242

Chico Buarque (Francisco Buarque de Hollanda) (1944), 233, 274, 292, 295, 297-301, 315, 317-319, 325, 329-330, 332-336, 338-340, 342--344, 358, 361-362, 365, 372, 376, 388-389, 395, 406, 431, 438, 460, 468-469

Chico da Silva (Francisco Ferreira da Silva) (1945), 442, 453

Chico Feitosa (Francisco Libório Feitosa) (1935-2004), 227, 238

Chico Maranhão (Francisco Fuzzetti de Viveiros Filho) (1942), 295, 325

Chico Pereira (1921-1999) (fotógrafo), 230

Chico Valente – ver Terry Winter

Chil Deberto (Childeberto Cardoso Pinto) (1938-2017), 282-283

China (Octávio Littleton da Rocha Vianna) (Os Oito Batutas) (1888--1926), 53, 483

Chiquinha Gonzaga (Francisca Gonzaga) (1847-1935), 34, 41, 49, 52, 55, 198

Chiquinho (Francisco de Souza Serra) (1943), 451

Chiquinho de Moraes (Manoel Francisco de Moraes Mello) (1937-2024), 357

Chiquinho do Acordeon (Romeu Seibel) (1928-1993), 202, 215

Chiquinho do Lenço (Francisco Duarte) (1907-1983), 211

Chiquinho Salles (compositor), 99, 136

Chiquito Braga (Francisco Andrade Braga) (1936-2017), 356

Chitãozinho & Xororó – José Lima (1954) e Durval Lima (1957), 418

Chocolate (Dorival Silva) (1923-1989), 177

Chocolate da Bahia (Raimundo Nonato da Cruz) (1943), 468

Choro Carioca, 34, 52

Choro do Callado, 33

Choro Pixinguinha, 54

ÍNDICE ONOMÁSTICO

Chris de Burgh (1948), 429

Chris Montez (1943), 244, 309

Christie Burgh – *ver* Jessé

Chrystian (José Pereira da Silva Neto) (1956-2024), 428

Chubby Checker (1941), 385

Chuck Berry (1926-2017), 255

Cidália Meireles (1925-1972), 161

Cidinho Cambalhota (?-1989), 383

Cido Bianchi (Aparecido Bianchi) (1935-2015), 232

Cipó (Orlando Silva de Silveira Costa) (1922-1992), 211

Cirino (José Wilson Cirino) (1950), 379

Ciro de Souza (1911-1995), 101

Clara Nunes (Clara Francisca Gonçalves Pinheiro) (1942-1983), 324, 360, 440-445, 447, 450, 452, 455-456, 460

Clarice Lispector (1920-1977), 335

Claude Austin (1899-1992), 140

Claudette Soares (1935 no RG; 37 na real), 149, 222, 231, 274, 291, 318, 358-359, 366, 368

Cláudia (Claudya) (Maria das Graças Rallo Medori) (1948), 291, 311, 353

Claudia Barroso (1932-2015), 396, 418

Cláudia Regina (cantora), 316, 366

Cláudia Telles (1957-2020), 410

Claudino Costa, 49, 71, 102

Cláudio Cartier (1950), 370

Cláudio Condé, 427

Cláudio Fontana (1945), 400, 504

Cláudio Roberto (Andrade de Azeredo) (1952), 348

Cláudio Roditi (1946-2020), 356

Claudio Stevenson (1955-1987), 384

Claudionor Cruz (1910-1995), 92, 103, 114, 119

Claudionor Germano (1932), 87

Claus Ogerman (1930-2016), 238, 241

Cleide Alves (1946-2015), 258, 260

Clementina de Jesus (1901-1987), 289--290, 307, 324, 436, 439, 445, 458, 464

Clemilda (Ferreira da Silva) (1936--2014), 254

Clésio (de Souza Ferreira) (1944-2010), 382

Clifford Brown (1930-1956), 246

Climério (Ferreira) (1943), 333

Clodo (Clodomir Souza Ferreira) (1951), 333, 382

Clóvis de Lima (c. 1940), 436

Cobrinha (José Pedro Cerqueira) (Trio Nordestino) (?-1993), 254

Cole Porter (1891-1964), 201

Colt 45 – banda de rock, 425, 427

Conde D'Eu (Gastão de Orléans) (1842--1922), 46

Conjunto Época de Ouro, 321, 448-449

Conjunto Farroupilha, 197

Conjunto Melódico Norberto Baudalf, 210

Conjunto Nosso Samba, 452

Conjunto Oscar Castro Neves, 290

Conjunto Partido Alto, 288

Conjunto Rosa de Ouro, 288, 324

Conjunto Samba Autêntico, 288

Conjunto Tocantins, 195

Conjunto Tupi, 122

Consuelo Velasquez (1916-2005), 201

Copa 7, 383

Copinha (Nicolino Cópia) (1910-1984), 103, 140, 177, 235, 449

Coral de Joab Teixeira, 323, 402

Coral do Caneco, 253

Cordão Rosa de Ouro, 42

Cornélio Pires (1884-1958), 72-74, 153, 156

Cornélius (Cornélio de Aguiar Neto) (1948-2013), 350

Coroné (Evaldo dos Santos Lima) (1938/39-2005), 254

Coroné Ludugero – *ver* Luiz Jacinto Silva

Corumba (Manoel José do Espírito Santo) (1914-1999), 151

Costa Junior (1868-1917), 56

Costinha (Lírio Mário da Costa) (1923--1995), 36

Cotton Club Orchestra, 141

Creed Taylor (1929), 239

Creone e Barreirito – Floriovaldo Alves Ferreira (1940-1998) e Élcio Neves Borges (1942), 424

Cristina Buarque (Maria Christina B. de Hollanda) (1950), 460

Cristovão Bastos (1946), 385

Cristóvão de Alencar (1910-1983), 125

Custódio Mesquita (1910-1945), 94, 97--98, 112-113, 126-127, 137, 166, 217

Cyl Farney (Cilênio Dutra e Silva) (1925-2003), 152

Cynara e Cybele – Cynara de Sá Leite Faria (1945-2023) e Cybele de Sá Leite Freire (1940-2014), 297, 300

Cyro Aguiar (1942), 258

Cyro de Souza (1911-1995), 97, 108, 297

Cyro Monteiro (1913-1973), 85, 100, 106-108, 175, 217, 274-275, 288, 298, 320, 324

Cyro Pereira (1929-2011), 209

D

D. João IV (1604-1656), 27

D. João VI (1767-1826), 27

D. Pedro I (1798-1834), 28, 30, 62

D. Pedro II (1825-1891), 46, 50

Dadi (Eduardo Magalhães de Carvalho) (1952), 374

Dalila de Almeida (cantora), 99

Dalmo Castelo (1943), 463

Dalva de Andrade (1935), 267

Dalva de Oliveira (Vicentina de Paula Oliveira) (1917-1972), 118, 139, 166, 171-174, 182, 196, 203, 210, 236, 247, 251, 266, 322-323, 397

Damião Barbosa (1778-1856), 28

Daniel Boone (1942), 405

Daniel Salinas (c. 1939-2019), 357

Daniel Santos (compositor), 443

Danilo Caymmi (1948), 284, 326, 339--340, 344, 367

Danny Kaye (1911-1987), 242

Dante Santoro (1904-1969), 103

Darci Rossi (1947-2017), 419

Darcy da Mangueira (Darcy Fernandes Monteiro) (1932-2008), 455, 460

Darcy de Oliveira (1905-1945), 102, 125

Dario Marciano (da Unidos de São Carlos) (1942), 455-456

Dauro do Salgueiro (Dauro Ribeiro) (1935), 456

Dave MacLean (José Carlos González) (1944), 428

David Corrêa (1937-2020), 454, 456

David Mourão-Ferreira (1927-1996), 195

David Nasser (1917-1980), 91, 128, 172, 174, 179, 183, 263

David Tygel (1949), 294

De Chocolat (João Cândido Ferreira) (1887-1956), 72

Dean Martin (1917-1995), 275

Debret, Jean-Baptiste (1768-1848), 252

Debussy, Claude (1862-1918), 105, 220

ÍNDICE ONOMÁSTICO

Décio Pignatari (1927-2012), 304
Dedé (da Portela) (Edson Fagundes) (1939-2003), 454
Deixa Falar (escola de samba), 64-65
Del Loro (violonista), 213
Délcio Carvalho (1939-2013), 444, 446, 451
Delson (Tojal) (da Mangueira), 456
Demétrius (Demétrio Zahra Neto) (1942-2019), 259, 276, 279, 425
Demônios da Garoa, 193, 196, 252, 374, 451
Denis Brean (Augusto Duarte Ribeiro) (1917-1969), 183, 201, 297
Deny e Dino – José Rodrigues da Silva (1944) e Délcio Scarpelli (1942--1994), 285
Déo (Ferjalla Rizkalla) (1914-1971), 106, 122
Déo Rian (Déo Cesário Botelho) (1944), 449
Dercy Gonçalves (1907-2008), 129, 136, 141, 152
Devaneios (banda de baile), 383
Di Cavalcanti (1897-1976), 192
Di Veras (Edson Collaço Veras) (1914--2005), 175-176
Diabos do Céu, 104, 138
Diana (Ana Maria Siqueira Iório) (1954), 404
Diana Ross (1944), 407
Dick Farney (Farnésio Dutra e Silva) (1921-1987), 129, 141, 167, 202, 218--220, 232, 290, 359, 370
Dick Powell, 220
Dicró (Carlos Roberto de Oliveira) (1946-2012), 452, 458
Dida (Edel Ferreira Lima) (1940-2014), 444

Didi (da União da Ilha do Governador) (Gustavo A. C. Baeta Neves) (1936--1987), 454
Dilermando Pinheiro (1917-1975), 288
Dilermando Reis (1916-1977), 103, 214, 264
Dilú Mello (1913-2000), 161, 199
Dino 7 Cordas (Horondino José da Silva) (1918-2006), 101, 103, 181, 214, 285, 324
Dino Franco e Mouraí – Oswaldo Franco (1936-2014) e Luiz Carlos Ribeiro (1946-2005), 420, 422
Dinoel Sampaio (de Araújo) (do Império Serrano) (1933-2004), 457
Diogo Pacheco (1925), 321
Dionne Warwick (1940), 429
Dircinha Batista (Dirce Grandino de Oliveira) (1922-1999), 98, 102, 106, 181, 323
Ditinho Pintor (c. 1890-1926), 73
Dizzy Gillespie (1917-1993), 242, 356
DJ Luizão – *ver* Chic Show
Djalma Corrêa (1942), 368
Djalma Crill (da Mocidade) (Djalma Silva (1938), 457
Djalma Dias (cantor) (1938-2021), 368
Djalma Esteves (c. 1910-?), 168
Djalma Ferreira (1913-2004), 207, 245--247
Djalma Sabiá (do Salgueiro) (1926--2020), 456
Djavan (Djavan Caetano Viana) (1949), 333, 340, 368, 370, 469
Doces Bárbaros, 374, 376
Dolores Duran (Adiléia Silva da Rocha) (1930-1959), 199-202, 204, 221-222, 248, 267, 360
Dom (da dupla com Ravel) (Eustáquio Gomes de Farias) (1944-2000), 402

HISTÓRIA DA MÚSICA POPULAR BRASILEIRA – SEM PRECONCEITOS

Dom Filó (Asfilófio de Oliveira Filho) (1949), 383-384

Dom Salvador (Salvador da Silva Filho) (1938), 229, 383-384

Dom Um Romão (1925-2005), 233-234, 356

Domingos Caldas Barbosa (Lereno Selinuntino) (1738-1800), 25-26

Domingos Correia (c. 1882-1912), 61

Domingos da Rocha Mussorunga (1807-1856), 28

Domingos Gonçalves de Magalhães (1811-1882), 29-30

Dominguinhos (José Domingos de Morais) (1941-2013), 151, 332-333, 340, 344, 364, 376, 397, 414-415

Dominguinhos do Estácio (Domingos da Costa Ferreira) (1941-2021), 457

Don Beto (1958), 386

Dona Ivone Lara (Yvone Lara da Costa) (1922-2018), 253, 444, 446, 458

Dona Zica (Euzébia Silva do Nascimento) (1913-2003), 289

Donga (Ernesto Joaquim Maria dos Santos) (1889-1974), 53-57, 59-60, 68, 70, 72, 120, 297, 447, 461

Donna Summer (1948-2012), 432

Dora Lopes (1922-1983), 199, 440

Dora Vasconcellos (1910-1973), 321

Dori Caymmi (Dorival Tostes Caymmi) (1943), 293, 295, 320, 340, 356-357, 365, 367

Dori Edson (Antônio Dorival Angiolella) (1946-2008), 283

Doris Monteiro (Adelina Doris Monteiro) (1934-2023), 200, 202, 204, 208, 221, 232, 236, 248, 323, 358, 437, 468

Dorival Caymmi (1914-2008), 91, 93, 138, 167, 173, 192-193, 217, 219, 223-224, 243, 290, 293, 325, 340, 366-367, 373

Dudu França (José Eduardo França Pontes) (1950), 427, 432

Dulce Nunes (1929-2020), 230

Dunga (Valdemar de Abreu) (1907/08-1991), 176

Duo Brasil Moreno – Dora (de Paula) (1917-?) e Didi (Antônia Glória de Paula) (1914-?), 159

Duo Ciriema -Aparecida Batista (1940-2011) e Irene Mendonça (1939), depois Irene Lopes (1941), 159

Duo Guarujá – Manilce Lallis (Nilsen Ribeiro) (1927-2007) e Armando Argentoni (Armando Castro) (?-1978), 152

Duo Irmãs Celeste – Diva de Araujo Sant'Anna (1932-2014) e Geysa Celeste (Sant'Anna) (1936-2011), 159

Dupla Branco e Preto – Herivelto Martins (1912-1992) e Nilo Chagas (1917-1973), 171

Duque (Antonio Lopes de Amorim Diniz) (1884-1953), 36, 53, 59, 68, 136

Durval Ferreira (1935-2007), 228-229, 234-235, 246, 309

Dzi Croquettes, 291, 368

E

Earth, Wind & Fire, 356

Ed Lincoln (Eduardo Lincoln Barbosa de Sabóia) (1932-2012), 208, 246-247, 250, 281, 386, 466

Ed Wilson (Edson Vieira de Barros) (1945-2010), 282-283

Éden Silva (do Salgueiro) (Caxiné) (Eden Galvão da Silva) (1938-1963), 191

ÍNDICE ONOMÁSTICO

Edenal Rodrigues (da Vila Isabel) (1947--1993), 325

Edeor de Paula (da Em Cima da Hora) (1932-2020), 457

Ederaldo Gentil (1947-2012), 462

Edgard Ferreira (1922-1995), 150, 187

Edil Pacheco (1945), 462

Edison Machado (1934-1990), 229, 233, 242, 344

Edith Falcão (atriz e cantora), 183

Edith Piaf (1915-1963), 170, 267

Edith Veiga (1943), 167

Edmundo Peruzzi (1918-1975), 209

Edmundo Souto (1942), 284, 310

Ednardo (José Ednardo Soares) (1945), 369, 379-380

Edson e Aloísio – Edson Gomes da Conceição (1937) e Aloísio Silva, 442

Edson Frederico (1948-2011), 366

Edson Machado (1934-1990), 229

Edson Maciel (trombonista), 235

Edson Trindade (1941), 385

Edu da Gaita (Eduardo Nadruz) (1916--1982), 103, 212

Edu Lobo (Eduardo de Góes Lobo) (1943), 274, 287, 290, 294, 301, 315, 319-320, 340, 344, 356, 365, 367, 437

Eduardo Araújo (1942), 280-283, 382, 421

Eduardo Assad (1950-1990), 357

Eduardo das Neves (1874-1919), 37, 50, 70

Eduardo Gudin (1950), 354, 451

Eduardo Lages (1947), 311, 353, 357

Eduardo Moreira (1917-1998), 231

Eduardo Patané (1906-1969), 211, 218

Eduardo Souto (1882-1942), 60, 71, 78-79

Eduardo Souto Neto (1951), 357

Edy Star (Edivaldo Souza) (1938), 303, 367

Egberto Gismonti (1947), 316, 352, 356

Egydio Eccio (1929-1977), 396

El Cubanito (Álvaro Francisco de Paula) (1927-?), 161

Eladyr Porto (1917-?), 161

Elano de Paula (1923-2015), 177

Elba Ramalho (1951), 381, 416

Élcio Alvarez (1932-2016), 209

Eliana (apresentadora) (1973), 431

Eliana de Macedo (1926-1990), 152, 159

Eliana Pittman (Eliana Leite da Silva) (1945), 321, 380, 416, 450

Eliane de Grammont (1955-1981), 397

Elifas Andreato (1946), 447

Elino Julião (1936-2006), 414, 416

Elis Regina (Carvalho Costa) (1945--1982), 233, 274-275, 287, 294-295, 298, 308, 312, 320, 336, 338, 349, 355, 362-366, 377-379, 439, 455, 462

Elisa Coelho (1909-2001), 99

Elizabeth (cantora e compositora), 399

Elizângela (1954-2023), 432

Elizeth Cardoso (1920-1990), 177, 207, 222-223, 230, 249, 274-275, 289, 298, 320-321, 325, 358, 368, 441, 450, 457, 464, 468

Ella Fitzgerald (1917-1996), 241-242, 429

Ellen de Lima (Helenice Teresinha Pereira de Almeida (1938), 267

Elsie Houston (1902-1943), 131-132

Elton Medeiros (1930-2019), 235, 288, 298, 320, 325, 449, 460, 463-464

Elvis Presley (1935-1977), 244, 255, 259--260, 347, 380, 405, 425

Ely Arcoverde (Cavalcanti Júnior) 1939-2022), 246

Ely Camargo (1930-2014), 161

Elza Laranjeira (1925-1986), 232, 267

Elza Soares (Elza Gomes da Conceição) (1930-2022), 247, 248-249, 261, 290, 296, 302, 321-323, 325, 398, 437, 439, 445-446, 457, 466

Elzo Augusto (1930-2018), 252

Em Cima da Hora (escola de samba), 456-457

Emilinha Borba (Emília Savana da Silva Borba), 141, 167-170, 172, 188, 190, 200, 251, 322, 340

Emílio Santiago (1946-2013), 370, 385

Eneida (de Moraes) (1904-1971) (cronista), 312, 357

Enrico Caruso (1873-1921), 61

Enrico Simonetti (1924-1978), 208-209

Enzo de Almeida Passos (1928-1991), 262

Epitácio Pessoa (1865-1942), 53, 60

Época de Ouro *ver* Conjunto Época de Ouro

Erasmo Carlos (Erasmo Esteves) (1941-2022), 256, 260-261, 266, 275-282, 284, 296, 307, 309, 317, 320, 348, 353, 359, 365, 367, 389, 408, 465, 468

Eratóstenes Frazão (1901-1977), 84, 185

Erlon Chaves (1933-1974), 309, 313-314, 352, 357, 382

Ernesto Nazareth (1863-1934), 33-34, 36, 40 ,43, 52, 102, 213, 319, 423

Esmerino Cardoso (compositor), 103

Esquivel, Juan García (1918-2002), 210

Estácio de Sá (escola de samba), 66, 457

Estanislau Silva (c. 1910-c. 1990), 85, 122

Ester de Abreu (1921-1997), 161

Eugênio Monteiro (letrista), 451

Eumir Deodato (1943), 234-235, 239, 241, 244, 340, 356

Eurico Barreiros (letrista), 101

Eustórgio Wanderley (1882-1962), 37, 51

Eva Todor (1919-2017), 83, 124

Evaldo Braga (1947-1973), 405

Evaldo Gouveia (1928-2020), 196, 236, 263-266, 324, 358, 392, 440 ,453, 456

Evaldo Rui (1913-1954), 97, 126, 128, 163, 183

Evandro do Bandolim (1932-1994), 450

Evandro Ribeiro (produtor), 260

Evaristo da Veiga (1799-1837), 29, 62

Evinha (Eva Gambus) (1951), 310, 326, 353, 366, 437

Expedito Baracho (1935), 88

Exporta Samba, 452

Exú da Lira, o "Seu 7" (Cacilda dos Santos), 440

F

Fábio (Juan Senon Rolón) (1946), 313, 386

Fábio Jr. (Fábio Corrêa Ayrosa Galvão) (1953), 368, 429

Fafá de Belém (Maria de Fátima Palha Figueiredo) (1956), 371, 373

Fafá Lemos (Rafael Lemos Júnior) (1921-2004), 141, 215, 245

Fagner (Raimundo Fagner Cândido Lopes) (1949), 316, 334, 336, 378--379, 382

Fats Elpídio (Elpídio Sales Meneses) (1913-1975), 140-141, 208

Fausto Guimarães (1931-1965), 263

Fausto Nilo (1944), 333, 376, 379

Fauzi Arap (1938-2013), 319, 335

Fein (Jazz Band), 352

Felisberto Martins (1904-1980), 107, 125, 183, 248

ÍNDICE ONOMÁSTICO

Fenders (banda de rock), 425

Fermo Danti Marchetti (1876-1940), 114

Fernando (Albuquerque) (cantor), 72

Fernando Barreto (1918-1988), 264

Fernando Brant (1946-2015), 296, 312, 337-339, 341, 371

Fernando César (1917-1992), 202, 208, 264

Fernando Costa (1951), 261, 449

Fernando Lelis (1932), 410

Fernando Lobo (1915-1996), 170, 172, 183, 197, 203, 274

Fernando Lona (1937-1977), 291

Fernando Mendes (1950), 408

Fernando Pessoa (1888-1935), 335

Ferreira Gullar (1930-2016), 365

Flávio Cavalcanti (1923-1986), 314, 344, 358, 370, 413, 427, 440

Flávio Rangel (1934-1988), 287

Flávio Venturini (1949), 339, 342, 351, 429

Flaviola (Flávio Tadeu Rangel Lira) (1952-2021), 352

Flora Purim (1942), 244, 291, 355

Florêncio (João Batista Pinto) (1910--1971), 134, 155, 211

Fon Fon (Otaviano Romero Monteiro) (1908-1951), 100, 140

Francis Hime (1939), 295, 335-336, 339--340, 357, 365, 368, 388, 468

Francisco Alves (Chico Alves e Chico Viola) (1898-1952), 59, 61-62, 66-67, 79, 84, 88, 91, 93, 98, 105, 110-111, 114-115, 117-119, 126, 128-130, 133, 139-140, 163, 166-167, 172, 179-180, 182-183, 185-186, 198, 203, 207, 211, 265

Francisco Antonio de Carvalho (1859--1929), 30

Francisco Braga (1868-1945), 62

Francisco Carlos (Francisco Rodrigues Filho) (1928-2003), 169, 175

Francisco Cuoco (1933), 410

Francisco da Luz Pinto (1798-1865), 28

Francisco de Paula Brito (1809-1861), 29

Francisco de Vacas (c. 1530-c. 1590), 18

Francisco Egydio (1927-2007), 267

Francisco Manuel da Silva (1795-1865), 28, 30, 40

Francisco Mattoso (1913-1941), 81, 111, 118, 122, 129, 138

Francisco Petrônio (1923-2007), 264

Francisco Santana (Chico Santana) (Portela) (1911-1988), 443-444

Franco (José Franco Lattari) (1952--2007), 467

Frank Sinatra (1915-1998), 144, 175, 220, 241-242, 283, 300, 356, 429

Franklin da Flauta (Franklin Corrêa) (1949), 380

Fred Astaire (1899-1987), 36, 120, 242

Fred Falcão (1937), 367

Fred Figner (1866-1947), 46-47, 50, 54--55

Fred Góes (Frederico Augusto Liberalli de Góes) (1948), 376

Fred Jorge (1928-1994), 257

Fredera (Frederiko) (Frederico Mendonça de Oliveira) (1945), 341

Frederico Rocha (c. 1900-?), 79

Freire Jr. (José Freire Júnior) (1881--1956), 60, 62, 66, 78, 124

Fritz Escovão (Luiz Carlos de Sousa Muniz) (1943-2024), 466

Furacão 2000, 383

G

Gabriel Fernandes da Trindade (1799--1854), 28

Gabriel García Márquez (1927-2014), 230

Gabriel Migliori (1909-1975), 209

Gadé (Osvaldo Chaves Ribeiro) (1908--1969), 94, 109, 133

Gal Costa (Maria da Graça Costa Penna Burgos) (1945-2022), 287, 296, 301-302, 304-308, 330, 333, 340, 344-345, 352, 355, 367, 373-374, 382, 416, 436-437, 444

Galdino Barreto (?- 1903), 34

Galo Preto (grupo de choro), 449

Gaó (Odmar Amaral Gurgel) (1909--1992), 78, 141

Garoto (Aníbal Sardinha) (1915-1955), 202, 214-215, 358

Garotos da Lua (grupo vocal), 223

Garrincha (Manoel Francisco dos Santos) (1933-1983), 323, 395

Gastão Formenti (1894-1974), 72, 119

Gastão Viana (1900-1959), 101, 289

Gaúcho (Francisco de Paula Brandão Rangel) (1911-1970), 133

Gay Vaquer (Jay Anthony Vaquer) (Gay Anthony Vaquer) (1948), 352

Gaya (Lindolfo Gomes Gaia) (1921--1987), 161, 209, 340, 357

Genaro Soalheiro (Conjunto Nosso Samba) (1939-1997), 452

Genésio Arruda (1898-1967), 73, 124

Genival Lacerda (1931-2021), 413

Genival Macedo (1921-2008), 150

George Benson (1943), 356, 429

George Freedman (1940), 283

George Henri (Georges Henry) (1919-?), 195

George Shearing (1919-2011), 245

Geovana (Maria Tereza Gomes) (1948), 445

Geraldo Azevedo (1945), 316, 368, 380

Geraldo Carneiro (1952), 352-353

Geraldo Correia (Geraldo Bispo Antero) (1926-2020), 254

Geraldo Cunha (1938-2019), 231, 237

Geraldo Filme (1927-1995), 462

Geraldo Jacques (1921-1972), 197

Geraldo Magalhães (1878-1970), 49-50

Geraldo Nunes (1933-2016), 400, 432

Geraldo Pereira (1918-1955), 93, 107--109, 217, 224, 330, 451

Geraldo Vandré (Geraldo Pedrosa de Araújo Dias) (1935), 228, 231, 274, 291-295, 300, 306, 343, 380-381

Geraldo Vespar (1937), 357

Gérard Gambus (1946), 354

Germano Augusto (1901-1950), 97-98

Germano Mathias (1934), 194, 297

Gerson Conrad (1952), 346

Gerson Filho (1928-1994), 254

Gerson King Combo (1943-2020), 384, 386

Getúlio Côrtes (1938), 280, 386

Getúlio Macedo (1922-2011), 174

Getúlio Marinho (Amor) (1889-1964), 122

Getúlio Vargas (1882-1954), 76, 83-84, 91, 119, 122, 131, 143, 157, 173-174, 184, 186-187, 353

Geysa Celeste (1939-2011), 159

Giane (Georgina Morozini dos Santos) (1936), 284

Gianfrancesco Guarnieri (1934-2006), 287, 320

ÍNDICE ONOMÁSTICO

Gibi (Walter Pereira) (1925-2008), 455

Gigliola Cinquetti (1947), 427

Gilberto Alves (1915-1992), 111, 125, 127, 188, 252

Gilberto de Andrade (1892-1949), 144

Gilberto Gil (Gilberto Passos Gil Moreira) (1942), 233, 287, 294-295, 299, 301-306, 319-320, 330, 332-333, 343, 355, 362, 368-372, 374, 376-377, 381, 384, 432, 439, 461, 469

Gilberto Milfont (1922-2017), 189

Gilberto Vasconcellos (1949), 434

Gilda de Abreu (1904-1979), 121, 198

Gilda Lopes (1937-2009), 267

Gilda Valença (1926-1983), 161

Gilson (Vieira da Silva) (1952), 410

Gilson de Souza (Adolfo Cirino de Souza) (1944-2022), 436

Gilson Peranzzetta (1946), 357, 364

Gilvan Chaves (1919-1986), 196

Ginger Rogers (1911-1995), 36, 120

Glauber Rocha (1939-1981), 303, 305, 311

Glenn Miller (1904-1944), 197

Glória Menezes (1934), 428

Goiá (Gerson Coutinho da Silva) (1935--1981), 158-159, 269, 424

Golden Boys, 258, 280, 284, 300, 402

Gonçalves Crespo (1846-1883), 51

Gonzaguinha (Luiz Gonzaga do Nascimento Júnior) (1945-1991), 312-313, 329, 333, 340, 344-345, 347, 358, 367, 372, 387, 417, 458, 469

Gordurinha (Waldeck Artur de Macedo) (1922-1969), 151, 253-254

Graça Góis (Maria das Graças Góis Lacerda) (1953), 413

Gracia do Salgueiro (Graciano Campos) (1927-1990), 443, 453

Gracinha Leporace (Maria da Graça Leporace) (1949), 240

Grande Otelo (Sebastião Bernardes de Souza Prata) (1915-1993), 84, 86, 128, 141, 152

Gregorio Barrios (1911-1978), 163, 210

Gregório de Matos ("Boca do Inferno") (1636-1696), 21

Gretchen (Maria Odete Brito de Miranda) (1959), 411, 430, 432

Grupo Abolição, 383-384

Grupo Água, 364

Grupo Bendegó, 414

Grupo Chapéu de Palha, 450

Grupo Construção, 380

Grupo da Guarda Velha, 54, 104

Grupo de Caxangá, 52, 70

Grupo do Canhoto, 52, 102, 214

Grupo Fundo de Quintal, 443, 452

Grupo Manifesto, 240, 296

Grupo Mensagem, 288

Grupo Modo Livre, 364

Grupo Pixinguinha, 54

Guarabyra (Gutemberg Guarabyra) (1947), 296, 326, 341-342, 367, 403

Guaraná (Gustavo de Carvalho) (1911--1968), 211

Guerra Peixe (César Guerra Peixe) (1914-1993), 211

Guilherme Arantes (1953), 351, 368

Guilherme Araújo (1936-2007), 304, 319, 375

Guilherme de Brito (1922-2006), 443, 445, 464

Guilherme Lamounier (1950-2018), 351

Guio de Morais (Guiomarino Rubens Duarte de Moraes) (1920-1993), 148, 244

Guiomar Novaes (1894-1979), 132

Gustavo Schroeter (1951), 352

Guto Graça Mello (Augusto César Graça Mello) (1948), 316, 350, 354, 357, 367

H

Hal David (1921-2012), 242

Hamilton (trumpetista) (Os Cobras), 234

Haníbal Cruz (c. 1915-?), 94

Hareton Salvanini (c. 1945-2006), 357

Harmony Cats, 430

Haroldo Barbosa (1915-1979), 163, 197, 199, 203, 247, 249, 322-323

Haroldo de Campos (1929-2003), 304

Haroldo Eiras (1919-1980), 219

Haroldo Lobo (1910-1965), 80-82, 97, 99, 107-108, 115, 121-122, 179, 186, 191, 251, 322

Haroldo Tapajós (1915-1944), 126

Harry Belafonte (1927-2023), 244, 383

Hebe Camargo (1929-2012), 267

Héber de Bôscoli (1917-1956), 81

Heitor (Heitor Achilles Pinto da Rocha) (Império Serrano) (1931), 454-455

Heitor Carillo (compositor), 256, 267

Heitor dos Prazeres (1898-1966), 83, 88, 459-460

Heitor Villa-Lobos (1887-1959), 131-132, 220, 321, 365

Hekel Tavares (1896-1969), 51, 71-72, 120, 124-125, 131, 379

Hélcio Milito (1931-2014), 229

Helena de Lima (1926-2022), 208, 249, 297

Helena Menezes Silva (compositora), 198

Heleninha Costa (1924-2005), 100

Hélio Costa Manso (Steve MacLean) (1948), 426, 428

Hélio Delmiro (1947), 355, 366

Hélio Guimarães (compositor), 197

Hélio Matheus (1940-2017), 312, 436

Hélio Oiticica (1937-1980), 303

Hélio Santisteban (1949-2019), 428, 430

Hélio Turco (da Mangueira) (Hélio Rodrigues Neves) (1935), 454-455

Helton Menezes (1933-1999), 246

Henri Verneuil (1920-2002), 195

Henricão (Henrique Felipe da Costa) (1908-1984), 85, 180

Henrique Alves de Mesquita (1830-1906), 33, 40

Henrique Batista (1908-?), 99, 107

Henrique Cazes (1959), 449

Henrique de Almeida (Henrique Gonçalves da Silva) (1917-1985), 189

Henrique Gonçalez (compositor), 109

Henrique Vogeler (1888-1944), 68, 78, 130

Henry Mancini (1924-1994), 242-243, 245

Heraldo do Monte (1935), 292

Herbie Hancock (1940), 242

Herbie Mann (1930-2003), 244

Herivelto Martins (1912-1992), 84-86, 93, 99, 103, 122, 139, 165-166, 171-172, 174, 178-179, 182-183, 185, 196, 236, 262-263, 361, 392

Hermelinda (Lopes) (Trio Mossoró) (1945), 414

Hermes Aquino (1949), 410

Hermes da Fonseca (1855-1923), 60

Hermeto Pascoal (1936), 244, 294, 355-356

Herminio Bello de Carvalho (1935), 288-289, 290, 296, 298, 302, 320, 324, 371, 448-449, 458

Herondy Bueno (José Roberto Bueno de Lima) (1945), 406

ÍNDICE ONOMÁSTICO

Herva Doce, 352

Hervé Cordovil (1914-1979), 94, 115, 148-149, 209, 259

Hilda Marçal Mattos (pseud. Adlih Sotam) (compositora), 198

Hilton Accioly (1939), 295

Homero Dornelas (1901-1990), 74, 109

Homero Ferreira (1929-2015), 251

Honoré de Balzac (1799-1850), 204

Horacina Corrêa (1924-?), 140

Horácio Campos (1902-c. 1964), 61

Hortênsia (Silva Vieira de Araújo) (Os Cariocas) (1932), 236

Hugo Carvana (1937-2014), 334

Humberto Clayber (1937), 232

Humberto Garin (percussionista), 246

Humberto Mauro (1897-1983), 137

Humberto Porto (1908-1943), 116

Humberto Teixeira (1915-1979), 146--147, 149, 151, 162, 168, 170, 172

Hyldon (de Souza Silva) (1951), 386

I

Ian Guest (1940), 383

Ibrahim Sued (1924-1995), 191, 314

Imperatriz Leopoldinense (escola de samba), 451, 455

Império da Tijuca (escola de samba), 461

Império Serrano (escola de samba), 187--189, 251, 253, 321, 383-384, 444, 446, 453-455, 457

Inácio Ribeiro Nóia (padre) (1688--1773), 24

Índio Vago (Elias Costa) (1922-1989), 269, 424

Inezita Barroso (Ignez Magdalena Aranha de Lima) (1925-2015), 160, 209, 417

Ione do Nascimento (União da Ilha), 457

Irany Pinto (violinista), 210

Irene Castle (1893-1969), 36

Irineu de Almeida (Irineu Batina) (1863-1914), 34, 43

Irineu Garcia (1946), 223

Irmãos Tapajós – Haroldo Tapajós (1915-1944) e Paulo Tapajós (1913--1990), 126

Irmãos Valença – João Vitor do Rego Valença (1890-1983) e Raul do Rego Valença (1894-1977), 79, 88

Irmãs Castro – Maria de Jesus Castro (1926-2019) e Lourdes Amaral Castro (1928-2011), 152, 159

Irmãs Galvão (As Galvão) – Mary Zuil Galvão (1940) e Marilene Galvão (1942-2022), 159

Irmãs Meireles, 161

Irmãs Pagãs – Rosina Pagã (Rosina Cozzolino) (1919-2014) e Elvira Pagã (Elvira Cozzolino) (1920-2003), 137

Irmãs Souza, 159

Isaac Hayes (1942-2008), 429

Isaías e seus Chorões, 450

Isaura Garcia (Isaurinha Garcia) (1923--1993), 100-101, 148, 166, 178, 181, 208, 221, 232, 248, 297

Ismael Neto (1925-1956), 100, 197, 200, 236

Ismael Silva (Milton de Oliveira Ismael Silva) (1905-1978), 63, 66-67, 88, 133, 152, 288, 297, 459, 461

Isolda (Isolda Bourdot Fantucci) (1957--2018), 389

Ivan Junqueira (1934-2014), 344

Ivan Lins (Ivan Guimarães Lins) (1945), 313, 320, 340, 363, 382, 406, 469

Ivan Paulo (Ivanovich Paulo da Silva) (1957), 211, 357

Ivani Ribeiro (Cleide Freitas Alves Ferreira) (1922-1995), 198

Ivinho (Ivson Wanderley Pessoa) (1953-2015), 368

Ivon Curi (Ivo José Curi) (1928-1995), 149, 169, 176

J

J. B. de Carvalho (João Paulo Batista de Carvalho) (1901-1979), 122

J. Cascata (Álvaro Nunes) (1912-1961), 108, 111, 116, 360

J. Piedade (José da Rocha Piedade) (1920-1978), 171

J. Rondon (Orquestra Pan American), 105

J. Rui (Jaime Rui Costa Abollo Martinez) (1909-?), 246

J. S. Bach (1685-1750), 429

J. T. Meirelles (João Theodoro Meirelles) (1940-2008), 233-235

Jabolô (Dinchel Martins) (da Portela) (1926-2012), 454-455

Jacinto de Thormes (1923-2005), 191

Jackson do Pandeiro (José Gomes Filho) (1919-1982), 149, 151, 187, 253, 307, 332, 378, 380-381, 413, 415, 452, 461, 465

Jackson Five, 258, 467

Jacó e Jacozinho – Antônio Jacob (1942-1981) e Amado Jacob (1944-2001), 268, 419-421

Jacob do Bandolim (Jacob Pick Bittencourt) (1918-1969), 213, 321, 358, 449-450

Jacob Palmieri (percussionista), 53

Jacques Brel (1929-1978), 201

Jacques Morelenbaum (1954), 352

Jadir de Castro (1927-2015), 253

Jair Alves (Jayr Alves) (1923-1983), 151

Jair Amorim (1915-1993), 123, 129, 162, 167, 176, 219, 236, 263-266, 324, 358, 440, 453, 456

Jair do Cavaquinho (Jair Araújo da Costa) (1922-2006), 288, 297

Jair Rodrigues (1939-2014), 233, 247, 250, 274-275, 292, 294-295, 298, 302, 321-322, 324, 434, 436, 453

Jairo Aguiar (1937-2016), 267

Jairo Pires (Jairo dos Santos Pires) (1943), 411

Jajá (da Mangueira) (Jayr Dias de Oliveira), 455

Jamelão (José Bispo Clementino dos Santos) (1913-2008), 187-189, 252, 265, 296, 360, 456, 461

James Brown (1933-2006), 384, 386-387, 467

Jamil Joanes (1952), 385

Jane & Herondy – Jane Vicentina do Espírito Santo (1943) & José Roberto Bueno de Lima (1945), 406

Jane Birkin (1946), 426

Jane Duboc (1950), 352

Jane Morais (Jane Vicentina do Espírito Santo) (1943), 232, 318, 406-407

Janis Joplin (1943-1970), 302

Januário de Oliveira (1902-1963), 80, 124-125

Jaqueline Onassis (1929-1994), 452

Jararaca (José Luís Rodrigues Calazans) (1896-1977), 71, 133, 137

Jararaca e Ratinho – José Luís Rodrigues Calazans (1896-1977) e Severino Rangel de Carvalho (1896-1972), 71, 136

ÍNDICE ONOMÁSTICO

Jards Macalé (1943), 311, 324, 331-332, 344, 355, 370, 458

Jayme Florence (Meira) (1909-1982), 101, 103, 176, 181, 214, 230

Jayme Redondo (1890-1952), 141, 172

Jayme Silva (1921-1973), 224

Jazz Band Acadêmica de Pernambuco, 203

Jazz Band Sinfônica Pan American, 54

Jazz Band Sul-Americano Romeu Silva, 54, 72

Jazz-Band Andreozzi, 54

Jazz-Band Brasil América, 54

Jazz-Band Columbia, 54

Jazz-Band do Batalhão Naval, 54

Jazz-Band Imperador, 54

Jean Sablon (1906-1994), 176

Jeca Mineiro (José Silva) (1913--2003), 158

Jerry Adriani (Jair Alves de Sousa) (1947-2017), 282, 347, 402

Jerry Lewis (1926-2017), 242, 275

Jessé (Jessé Florentino Santos) (1952--1993), 429

Jesy Barbosa (1902-1987), 198

Jimmy Lester (José Andrade Vilela Nascimento Ramos) (1914-1998), 149

Joana Batista Ramos (1878-1952), 89

João Apolinário (1924-1988), 346

João Bosco (de Freitas Mucci) (1946), 336, 354, 362-363, 450, 458, 468

João Cabral de Melo Netto (1920-1999), 318

João Cândido (1880-1969), 50, 362

João Carlos Pádua (1950), 352

João Cunha (violonista) (séc. XIX), 30

João da Baiana (João da Bahiana) (1887--1974), 54, 58, 68, 122, 289, 297, 448

João da Praia (Antônio Jorge Zacarias) (1950-1988), 412

João de Aquino (1945), 358, 371, 446

João de Barro, ver Braguinha

João Dias (1927-1996), 169, 174, 183--184, 189

João do Vale (1934-1996), 149-151, 254, 286

João do Violão (João Ribeiro Pinheiro) (1941/42-2021), 358

João Donato (1934-2023), 219-221, 226, 229, 233, 244, 339, 357, 370-371, 373, 469

João Gilberto (Prado Pereira de Oliveira) (1931-2019), 220, 223, 227, 230, 238-241, 243-244, 246, 260-261, 263, 290, 303, 361

João Gonçalves (1936-2021), 413-414

João Goulart (1919-1976), 421

João Mina (sambista), 64

João Mineiro e Marciano – João Sant'Ângelo (1935-2012) e José Marciano (1951-2019), 419

João Mossoró (João Batista de Almeida Lopes) (1947), 414

João Nogueira (1941-2000), 441, 450, 452, 469

João Pacífico (João Baptista da Silva) (1909-1998), 134

João Palma (1943-2016), 240, 242

João Parahyba (João Carlos Fagundes Gomes) (1951), 466

João Penca e seus Miquinhos Amestrados, 427

João Pernambuco (1883-1947), 43, 50, 53, 70-71, 201, 214

João Petra de Barros (1914-1948), 121

João Quadrado (João Batista Galvão Filho) (1936), 444

HISTÓRIA DA MÚSICA POPULAR BRASILEIRA – SEM PRECONCEITOS

João Ricardo (J. Ricardo) (1949), 346

João Roberto Kelly (1938), 246, 251, 322, 458

João Sérgio (Didi) (Gustavo Baeta Neves) (1936-1987), 454, 457

João Só (João Evangelista de Melo Fortes) (1943-1992), 453

Joãosinho da Goméa (1914-1971), 440

Joãosinho Trinta (1933-2011), 457

Joaquim Callado (1848-1880), 33-34, 41, 43

Joaquim Manoel da Câmara (1780-1840), 28

Joaquim Manuel de Macedo (1820-1882), 30

Joaquim Pedro de Andrade (1932-1988), 311

Jocy de Oliveira (1936), 199

Joel de Almeida (1913-1993), 133, 188, 251, 288

Joel e Gaúcho – Joel de Almeida (1913-1993) e Francisco de Paula Brandão Rangel (1911-1970), 133

Joel Nascimento (1937), 449-450

Joel Teixeira (1948-2004), 456

Joelho de Porco, 351

Joelma (Joelma Giro) (1945), 284, 399

John Lennon (1940-1980), 283, 347

Johnny Alf (Alfredo José da Silva) (1929-2010), 219, 221, 225, 232, 296, 344, 370

Johnny Mathis (1935), 429

Jon Lemos (Antonio Pinto Ferreira) (1947), 402, 436

Jongo Trio, 232, 291

Jonjoca e Castro Barbosa – João de Freitas Ferreira (1911-2006) e Joaquim Silvério de C. B. (1905-1975), 133

Joracy Camargo (1898-1973), 94, 120, 125, 128

Joran (Ferreira da Silva) (1952), 410

Jorge Amado (1912-2001), 93, 365

Jorge Amiden (1950-2014), 313, 351

Jorge Aragão (1949), 371, 443-445

Jorge Ben (Jor) (Jorge Dulio Lima Meneses) (1942), 240, 242, 307-309, 311, 313-314, 316-317, 325, 354, 368, 384, 431, 437, 465-467

Jorge Cardoso (Jorge Augusto Dias Cardoso) (1950), 357

Jorge Costa (1922-1995), 194, 324

Jorge de Castro (1915-1992), 97, 101, 107, 179, 451

Jorge Faraj (1901-1963), 110, 112

Jorge Fernandes (1907-1989), 125

Jorge Gambier (1950), 430

Jorge Gonçalves (c. 1930-?), 168

Jorge Goulart (Jorge Neves Bastos) (1926-2012), 169, 203-204, 251, 297, 456

Jorge Martins (c. 1930), 252

Jorge Mautner (1941), 344, 355, 370, 376

Jorge Perlingeiro (1945), 458

Jorge Smera (1928-?), 266

Jorge Veiga (1910-1979), 191, 252, 297

Jorginho Arena (Jorge Arena) (ritmista), 246

Jorginho do Império (1944), 453

Jorjão Barreto (Jorge Waldir Barreto) (1952), 385

José Agripino de Paula (1937-2007), 304

José Alves de Lima (Os Oito Batutas), 53

José Augusto (J. A. Cougil Novoa) (1953), 409

José Batista (c. 1900-c. 1990), 204, 320

José Briamonte (1931), 357

José Cândido (1914-1989), 286

ÍNDICE ONOMÁSTICO

José Carlos Burle (1910-1983), 128

José Celso Martinez Correa (1937), 303

José de Alencar (1829-1877), 38, 65, 70

José do Patrocínio (1853-1905), 46

José Feliciano (1945), 429

José Fortuna (1923-1983) – *ver também* Zé Fortuna e Pitangueira, 156-158

José Francisco de Freitas (1897-1953), 62, 78

José Joaquim Emerico Lobo de Mesquita (1746-1805), 23

José Jorge (J. Jorge Miquinioty) (Zé Jorge) (1944), 440

José Leocádio (compositor), 210

José Lewgoy (1920-2003), 152

José Maria de Abreu (1911-1966), 118, 123-124, 128-129, 138, 167, 170, 184, 217, 219, 263

José Maurício Nunes Garcia (1767--1830), 26-28

José Menezes (Zé Menezes) (1921-2014), 103, 197, 212, 215, 357

José Messias (1928-2015), 258

José Paulo Soares (maestro Pica Pau) (1946), 357

José Ramos Tinhorão (1928), 25, 29, 35

José Ricardo (José Alves Tobias) (1939--1999), 283

José Rico (José Alves dos Santos) (1946--2015), 423-424

José Rielli (1885-1947), 134-135

José Roberto Bertrami (1946-2012), 368

José Roberto Sarsano (1945), 233

José Tobias (de Santana) (1928), 352

Josephine Baker (1906-1975), 54, 141

Josué de Barros (1888-1959), 94, 103

Jota Júnior (Jota Jr.) (Joaquim Antônio Candeias Júnior) (1923-2009), 170, 183, 190

Jota Moraes (1948), 357

Jotabê (João Batista Alcântara) (1947), 371, 445

Joubert de Carvalho (1900-1977), 72, 79, 94, 111, 113, 120, 125-126, 131

Joyce (Moreno) (1948), 316, 339

Juanita Castilho (Clarice Maria de Noronha Gnattali) (1923-2008), 161

Juca Chaves (1938-2023), 433

Judy Garland (1922-1969), 245

Júlia Martins (c. 1890-c. 1960), 51, 123

Julie Joy (Beatriz da Silva Araújo) (1930--2011), 161

Julinho da Adelaide – *ver* Chico Buarque

Julio Iglesias (1943), 409, 429

Júlio Medaglia (1938), 305

Jurandir (da Mangueira) (J. Pereira da Silva) (1939-2007), 454-455

Jurandir Meirelles (contrabaixista), 233

Juscelino Kubistchek (1902-1976), 193, 204, 226, 433

K

Kátia (Garcia Oliveira) (cantora) (1962), 408

Keith Jarrett (1945), 356

Kid Pepe (José Gelsomino) (1909-1961), 108

Klecius Caldas (1919-2002), 148, 167, 172, 183, 190, 219, 251, 323

Koellreutter (1915-2005), 220

Kompha (banda de rock), 425

Kool & The Gang, 356

K-Ximbinho (Sebastião de Barros) (1917-1980), 103, 213

L

Lady Zu (Zuleide Santos Silva) (1958), 432

Laércio de Freitas (1941-2024), 357

Lafayette (Coelho) (1943-2021), 281

Lagartixa (Laurindo Rabelo) (1826--1864), 30

Lalo Schinfrin (1932), 243

Lamartine Babo (1904-1963), 79-82, 85, 88, 93-95, 110-111, 119-120, 123, 457

Lana Bittencourt (Irlan Figueiredo Passos) (1932-2023), 162, 256

Lani Hall (1945), 240

Lanny Gordin (Alexander Gordin) (1951), 304, 331

Laranjeiras (Arnaldo Laranjeiras da Silva) (1943), 432

Las Maravillas del Paraguay, 407

Laudir de Oliveira (1940-2017), 356

Laura Suarez (1909-1990), 130, 198

Laureano, Ochelsis Aguiar (1909-1996), 160

Laurindo de Almeida (1917-1995), 103, 141, 215, 244-245

Lauro Sodré (1858-1944), 46

Léa Magalhães (1902-1999), 184

Leci Brandão (1944), 369, 444

Led Zeppelin, 347

Lee Jackson, 427

Lee Marccuci (1953), 349-350

Leila Silva (1935), 265, 267

Leléu da Magueira (Sebastião Pereira de Sant'Anna) (1931-?), 288

Lena Frias (1944-2004), 384

Lenita Bruno (1926-1987), 161, 321

Lennie Dale (1934-1994), 290

Leno e Lilian – Gileno Osório Wanderley e Azevedo (1949) e Silvia Lília Barrie Knapp (1948), 285, 399

Leny Andrade (1943-2023), 236, 291

Leny Eversong (Hilda Campos Soares da Silva) (1920-1984), 162-163

Leo Albano (Albano Piccinini) (1913-?), 124

Leo Canhoto (Leonildo Sachi) (1936--2020), 158

Leo Canhoto e Robertinho – Leonildo Sachi (1936-2020) e José Simão Alves (1944), 418-419, 422-423

Léo Peracchi (1911-1993), 211, 222

Leo Vilar (1914-1969), 138

Leonardo Bruno (1945), 357

Leonel Azevedo (1908-1980), 111, 116, 360

Leopoldo Miguez (1850-1902), 40

Les Baxter (1922-1996), 210

Les Étoiles, 367

Liette de Souza (1939), 446

Lila (Margarida Oliveira) (1921-2009), 247

Lilian Knapp (Silvia Lília Barrie Knapp) (1948) – ver Leno e Lilian

Lima Barreto (1881-1922), 161, 209

Liminha (Arnolpho Lima Filho) (1951), 388

Lina Pesce (1913-1995), 198

Lincoln (Emilio Fagundes Fernandes) (1950), 440

Linda Batista (Florinda Giordano de Oliveira) (1919-1988), 98-99, 106, 120, 141, 166, 181-182, 188, 190, 199, 215, 252, 265, 374

Linda McCartney (1941-1998), 404

Linda Rodrigues (Sofia Gervazone) (1919-1997), 199, 417

Lindomar Castilho (Lindomar Cabral) (1940), 397-398

ÍNDICE ONOMÁSTICO

Lindú (Lindolfo Barbosa) (1941-1982), 254

Little Richard (1932-2020), 255, 347

Liu e Leo – Lincoln Paulino da Costa (1934-2012) e Walter Paulino da Costa (1937-2019), 422

Lô Borges (Salomão Borges Filho) (1952), 312, 336-337, 339, 341

Lobão (João Luiz Woerdenbag) (1957), 351

Lolita Rodrigues (Sylvia Gonçalves Rodrigues Leite) (1929), 406

Lombardi Filho (José Manoel Lombardi Filho) (1928), 176

Lou Christie (1943), 426

Louis Armstrong (1901-1971), 140

Loulou Gasté (1908-1995), 429

Loupha (banda de rock), 425

Lourenço & Lourival – Arlindo Cassol (1936) e Antonio Cassol (1939), 418

Lourenço (Lourenço Cavalcante) (compositor), 435

Lourenço Ribeiro (padre) (1648-1724), 21

Lourival dos Santos (1917-1997), 268-269, 422

Lourival Faissal (1922-1979), 168, 171, 174, 267, 395

Lucia Turnbull (1953), 349

Luciana Rabello (1961), 449

Luciano Perrone (1908-2001), 103, 105

Luciene Franco (1939), 267

Lucina (Lucia Helena Carvalho e Silva) (1950), 316

Lucinha Lins (1953), 313

Lucio (J. da Silva) (Banda Black Rio), 384

Lucio Alves (1927-1993), 167, 202, 219-220, 232, 290

Lúcio Cardim (1932-1982), 265, 360

Lucio Dalla (1943-2012), 330

Lúcio Rangel (1914-1979), 222

Luís Álvares Pinto (1719-1789), 24

Luís Americano (1900-1960), 103, 187

Luís Carlos Vinhas (1940-2001), 451

Luís Chaves (1931-2007), 232, 247

Luís Iglesias (1904-1963), 94

Luís Moreno (1947-2002), 339

Luís Roberto (Os Cariocas) (1940--1988), 236

Luís Soberano (Ednésio Luís da Silva) (1920-1981), 97

Luís Vagner (Dutra Lopes) (1948), 436, 467

Luiz Alves (1944), 341

Luiz Américo (1946), 436, 439

Luiz Antônio (Antônio de Pádua Vieira da Costa) (1921-1996), 100, 167, 170, 190, 213, 247, 252, 322-323, 358

Luiz Antônio (Les Étoiles) (1945-2002), 367

Luiz Arruda Paes (1926-1999), 209, 406

Luiz Ayrão (1942), 280, 435

Luiz Bandeira (1923-1998), 170, 206, 247

Luiz Barbosa (1910-1938), 107-109, 128, 288

Luiz Bittencourt (1915-1999), 172, 197

Luiz Bonfá (1922-2001), 203, 215, 219--220, 237-238, 243-244, 293

Luiz Carlini (Luiz Sérgio Carlini) (1952), 349

Luiz Carlos (baterista), 384

Luiz Carlos da Vila (1949-2008), 465

Luiz Carlos Maluly (produtor), 427

Luiz Carlos Paraná (1932-1970), 295, 368

Luiz Carlos Prestes (1898-1990), 185

Luiz Carlos Sá (1945), 288, 316, 341, 367, 402
Luiz Cláudio (cantor) (1935-2013), 202
Luiz Cláudio Ramos (1949), 357
Luiz de Souza (1865-1920), 34
Luiz Eça (1936-1992), 227, 229
Luiz Galvão (1937), 331
Luiz Gonzaga (do Nascimento) (1912--1989), 103, 145-149, 151, 155, 168, 170, 176, 180, 213-214, 254, 254, 303, 332-333, 344, 378, 380, 412, 414, 416
Luiz Grande (Luiz Alberto Pavão) (1946-2017), 451
Luiz Guedes (1949-1997), 402
Luiz Jacinto Silva (Coroné Ludugero) (1929-1970), 254, 254
Luiz Keller (1941-1998), 403
Luiz Loy (Luiz Machado Pereira) (1938--2017), 232, 275
Luiz Marinho (contrabaixista), 234
Luiz Melodia (Luiz Carlos dos Santos) (1951-2017), 331, 344-345, 355, 368--369, 373, 381, 401
Luiz Mergulhão (Luiz Eugenio Bezerra Mergulhão) (1922-2000), 265
Luiz Peixoto (1889-1973), 41, 68, 71-72, 90-91, 94, 129, 170, 178
Luiz Reis (1926-1980), 246, 249, 297, 322-323, 445
Luiz Rosas Sobrinho (1935-2019), 157
Luiz Sérgio Carlini – *ver* Luiz Carlini
Luiz Silva (Luiz Pinto da Silva) (Os Oito Batutas), 53
Luiz Vieira (1928-2020), 149, 264, 422
Luiz Wanderley (1931-1993), 254
Luizinho (Luís Raymundo) (1916-1983), 153-154

Luizinho e Limeira – Luís Raymundo (1916-1983) e Ivo Raymundo (1924--2010), 153, 158
Lula Côrtes (1949-2011), 352
Lula Freire (Luís Fernando Freire) (1938), 228
Luli (Luhli) (Heloísa Orosco) (1945--2018), 316, 346
Lulu Santos (Luiz Maurício Pragana dos Santos) (1953), 351
Luperce Miranda (1904-1977), 72, 103
Lupicínio Rodrigues (1914-1974), 107, 165, 172, 181-183, 195, 203, 248, 262, 265, 297, 360, 392, 438, 449
Luvercy Fiorini (1935-1994), 228, 231
Luz del Fuego (1917-1967), 137
Lygia Clark (1920-1988), 304
Lygia Freitas Valle Jordan (1929-2006), 231
Lyrio Panicalli (1906-1984), 211
Lysias Ênio (1937), 373

M

Made in Brazil, 350
Madelou Assis (1915-1956), 130
Madsman (banda de rock), 427
Magdalena Tagliaferro (1893-1986), 132
Magro (MPB-4), 295, 334
Mamão (Ivan Miguel Conti Maranhão) (1946-2023), 368
Manacéa (Manacé José de Andrade) (1921-1995), 454, 459-460
Manduka (1952-2004), 333
Mandy e Sorocabinha – Manuel Rodrigues Lourenço (1901-1987) e Olegário José de Godoy (1895-1995), 73
Maneco (do Império Serrano) (Manoel Ferreira Alves) (1939-1972), 454-455

ÍNDICE ONOMÁSTICO

Manezinho Araújo (1910-1993), 146, 149, 170

Manfredo Fest (1936-1999), 232

Mangabinha (Carlos Alberto Ribeiro) (1942-2015), 424

Mangueira (escola de samba), 65-66, 88, 140, 187-188, 265, 290, 321, 444, 446, 451, 455-456, 462-463

Manhoso (Edson Correia da Fonseca) (1935-2023), 413

Manito (Antônio Rosas Sanches) (1944--2011), 351

Mano Décio da Viola (1909-1984), 322, 453-454, 460

Mano Edgar (Edgar Marcelino dos Passos) (1900-1931), 63

Mano Rubem (Rubem Barcelos) (1904--1927), 63

Manoel (do Salgueiro) (Manoel Vieira da Conceição), 321, 454

Manoel Pimenta Chaves (músico), 28

Manoel Reis (1909-1979), 123, 127, 198

Manuel (da Mangueira), 455

Manuel Bandeira (1886-1968), 113, 201

Manuel de Araújo Porto Alegre (1806--1879), 29

Manuel Dias D'Oliveira (1734/35-1813), 23

Manuel Ferreira (1913-?), 322

Manuel Santana (da Unidos de Lucas), 170

Mão de Vaca (Manuel da Conceição Chantre) (1930-1996), 215

Marçal (Armando Vieira Marçal) (1902-1947), 125, 224

Marcel Camus (1912-1982), 237

Marcelo (Marcelo Costa Santos) (1954), 409

Marcelo Costa (Marcelo Gordo) (1960), 352

Marcelo Motta (Marcelo Ramos Motta) (1931-1987), 348

Marcelo Sussekind (Marcelo Bueno Sussekind) (1953), 352

Marcelo Tupinambá (1889-1953), 49, 71-72

Márcia (Márcia Elizabeth Barbosa Machado de Souza) (1943), 296, 354

Márcio Borges (1946), 337-338

Márcio Greyck (Márcio Pereira Leite) (1947), 400

Márcio José (1942-2002), 410

Márcio Montarroyos (1948-2007), 355

Marco Bissi (Lee Jackson), 427

Marco Polo (Guimarães Martins) (1948), 352

Marcos Maynard (1949), 427

Marcos Moran (1938), 322

Marcos Portugal (1762-1830), 27, 29

Marcos Valle (1943), 239, 242, 309, 315, 320, 326, 353-354, 366, 368, 373

Margarita Lecuona (1910-1981), 174

Maria Alcina (Maria Alcina Leite) (1949), 316, 354, 363

Maria Bethânia (Maria Bethânia Vianna Telles Velloso) (1946), 286-288, 319, 330, 332, 334-335, 345, 373-374, 395, 417, 439, 444, 461

Maria Creuza (Silva Lima) (1944), 437--438

Maria Helena Toledo (1937-2010), 243, 293

Maria Lino (Maria Lima Negri) (c.1872--c.1940), 59

Maria Odette (Bianchi) (1943), 391-392

Mariano e Caçula – Mariano da Silva (1906-1969) e Aparecido da Silva Bello (1911-1972), 73

Mariano Mercerón (1907-1975), 163
Maricene Costa (1938), 231
Marília Barbosa (1950), 368
Marília Batista (1918-1990), 99, 198
Marília Medalha (1944), 294, 298, 301, 438
Marina Lima (1955), 374
Marinês (Inês Caetano de Oliveira) (1935-2007), 151, 254, 378, 414-416, 437, 461
Marino Pinto (1916-1965), 101, 108, 165, 171-172, 186, 196
Mário Campanha (1949), 401
Mário Castro-Neves (1935), 228
Mário Cavaquinho (Mário Álvares da Conceição) (1861-1909), 34
Mário de Andrade (1893-1945), 28
Mário Filho (1908-1966)
Mario Gennari Filho (1929-1989), 212, 257
Mário Gonçalves (1947), 416
Mário Lago (1911-2002), 92, 126-128, 165, 183, 204
Mário Marcos (Mário Lúcio da Rocha e Silva) (1953), 389, 400, 409
Mário Mascarenhas (1929-1992), 212, 267
Mário Pedra (do Salgueiro) (1935), 456
Mário Pinheiro (c.1880-1923), 37, 49, 71, 217
Mario Reis (1907-1981), 62-63, 67-68, 78, 88, 95, 105, 107, 109-110, 117, 119, 128, 133, 217-218
Mário Rossi (1911-1981), 100-101, 126- -127, 171, 182, 297
Mário Telles (1926-2001), 236
Mário Zan (1920-2006), 154-155, 213, 215
Mariozinho Rocha (1949), 354, 410

Marisa Gata Mansa (1933-2003), 200, 207, 222, 358
Marizinha (Mariza Corrêa José Maria) (1957), 310, 354, 410
Mark Davis – ver Fábio Jr.
Marku Ribas (Marco Antonio Ribas) (1947-2013), 468
Marlene (Victoria Bonaiutti de Marti- no) (1922-2014), 141, 149, 167, 169- -172, 188, 190, 194, 200, 257, 345, 357, 455, 458
Martinez Grau (Afonso Martinez Grau) (1897-1963), 125
Martinha (Martha Vieira Figueiredo Cunha) (1949), 284
Martinho da Vila (Martinho José Fer- reira) (1938), 296, 302, 313, 324, 433, 439, 446-447, 450-451, 453-456
Martins Pena (Luís Carlos M. Pena) (1815-1848), 70
Marvin Gaye (1939-1984), 407
Mary Gonçalves (Nice Figueiredo Ro- cha) (1927-?), 220
Mary Jo (cantora), 432
Mary Terezinha (M. T. Cabral Brum) (1948), 270
Matias da Rocha (Mathias Theodoro da Rocha) (1864-1907), 87
Maurice Ravel (1875-1937), 105, 220
Maurício Carrilho (1957), 449
Maurício Duboc (1951), 354, 389
Maurício Einhorn (1932), 228, 235
Maurício Kubrusly (1945), 462
Maurício Maestro (1949), 294, 339
Maurício Tapajós (1943-1995), 324, 334
Maurílio Santos (1922-2017), 141, 235
Mauro Celso (Semenzzatto) (1951- -1989), 412
Mauro de Almeida (1882-1956), 56, 447

ÍNDICE ONOMÁSTICO

Mauro Diniz (1952), 357
Mauro Duarte (1930-1989), 324
Mauro Motta (1948), 405, 410
Max Bulhões (1903-1977), 120
Max Nunes (1922-2014), 323
Maysa (Maysa Figueira Monjardim) (1936-1977), 199-201, 222, 226-227, 235, 249, 266, 290, 293, 358, 366, 437, 441
Medeiros e Albuquerque (1867-1934), 40
Meire Pavão (1948-2008), 284
Meirelles (J. T. Meirelles) (João Theodoro Meirelles) (1940-2008), 233-235, 357
Memphis (banda de rock), 425, 427
Mercedes Batista (1921-2014), 248
Mercedes Sosa (1935-2009), 337
Merle Travis (1917-1983), 468
Messias Holanda (Manuel Messias Holanda da Silva) (1942-2018), 414, 416
Messias Santos Jr. (maestro), 357
Mestre Ataíde (Manuel da Costa Ataíde) (1762-1830), 23
Mestre Cupijó (Joaquim Maria Dias de Castro) (1936-2012), 416
Mestre Lucindo (Lucindo Rebelo da Costa) (1908-1988), 416
Mestre Verequete (1916-2009), 416
Mestre Vieira (1934-2018), 417
Michael Jackson (1958-2009), 258
Michael Sullivan (Ivanilton de Souza Lima) (1950), 407, 429
Michel Fugain (1942), 437
Michel Legrand (1932-2019), 242
Miéle (Luiz Carlos Miéle) (1938-2015), 291, 390
Miguel Aceves Mejia (1915-2006), 269
Miguel Cidrás (1937-2008), 357, 411

Miguel de Deus (Clemente Miguel de Deus) (1941-2007), 386
Miguel Gustavo (1922-1972), 189, 191, 250, 253, 256, 267, 312, 402
Miguel Lima (compositor), 146, 213
Mijinha (José Augusto de Andrade) (1918-1980), 459
Milionário e José Rico – Romeu Januário de Matos (1940) e José Alves dos Santos (1946-2015), 423
Milionários do Ritmo, 207, 247
Milita Meireles (Irmãs Meireles) (1928), 161
Millôr Fernandes (1923-2012), 287
Miltinho (Milton Santos de Almeida) (1928-2014), 208, 247-249, 260-261, 264, 266, 270, 297, 323, 334, 437
Milton Banana (Antonio de Souza) (1935-1999), 223, 229, 234, 238, 408, 437
Milton Carlos (Milton Taciano Fantucci Filho) (1954-1976), 389
Milton de Oliveira (1916-1986), 80, 82, 97, 120, 191, 251, 361
Milton Miranda (produtor e diretor artístico), 359
Milton Nascimento (Milton Silva Campos do Nascimento) (Bituca) (1942), 233, 296, 320, 326, 335-342, 344, 366, 371-372, 388
Mimi Lessa (Milton Lessa) (1951), 352
Mirabeau Pinheiro (1924-1991), 181, 361
Miriam Batucada (Miriam Ângela Lavecchia (1947-1994), 437
Mirian Makeba (1932-2008), 244
Miss Lene (Frankislene Ribeiro Freitas) (1962), 432

Mister Sam (Santiago Juan Carlos Malnati) (1946), 411

Miúcha (Heloísa Maria Buarque de Hollanda) (1937-2018), 361, 439

Miudinho (zabumbeiro), 151

Moacir Santos (1926-2006), 158, 211, 234, 236, 242

Moacyr Franco (Moacir de Oliveira Franco) (1936), 251, 266, 394, 399, 410, 419, 425

Moacyr Peixoto (1920-2003), 175, 232

Moacyr Silva (1940-2002), 141, 168, 206-207, 211

Mocidade Independente de Padre Miguel (escola de samba), 446, 456--457, 461

Mococa & Moraci – João Leôncio (1939) e João Maurício de Oliveira (1948--1985), 418

Módulo 1000, 352

Momento Quatro, 294, 312, 341

Monarco (Hildemar Diniz) (1933), 444, 446, 448, 460

Mongo Santa Maria (1917-2003), 244

Monsieur Limá (Raimundo de Lima Almeida) (1943-1993), 383

Monsueto (Monsueto Campos de Menezes) (1924-1973), 170, 190, 297, 438

Monteiro Lobato (1882-1948), 71, 321

Moracy do Val (1937), 401

Moraes Moreira (Antonio Carlos Moraes Pires) (1947-2020), 331, 368, 375, 469

Morais Neto (Feliciano Constantino de M. Neto) (1918-2009), 123

Moreira da Silva (Antônio Moreira da Silva) (1902-2000), 102, 108, 187, 191, 248, 250, 297, 458

Moreno e Moreninho – Pedro Cioff (1925-1995) e João Cioff (1927--2008), 421

Morgana (Isolda Corrêa Dias) (1934--2000), 267

Morris Albert (Maurício Alberto Kaisserman) (1951), 428

Mosar (da Mangueira) (Mozart Santa Rosa), 456

Moto Perpétuo, 351

Mozart Bicalho (1901-1986), 103

Mozart de Araújo (1904-1988), 24, 28

MPB-4, 288, 290 ,295, 318, 325, 334, 342-345, 362-363, 388, 437-439

Mr. Funky Santos (Oseas dos Santos) (1951-2012), 383

Murilo Antunes (1950), 339

Murilo Caldas (1905-1999), 101

Murilo Neri (1923-2001), 316

Mussum (Antônio Carlos Bernardes Gomes) (1941-1994), 451

Mutantes – *ver* Os Mutantes

Mutinho (Lupicínio Moraes Rodrigues) (1941), 438-439

Mutt (Péricles Simões Pires) (1912-1954), 197

Muxiba (baixista), 249

N

Nabor Pires de Camargo (1902-1996), 60

Nalva Aguiar (1945), 399

Namd – *ver* Niceas Drumont

Namorados da Lua, 178, 219

Nana Caymmi (Dinahir Tostes Caymmi) (1941), 290, 293, 295, 339-340, 365

Naná Vasconcelos (1944-2016), 355, 380

ÍNDICE ONOMÁSTICO

Nancy Sinatra (1940), 283

Nando Cordel (Fernando Manoel Correia) (1953), 333

Napoleão Tavares (1892-1965), 90

Nara Leão (1942-1989), 120, 225-226, 230, 235, 286-287, 289-290, 292, 295, 304, 316, 318-319, 330, 334, 348, 365, 379, 460, 464

Nássara (Antonio Gabriel Nássara) (1910-1996), 82, 98, 107, 115, 182, 204, 297

Nat King Cole (1919-1965), 124, 168, 175, 269

Nazareno de Brito (1925-1981), 201

Neal Hefti (1922-2008), 163

Neco (Daudeth Azevedo) (1932-2009), 234-235

Neguinho da Beija-Flor (Luiz Antônio Feliciano) (1949), 457-458

Nei Lopes (1942), 442, 446, 461, 465

Neil Diamond (1941-2012), 405

Neil Sedaka (1939), 257, 259

Nelsinho (do trombone) (Nelson Martins dos Santos) (1927-1996), 248

Nelson Alves (1896-1960), 53

Nelson Angelo (1949), 338-339, 380

Nelson Cavaquinho (Nelson Antônio da Silva) (1911-1986), 171, 235, 289-290, 443, 445, 460, 462-464

Nelson Ferreira (1902-1976), 87, 189

Nelson Gonçalves (1919-1998), 126-127, 166, 169, 178-180, 182, 262-264, 360, 389

Nelson Jacobina (1953-2012), 344, 355, 376

Nelson Motta (1944), 293, 295, 320, 365-367, 387-388

Nelson Ned (d'Ávila Pinto) (1947-2014), 284, 394, 397

Nelson Riddle (1921-1985), 244

Nelson Rufino (1942), 446

Nelson Sargento (Nelson Mattos) (1924-2021), 288, 444, 460, 469

Nelson Trigueiro (1913-1979), 108

Nenete e Dorinho (Waldemar Castellar de Fransceschi) (1919-1988) e Isidoro Cunha (1933-2011), 154

Neoci (Neoci Dias de Andrade) (1937-1988), 443-444

Nereu Gargalo (Nereu de São José) (1945), 466

Nerino Silva (Teodoro da Silva) (1920-1979), 254

Nestor de Holanda (1921-1970), 100

Netinho (baterista), 350

Neusa Maria (Vasiliki Purchio) (1928-2011), 162, 222

Newton Mendonça (1927-1960), 222, 224-225

Newton Teixeira (1916-1990), 92, 112, 323

Ney Matogrosso (Ney de Souza Pereira) (1941), 346, 363, 372-373, 416, 427, 431, 439

Ney Vianna (José da Rocha Viana) (1942-1989), 456-457

Neyde Fraga (1924-1987), 162

Nezinho (da Mocidade) (Manuel Anadias Ramos), 410, 456

Nhá Zefa e Nhô Pai – Maria Di Léo e João Alves dos Santos (1912-1988), 135

Nhô Pai (João Alves dos Santos) (1912-1988), 135, 152, 154, 157, 159, 399

Niceas Drumont (Namd) (Niceas Alves Martins) (1951-1990), 405, 413

Nil Bernardes (Evanil Bernardes da Silva) (1955), 424

Nilo Amaro (Moisés Cardoso Neves) (1928-2004), 270, 325, 434

Nilo Amaro e Seus Cantores de Ébano, 270, 325

Nilo Chagas (1917-1973), 139, 170

Nilo Mendes (Esmera) (da Unidos de São Carlos / Estácio de Sá), 455-456

Nilo Peçanha (1867-1924), 60

Nilo Sérgio (1921-1981), 184

Niltinho (Tristeza) (Nilton de Souza) (1936-2018), 82, 322

Nilton Bastos (1899-1931), 63, 67

Nilton César (1939), 399

Nilton Paz (1919-?), 167

Nina Simone (1933-2003), 429

Nina Teixeira (c. 1880-c. 1940), 50

Nininha Rossi (do Salgueiro) (Zenith Rossi Sylvestre), 456

Nise da Silveira (1905-1999), 444

Nivaldo Ornellas (1941), 355

Noca da Portela (1932), 453-454, 460

Noca do Acordeon (Adauto Pereira Mattos) (1940-1987), 254

Noel Rosa (Noel de Medeiros Rosa) (1910-1937), 74, 83, 85, 88, 90, 93, 97, 99, 107-109, 121, 128-130, 133, 137, 192-193, 198, 217, 318, 447, 451

Noel Rosa de Oliveira (1920-1988), 188, 191, 252, 454, 456

Noite Ilustrada (Mário de Souza Marques Filho) (1928-2003), 250

Noites Cariocas (grupo de choro), 449

Nonato Buzar (1932-2014), 309, 367, 442

Nonô (Romualdo Peixoto) (1901-1954), 103, 122, 175

Nonô Basílio (Alcides Felisbino Basílio) (1922-1997), 269, 424

Nora Ney (Iracema de Sousa Ferreira) (1922-2003), 199, 202-204, 220, 222, 256, 266, 324, 445

Norato (Antônio José da Silva) (trombonista) (1924-2020), 235

Noriel Vilela (1936-1975), 325, 468

Norival Reis (1924-2001), 441, 454-456

Norma Avian (1929), 161

Norman Gimbel (1927-2018), 238

Normando Santos (1932), 227, 238

Novelli (Djair de Barros e Silva) (1945)

Novos Baianos, 156, 312, 331, 368, 374

Nôzinho (locutor da Casa Edison), 47

Núbia Lafayette (Idenilde Araújo Alves da Costa) (1937-2007), 265, 397

Nuno Roland (Reinold Correia de Oliveira) (1913-1975), 130, 140 168, 188, 357

Nuno Veloso (1930), 463

O

O Passos no Choro, 71

O Peso, 351, 353

O Terço, 313, 339, 351

Oberdan Magalhães (1945-1984), 384

Octávio Bailly (contrabaixista), 234

Octávio Burnier (Tavynho Bonfá) (1952), 370

Octávio Filho (Octávio Babo Filho) (1915-2003), 183

Odair José (de Araújo) (1948), 403-404, 417, 435

Odete Amaral (1917-1984), 100, 290, 464

Odette Lara (Odete Righi Bertoluzzi) (1929-2015), 230

Odibar (c. 1950-2010), 403

Oduvaldo Vianna Filho (1936-1974), 288

Ohana (Ruben Ormenio Ohana de Mirana) (24/05/1931-?), 246

ÍNDICE ONOMÁSTICO

Olavo Bilac (1865-1918), 62
Oldemar Magalhães (1912-1990), 100
Olegário Mariano (1889-1958), 72, 121, 126
Olga Praguer Coelho (1909-2008), 120, 131-132, 198
Olívia Byington (1958), 353
Olivinha Carvalho (1930-2020), 161
Olmir Stocker (Alemão) (1936), 281
Onéssimo Gomes (1914-1999), 185
Onildo Almeida (1928), 254
Orestes Barbosa (1893-1966), 110, 112--113, 137
Orlandivo (Orlandivo Honório de Souza)(1937-2017), 246-247, 258, 432
Orlando Correia (1928-2002), 214
Orlando Dias (José Adauto Michiles) (1923-2001), 252, 263
Orlando Silva (Orlando Garcia da Silva) (1915-1978), 105, 111, 115-117, 126--127, 129, 137, 169, 175, 218, 223
Orlando Silveira (1922-1993), 209, 214, 357
Ornella Vanoni (1934), 429, 439
Orquestra Afro-Brasileira, 211
Orquestra All Stars, 211
Orquestra Columbia, 141
Orquestra de Cícero Menezes, 53
Orquestra Donga-Pixinguinha, 54
Orquestra dos Batutas, 54
Orquestra Ideal Jazz-Band, 54
Orquestra Imperial, 211
Orquestra Namorados do Caribe, 210
Orquestra Pan American, 54, 105, 140, 209
Orquestra Pixinguinha, 54
Orquestra Tabajara, 150, 187, 210
Orquestra Típica Oito Batutas, 54
Orquestra Victor Brasileira, 104

Os 3 do Nordeste, 415
Os Brasas, 467
Os Brasileiros, 244
Os Brazões, 386
Os Carbonos, 425
Os Cariocas, 197, 209, 236, 239, 290
Os Carioquinhas, 449
Os Catedráticos, 234, 239
Os Cinco Crioulos, 324
Os Copa 5, 233
Os Diagonais, 382
Os Gatos, 234
Os Incríveis, 260, 285, 308, 350-351, 402
Os Ipanemas, 234
Os Mutantes, 283, 294-295, 299-301, 304-306, 308, 311, 331, 347-348, 351, 353, 388, 466
Os Oito Batutas, 53-55
Os Originais do Samba, 298, 302, 308, 316, 325, 451, 467-468
Os Tincoãs, 440
Os Trapalhões, 451
Os Três Morais (Os 3 Morais), 232, 318, 406
Os Trovadores, 184
Os Velhinhos Transviados, 212
Os Vips, 285
Oscar Bigode (sambista), 289
Oscar Castro-Neves (1940-2013), 228, 231, 238, 242, 290
Oscar de Almeida (1895-1942), 56
Oscarito (Oscar Lourenço Jacinto Díaz) (1906-1970), 124, 152, 189
Oséas (e sua Guitarra Maravilhosa) (1958), 417
Oséas Lopes ver Carlos André
Osmar Macedo (1923-1997), 375
Osmar Milito (1941-2024), 356, 437
Osmar Navarro (1930-2012), 267

HISTÓRIA DA MÚSICA POPULAR BRASILEIRA – SEM PRECONCEITOS

Osmar Zan (Osmar Zandomenighi) (1938), 430

Osório Duque-Estrada (1870-1927), 61

Osvaldo Guilherme (1919-1995), 201

Osvaldo Molles (1913-1967), 193

Osvaldo Oliveira (1935-2010), 416

Osvaldo Santiago (1902-1976), 114

Oswald de Andrade (1890-1954), 124, 303

Oswaldinho do Acordeon (Oswaldo de Almeida e Silva) (1954), 414-415

Oswaldo Cruz (1872-1917), 65-66

Oswaldo Malagutti (Junior) (Pholhas) (1947), 428

Oswaldo Montenegro (1956), 316

Oswaldo Nunes (1930-1991), 250, 325

Oswaldo Sargentelli (1924-2002), 457

Oswaldo Vecchione (1947), 350

Otávio de Morais (1923-2009), 320

Otávio Ferreira (Edmundo Otávio Ferreira) (c. 1870-c. 1920), 43, 49

Othon Russo (1925-1999), 173

Otília Amorim (1894-1970), 68

Ovídio (Ovídio Brito) (1945-2010), 449

Ovídio Chaves (1910-1978), 199

P

Pachequinho (José Pacheco Lins) (1927-?), 214, 357

Padeirinho (Oswaldo Vitalino de Oliveira (1927-1987), 187, 288

Painel de Controle, 432

Palito Ortega (1941), 407

Palmeira (Diogo Mulero) (1918-1967), 153-155, 265, 397

Palmeira e Biá – Diogo Mulero (1918--1967) e Sebastião Alves da Cunha (1927-2006), 153

Palmeira e Luizinho – Diogo Mulero (1918-1967) e Luiz Raimundo (1916-1983), 153

Panela (Vivaldo Jesuíno de Souza) (1944-1999), 461

Paquito (Francisco da Silva Fárrea Júnior) (1915-1975), 85, 97, 122, 168

Paquito D'Rivera (1948), 356

Parafuso (Os 3 do Nordeste), 415

Paraguassú (Roque Ricciardi), 68, 128

Paraná – ver Luiz Carlos Paraná

Partido em 5, 464, 467

Pascoal Carlos Magno (1906-1980), 125

Pat Metheny (1954), 356

Patápio Silva (1880-1907), 52

Patrício Teixeira (1893-1972), 71, 98, 120, 131

Patrulha do Espaço, 351

Pau Brasil, 467

Paul Anka (1941), 259

Paul Bryan – ver Sérgio Sá, 428

Paul Mauriat (1925-2006), 354, 429

Paul McCartney (1942), 283, 404

Paul Simon (1941), 244

Paul Winter (1939), 243

Paula Brito – ver Francisco de Paula Brito

Paulinho (Paulo Machado de Carvalho Filho) (1924-2010), 276-277

Paulinho Boca de Cantor (1946), 331

Paulinho da Costa (1948), 356

Paulinho da Viola (1942), 288-290, 298, 302, 311, 320, 324-325, 344, 446-450, 460

Paulinho Nogueira (1929-2003), 232

Paulinho Rezende (1949), 442

Paulinho Soares (1944-2004), 315, 367

Paulinho Tapajós (1945-2013), 284, 310, 367

ÍNDICE ONOMÁSTICO

Paulino do Sacramento (1880-1926), 51

Paulo André Barata (1946), 371

Paulo Autran (1922-2007), 287

Paulo Barbosa (1900-1955), 114, 128

Paulo Borges (1916-2008), 152

Paulo César Barros (1947), 260

Paulo Cesar Pinheiro (1949), 243, 298, 316, 320, 329, 334, 340, 354, 358, 365, 367, 441, 450-451, 469

Paulo Coelho (1947), 347-349, 352, 367, 377, 399, 401, 409

Paulo da Portela (Paulo Benjamin de Oliveira) (1901-1949), 446

Paulo Diniz (1940-2022), 403, 433

Paulo Emílio (1941-1990), 363, 468

Paulo Gracindo (1911-1995), 360

Paulo Jobim (1950), 339

Paulo Leminski (1944-1989), 376

Paulo Marques (c. 1925-?), 173, 199

Paulo Marquez (1928), 247

Paulo Mendonça (Paulinho Mendonça) (1948), 346

Paulo Moura (1932-2010), 219, 234-235, 352, 355

Paulo Pontes (1940-1976), 335

Paulo Sérgio (de Macedo) (cantor) (1944-1980), 398-399, 409

Paulo Sérgio Valle (1940), 239, 309, 320, 326, 353-354, 366, 368, 410

Paulo Silvino (1939-2017), 425

Paulo Soledade (1919-1999), 171-172, 203, 249

Paulo Tapajós (1913-1990), 126

Paulo Valdez (1940), 320

Paulo Vanzolini (1924-2013), 160, 297, 354, 462

Paulo Zdanowsky (1954), 386

Pedrinho Mattar (1936-2007), 231, 359

Pedrinho Rodrigues (1936-1996), 208, 247

Pedro Alcântara (José Pedro de Alcântara) (1866-1929), 43

Pedro Baldanza (Pedrão) (1953-2019), 351

Pedro Bento e Zé da Estrada, 269, 417

Pedro Caetano (1911-1992), 114, 119, 196

Pedro Camargo (1941-2015), 228

Pedro Celestino (c. 1900-?), 62

Pedro de Sá Pereira (1892-1955), 72, 121

Pedro Galdino (1860-1919), 34

Pedro Paulo (pistonista) (1939), 234

Pedro Raymundo (1906-1973), 147, 162

Pedro Rogério (compositor), 176

Pedro Sertanejo (1927-1997), 415

Pedro Vargas (1906-1989), 141, 163

Peggy Lee (1920-2002), 259, 356

Pelão (João Carlos Botezelli) (1942), 462-463

Pelé (Edson Arantes do Nascimento) (1940-2023), 436

Peninha (Aroldo Alves Sobrinho) (1953), 409

Pepa Delgado (1887-1945), 49, 51

Pepeu Gomes (Pedro Aníbal de Oliveira Gomes) (1952), 331, 469

Percy Faith (1908-1976), 429

Pereira Filho, João (1914-1986), 103

Pereira Matos, Deusdedith (1910-1966), 182, 322

Pereira Passos, Francisco (1836-1913), 65

Perez Prado (1916-1989), 168, 466-467

Perinho Albuquerque (1946-?), 357

Perla (Ermelinda Pedrozo Rodriguez D'Almeida) (1952), 407

Pernambuco do Pandeiro (1930-2011), 244

Perry Como (1912-2001), 242

Pery Ribeiro (Peri Oliveira Martins) (1937-2012), 236, 291

Pessoal do Ceará, 378

Pete Dunaway (Otávio Augusto Fernandes Cardoso), 429

Peterpan (José Fernandes de Paula) (1911-1983), 121, 168, 170, 202, 340

Phobus (banda de rock), 425

Pholhas (banda de rock), 425, 428, 430

Pierre Dorsey (1909-1979), 163

Pinduca (Aurino Quirino Gonçalves) (1937), 416

Pingarilho (Carlos Alberto Valle Pingarilho) (1940), 228

Pinheiro Machado (1851-1915), 51

Pininha e Verinha – Felipina Varela Maciel (1938) e Cleonice Soares Silva (1942), 159

Pinto do Acordeon (Francisco Ferreira Lima) (1948-2020), 414

Piratini (Antônio Francisco Amábile) (1906-1953), 195

Piska (Carlos Roberto Piazzoli) (1951--2011), 350

Pitangueira (Elclides Fortuna) (1928--2013), 154, 157

Piti (cantor e compositor), 287

Pixinguinha (Alfredo da Rocha Vianna Filho) (1897-1973), 34, 52-55, 57, 68, 70, 81, 103-104, 116, 120, 136, 138, 211, 230, 289, 296-297, 325, 355, 449, 453, 456, 458

Plínio Brito (compositor), 124

Pocho (Rubén Pérez) (maestro), 209

Poly (Ângelo Apolônio) (1920-1985), 210

Portela (escola de samba), 65-66, 88, 188, 289, 435, 441, 446, 448-449, 454-456, 464

Portinho (Antônio Porto Filho) (1925--1997), 210, 267, 357

Prado Junior (?-2005) compositor e radialista, 424

Praense (José Dercídio dos Santos) (1943), 398, 424

Praião II (Eurípedes Carlos da Silva) (1953), 405

Preto Rico (da Mangueira) (Jorge Henrique dos Santos) (1923-2009), 455

Primas Miranda – Sérgia Aparecida Miranda Pontes Câmara (1940) e Maria do Carmo S'Antana Cippolli (1940), 159

Princesa Isabel (1846-1921), 291, 359

Príncipe Pretinho (José Luís da Costa) (?-1946), 191

Prini Lorez (José Gagliardi Jr.) (1942--2020), 259, 425

Q

Quartera (Jorge Quartaroni) (1928--2011), 236

Quarteto do Cangaceiro, 249

Quarteto em Cy, 243, 290, 297, 325, 362, 438

Quarteto Livre, 380

Quarteto Novo, 294

Quarteto Osmar Milito, 313

Quatro Ases e um Coringa, 146, 166, 196

Quilombo – Grêmio Recreativo de Arte Negra e Escola de Samba, 465, 469

Quincy Jones (1933), 242

Quinteto de Luiz Loy, 232, 275

Quinteto Violado, 333, 381

ÍNDICE ONOMÁSTICO

R

Radamés Gnattali (1906-1988), 104--105, 140, 192, 211-212, 215, 218, 220, 449

Rafael Coelho Machado (1814-1887), 30

Rafael Hernandez (1892-1965), 163

Ramoncito Gomes (Ramón Criz) (Júlio Cândido Gomes), 397

Ranchinho (Diésis dos Anjos Gaia) (1913-1991), 133, 136, 141

Raphael Rabello (1962-1995), 449

Ratinho do Cavaco (Paulo Salvador de Carvalho) (1956), 452

Raul de Barros (1915-2009), 103

Raul de Souza (1934-2021), 234, 356

Raul Mascarenhas (1953), 249, 355

Raul Moreno (Tufic Lauar) (1923-1995), 190

Raul Palmieri (1887-1968), 53

Raul Roulien (1905-2000), 120, 125, 130

Raul Sampaio (1928), 176, 264, 281

Raul Seixas (Raulzito) (1945-1989), 316, 344, 347-348, 352-353, 367, 386, 399, 405, 412

Raul Torres (Raul Montes Torres) (1906-1970), 73, 124, 133-136, 148, 154-155, 157, 211, 418

Raul Torres e Florêncio – Raul Montes Torres (1906-1970) e João Batista Pinto (1910-1971), 155, 211

Ray Brown (1926-2002), 245

Ray Charles (1930-2004), 380

Ray Conniff (1916-2002), 406, 429

Ray Ventura (1908-1979), 141

Réa Cibele (compositora), 198

Red Skelton (1913-1997), 242

Regiane (Regina Célia Bellocchi Wacked) (1941-2017), 258

Regina Werneck (1937), 228

Reginaldo Bessa (1937), 367, 370, 442

Reginaldo Rossi (1943-2013), 401

Reginaldo Sodré (1957), 405

Regininha (Regina Amália Serra de Souza) (1945), 309, 326

Regional do Canhoto, 214

Regional do Rago, 214

Renata Fronzi (1925-2008), 152

Renato Barros (1943-2020), 260, 280, 285

Renato Corrêa (1944), 280, 282, 284, 326, 354, 410

Renato Côrte-Real (1924-1982), 275

Renato de Oliveira (1923-1980), 209

Renato e Seus Blue Caps, 260, 285, 402, 429

Renato Guimarães (1939-1964), 264

Renato Ladeira (1952-2015), 352

Renato Teixeira (1945), 296, 364

René Bittencourt (1907-1979), 116, 176, 183

Reynaldo Rayol (1944-2021), 260

Riachão (Clementino Rodrigues) (1921--2020), 461

Ribamar (José Ribamar Pereira da Silva) (1919-1987), 200, 202, 267, 359

Ricardo Amaral (1941), 277, 458

Ricardo Bezerra (1949), 379

Ricardo Braga (Valdir Queiroz) (1951), 399, 409

Ricardo Galeno (Jorge Costa do Nascimento) (1924-?), 181

Ricardo Vilas (1949), 294, 312

Richard Clayderman (1953), 429

Richard Strauss (1864-1949), 356

Rico Medeiros (Nilzo Medeiros) (1937--2020), 456

Rielinho (Oswaldo Rielli) (1917-2004), 135, 155

Rildo Hora (1939), 249, 316, 357, 443, 453

Rio 65 Trio, 229

Risadinha (Francisco Ferraz Neto) (1921-1976), 189, 322

Risoleta (cantora/atriz), 51

Rita Lee (Rita Lee Jones) (1947-2023), 300--301, 304, 332, 341, 348-351, 353, 368, 372-373, 377, 387, 431

Ritchie (Richard David Court) (1952), 351, 353

Robert Livi (ou Roberto Livi) (1942--2019), 283, 409, 411

Roberta Flack (1937), 356

Robertinho de Recife (Carlos Roberto Cavalcanti) (1953), 382

Robertinho Silva (1941), 341, 356

Roberto Audi (1934-1997), 322

Roberto Carlos (Roberto Carlos Moreira Braga) (1941), 256, 260-261, 266, 275-285, 295, 307, 309, 317, 320, 348, 353, 357, 359, 365-366, 382, 389-390, 398, 400, 403, 408-409, 412, 435, 465

Roberto Corrêa (1940-2016), 282, 402, 436, 442

Roberto de Carvalho (Roberto Zenóbio Affonso de Carvalho) (1952), 350, 372, 387, 431

Roberto Farias (1932-2018), 280

Roberto Leal (António Joaquim Fernandes) (1951-2019), 412

Roberto Luna (Valdemar Farias) (1929--2022), 359

Roberto Martins (1909-1992), 115, 126--127, 185-186

Roberto Menescal (1937), 224, 226, 238, 290, 367, 442

Roberto Nascimento (1940-2019), 463

Roberto Paiva (1921-2014), 122

Roberto Ribeiro (Dermeval Miranda Maciel) (1940-1996), 371, 444-446, 450, 452, 455, 458, 460

Roberto Roberti (1915-2004), 127, 214, 361

Roberto Roldan (c. 1890-1974), 123

Roberto Sant'Anna (1943), 287

Roberto Silva (1920-2012), 107, 189

Robledo (Antonio Rogelio Robledo) (1916-1975), 195

Robson Jorge (1954-1992), 410

Rockmakers, 425

Rodger Rogério (1944), 379

Rodolpho (da Vila Isabel) (Rodolpho de Souza) (1949), 447-448

Rogério Cardoso (1937-2003), 395

Rogério Duarte (1939-2016), 305

Rogério Duprat (1932-2006), 299, 304, 311, 329, 339, 357

Rolando Faria (15-8-1952-30-4-2021), 313, 367

Rolling Stones, 285, 350

Românticos de Cuba, 210

Romeu Gentil (Romeu Scovino) (1911--1983), 168

Romeu Nunes, 140

Romeu Silva (1893-1958), 54, 72

Romildo (Romildo Souza Bastos) (1941--1990), 441

Ron Carter (1937), 356

Ronaldo Barcellos (1953), 383

Ronaldo Bastos (1948), 336-339, 372

Ronaldo Bôscoli (1928-1994), 224, 226--227, 231, 235, 267, 291, 309, 320, 390

Ronaldo Corrêa (1942), 282

ÍNDICE ONOMÁSTICO

Ronaldo Monteiro de Souza (1945), 313, 320, 363, 469

Ronaldo Resedá (Ronaldo Andrade de Moraes) (1945-1984), 432

Ronnie Cord (Ronald Cordovil) (1943-1986), 259, 276

Ronnie Von (Ronaldo Nogueira) (1944), 283, 401

Rosa Maria (Rosa Marya Colin) (Rosa Maria Batista de Souza) (1946), 188

Rosa Negra (cantora e atriz), 51

Rosana (Rosana Fiengo) (1954), 432

Rosana Toledo (Maria da Conceição Toledo) (1934-2014), 266-267

Rosária Meireles (Irmãs Meireles) (1926), 161

Rosemary (Rosemary Pereira Gonçalves) (1945), 277, 283

Rosil Cavalcanti (1915-1968), 150, 199

Rosinha de Valença (Maria Rosa Canellas) (1941-2004), 242, 290, 437

Rosita Gonzales (Jussara de Melo Vieira) (1929-1997), 161

Rossini Pinto (1937-1985), 261, 280, 284, 397, 405

Rouxinol (compositor), 413

Ruban (Rubens de Queiroz Barra) (1950), 388

Rubber Souls (banda de rock), 425

Rubens Bassini (1933-1985), 234, 246

Rubens Campos (1912-1985), 85, 180

Rubens da Mangueira (Rubens Paula) (1938-2015), 444

Rubens Gerchman (1942-2008), 319

Rubens Soares (1911-1998), 85

Rubinho Barsotti (Rubens Antônio Barsotti) (1932-2020), 232, 247

Russo do Pandeiro (Antônio Cardoso Martins) (1913-1985), 141

Rutinaldo (Ruthinaldo de Oliveira e Silva) (1927-?), 323

Ruy Barata (1920-1990), 371

Ruy Barbosa (1849-1923), 60, 181

Ruy Faria (MPB-4) (1937-2018), 334

Ruy Guerra (1931), 228, 319-320, 332, 338, 342, 365, 431

Ruy Maurity (1949-2022), 313, 316, 368, 440

Ruy Quaresma (1952-2021), 313, 449

Ruy Rey (Domingos Zeminian) (1915-1995), 140, 161-162, 188

S

Sá & Guarabyra – Luiz Carlos Pereira de Sá (1945) e Gutemberg Nery Guarabyra Filho (1947), 342, 368

Sá Róris (José Reis de Sá Róris) (1887-1975), 94, 98

Sabá (Sebastião Oliveira da Paz) (1927-2010), 232, 309

Sacha Rubin (1912-1982), 208

Sady Cabral (1906-1986), 112, 126-128

Salgueiro (escola de samba), 65-66, 88, 188, 191, 251-252, 288, 443, 451, 453-454-456

Sambalanço Trio, 232

Sambossa, 380

Sammy Davis Jr. (1925-1990), 245

Sandoval Dias (1906-?), 210, 304

Sandra de Sá (1955), 385

Santos Coelho (Manoel dos Santos Coelho) (1870-1927), 61

Sarah Regina (1967), 432

Sarah Vaughan (1924-1990), 356, 366, 429

Sátiro de Melo (1900-?), 190

Savério Leonetti (1873-?), 55

Sebastião Arruda (1877-1941), 73

HISTÓRIA DA MÚSICA POPULAR BRASILEIRA – SEM PRECONCEITOS

Sebastião Ferreira da Silva (1926-2019), 393, 424

Secos & Molhados, 346, 372

Senhora Augusta (cantora da Casa Edison), 51

Senhorita Consuelo (c. 1880-c. 1950), 51

Senhorita Odete (c. 1880-c. 1940), 51

Serafim Adriano (da Mocidade) (1936--2007), 446

Sereno (Jalcireno Fontoura de Oliveira) (1940), 194, 443

Serge Gainsburg (1928-1991), 426

Sérgio Augusto (1940-2020), 232

Sergio Bardotti (1939-2007), 280

Sérgio Barrozo (1942), 229

Sérgio Bittencourt (1941-1979), 325, 358

Sérgio Buarque de Hollanda (1902--1982), 318

Sérgio Cabral (1937-2024), 23, 104, 288, 290, 416, 449, 453

Sérgio Dias Baptista (1951), 351

Sergio Endrigo (1933-2005), 280, 438

Sérgio Hinds (O Terço), 313, 339, 351

Sérgio Lopes (Lee Jackson), 427

Sergio Magrão (Francisco Sérgio de Souza Medeiros) (1950), 339

Sérgio Mendes (1941-2024), 234, 238, 240--242, 244, 290, 308, 310, 355

Sergio Mendes Trio, 242

Sérgio Murilo (1941-1992), 258, 260, 276

Sérgio Porto (1923-1968), 270, 325

Sérgio Reis (1940), 283, 424-425

Sérgio Ricardo (1932-2020), 228, 238, 286, 290, 295, 301, 319, 381

Sérgio Sá (1953-2017), 357, 401, 428

Sérgio Sampaio (1947-1994), 316, 355

Serguei (Sérgio Augusto Bustamante) (1933-2019), 351

Serrinha (Antenor Serra) (1917-1978), 134-135, 157

Serrinha e Caboclinho – Antenor Serra (1917-1978) e Marino Rabelo (1914--1957), 135

Severino Araújo (1917-2012), 103, 210

Severino Filho (1928-2016), 209, 236, 309

Sexteto Bossa Rio, 242

Shawn Elliott (1937-2016), 285

Shelly Manne (1920-1984), 245

Shirley Bassey (1937), 429

Sidney da Conceição (1938-2003), 435

Sidney Magal (Sidney Magalhães) (1950), 411

Sidney Miller (1945-1980), 288, 290, 295, 319, 358

Sidney Morais (ou Santo Morales) (1925), 163, 232, 406

Sigismund von Neukomm (1778-1858), 27

Silas de Oliveira (1916-1972), 187, 252, 322, 384, 446, 454

Silene de Andrade (Silene Brandão Nery), 198

Silvia Burato (compositora), 399

Silvia Vogel (cantora), 240

Silvinha (Araújo) (1951-2008), 284

Silvinho (Silvio de Lima) (1931-2019), 264

Silvinho do Pandeiro (Silvio Pereira da Silva) (1935-2001), 455

Silvino Neto (Silvério Silvino Neto) (1913-1991), 183

Silvio Brito (1952), 412

Silvio Caldas (1908-1998), 90, 93, 110--114, 127-128, 140, 166, 198

Silvio César (Sílvio Rodrigues Silva) (1939), 247, 326, 359, 367

ÍNDICE ONOMÁSTICO

Silvio da Silva Jr. (1947), 325

Silvio Salema (1901-1976), 123

Silvio Santos (Senor Abravanel) (1930-2024), 369, 409

Simbas (Nivaldo Alves) (Casa das Máquinas), 350

Simon & Garfunkel – Paul Simon (1941) e Art Garfunkel (1941), 242

Simon Bountman (1900-1977), 105, 140

Simone (Simone Bittencourt de Oliveira, cantora) (1949), 371-372, 446, 457

Sinhô (José Barbosa da Silva) (1888--1930), 50, 58-60, 62-63, 67, 78, 108, 124

Sivan Castelo Neto (1904-1984), 231

Sivuca (Severino Dias de Oliveira) (1930-2006), 149, 244, 365, 414

Solano Ribeiro (1939), 273, 291-292, 311

Sólon Sales (1923-?), 155

Som 3, 309

Som Imaginário, 312, 340-341

Som Nosso de Cada Dia, 351

Sombrinha (Montgomery Ferreira Nunis) (1959), 443

Sonia Carvalho (1914-1988), 130, 198

Sonia Delfino (1942), 258

Sonia Lemos (1943), 445

Sonia Santos (1944), 316, 368, 456

Soul Grand Prix, 383

Stan Getz (1927-1991), 237-239, 241-242, 245, 361

Stan Kenton (1911-1979), 244-245

Stanley Jordan (1959), 356

Stanley Kubrick (1928-1999), 356

Stefana de Macedo (1903-1975), 68, 198

Stellinha Egg (Stella Maria Egg) (1914--1991), 161

Steve Bernard (1915-1966), 210

Steve MacLean – *ver* Hélio Costa Manso

Stevie Wonder (1950), 242, 387

Sueli Costa (1943-2023), 313, 363, 372

Sulino e Marrueiro – Francisco Gottardi (1924-2005) e João Rosante (1915-1978), 157

Sunday (banda de rock), 425-426

Superbacana (banda de baile), 432

Sylvia Telles (1934-1966), 222, 225, 229, 236, 243, 248, 290, 410

Sylvinha Chiozzo (1938-2005), 152

Sylvinha Mello (1914-1978), 131

Sylvio Mazzuca (1919-2003), 209

Sylvio Son (compositor), 282, 442

Sylvio Tullio Cardoso (1924-1967), 202

Synval Silva (1911-1994), 95, 297, 461

T

Taiguara (Taiguara Chalar da Silva) (1945-1996), 233, 291, 313, 325, 329, 343

Tamba Trio, 229, 232, 239, 290

Tancredo Silva (Tata Tancredo) (1904--1979), 108, 190

Tania Maria (1948), 355, 422

Tarcísio Meira (1935), 428

Tatu (da Mocidade) (Arthur da Cunha Macieira) (1928-1982), 456

Tavares de Miranda (1916-1992), 277

Tavinho Moura (Otávio Augusto Pinto de Moura) (1947), 338-339

Tavito (Luís Otávio de Melo Carvalho) (1948-2019), 315, 336, 341

Tchaikovsky (1840-1893), 130

Teca Calazans (Terezinha João Calazans) (1940), 312, 380

Ted Moreno (Aylton Silva) (1932-?), 357

Teddy Vieira (1922-1965), 153-155, 157--158, 268, 370, 424

Teixeirinha (Vitor Mateus Teixeira) (1927-1985), 270, 421

Tenório Júnior (Francisco Tenório Cerqueira Júnior) (1941-1976), 229, 234

Tereza Souza (1940-2009), 232

Terry Winter (Thomas William Standen) (1941-1998), 424, 426

Téti (Maria Elisete Oliveira) (1950), 379

The Brazilian Serenaders, 141

The Buttons, 425, 428

The Clevers, 259, 285, 425

The Diamonds, 162

The Fevers, 285, 402, 427, 429, 465

The Hitmakers – *ver* Os Carbonos

The Jet Black's, 259

The Jordans, 259, 425

The Magnetic Sounds – *ver* Os Carbonos

The Midnighters, 141, 184, 209

The Modernaires, 197

The Pied Pipers, 197

The Platters, 202, 425

The Playings, 425

The Pop's, 285

The Royal Band – *ver* Os Carbonos

The Snakes, 260

The Sputniks, 317

The Stylistics, 407

The Supersonics – *ver* The Fevers

The Youngsters, 260

Théo de Barros (1943), 232, 292, 320

Thereza Rachel (1934-2016), 287

Thomas Edison (1847-1931), 45

Thomas Roth (1951), 402

Tia Amélia (Amélia Brandão Nery) (1887-1983), 198-199

Tia Ciata (Hilária Batista de Almeida) (1854-1924), 56

Tião Carreiro e Pardinho – José Dias Nunes (1934-1993) e Antônio Henrique de Lima (1932-2001), 268, 420, 422

Tião de Miracema (compositor), 453

Tião Graúna (Unidos de Vila Isabel), 448

Tião Motorista (Raimundo Cleto do Espírito Santo) (1927-1996), 462

Tião Neto (Sebastião Costa Carvalho Neto) (1931), 229, 242

Tiãozinho (da Mocidade) (Neuzo Sebastião de Amorim Tavares), 454

Tibaji e Miltinho – Oscar Rosa (1927--2015) e Hilton Rodrigues dos Santos (1941-2021), 270

Tibério Gaspar (1943-2017), 309-310, 313-314, 326, 351, 367, 422

Tim Maia (Sebastião Rodrigues Maia) (1942-1998), 256, 281, 283, 317, 382, 384-386, 431

Tinoco (José Pérez) (1920-2012), 155--157, 418-419, 421-422

Tite de Lemos (1942-1989), 313, 372, 445

Tito Madi (Chaiki Maddi) (1929-2018), 201-202, 222, 231, 236, 249, 267, 359

Tito Neto (compositor), 270

Tito Puente (1923-2000), 244

Titulares do Ritmo, 197, 253, 425

Toco (da Mocidade) (Antonio Correia do Espírito Santo) (1936-2006), 454, 457

Toinho Alves (Antônio Alves) (1943--2008), 333

Tolito (da Mangueira) (Herlito Machado Fonseca) (1917-1997), 456

ÍNDICE ONOMÁSTICO

Tom & Dito – Tom da Bahia (Antonio Carlos dos Santos Pereira) (1947) e Dito (Expedito Machado de Carvalho) (?), 369

Tom Jobim (Antonio Carlos Jobim) (1927-1994), 170, 200-201, 220--223, 225, 228-230, 234, 237-241, 244, 267, 275, 290, 300, 315, 318, 339-340, 361, 366, 437, 439

Tom Zé (Antônio José Santana Martins) (1936), 287, 301, 304, 341, 355

Tomás Antônio Gonzaga (1744-1810), 29

Tomás Terán (1896-1964), 220

Tommy Dorsey (1905-1956), 197, 211, 220

Tonico (João Salvador Pérez) (1917--1994), 155-157, 418-419, 421-422

Tonico e Tinoco – João Salvador Pérez (1917-1994) e José Pérez (1920--2012), 155-157, 418-419, 421-422

Toninho – ver Toninho Pinheiro

Toninho Horta (Antônio Maurício Horta de Melo) (1948), 338-340, 344, 356

Toninho Nascimento (Antonio Carlos Nascimento Pinto (1946), 441, 446

Toninho Pinheiro (Antônio Pinheiro) (1937-2004), 232, 309

Tony & Frankye – Luiz Antôno Bizarro (1948) e Frankye Arduíni, 386

Tony Bizarro (Luiz Antônio Bizarro) (1948), 386

Tony Campello (Sérgio Beneli Campelo) (1936), 257

Tony Curtis (1925-2010), 257

Tony Osanah (1947), 401

Tony Stevens – ver Jessé

Tony Tornado (Antônio Viana Gomes) (1930), 313, 382, 385, 387, 400

Top Sounds (banda de rock), 425

Toquinho (1946) & Vinicius – Antonio Pecci Filho (1946) e Marcus Vinicius da Cruz Melo de Moraes (1913-1980), 234, 367, 437, 438-439

Toquinho (Antonio Pecci Filho) (1946), 233-234, 308, 361, 437-439, 466

Torquato Neto (1944-1972), 303-305, 319-320

Toso Gomes (compositor), 265

Totó Mugabe (cantor e compositor), 432

Totonho (Carlos Antônio Bezerra da Silva) (1946) (compositor), 442

Trigêmeos Vocalistas, 196, 426

Trini Lopez (1937-2020), 259, 425

Trio 3D, 229

Trio Abaeté, 468

Trio Campeiro, 157

Trio de Ouro, 81, 86, 118-119, 139, 141, 166, 171-172, 461

Trio Elétrico Dodô e Osmar, 375

Trio Esperança, 258, 284, 310, 354, 410, 436

Trio Gaúcho, 154

Trio Irakitan, 197, 244

Trio Madrigal, 184, 247

Trio Marayá, 231, 292

Trio Mineiro, 154

Trio Mocotó, 308, 314, 466, 468

Trio Mossoró, 414, 422

Trio Nagô, 196, 263

Trio Nordestino, 151, 254, 412, 415--416, 461

Trio Novo, 292, 294

Trio Parada Dura, 424

Trio Repentista, 154

Trio Sul a Norte, 154

Trio Surdina, 215

HISTÓRIA DA MÚSICA POPULAR BRASILEIRA – SEM PRECONCEITOS

Trio Ternura, 313, 315
Trio Turuna, 154
Tuca (1944-1978), 232, 291, 293, 367
Túlio Mourão (1952), 351
Túlio Piva (1915-1993), 194
Turíbio Santos (1943), 289
Turma Caipira Victor, 73-74
Turma da Pilantragem, 309
Turunas da Mauricéia, 72, 74, 133, 146
Turunas Pernambucanos, 71-72, 136
Tutti-Frutti (grupo de rock), 350

U

Ubirajara Dias (compositor), 453
Ubirany (1940-2020), 443
Umas & Outras, 326
Umberto Silva (compositor), 265
União da Ilha do Governador (escola de samba), 188, 454, 457
Unidos da Tijuca (escola de samba), 66
Unidos de São Carlos (escola de samba), 443, 455-457
United Nation Orchestra, 356

V

Vadico (Oswaldo Gogliano) (1910-1962), 89, 121
Vai-Vai (escola de samba), 196, 462
Valdecir Nei (Machado) (Banda Black Rio), 385
Valdo Abreu (radialista e compositor), 130
Valter Paixão (percussionista) (Walter da Anunciação Pereira) (1949), 450
Valzinho (Norival Carlos Teixeira) (1914-1980), 215
Vanja Orico (1931-2015), 161

Vanusa (Vanusa Santos Flores) (1947-2020), 284, 312, 363, 378, 400, 417, 437
Vasques (Francisco Correa Vasques) (1839-1892), 35, 39
Vassourinha (Mário de Oliveira Ramos) (1923-1942), 121
Velha (da Portela), 456
Velha Guarda da Portela, 460
Veludo (banda de rock), 353
Venâncio (Marcos Cavalcanti de Albuquerque) (1909-1981), 151, 432, 453
Venceslau Brás (1868-1966), 60
Venilton Santos (1925-2020), 202
Vera Brasil (1932-2012), 231-232
Vera Janacópulos (1892-1955), 133
Vernon Castle (1887-1918), 36
Vevé Calazans (1947-2012), 370, 442
Vicente Celestino (Antônio Vicente Filipe Celestino) (1894-1968), 61-62, 120-121, 262, 303, 392, 397
Vicente Mattos (Império Serrano) (1938), 457
Vicente Paiva (1908-1964), 94, 100, 137, 141, 171-172, 251
Victor Assis Brasil (1945-1981), 355
Vieira e Vieirinha – Rubens Vieira Marques (1926-2001) e Rubião Vieira (1928-1991), 157
Vila Isabel (Unidos de) (escola de samba), 324, 448, 456
Vímana (banda de rock), 351, 353
Vinicius Cantuária (1951), 351
Vinicius de Moraes (1913-1980), 127, 170, 201, 222-225, 227-228, 230-231, 234, 236-237, 239, 267, 274-275, 286, 290, 295, 319-320, 325, 330, 339-340, 346, 358, 361, 365, 367, 433, 437-439

ÍNDICE ONOMÁSTICO

Violeta Ferraz (1902-1982), 152
Violeta Parra (1917-1967), 337
Virgílio Pinto da Silveira (1850-1910), 34
Virgínia Lane (Virgínia Giaccone) (1920-2014), 141, 189-190
Viriato Figueira da Silva (1851-1883), 34
Vitor Martins (1944), 329, 363-364, 469
Vitor Santos (compositor), 102
Vitorio Lattari (1910-?), 179
Viúva Guerreiro (1858-1936), 198
Vocalistas Tropicais, 196
Volta Seca (Antonio dos Santos) (1918--1997), 147

W

Wagner Tiso (1945), 339-341, 357
Waldemar Henrique (1905-1995), 71, 125, 183, 270
Waldemar Ressurreição (1914-1980), 85
Waldick Soriano (1933-2008), 395-397, 405, 418
Waldir Azevedo (1923-1980), 103, 137, 213
Waldir Calmon (1919-1982), 174, 206--208, 212, 246, 465-466
Waldir da Vala (da União da Ilha), 457
Waldir Machado (1923-?), 264
Waldir Viviani (Os Cariocas), 236
Waldirene (Waldirene Fraraccio) (1948) (cantora), 284
Waldomiro Lemke (1924-2010), 357
Waleska (Maria da Paz Gomes) (1941--2016), 359
Walfrido Silva (1904-1972), 94, 133, 297
Wallace Downey (1902-1967), 77, 93, 95, 99, 125
Walmir Lima (1931), 442, 462

Waltel Branco (1929-2018), 242, 367
Waltenir (Portela) (Waltenir Cavalcanti Cruz) (1933-1979), 455
Walter de Oliveira (Beija-Flor) (Walter Francisco de Oliveira (1933-?), 456
Walter Dionísio (do Bafo da Onça) (Walter Dionísio de Freitas) (1927--1991), 322
Walter Franco (1945-2019), 316, 355, 370
Walter Levita (1920-2010), 251
Walter Pinto (1913-1994), 124, 129
Walter Queiroz (1944), 367, 371, 462
Walter Rosa (1925-2002), 448, 454
Walter Santos (1939-2008), 232
Walter Silva (Pica-Pau) (1933-2009), 233, 379
Walter Wanderley (1932-1986), 178, 208, 232, 240-241, 246
Waly Salomão (1943-2003), 331, 355
Wanda Sá (1944), 235, 242
Wanderléa (Wanderléa Charlup Boere Salim) (1946), 261, 275, 277, 282, 468
Wanderley Cardoso (1945), 283, 402
Wando (1945-2012), 358, 434, 439
Washington Luiz (1869-1957), 60
Watson Macedo (1919-1981), 176
Watt 69 (banda de rock), 425
Wayne Shorter (1933), 356
Wes Montgomery (1923-1968), 244
Wilma Bentivegna (1929-2015), 267
Wilson Batista (1913-1968), 82, 84, 97--98, 106-107, 121-122, 179, 182, 186, 189, 204, 214, 451
Wilson das Neves (1936-2017), 234-235
Wilson Diabo (Wilson dos Santos) (Império Serrano) (1932-?), 454-455
Wilson Miranda (1940-1986), 259

HISTÓRIA DA MÚSICA POPULAR BRASILEIRA – SEM PRECONCEITOS

Wilson Moreira (1936-2018), 442, 446, 461, 465

Wilson Simonal (Simonal) (1938-2000), 236, 256, 276, 284, 308-311, 315, 321, 366, 370, 382, 386, 433, 437, 466

X

Xangô da Mangueira (Olivério Ferreira) (1923-2009), 187, 446, 460

Xavier Cugat (1900-1990), 240

Xisto Bahia (1841-1894), 30, 43, 49

Y

Yara Salles (1912-1986), 81

Yma Sumac (1922-2008), 141, 159, 174

Yvette (Zani) (1940-2021), 231

Z

Zacarias Mourão (1928-1990), 159

Zaccarias (Aristides Zaccarias) (1911--2000), 140-141, 177, 209

Zagallo (jogador/técnico de futebol) (1931), 436

Zaíra de Oliveira (1891-1951), 68

Zappa (banda de rock), 425

Zaquia Jorge (1924-1957), 188, 446

Zé Cacau (Os 3 do Nordeste), 415

Zé Calixto (José Calixto da Silva) (1933--2020), 254

Zé Cruz (José da Cruz) (1927-?), 289

Zé da Velha (José Alberto Rodrigues Matos) (1942), 450

Zé da Zilda (José Gonçalves) (1908--1954), 92, 191

Zé Dantas (José de Souza Dantas) (1921-1962), 147-148, 151, 176

Zé Di (José Dias) (1936), 456

Zé do Fole (Antenor Vicente) (1931), 154

Zé do Maranhão (José Calazans Viveiros) (1937), 443

Zé do Norte (Alfredo Ricardo do Nascimento) (1908-1992), 161

Zé Espinguela (José Gomes da Costa) (1890-1945), 66

Zé Fortuna e Pitangueira – José Fortuna (1923-1983) e Euclides Fortuna (1928-2013), 154

Zé Gonzaga (José Januário Gonzaga) (1921-2002), 148

Zé Katimba (José Inácio dos Santos) (1932), 451, 454-455

Zé Kéti (Zé Ketti) (José Flores de Jesus) (1921-1999), 194, 204, 235, 286, 289, 290, 297, 319, 322

Zé Luiz do Império (José Luiz Costa Ferreira) (1944), 446, 465

Zé Maria (José Maria de Andrade Ferreira) (1930), 102, 307

Zé Messias e Parceiros, 73

Zé Pacheco (Os 3 do Nordeste), 415

Zé Pinto (Salgueiro) (José Pinto de Magalhães), 456

Zé Ramalho (José Ramalho Neto) (1949), 382, 401

Zé Rodrix (José Rodrigues Trindade) (1947-2009), 294, 315, 329, 336, 341, 367

Zé Trindade (Milton da Silva Bittencourt) (1915-1990), 152

Zeca Barreto (José Raimundo Guimarães Barreto) (1955), 376

Zelita Vitar (compositora), 198

Zenilton (José Nilton Veras) (1939), 414

ÍNDICE ONOMÁSTICO

Zequinha de Abreu (José Gomes de Abreu) (1880-1935), 101, 122

Zezé Gonzaga (Maria José Gonzaga) (1926-2008), 162

Zezinha (Carmela Bonano) (1928-2002), 153-154

Zica Bérgamo (1913-2011), 160

Zico & Zeca – Antônio Bernardes Paulino da Costa (1931-2007) e Domingos Paulino da Costa (1932-2013), 158

Zico Dias (João Dias Rodrigues Filho) e Ferrinho, 73

Zilda do Zé (1919-2002), 191-192

Zilo & Zalo – Aníbio Pereira de Souza (1935-2002) e Belizário Pereira de Sousa (1937-2012), 158

Zimbo Trio, 232, 247, 275, 321

Zito Borborema (Manoel Valdivino) (1922/23-1998), 151

Zito Righi (1924-?), 207

Zizinha Bessa (1887-1977), 198

Zumbi dos Palmares (1655-1694), 252

Zuza Homem de Mello (1933-2020), 80

Zuzuca (do Salgueiro) (Adil de Paula) (1936), 453-456

Este livro foi composto na tipografia Minion Pro,
em corpo 11,5/15,8, e impresso em
papel off-white no Sistema Digital Instant Duplex
da Divisão Gráfica da Distribuidora Record.